Die Handlungsformen in der gemeinsamen Außen- und Sicherheitspolitik - die EU als handlungsfähiger globaler Akteur?

AF828453

Europäische Hochschulschriften Recht

European University Studies in Law

Publications Universitaires Européennes de Droit

Band/Volume **6713**

Kirsten Joy Windle-Wehrle

Die Handlungsformen in der gemeinsamen Außen- und Sicherheitspolitik - die EU als handlungsfähiger globaler Akteur?

Eine dogmatische und empirische Analyse der Praxis des außenpolitischen Handelns der EU in der Gemeinsamen Außen- und Sicherheitspolitik

PETER LANG

Bibliografische Information der Deutschen Nationalbibliothek
Die Deutsche Nationalbibliothek verzeichnet diese Publikation in der Deutschen Nationalbibliografie; detaillierte bibliografische Daten sind im Internet über http://dnb.d-nb.de abrufbar.

Zugl.: Frankfurt (Main), Univ., Diss., 2022

Gedruckt auf alterungsbeständigem, säurefreiem Papier.
Druck und Bindung: CPI books GmbH, Leck

D 30
ISSN 0531-7312
ISBN 978-3-631-89236-7 (Print)
E-ISBN 978-3-631-89247-3 (E-PDF)
E-ISBN 978-3-631-89248-0 (EPUB)
DOI 10.3726/ b20331

© Peter Lang GmbH
Internationaler Verlag der Wissenschaften

Berlin 2023
Alle Rechte vorbehalten.
Peter Lang – Berlin · Bern · Bruxelles · New York · Oxford · Warszawa · Wien

Das Werk einschließlich aller seiner Teile ist urheberrechtlich geschützt.
Jede Verwertung außerhalb der engen Grenzen des Urheberrechtsgesetzes ist ohne Zustimmung des Verlages unzulässig und strafbar.
Das gilt insbesondere für Vervielfältigungen, Übersetzungen, Mikroverfilmungen und die Einspeicherung und Verarbeitung in elektronischen Systemen.

Diese Publikation wurde begutachtet.

www.peterlang.com

„Even when there is sufficient political will, the EU's impact falls short when there are unresolved tensions or a lack of coherence between different policies. There is a need for strong and permanent efforts to enhance the complementary interaction of various policy actions and to reconcile different objectives."[1]

1 EC Commission, Communication to the European Council, "Europe in the World – Some Practical Proposals for Greater Coherence, Effectiveness and Visibility", 8 June 2006, COM(2006)278, S. 6.

Widmung

Für meine Schwester.

Danksagung

An vorderster Stelle möchte ich mich bei meinem Doktorvater Herr Prof. Dr. Stefan Kadelbach bedanken, der mir die Möglichkeit eine Dissertation zu verfassen überhaupt erst ermöglichte und der mich während des langen Prozesses immer wissenschaftlich und methodisch wertvoll unterstütze. Auch möchte ich Herrn Prof. Dr. Armin von Bogdandy für die Zweitkorrektur meiner Arbeit bedanken. Zuletzt möchte ich meine Familie und meinen Lebensgefährten nicht unerwähnt lassen – immerwährend haben sie mich unterstützt und mir Halt gegeben.

Vorwort

Anders als die staatliche Außenpolitik unterliegt die gemeinsame Außen- und Sicherheitspolitik der Europäischen Union (**GASP**) dem Grundsatz der begrenzten Einzelermächtigung. Da es sich hierbei aber um eine koordinierende Zuständigkeit eigener Art handelt, bleiben die Mitgliedstaaten innerhalb des durch die EU-Verträge gesteckten Rahmens weitgehend frei. Sie sind jedoch gehalten, auf eine kohärente Politikgestaltung zu achten, was insbesondere impliziert, dass sie im Geist gegenseitiger Loyalität zu einem möglichst einheitlichen Auftreten nach Außen verpflichtet sind. In diesem Spannungsfeld zwischen begrenzter Ermächtigung und staatlicher Flexibilität liegen auch die Handlungsformen, in denen die Union und die Mitgliedstaaten im Rahmen der GASP tätig werden. Auf der einen Seite kann die Union nur in den Formen handeln, die ihr durch die Verträge zugewiesen sind. Auf der anderen Seite erfordert die Außenpolitik aber ein gewisses Maß an Flexibilität, was sich wiederum auf die prinzipielle Formengebundenheit allen hoheitlichen Handelns auswirkt. Es stellt sich also die Frage, ob die GASP als politisch motivierte und von Diplomatie geprägte Politik mit dieser Formengebundenheit umgehen kann.

Die vorliegende Arbeit setzte sich folglich zum Ziel, die der GASP zugeordneten speziellen Handlungsformen – einschließlich die der Gemeinsamen Sicherheits- und Verteidigungspolitik – einer allgemeinen Systematik der Rechtsquellen- und Handlungsformenlehre zuzuordnen und festzustellen inwieweit diese dem Leitprinzip der außenpolitischen Kohärenzerhaltung dienlich sind. Durch die rechtstheoretische Konstruktion der Materie, die Unterscheidung und Bewertung von formellen und sui generis Rechtsakten und die Überlegungen zur Kohärenz in der EU-Außen- und Sicherheitspolitik wird ein aufschlussreicher Beitrag zur wissenschaftlichen Debatte über die Handlungsfähigkeit der GASP/GSVP geleistet. Auch ist der Beitrag vor dem Hintergrund des immerwährenden Problems der Uneinheitlichkeit des außenpolitischen Handels innerhalb der europäischen Außenpolitik stets aktuell.

Inhaltsverzeichnis

Einführung

Die Gemeinsame Außen- und Sicherheitspolitik der Europäischen Union – ein System, um sich auf internationaler Ebene zu platzieren und um sich eine Identität zu verschaffen? Ein grundsätzlich guter und unionsrechtlich fortschreitender Gedanke, wenn nur nicht die primärrechtlichen Kompetenzen für die Ausübung der Außenpolitik weiterhin bei den Mitgliedstaaten lägen und die kohärente Ausführung der europäischen Außenpolitik auf dem internationalen Parkett durch manch nationalen Vorbehalt verhindert wird. Dass sich die EU dennoch zu einem internationalen Akteur entwickelt hat, ist nicht von der Hand zu weisen. Aber gerade das Vorgehen einzelner Staaten ohne vorherige Absprache mit der EU kann zu Spannungen führen. Paradebeispiel ist Frankreichs einseitiges Unterstützen der von den Vereinten Nationen verhängten Flugverbotszone über Libyen. Zudem gibt der unbestimmte Charakter der Gemeinsamen Außen- und Sicherheitspolitik (**GASP**), die durch die sog. Intergouvernementalität geprägt ist, dem auswärtigen Handeln eine eigenständige Struktur innerhalb des unionalen Gefüges. Ein System *sui generis*, in dem die Koordination der nationalen Außenpolitiken auf europäischer Ebene das Kernelement einer erfolgreichen Exekutivgewalt darstellt. Die vermeintliche Lösung der simplen Koordinierung der einzelnen nationalen Außenpolitiken stellt aber zugleich auch den Schwachpunkt in der Effektivität der GASP dar. Die EU in ihrer Gesamtheit stellt weder einen klassischen Staatenbund noch einen Bundesstaat, sondern ein Gebilde eigener Art dar. Mittlerweile besteht die Union aus 27 Staaten und es erscheint evident, dass Staaten unterschiedlicher Größe und Bedeutung auch unterschiedlicher Auffassungen – insbesondere in Bezug auf die Außenpolitik – sind. Wäre dies nicht der Fall, so hätten der Integrationsprozess und die Entwicklung der Europäischen Union zu einem supranationalen Gebilde auch nicht so lange gedauert bzw. würde der Prozess nicht noch andauern.

Die Aufgabe der Gemeinsamen Außen- und Sicherheitspolitik besteht vor allem darin, die Ressourcen der Mitgliedstaaten im Interesse einer gemeinsamen internationalen Unionsaußenpolitik wirkungsvoll zum Einsatz zu bringen. Hierbei steht die Union vor der Herausforderung nicht nur als Steuerungs- und Koordinierungsakteur der verschiedenen nationalen Ansichten, sondern auch als aktiver *global Player* zu agieren und als solcher wahrgenommen zu werden. Dabei ist die unionale Außenpolitik mehr als lediglich die Summe der einzelnen nationalen Politiken, sondern ein „Ganzes", welches die Idiosynkrasien der Mitgliedstaaten und des supranationalen Eigengebildes der Union vereint – oder zumindest zu vereinen versucht. Diese Außenpolitik wird fortwährend nicht nur durch divergierende Interessen der einzelnen Regierungen oder auch durch institutionelle Veränderungen (z.B. durch einen Amtswechsel innerhalb einer nationalen Regierung) verkompliziert, sondern auch durch das Zusammenspiel von Intergouvernementalität und Supranationalität teils undurchdringbar gemacht. Das „Verfehlen" einer effektiven Politik auf dem internationalen Parkett wird sodann von der Öffentlichkeit just als Fehler der Union angesehen. Das von Außenstehenden als gescheitertes Projekt verurteilte Verhalten der in den unionalen Organen vertretenen Mitgliedstaaten wird nicht allzu selten – auch oft vorschnell – einzig als Verfehlung der Union selbst gedeutet.[2] Bei dieser unbedachten Annahme wird jedoch gerade nicht in Betracht gezogen, wie kompliziert das Vorgehen der Konsensfindung innerhalb der unionalen Organe ist und welches Maß an Sensibilität in der internationalen Außenpolitik von Nöten ist. Das unionale System versucht diesen Konflikt damit zu lösen, indem es das Vorgehen in der GASP durch gesonderte, von den sonst bestehenden unionalen Strukturen abweichende, vertragliche Vorgaben regelt. Dabei gelten für die Ausführung und die Umsetzung der GASP nicht nur gesonderte Verfahrensvorschriften, sondern es gibt zudem einen politikspezifischen Kanon an Handlungsformen, der sich von den übrigen Handlungsformen des unionalen Handelns unterscheidet. Diese politikspezifischen Handlungsformen wurden explizit und eigens für den GASP-Bereich konzipiert. Dabei stellt diese Systematisierung der Praxis der GASP in vertraglich vorgegebene Handlungsformen eine junge Entwicklung im Bereich der Außenpolitik dar. Denn die klassischen Außenpolitiken der Mitgliedstaaten werden gerade nicht in dogmatische Korsette gedrängt, aus denen sich Maßnahmentypen ergeben, auf die die zuständigen Organe zurückgreifen müssen. Ganz im Gegenteil, grundsätzlich wird die nationale Außenpolitik durch Informalität und Diplomatie geprägt. Folglich stellt das Handlungsformenkonzept des Titels V des Vertrages über die Europäische Union (**EUV**) ein für die (nationale) Außenpolitik fremdes Konzept dar, dessen Daseinsberechtigung sich noch erweisen muss. Mithin hat sich die

2 Prominentes Beispiel sind die EU-Balkan-Politik in den neunziger Jahren und die aktuelle Ukraine-Krise; vgl. auch Rüger, Europäische Außen- und Sicherheitspolitik, S. 180 ff.; Kruse stellt zum Umfang der GASP simpel fest: „*Inhaltlich umfasst sie alle Bereiche der Außenpolitik, sofern sie nicht durch den AEU-Vertrag geregelt wird, sowie alle mit der Sicherheit der Union in Zusammenhang stehenden Fragen der Friedenserhaltung*" – Der Europäische Auswärtige Dienst zwischen intergouvernementaler Koordination und supranationaler Repräsentation, S. 116.

vorliegende Arbeit zum Ziel gesetzt, dieses politikspezifische Handlungsformenkonzept der GASP rechtsdogmatisch und empirisch zu analysieren. Dabei soll die Arbeit einen Beitrag zu der Diskussion über die rechtsförmliche und praktische Bedeutung der in Art. 22 und 25 ff. EUV normierten Handlungsformen leisten. Im Rahmen der rechtsförmlichen Auseinandersetzung kommt es dabei auf die Ermittlung der Funktionen der systematischen Unterteilung des Handlungsformenkatalogs des Titels V des EUV an, wobei im Ergebnis eine Aussage über die Sinnhaftigkeit dieser Systematisierung getroffen werden soll. Dagegen soll im Rahmen der empirischen Untersuchung mittels einer stichprobenartigen Analyse der in Kraft befindlichen Rechtshandlungen ein Rückschluss auf die Verwendung der Handlungsformen in der Praxis gezogen werden. Dabei werden quantitative Aussagen über die Wahl der einzelnen Handlungsformen sowie die handelnden Organe getroffen.

Die Herausforderung dieser Arbeit lag u.a. darin, dass die Europäische Außenpolitik der GASP noch nie zuvor einer empirischen Analyse in Bezug auf die dogmatische Einordnung der vertraglich vorgegebenen Maßnahmentypen unterzogen wurde – zumindest gibt es keine aktuellen empirischen Analysen über den Inhalt der in Kraft befindlichen Rechtsakte im Rahmen der GASP – und somit auf keine Erfahrungssätze zurückgegriffen werden konnte. Darüber hinaus hängt die Ausarbeitung der dogmatischen Strukturen in der GASP durchaus auch davon ab, wie intensiv und detailliert man sich mit der europäischen Außenpolitik auseinandersetzt. Stellt man nicht auf die GASP als solche ab, sondern analysiert die Praxis im Rahmen der Auseinandersetzung mit dem gesamten unionalen Handeln, d.h. sämtliche nach dem Vertrag über die Arbeitsweise der Europäischen Union (**AEUV**) und dem EUV erlassenen Maßnahmen,[3] übersieht man die Besonderheiten, die in dem intergouvernemental geprägten Bereich der GASP gelten.[4] Überdies wurde die GASP durch den Vertrag von Lissabon wesentlich reformiert, so dass bereits bestehende Literatur nicht den aktuellsten Stand widerspiegelt. Denn der Vertrag von Lissabon hat die Außenpolitik – und damit auch die GASP – grundlegend umgestaltet. Zunächst hat die EU als solche Rechtspersönlichkeit erlangt und kann neben den Mitgliedstaaten völkerrechtliche Übereinkommen schließen. Zudem wurden die Kompetenzen des Hohen Vertreters, dem vereinfacht gesagt als „einzelner" Person die gesamte

3 Z.B. wie in der empirischen Analyse durch v. Bogdandy, Bast und Arndt – v. Bogdandy/Bast/Arndt, ZaöRV 2002, S. 77 ff.

4 Zu den Besonderheiten, die in der GASP gelten: 2. Teil, Abschnitt I „Rechtsförmliche Bedeutung der Handlungsformen in der GASP".

Außenpolitik unterstellt ist, ausgeweitet. Darüber hinaus wurde der Europäische Auswärtige Dienst eingerichtet und dem Europäischen Parlament wurden mehr Mitwirkungsrechte als zuvor eingeräumt. Insbesondere die – vermeintliche – Auflösung der Säulenstruktur, wobei aber die Sonderstellung der GASP durch Normierung im EUV und nicht im AEUV formell aufrechterhalten wurde, erfordert eine neue Auseinandersetzung mit dem Verhältnis der GASP-Handlungen zu der originären Zuständigkeit der Union. Denn trotz intergouvernementaler Sonderstellung der GASP gehört diese gemäß Art. 21 EUV zum unionalen Handeln auf internationaler Ebene und ist damit ein integraler Bestandteil des institutionellen Gefüges. Folglich unterliegt sie auch den rechtlichen Bindungen des Primärrechts, sofern und soweit nicht etwaige Sonderbestimmungen (wie z.B. verfahrensrechtliche oder kompetenzrechtliche) Abweichendes festlegen. Alle diese Neuerungen werden durch die vertragliche Umgestaltung der zur Verfügung stehenden Handlungsformen noch weiter verkompliziert. Zwar gibt es durchaus Parallelen zu den zuvor normierten Handlungsformen, doch muss eine „Andersbetrachtung" der Typisierungen vorgenommen werden.

Die Arbeit ist in vier große Themenbereiche eingeteilt. Zunächst wird die Gemeinsame Außen- und Sicherheitspolitik als solche erklärt und beschrieben. Dabei wird der Versuch unternommen die Dimensionen der europäischen Außenpolitik einzugrenzen und daraus einen Schluss auf den Umfang der GASP zu ziehen. Hierbei wird u.a. auf relevante vertragliche Bestimmungen, auf die Zielsetzungen sowie auf die Kompetenzfrage hinsichtlich der Zuständigkeiten in der europäischen Außenpolitik eingegangen. Im weiteren Verlauf werden für das allgemeine Verständnis die Grundlagen der GASP dargestellt. Dabei spielen neben den Trägern der GASP die nach den Verträgen zur Verfügung gestellten Handlungsformen sowie die den Handlungsformen zugrundeliegenden Verfahrensvorschriften relevante Rollen. Eine kurze Darstellung der Justiziabilität ist des Weiteren von Nöten. Im Anschluss folgen Ausführungen zu der Gemeinsamen Sicherheits- und Verteidigungspolitik, die sich grob an den eben genannten Merkmalen ausrichten. Den Abschluss des ersten Teils bildet eine kurze Ausarbeitung des Verhältnisses der GASP bzw. der Union zu anderen internationalen Organisationen und Akteuren.

Der zweite Teil der Dissertation, der zugleich auch deren Schwerpunkt darstellt, befasst sich dann mit der bereits angekündigten Ausarbeitung der rechtsförmlichen und praktischen Bedeutung der sektorspezifischen Handlungsformen der GASP. Letzteres, dem eine empirische Auswertung der Praxis der GASP zugrunde liegt, soll Aufschluss darüber geben, welche Handlungsformen von welchen Organen in der Umsetzung und der Ausführung dieser Politik verwendet werden. Noch bevor es jedoch zur Darstellung der Ergebnisse dieser Analyse kommt, wird auf die rechtsdogmatische Ausgestaltung des vertraglich in Titel V des EUV normierten Handlungsformenkatalogs eingegangen. Hierbei stellt die Auseinandersetzung mit der rechtsförmlichen Bedeutung der sektorspezifischen Handlungsformen der GASP den Kernpunkt dieses Teils der Ausführungen dar. Zunächst wird die Handlungsform als Begriff der juristischen Lehre erörtert. Die dabei dargestellten Grundlagen der klassischen Handlungsformenlehre und die typischen Merkmale einer Handlungsform dienen als Basis für die Erörterung der Frage hinsichtlich des Bestehens einer unionalen Handlungsformenlehre und deren Übertragbarkeit auf den Rechtsrahmen[5] der GASP. Nachdem festgestellt wird, dass der GASP-Bereich der Systematisierung nach den Vorstellungen der klassischen Handlungsformenlehre – wenn auch angepasst – offensteht, wird sich der Eruierung von besonderen, speziell auf den intergouvernemental geprägten Bereich der GASP bezogenen Funktionen, die sich aus der bestehenden Kategorisierung ergeben, gewidmet. Noch vor der Zwischenstellungnahme zu dieser Erörterung wird kurz und prägnant erläutert, warum eine Abgrenzung der Handlungsformen nach Politikbereichen innerhalb der GASP nicht sinnvoll erscheint. Den rechtsdogmatischen Ausführungen zur GASP-spezifischen Handlungsformenlehre, die mit der Zusammenfassung und Schlussfolgerungen zu diesem Teilabschnitt abschließt, folgt dann die Erörterung der praktischen Bedeutung der vertraglichen (und nichtvertraglich normierten) Handlungsformen. Anschließend werden die quantitativen Ergebnisse der vollzogenen empirischen Analyse der stichprobenartig erfassten GASP-Maßnahmen dargestellt. Im (Zwischen-)Ergebnis wird beurteilt, ob die systematische Unterteilung der in den Verträgen geregelten Handlungsformen für die GASP-Praxis sinnvoll ist und zweckmäßig erscheint. Die Ausführungen geben dabei u.a. Aufschluss darüber, welche Handlungsformen in der Praxis der GASP tatsächlich verwendet werden und welche Organe welche Handlungsform erlassen. Durch die hier vorgenommene Aufteilung in die Subbereiche GASP und GSVP wird zudem diesbezüglich eine getrennte Darstellung der quantitativen Analyse erreicht. Nachdem in der Auswertung festgestellt wird, dass die Praxis auf eine immense Zahl von nichtvertraglich normierten Handlungsformen (sog. *sui generis*-Maßnahmen) zurückgreift, wird ein Vorschlag zur Normierung zweier neuer Handlungsformen gemacht. Da dieser Vorschlag jedoch

5 Die Beschreibung „Rechtsrahmen" wird hier verwendet, ohne dabei eine Aussage über die Qualifizierung der Bestimmungen der GASP als eigenständiger Rechtsordnung zu tätigen, vgl. hierzu: Wessel, The European Union's Foreign and Security Policy: A Legal Institutional Perspective, S. 10 ff.

nicht die gänzliche Problematik der kritikwürdigen Systematisierung der GASP löst, wird im nächsten Abschnitt eine gänzliche Neukategorisierung der Maßnahmen – außerhalb des vertraglichen Handlungsformenkatalogs und der (klassischen) Handlungsformenlehre – aufgestellt. Die Neukategorisierung orientiert sich dabei vorrangig an dem Inhalt der stichprobenartig erfassten Maßnahmen. Die der empirischen Analyse zugrunde gelegten Maßnahmen werden nach dem Schwerpunkt ihres Inhalts neuen abstrakten Oberbegriffen zugeordnet. Dabei stellen diese Oberbegriffe die neuen Kategorien dar, die die bestehenden Handlungsformen möglicherweise ersetzen könnten. Im Folgenden werden die Vor- und Nachteile dieser Neukategorisierung in Bezug auf die Anforderungen der Handlungsformenlehre erörtert, wobei eine wertende Schlussfolgerung – in der der bestehenden Kategorisierung der Handlungsformen des Titels V EUV zugestimmt wird – den Abschluss dieses Teilbereichs bildet.

Noch bevor es zur abschließenden Stellungnahme zu den Ergebnissen und einer wertenden Zusammenfassung – sowohl in deutscher wie auch in englischer Sprache – dieser Arbeit kommt, wird im dritten Teil auf die Kohärenz als Begriffsbestimmung der europäischen Außenpolitik und deren Bedeutung für die GASP eingegangen. Es wird versucht, einen Zusammenhang zwischen den zuvor erörterten Funktionen des bestehenden Handlungsformenkatalogs und der Beurteilung des Vorliegens einer kohärenten Außenpolitik innerhalb der GASP zu finden. In diesem Zusammenhang bedarf es zunächst der Erörterung der Bedeutung des Begriffs der Kohärenz. Dies wiederum erfordert eine Auseinandersetzung mit den verschiedenen Auslegungsmöglichkeiten, die für die konkrete Bestimmung des Kohärenzbegriffs von Relevanz sind. Daneben werden einige Auslegungsergebnisse verschiedener Rechtsgelehrten zu dem Kohärenzbegriff kurz angeschnitten und prägnant aufgezeigt. Dies vorangestellt, erfolgt eine wertende Stellungnahme zu dem vom Kohärenzbegriff vermittelten Inhalt, anhand dessen wiederum auf einen Zusammenhang zwischen Kohärenz und der Sinnhaftigkeit des GASP-spezifischen Handlungsformenkatalogs geschlossen werden soll.

Erster Teil: Das auswärtige Handeln der Europäischen Union

I. Die Gemeinsame Außen- und Sicherheitspolitik

Der erste Teil der Arbeit befasst sich mit der einleitenden Darstellung des auswärtigen Handelns der Europäischen Union. Im Rahmen dieser allgemeinen Erläuterungen folgt neben Ausführungen zu den Grundlagen und der Entwicklung der GASP auch eine Darstellung des Verhältnisses zwischen der allgemeinen Außenpolitik der Union nach Art. 3 Absatz 5 EUV einerseits und der GASP nach Art. 21 ff. EUV andererseits. Auch wird das Verhältnis der Außenpolitik zu den Mitgliedstaaten sowie zu anderen außenpolitischen Bereichen wie dem Handel, der Entwicklungszusammenarbeit und der Nachbarschaftspolitik beleuchtet. Hierbei wird man feststellen, dass die Verträge keine formale Definition hinsichtlich des Umfangs der GASP enthalten und sich damit eine konkrete Abgrenzung zu diesen Bereichen als problematisch erweist. Unter anderem wird hier auf die Rechtsprechung des Europäischen Gerichtshofs in der Rechtssache *Small Arms and Light Weapons* eingegangen. Sodann werden die Rechtsgrundlagen und Ziele der GASP erläutert. Danach folgt die Darstellung der außenpolitischen Akteure und deren Zuständigkeiten, wobei auch die Rolle der Mitgliedstaaten betrachtet wird. Im Rahmen der Zuständigkeitsausführungen wird auf die klassische Abgrenzung zwischen den sog. *high politics* und den sog. *low politics*, die zugleich die Kompetenzabgrenzung zwischen Kommission und Rat der Europäischen Union betrifft, eingegangen. Dem anschließend werden die klassischen Handlungsmittel, die den Organen für die Ausführung der GASP zur Verfügung stehen, dargelegt. Dabei werden nicht nur die aktuell in den Verträgen normierten Handlungsformen, sondern auch die früheren und die nichtnormierten Handlungsformen beschrieben und wird auf die maßgeblichen Verfahrensvorschriften betreffend die Beschlussfassung eingegangen. Den Abschluss des Bereichs der GASP bilden die Ausführungen zur Justiziabilität.

Im weiteren Verlauf wird die Gemeinsame Sicherheits- und Verteidigungspolitik (**GSVP**) als integraler Bestandteil der GASP im Allgemeinen dargestellt. Hierbei werden die Geschichte, die Grundlagen, der Umfang und die Institutionen sowie die in der GSVP zur Verfügung stehende Handlungsformen näher erläutert. Auch werden die Europäische Sicherheits- und Verteidigungspolitik (**ESVP**) und die Europäische Sicherheitsstrategie (**ESS**), die den Beginn und den Rahmen der europäischen Sicherheitspolitik widerspiegeln, beschrieben. Neben der rudimentären Behandlung des Verhältnisses der GSVP zur NATO steht auch das Zusammenspiel mit anderen internationalen außenpolitisch agierenden Akteuren im Fokus.

A. Grundlagen und Entwicklung der GASP

Die Vorstellung einer gemeinsamen europäischen Außenpolitik begann mit der Idee einer europäischen Verteidigungsgemeinschaft, die von Frankreich, den Benelux-Staaten, der Bundesrepublik Deutschland und Italien 1952 geschaffen werden sollte.[6] Der damals fortschrittliche Gedanke einer europäischen Armee, der einherging mit der westeuropäischen Einigung, scheiterte jedoch 1954 an der fehlenden Mehrheit im französischen Parlament.[7] Damit waren die bereits erteilten Zustimmungen Deutschlands und der Benelux-Länder (Italien stand kurz vor einer Abstimmung) hinfällig geworden. Erst mit der Formulierung der Europäischen Politischen Zusammenarbeit (**EPZ**) 1969/1970 auf Grundlage der Beschlüsse von Den Haag und des Davignon-Berichts wurde der engeren außenpolitischen Kooperation der sechs Mitgliedstaaten eine Form gegeben. Obgleich in den 60er Jahren weitere zweifelhafte Versuche der Gründung einer „Europäischen Gemeinschaft“ (wie das Projekt der Europäischen Politischen Gemeinschaft und die Fouchet-Pläne I und II im Jahr 1961) erfolgten, dauerte es tatsächlich bis 1969, um einen gemeinsamen Nenner unter den Gründungsstaaten zu finden.[8] Umso überraschender war es, als sich die EPZ, in der die Entscheidungskompetenz bei den nationalen Vertretern der Regierungen lag, im Laufe der Zeit zu dem wichtigsten Instrument der Außenpolitik im Rahmen der Gemeinschaft entwickelte.[9] Nicht zu verachten ist zudem, dass das Fundament für eine nichtwirtschaftliche Kooperation im Bereich der Außenpolitik geschaffen wurde – und das obwohl es zunächst für die Kooperation an einer

---

6 Sog. Pleven-Plan vom 24. Oktober 1950, in dem der französische Ministerpräsident René Pleven einen Vorschlag für eine Europa-Armee unter dem Kommando eines europäischen Verteidigungsministers unterbreitete; einen detaillierten, aber komprimierten Überblick über den historischen Ablauf der Entwicklung geben Schlag, Außenpolitik als Kultur, S. 109 ff. sowie Van Vooren/Wessel, EU External Relations Law, S. 357–366.

7 Müller-Brandeck-Bocquet, Die Europäische Union als Akteur in den internationalen Beziehungen, in: Kadelbach, Die Außenbeziehungen der Europäischen Union, S. 19 (S. 23); Schlag, Außenpolitik als Kultur, S. 134–135.

8 Vgl. auch: Van Vooren/Wessel, EU External Relations Law, S. 360.

9 Siehe für mehr Informationen zur EPZ: Denza, The Intergovernmental Pillars of the European Union, S. 37 ff.

vertraglichen Grundlage mangelte und die Zusammenarbeit lediglich auf freiwilliger Basis erfolgte.[10] Mit der Verabschiedung des Reformvertrages der Einheitlichen Europäischen Akte (**EEA**) 1986/1987 wurde der EPZ dann endlich eine vertragliche Grundlage gegeben.[11] Von diesem Zeitpunkt an wurden vermehrt außenpolitische Dialoge im Rahmen der EEA besprochen, so dass von da an die evidente Verbindung dieser politischen Kooperation und der Europäischen Gemeinschaft nicht mehr von der Hand zu weisen war.[12] Dennoch, die konkrete Idee der Bezeichnung der politischen Kooperation mit dem Begriff der Gemeinsamen Außen- und Sicherheitspolitik tauchte erst auf einer Regierungskonferenz in Dublin im Jahre 1990 auf.[13] Dabei stand zwar weniger die Formulierung einer einheitlichen Politik im Vordergrund, doch wurde die Notwendigkeit der Annäherung und besseren Abstimmung mitgliedstaatlicher Positionen betont.[14] Die Vergangenheit hatte nämlich gezeigt, dass eine effektive gemeinsame internationale Außenpolitik nur auf dem gemeinsamen Konsens der Mitgliedstaaten aufgebaut werden konnte. Die Regierungskonferenz in Dublin wird demnach gerne als Geburtsstunde der GASP der Europäischen Union bezeichnet.[15] Die tatsächliche – erstmalige – vertragliche Fixierung der GASP erfolgte jedoch erst mit der Verabschiedung des Maastrichter Vertrages im Jahr 1992[16] und der Gründung der EG. Mit der Normierung trat die GASP dann in die Stellung der EPZ ein und ersetzte diese. Die damals noch bestehenden drei Säulen[17] der Europäischen Union waren geschaffen worden und dem Rat als zum Handeln befähigtem Organ wurde eine entscheidende Funktion innerhalb der GASP übertragen.[18] Auch wurden die ersten verbindlichen Handlungsformen für die

10 Vgl. Regelsberger/Jopp, in: Diedrichs/Faber/Tekin/Umbach, Europe Reloaded, S. 396 (400).

11 Vgl. hierzu: Müller-Brandeck-Bocquet, Die Europäische Union als Akteur in den internationalen Beziehungen, in: Kadelbach, Die Außenbeziehungen der Europäischen Union, S. 19 (S. 24 f.).

12 Denza, The Intergovernmental Pillars of the European Union, S. 46.

13 Vgl. S. 5 unter http://wissen-europa.de/fileadmin/user_upload/website/Artikel/Artikel%201990-91/Dokumentation.pdf.

14 Fröhlich, Die Europäische Union als globaler Akteur (2014), S. 106.

15 Kugelmann, EuR 2004, S. 322 (325); Müller-Brandeck-Bocquet, Die Europäische Union als Akteur in den internationalen Beziehungen, in: Kadelbach, Die Außenbeziehungen der Europäischen Union, S. 19 (S. 24).

16 Vertrag über die Europäische Union vom 7. Februar 1992.

17 Die drei Säulen: Europäische Gemeinschaften, Gemeinsame Außen- und Sicherheitspolitik und Polizeiliche und justizielle Zusammenarbeit.

18 Denza, The Intergovernmental Pillars of the European Union, S. 55.

Ausführung der GASP geschaffen.[19] Durch diese Neuerungen unterschied sich die GASP im rechtlichen Sinne gewaltig von ihrer Vorgängerin, der EPZ.[20]

Im Jahre 1997 folgten dann die nächsten vertraglichen Änderungen. Der Vertrag von Amsterdam führte den Posten des Hohen Vertreters, der der Union auf internationaler Ebene vertreten sollte, für die GASP ein. Zudem wurde das vielversprechende Instrument der verstärkten Zusammenarbeit als neue Handlungsform normiert, welches aber überraschenderweise vorerst nicht für die GASP galt. Denn die Mitgliedstaaten waren der Ansicht, dass dieses Instrument sich nicht für die von verteidigungspolitischen Aspekten sowie institutionellen Neuerungen geprägten und fortwährend erweiterten Bereich der Außenpolitik eigne. Der 2003 folgende Vertrag von Nizza führte zu einer Änderung des Einstimmigkeitsprinzips. In vielen vergemeinschafteten Bereichen konnten nun Beschlüsse mit qualifizierter Mehrheit anstatt mit Einstimmigkeit gefasst werden. Dies galt wiederum nicht für die GASP – hier wurde an dem Erfordernis des Einstimmigkeitsprinzips weiterhin festgehalten. Auch der Vertrag von Lissabon änderte hieran nichts. Der im Jahr 2009 zuletzt in Kraft getretene Reformvertrag weitete u.a. die Kompetenzen des Hohen Vertreters aus und legte das Fundament für die Gründung des Europäischen Auswärtigen Dienstes. Darüber hinaus wurde die vormals bestehende Säulenstruktur aufgelöst – was aber wenig an der Sonderstellung der GASP geändert hat. Allgemein sollten durch die Lissabonner Reformen die Visibilität, Effektivität, Kontinuität und Kohärenz der GASP verbessert werden.[21] Ob dies tatsächlich der Fall ist, ist jedoch zweifelhaft. Heute ist die GASP, die nun auch die schrittweise Festlegung einer gemeinsamen Sicherheits- und Verteidigungspolitik umfasst, ein Kompetenztypus, der neben den ausschließlichen, den geteilten und den Unterstützungs-, Koordinierungs- und Ergänzungszuständigkeiten der Union eigenständig besteht,[22] aber wie zu den Anfangszeiten weiterhin von der Dominanz der Mitgliedstaaten geprägt ist.

---

19 Gemeinsame Standpunkte und gemeinsame Aktionen gemäß Ex-Artikel J.2 und J.3 des Maastricht-Vertrages.

20 Denza, The Intergovernmental Pillars of the European Union, S. 55.

21 Regelsberger/Jopp, in: Diedrichs/Faber/Tekin/Umbach, Europe Reloaded, S. 396 (410).

22 Streinz/Ohler/Herrmann, Der Vertrag von Lissabon zur Reform der EU, § 17 II 1.

B. Europäische Außenpolitik und GASP

Ein grundlegender und für das Verständnis der GASP entscheidender Schritt in deren Darstellung sind das Zusammenwirken und die Abgrenzung der GASP zu der allgemeinen europäischen Außenpolitik.

Die GASP stellt unstreitig einen Teilbereich der europäischen Außenpolitik dar; jedoch ist die Europäische Außenpolitik ein weitläufiger Bereich, dessen Grenzen schwerlich zu erfassen sind. Der Begriff der europäischen Außenpolitik unterliegt keiner allgemeingültigen Definition, die das gesamte System auf einen Nenner bringen könnte. Für die Adressierung der Außenbeziehungen der Union werden vielmehr diverse verschiedene Definitionen verwendet.[23] Es wird von der gemeinsamen Außenpolitik, den europäischen Außenbeziehungen,[24] der Außenpolitik der Union,[25] der europäischen Außenpolitik,[26] der EU-Außenpolitik,[27] dem auswärtigen Handeln,[28] den Außenzuständigkeiten[29] oder auch dem außenpolitischen Handeln[30] gesprochen. Spricht man von der Außenpolitik der EU im Sinne der Verträge, so umfasst dies das gesamte auswärtige Handeln der Union, worunter auch das wirtschaftliche Handeln zu fassen ist. Also jegliches Verhalten der Union und der gemeinsam handelnden Mitgliedstaaten, das dazu bestimmt und geeignet ist, Wirkungen außerhalb oder auch innerhalb der Union zu entfalten.[31] Es bezieht sich somit nicht auf das klassische Verständnis der außenpolitischen Diplomatie, wie es bei einem einzelnen (Mitglied-)Staat gesehen wird.[32] Im nationalen Kontext galt nämlich für lange Zeit,

---

23 Ein strukturierter Überblick findet sich bei *Kruse*, Der Europäische Auswärtige Dienst zwischen intergouvernementaler Koordination und supranationaler Repräsentation, S. 28 und S. 33 ff.

24 Arnauld, in: von Arnauld (Hrsg.), Europäische Außenbeziehungen (EnzEuR, Bd. 10), § 1, Rn. 20.

25 Arnauld, in: von Arnauld (Hrsg.), Europäische Außenbeziehungen (EnzEuR, Bd. 10), § 1, Rn. 15.

26 Schlag, Außenpolitik als Kultur, S. 28 ff.

27 Ibid.

28 Fünfter Teil des AEUV und des EUV; vgl. auch: Kruse, Der Europäische Auswärtige Dienst zwischen intergouvernementaler Koordination und supranationaler Repräsentation, S. 29 und S. 125.

29 Bieber/Epiney/Haag/Kotzur, Die Europäische Union, § 36, Rn. 4.

30 Art. 21 Absatz 2 EUV.

31 Hobe, Europarecht, § 35, Rn. 4.

32 Denza, The Intergovernmental Pillars of the European Union, S. 85; Thym, Auswärtige Gewalt, in: v. Bogdandy/Bast, Europäisches Verfassungsrecht, S. 441 (S. 445); Algieri, Die Gemeinsame Außen- und Sicherheitspolitik der EU, S. 29.

dass die Außenpolitik sich nur auf sog. „*high politics*", wie die ökonomische und militärische Stärke und die Fähigkeit Krieg zu führen,[33] bezog. Nationale Außenpolitik sollte sich gerade nicht auf weiche Themen wie Wirtschaft, Entwicklung und Umwelt konzentrieren („*low politics*").[34] Weitete man den Akzent von den Verträgen dann noch auf ein weites pragmatisches Verständnis der europäischen Außenpolitik aus,[35] d.h. Europäische Außenpolitik im weiten Sinne, so könnte man darin die Vernetzung aller außenpolitischen Akteure – also der Union, der Mitgliedstaaten, der Drittstaaten, der internationale Organisationen, der zwischenstaatlichen Akteure und der Nichtregierungsorganisationen – und deren Beziehung untereinander verstehen.[36] Dies verdeutlicht wiederum, dass die Union dabei „nur" eine von vielen Akteuren ist. Der weite und enge Aspekt der Außenpolitik ist jedoch von entscheidender Bedeutung für die Wahrnehmung der EU als außenpolitischer Akteur. Denn die Außenbeziehungen der Union sind gerade durch Interaktion und Kooperation mit anderen weltpolitischen Spielern gekennzeichnet[37] und die nationale Außenpolitik der einzelnen Mitgliedstaaten muss konzeptionell an das europäische Verständnis der Außenpolitik angepasst werden. Darüber hinaus ist die Europäische Außenpolitik durch Mehrdimensionalität geprägt, wobei die GASP – mit ihrem Unterbereich der GSVP – einen integralen Teil von dieser darstellt. Die Europäische Außenpolitik im weiten Sinne umfasst daher neben der GASP auch die supranationalen[38]

33 Algieri, Die Gemeinsame Außen- und Sicherheitspolitik der EU, S. 29.

34 Arnauld, in: von Arnauld (Hrsg.), Europäische Außenbeziehungen (EnzEuR, Bd. 10), § 1, Rn. 15; vgl. hierzu auch: Schlag, Außenpolitik als Kultur, S. 94 (m.w.N.).

35 Dieses weite Verständnis soll nicht derart verstanden werden, dass es sich aus dem Rahmen der vertraglichen Vorgaben des EU-Primärrecht bewegt. Ganz im Gegenteil, es gelten weiterhin die vertraglichen Bestimmungen, nur der Kontext der europäischen Außenpolitik soll in einem großen Ganzem gesehen werden.

36 Arnauld, in: von Arnauld (Hrsg.), Europäische Außenbeziehungen (EnzEuR, Bd. 10), § 1, Rn. 1.

37 Arnauld, in: von Arnauld (Hrsg.), Europäische Außenbeziehungen (EnzEuR, Bd. 10), § 1, Rn. 5.

38 Es wird vorliegend von der Supranationalität gesprochen, um einerseits zu verdeutlichen, dass die Union weder ein klassisches völkerrechtliches Gebilde ist noch als typische internationale Organisation qualifiziert werden kann. Anderseits wird durch den Begriff verdeutlicht, dass die übrigen Unionspolitiken eine andere Struktur aufweisen als die der intergouvernemental geprägten GASP; vgl. auch Fremuth, Die Europäische Union auf dem Weg zur Supranationalität, S. 23 ff., 38 f.; Busse, Die völkerrechtliche Einordnung der Europäischen Union, S. 162 ff.

Außenpolitiken sowie zahlreiche andere Politikfelder[39]. Vereinfacht gesehen lassen sich die Politikbereiche des europäischen auswärtigen Handelns aber in zwei Hauptkategorien unterteilen: Die Unionseigene („vergemeinschaftete“[40] bzw. „supranationale“[41]) nach den Art. 205–222 AEUV und die intergouvernementale GASP unter Einschluss der GSVP nach Maßgabe der Artikel in Titel V des Lissabonner Vertrages.[42] Bei dieser zweidimensionalen Betrachtungsweise stoßen wir zugleich auf einen Begriff, dessen Abgrenzung zur GASP von entscheidender Bedeutung ist, nämlich die sog. vergemeinschaftete Außenpolitik der Union. Unter den Begriff der vergemeinschafteten Außenpolitik fasst der AEU-Vertrag insbesondere die Gemeinsame Handelspolitik, die wirtschaftliche und technische Zusammenarbeit mit Drittländern und die humanitäre Hilfe, der Erlass restriktiver Maßnahmen[43] sowie das Aushandeln völkerrechtlicher Abkommen, die Unterhaltung von Beziehungen zu internationalen Organisationen und Drittländern und die gegenseitig geltende Verpflichtung zur Solidarität. Diese genannten Bereiche unterliegen – anders als die GASP – der ausschließlichen oder geteilten Kompetenz der Union.[44] Die Union ersetzt – jedenfalls weitgehend – den Nationalstaat als Mitgliedstaat der Europäischen Union.[45] In all diesen Bereichen können durch die Union Gesetzgebungsakte erlassen sowie internationale Übereinkünfte geschlossen werden.[46] Die Union handelt

39 Wie z.B. die Entwicklungs-, Klima- und Umweltpolitik. Ganz allgemein bestimmt der Fünfte Teil des AEUV das auswärtige Handeln der Union. Neben den ursprünglichen Kompetenzen wie der Gemeinsamen Handelspolitik (Art. 207 AEUV), der Entwicklungszusammenarbeit (Art. 211 AEUV) und der Assoziierungspolitik (Art. 217 AEUV) umfasst die heutige unionale Außenpolitik noch weitere Politikfelder. Unter anderem beinhaltet diese nun auch die Außenaspekte folgender Sachbereiche: Währungspolitik (Art. 138, 219 AEUV), Umweltpolitik (Art. 191 Absatz 4 AEUV), Fischereipolitik, Zollunion, Wettbewerbsregeln für den Binnenmarkt (Art. 81 AEUV), Einwanderungs- und Asylpolitik (Art. 78 Absatz 2, 79 Absatz 3 AEUV), Beziehungspflege zu internationalen Organisationen (Art. 220 AEUV).

40 Jaag, EuR 2012, S. 309 (S. 309).

41 Wegen des „Wegfalls“ der Europäischen Gemeinschaft erscheint es durchaus vertretbar nun von supranationaler Außenpolitik der Union zu sprechen.

42 Vgl. auch: Engbrink, Die Kohärenz des auswärtigen Handelns der Europäischen Union, S. 8.

43 Die jedoch u.a. ihre Grundlage in dem Erlass eines GASP-Beschlusses haben können, vgl. Art. 215 AEUV – dazu später auch weiter unten.

44 Bzw. der weiteren Kompetenzarten – vgl. hierzu die Ausführungen unter Abschnitt D, 5.

45 Bungenberg, EuR Beiheft 1/2009, S. 195 (S. 215).

46 Art. 216–219 AEUV.

jedoch nicht kontrolllos und völlig eigenständig, sie wird vielmehr durch die europäischen Gerichte überwacht. Insbesondere der EuGH wahrt das europäische Recht, indem er die Auslegung und die Anwendung der allgemeinen Verfahren und Grundsätze, auf die sich die Mitgliedstaaten mit der EU geeinigt haben, sichert.[47] Für die GASP – die eben keine vergemeinschaftete Außenpolitik darstellt – gilt dagegen ein anderes System, nämlich das intergouvernemental geprägte System[48], das auf einer zwischenstaatlichen Zusammenarbeit beruht und in dem die Mitgliedstaaten ihre staatliche Souveränität weiterhin bewahren. Die maßgeblichen Vorschriften finden sich nicht im AEUV, sondern im EU-Vertrag, explizit in Art. 23–46 EUV.[49] Die GASP unterliegt dabei nicht der Führung der Europäischen Kommission und/oder des Europäischen Parlaments, sondern des Europäischen Rates und des Rates[50], die jeweils aus Vertretern der Mitgliedstaaten bestehen. Die übrigen Unionsorgane sind, anders als bei den unionseigenen Bereichen der Außenpolitiken, kaum einbezogen. Innerhalb der GASP ist der Erlass von Gesetzgebungsakten ausgeschlossen und eine gerichtliche Kontrolle ist nur im eingeschränkten Maße möglich.[51] Von der Intergouvernementalität darf jedoch nicht auf eine völlig losgelöste Außenpolitik der GASP durch ein souveränes Agieren der Mitgliedstaaten geschlossen werden. Diese sind nämlich im Geiste ihrer Loyalitätspflicht zur aktiven und vorbehaltlosen Unterstützung der GASP verpflichtet[52] – was sich wiederum auf ihre nationalen Vertreter, die die Politikgestaltung der GASP in Brüssel vornehmen, auswirkt bzw. auswirken sollte.

---

47 Art. 19 Absatz 1 S. 2 EUV.

48 Die intergouvernementale System wird auch Unionsmethode bezeichnet, vgl. Kadelbach, EuR 5/2013, S. 489 (S. 495) und in: Kadelbach, Von der Krise zur Reform?, in: ders. (Hrsg.), Die EU am Scheideweg: mehr oder weniger Europa?, S. 19; ähnlich: Schorkopf, Methodenpluralismus in der europäischen Integration – Zur Errungenschaft der Gemeinschaftsmethode und zur Notwendigkeit einer Unionsmethode, in: Kadelbach (Hrsg.), Die Europäische Union am Scheideweg: mehr oder weniger Europa?, S. 93 (S. 114).

49 Allerdings sind bestimmte Bestimmungen des AEUV auch für den Bereich der GASP relevant, u.a. Titel IV (Restriktive Maßnahmen), Titel V (Internationale Einkünfte) und Titel VI (Beziehungen der Union zu internationalen Organisationen und Drittländern sowie Delegationen der Union).

50 Der Rat der Europäischen Union wird im Folgenden entweder als „Rat" oder „Rat der Europäischen Union" bezeichnet.

51 Art. 24 Absatz 1 Unterabsatz 2, S. 3 und S. 6 EUV.

52 Vgl. Art. 24 Absatz 3 EUV.

Neben den vergemeinschafteten Außenpolitiken der Union und der GASP darf jedoch die Europäische Nachbarschaftspolitik (**ENP**) nicht außer Acht gelassen werden. Zwar wird sie formal nicht in den Artikeln des außenpolitischen Handelns aufgelistet, jedoch ist sie auf Grund ihrer außenpolitisch motivierten Ausrichtung den Außenbeziehungen der Union zuzuordnen.[53] Obwohl die ENP in der Praxis schon länger besteht, normierte der Lissabonner Vertrag erstmalig in Art. 8 EUV eine gesonderte Ermächtigungsgrundlage für diese.[54] Die als grundlegendes Instrument zur Schaffung von Sicherheit und Stabilität in den Nachbarschaftsregionen angelegte Politik besteht aus bilateralen Aktionsplänen und politischen Dialogen, die sich auf alle EU-Politikbereiche beziehen und zugleich auswirken.[55] Die Kompetenz zur Bestimmung der ENP liegt bei der Kommission, wobei die Durchführung der Politik nicht nur durch die Kommission, sondern auch durch den Europäischen Auswärtigen Dienst erfolgt[56]. Aber nicht nur organschaftlich besteht eine Verknüpfung der ENP mit der restlichen Außenpolitik im weiten Sinne. Der Wortlaut des Art. 8 EUV verdeutlicht insbesondere den inhaltlichen Kontext mit der allgemeinen europäischen Außenpolitik.[57] Es geht um die Schaffung „enge[r], friedliche[r] Beziehungen" auf Grundlage eines „Raum[s] des Wohlstands und der guten Nachbarschaft". Aus dem Begriff der „Friedlichkeit" können offensichtlich klassische außenpolitisch motivierte Ziele erkannt werden, welches die ENP mit den Zielen des allgemeingültigen Art. 21 Absatz 1 EUV verbindet. Durch die Erwähnung der Schaffung von „Wohlstand" kann wiederum auf die außenwirtschaftlich motivierte Zielsetzung geschlossen werden.[58] Diese Annahmen rechtfertigen die Qualifizierung der ENP als Teil der europäischen Außenpolitik.

Dass jedoch die eben genannten Bereiche die Außenkompetenzen der Union abschließend erfassen, erweist sich als Trugschluss. Neben dem bereits

53 Kellerhals/Wesselina Ube, in: Schwarze, EU-Kommentar, Art. 8 EUV, Rn. 3; von Arnauld, in: ders. (Hrsg.), Europäische Außenbeziehungen (EnzEuR, Bd. 10), § 1, Rn. 17, 20; Breuer, in: Pechstein/Nowak/Häde, Frankfurter Kommentar, Art. 8 EUV, Rn. 23 – der Autor erläutert u.a., dass die ENP durch völkerrechtliche Verträge ausgeführt werden kann, was wiederum auf die außenpolitische Komponente schließen lässt.

54 Schmalenbach, in: Calliess/Ruffert, EUV/AEUV, Art. 8 EUV, Rn. 1.

55 Bitterlich, in: Lenz/Borchardt, EU-Verträge Kommentar, Art. 8 EUV, Rn. 3.

56 Vgl. Art. 9 des Beschlusses des Rates vom 26. Juli 2010 über die Organisation und Arbeitsweise des Europäischen Auswärtigen Dienstes (2010/427/EU), ABl. 2010 EU L 201/30.

57 Thym, in: Grabitz/Hilf/Nettesheim, Das Recht der EU, Art. 8 EUV, Rn. 8.

58 Ibid.

Genannten sind auch der vierte Teil des AEUV hinsichtlich der Assoziierung der Überseeischen Länder und Hoheitsgebiete und viele im dritten Teil verstreute Bestimmungen mit außenpolitischen Dimensionen sowie ungeschriebene Außenkompetenzen, die nun nach Art. 3 Absatz 2 und Art. 216 Absatz 1 AEUV gerade zugelassen sind, der Außenpolitik der Union zuzuordnen.[59]

Die oben beschriebenen einzelnen Kategorien des außenpolitischen Handelns werden seit den Lissabonner Reformen durch den allgemein geltenden Art. 21 EUV geregelt.[60] Dieser bestimmt die grundsätzlichen Prinzipien und Ziele, nach denen das außenpolitische Handeln zu erfolgen und sich zu richten hat. Diese Vorgaben gelten sowohl in der GASP als auch in den vergemeinschafteten Außenpolitikbereichen. Art. 21 EUV bestimmt, dass in allen außenpolitischen Bereichen Demokratie, Rechtsstaatlichkeit, Menschenrechte, Grundfreiheiten, Menschenwürde, Gleichheitssatz, Solidaritätsverpflichtung und Achtung der Grundsätze der Vereinten Nationen als Eckpfeiler des Agierens gelten. Die Grundnorm des Art. 21 EUV stellt dabei ein Novum in der europäischen Rechtsgeschichte dar, da nun erstmalig einheitliche Zielbestimmungen und Grundsätze für die Außenpolitik der Union bestimmt wurden. Es gilt nicht mehr wie in den früheren Verträgen eine getrennte Regelung für die GASP und die restliche Außenpolitik der Union. Mit dem Vertrag von Lissabon wurde die GASP formal in das System der EU-Rechtsordnung eingebettet und damit die vormals bestandene Säulenstruktur aufgelöst. Damit ist die GASP unter den Hut der gesamten europäischen Außenpolitik gefasst[61] und ist erstmalig in der europäischen Geschichte mit den supranationalen Außenbeziehungen vertraglich verknüpft worden. Ein Über-/Unterordnungsverhältnis ist dahingehend jedoch ausdrücklich nicht geschaffen worden. Der AEUV und der EUV stehen sich vielmehr gleichrangig gegenüber.[62] Dies wird auch mit dem allgemein geltenden Kohärenzgebot, nachdem sich die einzelnen Bereiche des auswärtigen Handelns (sowie die übrigen Politikbereiche) aufeinander abstimmen müssen,

59 Vgl. von Arnauld, in: ders. (Hrsg.), Europäische Außenbeziehungen (EnzEuR, Bd. 10), § 1, Rn. 18; zu den nun vertraglich fixierten ehem. ungeschriebenen Außenkompetenzen: Cremona, EU External Relations, in: Azoulai, The Question of Competence in the European Union, S. 65 (S. 73).

60 Vgl. hierzu Art. 205 AEUV, der auf Art. 21 f. EUV verweist.

61 Systemtisch gesehen könnte man eigentlich von dem umgekehrten Fall sprechen, dass die vergemeinschafteten Außenpolitikbereiche im EUV aufgegangen sind, denn der EUV regelt die einheitlichen Bestimmungen und eben nicht der AEUV.

62 Art. 1 Absatz 3 S. 2 EUV.

unterstrichen.[63] In der Festlegung dieser gemeinsamen Zielbindung und in der Unterstreichung der Sicherung der Kohärenz spiegelt sich deutlich das Bemühen europarechtlicher Akteure wider, der Europäischen Union im Feld der Außenpolitik ein stärkeres Auftreten zu verleihen.[64] Kritisch anzumerken ist jedoch, dass angesichts des Umfangs der Ziele viele Detailregelungen weiterhin offengeblieben sind. Zum Beispiel bleibt trotz der vertraglichen Normierung des auswärtigen Handelns in Art. 205 ff. AEUV und der GASP in Art. 23 ff. EUV die Frage übrig, was „Außenpolitik" tatsächlich alles umfasst und wie die Bereiche des vergemeinschafteten außenpolitischen Handelns von der zwischenstaatlich ausgerichteten GASP abgrenzt werden können?[65] Immerhin erwähnt Art. 21 Absatz 3 EUV noch die anderen „externen Aspekte übriger Politikbereiche", für die die Grundsätze und die Zielbestimmungen auch gelten. Im praktischen Sinne stellt sich dessen ungeachtet die Frage, ob die gemeinsame Zielbindung überhaupt zur Vereinfachung und zur Effektivität der Außenpolitik beiträgt.

C. Grenzen der europäischen Außenpolitik?

Wendet man sich also erstmal der Problematik der Bestimmung und der Abgrenzung des Umfangs der gesamten europäischen Außenpolitik zu und nimmt man unkritisch an, dass dies durch eine territoriale Determination möglich ist, so gelangt man schnell zu dem Ergebnis, dass dies gerade nicht realisierbar ist. Denn die gesamte Europäische Außenpolitik im weiten Sinne ist nicht an territoriale Grenzen gebunden.[66] Die Union geht mit ihrem Agieren weit über die geographischen Grenzen der Europäischen Union hinaus. Ihre Beziehungen erstrecken sich in alle Regionen der Welt.[67] Die Tätigkeit bezieht sich auf die

---

63 Vgl. insbesondere Art. 21 Absatz 3 Unterabsatz 2 EUV.

64 Vgl. Terhechte, in: Grabitz/Hilf/Nettesheim, Das Recht der EU, Art. 205 AEUV, Rn. 6.

65 Letzteres wird im nächsten Abschnitt behandelt; vgl. hierzu auch: Cremona, EU External Relations, in: Azoulai, The Question of Competence in the European Union, S. 65 ff.; Eeckhout, EU External Relations Law, S. 165 ff.; Kruse, Der Europäische Auswärtige Dienst zwischen intergouvernementaler Koordination und supranationaler Repräsentation, S. 114.

66 Zu beachten sind natürlich völkerrechtliche Wirkungsgrenzen, wie z.B. das bei Verordnung geltende Territorialprinzip und das im Wettbewerbsrecht geltende Wirkungsprinzip, vgl. hierzu: Kadelbach, in: von Arnauld (Hrsg.), Europäische Außenbeziehungen (EnzEuR, Bd. 10), § 4, Rn. 94.

67 Kadelbach, Außenpolitik im europäischen Mehrebenensystem, in: ders., Die Außenbeziehungen der Europäischen Union, S. 9; Schmid, ZFAS 2010, S. 457 (S. 462); Van Vooren/Wessel, EU External Relations Law, S. 383.

südliche und östliche Nachbarschaft, auf den Westbalkan, die Türkei und Westeuropa, Asien und den pazifischen Raum sowie Afrika und den amerikanischen Kontinent.[68] Als exemplarisches Beispiel zur „Grenzenlosigkeit" der europäischen Außenpolitik sei daneben zu erwähnen, dass die Union in vielen internationalen Organisationen mit einem eigenen Sitz vertreten ist[69] – was natürlich auch die Globalität des Handelns der Union unterstreicht. Letzteres wurde vor allem mit den Lissabonner Reformen auf eine neue Ebene gehoben. Mit den Lissabonner Reformen hat die Union bekanntlich eigene Rechtspersönlichkeit erlangt.[70] Damit rückt sie auch als Rechtsnachfolgerin in die Rechtposition der Europäischen Gemeinschaft (**EG**) in internationalen Organisationen ein und übernimmt entweder deren Beobachterstatus oder deren Mitgliedschaft.[71] Dies verdeutlicht ihre Stellung auf dem internationalen Parkett, also in Bezug auf die Welt und eben nicht begrenzt auf Europa. Darüber hinaus ist wegen der ständigen Erweiterung durch Aufnahme neuer Mitgliedstaaten[72] eine deutliche territoriale Grenzziehung überhaupt nicht möglich. Ungeachtet dessen lässt sich eine mögliche Begrenzung auf die territorialen Gebiete der Mitgliedstaaten auch nicht anhand der Vertragstexte rechtfertigen.[73] Gerade die Normierung der allgemeinverbindlichen Ziele und Grundsätze in Art. 21 EUV spricht dagegen. Denn das Ziel der Union Demokratie, Rechtsstaatlichkeit und Menschenrechte zu fördern ist vom Sinngehalt des Art. 21 EUV auf unionsexterne Kontexte zugeschnitten. Bekanntlich müssen die Mitgliedstaaten die genannten

68 Vgl. Hauptaspekte und grundlegende Optionen der GASP (Teil II Buchstabe E Nummer 25 der Interinstitutionellen Vereinbarung (IIV) vom 2. Dezember 2013) – 2014 – Entwurf des Jahresberichts der Hohen Vertreterin der Europäischen Union für Außen- und Sicherheitspolitik an das Europäische Parlament (Dokumentennr. 10549/15 v. 9. Juli 2015), S. 21 ff.

69 Vgl. hierzu: Kadelbach, in: von Arnauld (Hrsg.), Europäische Außenbeziehungen (EnzEuR, Bd. 10), § 4, Rn. 41; beachte: Einen eigenen Sitz hat die EU jedoch nicht in den Vereinten Nationen.

70 Art. 47 EUV.

71 Art. 1 Absatz 3 S. 3 EUV; Bungenberg, EuR Beiheft 1/2009, S. 195 (S. 199).

72 Bzw. durch Austritt bestehender Mitgliedstaaten.

73 Es sollte beachtet werden, dass es hier nicht zwangsläufig um den räumlichen Geltungsbereich der Verträge nach Art. 52 EUV und Art. 355 AEUV geht, sondern um die Auswirkungen, die die Europäische Außenpolitik in der Welt hat. Gerade das im Art. 355 AEUV zum Ausdruck kommende Territorialitätsprinzip schließt nicht aus, dass die Rechtsfolgen bestimmter Sachverhalte (insbesondere der GASP und des Wettbewerbsrechts) sich außerhalb des im Art. 355 AEU beschriebenen Gebiets ereignen, Booß, in: Lenz/Borchardt, EU-Verträge Kommentar, Art. 52 EUV, Rn. 2.

Ziele im Zeitpunkt des Beitritts verwirklicht und erfüllt haben.[74] Beitrittskandidaten müssen sich demnach bemühen, die Ziele und Grundsätze im Laufe des Beitrittsprozesses zu verwirklichen. Demnach kann der Sinn der Vorschrift u.a. auch dahin ausgelegt werden, dass dieser sich auf die Veränderung der Verhältnisse im Inneren von Beitritts- bzw. Drittstaaten, also (noch) nicht unionsangehörigen Staaten, bezieht.[75]

Auch die Vergangenheit hat gezeigt, dass sich die unionale Außenpolitik auf Gebiete konzentrierte, die außerhalb des Territorialgebiets der EU liegen. Exemplarisch sei die Außenpolitik im ehemaligen Jugoslawien und in Somalia oder der Ausbau der Wirtschaftsbeziehung mit den sog. Maghreb-Staaten erwähnt. Generell ist also davon auszugehen, dass die Werte, Grundsätze und Ziele des auswärtigen Handelns – und damit auch der GASP – von globalem Charakter gezeichnet und territorial unbegrenzt sind.[76] Darüber hinaus ist der globale Ansatz der Außenpolitik notwendige Konsequenz der weltweiten Verflechtung von politischen, wirtschaftlichen und sicherheitspolitischen Aspekten.[77] Dem globalen Ansatz spricht auch nicht entgegen, dass einige der Ziele eine regionale Akzentuierung innehaben. Art. 26 EUV verdeutlicht, dass die Festlegung von strategischen Interessen den Bereichen vorenthalten ist, in denen wichtige gemeinsame Interessen der Mitgliedstaaten bestehen.[78] Die Verträge lassen es demnach zu, dass nationale Motive auf die unionale Außenpolitik Einfluss nehmen können.[79] Zieht man die genannten Aspekte in Betracht, ist die erste Schlussfolgerung, dass das auswärtige Handeln keinesfalls auf das Territorium der Mitgliedstaaten begrenzt, sondern geographisch weltumfassend ist.[80]

---

74 Beitrittsvoraussetzungen nach Art. 49 Absatz 1, Art. 2 EUV.

75 Cremer, in: Calliess/Ruffert, EUV/AEUV, Art. 21 EUV, Rn. 11.

76 Regelsberger/Kugelmann, in: Streinz, Kommentar EUV/AEUV, Art. 21 EUV, Rn. 13.

77 Schmid, ZFAS 2010, S. 457 (S. 462).

78 Bitterlich, in: Lenz/Borchardt, EU-Verträge Kommentar, Art. 26 EUV, Rn. 4; Algieri, Die Gemeinsame Außen- und Sicherheitspolitik der EU, S. 32.

79 Damit ist jedoch nicht gemeint, dass nationale Motive überhandnehmen sollen/können.

80 Im weiten Sinne ist die Europäische Außenpolitik nicht nur weltumfassend, sondern auch universell. Denn mittlerweile bezieht sich das Handeln der EU auch auf die Weltallerkundung und -erforschung sowie auf die Raumfahrt (vgl. u.a. die Zusammenarbeit der EU mit der *European Space Agency*; Einrichtung des Europäischen Weltraumrates; das Erdbeobachtungsprogramm Copernicus und das Satellitennavigationssystem Galileo sowie das Weltraumforschungsprogramm Horizon 2020).

Zur Begrenzung des Umfangs der Außenpolitik wäre des Weiteren an eine inhaltliche Abgrenzung zwischen nationalen und vergemeinschafteten Bereichen zu denken. Aber auch diese ist nicht möglich, da die Union die Außenpolitik der Mitgliedstaaten nicht vollkommen ersetzt.[81] Die einzelnen Nationalstaaten bleiben weiterhin eigenständige Akteure in ihren nationalen Außenkompetenzen,[82] dies insbesondere weil die nationale Außenpolitik zu dem Kernbestandteil der Staatlichkeit und der Souveränität eines autonomen Staats gehört.[83] Dies spiegelt sich dementsprechend auch in der intergouvernementalen Politikgestaltung innerhalb der GASP wider. Andererseits sind bestimmte Bereiche auf Grund der Kompetenzübertragungen auf die Union für ein eigenständiges Handeln dieser offen bzw. können in manchen Bereichen die Mitgliedstaaten und die Union gleichzeitig handeln. Es handelt sich also um ein Nebeneinander der Unionspolitiken und der nationalen Außenpolitiken, ohne dass es zu einer Ersetzung des einen Akteurs durch den anderen Akteur kommt.

Ferner ist die Europäische Außenpolitik nicht mit der Außenpolitik eines einzelnen Staats gleichzusetzen.[84] Im Gegensatz zu einem Einzelstaat verfügt die Union über keine auswärtige Gewalt im klassischen Sinne, sondern ist die Trägerschaft der in einem Verbund unterschiedlicher Akteure ausgeübten Außen- und Sicherheitspolitik.[85] Auch fehlen der Union die klassischen Elemente einer nationalen Außenpolitik.[86] Die Union verfügt eben nicht z.B. über die Kompetenz zur Bestimmung der Migrationspolitik, der Bildung einer Armee (zumindest noch nicht) oder des Anspruchs auf Erwerb oder Abtretung eines Hoheitsgebiets.[87] Darüber hinaus unterscheiden sich nationale Außenpolitiken dadurch, dass sie zwischen Innerer Politik und Äußerer Politik differenzieren.[88]

---

81 Streinz/Ohler/Herrmann, Der Vertrag von Lissabon zur Reform der EU, § 17 II 2.

82 Fröhlich, Die Europäische Union als globaler Akteur, S. 20; insbesondere im Bereich der GSVP: Thym, Parliamentary Involvement in European International Relations, in: Cremona/de Witte: EU Foreign Relations Law (2008), S. 201 (S. 232).

83 Peters/Wagner, Gemeinsame Außen- und Sicherheitspolitik, in: Heinelt/Knodt (Hrsg.), Politikfelder im EU-Mehrebenensystem, S. 43.

84 Ähnlich: Thym, Parliamentary Involvement in European International Relations, in: Cremona/de Witte: EU Foreign Relations Law (2008), S. 171 (S. 232).

85 Rüger, Europäische Außen- und Sicherheitspolitik, S. 93; von Arnauld, in: ders. (Hrsg.), Europäische Außenbeziehungen (EnzEuR, Bd. 10), § 1, Rn. 22; vgl. auch Thym, Auswärtige Gewalt, in: v. Bogdandy/Bast, Europäisches Verfassungsrecht, S. 441 (S. 445).

86 Eeckhout, EU External Relations Law, S. 170.

87 Eeckhout, EU External Relations Law, S. 170.

88 Thym, Foreign Affairs, in: v. Bogdandy/Bast, Principles of European Constitutional Law, S. 309 (S. 312).

Die Außenpolitik der Union versteht sich aber als viel umfassender, da sie auch wirtschaftliche, umweltpolitische und entwicklungspolitische Aspekte miteinbezieht,[89] also gerade „*high*“ und „*low politics*“ miteinander verbindet. Dies zeigen auch die Inhalte der allgemeingültigen Ziele und Grundsätze des Art. 21 EUV, die sich z.B. auch auf umweltpolitische und gesellschaftsrechtliche Aspekte erstrecken.

Zu denken wäre noch eine Begrenzung nach klar definierten Sachbereichen und -materien. Aber auch dies ist angesichts der nicht klar definierten Strukturen in den EU-Verträgen nicht möglich. Dem primärrechtlichen Normenbestand fehlt es an einem kohärenten Bauplan.[90] Zwar sind die einzelnen Bereiche in den Artikeln des AEUV und des EUV aufgelistet, doch ist angesichts der Möglichkeit weitere Politiken bzw. Maßnahmen zu ergreifen und möglicherweise Politikfelder zu erweitern[91] eine statische Festlegung nicht realisierbar. Die Vergangenheit hat gezeigt, dass die Europäische Außenpolitik von der Realität und deren Veränderungen abhängt.[92] An der historischen Entwicklung lässt sich klar erkennen, dass die Schaffung außenpolitischer Vertragsgrundlagen häufig eine nachholende Kodifizierung der Praxis der Gemeinschaftsorgane und/oder der europäischen Rechtsprechung ist.[93] Die Außenbeziehungen passen sich demnach an die Gegebenheiten der weltpolitischen Entwicklungen an und reagieren auf diese. Der Normenbestand stellt demzufolge das Ergebnis einer an politischen Bedürfnissen orientierten Entwicklung dar.[94] Zudem ist die EU eben kein klassischer Bundesstaat, sondern wohl am ehesten ein Verbund souveräner

---

89 Vgl. European Security Strategy, 12. Dezember 2003, S. 10, „Effective Multilateralism“.

90 Von Arnauld, in: ders. (Hrsg.), Europäische Außenbeziehungen (EnzEuR, Bd. 10), § 1, Rn. 19; auch: Lecheler, DVBl 2008, S. 873.

91 Vgl. Art. 3 Absatz 2 und Art. 216 Absatz 1 AEUV sowie die durch das AETR-Urteil entwickelte *implied powers*-Doktrin – Urteil des Gerichtshofs v. 31. März 1971, Kommission der Europäischen Gemeinschaften gegen Rat der Europäischen Gemeinschaften, Rs. 22/70, Slg. 1971, 263 (E-CLI:EU:C:1971:32).

92 So auch Streinz/Ohler/Herrmann, Der Vertrag von Lissabon zur Reform der EU, § 17 II 1.

93 Kadelbach, Außenpolitik im europäischen Mehrebenensystem, in: ders., Die Außenbeziehungen der Europäischen Union, S. 9 (S. 14); ähnlich: Müller-Brandeck-Bocquet, Die Europäische Union als Akteur in den internationalen Beziehungen, in: Kadelbach, Die Außenbeziehungen der Europäischen Union, S. 19 (S. 41); Lecheler, DVBl 2008, S. 873 (S. 876).

94 Von Arnauld, in: ders. (Hrsg.), Europäische Außenbeziehungen (EnzEuR, Bd. 10), § 1, Rn. 19 und Vranes, Juristische Blätter 2011, S. 11 ff.

Staaten, der durch die Verflechtung nationaler mit europäischen Politiken immer wieder vor neue Herausforderungen gestellt wird. Eine strenge Abgrenzung zwischen einzelnen Sachbereichen könnte die Effektivität eines potenziellen Vorgehens gefährden. Ferner ist zu beachten, dass im Zuge des fortschreitenden Integrationsprozesses immer wieder neue Herausforderungen entstehen, die ein „Mehr" an gemeinschaftlichem Handeln erfordern – insbesondere im Vergleich zu den frühen Anfängen der Europäischen Union. Oft sind dies gerade Gefahren, die ein einzelner Staat nicht mehr alleine abwenden kann[95] und somit auf das gemeinsame Vorgehen innerhalb der EU angewiesen ist (z.B. internationaler Terrorismus). Angesichts dieser genannten Aspekte wird deutlich, dass eine Demarkation der Außenpolitik nach klar definierten Sachbereichen die notwendige Flexibilität der europäischen Außenpolitik nehmen würde und demnach nicht sinnvoll ist.

Schlussendlich lässt sich in diesem Abschnitt festhalten, dass die Außenpolitik der Union vereinfacht gesagt keinerlei Grenzen unterliegt – außer natürlich der Beachtung der Grundsätze, Prinzipien, Werte und Ziele der Europäischen Union und des Völkerrechts. Diese These wird mit dem Sinn und dem Zweck der europäischen Außenpolitik untermauert. Würde eine klar definierte Grenzziehung erfolgen – sei es in geographischer, sachlicher, zeitlicher oder sonstiger Hinsicht –, so würde das zu einer sich negativ auswirkenden Verengung des außenpolitischen Handelns führen, was wiederum drastische Auswirkungen auf die Effektivität der Außenpolitik haben könnte. Folglich wäre die Union nicht fähig sich auf dem internationalen Parkett eine führende Rolle zu verschaffen, was auf langfristige Sicht dazu führen könnte, dass die Union im außenpolitischen Geschehen in eine unbedeutende Nebenrolle gedrängt werden könnte.

D. Umfang der GASP

Wie bereits oben erwähnt, stellt die GASP nur eine Teilmenge des gesamten auswärtigen Handelns der Union dar, so dass eine Bestimmung des Umfangs der GASP notwendig und – auch im Sinne der wechselseitigen Verpflichtung zur Beachtung der jeweiligen Kompetenzen nach Art. 40 EUV – geboten erscheint. Wie auch die Festlegung von Grenzen für die Europäische Außenpolitik gestaltet sich die Abgrenzung der GASP von den übrigen Politikbereichen des unionsrechtlichen außenpolitischen Handelns alles andere als einfach.[96] Nicht nur,

95 Schmid, ZFAS 2010, S. 457 (S. 462).

96 Vgl. De Baere, Constitutional Principles of EU External Relations, S. 294; Streinz/Ohler/Herrmann, Der Vertrag von Lissabon zur Reform der EU, § 17 II 2; Cremona,

dass die unionseigene Außenpolitik und die GASP grundsätzlich in einem Spannungsfeld zueinander stehen[97], auch sind die Mitgliedstaaten trotz der Vereinheitlichung durch Lissabon die maßgeblichen Akteure auf dem Gebiet der GASP geblieben.[98] Im Übrigen kann auch nicht einfach von dem Umfang der nationalen Außenpolitik eines Mitgliedstaats auf die Dimension der GASP geschlossen werden, u.a. weil diese von den allgemeinen Regeln des Völkerrechts und eben nicht vom Unionsrecht dominiert wird.[99] Trotz allem ist die Abgrenzung essentiell[100] – allein schon wegen der zum vergemeinschafteten Unionsrecht differierenden Entscheidungsmechanismen und des Ausschlusses der Zuständigkeit des EuGH innerhalb der GASP,[101] – so dass sich ungeachtet dieser Komplexität einer differenzierenden Bestimmung des Umfangs anhand einer negativen Abgrenzung zumindest angenähert werden soll. Hierbei ist zu beachten, dass die Abgrenzung allein aus dem rechtswissenschaftlichen Kontext erfolgt und die politikwissenschaftlichen Aspekte außer Acht gelassen werden.[102]

1. Bestimmung anhand von Art. 2 Absatz 4 AEUV i.V.m. Art. 24 Absatz 1 EUV

Zuerst soll sich der Bestimmung des Umfangs durch eine Analyse der vertraglichen Grundlagen angenähert werden. Der Blick in die vertraglichen Grundlagen

---

EU External Relations, in: Azoulai, The Question of Competence in the European Union, S. 65 (S. 85); Wouters und Bearbeiter, The Law of EU External Relations, S. 2 und S. 359; Eeckhout, EU External Relations, S. 165; Engbrink, Die Kohärenz des auswärtigen Handelns der Europäischen Union, S. 157 ff.; Kruse stellt zum Umfang der GASP simpel fest: *„Inhaltlich umfasst sie alle Bereiche der Außenpolitik, sofern sie nicht durch den AEU-Vertrag geregelt wird, sowie alle mit der Sicherheit der Union in Zusammenhang stehenden Fragen der Friedenserhaltung“* – Der Europäische Auswärtige Dienst zwischen intergouvernementaler Koordination und supranationaler Repräsentation, S. 113 f.

97 Vgl. Bungenberg, EuR Beiheft 1/2009, S. 199 (S. 200).

98 Cremer, in: Calliess/Ruffert, EUV/AEUV, Art. 28 EUV, Rn. 7 und 9; Terhechte, in: Schwarze, EU-Kommentar, Art. 24 EUV, Rn. 10.

99 Vgl. Denza, The Intergovernmental Pillars of the European Union, S. 85.

100 So auch Streinz/Ohler/Herrmann, Der Vertrag von Lissabon zur Reform der EU, § 17 II 2.

101 Vgl. auch: Eeckhout, The EU's CFSP after Lisbon, in: Biondi/ders./Ripley, EU after Lisbon (2012), S. 265 (S. 265 f., S. 268); ders, EU External Relations Law, S. 172.

102 Einen guten Überblick über die verschiedenen politikwissenschaftlichen Ansätze vermittelt Schlag, Außenpolitik als Kultur, S. 16 ff. und S. 28 ff.

mag zunächst doch überraschen, da die Kompetenzen in der GASP recht kurz und undetailliert beschrieben werden.[103] Nach Art. 2 Absatz 4 AEUV erstreckt sich die Zuständigkeit der Union auf das Erarbeiten und das Verwirklichen einer Gemeinsamen Außen- und Sicherheitspolitik einschließlich der Festlegung einer gemeinsamen Verteidigungspolitik. Damit wird (lediglich) klar, dass die GASP nun auch explizit die Gemeinsame Sicherheits- und Verteidigungspolitik umfasst und beide Bereiche ein integraler Bestandteil der Außenpolitik der Union sind.[104] Bei Art. 2 Absatz 4 AEUV handelt es sich aber nur um eine Zuweisung der Zuständigkeit, die erst durch Art. 24 Absatz 1 EUV näher konkretisiert wird.[105] Dementsprechend muss auf letzteren Artikel näher eingegangen werden. Laut Art. 24 Absatz 1 EUV ist die Zuständigkeit der Union im Rahmen der GASP umfassend. Sie erstreckt sich auf alle Bereiche der Außenpolitik sowie auf sämtliche Fragen im Zusammenhang mit der Sicherheit der Union einschließlich verteidigungspolitischer Aspekte. Aus dem Wortlaut der genannten Artikel lässt sich aber mitunter nicht folgern, welche Bereiche die GASP konkret umfasst. Aus der Formulierung „alle Bereiche der Außenpolitik" (die Betonung liegt dabei auf dem Wort „alle") könnte man annehmen, dass der Umfang der GASP tatsächlich auch die weiteren außenpolitischen, nämlichen die supranationalen außenpolitischen Angelegenheiten umfasst.[106] Dies wird aber durch die Existenz des Fünften Teils des AEUV, der gerade das exklusive auswärtige Handeln der Union bestimmt, evident widerlegt.[107] Zudem gilt für die GASP die Besonderheit, dass das Prinzip der begrenzten Einzelermächtigung[108] nicht im gleichen Umfang zur Anwendung kommt wie im AEUV-Bereich.[109] Dies folgt einerseits daraus, dass die Union im Rahmen ihrer vergemeinschafteten Außenpolitiken einen weiten Ermessensspielraum dahingehend hat, welche außenpolitischen Themen sie aufgreifen will, und andererseits daraus, dass die Durchführung der

103 Ähnlich: Eeckhout, The EU's CFSP after Lisbon, in: Biondi/ders./Ripley, EU after Lisbon (2012), S. 265 (S. 266, S. 268).

104 Dashwood/Dougan/Rodger/Spaventa/Wyatt, European Union Law, S. 905.

105 Calliess, in: ders./Ruffert, EUV/AEUV-Kommentar, Art. 2 AEUV, Rn. 18.

106 Engbrink, Die Kohärenz des auswärtigen Handelns der Europäischen Union, S. 158.

107 Ibid.

108 Art. 5 Absatz 1 S. 1, Absatz 2 EUV bestimmt, dass die Union nur so weit tätig werden darf, wie das europäische Primärrecht der Union die Kompetenz zum Handeln zuweist.

109 Kadelbach, in: von Arnauld (Hrsg.), Europäische Außenbeziehungen (EnzEuR, Bd. 10), § 4, Rn. 35; Müller, Das Kohärenzgebot im Entwicklungsrecht der Europäischen Union, S. 118.

GASP die Anwendung der Verfahren und den jeweiligen Umfang der Befugnisse der Organe im Rahmen der AEUV-Sachbereiche unberührt lässt[110].[111] Dementsprechend relativiert sich die wortlautbezogene umfangreiche Zuständigkeit und der Umfang der GASP wird zugleich beschränkt.

Dem Wortlaut des Art. 24 Absatz 1 EUV nach verbindet die GASP allerdings zwei Elemente zu einer Politik: das Auswärtige und die Sicherheit.[112] Im Gegensatz zur Sicherheit, die in den Verträgen präzise definiert wird,[113] wird Ersteres nicht näher erläutert.[114] Aus der Begrifflichkeit kann jedoch gefolgert werden, dass es sich um das Auswärtige – also um das Äußere – und nicht um das Innere dieses Politikbereichs handelt. Fraglich ist jedoch, ob dies auch bedeutet, dass die GASP ausschließlich auf das gerichtet ist, was außerhalb des Institutionsgefüges passiert. Folgt man dieser Annahme, so wäre die GASP nur auf von außen kommenden Gefahren und Einwirkungen und nicht auf die innerstaatliche nationale Ordnung und innere Sicherheit gerichtet. Im Folgeschluss wäre dann die Union als supranationaler Akteur für solche Aspekte zuständig, die aus dem Inneren entstehen, also die das Funktionsgefüge der Akteure untereinander betrifft. Diese Annahme würde aber zugleich ausschließen, dass die Union in den supranationalen außenpolitischen Bereichen überhaupt mit anderen außenpolitischen Akteuren wie Drittstaaten und internationalen Organisationen agieren könnte – und dies widerspricht der eindeutigen Praxis der Union. Denn die Union geht in ihrem außenpolitischen Handeln in den vergemeinschafteten Bereichen weit über die Grenzen ihres Institutionsgefüges hinaus – sei es in geographischer Hinsicht oder in Bezug auf weitere außenpolitische Akteure des internationalen Weltgeschehens.[115] Zudem ist stark zu bezweifeln, ob eine derartige Abgrenzung für die Kompetenzzuweisung zwischen der Union und dem Rat der Europäischen Union als Vertreter der Mitgliedstaaten als sinnvoll erachtet werden kann, da eventuelle Überschneidungen der Bereiche vollkommen ausgeblendet werden und somit die Effektivität des außenpolitischen Handelns beeinträchtigt werden könnte. Andererseits muss aber klargestellt werden, dass die Union im Inneren des Unionsgefüges keine „europäische" GASP betreiben kann. Denn wie auch Art. 28 Absatz 1 EUV beschreibt, bezieht sich das Vorgehen in der GASP auf

---

110 Dies gilt auch umgekehrt – Art. 40 EUV.
111 Müller, Das Kohärenzgebot im Entwicklungsrecht der Europäischen Union, S. 118.
112 Frenz, ZaöRV 2010, S. 487 (S. 491); Eeckhout, EU External Relations Law, S. 168.
113 Vgl. Art. 42 Absatz 1 und 2 und Art. 43 Absatz 1 EUV.
114 Eeckhout, EU External Relations Law, S. 168.
115 Vgl. die vorangegangenen Ausführungen.

„internationale Situationen“. Internationale Situationen sind aber gerade keine Konflikte innerhalb der EU; und mit Mitteln der GASP darf im Übrigen auch keine Unionspolitik betrieben werden.[116]

Aus dem Wortlaut der oben genannten relevanten Bestimmungen lässt sich demnach schlussfolgern, dass die GASP verteidigungspolitische Aspekte einschließlich einer möglichen gemeinsamen Verteidigung umfasst. Aus dem soeben Beschriebenen kann entnommen werden, dass das operative Vorgehen der GASP nicht auf die Lösung innergemeinschaftlicher Konflikte, sondern grundsätzlich auf das von außen Kommende gerichtet ist. Die daraus mögliche Folgerung der Begrenzung des Zuständigkeitsbereichs der Kommission auf das „Innere“ wird jedoch abgelehnt. Infolgedessen trifft der zu Anfang genannte Ansatz, dass die GASP auf „das Äußere“ gerichtet ist, zumindest teilweise zu. Ob diese Auslegung auch in Zukunft aufrechterhalten werden kann, ist indes fraglich. Denn es ist nicht auszuschließen, dass es zu innereuropäischen Konflikten kommen kann, bei denen sich die Mitgliedstaaten solidarisch im Sinne der Beistandsklausel unterstützen müssen.

2. Bestimmung anhand Art. 4 Absatz 2 EUV

Bei der Durchsicht der Verträge nach weiteren vertraglichen Bestimmungen, die der Festlegung des Umfangs der GASP dienen, stoßen wir auf Art. 4 Absatz 2 EUV, der die Beziehung zwischen der Union und den Mitgliedstaaten regelt. Der auf Achtung der Gleichheit der Mitgliedstaaten versierte Grundsatz stellt die äußerste Grenze für ein Handeln der Union dar[117] und bestimmt den trotz EU-Mitgliedschaft verbleibenden Handlungsspielraum der Mitgliedstaaten. Demzufolge ist Art. 4 Absatz 2 EUV auch bei der Auslegung und Anwendung von Kompetenzen zu beachten.[118] Im Grundsatz verpflichtet Art. 4 Absatz 2 EUV die Union, bei der Ausübung ihrer Zuständigkeiten die Gleichheit der Mitgliedstaaten sowie deren nationale Identität zu achten. Aus der Bestimmung ergibt sich außerdem, dass die Mitgliedstaaten ihre Souveränität zur Bestimmung und Wahrung ihrer territorialen Unversehrtheit sowie zur Aufrechterhaltung ihrer

116 Cremer, in: Calliess/Ruffert, EUV/AEUV, Art. 28 EUV, Rn. 4.

117 „Zentrale Norm des Identitätsschutzes der Mitgliedstaaten“ – Haratsch, EuR 2016, S. 131 (S. 132), Terhechte, Europäische Verfassungsstudien, S. 212.

118 Obwexer, in: von der Groeben/Schwarze/Hatje, EUV-Kommentar, Art. 4 EUV, Rn. 10 und 50 – Letzteres teilweise m.w.N.; Schill/Kren, in: Grabitz/Hilf/Nettesheim, Das Recht der EU, Art. 4 EUV, Rn. 2 – in der Vergangenheit wurde zum Teil von einer Kompetenzausübungsschranke gesprochen (Ex-Rn. 35 (2015)).

öffentlichen Ordnung und zum Schutz nationaler Sicherheit behalten. Mit den Lissabonner Reformen wurde der Anwendungsbereich der nationalen Identität um die grundlegenden politischen und verfassungsmäßigen Strukturen, die auch die regionale und lokale Selbstverwaltung umfassen, erweitert.[119] Zudem wurde in S. 3 zusätzlich betont, dass die nationale Sicherheit weiterhin unter die alleinige Verantwortung der einzelnen Mitgliedstaaten fällt. Die späte Einführung des Satz 3 ist wohl auf die Sorge der Mitgliedstaaten vor einer schleichenden Souveränitätsunterwanderung durch Ausweitung der Unionskompetenzen im Rahmen der Terrorismusbekämpfung zurückzuführen.[120] Was jedoch im Einzelnen vom „Schutzbereich" des Art. 4 Absatz 2 und insbesondere von dem Begriff der nationalen Identität umfasst ist, ist nicht abschließend geklärt.[121] Im Allgemeinen wird davon ausgegangen, dass die Bestimmung den Mitgliedstaaten und deren Verfassungsgerichten obliegt.[122] Die meisten Verfassungsgerichte sind jedoch in der genauen Aufzählung von Sachbereichen zögerlich. Sie beschränken sich vielmehr auf bloße Feststellungen, dass die Union grundlegende Prinzipien ihrer Verfassungen nicht verletzen dürfe.[123] Diese Zurückhaltung folgt u.a. aus dem Umstand, dass die nationalen Verfassungsgerichte bei der Auslegung des Begriffs im Spannungsverhältnis mit der Interpretationshoheit des EuGH für unionsrechtliche Begriffe stehen. Folglich können die Mitgliedstaaten nicht

---

119 Vgl. v. Bogdandy/Schill, ZaöRV 2010, S. 701 (S. 709); Haratsch, EuR 2016, S. 131 (S. 134).

120 Obwexer, in: von der Groeben/Schwarze/Hatje, EUV-Kommentar, Art. 4 EUV, Rn. 46; ähnlich – hier wird allgemein von der Sorge der Bewahrung der nationalen Staatlichkeit gesprochen: Schill/Kren, in: Grabitz/Hilf/Nettesheim, Das Recht der EU, Art. 4 EUV, Rn. 1 und 2; *Haratsch* (m.w.N.) weist im Allgemeinen darauf hin, dass die Aufnahme der Identitätsschutzklausel aus Sorge vor einer schleichenden Entstaatlichung und schrittweisen Auflösung der Nationalstaaten im Rahmen der EU erfolgte – Haratsch, EuR 2016, S. 131 (S. 133 m.w.N.).

121 Vgl. Terhechte, Europäische Verfassungsstudien, S. 214; Schill/Krenn, in: Grabitz/Hilf/Nettesheim, Das Recht der EU, Art. 4, Rn. 4; Franzius, in: Pechstein Nowak/Häde, Frankfurter Kommentar, Art. 4 EUV, Rn. 17 ff.

122 Lenz, in: Lenz/Borchardt, EU-Verträge Kommentar, Art. 4 EUV, Rn. 4 – mit dem weiteren Nachweis: Schlussantrag des Generalanwalts Maduro v. 20.09.2005, Rs. C-53/04, Cristiano Marrosu und Gianluca Sardino gegen Azienda Ospedaliera Ospedale San Martino di Genova e Cliniche Universitarie Convenzionate, Slg. 2006, 7213 (ECLI:EU:C:2005:569), Rn. 40; v. Bogdandy/Schill, ZaöRV 2010, S. 701 (S. 715, 717); Schill/Kren, in: Grabitz/Hilf/Nettesheim, Das Recht der EU, Art. 4 EUV, Rn. 15; Haratsch, EuR 2016, S. 131 (S. 139).

123 v. Bogdandy/Schill, ZaöRV 2010, S. 701 (S. 721).

willkürlich über „ihren" Bereich bestimmen. Die nationalen Verfassungsgerichte müssen bei ihrer Auslegung auf die europäischen Belange Rücksicht nehmen – und umgekehrt muss der EuGH im Rahmen von Streitigkeiten über den Begriff der nationalen Sicherheit den Verfassungsgerichten Interpretationsspielraum lassen.[124]

Wenngleich hat sich das BVerfG mit der Bestimmung des sog. unantastbaren Kernbereichs befasst. Das BVerfG bestätigte, dass der Begriff der verfassungsgemäßen Strukturen mit dem der Verfassungsidentität in Art. 23 Absatz 1 Satz 3 i.V.m. Art. 79 Absatz 3 GG übereinstimmt und dass Rechtsakte der europäischen Organe dementsprechend daran zu messen sind, ob sie den unantastbaren Kerngehalt der Verfassungsidentität wahren.[125] Zu dem unantastbaren Kernbereich gehören u.a. die Staatsstrukturprinzipien, die Grundrechte, das Fortbestehen der Staatlichkeit und das Bundesstaatsprinzip.[126] Daneben gehören auch die Staatsbürgerschaft, das zivile und militärische Gewaltmonopol, das Strafrecht und die Sprache zu wesentlichen Bereichen demokratischer Gestaltung.[127] Der unantastbare Kernbereich setzt dabei die absolute Grenze für etwaige Verfassungsänderungen, die durch die Integration in die Europäische Union erfolgen, und führt bei Verstoß zu einer Rechtswidrigkeit des betreffenden Unionsrechtsaktes, unabhängig davon, ob es sich um einen Akt der Legislative, der Exekutive oder der Judikative handelt.[128]

Die gerichtlichen Interpretationsschwierigkeiten ungeachtet ist man sich in der Literatur einig, dass mit nationaler Identität nur die „wesentlichen" staatlichen Festlegungen und Rechtsgüter gemeint sein können.[129] Diese Annahme wird mit der dem Begriff „grundlegende" (politische und verfassungsmäßige

---

124 v. Bogdandy/Schill, ZaöRV 2010, S. 701 (S. 729 f., 733).

125 BVerfG, Urteil des Zweiten Senats v. 30. Juni 2009 – 2 BvE 2/08, NJW 2009, 2267 ff. – vgl. u.a. Leitsätze.

126 Ibid., S. 2269 ff.

127 Ibid., S. 2274.

128 Hatje, in: Schwarze, EU-Kommentar, Art. 4, Rn. 12 und 14 ff.

129 Obwexer, in: von der Groeben/Schwarze/Hatje, EUV-Kommentar, Art. 4 EUV, Rn. 29; Lenz, in: Lenz/Borchardt, EU-Verträge Kommentar, Art. 4 EUV, Rn. 5; Puttler, in: Calliess/Ruffert, EUV/AEUV (2011), Art. 4 EUV, Rn. 16; Schill/Krenn, in: Grabitz/Hilf/Nettesheim, Das Recht der EU, Art. 4 EUV, Rn. 14 – hierbei ziehen die zuletzt genannten Autoren für ihre Annahme einen Vergleich mit der französischen und englischen Fassung des Artikels heran, wobei sie feststellen, dass die Wörter „inhérente/inherent" das Innewohnende der nationalen Identität mehr betonen als die deutsche Fassung – vgl. hierzu auch: v. Bogdandy/Schill, ZaöRV 2010, S. 701 (S. 711, 714).

Strukturen) innewohnenden Bedeutung unterstrichen.[130] „Grundlegend" enthält eine Betonung auf „essentiell", „von entscheidender Bedeutung" und „fundamental".[131] Aber auch der Begriff „Identität" enthält eine ähnliche Wertung, die ebenso auf entscheidende und bestimmte Merkmale abstellt. Demgemäß umfasst der Begriff der nationalen Identität nach den Literaturmeinungen vor allem die staatlichen Grundstrukturen, die Staatlichkeit an sich sowie die Souveränität der einzelnen Mitgliedstaaten.[132] Gleichwohl wird durch die Akzentuierung auf „grundlegend" deutlich, dass nationale Identität nicht im Sinne der klassischen Begrifflichkeit der staatlichen Souveränität, die eine umfassende Herrschaftsgewalt im Außen- und Innenbereich impliziert, verstanden werden kann.[133] Dies widerspräche insbesondere dem europäischen Integrationsgedanken und der Loyalitätspflicht der Mitgliedstaaten gegenüber der Union. Nicht zuletzt muss immer bedacht werden, dass die Mitgliedstaaten selbst Kompetenzen auf die Union übertragen haben.

Neben dem eben erläuterten Grundlegenden zählt Art. 4 Absatz 2 EUV selbst beispielhaft weitere Bereiche auf, die unter den Begriff der nationalen Identität zu fassen sind. Mit der sog. Staatsfunktionsgarantie sind die zentralen klassischen staatlichen Aufgaben eines Mitgliedstaats gemeint.[134] Dabei bezieht sich die Wahrung der territorialen Unversehrtheit auf die Bedeutung im klassischen Völkerrecht,[135] worunter vor allem das Verbot der Gewaltanwendung durch fremde (Mitglieds-)Staaten und damit auch das Verbot der Union in die territoriale Verfasstheit der Mitgliedstaaten einzugreifen, umfasst wird.[136] Für eine Rechtfertigung von Einschränkungen des Unionsrechts aus Gründen der Aufrechterhaltung der öffentlichen Ordnung kann auf Fälle der Einschränkung von Grundfreiheiten nach den Normen des AEUV verwiesen werden.[137] Demnach ist für die Auslegung des Begriffs der öffentlichen Ordnung vorzugsweise auf die

130 Vgl. u.a. ibid.; Haratsch, EuR 2016, S. 131 (S. 135).

131 Vgl. hierzu die Bedeutung des Wortes „grundlegend" im Duden.

132 Haratsch, EuR 2016, S. 131 (S. 136 m.w.N. und S. 137).

133 Vgl. Schill/Krenn, in: Grabitz/Hilf/Nettesheim, Das Recht der EU, Art. 4 EUV, Rn. 14 m.w.N.; Calliess/Kahl/Puttler, in: Calliess/Ruffert, EUV/AEUV, Art. 4 EUV, Rn. 14.

134 Calliess/Kahl/Puttler, in: Calliess/Ruffert, EUV/AEUV, Art. 4 EUV, Rn. 21; Obwexer, in: von der Groeben/Schwarze/Hatje, EUV-Kommentar, Art. 4 EUV, Rn. 39; Schill/Krenn, in: Grabitz/Hilf/Nettesheim, Das Recht der EU, Art. 4 EUV, Rn. 39.

135 v. Bogdandy/Schill, in: Grabitz/Hilf/Nettesheim, Das Recht der EU, Art. 4 EUV, Rn. 40.

136 Obwexer, in: von der Groeben/Schwarze/Hatje, EUV-Kommentar, Art. 4 EUV, Rn. 40.

137 Lenz, in: Lenz/Borchardt, EU-Verträge Kommentar, Art. 4 EUV, Rn. 7.

Rechtsprechung des EuGH zu Art. 36 und Art. 52 AEUV zurückzugreifen.[138] Hierbei ist zu beachten ist, dass der Begriff der öffentlichen Ordnung als Durchbrechung von unionsrechtlichen Vorschriften eng auszulegen ist.[139]

Der zuletzt beispielhaft aufgezählte Begriff des Schutzes der nationalen Sicherheit bezieht sich auf das fundamentale Bestandsinteresse des Staats und nicht der einzelnen Person.[140] Ein Handeln der Union kann demzufolge nur eingeschränkt werden, wenn existenzielle Sicherheitsbelange des Mitgliedstaats betroffen sind.[141]

Zusammenfassend kann also festgehalten werden, dass Art. 4 Absatz 2 EUV – in Übereinstimmung mit der Rechtsprechung des BVerfG – die fundamentalen staatlichen Bereiche eines einzelnen Mitgliedstaats aus dem Bereich der GASP als intergouvernemental geprägte Unionskompetenz herausnimmt. Maßnahmen der GASP dürfen damit weder die staatlichen Grundstrukturen noch das Staatsterritorium betreffen – es sei denn, die Mitgliedstaaten einigen sich im Rat der Europäischen Union hierauf einstimmig. Eine genaue Bestimmung einzelner Sachbereiche ist durch Art. 4 Absatz 2 EUV aber nicht möglich – was, bedenkt man die Kompetenzübertragungen auf die Union, auch nicht verwunderlich ist. Insgesamt eignet sich Art. 4 Absatz 2 EUV demnach nur bedingt zur Determination des Umfangs der GASP. Die Norm erlangt vielmehr dann Relevanz, wenn es um Kompetenzstreitigkeiten zwischen der Union und den Mitgliedstaaten im Einzelfall geht. Es sind Fälle, in denen es entweder um eine Kompetenzübertretung der Union oder um die Rechtfertigung einer Nichteinhaltung von Unionsrecht durch die Mitgliedstaaten geht.

3. Bestimmung anhand Art. 3 Absatz 2 AEUV

Versuchen wir nun aber weitere Ansätze für die Bestimmung des Umfangs der GASP zu finden. Hierbei gelangen wir zu dem neu eingeführten Art. 3 Absatz 2 AEUV. Dieser bestimmt die ausschließliche Außenkompetenz der Union für den Abschluss internationaler Übereinkünfte in vier Fällen, wobei unter anderem die Rechtsprechung des EuGH zu impliziten ausschließlichen Vertragsschlusskompetenzen für externe Bereiche[142] vertraglich kodifiziert

138 v. Bogdandy/Schill, in: Grabitz/Hilf/Nettesheim, Das Recht der EU, Art. 4 EUV, Rn. 41.

139 Lux, in: Lenz/Borchardt, EU-Verträge Kommentar, Art. 36 AEUV, Rn. 3.

140 Obwexer, in: von der Groeben/Schwarze/Hatje, EUV-Kommentar, Art. 4 EUV, Rn. 45; Lenz, in: Lenz/Borchardt, EU-Verträge Kommentar, Art. 4 EUV, Rn. 8.

141 Hatje, in: Schwarze, EU-Kommentar, Art. 4 EUV, Rn. 15.

142 U.a. AETR-Urteil v. 31.03.1971, Rs. 22/70, Kommission der Europäischen Gemeinschaften gegen Rat der Europäischen Gemeinschaften, Slg. 1971, 263 (ECLI:EU:C:1971:32);

wurde[143]. Art. 3 Absatz 2 AEUV bestimmt zwar nun deutlicher als in der Vergangenheit, in welchen Bereichen die Union die ausschließliche Kompetenz zum Abschluss internationaler Übereinkünfte hat, doch bleiben weiterhin viele Fragen offen. Absatz 2 spricht nämlich von der Ausschließlichkeit der Außenkompetenz, bestimmt aber nicht, wann explizit die Außenkompetenz(en) der Union vorliegen (und demnach nicht der Bereich der GASP betroffen ist). Eine konkrete Bereichsabgrenzung steht aus. Ein unwohles Empfinden, dass der Versuch der Kodifizierung der vorausgegangenen Rechtsprechung des EuGH missglückt ist, bleibt.[144] Zudem bleibt der vertraglichen Fixierung dieser Kompetenz auch der Makel behaftet, dass eine schleichende (und zugleich weitläufige) Kompetenzerweiterung zu Gunsten der Kommission erreicht werden soll – also eine Bereichserweiterung zu Lasten der GASP. Die Norm hilft demnach nicht das Ausmaß der Außenkompetenzen der Union zu bestimmen[145] – im Gegenteil, sie verwischt die immanenten Grenzen der Bereiche – und ist für die Bestimmung des Umfangs der GASP von untergeordnetem Interesse.

4. Bestimmung anhand der außenpolitischen Ziele

Des Weiteren mag man an eine Demarkation durch Bezugnahme auf die vertraglich fixierten Unionsziele denken. Aber auch dies führt zu keinem befriedigenden Ergebnis. Eine mögliche Abgrenzung nach den verfolgten Zielen ist seit der Normierung der allgemeingültigen Ziele in Art. 21 EUV offensichtlich nicht möglich.[146] Im Gegensatz zu der Normierung im Vertrag von Nizza, der

---

Kramer-Urteil v. 14.07.1976, Rs. 3, 4, 6/76, Cornelis Kramer und andere, Slg. 1976, 1279 (ECLI:EU:C:1976:114); EuGH, Gutachten 1/76 v. 26.04.1977, Slg. 1977, 741 (ECLI:EU:C:1977:63); Open-Skies-Urteil v. 05.11.2002, Rs. 476/98, Kommission gegen Dänemark, Slg. 2002, 9855 (ECLI:EU:C:2002:631).

143 Lenski, in: Lenz/Borchardt, EU-Verträge Kommentar, Art. 3 AEUV, Rn. 17; Scheffler, Die Europäische Union als rechtlich-institutioneller Akteur im System der Vereinten Nationen, S. 84.

144 Vgl. z.B.: De Baere, Constitutional Principles of EU External Relations, S. 68 ff.; Mögele, in: Streinz/Bearbeiter, EUV und AEUV, Art. 3 AEUV, Rn. 16; Nettesheim, in: Grabitz/Hilf/ders., Das Recht der EU, Art. 3 AEUV, Rn. 20, 21; Scheffler, Die Europäische Union als rechtlich-institutioneller Akteur im System der Vereinten Nationen, S. 672, Fußnote 84.

145 De Baere, Constitutional Principles of EU External Relations, S. 70.

146 Vgl. auch: von Heinegg, in: Pechstein/Nowak/Häde, Frankfurter Kommentar, Art. 21 EUV, Rn. 30; Wouters und Bearbeiter, The Law of EU External Relations, S. 364; Kruse, Der Europäische Auswärtige Dienst zwischen intergouvernementaler Koordination und supranationaler Repräsentation, S. 133.

einen speziell auf die GASP normierten Zielkatalog enthielt, aus dem man sich zumindest Grenzen für den GASP-Bereich hätte herleiten konnte,[147] gelten die aktuellen Ziele „säulenübergreifend" für die gesamte europäischen Außenpolitik. Überdies, stellt man auf das Ziel der einzelnen Maßnahme, so stößt man auch hier auf weitere Schranken für eine mögliche Abgrenzung. Denn die Vergangenheit hat gezeigt, dass Maßnahmen des auswärtigen Handelns immer öfter „säulenübergreifend" wirken[148] und damit nicht konkret der GASP oder dem unionseigenen auswärtigen Handeln zuordenbar sind. Zuletzt fragt es sich, ob durch die verallgemeinerten Ziele die Entscheidung zur Bestimmung des Umfangs womöglich auf die Einzelfallentscheidung der Exekutive verlagert wurde. Was sich angesichts der Dominanz der Mitgliedstaaten in den zuständigen Entscheidungsgremien wohl nicht negativ auf den GASP-Umfang auswirken würde – immerhin wäre dann aber die Bestimmung des Umfangs der Entscheidung durch die Kommission entzogen und die Gefahr der schleichenden Kompetenzerweiterung erstmal gebannt. Aber selbst wenn dieser Annahme folgt, so trägt dies nicht zur vorliegenden allgemeinen Sachbereichsbestimmung bzw. -abgrenzung der GASP bei und kann demnach unbeachtet gelassen werden.

5. Bestimmung anhand der Kompetenzverteilung

Da die vorausgegangenen Ausführungen nur einen mäßigen Beitrag zu der klaren Bestimmung des Umfangs der GASP erbracht haben, ist in einem weiteren Schritt anhand der Kompetenzverteilung zwischen Union und Mitgliedstaaten eine Differenzierung vorzunehmen. Möglicherweise lässt sich anhand des Umfangs der ausschließlichen unionalen Außenkompetenzen ein Rückschluss auf den Umfang der GASP ziehen.

Wie bereits erwähnt, teilt sich die Europäische Außenpolitik in die GASP einschließlich der GSVP und in die vergemeinschafteten (klassischen) Außenkompetenzen der Union, die überwiegend in Art. 205–222 AEUV geregelt sind. Letzteres umfasst die Gemeinsame Handelspolitik (Titel II, Art. 206–207 AEUV), die Entwicklungszusammenarbeit (Titel III, Kapitel 1, Art. 208–211 AEUV), die wirtschaftliche, finanzielle und technische Zusammenarbeit mit Drittländern (Titel III, Kapitel 2, Art. 212–213 AEUV), die humanitäre Hilfe (Titel III, Kapitel 3, Art. 214 AEUV), die restriktiven Maßnahmen (Sanktionen) (Titel IV, Art. 215 AEUV), den Abschluss von internationalen Übereinkünften

147 Eeckhout, EU External Relations Law, S. 168.

148 Streinz/Ohler/Herrmann, Der Vertrag von Lissabon zur Reform der EU, § 17 II 2.

(Titel V, Art. 216–219 AEUV), die Beziehungen zu internationalen Organisationen und Drittländern sowie Delegationen der Union (Titel VI, Art. 220–221 AEUV) und die Solidaritätsklausel (Titel VII, Art. 222 AEUV)[149]. Darüber hinaus ergeben sich weitere implizite Außenkompetenzen.[150] Alle Bereiche sind mit der einheitlichen Zielbindung und den allgemeinen Grundsätzen geregelt in Art. 21, 22 EUV verknüpft. Gleichwohl besteht ein gravierender Unterschied zwischen den „zwei" Bereichen. Die Divergenzen liegen nicht nur in der Normierung in verschiedenen Verträgen, sondern vor allem in den anzuwendenden Verfahren und in dem Umfang der Befugnisse der Organe. Die Trennung dieser Bereiche resultiert aus der allgemeinen unionalen Kompetenzlehre, die das Kräfteverhältnis zwischen der EU und den Mitgliedstaaten regelt. Für deren Verhältnis zueinander bzw. untereinander gilt zunächst, dass alle Zuständigkeiten, die nicht auf die EU übertragen wurden, bei den Mitgliedstaaten verbleiben (sog. Prinzip der begrenzten Einzelermächtigung).[151] Die EU darf nur handeln, soweit ihr die Verträge eine konkrete Befugnis dazu einräumen.[152] Des Weiteren folgt die Kompetenzausübung dem Grundsatz der Subsidiarität und dem Verhältnismäßigkeitsprinzip.[153] Ersteres betrifft die Frage nach dem „Ob" des Tätigwerdens der EU im Falle konkurrierender Gesetzgebungskompetenzen, wobei der Subsidiaritätsgrundsatz im Sinne einer Kompetenzausübungsschranke zu verstehen ist.[154] Letzteres umschreibt den Maßstab der Regelungsintensität, also Art und Umfang der Maßnahmen der EU.[155] Der Verhältnismäßigkeitsgrundsatz ist wie im deutschen Rechtssystem als Prüfungsmaßstab bei der Beurteilung der Rechtmäßigkeit von legislativen und exekutiven Maßnahmen zu sehen.

---

149 Obwohl die Solidaritätsklausel im Prinzip auf ein Handeln innerhalb der EU ausgerichtet ist, ist sie den Außenkompetenzen zuzuordnen, siehe: Marquardt/Gaedtke, in: von der Groeben/Schwarze/Hatje, EUV-Kommentar, Vorbemerkung zu Art. 23–46 EUV, Rn. 8.

150 Vgl. Lenski, in: Lenz/Borchardt, EU-Verträge Kommentar, Art. 2 AEUV, Rn. 20; Scheffler, Die Europäische Union als rechtlich-institutioneller Akteur im System der Vereinten Nationen, S. 673.

151 Vgl. Art. 5 Absatz 2 EUV.

152 Kadelbach, in: von der Groeben/Schwarze/Hatje, EUV-Kommentar, Art. 5 EUV, Rn. 4.

153 Art. 5 Absatz 3 und 4 EUV.

154 Langguth, in: Lenz/Borchardt, EU-Verträge Kommentar, Art. 5 EUV, Rn. 12 (m.w.N.); Franzius, in: Pechstein/Nowak/Häde, Frankfurter Kommentar, Art. 4 EUV, Rn. 15.

155 Langguth, in: Lenz/Borchardt, EU-Verträge Kommentar, Art. 5 EUV, Rn. 12 und 17; vgl. auch Calliess, in: ders./Ruffert, EUV/AEUV, Art. 5 EUV, Rn. 44 m.w.N.

Zu beachten ist, dass die genannten Grundsätze nicht die Zuweisung von Kompetenzen und deren Umfang bestimmen. Dies ergibt sich vielmehr aus den allgemeinen und im Einzelfall einschlägigen Bestimmungen der Verträge.[156]

a) Allgemeines zu den Kompetenzarten

Kommen wir nun also zu den Kompetenzarten und deren allgemeinen Bestimmungen. Die Verträge unterscheiden grundsätzlich zwischen fünf verschiedenen Kompetenzarten.[157] Für das auswärtige Handeln sind neben der (systemfremden)[158] GASP-Zuständigkeit die ausschließliche und geteilte Zuständigkeit[159] sowie die parallele Zuständigkeit[160] von Relevanz.[161] Dagegen sind die weiteren Zuständigkeiten, die für die Koordinierung der Wirtschafts-, Beschäftigungs- und Sozialpolitik und für Unterstützungs-, Koordinierungs- und Ergänzungsmaßnahmen[162] gelten, für die hier zu behandelnde Außenpolitik nicht von Bedeutung.[163] Die im Fünften Teil des AEUV geregelten Außenkompetenzen unterfallen alle samt der ausschließlichen Kompetenz der Union. Die daraus resultierenden weitreichenden Rechtsfolgen führen u.a. dazu, dass das Subsidiaritätsprinzip nicht gilt[164] und mitgliedstaatliche Rechtsetzung grundsätzlich unzulässig ist.[165]

Aber wie sieht es mit der GASP aus? Die GASP wird zwar seit Lissabon zum ersten Mal ausdrücklich als „Zuständigkeit" der Union benannt,[166] doch reiht sie sich tatsächlich in keiner der genannten Kompetenzarten ein.[167] Darüber hinaus

---

156 Art. 2 Absatz 2 AEUV.

157 Art. 2–6 AEUV.

158 Die GASP steht den allgemeinen Kompetenzarten systemfremd gegenüber – siehe dazu weiter unten folgende Ausführungen.

159 Art. 3 und Art. 4 EUV.

160 Art. 4 Absatz 3 und 4 EUV – Parallele Zuständigkeit in den Bereichen der Raumfahrt, Entwicklungszusammenarbeit und humanitären Hilfe, die als Sonderfall der geteilten Zuständigkeit gelten, Lenski, in: Lenz/Borchardt, EU-Verträge Kommentar, Art. 4 AEUV, Rn. 20.

161 Hertog/Stroß, EFAR 2013, S. 373 (S. 383 f.).

162 Art. 5 und Art. 6 EUV.

163 Engbrink, Die Kohärenz des auswärtigen Handelns der Europäischen Union, S. 124.

164 Obwexer, in: von der Groeben/Schwarze/Hatje, AEUV-Kommentar, Art. 3 AEUV, Rn. 6.

165 Vgl. Urteil des EuGH v. 5.5.1981, Kommission gegen Vereinigtes Königreich, Rs. 804/79, Slg. 1981, 1045 (E-CLI:EU:C:1981:93), Rn. 18 – in NJW 1983, S. 506–507.

166 Art. 24 Absatz 1 EUV und Art. 2 Absatz 4 AEUV.

167 Siehe auch: Van Vooren/Wessel, EU External Relations Law, S. 347.

kann auch keine eindeutige Qualifizierung hinsichtlich der im Unionsrecht übrigen normierten Kompetenztypen erfolgen.[168] Die GASP lässt sich weder in die weiteren Kategorien der Unterstützung-, Koordinierungs- und Ergänzungskompetenzen noch in eventuelle parallele Kompetenztypen einordnen.[169] Obwohl die GASP in Art. 2 Absatz 4 AEUV – systemwidrig[170] – erwähnt wird, ist also eine Qualifizierung nach der bekannten Kompetenzarten nicht möglich. Auch nach den Lissabonner Reformen bleibt die GASP ein autonomer Bereich, für den wenn überhaupt eine separate – in den Verträgen nicht genannte – Zuständigkeit in Betracht kommt.[171] Dies folgt vor allem dem Umstand, dass in der GASP die Kompetenz – ganz im Gegensatz zu der unionseigenen Handelspolitik, in der der Union eben ausschließliche Zuständigkeit zukommt[172] – streng genommen bei den Mitgliedstaaten, deren Repräsentanten im Rat vertreten sind, liegt. Die Vormacht der Mitgliedstaaten wird vor allem deutlich, wenn man die 13. und 14. Erklärung der Mitgliedstaaten zur Schlussakte zum Lissabonner Vertrag miteinbezieht.[173] In diesen haben die Mitgliedstaaten explizit darauf hingewiesen, dass die GASP ihre nationalen Zuständigkeiten in der Außenpolitik nicht beeinträchtigen. Die GASP ist also auf zwischenstaatliche Zusammenarbeit – Intergouvernementalität – ausgerichtet, wobei die Politik offensichtlich von der Dominanz der Mitgliedstaaten gekennzeichnet ist[174]. Folglich ist die Union auf dem außenpolitischen Parkett auf das Handeln der Mitgliedstaaten angewiesen.

---

168 Vgl. Engbrink, Die Kohärenz des auswärtigen Handelns der Europäischen Union, S. 143.

169 Vgl. Art. 5–6 AEUV, in denen die GASP nicht aufgezählt ist; siehe allgemein auch: Lorz/Meurers, in: von Arnauld (Hrsg.), Europäische Außenbeziehungen (EnzEuR, Bd. 10), § 2, Rn. 21 ff.

170 Systemwidrig, da die GASP nicht supranational ausgestaltet ist und die Grundlagen gerade nicht im AEUV, sondern im EUV geregelt sind; vgl. auch Engbrink, Die Kohärenz des auswärtigen Handelns der Europäischen Union, S. 143 m.w.N.

171 Marquardt/Gaedtke, in: von der Groeben/Schwarze/Hatje, EUV-Kommentar, Vorbemerkung zu Art. 46 EUV, Rn. 12.

172 Art. 3 Absatz lit. e AEUV.

173 13. und 14. Erklärungen zur Schlussakte der Regierungskonferenz, die den am 13. Dezember 2007 unterzeichneten Vertrag von Lissabon angenommen hat, ABl. EU Nr. C 115/343 v. 09.05.2008.

174 Kadelbach, Außenpolitik im europäischen Mehrebenensystem, in: ders., Die Außenbeziehungen der Europäischen Union, S. 9 (S. 15); Kadelbach, EuR 5/2013, S. 489 (S. 95 und S. 496); Müller-Brandeck-Bocquet, Die Europäische Union als Akteur in den internationalen Beziehungen, in: Kadelbach, Die Außenbeziehungen der Europäischen Union, S. 19 (S. 31).

Ein bloßes Abstimmen zwischen Union und Mitgliedstaaten ist hier gerade nicht ausreichend. Dementsprechend ersetzt die Union im Rahmen der GASP nicht die Präsenz der Mitgliedstaaten auf internationaler Ebene.[175] Die Außenpolitiken der einzelnen Mitgliedstaaten bleiben weiterhin – gegebenenfalls neben der Unionspolitik – bestehen, wenn auch nur in latenter Form. Lediglich einzelfallbedingt können die Mitgliedstaaten es zulassen, dass die Union ihre gebündelten Zuständigkeiten auf dem europäischen und internationalen Parkett für sie wahrnimmt.[176] Bei der Ausgestaltung der GASP-Politik handelt es sich somit um ein Konzept, in dem die Union gemeinsam mit den Mitgliedstaaten und gerade nicht alleine und nicht losgelöst von diesen handeln kann.[177] Obwohl Art. 24 Absatz 1 EUV also von der „Zuständigkeit der Union" spricht, ist die GASP im Ergebnis gerade keine gemeinschaftliche Politik der Union[178] im engeren Sinne. Diese Schlussfolgerung wird auch mit der in Art. 24 Absatz 2 EUV enthaltenen förmlichen Beschreibung „eine" Außenpolitik anstatt „die" Außenpolitik der Union untermauert.[179] Mit diesem Wortlaut wird zugleich deutlich, dass die Säulenstruktur trotz formaler Auflösung weiterhin besteht.[180] Nimmt man diese Aspekte in Betracht, erscheint es folglich sinnvoll – wenn man eine Einteilung in definierte Kompetenzen favorisiert bzw. für notwendig erachtet – von einer „intergouvernemental geprägten Kompetenz" zu sprechen (was jedoch im Ergebnis nicht dazu führen sollte, dass die allgemeinen Vorschriften des AEUV angewendet werden dürfen). Meines Erachtens ist jedoch der Begriff der *sui generis*-Kompetenz am zutreffendsten, da die zuerst genannte Variante eine Kompetenzart entwickelt, die gerade nicht in den Verträgen enthalten ist.[181]

In dem soeben beschriebenen Konzept der Intergouvernementalität der GASP liegt aber zugleich auch die Kernproblematik der Kompetenzabgrenzung

175 So auch Streinz/Ohler/Herrmann, Der Vertrag von Lissabon zur Reform der EU, § 17 II 1.

176 Frenz, ZaöRV 2010, S. 487 (S. 492).

177 Frenz, ZaöRV 2010, S. 487 (S. 492).

178 Kaufmann-Bühler, in: Grabitz/Hilf/Nettesheim, Das Recht der EU, Art. 24 EUV, Rn. 12.

179 Ibid.

180 Vgl. von Arnauld, in: ders. (Hrsg.), Europäische Außenbeziehungen (EnzEuR, Bd. 10), § 1, Rn. 35.

181 Vgl. auch: De Baere, Constitutional Principles of EU External Relations, S. 112; Pechstein, JZ 2010, S. 425 (S. 427); Engbrink, Die Kohärenz des auswärtigen Handelns der Europäischen Union, S. 143; Marquardt/Gaedtke, in: von der Groeben/Schwarze/Hatje, EUV-Kommentar, Vorbemerkung zu Art. 23–46 EUV, Rn. 12 (m.w.N.).

zwischen der Union und der Kommission einerseits zu dem Rat und dem Europäischen Rat als Vertreter der Mitgliedstaaten andererseits. Die Verteilung der Außenbeziehungen auf die beiden Machtzentren Kommission und Rat sowie die vertraglich verworrenen Kompetenzstrukturen verdeutlichen dies zusätzlich.[182] Auch mit den Lissabonner Reformen haben es die außenpolitischen Akteure versäumt eine klare Abgrenzung zu manifestieren.[183] Zwar könnte man nun grundsätzlich annehmen, dass der Umfang der GASP durch die oben genannten ausschließlichen Außenkompetenzen der Union begrenzt ist, doch dies wäre nur theoretisch eine potenziell gute Lösung. In der Praxis kommen wir damit nicht sehr weit, da es in der außenpolitischen Realität zu immer weitreichenderen Überschneidungen der verschiedenen Bereiche und damit der Kompetenzen kommt.[184] Auch muss sich die Union immer wieder dem Vorwurf entgegensetzen, immer weitreichender in die nationalen Politikbereiche der einzelnen Mitgliedstaaten einzugreifen und sich deren Kompetenzen anzueignen.[185] Dementsprechend ist die Frage der vertikalen Abgrenzung – wegen der gänzlich unterschiedlichen Verfahrensweisen – insbesondere dann relevant, wenn es bei Maßnahmen der GASP zu Berührungspunkten mit den übrigen unionseigenen auswärtigen Bereichen kommt. Beispielsweise können die Mitgliedstaaten im Rahmen der unionalen Handelspolitik gerade nicht eigenständig und autonom handeln, da die Union in diesem Bereich die Mitgliedstaaten ersetzt. In den außenpolitischen Bereichen, in denen die Union ausschließliche Zuständigkeit besitzt, greift die Pflicht Maßnahmen zu unterlassen, die die Verwirklichung der Gemeinschaftsziele gefährden könnten.[186] Den Mitgliedstaaten obliegen

---

182 Vgl. Kadelbach, Außenpolitik im europäischen Mehrebenensystem, in: ders., Die Außenbeziehungen der Europäischen Union, S. 9 (S. 16).

183 De Baere, Constitutional Principles of EU External Relations, S. 107.

184 Vgl. hierzu allgemein: Koutrakos: Legal Basis and Delimitation of Competences in EU External Relations, in: Cremona/de Witte: EU Foreign Relations Law (2008), S. 171 (S. 171 ff.) sowie zu der Abgrenzungsproblematik bei sog. „Mixed Agreements“: Cremona, Defending the community Interest: the Duties of Cooperation and Compliance, in: ders./de Witte: EU Foreign Relations Law (2008), S. 125 (S. 125 ff.).

185 Cremona, Defending the community Interest: the Duties of Cooperation and Compliance, in: ders./de Witte: EU Foreign Relations Law (2008), S. 125 (S. 154); zumindest in Bezug auf die Ausweitung der Gemeinsamen Handelspolitik sowie auf die extensive Anwendung der Vertragsabrundungskompetenz des Ex-Art. 308 EGV durch die Gemeinschaft: Koutrakos, Legal Basis and Delimitation of Competences in EU External Relations, in: Cremona/de Witte, EU Foreign Relations Law (2008), S. 171 (S. 174, S. 184 f. sowie S. 186 ff.).

186 Als Ausprägung der Loyalitätspflicht, Art. 4 Absatz 3 Unterabsatz 2, S. 2 EUV.

also Unterlassungspflichten, die zwar nicht zu einem kompletten Entfallen der nationalen Kompetenzen führen, aber zu einem Aussetzen der Möglichkeit zum außenpolitischen Handeln.[187] Demnach können auch keine Maßnahmen nach den GASP-Vorschriften erlassen werden – irrelevant, ob sie das Handeln der Union tatsächlich beeinträchtigen oder nicht. Umgekehrt gilt aber auch, dass die Union ihre Kompetenzen eben nicht innerhalb der GASP ausüben darf.[188] Wie bereits erwähnt, sind allerdings die genaue Grenzziehung sowie die Begrenzung der Wirkungen von GASP-Maßnahmen bzw. unionsrechtlichen außenpolitischen Maßnahmen auf Grund des immer weiterreichenden und umfassenden Ansatzes der europäischen Außenpolitik nicht mehr möglich.

b) Überschneidungen der Kompetenzen

Was passiert also, wenn Maßnahmen, die der ausschließlichen Unionszuständigkeit zuzuordnen sind, zugleich außenpolitisch motiviert sind oder diesen Maßnahmen zumindest eine außenpolitische Motivation und Zielsetzung unterstellt werden kann und damit GASP-Bereiche tangieren? Grundsätzlich gilt das Verbot, das Verfahren der GASP für unionspolitische Maßnahmen einzusetzen. Als Ausnahmevorschrift ist hier vor allem Art. 215 AEUV zu nennen, der als Schnittstelle zwischen der Außenpolitik und der Außenhandelspolitik fungiert.[189] Nach Art. 215 AEUV können restriktive Maßnahmen im Sinne von Aussetzung, Einschränkung oder Einstellung der Wirtschafts- und Finanzbeziehungen gegenüber Drittstaaten erlassen werden. Die Rechtsgrundlage ermöglicht der Union einen Rückgriff auf rechtswirksame Handlungsformen des

---

187 Ähnlich: De Baere, Constitutional Principles of EU External Relations, S. 72.

188 Anderseits obliegt der Union auch innerhalb ihrer ausschließlichen Kompetenzen die Pflicht auf die nationalen Außenpolitiken der Mitgliedstaaten bei Ausübung ihrer nationalen Kompetenzen zu achten (vgl. u.a. Art. 4 EUV sowie unter Abschnitt I. 3. b). Darüber hinaus darf die Union ihre Durchführungskompetenzen nicht in einer Weise nutzen, die den Grundsatzentscheidungen der GASP zuwiderlaufen (Grundsatz der loyalen Zusammenarbeit); vgl. auch: Müller-Ibold, in: Lenz/Borchardt, EU-Verträge Kommentar, Art. 215 AEUV, Rn. 8 („*an der effektiven Durchsetzung der UN-Sanktion mitzuwirken*").

189 Müller-Ibold, in: Lenz/Borchardt, EU-Verträge Kommentar, Art. 215 AEUV, Rn. 1; vgl. auch: Engbrink, Die Kohärenz des auswärtigen Handelns der Europäischen Union, S. 128; Cremer, Die GASP nach dem Vertrag über eine Verfassung für Europa, in: Kadelbach, Die Außenbeziehungen der Europäischen Union, S. 47 (S. 58), der sich jedoch noch auf die im gescheiterten Verfassungsvertrag enthaltene Vorschrift über restriktive Maßnahmen (Art. III-322 VVE) bezieht.

supranationalen Unionsrechts, wobei jedoch die Grundlagen durch die in der GASP geltenden Verfahren bestimmt werden.[190] Die Vorschrift normiert ein sog. zweistufiges Verfahren, das auf die Besonderheiten der politisch motivierten Sanktionen und damit der Tangierung nationaler Bereiche der Mitgliedstaaten eingeht. Zunächst müssen die entsprechenden Beschlüsse nach Art. 28 und Art. 29 EUV – also nach den Grundsätzen, die in der GASP gelten – beschlossen werden. Im Folgenden erlässt der Rat der Europäischen Union auf gemeinsamen Vorschlag der Kommission und des Hohen Vertreters die erforderlichen Maßnahmen.[191] Das „Ob" wird also nach den Grundsätzen des Titels V des EUV bestimmt und das „Wie" nach den Regeln des Art. 215 AEUV. Mit dem Merkmal der Erforderlichkeit wird zum einen verdeutlicht, dass die handelspolitische Maßnahme vornehmlich außenpolitischen Maßnahmen dienen muss, um nach diesem Verfahren erlassen werden zu können;[192] zum anderen, dass die Maßnahmen nicht den im vorausgegangenen GASP-Beschluss geregelten Umfang überschreiten dürfen.[193] Der Sinn der Vorschrift liegt in der Ermöglichung einer einheitlichen und schnellen Umsetzung von notwendigen Sanktionen mit rein außenpolitisch motivierten Erwägungen ohne empfindliche nationale Interessen der Mitgliedstaaten zu übergehen.[194]

Für Überschneidungen mit anderen Bereichen – also außerhalb der Gemeinsamen Handelspolitik – gibt es aber bislang keine vertragliche Lösung.[195] Die daraus folglich unvermeidbaren Konflikte haben bereits in der Vergangenheit zu Diskussion in der Literatur und zu Versuchen, die Kompetenzabgrenzung durch den – eigentlich für die GASP nicht zuständigen – EuGH zu klären, geführt. Einen gewissen Bekanntheitsgrad hat in diesem Zusammenhang die Rechtsprechung des EuGH im Urteil „*Small Arms and Light Weapons*" (SALW)[196] erreicht.

---

190 Schneider/Terhechte, in: Grabitz/Hilf/Nettesheim, Das Recht der EU, Art. 215 AEUV, Rn. 3.

191 Art. 215 Absatz 1 S. 1 a.E. AEUV.

192 Müller-Ibold, in: Lenz/Borchardt, EU-Verträge Kommentar, Art. 215 AEUV, Rn. 4.

193 Cremer, in: Calliess/Ruffert, EUV/AEUV, Art. 215 AEUV, Rn. 27.

194 Müller-Ibold, in: Lenz/Borchardt, EU-Verträge Kommentar, Art. 215 AEUV, Rn. 2.

195 Es sei denn man nimmt an, dass der Hohe Vertreter als Vizepräsident der Kommission die zentrale Schnittstelle ist, vgl. Cremer, Die GASP nach dem Vertrag über eine Verfassung für Europa, in: Kadelbach, Die Außenbeziehungen der Europäischen Union, S. 47 (S. 61) – der sich jedoch auf die geplante und gescheiterte Vorschrift des Europäischen Verfassungsvertrags bezieht.

196 EuGH, Urteil v. 20.05.2008, Kommission gegen Rat der Europäischen Union (sog. SALW-Urteil bzw. ECOWAS-Urteil), Rs. C-91/05, Slg. 2008, 361 (ECLI:EU:C:2008:288) (im Folgenden „**SALW-Urteil**").

Die Kommission hatte eine Nichtigkeitsklage gegen den Rat erhoben, in der sie vorbrachte, dass der vom Rat erlassene Beschluss zur Umsetzung der zuvor beschlossenen Gemeinsamen Aktion betreffend die Bekämpfung der Verbreitung von leichten Waffen und Kleinwaffen unter die Politik der Gemeinschaft auf dem Gebiet der Entwicklungszusammenarbeit und zwar konkret unter das Cotonou-Abkommen[197] falle und demnach nicht im Rahmen der GASP hätte erlassen werden können.[198] Im Ergebnis urteilte das Gericht, dass der Beschluss des Rates nicht nur Ziele der GASP verfolgte, sondern auch solche, die der Politik der Gemeinschaft auf dem Gebiet der Entwicklungszusammenarbeit zuzuordnen sind. Demnach hätte der Beschluss auf Grundlage des EG-Vertrages und nicht des EU-Vertrages erlassen werden müssen. Indem der Rat den Beschluss gestützt auf die GASP-Vorschriften erlassen hatte, verstieß er gegen Ex-Art. 47 EUV, so dass als Rechtsfolge die Nichtigkeitserklärung erfolgen musste.

Das Urteil kann nicht in seiner vollen Länge analysiert werden, doch sollen die grundlegenden Aussagen, die für das allgemeine Verständnis zur Abgrenzung der unionseigenen Außenpolitiken zur GASP von Relevanz sind, erläutert werden.

(1) Small Arms and Light Weapons

Im Allgemeinen stellt das Urteil die entscheidenden Prinzipien für die Wahl der richtigen Rechtsgrundlage einer Maßnahme bzw. für die Abgrenzung der Kompetenzen der Union im Rahmen der Entwicklungszusammenarbeit und der Kompetenzen des Rates für die GASP auf. Zunächst verdeutlichte der Gerichtshof, dass eine Maßnahme, die nach den Vorschriften des (ehemaligen) EG-Vertrages erlassen werden könnte, nicht zugleich auch nach den Bestimmungen des (damals geltenden) EU-Vertrages erlassen werden könnte. Dabei ist es unerheblich, ob diese Handlung die Wahrnehmung der eigenen Zuständigkeiten durch die Gemeinschaft verhindert oder einschränkt.[199] Damit ließ der Gerichtshof aber zugleich erkennen, dass ein Handeln im Rahmen der GASP

197 Ein Partnerschaftsabkommen zwischen den Mitgliedern der Gruppe der Staaten in Afrika, im Karibischen Raum und im Pazifischen Ozean einerseits und der Europäischen Gemeinschaft und ihren Mitgliedstaaten andererseits, dass am 23. Juni 2000 in Cotonou (Benin) unterzeichnet wurde (ABl. L 317, S. 3) und das durch Beschluss 2003/159/EG des Rates vom 19. Dezember 2002 (ABl. 2003, L 65, S. 27) im Namen der Gemeinschaft genehmigt wurde.

198 SALW-Urteil, Rn. 35.

199 Ibid., Rn. 60.

dann ausgeschlossen ist, wenn Gemeinschaftskompetenzen bestehen – was zugleich auch bedeutet, dass die Gemeinschaftskompetenz in diesem Fall vorrangig ist[200]. Im weiteren Verlauf stellt der Gerichtshof für die Abgrenzung der einschlägigen Rechtsgrundlagen auf die Zielsetzung und den Inhalt der Maßnahme ab. Hierbei verdeutlichte er, dass eine Maßnahme auch mehrere Zielsetzungen haben kann und für dessen Erlass demnach auch eine Kombination von verschiedenen Rechtsgrundlagen in Betracht kommt.[201] Dies gelte aber gerade nicht im konkreten Fall, da die Rechtsgrundlagen für die Maßnahme zum einen in der ausschließlichen Gemeinschaftskompetenz der Entwicklungszusammenarbeit und zum anderen im Rahmen des (ehemaligen) Titels V der GASP lägen. Nach Ansicht des Gerichts schließt Ex-Art. 47 EUV die Begründung einer doppelten Ermächtigungsgrundlage in einem solchen Fall aus. Ohne weitere Begründung erklärte das Gericht den Beschluss somit wegen Verstoßes gegen Ex-Art. 47 EUV für unionsrechtswidrig.[202] Generalanwalt Mengozzi erläuterte in diesem Zusammenhang in seinem Schlussantrag, dass die verschiedenen Rechtsetzungsverfahren der ersten und zweiten Säule nicht miteinander zu vereinbaren wären und demnach der Rückgriff auf eine doppelte Rechtsgrundlage in Fällen wie dem vorliegenden von vornherein ausgeschlossen sei.[203]

(2) Relevanz von SALW nach Lissabonner Reformen?

Aber wie soll man die Erwägungen des Urteils nun nach den Lissabonner Reformen interpretieren? Das Urteil setzt sich insbesondere mit der damals vertraglich normierten Säulenstruktur auseinander, so dass es fraglich erscheint, ob die im Urteil erläuterten Prinzipien nach formaler Auflösung der Säulenstruktur noch aufrechterhalten[204] und weiterhin zur Kompetenzabgrenzung verwendet

200 Eeckhout, The EU's CFSP after Lisbon, in: Biondi/ders./Ripley, EU after Lisbon (2012), S. 265 (S. 272).

201 Sofern keine von diesen Rechtsgrundlagen als hauptsächliche anzusehen ist bzw. keine nebensächlich zu der anderen ist, SALW-Urteil, Rn. 75.

202 SALW-Urteil, Rn. 109.

203 Schlussanträge des Generalanwalts Paolo Mengozzi v. 19.09.2007, Kommission der Europäischen Gemeinschaften gegen Rat der Europäischen Union, Rs. C-91/05, Slg. 2008, 3651 (E-CLI:EU:C:2007:528), Fußnote 76.

204 Eeckhout, The EU's CFSP after Lisbon, in: Biondi/ders./Ripley, EU after Lisbon (2012), S. 265 (S. 272); ähnlich Merket, EFAR 17 (2012), S. 625 (S. 629) und Van Vooren/Wessel, EU External Relations Law, S. 351 f.; vgl. auch: Van Elsuwege/Van der Loo, CML Review 56 (2019), S. 1333 (S. 1333 m.w.N.).
In diesem Zusammenhang mag auf das Urteil des Gerichtshofs vom 4. September 2018, Europäische Kommission gegen Rat der Europäischen Union, Rs. C-244/17

werden können. Verdeutlicht man sich die Auswirkungen dieses Urteils, so wird u.a. klar, dass durch die Ablehnung des Rückgriffs auf die doppelte Rechtsgrundlage und damit einhergehende Verweigerung einer allumfassenden außenpolitischen Maßnahme die Kohärenz der verschiedenen Politikbereiche gerade nicht gefördert wird[205] – und das obwohl das Kohärenzgebot in der Außenpolitik eine immense Rolle spielt. Aus Kohärenzgesichtspunkten könnte man demnach argumentieren, dass die SALW-Rechtsprechung aufzugeben wäre. Nichtsdestotrotz spricht mehr dafür an den aufgestellten Prinzipien zur Kompetenzabgrenzung auch nach den letzten Reformen festzuhalten.[206] Denn auch wenn die Säulenstruktur formal beseitigt worden ist, so ist die Sonderstellung der intergouvernemental geprägten GASP tatsächlich noch existent[207] und Kompetenzabgrenzungen stehen weiterhin zur Debatte. Dem Festhalten an den SALW-Prinzipien spricht auch nicht Art. 40 EUV, der die Kompetenzabgrenzung i.S.d.

(ECLI:EU:C:2018:662), eingegangen werden, bei dem das Gericht für die Abgrenzung der Zuständigkeiten zum Abschluss eines Abkommens zwischen der Europäischen Union und Kasachstan nun auf den *centre of gravity test* abstellte, d.h. auf die überwiegende Zielsetzung oder überwiegenden Komponenten des Beschlusses. Das Gericht überprüfte die Bezüge in dem Abkommen über eine verstärkte Partnerschaft und Zusammenarbeit zwischen der Europäischen Union und ihren Mitgliedstaaten einerseits und der Republik Kasachstan andererseits und der GASP. Schlussendlich stellte das Gericht fest, dass die Bestimmungen des Abkommens nicht ausreichend Bezüge zur GASP aufwiesen und dass dementsprechend der Rat zu Unrecht Art. 31 EUV als Rechtsgrundlage für den Beschluss über den im Kooperationsrat im Rahmen dieses Abkommens im Namen der Union zu vertretenden Standpunkt aufgenommen und der Beschluss zu Unrecht nach der Abstimmungsregel der Einstimmigkeit erlassen wurde. Meines Erachtens scheint es, als stelle der *centre of gravity test* eine Fortführung des *aims and content test* dar, so dass dieses Urteil durchaus dahin ausgelegt werden kann, dass auch nach den Lissabonner Reformen für die Kompetenzabgrenzungsfragen bei Kompetenzüberschneidungen auf die Rechtsprechung im SALW bzw. ECOWAS-Urteil zurückgegriffen werden kann – vgl. hierzu auch: Van Elsuwege/Van der Loo (oben), S. 1340.

205 Eeckhout, The EU's CFSP after Lisbon, in: Biondi/ders./Ripley, EU after Lisbon (2012), S. 265 (S. 272).

206 Vgl. Cremer, in: Calliess/Ruffert, EUV/AEUV, Art. 40 EUV, Rn. 10; Dörr, in: Grabitz/Hilf/Nettesheim, Das Recht der EU, Art. 40 EUV, Rn. 15 und 21; Eeckhout, EU External Relations Law, S. 174; Van Vooren, EU External Relations Law and the European Neighbourhood Policy, S. 154.

207 Vgl. hierzu Art. 24 Absatz 1 Unterabsatz 2 EUV, der einige der Besonderheiten der GASP beschreibt; vgl. auch von Arnauld, in: ders. (Hrsg.), Europäische Außenbeziehungen (EnzEuR, Bd. 10), § 1, Rn. 35.

vorrangigen Ex-Art. 47 EUV regelt, entgegen.[208] Zwar wirkt Art. 40 EUV nun auch zugunsten der GASP, doch kann man daraus nicht einfach folgern, dass das SALW-Prinzip betreffend den Ausschluss der GASP-Kompetenz im Fall der gleichzeitig zutreffenden unionsrechtlichen Kompetenzgrundlage deswegen nicht mehr anwendbar ist.[209] Die Annahme der Vorrangigkeit der GASP bzw. die Ablehnung der aus dem SALW-Urteil zu folgenden Nachrangigkeit der GASP wegen der nun in Art. 40 EUV normierten wechselseitigen Unberührbarkeit der GASP und den übrigen Unionsbereichen kann weder aus dem Wortlaut abgeleitet werden noch sollte dies hineingedeutet werden. Zudem spiegelt sich die Rechtsprechung aus SALW in Art. 275 Absatz 2, 1. Alt. AEUV wider, der dem EuGH die Kompetenz zur Kontrolle der Einhaltung des Art. 40 EUV zuweist.[210] Demnach kann der EuGH nicht nur überprüfen, ob eine GASP-Maßnahme eigentlich im Rahmen der außenpolitischen Unionskompetenzen hätte erlassen werden sollen, sondern auch, ob eine Unionsmaßnahme vorrangig nach den Vorschriften der GASP hätte erfolgen müssen.[211] Es bleibt also zunächst festzuhalten, dass die SALW-Prinzipien trotz Lissabonner-Vertrags-Änderungen zur Kompetenzabgrenzung herangezogen werden können. Ob jedoch auch weiterhin die Unzulässigkeit der doppelten Ermächtigungsgrundlage anzunehmen ist, wie es der EuGH in dem SALW-Urteil beschloss, bleibt ungeklärt.[212] Nicht

208 Vgl. von Arnauld, in: ders. (Hrsg.), Europäische Außenbeziehungen (EnzEuR, Bd. 10), § 1, Rn. 57; ähnlich: Wouters und Bearbeiter, The Law of EU External Relations, S. 367.

209 Eeckhout, The EU's CFSP after Lisbon, in: Biondi/ders./Ripley, EU after Lisbon (2012), S. 265 (S. 273 f.).

210 Dörr, in: Grabitz/Hilf/Nettesheim, Das Recht der EU, Art. 40 EUV, Rn. 6.

211 Vgl. Eeckhout, The EU's CFSP after Lisbon, in: Biondi/ders./Ripley, EU after Lisbon (2012), S. 265 (S. 273 f.); Dörr, in: Grabitz/Hilf/Nettesheim, Das Recht der EU, Art. 40 EUV, Rn. 5 und Rn. 29 (Letzteres: hier wird über die Justitiabilität „beider Seiten" gesprochen).

212 Vgl. hierzu Eeckhout, The EU's CFSP after Lisbon, in: Biondi/ders./Ripley, EU after Lisbon (2012), S. 265 (S. 275 f.); ders., EU External Relations Law, S. 180; ähnlich: Wouters und Bearbeiter, The Law of EU External Relations, S. 310 und S. 359; ähnlich Merket, EFAR 17 (2012), S. 625 (S. 629);
In Anbetracht des Urteils in der Rs. C-244/17 (vgl. oben Fußnote 204 – u.a. Rn. 38), in dem das Gericht der doppelten Rechtsgrundlage eine Absage erteilte, scheint es immer unwahrscheinlicher, dass sich deren Annahme in der Praxis durchsetzt – vgl. auch: Kommentar von Kuijper zu diesem Urteil unter https://europeanlawblog.eu/2018/11/26/case-c-244-17-commission-v-council-the-centre-of-gravity-test-revisited-in-the-context-of-article-218-9-tfeu/; siehe auch: Wouters und Bearbeiter, The Law of EU External Relations, S. 367; Van Elsuwege/Van der Loo, CML Review 56 (2019), S. 1344.

nur, dass der Erfolg des Kohärenzgebots[213] dadurch beeinträchtigt wäre, auch ist angesichts der Vereinheitlichung der Zielsetzung in Art. 21 EUV davon auszugehen, dass die europäischen Institutionen zukünftig Maßnahmen erlassen werden, die mehrere Ziele des Art. 21 Absatz 1 und 2 EUV gleichzeitig anvisieren. Für die Praxis bedeutet dies, dass eine Begründung der Rechtsgrundlagen auf verschiedene Bereiche unumgänglich ist. Dies hätte wiederum zur Folge, dass eine klare und eindeutige Abgrenzung i.S.d. durch den im SALW-Urteil entwickelten *aims and content test* wegen der verschiedenen Zielsetzungen und dessen vager vertraglicher Definition nicht (mehr) möglich ist.[214] *Eeckhout* führt für die Annahme der Zulässigkeit der doppelten Rechtsgrundlage den Wortlaut und den Sinn des Art. 218 AEUV an.[215] Diese Vorschrift legt die verfahrensrechtlichen Grundsätze für das Aushandeln und den Abschluss von internationalen Übereinkünften durch die Union fest und umfasst infolge der Abschaffung der Säulenstruktur nun auch die Bereiche der ehemaligen Polizeilichen und Justiziellen Zusammenarbeit in Strafsachen (**PJZS**) und auch der GASP.[216] Zwar trägt die Vorschrift den Besonderheiten der GASP Rechnung, indem dem Hohen Vertreter bei Angelegenheiten der GASP besondere Zuständigkeiten eingeräumt werden,[217] doch betont die Ausweitung der Vorschrift (im Gegensatz zu ihrer Vorgängerregelung Ex-Art. 300 EGV-Nizza) die stetig wachsende Bedeutung von völkerrechtlichen Verträgen der Union mit Drittstaaten.[218] Nach *Eeckhout* können solche Verträge aber nicht immer ohne Mitwirkung der Mitgliedstaaten erlassen werden bzw. seiner Ansicht nach wäre es paradox, wenn die Union zum Abschluss völkerrechtlicher Abkommen mit Drittstaaten ermächtigt ist, aber die Abkommen lediglich Bereiche der vergemeinschafteten Außenpolitiken, nicht jedoch Aspekte der klassischen Außenpolitik umfassen können[219]. Greift man diese Argumentation auf, so kann man im weiteren Verlauf folgern, dass auch

---

213 Und damit möglicherweise auch die Effektivität der europäischen Außenpolitik – im Sinne der von *Koutrakos* verdeutlichten Formel *„coherence is a conditio sine qua non of effectiveness“* – vgl. Koutrakos, Introduction, in: ders. European Foreign Policy, S. 1 (S. 6).

214 Eeckhout, The EU's CFSP after Lisbon, in: Biondi/ders./Ripley, EU after Lisbon (2012), S. 265 (S. 275).

215 Eeckhout, EU External Relations Law, S. 184.

216 Mögele, in: Streinz/Bearbeiter, EUV und AEUV, Art. 218 AEUV, Rn. 1.

217 Vgl. Art. 218 Absatz 3, 1. HS., Absatz 6 Unterabsatz 2, Absatz 9 AEUV.

218 Lorenzmeier, in: Grabitz/Hilf/Nettesheim, Das Recht der EU, Art. 218 AEUV, Rn. 3.

219 Eeckhout, The EU's CFSP after Lisbon, in: Biondi/ders./Ripley, EU after Lisbon (2012), S. 265 (S. 275).

das einheitliche Auftreten der Union damit gesichert wäre – zumindest mehr als in der Vergangenheit.

Im Übrigen bleibt bei Ablehnung der doppelten Rechtsgrundlage jedoch die Frage übrig, welches Verfahren dann letztendlich für solche Maßnahmen einschlägig wäre.[220] Es wäre einfach zu sagen, dass man der Rechtsprechung im SALW-Urteil folgt und von der grundsätzlichen Vorrangigkeit der Unionsmethode ausgeht, doch widerspricht dies eindeutig den Sonderverfahrensreglungen, die für die intergouvernemental geprägte GASP gelten. *Engbrink* führt dieses Argument für eine Absage der doppelten Rechtsgrundlage auf.[221] Seiner Ansicht nach stellen gerade die verschiedenen Verfahrensanforderungen (insbesondere das in der GASP geltende Einstimmigkeitsgebot im Rat und der Zuständigkeitsausschluss der Kommission und des Parlaments) ein unüberbrückbares Hindernis dar.[222] Diese Meinung ist in ihrer Begründung zwar richtig, jedoch übersieht diese Herangehensweise Möglichkeiten der Anpassung der Verfahren, nämlich im Wege eines zweigestuften Verfahrens, wie es gerade für Sanktionen nach Art. 215 AEUV vorgesehen ist. Aus Kohärenzgesichtspunkten ist es durchaus von Bedeutung Wege zur Vermeidung der Anwendung von Literaturmeinungen, die die Kohärenz potenziell zu stark beeinträchtigen, zu finden.

c) Zwischenstellungnahme

Die Analyse des SALW-Urteils zeigt deutlich die Problematik der Kompetenzabgrenzung zwischen der für die vergemeinschafteten Außenpolitiken zuständigen Kommission und dem für die GASP zuständigen Europäischen Rat auf. Dies jedoch bezogen auf einen konkreten Einzelfall, ohne wirklich zu einer Abgrenzung der einzelnen Sachbereiche im Allgemeinen zu verhelfen. Im Endeffekt haben die oben anstehenden Erörterungen also nicht dazu beigetragen den allgemeinen Umfang der GASP in Abgrenzung zu den supranationalen Politiken zu bestimmen. Bei der Kompetenzfrage handelt es sich zwar um einen elementaren Bereich, der nun durch diese Arbeit zumindest überblicksartig abgedeckt wurde, doch können daraus keine Schlüsse für die der GASP unterfallenden, einzelnen Sachbereiche gezogen werden. Für die Frage der Zuständigkeit ist die Zuordnung der Sachmaterie zu einer der verschiedenen Kompetenzen eine

220 Eeckhout, EU External Relations Law, S. 185 f.
221 Engbrink, Die Kohärenz des auswärtigen Handelns der Europäischen Union, S. 157.
222 Ibid.

wesentliche Vorfrage.[223] Im Regelfall sollte bei Maßnahmen der GASP der Rat handeln und bei den vergemeinschafteten Außenbereichen die Kommission. Eine klare Abgrenzung ist jedoch selten und auf Grund der veränderlichen Kompetenzausstattungen nicht immer zufriedenstellend.[224] Unionsrechtlich besteht auch keine Pflicht, die Kompetenzverteilung nach außen hin offenzulegen.[225]

Für diesen Abschnitt kann zumindest festgehalten werden, dass Maßnahmen der GASP nicht die unantastbaren Kernbereiche der staatlichen Identität eines Mitgliedstaates tangieren dürfen – es sei denn, die Mitgliedstaaten einigen sich im Rat hierauf einstimmig. Man mag verleitet sein, in diesem Zusammenhang auch die staatliche Souveränität als Schranke zu nennen, doch ist dies nicht förderlich für die Umfangsbestimmung, denn der Begriff der nationalen Souveränität wird durch die Bestimmung der ihr zugrundeliegenden Reservate geprägt, die wiederrum durch Auslegung zu ermitteln sind. Im Übrigen muss bei der Bestimmung der Kernelemente der Souveränität der einzelnen Mitgliedstaaten auch immer beachtet werden, dass die Mitgliedstaaten gerade Teile ihrer Kompetenzen auf die Union übertragen haben. Eine genaue Bestimmung einzelner Sachbereiche ist demnach durch die vorgenannten Vertragsbestimmungen nicht möglich.

6. Bestimmung anhand nationaler Außenpolitiken

Zuletzt fragt es sich, ob eine Bestimmung des Umfangs der GASP anhand der Definitionen der nationalen Außenpolitiken möglich ist. Hierbei ist nicht relevant, was den Mitgliedstaaten an Kompetenzen in ihrer nationalen Außenpolitik noch „übrig gebliebenen" ist, sondern was nach nationalen Ansichten in die klassische Außenpolitik eines souveränen Staats fällt. Zwar hängt die Vollziehung der GASP-Politik offensichtlich davon ab, wie viel an außenpolitischen Bereichen der Union überlassen wurde[226], und was den Mitgliedstaaten als Herrschaftsgewalt trotz EU-Mitgliedschaft übriggeblieben ist, doch birgt der Versuch der Umfangsbestimmung auf Grund einer solchen Abgrenzung die Gefahr der Unklarheit. Denn wie kann eine Abgrenzung vorgenommen werden,

---

223 Kadelbach, in: von Arnauld (Hrsg.), Europäische Außenbeziehungen (EnzEuR, Bd. 10), § 4, Rn. 43 – hier jedoch in Bezug auf die Kompetenz zum Abschluss von völkerrechtlichen Verträgen.

224 Kadelbach, in: von Arnauld (Hrsg.), Europäische Außenbeziehungen (EnzEuR, Bd. 10), § 4, Rn. 63.

225 Ibid.

226 Fröhlich, Die Europäische Union als globaler Akteur, S. 25.

wenn man noch nicht einmal weiß, ob es sich bei einer Maßnahme um eine bloße Koordinierung der nationalen Außenpolitiken handelt, die Organe der GASP als Vertreter der einzelnen Mitgliedstaaten handeln oder die Akteure gemeinsam unter dem Schirm der Union auftreten.[227] Neben der daraus resultierenden Notwendigkeit einer Einzelfallbestimmung gelangen wir auch zu einer Art Zirkelschluss, der uns zu Art. 4 Absatz 2 EUV führt, nachdem die GASP zumindest nicht den unantastbaren Kernbereich der Verfassungsidentität eines Mitgliedstaats umfasst.[228] Nichtsdestotrotz wird nun versucht anhand der Vorstellung eines souveränen Mitgliedstaats von seiner nationalen Außenpolitik den Umfang der GASP näher zu bestimmen; dabei wird auf die Außenpolitik der Bundesrepublik Deutschland abgestellt.

Eine konkrete Definition der Außenpolitik Deutschlands findet sich nicht,[229] so dass andere Begrifflichkeiten, die mittelbar der Bestimmung der Außenpolitik dienen, heranzuziehen sind. Im Zusammenhang mit der Außenpolitik wird oft von auswärtiger Gewalt[230] gesprochen. Der Begriff wird als Gegenpol zur Inneren Politik verwendet und stellt auf den ersten Blick auf alles das Äußere des Staatsterritoriums Betreffende ab.[231] Der Begriff kann jedoch nicht einfach auf diese Abstraktheit reduziert werden. Es ist vielmehr notwendig zu klären, was unter auswärtiger Gewalt i.S.d. Grundgesetzes zu verstehen ist. Der Begriff der auswärtigen Gewalt tritt im Grundgesetz wiederum auch nicht in dieser Form auf.[232] In Art. 32 Absatz 1 GG wird von der Pflege der Beziehungen zu auswärtigen Staaten gesprochen und in Art. 73 Absatz 1 Nr. 1 GG wird die ausschließliche Kompetenz für auswärtige Angelegenheiten dem Bund übertragen. Im Rahmen dieser Artikel soll unter auswärtigen Beziehungen jene staatliche Funktion bezeichnet werden, die die Ordnung und Gestaltung der Beziehungen nach außen zum Gegenstand hat.[233] Dabei wird der Begriff der auswärtigen

227 Ibid.

228 Vgl. oben unter diesem Absatz.

229 Nettesheim, in: Maunz/Dürig, Grundgesetz-Kommentar, Art. 32, Rn. 8.

230 Vgl. Wortlaut des Art. 32 Absatz 1 GG; zu beachten ist dabei, dass die auswärtige Gewalt i.S.d. GG keine vierte Kategorie der klassischen Gewalten Legislative, Judikative und Exekutive darstellt – vgl. Streinz, in: Sachs, Grundgesetz-Kommentar, Art. 32, Rn. 3; vgl. auch: Kruse, Der Europäische Auswärtige Dienst zwischen intergouvernementaler Koordination und supranationaler Repräsentation, S. 40 f. und S. 125 sowie zu den Kategorien der klassischen Gewalten S. 50 ff.

231 Ähnlich: Kruse, Der Europäische Auswärtige Dienst zwischen intergouvernementaler Koordination und supranationaler Repräsentation, S. 32.

232 Nettesheim, in: Maunz/Dürig, Grundgesetz-Kommentar, Art. 32 GG, Rn. 8, 10.

233 Ibid., Rn. 11; ähnlich: Streinz, in: Sachs, Grundgesetz-Kommentar, Art. 32, Rn. 5.

Beziehungen als umfassend verstanden.[234] Er umfasst sämtlichen grenzüberschreitenden Verkehr zwischen Völkerrechtssubjekten, der zur Erfüllung von öffentlichen Aufgaben dient.[235] Dazu gehören insbesondere der Abschluss völkerrechtlicher Verträge und andere völkerrechtliche Handlungen[236] sowie die Pflege und die Aufrechterhaltung von Beziehungen zu nichtstaatlichen Völkerrechtssubjekten, wie internationale Organisationen oder der EU. In Art. 73 Absatz 1 Nr. 1 GG wird zudem deutlich, dass auch die Verteidigung und der Schutz der Zivilbevölkerung den auswärtigen Beziehungen zugeordnet wird. Zu beachten ist jedoch, dass trotz des umfassenden Verständnisses des auswärtigen Gewaltbegriffs die nationalen Außenpolitiken der Mitgliedstaaten – und damit wohl auch der Umfang des von Deutschland verwendeten Begriffs der auswärtigen Gewalt – mit der Integration in die Europäische Union bereits begrenzt wurden. Mit Übertragung der ausschließlichen Zuständigkeit der Union gemäß Art. 23, 24 GG zum Abschluss völkerrechtlicher Verträge in den Bereichen der Zollunion, der Wettbewerbsregeln, der Währungspolitik, der Fischereipolitik und der gemeinsamen Handelspolitik[237] fallen diese Bereiche nun nicht mehr unter den Begriff der auswärtigen Gewalt i.S.d. GG. Dass diese Bereiche damit auch nicht dem Bereich der GASP zuzuordnen sind, lässt sich jedoch bereits aus den allgemeinen unionsrechtlichen Kompetenzbestimmungen ableiten – es bedarf also in diesem konkreten Zusammenhang nicht des Rückgriffs auf die Bedeutung des Terminus auswärtige Gewalt i.S.d. deutschen GG. Zu beachten ist außerdem, dass sich das Verständnis der mitgliedstaatlichen Außenpolitiken auf Grund der Integration in das unionale Gebilde und des damit einhergehenden teilweisen Kompetenzverlusts diesem konzeptionell anpassen muss.[238] Folglich kann sich das Verständnis des Umfangs der nationalen Außenpolitik ändern – und tatsächlich hat sich dies auch bereits. Das heißt, selbst wenn sich auf die Definition der auswärtigen Gewalt i.S.d. GG zur Bestimmung des Umfangs der

---

234 Ibid.

235 Streinz, in: Sachs, Grundgesetz-Kommentar, Art. 32, Rn. 11 – zu beachten ist, dass wegen der Betonung auf „auswärtiges" trotz der bestehenden (partiellen) Völkerrechtsfähigkeit von den Bundesländern, das Verhältnis zwischen Bund und diesen nicht von den auswärtigen Beziehungen umfasst ist, vgl. Rn. 10.

236 Jarass, in: ders./Pieroth, Grundgesetz, Art. 32, Rn. 3; Nettesheim, in: Maunz/Dürig, Grundgesetz-Kommentar, Art. 32, Rn. 11.

237 Vgl. Art. 3 AEUV, Art. 32 GG.

238 Von Arnauld, in: ders. (Hrsg.), Europäische Außenbeziehungen (EnzEuR, Bd. 10), § 1, Rn. 15; Kruse, Der Europäische Auswärtige Dienst zwischen intergouvernementaler Koordination und supranationaler Repräsentation, S. 33.

GASP geeinigt werden würde, wäre diese Definition womöglich bereits nach einiger Zeit überholt. Im Übrigen erscheint es doch schwierig die Bedeutung des deutschen Terminus auf den intergouvernementalen Bereich der GASP, der mit dem supranationalen unionalen Gebilde unmittelbar verzahnt ist, anzuwenden. Schließlich stellen die Europäische Union und die GASP Gebilde eigener Art dar. Einfach die Parallelität des deutschen Begriffs der auswärtigen Gewalt mit dem der GASP anzunehmen erscheint demgemäß nicht sachgerecht. Überdies, der Begriff der auswärtigen Gewalt könnte wenn dann auch nur zur Bestimmung der europäischen Außenpolitik als Ganze verwendet werden, bei der die GASP aber bekanntlich nur einen Teilbereich darstellen. Im Übrigen ist die Praxis der GASP durch einen Pluralismus von verschiedenen – neuen – Akteuren geprägt. Auch gibt es keine klassische parlamentarische Kontrolle, wie es bei der Ausübung der deutschen auswärtigen Gewalt teilweise der Fall ist. Denn die Ausführung der GASP obliegt dem Europäischen Rat und dem Rat; das Europäische Parlament hat in diesem Bereich nur begrenzte Mitwirkungsrechte. Auch unter diesen vorgenannten Aspekten scheint ein Rückgriff auf den Begriff der auswärtigen Gewalt i.S.d. GG nicht unbedingt sachgerecht, um den Umfang der GASP – zumindest detailreich – hier weiter zu bestimmen.

Schlussendlich ist festzuhalten, dass die unmittelbare Anlehnung an den Terminus der auswärtigen Gewalt, der im deutschen Recht zur Bestimmung des unbestimmten Begriffs der deutschen Außenpolitik verwendet wird, für die Bestimmung des Umfangs der GASP nur bedingt aussagekräftig ist. Wegen der Dynamik der GASP – auch der der nationalen Außenpolitiken, die auf Grund des unionalen Integrationsprozesses stetig Anpassungen ausgesetzt sind – sowie der strukturellen Unterschiede des GASP-Gebildes gegenüber einem Verfassungsstaat kann nur eingeschränkt auf die nationalen Elemente zurückgegriffen werden. Zumindest wurden Parallelen zu den zuvor gefundenen Ergebnissen betreffend die Umfangsbestimmung gefunden, wonach die GASP – wie auch die deutsche Außenpolitik – sich umfassend[239] auf das Auswärtige, die Verteidigung und die Sicherung des Friedens sowie die Pflege von auswärtigen Beziehungen zu Völkerrechtssubjekten bezieht.

239 Wiederum eingegrenzt durch die Außenpolitikbereiche, die den ausschließlichen Kompetenzen der Union unterliegen.

7. Zwischenergebnis

Im Zwischenergebnis ist festzuhalten, dass eine präzise Abgrenzung der GASP von den übrigen unionseigenen außenpolitischen Bereichen auf Grund der allgemeingültigen Zielbestimmungen des Art. 21 EUV nicht trennscharf möglich ist und damit zugleich der Umfang nicht konkret bestimmt werden kann. Erkannt werden konnte jedoch, dass sich der der GASP innewohnende Begriff des Auswärtigen auf eine Politik außerhalb der Territorien der Mitgliedstaaten richtet. Diese Erkenntnis konnte auch durch Bezugnahme auf den im deutschen GG verwendeten Begriff der auswärtigen Gewalt gewonnen werden. Klar ist auch, dass sich die GASP mehr als die unionseigenen auswärtigen Politiken auf die Verteidigung[240] und die Sicherung des internationalen Friedens bezieht[241] – womit zumindest auch Parallelen zu dem Terminus der öffentlichen Gewalt i.S.d. deutschen Verfassungsrechts gezogen werden können. Deutlich wurde auch, dass die Ausführung der GASP nicht die fundamentalen Bereiche der staatlichen Identität betreffen darf.[242] Offensichtlich ist des Weiteren, dass sich die Handlungsfelder der GASP nicht auf die (supranationalen) Unionspolitiken beziehen dürfen.[243] Mit den Mitteln der GASP darf keine vergemeinschaftete Politik betrieben werden. Damit sind etwa Maßnahmen, die offensichtliche Binnenmarktrelevanz aufweisen oder die die technische Entwicklungszusammenarbeit betreffen, ausgeschlossen. Gleichwohl laufen wir bei einer „Nichtoffensichtlichkeit" des Tangierens von vergemeinschafteten Außenpolitiken (und natürlich auch umgekehrt) wieder Gefahr Kompetenzübertretungen zu riskieren. In solchen Kollisionssituationen würden dann die oben beschriebenen Abgrenzungsproblematiken aufkeimen. Damit ist evident, dass die GASP ein politisches Feld darstellt, dessen Abgrenzung wenn überhaupt anhand jedes Einzelfalls in der Praxis zu vollziehen ist – wobei hier auf die bereits bekannten, von der Rechtsprechung entwickelten Grundsätze zurückzugreifen ist.[244] Mit

---

240 Dem Wortlaut des Art. 2 Absatz 5 AEUV bisher noch auf die schrittweise Festlegung einer gemeinsamen Verteidigung.

241 Eeckhout, EU External Relations Law, S. 182.

242 Was allerdings unter diese Begrifflichkeiten konkret zu fassen ist, bedarf wiederum auch der Auslegung, so dass die Begrenzung der GASP durch den Ausschluss dieser Bereiche einen faden Beigeschmack erhält.

243 Kadelbach, in: von Arnauld (Hrsg.), Europäische Außenbeziehungen (EnzEuR, Bd. 10), § 4, Rn. 36.

244 Ähnlich: Giegerich, Wege zu einer vertieften Gemeinsamen Außen- und Sicherheitspolitik: Reparatur von Defiziten als „kleine Lösung", in: Kadelbach (Hrsg.), Die Europäische Union am Scheideweg: mehr oder weniger Europa?, S. 131 (S. 169).

dieser Feststellung ist allerdings einer allgemeinen Bestimmung des Umfangs der GASP nicht geholfen. Die verschiedenen Kompetenzarten und Theorien zu deren Abgrenzungen führen demnach zu keinem weitreichenderen Ergebnis (sie tragen dessen ungeachtet zum allgemeinen Verständnis der europäischen Außenpolitik bei). Demnach ist trotz der Stellung der GASP (und der GSVP) als Teil der unionalen Exekutivgewalt[245] eine klare und abschließende Bestimmung des Umfangs nicht ohne weiteres möglich. Bleibt es bei der Ansicht der Mitgliedstaaten, wäre eine Abgrenzung wohl auch gar nicht nötig, denn nach ihrer Sicht haben sie die volle Kontrolle über den Umfang der GASP.[246] Aber das politisch Gewollte entbindet nicht von der dogmatisch notwendigen Bestimmung des Umfangs.[247] Zumindest kann aber behauptet werden, dass trotz des von den Mitgliedstaaten bewusst weitgefassten Umfangs der GASP[248] dieser noch Raum für die Union lässt, sich auf dem internationalen Parkett ein Gesicht zu verschaffen, wobei die Union sogar selbst die Grundlagen und die Regeln festlegt.[249] Zudem, ungeachtet der intergouvernementalen Ausgestaltung der GASP, verfolgen die Mitgliedstaaten das gemeinsame Interesse des geschlossenen Auftretens unter dem Schirm der Union. Die Eventualität des Abdriftens einzelner Mitgliedstaaten, die versuchen ihre nationalen Interessen den weiteren Mitgliedstaaten als (Zwischen-)Ziele schmackhaft zu machen, wird durch die Verpflichtung ihr Handeln an den unionsrechtlichen Zielen auszurichten, relativiert. Auch wenn keine Sanktionsmechanismen bestehen, ist der politische Druck ein nicht zu unterschätzendes Mittel des Antriebs und der Disziplin. Im Übrigen muss aber auch die Union die nationalen Außenpolitiken beachten, denn die Union würde sich ein Eigentor schießen, wenn sie die nationale Diplomatie unbeachtet ließ und eine – nämlich nur ihre – Außenpolitik vollziehen würde. Die vorangegangenen Ausführungen stellen klar, dass sämtliche Akteure aufeinander angewiesen sind, sich aber zugleich auch aufeinander verlassen können müssen. Dieses

---

245 Thym, in: von Arnauld (Hrsg.), Europäische Außenbeziehungen (EnzEuR Bd. 10), § 16, Rn. 53.

246 Engbrink, Die Kohärenz des auswärtigen Handelns der Europäischen Union, S. 159; De Baere, Constitutional Principles of EU External Relations, S. 107; Pechstein, JZ 2010, S. 425 (S. 428).

247 Engbrink, Die Kohärenz des auswärtigen Handelns der Europäischen Union, S. 159, ähnlich: Wouters und Bearbeiter, The Law of EU External Relations, S. 364.

248 Vgl. Engbrink, Die Kohärenz des auswärtigen Handelns der Europäischen Union, S. 159.

249 Cremona, EU External Relations, in: Azoulai, The Question of Competence in the European Union, S. 65 (S. 84).

Aufeinanderangewiesensein und die notwendige Verlässlichkeit verdeutlichen, dass eine konkrete und passgenaue Abgrenzung zwischen nationaler, unionaler und GASP-bezogener Außenpolitik realitätsfern ist.

E. Ziele der GASP

Die allgemeinen Ziele und Grundsätze des auswärtigen Handelns der Union legt Art. 21 EUV fest. Diese gelten für das gesamte auswärtige Handeln der Union und damit auch für die GASP. Inhaltlich knüpft Art. 21 EUV an die Werte und Ziele des Art. 2 und Art. 3 EUV an, wobei sich die einzelnen Ziele auf die Hauptthemen der Außenpolitik, also auf die zentralen Tätigkeitsbereiche des internationalen Handelns[250], beziehen. Zunächst werden die Wahrung der gemeinsamen Werte und Unabhängigkeit der EU, die Festigung und Förderung von Demokratie, die Rechtsstaatlichkeit, die Menschenrechte und die Grundsätze des Völkerrechts sowie die Erhaltung des Friedens und die Stärkung der internationalen Sicherheit adressiert. Damit verdeutlicht die Union, dass sie sich von den gleichen fundamentalen Prinzipien, die nationale demokratische Staaten verfolgen, leiten lassen und verpflichten möchte. Daneben spielen die Schaffung einer effektiven Entwicklungspolitik und die Armutsbekämpfung sowie die Förderung der wirtschaftlichen Integration eine herausragende Rolle. Nicht unerwähnt bleiben sollte das Ziel des Schutzes der Umwelt und der effektiven Katastrophenhilfe, also die globale nachhaltige Entwicklung.[251] Art. 21 Absatz 3 Unterabsatz 2 EUV hebt derweil die Notwendigkeit der Kohärenz zwischen den einzelnen Bereichen des auswärtigen Handelns besonders hervor. Die Kohärenz bezieht sich dabei auf die einzelnen Bereiche des gesamten auswärtigen Handelns und verpflichtet die Akteure – den Rat und den Hohen Vertreter für die GASP und die Kommission für die übrigen Bereiche – entsprechend dem Prinzip zu handeln.[252] Bekräftigt wird dieses Kohärenzgebot durch Art. 23 EUV, der nochmal verdeutlicht, dass das Gebot auch für den intergouvernemental geprägten Bereich der

---

250 Kaufmann-Bühler, in: Grabitz/Hilf/Nettesheim, Das Recht der EU, Art. 21 EUV, Rn. 2.

251 Zu beachten ist, dass die Aufzählung der Ziele und Grundsätze in diesem Textabschnitt nicht abschließend ist – was in Anbetracht der vertraglichen Formulierung des Art. 21 EUV auch offensichtlich nicht zutreffend sein kann. Für eine ausführliche Kommentierung der Ziele: Regelsberger/Kugelmann, in: Streinz, Kommentar EUV/AEUV, Art. 21 EUV, Rn. 1 ff.; Bitterlich, in: Lenz/Borchardt, EU-Verträge Kommentar, Art. 21 EUV, Rn. 4; Cremer, in: Calliess/Ruffert, EUV/AEUV-Kommentar, Art. 21 EUV, Rn. 1 ff.

252 Bitterlich, in: Lenz/Borchardt, EU-Verträge Kommentar, Art. 21 EUV, Rn. 6.

GASP gilt. Insgesamt soll die Ausgestaltung der Außenpolitik eine verstärkte multilaterale Zusammenarbeit und eine verantwortungsvolle Weltordnungspolitik schaffen.[253] Mit dieser Klarstellung verdeutlicht die Union, dass ihre Politik nicht nur auf ihre eigenen Bedürfnisse und Lösung ihrer Probleme ausgerichtet ist, sondern auf die „Gemeinsamkeit" im Sinne der Gesamtheit der Mitgliedstaaten bis hin zur internationalen Kooperation mit der übrigen Welt.[254] Hieran ändert auch der Umstand nichts, dass sich die Grundsätze und die Ziele teilweise nur nach innen auf die Union selbst beziehen;[255] denn wiederum andere Ziele richten sich nur nach außen, z.B. indem die Außensicherheit adressiert wird.[256] Mit dem Ausrichten auf „nach außen" verdeutlicht die Union ihre Position als kollektiver Akteur.[257] Zu erwähnen ist noch, dass die Union bewusst auf eine Priorisierung innerhalb der Grundsätze und Ziele verzichtet hat.[258] Eine Einigung auf bestimmte vorrangige Gebiete liegt demnach auch nicht vor.

Adressat der Ziele und der Grundsätze sind alle Akteure des auswärtigen Handelns, also neben der Kommission, dem Rat und dem Hohen Vertreter auch die Mitgliedstaaten.[259] Interessanterweise bezieht sich das in Art. 21 EUV speziell adressierte Kohärenzgebot nur auf bestimmte Akteure, nämlich auf den Rat, den Hohen Vertreter sowie die Kommission. Das Kohärenzgebot adressiert aber gerade nicht die Mitgliedstaaten bzw. den Gleichlauf zwischen der Union und den Mitgliedstaaten – was angesichts der intergouvernemental geprägten GASP überraschend ist. Jedoch ist es nicht von der Hand zu weisen, dass die Mitgliedstaaten gerade in der Außenpolitik eine tragende Rolle spielen und es aus der Natur der Sache folgt, dass die Mitgliedstaaten und die Union kohärent handeln müssen.[260] Auch Art. 24 Absatz 3 EUV, der die Mitgliedstaaten zur aktiven und

---

253 Art. 21 Absatz 2 h) EUV.

254 Vgl. Cremer, in: Calliess/Ruffert, EUV/AEUV-Kommentar, Art. 21 EUV, Rn. 7.

255 Art. 21 Absatz 2 a EUV, der die Wahrung der Werte sowie die grundlegenden Eigeninteressen der Union adressiert; vgl. Kaufmann-Bühler, in: Grabitz/Hilf/Nettesheim, Das Recht der EU, Art. 21 EUV, Rn. 9; Regelsberger/Kugelmann, in: Streinz, Kommentar EUV/AEUV, Art. 21 EUV, Rn. 5.

256 Z.B. Art. 21 Absatz 2 b, c und h EUV sind nach außen gerichtet, da sie auf die Förderung der internationalen Sicherheit gerichtet sind; vgl. Kaufmann-Bühler, in: Grabitz/Hilf/Nettesheim, Das Recht der EU, Art. 21 EUV, Rn. 10 und Cremer, in: Calliess/Ruffert, EUV/AEUV-Kommentar, Art. 21 EUV, Rn. 10.

257 Regelsberger/Kugelmann, in: Streinz, Kommentar EUV/AEUV, Art. 21 EUV, Rn. 3.

258 Kaufmann-Bühler, in: Grabitz/Hilf/Nettesheim, Das Recht der EU, Art. 21 EUV, Rn. 12.

259 Bitterlich, in: Lenz/Borchardt, EU-Verträge Kommentar, Art. 21 EUV, Rn. 2.

260 Frenz, Europarecht, Rn. 946 und 947.

vorbehaltlosen Unterstützung aufruft, bekräftigt diese Schlussfolgerung. Daneben trägt Art. 32 EUV für bestimmte Teilbereiche der GASP dem Kohärenzgebot Rechnung. Demnach gehören auch die Mitgliedstaaten zu dem Adressatenkreis des Kohärenzgebots.

In der Praxis erfolgt die Umsetzung der Ziele und der Grundsätze im Rahmen der Vertretung vor und in internationalen Organisationen durch die Kommission bzw. in den Angelegenheiten der GASP durch den Hohen Vertreter.[261]

Zuletzt ist noch zu erwähnen, dass auch Drittstaaten Adressat der Zielbestimmungen in Art. 21 EUV sein können. Dies ist vor allem der Fall, wenn Nicht-Mitgliedstaaten mit der Union eng verbunden sind und von dieser z.B. in bestimmten außenpolitischen Situationen dazu aufgefordert werden, Stellung zu nehmen, sich Erklärungen anzuschließen oder sich aktiv zu beteiligen.[262] Verdeutlicht wird dies mit dem Umstand, dass eine Zusammenarbeit der Union mit Drittstaaten und internationalen Organisationen, die die Grundprinzipien und die Werte der Union nicht achten, ausgeschlossen ist.[263]

Übrig bleibt jedoch die Frage, ob die Union durch die einheitliche Zielsetzung zwangsläufig eine Vergemeinschaftung der GASP anstrebt, um so das Einstimmigkeitsprinzip mit der parlamentarischen Mitbestimmung zu ersetzen.[264] Vor dem Hintergrund, dass bereits in der Vergangenheit viele Politikfelder vergemeinschaftet wurden[265], liegt der Schluss nahe, dass der GASP dieses Schicksal auch blüht. Doch die exekutive Eigenart der GASP[266], deren erfolgreiche Politik von dem konsensgetragenen Votum der einzelnen Mitgliedstaaten abhängt, also gerade von dem Miteinander auf internationaler Ebene, verdeutlicht, dass eine unionale Gesetzgebung nicht vielversprechend wäre. Erfolgreiche Außenpolitik verlangt politisches Engagement, was nicht durch eine unmittelbar anwendbare Verordnung ersetzt werden kann.[267] Folglich kann ruhigen Gewissens die

261 Art. 220 Absatz 2 AEUV.

262 Kaufmann-Bühler, in: Grabitz/Hilf/Nettesheim, Das Recht der EU, Art. 21 EUV, Rn. 5 – mit dem Beispiel des GASP-Beschlusses 2009/907/GASP und der Gemeinsamen Aktion 2008/851/GASP, in denen Somalia dazu aufgefordert wurde an der Militäroperation Atlanta teilzunehmen.

263 Regelsberger/Kugelmann, in: Streinz, Kommentar EUV/AEUV, Art. 21 EUV, Rn. 9.

264 Thym, 50 Archiv des Völkerrechts (2012), S. 125 (S. 135).

265 Z.B. Zollunion, Währungspolitik, Handelspolitik – vgl. Art. 3 AEUV zu den ausschließlichen Zuständigkeiten.

266 Thym, 50 Archiv des Völkerrechts (2012), S. 125 (S. 135).

267 Ibid.

Annahme ausgesprochen werden, dass die GASP die Vergemeinschaftung – zurzeit – nicht als Ziel verfolgt.

F. Träger der GASP

Nach dem Wortlaut des Art. 21 EUV ist Träger und Akteur der europäischen Außenpolitik die Union selbst. Doch auch wenn der Union seit dem Vertrag von Lissabon gemäß Art. 47 EU Rechtspersönlichkeit zukommt, kann sie nicht ohne ihre Institutionen – und insbesondere nicht ohne die Mitgliedstaaten – als handlungsfähiges Organ oder Funktionsträger agieren. Deswegen normiert Art. 24 Absatz 1 S. 2 und S. 4 EUV, dass die Durchführung der GASP dem Präsidenten des Europäischen Rates und dem Hohen Vertreter obliegt. Daneben spielen aber auch noch weitere Institutionen eine entscheidende Rolle für die erfolgreiche Ausführung der Politik im Rahmen der GASP. Denn seit dem Beginn der GASP wurden die Institutionen permanent erweitert und ausgebaut – was wiederum eindeutig auf einen Erfolg der Politik in der GASP hindeutet.[268] Um aber nicht den Rahmen dieser Arbeit zu sprengen, soll lediglich überblicksartig auf die handlungsfähigen Akteure in der GASP sowie der GSVP eingegangen werden. Hierbei werden weitere europäische Institutionen, die nicht im Zusammenhang mit der GASP stehen, nicht adressiert.

1. Akteure der GASP

Obwohl nach den Verträgen die Union als Akteur der Außenpolitik gilt, sind die Außenbeziehungen der EU wie bei nationalen Staaten Aufgabe der Exekutive.[269] Das heißt, dass die Mitgliedstaaten Träger und gleichwohl Rechtssubjekte der intergouvernemental geprägten GASP sind.[270] Man kann also als Ausgangspunkt vereinfacht sagen, dass die primären außenpolitischen Akteure die nationalen Regierungen zusammengefasst im Europäischen Rat und im Rat der Europäischen Union sind. Dem Hohen Vertreter obliegt hierbei die Leitung. Die in der

---

268 Vgl. Regelsberger/Jopp, in: Diedrichs/Faber/Tekin/Umbach, Europe Reloaded, S. 396 (402), die in einer Tabelle die ständige Vergrößerung eindrucksvoll darlegen.

269 Ähnlich: Kaufmann-Bühler, in: Grabitz/Hilf/Nettesheim, Das Recht der EU, Art. 21 EUV, Rn. 14.

270 Kaufmann-Bühler, in: Grabitz/Hilf/Nettesheim, Das Recht der EU, Art. 21 EUV, Rn. 3–5 und Art. 24, Rn. 12 (zu dem Rechtssubjekt: Kaufmann-Bühler, in: Grabitz/Hilf/Nettesheim, Das Recht der EU (2009), Art. 11 EUV(-Nizza), Rn. 14); auch der Wortlaut von Art. 21 sowie Art. 24 Absatz 1 Unterabsatz 2 S. 4 EUV unterstreicht dies – letztere Vorschrift erwähnt explizit, dass die Mitgliedstaaten die GASP durchführen.

Realität kompliziertere Gestaltung der Außenpolitik bedarf jedoch der – hier folgenden – ausführlicheren Erläuterung der verschiedenen Organe[271].

a) *Europäischer Rat*

Zunächst ist auf den Europäischen Rat (**ER**) einzugehen, der höchste politische Autorität genießt und die Impulse für eine vertiefte europäische Integration gibt. Er gilt als zentrales Organ der europäischen Außenpolitik. Betrachtet man die Geschichte des ER, so ist dieser von einem bloßen Impulsgeber des europäischen Integrationsprozesse (nach dem Vertrag von Maastricht) zu einem wichtigen Entscheidungsträger (heutige Stellung nach Lissabonner Vertrag), der zunehmend in der europäischen Außenpolitik auftritt, erwachsen.[272] Mit der formalen Anerkennung des ER als institutionelles Organ der Union durch den Vertrag von Lissabon stellt der ER nun die oberste Entscheidungsinstanz innerhalb der GASP dar.[273] Die Integration des ER in das System der europäischen Institutionen war eine unmittelbare Folge der Verleihung der Rechtspersönlichkeit an die Union und führt u.a. auch dazu, dass der ER nun der Kontrolle des Gerichtshofs unterliegt.[274]

Dem ER gehören neben den Staats- und Regierungschefs der Mitgliedstaaten der Präsident des Rates und der Präsident der Europäischen Kommission an. Zusätzlich nimmt der Hohe Vertreter an den Arbeiten des ER mit beratender Stimme teil.[275] Die Betonung liegt dabei auf der beratenden Teilnahme des Hohen Vertreters, da dieser nicht formelles Mitglied des ER ist.[276] Dagegen ist die durchgängige Teilnahme der nationalen Minister für auswärtige Angelegenheiten und von einem weiteren Mitglied der Europäischen Kommission, wie es noch Ex-Art. 4 Absatz 2 EUV-Nizza bestimmt hat, nicht mehr vorgesehen. Diese

---

271 Dem Begriff „Organ“ wird in diesem Zusammenhang nicht die Bedeutung i.S.d. Art. 13 EUV zugemessen, da es innerhalb der GASP auch Akteure gibt, die nicht zugleich ein Organ im Sinne dieser Vorschrift sind; vgl. hierzu: Lenski, in: Lenz/Borchardt, EU-Verträge Kommentar, Art. 13 EUV, Rn. 3.

272 Kaufmann-Bühler/Meyer-Landrut, in: Grabitz/Hilf/Nettesheim, Das Recht der EU, Art. 26 EUV, Rn. 7, 8; Thym, 50 Archiv des Völkerrechts (2012), S. 123 (131); ähnlich: Goebel, 20 Columbia Journal of European Law 78 (2013–2014), S. 77 (S. 123).

273 Bitterlich, in: Lenz/Borchardt, EU-Verträge Kommentar, Art. 26 EUV, Rn. 2.

274 Ableitung aus Art. 15 Absatz 1 S. 1 EUV und Art. 263 Absatz 1 AEUV; vgl. auch: Goebel, 20 Columbia Journal of European Law 78 (2013–2014), S. 77 (S. 132 f.).

275 Vgl. Art. 15 Absatz 2 EUV und Kumin, in: Grabitz/Hilf/Nettesheim, Das Recht der EU, Art. 15 EUV, Rn. 51.

276 Kumin, in: Grabitz/Hilf/Nettesheim, Das Recht der EU, Art. 15 EUV, Rn. 10.

(bzw. ein Mitglied der Genannten) können nur noch unterstützend tätig werden, wenn die Tagesordnung dies erfordert und die Mitglieder des ER die Teilnahme beschließen.[277]

Geführt wird der ER vom Präsidenten, der mit qualifizierter Mehrheit von den Mitgliedern des ER für eine Amtszeit von zweieinhalb Jahren gewählt wird. Die weitreichenden Aufgaben des Präsidenten werden umfassend in Art. 15 Absatz 6 EUV beschrieben. Interessant bzw. konfliktträchtig ist die Normierung in Art. 15 Absatz 6 Unterabsatz 2 EUV, nachdem der Präsident des ER, unbeschadet der Befugnisse des Hohen Vertreters, die Außenvertretung der Union in Angelegenheiten der GASP wahrnimmt. Zwar bezieht sich die Außenvertretung auf „seinen Bereich" – womit zugleich deutlich wird, dass die Außenvertretung im Bereich der GASP dem Präsidenten auf der Ebene der Staats- und Regierungschefs obliegt –, doch werden Kompetenzüberschneidungen zwischen dem Präsidenten des ER und dem Hohen Vertreter durch den Wortlaut der Vorschrift eben nicht eliminiert.[278] In der Praxis haben sich aber bisher keine gravierenden Konflikte gezeigt,[279] was auf die personellen Eigenschaften der jeweiligen Inhaber des Präsidentenamtes, die eine repräsentativ-koordinierende Ausführung der Außenvertretung bevorzugt haben,[280] zurückzuführen oder aber auch dem im Unionsrecht herrschenden Grundsatz der loyalen Zusammenarbeit zwischen den Organen zu verdanken ist.[281] Im Übrigen muss die Stellung des Präsidenten des ER auch im Kontext der weiteren Funktion des Hohen Vertreters gesehen werden. Dem Hohen Vertreter obliegt zugleich die Funktion des Vizepräsidenten der Europäischen Kommission und er ist gemäß Art. 18 Absatz 3 EUV Vorsitzender des Rates „Auswärtige Angelegenheiten". Im Umkehrschluss sprechen diese Fakten für eine rechtlich schwächere Stellung des Präsidenten des ER gegenüber dem Hohen Vertreter und entschärfen zugleich das konfliktträchtige Potenzial der Vorschrift des Art. 15 Absatz 6 Unterabsatz 2 EUV.[282]

Zu den Aufgaben des ER im Einzelnen: Gemäß Art. 24 Absatz 1 S. 3 EUV wird die gemeinsame Außenpolitik vom ER (gemeinsam mit dem Rat der Europäischen Union) einstimmig festgelegt und durchgeführt, soweit sich aus den

---

277 Art. 15 Absatz 3 EUV.

278 Calliess, in: ders./Ruffert, EUV/AEUV-Kommentar, Art. 15 EUV, Rn. 35 m.w.N.

279 Lenski, in: von der Groeben/Schwarze/Hatje, EUV-Kommentar, Art. 15 EUV, Rn. 41 m.w.N.

280 Calliess, in: ders./Ruffert, EUV/AEUV-Kommentar, Art. 15 EUV, Rn. 35, 38; Lenski, in: von der Groeben/Schwarze/Hatje, EUV-Kommentar, Art. 15 EUV, Rn. 41.

281 Vgl. Art. 13 Absatz 2 S. 2 EUV.

282 Calliess, in: ders./Ruffert, EUV/AEUV-Kommentar, Art. 15 EUV, Rn. 38 und 39.

Verträgen nichts anderes ergibt. Die vormals in Ex-Art. 13 Absatz 1 EUV-Nizza normierte Kompetenz zur Bestimmung der Grundsätze der GASP ist jetzt in Art. 22 Absatz 1 EUV enthalten, der nun regelt, dass der ER im Rahmen des gesamten und allgemeinen auswärtigen Handelns für die Festlegung der strategischen Interessen und Ziele verantwortlich ist.[283] Damit obliegt ihm nicht nur – wie in der Vergangenheit – die Bestimmung der GASP-Politik, sondern der gesamten europäischen Außenpolitik. Im Rahmen der GASP ist der ER vor allem aber entscheidendes Beratungs- und Beschlussorgan, das gemäß Art. 26–31 EUV in allen Stufen des Verfahrens die Kontrolle über Umfang und Ausrichtung der GASP-Handlungen hat. Konkretisiert wird das Aufgabenfeld durch Art. 26 Absatz 1 EUV, der normiert, dass der ER die strategischen Interessen der Union bestimmt sowie die Ziele und die allgemeinen Leitlinien der GASP festlegt. Die Kompetenz erstreckt sich hierbei auch auf Sachverhalte mit verteidigungspolitischen Bezügen.[284] Durch den Lissabonner Vertrag wurde darüber hinaus die Kompetenz zum Erlass von für die zuvor genannten Bereiche erforderlichen Beschlüsse neu eingeführt (Art. 26 Absatz 1 und implizit aus Art. 22 Absatz 1 Unterabsatz 2 EUV). Auf Empfehlung des Rates kann der ER nun einstimmig Beschlüsse erlassen.[285] Der ER kann wiederum vom Hohen Vertreter und von der Kommission zu solchen Beschlüssen angeregt werden.[286] Die Übertragung der Kompetenz zum Erlass von Beschlüssen stellt eine wesentliche Neuerung dar, da dem ER zuvor keine Befugnis zum Erlass von Rechtsakten zustand. Auf den ersten Blick scheint dieser Befugnis nicht allzu große Bedeutung zuzumessen zu sein, da auf Grund des Fehlens von Hinweisen zur rechtlichen Wirkung dieser Beschlüsse durchaus bloß von deren politischer Bindung ausgegangen werden kann.[287] Diese Schlussfolgerung ist jedoch verfehlt. Zunächst ist der politischen Bindung auf dem außenpolitischen Parkett grundsätzlich eine bedeutende Wirkung zuzusprechen. Darüber hinaus kann der ER unter dem Aspekt der Erforderlichkeit seiner Beschlüsse und dem Grad der Verbindlichkeit für den Rat, aber auch für die Mitgliedstaaten und die Kommission, das Maß der Wirkung ausgestalten[288] – was wiederum auf eine Verbindlichkeit

283 Die in Ex-Art. 13 Absatz 1 EUV-Nizza enthaltenen Grundsätze (und Ziele) finden sich nun in der primärrechtlichen Regelung des Art. 21 EUV wieder.

284 Vgl. Art. 26 Absatz 1 S. 1 a.E. EUV.

285 Art. 22 Absatz 1 Unterabsatz 2 S. 1 EUV.

286 Art. 22 Absatz 2 EUV.

287 Bitterlich, in: Lenz/Borchardt, EU-Verträge Kommentar, Art. 26 EUV, Rn. 6.

288 Kaufmann-Bühler/Meyer-Landrut, in: Grabitz/Hilf/Nettesheim, Das Recht der EU, Art. 26 EUV, Rn. 13.

der Beschlüsse hinweist. Die Verbindlichkeit wird auch damit untermauert, dass man die Erwähnung des „Beschlusses" in Art. 22 EUV als Beschluss i.S.d. Art. 288 Absatz 4 AEUV sieht. Zuletzt spricht die Bedeutung der Vorschrift gegen die Annahme einer bloß politischen Bindung. Denn die Kompetenz zum Erlass dieser Beschlüsse bezieht sich auf das gesamte auswärtige Handeln und kann damit sogar als Anknüpfungspunkt zum säulenübergreifenden Handeln gesehen werden.[289] Folglich liegt eine einzigartige Ausnahme von der strikten Trennung des vergemeinschafteten auswärtigen Handelns und der intergouvernementalen GASP vor,[290] welche der Befugnis zum Erlass dieser Beschlüsse für die Zukunft eine eminente und richtungsweisende Wirkung zuspricht.

Neben dem bereits Genannten hat der ER die Möglichkeit bei wichtigen internationalen Entwicklungen zu außerordentlichen Tagungen zusammenzukommen, um das strategische Vorgehen der Union festzulegen (Art. 26 Absatz 2 Unterabsatz 2 EUV). Die Mitgliedstaaten stimmen jede außen- und sicherheitspolitische Frage von allgemeiner Bedeutung mit dem ER und dem Rat ab, um so ein gemeinsames Vorgehen zu ermöglichen (Art. 32 Absatz S. 1 EUV). Bei diesen Abstimmungen kann dem ER durchaus eine Konsultationsfunktion zugesprochen werden. Um die Kohärenz des unionalen Vorgehens nicht zu gefährden, ist der Hohe Vertreter befugt an den Arbeiten des ER teilzunehmen.[291] Im Rahmen der GSVP obliegt dem ER gemäß Art. 42 Absatz 2 S. 1 EUV die Befugnis Beschlüsse zur Festlegung einer gemeinsamen Verteidigung zu fassen. Eine gemeinsame Verteidigung wäre demnach theoretisch möglich, sobald der ER dies einstimmig beschließt. Im Gegensatz zu der Fassung des EU-Vertrages von Nizza spricht der jetzige Art. 42 Absatz 2 EUV nicht mehr nur von „falls der ER dies beschließt", sondern von „sobald".[292] Eine Tendenz in Richtung Begründung einer europäischen Verteidigung kann demnach durchaus angenommen werden.

Abschließend ist festzuhalten, dass der ER zwar noch immer keine Rechtsakte erlassen kann; er kann jedoch die politischen Zielvorstellungen und die Prioritäten der Union innerhalb der GASP festlegen und ist damit wesentlich an der Leitung dieses Bereichs beteiligt.[293] Zudem zeigt Art. 22 Absatz 1 EUV mehr

289 Schlussfolgerung aus Art. 22 Absatz 1 Unterabsatz 1, S. 1 EUV.

290 Engbrink, Die Kohärenz des auswärtigen Handelns der Europäischen Union, S. 98.

291 Art. 15 Absatz 2 S. 2 EUV.

292 Vgl. Art. 17 Absatz 1 S. 1 a.E. EUV-Nizza.

293 *Bitterlich* bezeichnet den ER folglich als politischen Impulsgeber – Bitterlich, in: Lenz/Borchardt, EU-Verträge Kommentar, Art. 15 EUV, Rn. 2.

denn je auf, dass der ER nicht nur in der GASP, sondern auch in der gesamten Außenpolitik der Union eine entscheidende Rolle spielt.[294] Die wachsende Bedeutung dieser Institution wird anhand der ausgeweiteten Befugnisse des Art. 22 Absatz 1 EUV immanent. Der ER kann seit den Lissabonner Reformen nun einen umfassenden und übergreifenden Ansatz für seine Beschlüsse wählen, der sich auf weiterreichende Bereiche in der Außenpolitik als die der GASP bezieht.[295] Diese Position wird mit der Schaffung des Postens des Präsidenten des ER, der nun neben dem Hohen Vertreter für die Außenvertretung der Union in Angelegenheiten der GASP zuständig ist, unterstrichen.[296] Dem ER wurde damit eine Führungsrolle in der Gesamtheit der auswärtigen Zuständigkeiten der Union zugesprochen – und die Bestimmung dieser dualen Rolle unterstreicht noch einmal mehr die Bemühungen zur Verknüpfung der unionseigenen außenpolitischen Bereiche mit der wesensfremden intergouvernemental geprägten GASP.[297]

Darüber hinaus ist anzunehmen, dass durch die mit den Lissabonner Reformen eingeführte Amtszeit von zweieinhalb Jahren, im Vergleich zu der zuvor normierten sechsmonatig-rotierenden Amtspräsidentschaft, eine Kontinuität und Effektivität in der Beschlussfassung des ER eintritt. Zwar kommt den nationalen Regierungen weiterhin die Schlüsselrolle bei der Entscheidungsfindung im Rahmen der GASP zu – da der ER eben aus den Staats- und Regierungschefs der Mitgliedstaaten besteht –,[298] doch werden die daraus entstandenen Verzögerungen in der Beschlussfassung wohl durch die längere Amtszeit und eine damit einhergehende Kontinuität gemindert. Im Ergebnis ist zu hoffen, dass dies eine positive Auswirkung auf die Kohärenz der nationalen Politiken hat.[299]

294 Vgl. auch: Goebel, 20 Columbia Journal of European Law 78 (2013–2014), S. 77 (S. 130); Engbrink, Die Kohärenz des auswärtigen Handelns der Europäischen Union, S. 97.

295 Kaufmann-Bühler/Meyer-Landrut, in: Grabitz/Hilf/Nettesheim, Das Recht der EU, Art. 26 EUV, Rn. 9.

296 Art. 15 Absatz 6 Unterabsatz 2 EUV.

297 Ähnlich: De Baere, Constitutional Principles of EU External Relations, S. 127.

298 Thym, in: von Arnauld (Hrsg.), Europäische Außenbeziehungen (EnzEuR Bd. 10), § 16, Rn. 10.

299 So auch: Goebel, 20 Columbia Journal of European Law 78 (2013–2014), S. 77 (S. 138).

b) Rat der Europäischen Union

Wie bereits erwähnt, kommt dem Rat der Europäischen Union (**Rat**) neben dem ER eine entscheidende Rolle in der europäischen (Außen-)Politik zu. Gemäß der grundlegenden Bestimmung des Art. 16 EUV wird der Rat als formelles Organ der Union gemeinsam mit dem Europäischen Parlament gesetzgeberisch tätig.[300] Der Rat übt demnach supranationale Hoheitsgewalt aus, wobei die nationalen Interessen durch die einzelnen mitgliedschaftlichen Vertreter wahrgenommen werden.[301] Denn der Rat besteht aus Fachvertretern der Mitgliedstaaten. Jeder Mitgliedstaat ist befugt einen Vertreter zu versenden, der den Mitgliedstaat verbindlich vertritt.[302] Die entsandten Vertreter müssen mit Ministerrang ausgestattet sein.[303] Da es verschiedene Möglichkeiten der Vertretung einer Regierung gibt, existieren keine ständigen Ratsmitglieder.

Der EU-Vertrag sieht verschiedene Ratsformationen vor, wobei es aber immer nur einen einzigen Rat der Union gibt, der entsprechend verschiedenen Themengebieten in unterschiedlicher Besetzung tagt.[304] Primärrechtlich besonders hervorgehoben sind in Art. 16 Absatz 6 Unterabsatz 2 und 3 EUV der Rat für „Allgemeine Angelegenheiten“ sowie der speziell für die auswärtigen Angelegenheiten bestehende „Rat für Außenbeziehungen“.[305] Letzterer bildet das zentrale Koordinierungs-, Entscheidungs- und Beschlussorgan im Rahmen der GASP.[306] Ihm obliegen gemäß Art. 16 Absatz 6 Unterabsatz 3 EUV die Festlegung und die Koordinierung der auswärtigen Politik. Hierbei ist zu beachten, dass sich seine Arbeiten auf alle Bereiche des auswärtigen Handelns, also auch

---

300 Der Rat kann durch rechtsverbindliche (Verordnungen, Richtlinien oder Beschlüsse), aber auch durch unverbindliche oder politische Maßnahmen (z.B. interne Maßnahmen, Empfehlungen und Schlussfolgerungen) tätig werden.

301 Breier, in: Lenz/Borchardt, EU-Verträge Kommentar, Art. 16 EUV, Rn. 5.

302 Art. 16 Absatz 2 EUV.

303 Calliess, in: ders./Ruffert, EUV/AEUV-Kommentar, Art. 16 EUV, Rn. 9.

304 Breier, in: Lenz/Borchardt, EU-Verträge Kommentar, Art. 16 EUV, Rn. 1; Goebel, 20 Columbia Journal of European Law 78 (2013–2014), S. 77 (S. 99).

305 Weitere Ratsformationen bestehen für (1) Wirtschaft und Finanzen, (2) Justiz und Inneres, (3) Beschäftigung, Sozialpolitik, Gesundheit und Verbraucherschutz, (4) Wettbewerbsfähigkeit, (5) Verkehr, Telekommunikation und Energie, (6) Landwirtschaft und Fischerei, (7) Umwelt, (8) Bildung, Jugend, Kultur und Sport, vgl. https://www.consilium.europa.eu/en/council-eu/configurations/.

306 Krajewski, in: von Arnauld (Hrsg.), Europäische Außenbeziehungen (EnzEuR Bd. 10), § 3, Rn. 34.

auf die vergemeinschafteten Bereiche der europäischen Außenpolitik, beziehen.[307] In der speziellen Ratsformation „Rat für Außenbeziehungen" führt der Hohe Vertreter gemäß Art. 18 Absatz 3 EUV den Vorsitz. Es ist gerade nicht vorgesehen, dass der Vorsitz wie in den anderen Ratsformationen nach dem gleichberechtigten Rotationsprinzip unter den Mitgliedstaaten wechselt. Diese Abweichung vom Rotationsprinzip soll die Kontinuität der Politik in Bezug auf eine langfristige Planung innerhalb des auswärtigen Handelns ermöglichen.[308]

Aus der allgemeinen Bestimmung des Art. 21 Absatz 3 Unterabsatz 2 S. 2 EUV, die für das gesamte auswärtige Handeln der Union gilt, folgt, dass der Rat in seiner Formation als Rat „Auswärtiger Angelegenheiten" zusammen mit der Kommission dafür verantwortlich ist, die Kohärenz zwischen den einzelnen Bereichen des auswärtigen Handelns sowie den übrigen Politikbereichen sicherzustellen, und für diesen Zweck mit ihr zusammenarbeiten soll. Hierbei werden sie von dem Hohen Vertreter unterstützt.[309] Durch die spezielle Erwähnung des Rates neben der Kommission wird deutlich, dass der Rat als besonders bedachter Funktionsträger mit erhöhter Verantwortung innerhalb der GASP und damit auch in der gesamten europäischen Außenpolitik erachtet wird. Im Rahmen der GASP kommen dem Rat neben der allgemeinen Koordinierungs- und Leitungsfunktion aber weitere Zuständigkeiten zu. Neben den bereits im Zusammenhang mit dem ER genannten Kompetenzen trägt der Rat zusammen mit dem Hohen Vertreter für die Einhaltung der Grundsätze der GASP i.S.d. Art. 24 EUV sowie für ein einheitlich, kohärentes und wirksames Vorgehen innerhalb der GASP die Sorge (Art. 26 Absatz 2 Unterabsatz 2 EUV). Da aber bereits nach den grundlegenden Vertragsbestimmungen festgelegt ist, dass der Rat das auswärtige Handeln der Union entsprechend den strategischen Vorgaben des ER gestaltet und für die Kohärenz des Handelns der Union sorgen muss,[310] stellt Art. 26 EUV vielmehr eine Wiederholung dar, die sich gleichwohl speziell auf die GASP bezieht.

Wie bereits ausgeführt, gestaltet der Rat die gemeinsame Außen- und Sicherheitspolitik und fasst die für die Festlegung und die Durchführung dieser Politik erforderlichen Beschlüsse auf Grundlage der vom ER festgelegten allgemeinen Leitlinien und strategischen Vorgaben (Art. 24 Absatz 2 und Art. 31 EUV).

---

307 Engbrink, Die Kohärenz des auswärtigen Handelns der Europäischen Union, S. 40.

308 Calliess, in: ders./Ruffert, EUV/AEUV-Kommentar, Art. 16 EUV, Rn. 36; Goebel, 20 Columbia Journal of European Law 78 (2013–2014), S. 77 (S. 136).

309 Vgl. Art. 21 Absatz 3 Unterabsatz 2 S. 2 EUV.

310 Art. 16 Absatz 6 Unterabsatz 3 EUV.

Beschlüsse werden seit den Lissabonner Reformen nun grundsätzlich mit qualifizierter Mehrheit gefasst. Die vormals bestehende Regelung betreffend das Ausreichen der einfachen Mehrheit für die Entscheidungsfindung wurde entfernt.[311] Weitere Detailregelungen zur Beschlussfassung enthalten Art. 237 ff. EUV. Jedes operative Vorgehen der Union benötigt damit zunächst einen Beschluss, der durch den Rat gefasst wird und für die Mitgliedstaaten bindend ist (Art. 28 EUV). Dies verdeutlicht nochmals die Stellung des Rates als Entscheidungsträger.[312] Darüber hinaus legt er die Organisation und Arbeitsweise des Europäischen Auswärtigen Dienstes durch Beschluss nach Art. 27 Absatz 3 S. 3 EUV fest. Der Rat kann zudem auf Vorschlag des Hohen Vertreters einen Sonderbeauftragten für eine besondere politische Frage ernennen (Art. 33 EUV). Auch kann er über bestimmte Fragen der Finanzierung der Durchführung der GASP beschließen (Art. 41 EUV). Daneben kommen dem Rat auch in der GSVP Kompetenzen zu, da ihm gemäß Art. 42 Absatz 4 EUV die Beschlussfassung obliegt.

Trotz der supranationalen Struktur, die der Rat durch Ausübung gesetzgeberischer Funktion in Zusammenarbeit mit der Europäischen Kommission und dem Europäischen Parlament erlangt, ist die seit Anfang an bestehende intergouvernemental geprägte Struktur dieses Organs nicht von der Hand zu weisen.[313] Diese Struktur zeigt sich allerdings insbesondere innerhalb der GASP als entscheidender und äußerst wichtiger Faktor. In politisch sensiblen Bereichen können die von den Mitgliedstaaten entsandten Vertreter nationale Interessen in einem gemeinsam agierenden Kontext auf einen Nenner bringen und diese – im besten Falle – im Sinne der Unionsziele durchsetzen. Nicht selten hat es sich erwiesen, dass brisante und sensible außenpolitische Problematiken durch das Geschick einzelner nationaler Vertreter einfacher gelöst werden konnten, als es möglicherweise ohne deren Mitwirkung vonstattengegangen wäre.[314]

c) *Generalsekretariat*

Neben dem Rat muss auch das Generalsekretariat als aktives (Sub-)Organ genannt werden. Es unterstützt den ER und den Rat, einschließlich des jeweiligen Ratsvorsitzes, des Ausschusses der Ständigen Vertreter (**AStV**) und der

311 Vgl. Art. 205 Absatz 1 EGV-Nizza.

312 Vgl. auch: Engbrink, Die Kohärenz des auswärtigen Handelns der Europäischen Union, S. 37.

313 Goebel, 20 Columbia Journal of European Law 78 (2013–2014), S. 77 (S. 98 f., S. 104).

314 Vgl. Goebel, 20 Columbia Journal of European Law 78 (2013–2014), S. 77 (S. 101 m.w.N.).

übrigen Ausschüsse und Arbeitsgruppen des Rates, bei sämtlichen Arbeiten. Neben der Koordinierung, Unterstützung und Vorbereitung der Arbeiten des Rates, organisiert er auch hochrangige Treffen mit Staats- und Regierungschefs oder Botschaftern aus Nicht-EU-Ländern. Zudem verwaltet das Generalsekretariat das Archiv des Rates. Darüber hinaus führt er in einigen Ausschüssen den Vorsitz.[315]

Das Generalsekretariat spielt aber auch in der administrativen Arbeit der GASP eine entscheidende Rolle. Es stellt die zentrale Koordinationsstelle in der Informationsverbreitung und -verwaltung im Rahmen des COREU da.[316] Das **COREU** (kurz für Correspondance Européenne) ist ein 1973 entwickeltes System zum Austausch von sensiblen diplomatischen Informationen und zur diplomatischen Konsultation.[317] Es wird über das sog. CORTESY-Netzwerk (kurz für COREU Terminal System) betrieben, zu welchem das Generalsekretariat, der Rat, die Mitgliedstaaten (bzw. deren Repräsentanten), der ratsvorsitzführende Mitgliedstaat und die Kommission Zugang haben.[318] Das Generalsekretariat ist hierbei für die Ordnung und Verteilung der Informationen und Dokumente verantwortlich. Sämtliche Dokumente werden über das Generalsekretariat als Zentralstelle an alle genannten Akteure übermittelt. Ein Austausch kann ohne die Mitwirkung des Generalsekretariats nicht erfolgen. Ausnahmsweise kann das Generalsekretariat nur mit dem Ratsvorsitz kommunizieren bzw. der Ratsvorsitz mit einem einzigen Mitgliedstaat via Generalsekretariat.[319] Auf Grund ständiger Übung sind die genannten Adressaten verpflichtet die Informationen an die relevanten Subeinheiten (z.B. Botschaften) weiterzuleiten[320] – was durchaus zu einer effektiven Kommunikation führt. Das COREU wird aber nicht nur für

---

315 Vgl. hierzu die offizielle Internetseite des ER/Rat der Europäischen Union unter: http://www.consilium.europa.eu/de/general-secretariat/.

316 Ähnlich: Marquardt/Gaedtke, in: von der Groeben/Schwarze/Hatje, EUV-Kommentar, Art. 32 EUV, Rn. 4.

317 Wessel, The European Union's Foreign and Security Policy: A Legal Institutional Perspective, S. 80.

318 Bicchi/Carta, The COREU/CORTESY network and the circulation of information within EU foreign policy, RECON Online Working Paper 2010/01, April 2010, S. 1 – abrufbar unter: www.reconproject.eu/projectweb/portalproject/RECONWorkingPapers.html; siehe auch: Duke/Vanhoonacker, EFAR 11 (2006), S. 163 (S. 172).

319 Bicchi/Carta, The COREU/CORTESY network and the circulation of information within EU foreign policy, RECON Online Working Paper 2010/01, April 2010, ibid., S. 7.

320 Ibid., S. 5 ff.

die allgemeine GASP verwendet, sondern auch für die Kommunikation innerhalb der GSVP. Insbesondere in Krisensituationen hat das COREU zu einem raschen Austausch von Informationen und zu einem schnellen Abstimmungsprozess zwischen den beteiligten Akteuren beigetragen.[321] Die Stellung des Generalsekretariats in dem auf Multilateralismus und Zentralisierung gerichteten Informationssystem COREU zeigt deutlich auf, dass diesem eine wachsende Verantwortung im Rahmen der GASP (und auch in der GSVP) zugesprochen werden kann. Letztendlich behält dieser nämlich die Kontrolle darüber, was zirkuliert wird und zu welchem Zeitpunkt es zirkuliert wird.[322]

d) Hohe Vertreter

Der ursprüngliche Ruf nach einem europäischen Außenminister hat mit den Reformen des Lissabonner Vertrages keinen Eingang in die Verträge gefunden. Viele Mitgliedstaaten sahen in der Bezeichnung „Außenminister“ zu starke Ähnlichkeiten mit den nationalen Außenministern und befürchteten deswegen eine (weitere) Annäherung der Europäischen Union an die Kriterien eines Staats[323] – welche zugleich wohl zwangsläufig zu einem Kompetenzverlust führen würde. Stattdessen wurde der durch den Vertrag von Amsterdam geschaffene Posten des Hohen Vertreters der GASP neugestaltet und ausgeweitet. Gemäß Art. 18 EUV i.V.m. Art. 27 EUV leitet der Hohe Vertreter nun die gesamte gemeinsame Außenpolitik der EU im Auftrag des Rates. Sein Aufgabenfeld ist seit dem Vertrag von Lissabon demnach nicht mehr nur auf die GASP und auch nicht mehr nur auf eine Unterstützungsfunktion beschränkt.[324] Der Hohe Vertreter, in seiner Doppelfunktion als Vizepräsident der Kommission, ist vielmehr nun zusätzlich mit der Koordinierung der übrigen Aspekte des auswärtigen Handelns betraut (Art. 18 Absatz 4 S. 3 EUV). Mit dem Rat zusammen sorgt der Hohe Vertreter für die Einhaltung der für die Außenpolitik geltenden Grundsätze durch die Mitgliedstaaten[325] sowie für ein einheitliches, effizientes und wirksames Vorgehen der Union innerhalb dieser Politik,[326] also für die

321 Ibid., S. 14.

322 Ibid., S. 7.

323 P. Koutrakos, The EU Common Security and Defence Policy (2013), S. 40; Engbrink, Die Kohärenz des auswärtigen Handelns der Europäischen Union, S. 18.

324 Thym, in: von Arnauld (Hrsg.), Europäische Außenbeziehungen (EnzEuR Bd. 10), § 16, Rn. 12; Kaddous, Role and position of the High Representative, in: Griller/Ziller, The Lisbon Treaty, S. 205 (S. 209).

325 Art. 24 Absatz 3 Unterabsatz 3 i.V.m. Absatz 3 Unterabsatz 1 und 2 EUV.

326 Art. 26 Absatz 2 Unterabsatz 2 EUV.

Kohärenz. Die vormals bestehenden Doppelstrukturen in der Außenpolitik, die dadurch entstanden waren, dass der ehemalige Außenkommissar teilweise dieselben Funktionen wie die des Hohen Vertreters vornahm, wurden durch den Lissabonner Vertrag beseitigt, indem der Hohe Vertreter nun auch den Vorsitz in dem Rat für auswärtige Angelegenheiten führt.[327] Mit diesen ausgeweiteten Befugnissen kommt dem Hohen Vertreter schlussendlich eine entscheidende Funktion in der Außenpolitik zu.[328] Darüber hinaus wurde dem Hohen Vertreter mit der Norm des Art. 30 Absatz 1 EUV ein umfassendes Initiativrecht gegenüber dem Rat eingeräumt. Dieses Initiativrecht geht viel weiter als das der bisherigen Amtsinhaber (z.B. unter dem Nizza-Vertrag).[329] Zunächst kann er sein Initiativrecht sowohl als Hoher Vertreter wie auch als Vizepräsident der Kommission ausüben.[330] Überdies kann der Hohe Vertreter (gemeinsam mit der Kommission) dem Rat einen Vorschlag hinsichtlich möglicher wirtschaftlicher oder finanzieller Embargomaßnahmen im Rahmen von wirtschaftlichen Aspekten der Außenpolitik erteilen[331] sowie Empfehlungen im Falle von internationalen Übereinkünften, die hauptsächlich oder ausschließlich in die Bereiche der GASP fallen, abgeben.[332] Auch diese Funktionen stärken die Stellung und die Einflussnahme des Hohen Vertreters.

In seiner personellen Funktion ist der Hohe Vertreter nicht nur Außenbeauftragter der GASP, sondern zugleich Vorsitzender des Rates für auswärtige Angelegenheiten – dies aber ohne Stimmrecht – und Vizepräsident der Kommission[333]. Im Rahmen seiner Kompetenz als Vizepräsident der Union ist er u.a. dafür zuständig die übrigen Politikbereiche des auswärtigen Handelns mit den Maßnahmen der GASP zu koordinieren.[334] Darüber hinaus ist er gemäß Art. 27

---

327 Art. 18 Absatz 3 EUV.

328 P. Koutrakos, The EU Common Security and Defence Policy (2013), S. 42, 43.

329 Regelsberger/Kugelmann, in: Streinz/Bearbeiter, EUV und AEUV, Art. 27 EUV, Rn. 1; Engbrink, Die Kohärenz des auswärtigen Handelns der Europäischen Union, S. 32.

330 Missiroli, EFAR 2011, S. 427 (S. 431).

331 Art. 215 Absatz 1 AEUV – auch gegenüber juristischen oder natürlichen Personen nach Absatz 2.

332 Art. 218 Absatz 3 AEUV, wobei der Hohe Vertreter in diesem Fall ohne die Kommission agieren kann. Die Kündigung eines solchen Übereinkommens erfolgt auch wieder auf Vorschlag der Kommission oder des Hohen Vertreters, Art. 218 Absatz 9 EUV.

333 Neben weiteren 6 Vizepräsidenten.

334 Art. 18 Absatz 4 S. 3 EUV; siehe auch: Kaddous, Role and position of the High Representative, in: Griller/Ziller, The Lisbon Treaty, S. 205 (S. 212); Kruse, Der Europäische Auswärtige Dienst zwischen intergouvernementaler Koordination und supranationaler Repräsentation, S. 145.

Absatz 2 EUV für die Vertretung der Union gegenüber Drittstaaten und in internationalen Organisationen zuständig, sofern es sich tatsächlich um Angelegenheiten der GASP handelt.[335] Hoher symbolischer Wert wird dem Art. 34 Absatz 2 Unterabsatz 3 EUV zugerechnet, nach dem der Hohe Vertreter vor den Vereinten Nationen unter bestimmten Voraussetzungen einen Standpunkt der Mitgliedstaaten vertreten kann. Nicht zu verachten ist auch, dass der Hohe Vertreter zudem den Vorsitz in weiteren europäischen Agenturen führt bzw. im Rahmen seiner Position diese überwacht.[336]

Durch die Ausweitung der Kompetenzen und die Sicherung der Position des Hohen Vertreters im Wege der Lissabonner Reformen ist dieser zu einem Gravitationszentrum der EU-Außenvertretung erwachsen.[337] Andererseits steht seine Macht jedoch unter dem Vorbehalt der Ausübung von Vorrechten staatlicher Außenminister sowie unter dem Prinzip des Konsenses der Mitgliedstaaten, der besagt, dass das eigenständige Festlegen einer Außenpolitik durch den Hohen Vertreter nicht möglich ist.[338] Etwas kritisch kann man das Amt auch unter dem Aspekt der doppelten bzw. mehrfachen Zuständigkeiten betrachten, da diese zugleich auch eine stärkere Belastung und ein Mehr an Verantwortung bedeutet. Insbesondere die Führung des Vorsitzes im Rat für auswärtige Angelegenheiten, die eine hohe Arbeitsbelastung bedeutet, wird getadelt.[339] Auch

---

335 Ansonsten bleibt es bei der allgemeinen Zuständigkeit der Kommission und des Hohen Vertreters nach Art. 220 AEUV.

336 Z.B. Europäische Verteidigungsagentur, EU-Institut für Sicherheitsstudien, EU Satellite Centre; vgl. Missiroli, EFAR 2011, S. 427 (S. 430).

337 Thym, in: von Arnauld (Hrsg.), Europäische Außenbeziehungen (EnzEuR Bd. 10), § 16, Rn. 12.

338 Wouters/Coppens/De Meester, The European Union's External Relations after Lisbon Treaty, in: Griller/Ziller, The Lisbon Treaty, S. 143 (S. 153 f.); Thym, in: von Arnauld (Hrsg.), Europäische Außenbeziehungen (EnzEuR Bd. 10), § 16, Rn. 13.

339 Regelsberger/Kugelmann, in: Streinz/Bearbeiter, EUV und AEUV, Art. 27 EUV, Rn. 1; Kaddous, Role and position of the High Representative, in: Griller/Ziller, The Lisbon Treaty, S. 205 (S. 212); manche Autoren sprechen wegen die Funktion sogar von einem „Drei-Hut-Amt", vgl. Craig, The Lisbon Treaty, S. 89; Bungenberg, EuR Beiheft 1/2009, S. 199 (S. 200); Webber, The Common Security and Defence Policy in a multilateral world, in: P. Koutrakos, European Foreign Policy (2011), S. 205 (S. 217); Missiroli, EFAR 2011, S. 427 (S. 431), der sogar von einer *multi-hatted position*; Van Vooren, CML Rev. 48 (2011), S. 475 (S. 496), der von einer *unique triple-hatted position* spricht; auch: Van Vooren/Wessel, EU External Relations Law, S. 20.

das Verhältnis zur Kommission wird teilweise als prekär empfunden.[340] Die Kommission ist weiterhin für alle anderen Bereiche des auswärtigen Handelns zuständig – und das sind bekanntlich nicht gerade wenige Bereiche –, so dass das Bild einer kohärenten Außenpolitik geschmälert wird. Für die Kommission bleiben nämlich nicht nur die Entwicklungspolitik, die Energiepolitik und der Außenhandel „übrig", sondern auch die Nachbarschaftspolitik. Außerdem ist eine Ausweitung der außenpolitischen Bereiche der Europäischen Kommission auf Grund der neuen Gefahren des 21. Jahrhunderts zu erkennen,[341] die u.a. auch zu Abgrenzungsschwierigkeiten der einzelnen Bereiche und damit auch zu den Kompetenzbereichen des Hohen Vertreters führt. Darüber hinaus muss sich der Hohe Vertreter neben dem Kommissionspräsidenten und dem Präsidenten des Rates, der bei vielen außenpolitisch bedeutsamen Konferenzen als Vertreter der EU auftritt,[342] behaupten. Damit wird erneut die genaue Kompetenzabgrenzung zwischen den Funktionären erschwert.[343] Will die Europäische Union ein einheitliches Auftreten auf dem internationalen Parkett erreichen, müsste eine hohe Kommunikation und Abstimmungsstärke vorliegen. Doch der Hohe Vertreter ist eben kein Außenminister im klassischen Sinne, der eine Außenpolitik eigenständig festlegt. Er ist vielmehr auf den Konsens der Mitgliedstaaten angewiesen.[344]

Zuletzt bleibt auch fraglich, wie sich die Möglichkeit des Gerichtshofs zur Amtsenthebung bei einem Kommissionsmitglied bei Nichterfüllung oder bei schwerer Verfehlung[345] auf die Position des Hohen Vertreters als Vizepräsident der Kommission auswirkt.[346] Dies soll jedoch hier vorerst nicht weiter erörtert werden.

---

340 Allgemein: Kruse, Der Europäische Auswärtige Dienst zwischen intergouvernementaler Koordination und supranationaler Repräsentation, S. 151 ff. (m.w.N.).

341 Missiroli, EFAR 2011, S. 427 (S. 430).

342 Folgt u.a. aus Art. 15 Absatz 6 Unterabsatz 2 EUV.

343 T. Beck, S. 60.

344 Dies liegt daran, dass die strategischen Interessen und Ziele gemäß Art. 22 Absatz 1 EUV bzw. Art. 26 Absatz 1 S. 1 EUV vom ER festgelegt werden, der aus den Staats- und Regierungschefs der Mitgliedstaaten besteht. Zudem ist dies auch Konsequenz aus dem in GASP-Angelegenheiten geltenden Einstimmigkeitsprinzip (Art. 31 Absatz 1 EUV); vgl. auch Thym, 50 Archiv des Völkerrechts (2012), S. 125 (128); Wouters/Coppens/De Meester, The European Union's External Relations after Lisbon Treaty, in: Griller/Ziller, The Lisbon Treaty, S. 143 (S. 153).

345 Art. 247 AEUV.

346 Kaddous, Role and position of the High Representative, in: Griller/Ziller, The Lisbon Treaty, S. 205 (S. 217). Meines Erachtens sollten hieraus in der Praxis kaum Probleme

e) *Europäischer Auswärtiger Dienst*

Der Europäische Auswärtige Dienst (**EAD**) ist der neueste Akteur im institutionellen Gefüge der Außenbeziehungen der EU, denn er nahm erst am 1. Dezember 2012 seine Dienste offiziell auf. Der EAD soll den Weg für die gemeinsame Außenvertretung im außenpolitischen Handeln der Union im Sinne eines einheitlichen diplomatischen Dienstes ebnen[347] und allgemein zur Kohärenz sämtlicher Politikbereiche beitragen.[348] Die bei ihrer Etablierung nicht völlig kritiklos gebliebene Institution[349] ist funktional unabhängig[350] und eine vom Rat und der Kommission getrennte Einrichtung;[351] der EAD ist jedoch dem Hohen Vertreter direkt unterstellt.[352] Da der EAD aber nicht in Art. 13 Absatz 1 EUV aufgeführt ist, kann er nicht als Organ der EU in diesem Sinne gewertet werden. Folglich kommt ihm ein Status *sui generis* zu.[353]

Obwohl die Idee des EAD bereits 2003 im Rahmen der Verhandlungen zu der Europäischen Verfassung entstand, wurde die konkrete Ausgestaltung erst mit bzw. nach den Reformen von Lissabon ernsthaft diskutiert[354] und wurden

---

entstehen, denn seit der Einführung dieser Möglichkeiten gab es kaum Fälle, in denen der Gerichtshof tatsächlich eine Amtsenthebung durchgeführt hat – vgl. Ruffert, in: Calliess/ders., EUV/AEUV-Kommentar, Art. 247 AEUV, Rn. 1.

347 Kruse, Der Europäische Auswärtige Dienst zwischen intergouvernementaler Koordination und supranationaler Repräsentation, S. 208 ff. (m.w.N.).

348 Wouters und Bearbeiter, The Law of EU External Relations, S. 363.

349 P. Koutrakos, The EU Common Security and Defence Policy (2013), S. 47; Sydow, JZ 2011, S. 6 (S. 7).

350 Vgl. Erwägungsgrund des Beschlusses 2010/427/EU des Rates v. 26.07.2010 über die Organisation und die Arbeitsweise des Europäischen Auswärtigen Dienstes, ABl. EU 2010 L 201/30, der in der englischen Fassung von *„a functionally autonomous body of the European Union“* spricht.

351 Cremer, in: Calliess/Ruffert, EUV/AEUV, Art. 27 EUV, Rn. 20; Wouters und Bearbeiter, The Law of EU External Relations, S. 31.

352 Art. 1 Absatz 3 des Beschlusses des Rates vom 26.07.2010 über die Arbeitsweise des Europäischen Auswärtigen Dienstes (2010/427/EU – ABl. 2010 L 201/30).

353 Missiroli, EFAR 2011, S. 427 (S. 437); Engbrink, Die Kohärenz des auswärtigen Handelns der Europäischen Union, S. 102; Van Vooren, CML Rev. 48 (2011), S. 475 (S. 476, S. 481 ff.); zu dem rechtlichen Status des EAD: Kruse, Der Europäische Auswärtige Dienst zwischen intergouvernementaler Koordination und supranationaler Repräsentation, S. 228 ff. und S. 232 zu der Sonderstellung des EAD im Institutionsgefüge.

354 Vgl. Missiroli, EFAR 2011, S. 427 (S. 433); allgemeiner Überblick über die Etappen des Aufbaus des EAD: Kruse, Der Europäische Auswärtige Dienst zwischen intergouvernementaler Koordination und supranationaler Repräsentation, S. 214 ff.

im Folgenden auch dann erst die rechtlichen Grundlagen statuiert. Gemäß Art. 27 Absatz 3 S. 2 EUV besteht er aus Beamten des Generalsekretariats des Rates und der Kommission, jeweils aus den für das EAD relevanten Abteilungen und Funktionsbereichen. Er setzt sich auch aus abgeordnetem Personal der nationalen diplomatischen Dienste zusammen.[355] Die detaillierten Regelungen zur Organisation und zur Arbeitsweise hat der Rat durch Beschluss zu regeln.[356] Nach langwierigen Vorbereitungsarbeiten wurde in dem im Juli 2010 gefassten sog. EAD-Beschluss[357] eine klassische Kompromisslösung für dessen Ausgestaltung gewählt. Nach diesem Beschluss besteht eine Art von vierköpfiger Kompetenzregelung zwischen Rat, Kommission, Europäischem Parlament und Hohem Vertreter.[358] Die zunächst von den Regierungen der Mitgliedstaaten in den Vorbereitungsarbeiten geforderte Nichtbeteiligung des Europäischen Parlaments fand in der endgültigen Fassung keinen Platz, sodass dem Europäischen Parlament nun sogar mehr als nur ein Anhörungsrecht neben den Haushaltsbefugnissen zusteht.[359] Die Gefahr der Beeinträchtigung einer kohärenten Politik durch eine zu große Eigenständigkeit wurde dadurch behoben, dass der EAD zur Kooperation und zur Offenheit gegenüber der Kommission verpflichtet ist.[360]

Laut den Verträgen erfüllt der EAD die Funktion eines zuarbeitenden und unterstützenden Organs, auf das der Hohe Vertreter zurückgreifen soll bzw. angewiesen ist.[361] Dem Hohen Vertreter soll ein eigener Arbeitsstab zustehen, der mit Personal eigens zuständig für die Bereiche des Hohen Vertreters ausgestattet und mit den unterstützenden Dienststellen der Kommission und des

355 Vgl. Art. 27 EUV Abs. 3 S. 2 EUV; auch: Kruse, Der Europäische Auswärtige Dienst zwischen intergouvernementaler Koordination und supranationaler Repräsentation, S. 227 und S. 266 ff.

356 Art. 27 Absatz 3 S. 3 EUV.

357 Beschluss 2010/427/EU des Rates v. 26.07.2010 über die Organisation und die Arbeitsweise des Europäischen Auswärtigen Diensts, ABl. EU 2010 L 201/30. Nach Art. 27 Absatz 3 Satz 3 EUV können die Organisation und die Arbeitsweise des EAD durch einen Beschluss des Rates festgelegt werden, der auf Vorschlag des Hohen Vertreters mit Zustimmung der Kommission und nach Anhörung des Europäischen Parlaments erfolgt.

358 Vgl. zu den Unstimmigkeiten, die über die rechtliche Ausgestaltung des EAD herrschten: Van Vooren, CML Rev. 48 (2011), S. 475 (S. 481).

359 Sydow, JZ 2011, S. 6 (S. 7); Kruse, Der Europäische Auswärtige Dienst zwischen intergouvernementaler Koordination und supranationaler Repräsentation, S. 227.

360 Sydow, JZ 2011, S. 6 (S. 7).

361 Vgl. Art. 27 Absatz 3 S. 1 EUV.

Ratssekretariats vergleichbar ist.[362] Damit soll zugleich zur Eigenverantwortlichkeit und zur Stärkung der Stellung des Hohen Vertreters beigetragen und die Kommunikation zwischen Institutionen und Bereichen verbessert werden.[363] Die nationalen auswärtigen Dienste der Mitgliedstaaten bleiben weiterhin bestehen.[364] Dem EAD obliegt die Verpflichtung diese zu unterstützen und mit diesen zusammenzuarbeiten[365]. Dies verdeutlicht Art. 35 EUV, der darauf angelegt ist eine Vernetzung der GASP durch Koordination und intensive Zusammenarbeit der Delegationen mit den konsularischen und den diplomatischen Vertretungen der Mitgliedstaaten herbeizuführen.[366] Die Delegationen der EU, die nun in den EAD integriert sind,[367] vertreten die EU in Drittländern und in internationalen Organisationen. Zudem sollen die EU-Delegationen die Mitgliedstaaten auf deren Verlangen in den Ländern unterstützen, in denen diese keine konsularischen oder diplomatischen Vertretungen haben und daher die Gefahr besteht, dass Unionsbürger schutzlos gestellt sind.[368] Seit dem Vertrag von Lissabon sind die Delegationen nicht mehr Delegationen eines EU-Organs (also nicht mehr der Kommission untergeordnet), sondern der EU selbst.[369] Trotz der Bezeichnung „Delegation der EU" unterstehen die Delegationen der Leitung des Hohen Vertreters. Sie sind diesem und dem EAD umfassend zur Rechenschaft verpflichtet und weisungsgebunden. Mit den Lissabonner Reformen hat sich ihr Status demnach formal geändert und der Aufgabenbereich bezieht sich nun auf das gesamte auswärtige Handeln der Union – inklusive der GASP.[370] Auf Grund

---

362 Kaufmann-Bühler, in: Grabitz/Hilf/Nettesheim, Das Recht der EU, Art. 27 EUV, Rn. 18–20.

363 P. Koutrakos, The EU Common Security and Defence Policy (2013), S. 48.

364 Vgl. hierzu Erklärung Nr. 13 zum Vertrag von Lissabon, in der die Mitgliedstaaten Folgendes erläuterten: „ … Errichtung eines Auswärtigen Dienstes, der weder die derzeit bestehenden Zuständigkeiten der Mitgliedstaaten für die Formulierung und die Durchführung ihrer Außenpolitik, noch ihre nationale Vertretung in Drittländern und internationalen Organisationen berührt."

365 Art. 3 Absatz 1 des Beschlusses zur Einrichtung des EAD.

366 Cremer, in: Calliess/Ruffert, EUV/AEUV-Kommentar, Art. 35 EUV, Rn. 2.

367 Art. 1 Absatz 4 des EAD-Beschlusses; vgl. auch: Kruse, Der Europäische Auswärtige Dienst zwischen intergouvernementaler Koordination und supranationaler Repräsentation, S. 241 f.

368 Art. 35 Absatz 3 EUV und Art. 5 Absatz 10 des EAD-Beschlusses.

369 Vgl. Art. 221 Absatz 1 AEUV.

370 Schmalenbach, in: Calliess/Ruffert, EUV/AEUV-Kommentar, Art. 221 AEUV, Rn. 2; Scheffler, Die Europäische Union als rechtlich-institutioneller Akteur im System der Vereinten Nationen, S. 749; Kruse, Der Europäische Auswärtige Dienst zwischen

dieser Aufgabenerweiterung sind die Delegationen im Endeffekt letztendlich auch für die Abstimmung von Überschneidungen der vergemeinschafteten externen Politikbereiche mit den Bereichen der GASP zuständig.[371] Von der Doppelhut-Zuständigkeit des Hohen Vertreters abgeleitet, kommt ihnen also eine interinstitutionelle Kohärenzgestaltungsaufgabe zu,[372] die in der zukünftigen Zusammenarbeit mit dem EAD durchaus von Nutzen sein kann.

Der EAD ist aber nicht nur dem Hohen Vertreter verpflichtet. Er hat darüber hinaus seine Dienste dem Rat und dem Europäischen Parlament zur Verfügung zu stellen.[373] Die Rechte des Europäischen Parlaments gehen über die eines bloßen Anhörungsrechts hinaus. Der bereits erwähnte EAD-Beschluss legte nämlich nicht nur die Arbeitsweise des EAD fest, sondern sicherte dem Europäischen Parlament zugleich das Recht auf Informationen und gebührende Berücksichtigung seiner Interessen zu.[374]

Problematisch ist jedoch, dass nicht gänzlich geklärt ist, auf welchen Aufgabenbereich sich die Arbeit des EAD bezieht.[375] Die Kernregelung des Art. 27 Absatz 3 S. 1 EUV spricht von „Erfüllung seines Auftrags". Art. 2 Absatz 1 des Beschlusses des Rates zur Einrichtung des Auswärtigen Dienstes spricht ausdrücklich vom „Auftrag", wie er in Art. 18 und 27 EUV, also einschließlich der Bereiche des GSVP, normiert ist. Damit knüpft der EAD-Beschluss an die Aufgaben des Hohen Vertreters an. Die Arbeit des EAD leitet sich also vom Hohen Vertreter ab – darin ist der EAD legitimiert und zugleich begrenzt.[376] Schließlich soll der EAD ja auch eine unterstützende Position gegenüber dem

---

intergouvernementaler Koordination und supranationaler Repräsentation, S. 257; ähnlich Merket, EFAR 17 (2012), S. 625 (S. 638); Wouters und Bearbeiter, The Law of EU External Relations, S. 363.

371 Schmalenbach, EuR Beiheft 2/2012, S. 205 (S. 209 f.).

372 Ähnlich: Müller, Das Kohärenzgebot im Entwicklungsrecht der Europäischen Union, S. 437.

373 Art. 2 (2) des Beschlusses des Rates vom 26.07.2010 über die Arbeitsweise des Europäischen Auswärtigen Dienstes (2010/427/EU – ABl. 2010 L 201/30).

374 Vgl. Erwägungsgrund 6 des Beschlusses des Rates vom 26.07.2010 über die Arbeitsweise des Europäischen Auswärtigen Dienstes (2010/427/EU – ABl. 2010 L 201/30).

375 Vgl. auch Scheffler, Die Europäische Union als rechtlich-institutioneller Akteur im System der Vereinten Nationen, S. 744 ff.; Merket, EFAR 17 (2012), S. 625 (S. 640); Whitman/Juncos, EFAR 14 (2009), S. 25 (S. 34 ff.).

376 Sydow, JZ 2011, S. 6 (S. 7 f.); ähnlich: Kruse, Der Europäische Auswärtige Dienst zwischen intergouvernementaler Koordination und supranationaler Repräsentation, S. 246.

Hohen Vertreter einnehmen. Diese Aufgabe kann der EAD nur optimal erfüllen, wenn er auch die Aufgabenfelder des Hohen Vertreters übernimmt. Aber genau hier liegt der Knackpunkt – ist die Zuständigkeit auf den Bereich der GASP beschränkt oder ist das Aufgabenfeld wegen der Stellung des Hohen Vertreters als Vizepräsident der Kommission auf die übrigen außenpolitischen Bereiche der Kommission ausgeweitet?[377] Rein systematisch betrachtet – Art. 27 EUV steht unter dem Kapitel 2 „Besondere Bestimmungen über die Gemeinsame Außen- und Sicherheitspolitik" – könnte man von der Begrenzung auf Ersteres sprechen.[378] Auch der ausdrückliche Verweis in Art. 27 Absatz 1 und 2 EUV auf die GASP unterstützt diese These.[379] Darüber hinaus normiert Art. 221 Absatz 2 AEUV, dass die Auslandsdelegationen, die die Union mit den Aufgaben einer diplomatischen Vertretung in verschiedenen Ländern und in internationalen Organisationen unterhält, dem Hohen Vertreter unterstellt sind (und nicht mehr der Kommission[380]). Damit fällt die GASP nun auch in deren Aufgabenbereich und folglich sind diese automatisch dem EAD zuzuordnen.[381]

Anderseits kann gerade aus der Doppelhut-Zuständigkeit des Hohen Vertreters auch ein erweiterter Aufgabenbereich des EAD gefolgert werden.[382] Zunächst spricht der Wortlaut des Art. 2 EAD-Beschluss für eine solche Annahme, da Absatz 1, 3. Spiegelstrich explizit als Aufgabenfeld des EAD den Auftrag des Hohen Vertreters als Vizepräsident der Kommission erwähnt. Darüber hinaus wird der EAD mit Personal aus der Kommission ausgestattet und die Kommission muss gemäß Art. 27 Absatz 3 S. 4 EUV bei einem Beschluss

---

377 Dieser Streit wurde unter den Begriffen des sog. „*minimalist model*" (Begrenzung auf den Sachbereich der GASP) und des sog. „*maximalist model*" (Ausweitung auf die vergemeinschafteten Außenpolitiken) ausgetragen, vgl. Whitman/Juncos, EFAR 14 (2009), S. 25 (S. 34 ff.) und Müller, Das Kohärenzgebot im Entwicklungsrecht der Europäischen Union, S. 386 f.; vgl. allgemein zu der Parallelität der Weisungsbefugnis: Kruse, Der Europäische Auswärtige Dienst zwischen intergouvernementaler Koordination und supranationaler Repräsentation, S. 248 ff.

378 Sydow, JZ 2011, S. 6 (S. 8).

379 Martenczuk, EuR-Beiheft 2012, S. 189 (S. 195).

380 Vgl. alte Fassung des Art. 20 Absatz 1 EUV-Nizza, der noch von „Delegationen der Kommission" und nicht wie in der aktuellen Fassung des Art. 35 Absatz 1 EUV von „Delegationen der Union" sprach.

381 Kaufmann-Bühler, in: Grabitz/Hilf/Nettesheim, Das Recht der EU, Art. 27 EUV, Rn. 29.

382 Sydow, JZ 2011, S. 6 (S. 8); vgl. auch: Van Vooren, CML Rev. 48 (2011), S. 475 (S. 475–491); Kruse, Der Europäische Auswärtige Dienst zwischen intergouvernementaler Koordination und supranationaler Repräsentation, S. 301 und S. 336.

des Rates bezüglich der Ausgestaltung des EAD zustimmen. Eine Zustimmungspflicht wäre nicht von Nöten, wenn die Arbeitsweise des EAD nicht auch Kompetenzen der Kommission betreffen würde.[383] Darüber hinaus wurde dem EAD eine zusätzliche Assistentenfunktion für den Kommissionspräsidenten und der Kommission als Kollegialorgan in Bezug auf die außenpolitischen Aufgaben zugeteilt.[384] Dies geht offensichtlich über die Unterstützungsfunktion des Hohen Vertreters und damit auch über den klassischen Rahmen der GASP hinaus.[385] Auch aus Sinn und Zweck der Reformen kann ein Argument für eine ausgeweitete Kompetenz geschlossen werden. Denn eine Zersplitterung der Außenpolitik soll gerade vermieden und die Kohärenz gesteigert werden. Der EAD soll ein einheitliches Auftreten der Union in der Außenpolitik bzw. im internationalen System ermöglichen. Dies erfordert umso mehr eine Koordination mit den übrigen Delegationen der Kommissionen, die sich mit den unionseigenen Außenpolitiken wie Entwicklungs-, Handels- und Erweiterungspolitiken etc. befassen.[386] Zuletzt spricht der Wortlaut der Bezeichnung im Englischen, nämlich „European *External Action* Service“[387], für einen erweiterten Aufgabenbereich. Denn die englische Bezeichnung bezieht sich auf die Überschrift des Kapitels 1 EUV „*the Union's external action*“ und damit auf das auswärtige Handeln der Europäischen Union.[388] Die deutsche Bezeichnung „auswärtiger Dienst“ ist damit etwas missglückt.[389] Dessen ungeachtet muss jedoch berücksichtigt werden, dass mit dem „gesamten auswärtigen Handeln“ keine besonders weite Auffassung vertreten werden kann.[390] Denn, befasst man sich mit dem EAD-Beschluss und dessen Anhang, so wird deutlich, dass der Bereich der gemeinsamen Handelspolitik und Teilbereiche der Generaldirektion Entwicklung in der Kommissionzuständigkeit

383 Martenczuk, EuR-Beiheft 2012, S. 189 (S. 195); ähnlich Missiroli, EFAR 2011, S. 427 (S. 440 f.).

384 Art. 2 (2) des Beschlusses des Rates vom 26.07.2010 über die Arbeitsweise des Europäischen Auswärtigen Dienstes (2010/427/EU – ABl. 2010 L 201/30) – zusätzlich zu der Unterstützung des Präsidenten des ER.

385 Sydow, JZ 2011, S. 6 (S. 8).

386 Wouters/Coppens/De Meester, The European Union's External Relations after Lisbon Treaty, in: Griller/Ziller, The Lisbon Treaty, S. 143 (S. 157).

387 Hervorhebung durch die Verfasserin.

388 Engbrink, Die Kohärenz des auswärtigen Handelns der Europäischen Union, S. 101 ff.

389 Ibid., S. 102.

390 Vgl. auch Scheffler, Die Europäische Union als rechtlich-institutioneller Akteur im System der Vereinten Nationen, S. 749.

verblieben sind.[391] Denn bestimmte Verwaltungseinheiten der Kommission sind gerade nicht in den EAD überführt worden.[392] Das Beibehalten bestimmter Kompetenzen resultiert wohl aus Angst einer fortlaufenden Intergouvernementalisierung vergemeinschafteter außenpolitischer Bereiche bzw. dient der Machtdemonstration seitens der Kommission.[393]

Im Ergebnis ist somit davon auszugehen, dass das Aufgabenfeld des EAD zwar das gesamte auswärtige Handeln der Union umfasst,[394] dies jedoch begrenzt durch die Bereiche, die weiterhin den Dienststellen der Kommission vorbehalten sind.[395] Damit geht der Aufgabenbereich prinzipiell über die Felder der GASP hinaus, so dass der EAD wohl in Zukunft auch mit Aufgaben betraut werden kann, die in die sonstigen Bereiche der Außenpolitik fallen.[396] Ob der EAD mit der Übernahme „aller" Felder letztlich überfordert ist, bleibt doch fraglich[397] und eine Antwort wird erst die Zukunft bringen. Im Ergebnis möchte man trotz der erläuterten Kritik die Einführung des EAD begrüßen, denn der EAD ist zumindest als Teil der Antwort Europas auf die neuen globalen Herausforderungen zu sehen. Der Aufgabenbereich geht über die klassische nationale diplomatische Vertretung hinaus, da er verteidigungs- und entwicklungspolitische Elemente enthält und damit (zumindest formal) auch zur Kohärenzsicherung beiträgt.[398] Die Arbeit des EAD wird die Arbeit der Außenpolitik in Zukunft stark prägen und auch aufzeigen, in welche Richtung sich die GASP entwickeln

---

391 Vgl. Müller, Das Kohärenzgebot im Entwicklungsrecht der Europäischen Union, S. 389 ff.

392 Vgl. Anhang des EAD-Beschlusses: „in den EAD zu überführende Verwaltungseinheiten und Aufgabenbereiche".

393 Engbrink, Die Kohärenz des auswärtigen Handelns der Europäischen Union, S. 106, m.w.N. in der Fußnote 348.

394 Engbrink, Die Kohärenz des auswärtigen Handelns der Europäischen Union, S. 101.

395 Vor allem sind die Gemeinsame Handelspolitik und die Entwicklungspolitik ausgenommen – vgl. Scheffler, Die Europäische Union als rechtlich-institutioneller Akteur im System der Vereinten Nationen, S. 745 und Müller, Das Kohärenzgebot im Entwicklungsrecht der Europäischen Union, S. 389 – Letzteres wird jedoch im Endeffekt etwas abgemildert, wenn man sich den Erwägungsgrund Nr. 4 des EAD-Beschlusses anschaut, der u.a. normiert, das der EAD insbesondere die Verwirklichung der Ziele der Entwicklungspolitik fördern und sichern soll.

396 Cremer, in: Calliess/Ruffert, EUV/AEUV-Kommentar, Art. 27 EUV, Rn. 18.

397 Thym, 50 Archiv des Völkerrechts (2012), u.a. S. 125 (132).

398 Engbrink, Die Kohärenz des auswärtigen Handelns der Europäischen Union, S. 113 f.; ähnlich: Kruse, Der Europäische Auswärtige Dienst zwischen intergouvernementaler Koordination und supranationaler Repräsentation, S. 235 und S. 252.

kann.[399] Ob dies eine vorschnelle Schlussfolgerung ist, wird sich erst im Laufe der Zeit zeigen. Denn wie gesagt, es handelt sich um eine junge Institution.

f) Sonderbeauftragter

Neben den bereits genannten Akteuren der europäischen Außenpolitik und der GASP können gemäß Art. 33 EUV auch ein bzw. mehrere Sonderbeauftragte für besondere politische Aufgaben eingesetzt werden. Das Amt des Sonderbeauftragten ist keine Neuerung des Lissabonner Vertrages, sondern besteht bereits seit dem Vertrag von Amsterdam.[400] Die aktuellste Reform hat jedoch dazu geführt, dass dem Sonderbeauftragten eine eigenständige Rechtsgrundlage zugeordnet wurde.[401] Die Zuordnung des Sonderbeauftragten besteht nach dem früheren Vertragstext gegenüber dem Rat, aber in der Praxis – wie jetzt auch vertraglich normiert[402] – gegenüber dem Hohen Vertreter.[403] Zwar wird der Sonderbeauftragte vom Rat ernannt, doch erfolgt dies auf Vorschlag des Hohen Vertreters, dem der Sonderbeauftragte deswegen auch untersteht und demgegenüber er verantwortlich ist. Für die konkrete Ausgestaltung der Funktion ist aber wiederum das im Einzelfall vom Rat verabschiedete Mandat des Sonderbeauftragten entscheidend.[404]

Laut Art. 33 EUV werden die Sonderbeauftragten für besondere politische Fragen ernannt. Dies bedeutet gleichwohl nicht, dass Sonderbeauftragte lediglich Fragen beantworten. Sie werden vielmehr eingesetzt, um Krisenherde zu beobachten, Kontakte zu Konfliktparteien aufzunehmen und diese zu beraten sowie GASP-Aktivitäten mit dem Handeln internationaler Organisationen wie der UN, der OSZE oder der OAU abzustimmen und Informationen auszutauschen.[405] Die Sonderbeauftragten sollen vor allem Präsenz vor Ort zeigen, dem Beitrag der EU für Frieden, Stabilität und Rechtsstaatlichkeit Wirksamkeit

---

399 Missiroli, EFAR 2011, S. 427 (S. 433); Kruse, Der Europäische Auswärtige Dienst zwischen intergouvernementaler Koordination und supranationaler Repräsentation, S. 307.

400 Ex-Art. 18 Absatz 5 EUV-Amsterdam.

401 Und nicht innerhalb des Ex.-Art. 18 EUV-Nizza, der die Grundlagen des Hohen Vertreters in der damaligen Form bestimmte.

402 Art. 33 S. 2 EUV.

403 Kaufmann-Bühler/Meyer-Landrut, in: Grabitz/Hilf/Nettesheim, Das Recht der EU, Art. 33 EUV, Rn. 1.

404 Bitterlich, in: Lenz/Borchardt, EU-Verträge Kommentar, Art. 33 EUV, Rn. 2.

405 Cremer, in: Calliess/Ruffert, EUV/AEUV-Kommentar, Art. 33 EUV, Rn. 2.

verleihen und Stimme und Gesicht der Union vor Ort bilden.[406] Im Einzelfall können die Befugnisse sogar so weit reichen, dass der Sonderbeauftragte rechtlich verbindlich für die Union handeln kann.[407] Vor Ort müssen sie sich dabei mit anderen (EU-)Akteuren abstimmen und koordinieren.[408] Während des Mandats müssen sie eine enge Verbindung zu den Delegationen der Mitgliedstaaten (sowie zum EAD) und zu der Kommission halten.[409] Oft wird das Mandat, das grundsätzlich auf einen bestimmten Zeitraum begrenzt ist, auf Grund von unvorhersehbaren Entwicklungen kurzfristig verlängert. Man kann quasi von einem lokalen und fassbaren Akteur der GASP sprechen, der als Teil der europäischen Außenvertretung zu werten ist.

Darüber hinaus kann der Hohe Vertreter den Sonderbeauftragten auch zur Unterstützung seiner Aufgaben gegenüber dem Europäischen Parlament heranziehen.[410] Ziel ist es, dass der Sonderbeauftragte den Hohen Vertreter entlastet und dem Europäischen Parlament als Experte für spezifische Problemfelder der GASP im Sinne einer Ansprechperson zur Verfügung steht.[411] Die Position des Sonderbeauftragten bezieht sich im letzteren Falle jedoch eher auf eine unterstützende Rolle. Sie werden nur „mit herangezogen".[412] Die Sonderbeauftragten können den Hohen Vertreter vor dem Europäischen Parlament gerade nicht voll vertreten. Der Hohe Vertreter muss seine Anwesenheitspflichten dann erfüllen, wenn das Parlament seine Anwesenheit verlangt.[413]

In der Praxis wurde das Instrument der Ernennung von Sonderbeauftragten bislang schon häufig benutzt. Zurzeit sind insgesamt 8 Sonderbeauftragte

---

406 Kaufmann-Bühler/Meyer-Landrut, in: Grabitz/Hilf/Nettesheim, Das Recht der EU, Art. 33 EUV, Rn. 2.

407 So wie der Sonderbeauftragte für Bosnien und Herzegowina, der dazu befugt war, für die Union das Abkommen über die Polizeimission EUPM (Beschluss des Rates v. 30. September 2002 – ABl. 2002 L 293/1) abzuschließen; vgl. Kaufmann-Bühler/Meyer-Landrut, in: Grabitz/Hilf/Nettesheim, Das Recht der EU, Art. 33 EUV, Rn. 5.

408 Kaufmann-Bühler/Meyer-Landrut, in: Grabitz/Hilf/Nettesheim, Das Recht der EU, Art. 33 EUV, Rn. 9.

409 Ibid.

410 Art. 36 Absatz 1 S. 3 EUV.

411 Cremer, in: Calliess/Ruffert, EUV/AEUV-Kommentar, Art. 36 EUV, Rn. 2.

412 Kaufmann-Bühler/Meyer-Landrut, in: Grabitz/Hilf/Nettesheim, Das Recht der EU, Art. 36 EUV, Rn. 16.

413 Ibid.

bestellt.[414] Zum Beispiel wurde im April 2020 ein Sonderbeauftragter für den Dialog zwischen Belgrad und Pristina und 2014 für den Südkaukasus und die Krise in Georgien ernannt. Darüber hinaus gibt es seit Juli 2012 einen Sonderbeauftragten für ein bestimmtes Thema – nämlich für Menschenrechte.[415] Sein Mandat ist darauf gerichtet die Wirksamkeit und Sichtbarkeit der Menschenrechtspolitik der EU zu erhöhen.

g) Politisches und Sicherheitspolitisches Komitee

Dem Rat als Hilfsorgan unterstellt ist das Politische und Sicherheitspolitische Komitee (**PSK**). Das PSK setzt sich aus den Vertretern der Mitgliedstaaten und dem ständigen Vorsitzenden, der wiederum als Vertreter des Hohen Vertreters fungiert und dem EAD angehört,[416] zusammen. Die Regierungsvertreter haben Botschafterstatus.[417] Durch den nun geltenden ständigen Vorsitz des Vertreters des Hohen Vertreters wird Kontinuität in der politischen Arbeitsweise des PSK gesichert, da die sechsmonatige Rotation seit den Lissabonner Reformen nicht mehr existiert.[418] Weitere Einzelheiten zur Arbeitsweise des PSK sind in dem Beschluss 2001/78/GASP geregelt.[419]

Das PSK nimmt zahlreiche Aufgaben in den Politikbereichen der GASP wahr.[420] Laut Art. 38 Unterabsatz 1 S. 1 EUV verfolgt das PSK die internationale Lage und überwacht die Durchführung der vereinbarten außen- und sicherheitspolitischen Maßnahmen in diesem Bereich. Dem PSK obliegen die Vorarbeiten zu Ratsbeschlüssen speziell bezogen auf die Angelegenheiten der GASP. Es bereitet die Entscheidungsprozesse für Maßnahmen im Rahmen der GASP vor. Durch die regelmäßigen PSK-Treffen[421], die als Forum zur Mitteilung

---

414 Zu den Regionen und Ländern gehören: Afrikanische Union, Bosnien und Herzegowina, Zentralasien, Kosovo, Südkaukasus und Georgien, der südliche Mittelmeerraum – und der Bereich der Menschenrechte.

415 Herr Stavros Lambrinidis.

416 Art. 19 Absatz 4 Unterabsatz 2 GO des Rates i.V.m. Art. 4 Absatz 4 des EAD-Beschlusses.

417 Thym, 50 Archiv des Völkerrechts (2012), S. 125 (S. 137).

418 Engbrink, Die Kohärenz des auswärtigen Handelns der Europäischen Union, S. 119.

419 Beschluss des Rates vom 22. Januar 2001 zur Einsetzung des Politischen und Sicherheitspolitischen Komitees (2001/78/GASP).

420 Thym, 50 Archiv des Völkerrechts (2012), S. 125 (S. 137); als „political mind" beschrieben, Thym, Foreign Affairs, in: v. Bogdandy/Bast, Principles of European Constitutional Law, S. 309 (S. 332).

421 Grundsätzlich zweimal wöchentlich, vgl. Engbrink, Die Kohärenz des auswärtigen Handelns der Europäischen Union, S. 120.

von mitgliedstaatlichen Interessen sowie zur Mitteilung der Prioritäten des Hohen Vertreters dienen, agiert das PSK als eine Art Filter für die Festlegung der Tagesordnungspunkte für die darauffolgenden Sitzungen des Rates „Auswärtige Angelegenheiten".[422] Darüber hinaus prüft das PSK auch die Entwürfe der Schlussfolgerungen des Rates Auswärtige Angelegenheiten, wobei das PSK in diesem Stadium bereits zielgerichtet auf die Schaffung eines Einvernehmens hinarbeitet und damit die darauffolgende Prüfung der Entwürfe durch den AStV erleichtert. Zuletzt ist das PSK auch maßgeblich am Krisenmanagement,[423] also an der Gemeinsamen Sicherheits- und Verteidigungspolitik, beteiligt.[424] Unter der Verantwortung des Rates übernimmt das PSK die politische Kontrolle und die strategische Leitung von Operationen zur Krisenbewältigung.[425] Im Einzelfall kann der Rat seine Entscheidungsbefugnisse auf das PSK übertragen. Die Aufgabenwahrnehmung gilt unbeschadet der Zuständigkeiten des Hohen Vertreters. Dagegen sind die Aspekte aus dem supranationalen Bereich des auswärtigen Handelns grundsätzlich nicht von dem Aufgabenbereich des PSK erfasst.[426] Im Sinne einer effektiven Kohärenzsicherung muss jedoch davon ausgegangen werden, dass supranationale außenpolitische Aspekte, die einen sachlichen Bezug zur GASP aufweisen, im Rahmen einer PSK-Sitzung, an der die Kommission umfassend teilnimmt, diskutiert werden dürfen.[427]

Im Ergebnis kann das PSK durchaus als Leitgremium der GASP unterhalb der Ministerebene bezeichnet werden.[428] Die Annahme eines Leitgremiums wird auch dadurch unterstrichen, dass bestimmte Themen, die wegen ihrer Dringlichkeit nicht erst auf das Setzen auf den Tagesordnungspunkt eines monatlichen Ratstreffens warten können, schon vorab im PSK besprochen werden können.[429]

---

422 Engbrink, Die Kohärenz des auswärtigen Handelns der Europäischen Union, S. 120.

423 Hobe, Europarecht, § 28, Rn. 15.

424 Engbrink, Die Kohärenz des auswärtigen Handelns der Europäischen Union, S. 118.

425 Bieber/Epiney/Haag/Kotzur, Die Europäische Union, § 4, Rn. 57.

426 Dies ergibt sich allein schon aus der systematischen Stellung des Art. 38 EUV im Titel IV, Kapitel 2 EUV; vgl. aber auch: Engbrink, Die Kohärenz des auswärtigen Handelns der Europäischen Union, S. 118 f.; Kaufmann-Bühler/Meyer-Landrut, in: Grabitz/Hilf/Nettesheim, Das Recht der EU, Art. 38 EUV, Rn. 6.

427 Engbrink, Die Kohärenz des auswärtigen Handelns der Europäischen Union, S. 119.

428 Thym, in: von Arnauld (Hrsg.), Europäische Außenbeziehungen (EnzEuR Bd. 10), § 16, Rn. 16; Kaufmann-Bühler/Meyer-Landrut, in: Grabitz/Hilf/Nettesheim, Das Recht der EU, Art. 38 EUV, Rn. 6; ähnlich: Van Vooren/Wessel, EU External Relations Law, S. 372.

429 Thym, 50 Archiv des Völkerrechts (2012), S. 125 (S. 137).

Damit können die Vertreter der Mitgliedstaaten bereits im Vorfeld der Ratstreffen GASP-Angelegenheiten umfassend debattieren und möglicherweise eine Einigung erzielen. Darüber hinaus ist das PSK auch befugt gegenüber den weiteren Arbeitsgruppen des Rates[430] Leitlinien zu erlassen, um eine Koordinierung der verschiedenen Arbeitsgruppen zu erreichen.[431] Zuletzt ist das PSK auch für den politischen Dialog mit Drittstaaten zuständig, was seine Rolle als leitendes außenpolitisches Gremium zusätzlich unterstreicht. Das Handeln des PSK zielt darauf ab, ein stabilisierendes Element in der EU-Außenpolitik zu bilden, einerseits in der Vorbereitungsphase, indem es auf die Mitgliedstaaten gestützte Stellungnahmen erlässt, und andererseits in der Durchführungsphase, indem es beschlossene Maßnahmen überwacht und diesen zum Erfolg verhilft.[432]

h) Ausschuss der ständigen Vertreter der Mitgliedstaaten

Der Ausschuss der ständigen Vertreter der Mitgliedstaaten wird in der EU-Amtssprache kurz AStV bzw. COREPER (für das französische Wort „*Comité des représentants permanents*“) genannt und stellt eines der vielzähligen Unterstützungsgremien des Rates dar.[433] Die Grundlagen legt Art. 240 AEUV fest, der die Einrichtung damit außerhalb der GASP einordnet. Der AStV gliedert sich in zwei Untergruppen, wovon der AStV II für das Auswärtige der EU zuständig ist.[434] Im Endeffekt ist der AStV das Pendant zum PSK, wobei Ersteres für das auswärtige Handeln außerhalb der GASP zuständig ist, also für alle außenpolitischen vergemeinschafteten Bereiche[435]. Zu betonen ist aber, dass der COREPER

---

430 Das PSK hat eine Reihe von geographisch und thematisch definierten Vorbereitungsgremien, die zwar organisatorisch dem Rat unterstellt, jedoch inhaltlich dem PSK zugeordnet sind, vgl. Kaufmann-Bühler/Meyer-Landrut, in: Grabitz/Hilf/Nettesheim, Das Recht der EU, Art. 38 EUV, Rn. 10.

431 Vgl. Beschluss 2001/78/GASP, Anhang 1, Nr. 1 c) und g).

432 Kaufmann-Bühler/Meyer-Landrut, in: Grabitz/Hilf/Nettesheim, Das Recht der EU, Art. 38 EUV, Rn. 6 und Rn. 24.

433 Breier, in: Lenz/Borchardt, EU-Verträge Kommentar, Art. 240 AEUV, Rn. 1.

434 Engbrink, Die Kohärenz des auswärtigen Handelns der Europäischen Union, S. 46; die zweite Zusammensetzung nennt sich AStV I – Kollegium ihrer Stellvertreter, das sich überwiegende mit Fragen technischer oder wirtschaftlicher Tragweite beschäftigt, vgl. Breier, in: Lenz/Borchardt, EU-Verträge Kommentar, Art. 240 AEUV, Rn. 12 und Engbrink, s.o., Fußnote 96 mit weiteren Beispielen der genauen Bezeichnungen der AStV I und II.

435 Ähnlich: Wessel, The European Union's Foreign and Security Policy, S. 82 (Ausführungen beziehen sich auf die Zeit der Amsterdamer Verträge).

kein eigenständiges Organ der Union, sondern eine interne Einrichtung des Rates ist.[436] Er setzt sich zusammen aus Vertretern der Mitgliedstaaten mit Beamtenstatuts[437] und ist für die Vorbereitung der Arbeiten des Rates zuständig[438]. Obwohl man nach dem Wortlaut der Verträge dem COREPER wohl eher eine untergeordnete Funktion zuweisen möchte, hat sich der Ausschuss in der Praxis zu einem bedeutenden Akteur in der Annahme von Gesetzgebungsakten und in politischen Entscheidungsprozessen entwickelt.[439] Auf Grund seiner ständigen Präsenz in Brüssel verfügt er über Detailkenntnisse, die ihm wiederum eine Schlüsselfunktion in der Zusammenarbeit zwischen den Regierungen der Mitgliedstaaten und dem Rat zusprechen. Der Rat führt auch grundsätzlich keine Beschlüsse herbei, ohne vorher den vom COREPER intensiv vorbereitenden Verhandlungen beizuwohnen.[440] Dies lässt sich auch an der Systematik der Auflistung der Tagesordnungspunkte der Ratssitzungen erkennen, in der zwischen A-Punkten und B-Punkten differenziert ist. Die vom AStV II festgelegten A-Punkte werden anders als die B-Punkte, die erst eine Diskussion bzw. Verhandlung in der Sitzung voraussetzen, ohne Aussprache vom Rat angenommen.[441] Folglich wurden die A-Punkte von dem COREPER bereits so detailliert vorbereitet, dass eine Einigung faktisch schon in diesem Stadium stattgefunden hat.[442] Im Ergebnis stellt der COREPER also ein für die Außenpolitik äußerst relevantes Unterstützungsorgan dar und wird dementsprechend bei den Akteuren der GASP aufgezählt.

i) Ratsarbeitsgruppen

Neben den bereits genannten Unterformationen des Rates bestehen noch vielzählige andere Ratsarbeitsgruppen, die dem Rat zuarbeiten.[443] Oft werden diese

---

436 Umkehrschluss aus Art. 13 Absatz 1 EUV; siehe auch: Hobe, Europarecht, § 4, Rn. 55.

437 Jeder Mitgliedstaat benennt jeweils zwei nationale Vertreter, jeweils einen für politische Fragen und einen für die wirtschaftlichen Bereiche, vgl. Goebel, 20 Columbia Journal of European Law 78 (2013–2014), S. 77 (S. 102).

438 Art. 16 Absatz 7 EUV.

439 Goebel, 20 Columbia Journal of European Law 78 (2013–2014), S. 77 (S. 102); Ähnlich: Wessel, The European Union's Foreign and Security Policy, S. 79 ff.

440 Bieber/Epiney/Haag/Kotzur, Die Europäische Union, § 4, Rn. 56.

441 Art. 3 Absatz 6 Unterabsatz 2 S. 2 GO Rat; vgl. auch: Algieri, Die Gemeinsame Außen- und Sicherheitspolitik der EU, S. 58 f.

442 Engbrink, Die Kohärenz des auswärtigen Handelns der Europäischen Union, S. 46.

443 Lenski, in: Lenz/Borchardt, EU-Verträge Kommentar, Art. 13 AEUV, Rn. 16.

als sog. vorbereitende Gremien bezeichnet.[444] Viele dieser Ratsgruppen bearbeiten Querschnittsthemen aus dem GASP-Bereich, befassen sich z.B. auch mit außenwirtschaftlichen Aspekten und Themen der Europäischen Nachbarschaftspolitik.[445] Sofern die Ratsarbeitsgruppen nicht gezielt vom PSK mit einem Handlungsauftrag betraut werden, sind diese Formationen vor allem für das Erstellen von Analysen und Bewertungen zur politischen Lage in Drittstaaten, die als Grundlage für die Herausarbeitung von gemeinsamen Positionen dienen, verantwortlich.[446] Darüber hinaus erarbeiten sie u.a. Vorschläge für Demarchen und Erklärungen der Hohen Vertreterin im Namen der EU.[447] Als klassisches „Vorbereitungsgremium" sind die Ratsarbeitsgruppen schließlich auch für die Vorbereitung von Beschlüssen des Rates zuständig, was sich u.a. in der Abstimmung der Inhalte für den Erlass von Maßnahmen nach Art. 25 ff. EUV oder in dem Verfassen von Entwürfen für Ratsschlussfolgerungen äußern kann. Schlussendlich kann auch hier angenommen werden, dass diese Organe zu der Kohärenz in der Entscheidungsfindung und Ausübung der GASP beitragen.

j) Ratsvorsitz

In gewisser Weise kann man die halbjährlich rotierende Ratspräsidentschaft als eigenständigen Akteur der GASP auflisten, da der Einfluss der amtierenden Ratsvorsitzes auf die Umsetzung der GASP-Politik nicht zu unterschätzen ist. Denn der jeweils alle sechs Monate rotierende Vorsitz bezieht sich auch auf die Zusammensetzung in den vorbereitenden Ratsarbeitsgruppen (mit Ausnahme des Rates für Auswärtige Angelegenheiten)[448] und in diesen Unterorganen kann das amtierende Land seine Vorsitzposition durchaus für die Durchsetzung nationaler Eigeninteressen nutzen.[449] *Wessel* führt u.a. aus, dass die Mehrheit der Initiativen für (damals unter dem Amsterdamer Vertrag geltende) Gemeinsame Standpunkte und Gemeinsame Aktionen auf das Bemühen des amtierenden Vorsitzes zurückzuführen ist.[450] Diese Annahme scheint auch gar nicht

444 Vgl. http://www.consilium.europa.eu/de/council-eu/preparatory-bodies/, der eine Auszählung der bestehenden Vorbereitungsgremien des Rates aufzeigt.

445 Wessel, The European Union's Foreign and Security Policy, S. 83 f.

446 Vgl. https://www.auswaertiges-amt.de/de/aussenpolitik/europa/aussenpolitik/gasp/-/201784.

447 Ibid; vgl. auch: The European Union's Foreign and Security Policy, S. 84.

448 Vgl. Art. 16 Absatz 9 EUV.

449 Wessel, The European Union's Foreign and Security Policy: A Legal Institutional Perspective, S. 88 m.w.N.

450 Ibid., S. 89 und S. 93.

fernliegend zu sein. Denn immerhin ist der Vorsitz im Allgemeinen dafür verantwortlich die Beratungen des Rates über EU-Rechtsvorschriften voranzubringen und für die Kontinuität der Agenda der EU, den ordnungsgemäßen Verlauf der Gesetzgebungsverfahren sowie für die Zusammenarbeit der Mitgliedstaaten zu sorgen.[451] Damit wird mittelbar auch die GASP beeinflusst. Zudem ist bei der Umsetzung und Ausführung der GASP die Union auf das Handeln der Mitgliedstaaten angewiesen. Das heißt, die reale Politik der GASP findet in dem Mitgliedstaat statt, der den Vorsitz führt.[452]

Mit dem Vertrag von Lissabon wurde der sog. Dreivorsitz eingeführt, nach dem drei aufeinanderfolgende Vorsitzländer – im Voraus der Amtsperiode – zusammen langfristige Ziele formulieren und ein gemeinsames Programm mit den Themen und den wichtigsten Fragen, mit denen sich der Rat in dem betreffenden Achtzehnmonatszeitraum befassen wird, erarbeiten müssen (sog. Achtzehnmonatsprogramm).[453] Auf der Grundlage dieses Programms stellt jedes der drei Länder sein eigenes detailliertes Sechsmonatsprogramm auf.[454] Möglicherweise wird durch diese „Trio-Bestimmung" die Möglichkeit der zu starken Einflussnahme des Vorsitzlandes eingeschränkt, da sich drei Mitgliedstaaten auf einen Konsens einigen müssen. Im Ergebnis schließt das aber nicht aus, dass durch Absprachen untereinander bestimmte Themen in das Achtzehnmonatsprogramm eher aufgenommen werden als andere Themen.

k) Europäische Kommission

Die Europäische Kommission (**Kommission**) ist außerhalb der GASP wohl das wichtigste Organ der Europäischen Union. Der Kommission wird mit ihren facettenreichen Aufgaben, die von einem Hauptausführungsorgan bis hin zur Initiatorin für legislative Prozesse und zur Wächterin der Verträge rangieren,[455] eine zentrale Rolle in der europäischen und internationalen Politik zugesprochen. Aber nicht nur die interne Politik wird durch sie bestimmt, auch in der Außenpolitik ist ihr großes Gewicht zuzumessen. Laut dem EU-Vertrag ist sie nämlich für die „gesamte" Außenvertretung der EU zuständig.[456] Sie ist das zentrale Element in der Abstimmung der Politiken für den Handel, die Fischerei,

451 Vgl. http://www.consilium.europa.eu/de/council-eu/presidency-council-eu/.
452 Wessel, The European Union's Foreign and Security Policy, S. 89.
453 Vgl. https://www.consilium.europa.eu/de/council-eu/presidency-council-eu/.
454 Ibid.
455 Goebel, 20 Columbia Journal of European Law 78 (2013–2014), S. 77 (S. 90).
456 Vgl. Art. 17 Absatz 1 S. 6 EUV.

die Entwicklungshilfe und die weiteren relevanten Bereiche.[457] Diese hervorgehobene Stellung hat die Kommission aber gerade nicht in der GASP.[458] Es stünde im Widerspruch zu der intergouvernemental geprägten GASP, wenn der Kommission als fast-supranationales Gebilde derart viel Kompetenzen innerhalb der GASP zugesprochen worden wären, wie ihr in den unionseigenen Außenpolitiken zustehen. Dementsprechend ist die (direkte) Einflussnahme der Kommission innerhalb der GASP beschränkt. Die Kommission verfügt gerade nicht über ein Initiativmonopol,[459] kontrolliert nicht den EAD und kann ein Fehlverhalten der Mitgliedstaaten wegen Art. 275 AEUV nicht angreifen.[460] Überdies führten die Lissabonner Reformen zu der Streichung der Art. 27, 22 Absatz 1 EUV-Amsterdam/Nizza, die die Beteiligung der Kommission „in vollem Umfang" abgesichert hatten. Die Kommission wird nun nicht mehr in vollem Umfang in die Arbeiten im Bereich der GASP miteinbezogen und das ehemals bestandene Initiativrecht hat sie zu Gunsten des Hohen Vertreters verloren. Ungeachtet dieser „Entmachtung" spielt die Kommission aber als indirekter Akteur eine wichtige Rolle innerhalb der GASP. Dies zunächst – wie auch das Europäische Parlament – durch das Recht die Verteilung des Etats zu bestimmen und die korrespondierende Zustimmungspflicht der Kommission.[461] Im haushaltspolitischen Bereich spielt vor allem die Einrichtung des Dienstes für außenpolitische Instrumente (*Service for Foreign Policy Instrument* – kurz *FPI*) eine entscheidende Rolle, da dieser u.a. die operationellen Mittel für die GASP zur Verfügung stellt und deren Ausgaben überwacht.[462] Darüber hinaus kann der Präsident der Kommission theoretisch über die Abbestellung des Hohen Vertreters – wenn auch nur mit der Zustimmung des ER – bestimmen,[463] was sich möglicherweise

457 Goebel, 20 Columbia Journal of European Law 78 (2013–2014), S. 77 (S. 94).

458 Ibid.

459 Ex-Art. 22 Absatz 1 EUV-Nizza sah für die Kommission noch ein Frage- und Vorschlagsrecht, das der aktuelle Art. 30 EUV nicht mehr vorsieht.

460 Thym, 50 Archiv des Völkerrechts (2012), S. 125 (S. 142).

461 Bitterlich, in: Lenz/Borchardt, EU-Verträge Kommentar, Art. 27 EUV, Rn. 7.

462 Generell ist der FPI für die Vorbereitung und Umsetzung von außenpolitischen Maßnahmen zuständig, worunter neben dem oben Genannten u.a. auch die Unterstützung von Wahlbeobachtungsmissionen, die Verwaltung von Sanktionen sowie die Unterstützung im Kampf gegen Blutdiamanten („Kimberley-Prozess") gehören, vgl. offizielle Homepage des FPI unter: https://ec.europa.eu/info/departments/foreign-policy-instruments_en.

463 Art. 18 Absatz 1 S. 1 EUV; vgl. auch: Wouters/Coppens/De Meester, The European Union's External Relations after Lisbon Treaty, in: Griller/Ziller, The Lisbon Treaty, S. 143 (S. 155).

als ein Druckmittel herausstellen könnte. Die Kommission ist des Weiteren zusammen mit dem Rat gemäß Art. 21 Absatz 3 Unterabsatz 2 S. 2 EUV für das Sicherstellen einer bestehenden Kohärenz verantwortlich. Zuletzt ist der Einfluss der Kommission im Rahmen des Erlasses von restriktiven Maßnahmen nach Art. 215 AEUV zu beachten. Bei der Ausarbeitung des Vorschlags für eine Maßnahme nach Art. 215 AEUV hat die Kommission insbesondere zu überprüfen, wie sich Wirtschaftssanktionen auf den Binnenmarkt auswirken und ob diese völkerrechtlich und unionsrechtlich zulässig sind.[464]

l) Europäisches Parlament

Im Gegensatz zur unionseigenen außenpolitischen Handelspolitik in der dem Europäischen Parlament (**Parlament**) seit den Lissabonner Reformen verstärkt Rechte zustehen,[465] ist diesem im Rahmen der GASP laut dem EUV eher eine untergeordnete Rolle zuzusprechen.[466] Im Vergleich zu den anderen Organen hat das Parlament kein (direktes) Initiativrecht[467] – weswegen der GASP auch der Makel der fehlenden demokratischen Legitimation anhaftet.[468] Das Parlament verfügt aber über indirekte Rechte der Einflussnahme,[469] wie z.B. die gemäß Art. 36 EUV normierten Informations- und Anhörungsrechte[470] in wichtigen

464 Cremer, in: Calliess/Ruffert, EUV/AEUV-Kommentar, Art. 215 AEUV, Rn. 16.

465 Vgl. Zustimmungspflicht nach Art. 218 Absatz 6 Unterabsatz 2 lit. a Ziff. v i.V.m. Art. 207 Absatz 2 AEUV; siehe auch: Bungenberg, EuR Beiheft 1/2009, S. 195 (S. 211 ff.).

466 Kadelbach, in: von Arnauld (Hrsg.), Europäische Außenbeziehungen (EnzEuR, Bd. 10), § 4, Rn. 34, 35 a.E.; Jaag spricht hier von dem Europäischen Parlament als „Zaungast", EuR 2012, S. 309 (S. 321); siehe allgemein für die parlamentarische Mitwirkung in der europäischen Außenpolitik: Thym: Parliamentary Involvement in European International Relations, in: Cremona/de Witte, EU Foreign Relations Law (2008), S. 201 (S. 201 ff.).

467 Anders Art. 225 AEUV, der ein indirektes (wenn auch begrenztes) Initiativrecht des Europäischen Parlaments für Rechtsetzungsakte außerhalb der GASP vorsieht.

468 Vgl. Van Vooren/Wessel, EU External Relations Law, S. 375.

469 Thym, Parliamentary Involvement in European International Relations, in: Cremona/de Witte, EU Foreign Relations Law (2008), S. 201 (S. 202); Wessel, The European Union's Foreign and Security Policy: A Legal Institutional Perspective, S. 95.

470 Z.B. bei der Regelung und Organisation der Arbeitsweise des EAD – vgl. Beschluss 2010/427/EU des Rates v. 26.7.2010 über die Organisation und die Arbeitsweise des Europäischen Auswärtigen Dienstes – ABl. EU 2010 L 201/30; vgl. auch: Kruse, Der Europäische Auswärtige Dienst zwischen intergouvernementaler Koordination und supranationaler Repräsentation, S. 171 ff.

Aspekten der GASP. Darüber hinaus besteht das Recht Anfragen und Empfehlungen an den Rat oder den Hohen Vertreter zu richten[471]. Ferner nimmt das Parlament mindestens zweimal im Jahr an Aussprachen über die Fortschritte in der GASP, einschließlich der GSVP, teil. Damit bildet Art. 36 EUV das Kernstück der Beteiligung des Parlaments in der GASP-Außenpolitik. Der einzig entscheidende Unterschied zu den Regelungen in den vorangegangenen Verträgen ist, dass die Erfüllung der Rechte nun durch den Hohen Vertreter und nicht mehr durch den Vorsitz und die Kommission wahrgenommen wird.[472] Daneben werden allgemeine und verfahrensrechtliche Regelungen für die Rolle des Parlaments gemäß Art. 24 Absatz 1 Unterabsatz 2 S. 5 EUV und nach relevanten Vorschriften des AEUV bestimmt. Zu beachten ist aber, dass die Bestimmungen des AEUV gerade nicht die Befugnisse des Parlaments im Bereich der GASP ausweiten sollen.[473] Darüber hinaus ist die Anwendung der AEUV-Vorschriften ausgeschlossen, sofern sich ein Widerspruch zu den spezielleren Bestimmungen des EUV ergibt und soweit es sich um die Bestimmungen handelt, die dem Parlament Rechte beim Erlass von Gesetzgebungsakten einräumen[474].

Obwohl das Parlament nach den Verträgen keinerlei direkte Befugnisse im Rahmen der GASP-Außenpolitik hat,[475] ist ihm dennoch durch die Budgethoheit über die Tätigkeiten der Union ein gewisser Grad an Einflussnahme auch in der GASP zuzusprechen.[476] Das Parlament bestimmt zusammen mit dem Rat gleichberechtigt über den gesamten Haushalt der EU, also auch über die für die GASP vorgesehenen Mittel (Art. 314 AEUV). Manche Autoren sprechen wegen der weitreichenden Budgethoheit sogar von der sog. „*hard power*“ des

471 Art. 36 Absatz 2 S. 1 EUV.

472 Vgl. Ex-Art. 21 Absatz 1 EUV-Nizza.

473 Dies folgt insbesondere aus der Erklärung Nr. 14 der Mitgliedstaaten zum Vertrag von Lissabon (Erklärung zur Schlussakte der Regierungskonferenz, die den am 13. Dezember 2007 unterzeichneten Vertrag von Lissabon angenommen hat).

474 Dies folgt aus dem Umstand, dass innerhalb der GASP der Erlass von Gesetzgebungsakten gemäß Art. 24 Absatz 1 Unterabsatz 2 S. 3 EUV ausgeschlossen ist.

475 Vgl. Art. 36 EUV, der lediglich von einem Beteiligungsrecht des Europäischen Parlaments spricht.

476 Thym, Parliamentary Involvement in European International Relations, in: Cremona/de Witte, EU Foreign Relations Law (2008), S. 201 (S. 202, S. 290 f.); Wessel, The European Union's Foreign and Security Policy: A Legal Institutional Perspective, S. 97 und S. 99; vgl. auch: Scheffler, Die Europäische Union als rechtlich-institutioneller Akteur im System der Vereinten Nationen, S. 719 f.

Parlaments.[477] Mit der Aufnahme der operativen Aufgaben i.S.d. Art. 42 Absatz 2 EUV in den unionalen Haushalt[478] ist zugleich auch das Informationsbedürfnis des Parlaments gestiegen. Sobald es um die Finanzierung von Aufgaben der GASP aus dem Haushalt der EU geht, erlangt das Parlament „Mitspracherecht". Überdies hat das Parlament verstanden sich innerhalb der Jahre über die Budgethoheit begrenzte Einflussrechte innerhalb der GASP zu sichern.[479] Mittlerweile ist sogar davon auszugehen, dass das Informationsrecht auch das Recht auf Weitergabe von Dokumenten und vertraulichen Informationen umfasst, deren Kenntnis für das Parlament zur Ausübung der vertraglichen Befugnisse erforderlich ist.[480] Diese Annahme wird u.a. mit der zwischen Parlament und Rat geschlossenen interinstitutionellen Vereinbarung über den Zugang zu sensiblen Informationen im Bereich der Sicherheits- und Verteidigungspolitik unterstrichen.[481] Ferner steht dem Parlament durch die Befugnis, das Budget des EAD zu bestimmen, eine neue Möglichkeit offen weiteren Einfluss auszuüben.[482] Aber nicht nur die Budgethoheit, sondern auch andere Bereiche sind von Relevanz für das Parlament.[483] Das Parlament erwartet bei Personalentscheidungen, die die GASP betreffen, beteiligt zu werden.[484] Das Parlament kann im Rahmen des

477 *Thym*, der die Budgethoheit deswegen als „hard power" bezeichnet, weil das Europäische Parlament dadurch generell die Möglichkeit hat, den Rat zu „erpressen" (um somit Einfluss in der GASP zu gewinnen) – Thym, Parliamentary Involvement in European International Relations, in: Cremona/de Witte, EU Foreign Relations Law (2008), S. 201 (S. 223 f.).

478 Art. 28 EUV-Amsterdam bestimmte die Finanzierungsmöglichkeiten neu, indem er die operativen Ausgaben neben den Verwaltungsaufgaben in den EU-Haushalt (und nicht mehr den Haushalten der Mitgliedstaaten) aufnahm.

479 Kaufmann-Bühler/Meyer-Landrut, in: Grabitz/Hilf/Nettesheim, Das Recht der EU, Art. 36 EUV, Rn. 30 und Art. 41 EUV; vgl. auch: Thym, Parliamentary Involvement in European International Relations, in: Cremona/de Witte, EU Foreign Relations Law (2008), S. 201 (S. 206).

480 Kaufmann-Bühler/Meyer-Landrut, in: Grabitz/Hilf/Nettesheim, Das Recht der EU, Art. 36 EUV, Rn. 18.

481 Interinstitutionelle Vereinbarung vom 20.11.2002 zwischen dem EP und dem Rat über den Zugang des EP zu sensiblen Informationen des Rates im Bereich der Sicherheits- und Verteidigungspolitik (ABl. 2002 C 298/1).

482 Kaufmann-Bühler/Meyer-Landrut, in: Grabitz/Hilf/Nettesheim, Das Recht der EU, Art. 36 EUV, Rn. 31; ähnlich: Van Vooren/Wessel, EU External Relations Law, S. 28.

483 Vgl. Engbrink, Die Kohärenz des auswärtigen Handelns der Europäischen Union, S. 100 f., der auf den Einfluss des Parlaments auf den EAD eingeht.

484 U.a. bei der Ernennung des Hohen Vertreters sowie eines Sonderbeauftragten des Rates.

Zustimmungsvotums über das Kollegium einer neuen Kommission indirekt auf die Eigenschaft des Hohen Vertreters als Vizepräsident der Kommission einwirken.[485] Dass hiermit jedoch größerer Einfluss in der GASP zu erreichen ist, bleibt dennoch unwahrscheinlich.[486] Denn selbst ein erfolgreiches Misstrauensvotum nach Art. 17 Absatz 8 S. 2 EUV führt lediglich dazu, dass der Hohe Vertreter sein im Rahmen der Kommission ausgeübtes Amt niederlegen müsste. Im Ergebnis ist von einer Zwitterposition des Europäischen Parlaments auszugehen. Formell gesehen sind die Einflussrechte in der GASP beschränkt, allerdings sind die mittelbaren Einflussmöglichkeiten – insbesondere die reale Möglichkeit die finanzielle Budgethoheit als subtiles Druckmittel einzusetzen – nicht zu unterschätzen.

2. Rolle der Mitgliedstaaten

Praktisch gesehen erscheint es selbstverständlich die Mitgliedstaaten als Akteure der GASP zu benennen.[487] Die GASP gehört im Gegensatz zu anderen Politikbereichen nicht zu einem Bereich der ausschließlichen oder geteilten Zuständigkeiten, in denen der EU komplett oder teilweise Hoheitsrechte übertragen wurden.[488] Die GASP ist vielmehr eine Zuständigkeit eigener Art,[489] in der die Mitgliedstaaten die Union aktiv und vorbehaltlos im Geiste der Loyalität und gegenseitigen Solidarität unterstützen.[490] Die Mitgliedstaaten sind aber die eigentlichen *key players* auf dem internationalen Parkett.[491] Denn die Union selbst ist in der Praxis entscheidend auf das Handeln der Mitgliedstaaten angewiesen. Im Vertrag von Maastricht waren die Mitgliedstaaten deswegen auch noch neben der Union als Akteure der GASP erwähnt.[492] Mit dem Vertrag von Amsterdam wurde dies aber bereinigt und die Union als „alleinige" Trägerin der

485 Art. 17 Absatz 7 Unterabsatz 3 S. 1 EUV, vgl. auch Wouters/Coppens/De Meester, The European Union's External Relations after Lisbon Treaty, in: Griller/Ziller, The Lisbon Treaty, S. 143 (S. 151); Kruse, Der Europäische Auswärtige Dienst zwischen intergouvernementaler Koordination und supranationaler Repräsentation, S. 169.

486 Cremer, in: Calliess/Ruffert, EUV/AEUV-Kommentar, Art. 36 EUV, Fußnote 1.

487 Vgl. Cremer, in: Calliess/Ruffert, EUV/AEUV-Kommentar, Art. 26 EUV, Rn. 9.

488 Vgl. Art. 2 Absatz 4 AEUV.

489 Die wird auch zugleich durch Art. 24 Absatz 1 UA 2 EUV deutlich, der bestimmt, dass für die GASP besondere Bestimmungen und Verfahren gelten.

490 Art. 24 Absatz 3 EUV.

491 Regelsberger/Jopp, in: Diedrichs/Faber/Tekin/Umbach, Europe Reloaded, S. 396 (402); Cremer, in: Calliess/Ruffert, EUV/AEUV-Kommentar, Art. 24 EUV, Rn. 10.

492 Art. J.1 des Vertrages von Maastricht: „die Union und ihre Mitgliedstaaten".

GASP beschrieben.[493] Man kam zu dem Entschluss, dass die Erwähnung der Mitgliedstaaten dem Prinzip der Eigenständigkeit der Union und dem in der GASP herrschenden Intergouvernementalitätsprinzip widersprach. Andererseits ist es nicht von der Hand zu weisen, dass die Union mit den Mitgliedstaaten im Bereich der Außenpolitik, insbesondere der GASP, eine rechtliche Einheit bildet. Diese Einheit wird aber nicht vollumfänglich von der Union beherrscht. Denn der Erfolg einer GASP-Maßnahme hängt wiederum entscheidend von der positiven Unterstützung durch die Mitgliedstaaten durch außenpolitische Mitwirkung ab.[494] Die Implementierung der im Rahmen der GASP beschlossenen Maßnahmen vollzieht sich soweit wie möglich mit unionsrechtlichen Mitteln.[495] Wenn und sofern diese nicht ausreichend sind, um die Ziele der einzelnen Maßnahmen zu erreichen, „greift" die Union auf die individuellen Mittel der Mitgliedstaaten zurück.[496] Folglich werden die Mitgliedstaaten hier weiterhin als Akteure der GASP aufgeführt.

3. Drittstaaten

Die Akteurseigenschaft der GASP kann über die Union und Mitgliedstaaten hinausgehen. Auch Nicht-Mitgliedstaaten können entscheidende Träger im Rahmen der Außenbeziehungen der EU sein.[497] Insbesondere Staaten, die mit einzelnen Mitgliedstaaten eng verbunden sind, oder auch Beitrittskandidaten können eine Stellung einnehmen bzw. Funktionen innerhalb der internationalen Beziehungen zugesprochen werden.[498] Die Beteiligung von Drittstaaten erlangt auf Grund der internationalen Herausforderungen immer mehr an Bedeutung; dementsprechend sind auch diese bei den Akteuren der GASP aufzulisten.

---

493 Art. 11 EUV-Amsterdam.

494 Thym, in: von Arnauld (Hrsg.), Europäische Außenbeziehungen (EnzEuR Bd. 10), § 16, Rn. 30; ähnlich: von Heinegg, in: Pechstein/Nowak/Häde, Frankfurter Kommentar, Art. 21 EUV, Rn. 8.

495 Vgl. Art. 41 EUV.

496 Kaufmann-Bühler, in: Grabitz/Hilf/Nettesheim, Das Recht der EU, Art. 21, Rn. 4, 10 und Art. 41, Rn. 4 und 10.

497 Kaufmann-Bühler, in: Grabitz/Hilf/Nettesheim, Das Recht der EU, Art. 21 EUV, Rn. 5; von Heinegg, in: Pechstein/Nowak/Häde, Frankfurter Kommentar, Art. 8 EUV, Rn. 8.

498 Ibid.

G. Handlungsformen innerhalb der GASP

Nachdem eingangs die Grundlagen für das Verständnis der GASP geschaffen wurden, wird nun auf die Umsetzung und die Ausführung der GASP eingegangen. Dabei stellen die speziellen Maßnahmenkataloge, die den in den vergemeinschafteten Außenpolitiken und in der GASP handelnden Organen zustehen, die grundlegenden Elemente zum Handeln in diesem Bereich dar. Denn das von der Union verfolgte Ziel einer kohärenten Außenpolitik soll mit den im AEUV und EUV normierten Handlungsformen erreicht werden. Seit den Reformen von Lissabon beschreiben Art. 25 ff. EUV ausführlich, welche Handlungsformen speziell für die Ausführung der GASP zur Verfügung stehen. Dabei normiert Art. 25 EUV die gebräuchlichsten Instrumente der GASP, die sich über die letzten 25 Jahre aus der Praxis entwickelt haben.[499] Daneben kommen noch weitere Handlungsformen in Betracht, die in dem Art. 22 Absatz 1 und den Art. 25 EUV nachfolgenden Artikeln genannt sind. Zu den vertraglich normierten Handlungsformen reihen sich noch vertraglich nicht definierte Instrumente ein, die sich im Laufe der Praxis entwickelt haben. Im Vergleich zu den Instrumenten, die der Union in den übrigen Bereichen zustehen (vor allem Art. 288 AEUV), stehen den Akteuren in der GASP weitaus weniger Aktionsmöglichkeiten zur Verfügung. Die Verwendung von Richtlinien und Verordnungen war und ist auch weiterhin im Bereich der GASP ausgeschlossen.[500] Darüber hinaus werden die GASP-spezifischen Handlungsformen gerade nicht als Rechtsakte bezeichnet, sie sind nicht unmittelbar verbindlich und es gibt grundsätzliche keine gerichtlichen Durchsetzungsmöglichkeiten für den Fall der Nichtbefolgung.[501] Anders als die Aufzählung der Instrumente in Art. 288 AEUV ist die normierte Anzahl der Maßnahmen in Art. 25 EUV zudem nicht abschließend.[502] Nicht gänzlich klar ist die Bedeutung der Wortwahl „Beschlüsse" in Art. 25 EUV im Vergleich zu Art. 288 Absatz 4 AEUV. Soll damit gemeint sein, dass die GASP-Beschlüsse identisch mit den Beschlüssen sind, die in den übrigen Kompetenzbereichen

---

499 Kaufmann-Bühler, in: Grabitz/Hilf/Nettesheim, Das Recht der EU, Art. 25 EUV, Rn. 1.

500 De Witte, Legal Instruments and Law-Making in the Lisbon Treaty, in: Griller/Ziller, The Lisbon Treaty, S. 79 (S. 90).

501 Vgl. auch Cardwell, EU External Relations, S. 21.

502 Abschließende Aufzählung in Bezug auf die Rechtsakte, in Art. 288 AEUV genannt sind: vgl. Hetmeier, in: Lenz/Borchardt, EU-Verträge Kommentar, Art. 288 AEUV, Rn. 1 und 3; Arnold/Klamert, in: Dauses, EU-Wirtschaftsrecht, K. I, Rn. 173.

gefasst werden können?[503] Vor den Lissabonner Reformen konnte man dies noch mit dem offenkundigen deutschen Wortlaut der Verträge verneinen. Denn damals unterschied Ex-Art. 249 EGV-Nizza zwischen „Entscheidungen“ und „Beschlüssen“, die im Rahmen der GASP erlassen werden konnten.[504] Der aktuelle Wortlaut, der nun einheitlich von Beschlüssen spricht, lässt eine eindeutige Schlussfolgerung nicht mehr so unproblematisch zu. Zieht man jedoch in Betracht, dass Beschlüsse i.S.d. Art. 288 AEUV im mitgliedstaatlichen (nationalen) Recht im Gegensatz zum intergouvernemental geprägten Bereich unmittelbar anwendbar sind, kann wohl von einer Identität der beiden Beschlussarten nicht gesprochen werden.[505] Die Beschlüsse der GASP nehmen vielmehr eine Sonderstellung ein.[506] Sie sind rechtlich verbindlich für die Union,[507] die Bindungswirkung für die Mitgliedstaaten ist jedoch begrenzt[508]. Zudem werden sie eben nicht nach den Verfahrensvorschriften des AEU-Vertrages erlassen und können demnach – wie bereits erwähnt – nicht als Rechtsakte i.S.d. Art. 288 AEUV bezeichnet werden.[509]

Im Folgenden wird auf Art. 25 AEUV als Basisnorm der GASP-Handlungsformen sowie die darin wiederzufindenden einzelnen Kategorien der Handlungsformen und deren konkrete Rechtsgrundlagen näher eingegangen. Abschließend wird die verstärkte Zusammenarbeit erläutert.

1. Art. 25 EUV

Im Rahmen der Reformen durch den Lissabonner Vertrag kam es zu Änderungen der bis dahin bestehenden Handlungsinstrumente. Die unter dem Nizza-Vertrag geltenden „Gemeinsamen Strategien, Aktionen und Standpunkte“ sind in dieser Form nun nicht mehr vorhanden. Allerdings finden sich diese Handlungsformen in ähnlicher Form im aktuellen Art. 25 EUV wieder. Die in Art. 25

---

503 De Witte, Legal Instruments and Law-Making in the Lisbon Treaty, in: Griller/Ziller, The Lisbon Treaty, S. 79 (S. 90); Van Vooren/Wessel, EU External Relations Law, S. 382 f.

504 Vgl. Ex-Art. 12, 2. Spiegelstrich EUV-Nizza.

505 De Witte, Legal Instruments and Law-Making in the Lisbon Treaty, in: Griller/Ziller, The Lisbon Treaty, S. 79 (S. 90).

506 Hetmeier, in: Lenz/Borchardt, EU-Verträge Kommentar, Art. 288 AEUV, Rn. 31; anders: Streinz/Ohler/Herrmann, Der Vertrag von Lissabon zur Reform der EU, § 17 II 3.

507 Ibid.: Hetmeier, in: Lenz/Borchardt, EU-Verträge Kommentar, Art. 288 AEUV, Rn. 31.

508 Vgl. z.B. Art. 28 Absatz 2 EUV.

509 Van Vooren/Wessel, EU External Relations Law, S. 382 f.

EUV genannten Instrumente gliedern sich in die Festlegung von strategischen Interessen und Zielen (Art. 22 Absatz 1 EUV), die Bestimmung von allgemeinen Leitlinien (Art. 25 lit. a EUV), die Durchführung von Aktionen (Art. 25 lit. b Nr. i EUV) und die Einnahme von Standpunkten (Art. 25 lit. b Nr. ii EUV). Die im Titel V des EU-Vertrages von Nizza noch normierte Eigenständigkeit der GASP-Rechtsakte wurde mit den Lissabonner Reformen zwar abgeschafft, terminologisch leben diese aber nun als Inhalt der in Art. 25 lit. b EUV genannten Beschlüsse fort.[510] Im Prinzip hat der Vertrag von Lissabon also die Katalogisierung des Vertrages von Nizza in Ex-Art. 12 bis auf kleine sprachliche Anpassungen – die Nichtübernahme der gemeinsamen Strategie und die Einführung des Instruments der Durchführungsmaßnahme – übernommen. Geändert hat sich, dass die Standpunkte und Aktionen (neben den neuen allgemeinen Leitlinien) nun auf Grundlage von Beschlüssen erlassen werden, die sich nach den allgemeinen unionsrechtlichen Regeln betreffend die Wirkung richten.[511] In der Praxis ist eine trennscharfe Abgrenzung der verschiedenen vertraglichen Instrumente jedoch weiterhin nicht immer zweifelsfrei möglich.[512]

Auch wenn Art. 25 EUV nicht abschließend die vorgegebenen Handlungsformen aufzählt,[513] kann diese Vorschrift als erneuter Versuch der formalen Typisierung verstanden werden.[514] Die konkreten Definitionen der Handlungsformen sind dabei nicht in Art. 25 EUV selbst enthalten, diese finden sich vielmehr in den nachfolgenden Artikeln. Auch enthält Art. 25 EUV keine Aussage über die Abgrenzung der Zuständigkeiten von ER und Rat.[515] Die Struktur des

---

510 Streinz/Ohler/Herrmann, Der Vertrag von Lissabon zur Reform der EU, § 10 III 1; Craig, The Lisbon Treaty, S. 380.

511 Hobe, Europarecht, § 28, Rn. 17.

512 Bitterlich, in: Lenz/Borchardt, EU-Verträge Kommentar, Art. 25 EUV, Rn. 4.

513 Weiterhin gibt es z.B. Erklärungen, Presseerklärungen, Entschließungen, Schlussfolgerungen, Konsultationen, Konferenzen, Verhandlungen, Missionen, Demarchen, vgl. Bitterlich, in: Lenz/Borchardt, EU-Verträge Kommentar, Art. 25 EUV, Rn. 3; Kaufmann-Bühler, in: Grabitz/Hilf/Nettesheim, Das Recht der EU, Art. 25 EUV, Rn. 4; Terhechte, in: Schwarze, EU-Kommentar, Art. 25 EUV, Rn. 3.

514 De Witte, Legal Instruments and Law-Making in the Lisbon Treaty, in: Griller/Ziller, The Lisbon Treaty, S. 79 (S. 91).

515 Bitterlich, in: Lenz/Borchardt, EU-Verträge Kommentar, Art. 25 EUV, Rn. 1 – so wie Art. 288 AEUV ist auch Art. 25 EUV keine Kompetenznorm. Die Handlungsbefugnis ergibt sich vielmehr nach dem Prinzip der begrenzten Einzelermächtigung aus den jeweiligen Kompetenzvorschriften, vgl. Hetmeier, in: Lenz/Borchardt, EU-Verträge Kommentar, Art. 288 AEUV, Rn. 2.

Art. 25 EUV lässt jedoch erkennen, dass eine Abstufung unter den verschiedenen Handlungsformen beabsichtigt ist. Zunächst wird die Politik durch allgemeine Leitlinien bestimmt (Art. 25 lit. a) EUV), die wiederum durch Art. 26 EUV konkretisiert werden. Letzterer Artikel verweist indes auf Art. 22 EUV, der dem ER die Kompetenz zur Bestimmung der Ziele und der strategischen Interessen zuordnet. Das Verhältnis zwischen den Zielen, strategischen Interessen und allgemeinen Leitlinien wird durch die verschiedenen Verweise jedoch nicht klarer – zumindest nicht evident. Deutlich wird nur, dass in vertraglicher und systematischer Sicht eine Differenzierung zwischen den drei Beschlussarten in Art. 25 lit. b) i) bis iii) EUV normiert werden sollte. Wenn man sich mit den zuletzt genannten Handlungsformen detailliert auseinandersetzt, so kommt man zu der Schlussfolgerung, dass die subsequente Aufzählung der Beschlussarten der Erfüllung der allgemeinen Leitlinien sowie den Zielen und den strategischen Interessen dienen soll. Um die Systematik jedoch noch zu verkomplizieren, wird im letzten lit. c) der Ausbau der systematischen Zusammenarbeit der Mitgliedstaaten bei der Führung ihrer Politik als Handlungsform erwähnt.

Einen entscheidenden Unterschied zu den Handlungsformen des AEUV zeigt Art. 24 Absatz 1 Unterabsatz 2 S. 3 EUV auf, der den Erlass von Gesetzgebungsakten im Rahmen der GASP ausschließt.[516] Der Ausschluss folgt vor allem aus dem Umstand, dass die Außenpolitik einen der sensibelsten Bereiche der Staatensouveränität darstellt und die Mitgliedstaaten demnach davor zurückscheuen, der Union weitreichende Kompetenzen in diesem Bereich zu überlassen.

Zu den Handlungsinstrumenten der Union nach Art. 25 EUV im Einzelnen:

a) Allgemeine Leitlinien

An „erster“[517] Stelle des Handlungsformenkatalogs steht die Bestimmung von allgemeinen Leitlinien. Nach Art. 25 a) i.V.m. Art. 26 Absatz 1, 2. Alt. EUV

516 Streng genommen bezieht sich der Begriff der Gesetzgebungsakte auf das ordentliche Gesetzgebungsverfahren, das in Art. 289 Absatz 3 AEUV normiert ist und nach dem ausdrücklich nur diejenigen Akte als „Gesetzgebungsakte“ bezeichnet werden dürfen, die auch nach diesem Verfahren erlassen wurden. Da GASP-Maßnahmen aber sowieso nicht nach dem Regelgesetzgebungsverfahren erlassen werden (kein Verweis auf Art. 294 AEUV), ist der ausdrückliche Hinweis des Ausschlusses von Gesetzgebungsakten in Art. 25 Absatz 1 Unterabsatz 2 S. 3 EUV überflüssig; vgl. auch Streinz/Ohler/Herrmann, Der Vertrag von Lissabon zur Reform der EU, § 17 II 3.

517 Wie bereits oben erwähnt, ist das Verhältnis zwischen den allgemeinen Leitlinien, strategischen Interessen und Zielen der Union auf Grund der Verweisungen nicht

verfolgt die Union ihre Gemeinsame Außen- und Sicherheitspolitik, indem sie die allgemeinen Leitlinien hierfür bestimmt. Die Leitlinien, worunter auch allgemeine Grundsätze verstanden werden, gelten für alle Maßnahmen und Aktivitäten, die im Rahmen der GASP gefasst werden.[518] Die Leitlinien dienen vorrangig der Definition des allgemeinen Handlungsrahmens der Union für die Ausführung der GASP. Der Unterschied zu den allgemeinen Zielbestimmungen nach Art. 22 EUV liegt darin, dass die allgemeinen Leitlinien zugleich auch den Weg dorthin, also die Art und Weise der Zielerreichung, bestimmen.[519] Sie werden nicht in der Beschlussform erlassen. Es handelt sich eher um politische, nicht rechtsförmlich gestaltete Orientierungen,[520] die in der Praxis nach jeder Ratssitzung in den „Schlussfolgerungen des Vorsitzes" veröffentlicht werden.[521] Trotz allem stellen die Leitlinien neben dem Beschluss die zentralen Handlungsformen im Bereich der GASP dar.[522] Sie werden vom ER bestimmt, dem damit zugleich eine tragende Rolle innerhalb der GASP zugesprochen wurde[523] – auch wenn der Rat, der für die Umsetzung der Vorgaben zuständig ist, weiterhin als eigentliches Entscheidungszentrum der GASP gilt.[524] Darüber hinaus hindert das Fehlen von allgemeinen Leitlinien den Rat nicht daran, in bestimmten Lagen oder Krisensituationen konkrete Handlungen vorzunehmen.[525]

Im Vertrag von Nizza bildeten die allgemeinen Leitlinien[526] die Grundlage sowohl für die gemeinsamen Aktionen und Standpunkte als auch für die ehemals normierte gemeinsame Strategie.[527] Eine Abgrenzung zu den in Absatz 1

---

ganz klar. Hier soll nun mit den allgemeinen Leitlinien begonnen werden, wobei dies nicht bedeuten soll, dass diese vorrangig zu den anderen zwei folgenden Handlungsformen sind.

518 Dies folgt allein schon aus dem im unionalen auswärtigen Handeln geltenden Kaskadenprinzip der gestuften Willensbildung – vgl. Cremer, in: Calliess/Ruffert, Art. 22 Rn. 3 und Art. 26, Rn. 2; allgemein: Hobe, Europarecht, § 28, Rn. 20.

519 Cremer, in: Calliess/Ruffert, EUV/AEUV-Kommentar, Art. 26 EUV, Rn. 1.

520 Kadelbach, in: von Arnauld (Hrsg.), Europäische Außenbeziehungen (EnzEuR Bd. 10), § 4, Rn. 18.

521 Cremer, in: Calliess/Ruffert, EUV/AEUV-Kommentar, Art. 26 EUV, Rn. 2.

522 Terhechte, in: Schwarze, EU-Kommentar, Art. 24 EUV, Rn. 6; ähnlich: Kaufmann-Bühler/Meyer-Landrut, in: Grabitz/Hilf/Nettesheim, Das Recht der EU, Art. 26 EUV, Rn. 2 und 12.

523 Art. 26 Absatz 1 EUV.

524 Bitterlich, in: Lenz/Borchardt, EU-Verträge Kommentar, Art. 26 EUV, Rn. 1, 7.

525 Ibid., Rn. 3.

526 Ex-Art. 13 Absatz 1 EUV-Nizza.

527 Vogler, Handlungsfähigkeit der Europäischen Union im Rahmen der GASP, S. 57.

des Ex-Art. 13 EUV-Nizza enthaltenen Grundsätzen war bereits damals nicht möglich, da der Rat bei Erlass solcher Maßnahmen diese nicht explizit als einer der beiden Kategorien klassifizierte.[528] Folglich existiert auch keine exakte Definition dieser Handlungsinstrumente.[529]

Auch nach den Reformen durch den Lissabonner Vertrag werden die allgemeinen Leitlinien (und auch die strategischen Interessen) durch den Erlass einer Aktion oder eines Standpunktes in der Beschlussform umgesetzt. Interessanterweise wird in diesem Zusammenhang das sonst geltende Einstimmigkeitserfordernis ausgesetzt und die bloße qualifizierte Mehrheit angeordnet.[530] Hierin kann durchaus auch der Versuch der schleichenden Einführung der qualifizierten Mehrheit als allgemeines Abstimmungsvotum für GASP-Maßnahmen gesehen werden.[531]

b) Strategische Interessen

Neben der Festlegung von allgemeinen Leitlinien ist in Art. 25 a) EUV auch die Bestimmung von strategischen Interessen der Union enthalten. Dies wird einem zwar auf den ersten Blick des Art. 25 a) EUV nicht klar, da dieser nur die allgemeinen Leitlinien erwähnt, jedoch wird dieser Artikel zusammen mit Art. 26 EUV gelesen. Dieser spricht wiederum von der Bestimmung von strategischen Interessen und der Festlegung von allgemeinen Leitlinien. Der Anwendungsbereich der strategischen Interessen ist im Gegensatz zu den allgemeinen Leitlinien viel weitläufiger. Sie beziehen sich auf den allgemeinen Art. 22 EUV, der bestimmt, dass sich die Festlegung der strategischen Interessen und Ziele nicht nur auf die Bereiche der GASP, sondern auch auf die ganze Bandbreite des auswärtigen Handelns der Union beziehen kann. Im Ergebnis konkretisieren die strategischen Interessen also die in Art. 21 EUV genannten Ziele der gesamten auswärtigen Unionspolitik und bestimmen zugleich den Rahmen der Aktivitäten der GASP.[532] Damit überwinden die jetzigen strategischen Interessen – ganz im Gegensatz zu den vormals bestehenden gemeinsamen Strategien, die sich lediglich auf den Bereich der GASP bezogen – die praktisch noch relevante

---

528 Terhechte, in: Schwarze, EU-Kommentar, 2. Aufl. 2009, Ex.-Art. 13 EUV, Rn. 10.

529 Terhechte, in: Schwarze, EU-Kommentar, 2. Aufl. 2009, Ex-Art. 13 EUV, Rn. 10.

530 Art. 31 Absatz 2, 1. Spiegelstrich EUV.

531 *Bitterlich* spricht hier von einem Druckmittel – Bitterlich, in: Lenz/Borchardt, EU-Verträge Kommentar, Art. 26 EUV, Rn. 5.

532 Impulsgeber und gleichzeitig oberste Entscheidungsinstanz: Bitterlich, in: Lenz/Borchardt, EU-Verträge Kommentar, Art. 26 EUV, Rn. 2.

Pfeilerstruktur.[533] In der Praxis haben die strategischen Interessen oft Beziehungen zu einem konkreten Land oder einer konkreten Region zum Gegenstand, was zugleich an die ehemals nach dem Vertrag von Nizza noch bestehende gemeinsame Strategie erinnert.[534]

Wie auch für die Verabschiedung allgemeiner Leitlinien ist der ER für die Bestimmung der strategischen Interessen zuständig. Nach Art. 26 EUV wird ihm für die Umsetzung dieser Handlungsformen die Befugnis eingeräumt, in der Form des Beschlusses zu handeln. Folglich geht seine Funktion weit über die in Art. 15 EUV normierte Stellung des bloßen Impulsgebers hinaus. Damit betont Art. 22 Absatz 1 Unterabsatz 2, S. 1 EUV und Art. 26 EUV auch die im Rahmen der Lissabonner Reformen neu erlangte Organstellung des ER[535] und verdeutlicht zugleich die zentrale Rolle des ER innerhalb der GASP.[536]

c) Beschlüsse

Nach Art. 25 b) EUV erlässt die Union Beschlüsse zur Festlegung weiterer Maßnahmen. Das heißt, dass die Beschlüsse die weiter genannten Maßnahmen der Aktionen und der Standpunkte sowie deren Einzelheiten der Durchführung festlegen. In der Praxis haben sich diese Handlungsformen als bevorzugte Maßnahmen erwiesen.[537]

Die Beschlüsse werden vom ER und vom Rat grundsätzlich einstimmig gefasst.[538] Abweichend davon kann bei der Umsetzung von strategischen Interessen durch eine Aktion oder einen Standpunkt sowie wenn ein Vorschlag des Hohen Vertreters vorliegt, der wiederum auf einem vorherigen Ersuchen des ER beruht, mit qualifizierter Mehrheit entschieden werden.[539] Im Endeffekt setzt aber auch diese qualifizierte Beschlussmöglichkeit ein einstimmiges Vorgehen des ER voraus, da dieser die genannten Maßnahmen mit Einstimmigkeit[540] bzw.

---

533 Kadelbach, in: von Arnauld (Hrsg.), Europäische Außenbeziehungen (EnzEuR Bd. 10), § 4, Rn. 17.

534 Kaufmann-Bühler, in: Grabitz/Hilf/Nettesheim, Das Recht der EU, Art. 25 EUV, Rn. 7; ähnlich: Eeckhout, EU External Relations Law, S. 475.

535 Kaufmann-Bühler, in: Grabitz/Hilf/Nettesheim, Das Recht der EU, Art. 26 EUV, Rn. 3.

536 Arnold/Klamert, in: Dauses, EU-Wirtschaftsrecht, K. I, Rn. 174; Kadelbach, in: von Arnauld (Hrsg.), Europäische Außenbeziehungen (EnzEuR Bd. 10), § 4, Rn. 17.

537 Kaufmann-Bühler, in: Grabitz/Hilf/Nettesheim, Das Recht der EU, Art. 25, Rn. 8 und Art. 28, Rn. 1 sowie Art. 29, Rn. 18.

538 Art. 31 Absatz 1 S. 1 EUV.

539 Art. 31 Absatz 2, 1. und 2. Spiegelstrich EUV.

540 Art. 22 Absatz 1 Unterabsatz 2 S. 1 EUV.

im Konsens[541] entscheiden muss.[542] Die zuletzt genannten Durchführungsmaßnahmen werden immer mit qualifizierter Mehrheit beschlossen.

(1) Aktionen

Nach dem geltenden Art. 25 b) i) i.V.m. Art. 28 Absatz 1 EUV erlässt der Rat die erforderlichen Beschlüsse, wenn ein internationales Vorgehen der Union gefordert ist. Mit einem Beschluss zum internationalen Vorgehen ist die Handlungsform „Aktion" gemeint, die mit der vormals im EUV-Nizza geregelten Gemeinsamen Aktion übereinstimmt.[543] Wie auch bei der Vorgängervorschrift liegt der Fokus auf einem konkreten operativen Handeln.[544] Um die vertikale Kohärenz im außenpolitischen Vorgehen zu fördern, handelt es sich bei den Aktionen um Maßnahmen, die die Entscheidungen der einzelnen Mitgliedstaaten zu einem eigenständigen internationalen Vorgehen einschneidend begrenzen.[545] Denn sofern alle Voraussetzungen zum Erlass einer solchen Maßnahme erfüllt sind, entfaltet der Beschluss zu einer Aktion Bindungswirkung für die Mitgliedstaaten.[546] Die Bindungswirkung bezieht sich jedoch nur auf das Vorgehen der Mitgliedstaaten und deren Stellungnahmen hierzu und ist durch den konkreten Inhalt der Maßnahme begrenzt[547]. Sie gilt dabei in aktiver sowie passiver Hinsicht.[548] Jedoch ist eine Bindung im Sinne von Folgen im innerstaatlichen Recht demgegenüber nicht vorgesehen,[549] was im Hinblick auf die Kernelemente der mitgliedstaatlichen Souveränität auch als sinnvoll erachtet werden kann. Zudem würde sonst kaum ein Unterschied zu den bindenden Maßnahmen in Art. 288 AEUV vorliegen.[550]

---

541 Art. 15 Absatz IV EUV.

542 Vgl. auch: Engbrink, Die Kohärenz des auswärtigen Handelns der Europäischen Union, S. 34.

543 Vgl. Ex-Art. 14 EUV-Nizza.

544 Vgl. deutschen Text von Art. 28 Absatz 1 S. 1 EUV; Cremer, in: Calliess/Ruffert, EUV/AEUV-Kommentar, Art. 28 EUV, Rn. 2; für die ehemalige Gemeinsame Aktion: Peters/Wagner, Gemeinsame Außen- und Sicherheitspolitik, in: Heinelt/Knod (Hrsg.), Politikfelder im EU-Mehrebenensystem, S. 47.

545 Van Vooren/Wessel, EU External Relations Law, S. 385.

546 Art. 28 Absatz 2 EUV.

547 Bitterlich, in: Lenz/Borchardt, EU-Verträge Kommentar, Art. 28 EUV, Rn. 5.

548 Kaufmann-Bühler, in: Grabitz/Hilf/Nettesheim, Das Recht der EU, Art. 28 EUV, Rn. 25.

549 Kadelbach, in: von Arnauld (Hrsg.), Europäische Außenbeziehungen (EnzEuR Bd. 10), § 4, Rn. 19.

550 Van Vooren/Wessel, EU External Relations Law, S. 385.

Zu den Voraussetzungen für ein Handeln nach diesen Vorschriften muss also zunächst die Notwendigkeit eines unionalen Vorgehens festgestellt werden. Dies ist gegeben, wenn eine internationale Situation das operative Handeln der Union erfordert.[551] Dabei muss sich das Erfordernis des Handelns auf Bereiche der Zielbestimmungen des Art. 21 EUV beziehen. In Betracht kommen also insbesondere Maßnahmen zur Stärkung der Demokratie und zur internationalen Sicherheit. Sodann muss der Beschluss die detaillierten Einzelheiten der operativen Maßnahmen regeln. Hierbei sind ihre Ziele, ihr Umfang, die der Union zur Verfügung stehende Mittel, gegebenenfalls auch die Bedingungen und die zeitliche Durchführung festzulegen. Auch die finanziellen Aspekte sind im Einzelnen zu regeln.[552] Den politischen Rahmen für die Festlegung der Einzelheiten bilden grundsätzlich die vom ER erlassenen allgemeinen Leitlinien und strategischen Vorgaben.[553] Dies wird ganz allgemein aus Art. 26 Absatz 2 EUV gefolgert, kann aber auch aus dem Sinn und Zweck der ehemaligen im Maastrichter Vertrag enthaltenen Fassung zur Gemeinsamen Aktion gefolgert werden, die schon damals für den Erlass die Festlegung von allgemeinen Leitlinien durch den ER forderte.[554] Für den endgültigen Erlass des Beschlusses bedarf es, sofern es sich nicht bloß um eine Folge- bzw. Konkretisierungsmaßnahme handelt[555], einer einstimmigen Entscheidung des Rates.

Da sich die Aktion auf ein notwendiges spezifisches Handeln bezieht, ist bei einer Änderung von Umständen mit erheblichen Auswirkungen grundsätzlich eine Überprüfung der Aktion durch den Rat nötig.[556] Sofern die Umstände sich

551 Kaufmann-Bühler, in: Grabitz/Hilf/Nettesheim, Das Recht der EU, Art. 28 EUV, Rn. 4.

552 Marquardt/Gaedtke, in: von der Groeben/Schwarze/Hatje, EUV-Kommentar, Art. 28 EUV, Rn. 6.

553 Dies schließt aber nicht aus, dass der Rat auch dann handeln kann, wenn der ER eine bestimmte Thematik noch nicht aufgegriffen und dazu noch keine allgemeinen Leitlinien festgelegt hat, vgl. Kaufmann-Bühler, in: Grabitz/Hilf/Nettesheim, Das Recht der EU, Art. 28 EUV, Rn. 3.

554 Vgl. Ex-Art. J.3. Nr. 1 Maastrichter Fassung; siehe auch: Marquardt/Gaedtke, in: von der Groeben/Schwarze/Hatje, EUV-Kommentar, Art. 28 EUV, Rn. 5.

555 Vgl. Art. 31 Absatz 2 EUV – wonach ein Beschluss dann bereits mit qualifizierter Mehrheit beschlossen werden kann.

556 Vgl. Art. 28 Absatz 1 Unterabsatz 1 EUV – viele Autoren bezeichnen diesen Ausnahmetatbestand als die einzige in den EU-Verträgen enthaltene *Rebus-sic-stantibus*-Regel im Sinne des Art. 62 Absatz 1 (a) und (b) der Wiener Vertragsrechtsübereinkommen, vgl. Van Vooren/Wessel, EU External Relations Law, S. 385 und Fußnote 49; Kaufmann-Bühler, in: Grabitz/Hilf/Nettesheim, Das Recht der EU, Art. 28 EUV, Rn. 27.

derartig schnell ändern, dass der Rat nicht rechtzeitig reagieren kann, es aber auf ein einzelstaatliches Handeln zwingend ankommt, können die Mitgliedstaaten ausnahmsweise Sofortmaßnahmen ergreifen[557] und im Nachhinein den Rat unterrichten[558]. Diese Möglichkeit soll jedoch nicht Tür und Angel für nationale Alleingänge öffnen, sondern auf wenige Ausnahmesituationen beschränkt sein. Denn Art. 28 EUV stellt das gemeinsame Vorgehen in den Vordergrund, womit auch dem Kohärenzgedanken Rechnung getragen wird.[559] Verdeutlicht wird dies auch, wenn man Art. 28 Absatz 5 EUV in Betracht zieht, der bei größeren Schwierigkeiten in der Umsetzung von Aktionen bzw. des zugrundeliegenden Beschlusses durch Mitgliedstaaten eine Konsultierungspflicht der Mitgliedstaaten gegenüber dem Rat normiert. Dieser – und nicht die Mitgliedstaaten – entscheidet sodann über das weitere Vorgehen und die geeigneten Maßnahmen. Die Entscheidungshoheit des Rates geht sogar so weit, dass ein Mitgliedstaat nicht selber ein Ausscheiden aus der Durchführung des Beschlusses beschließen kann.[560] Auch bei Zweifeln über das Vorliegen von „größeren Schwierigkeiten" und damit über die einhergehende Befassungspflicht des Rates ist dem Rat die Entscheidungshoheit zuzusprechen.[561]

Im Ergebnis stellt die Aktion grundsätzlich ein flexibles Instrument dar, da sich der Inhalt einer solchen Maßnahme auf eine Vielzahl von verschiedenen Bereichen erstrecken kann (z.B. humanitäre Hilfe, Wahlbeobachtung, Hilfsprogramme, Ernennung von Sonderbeauftragten etc.).[562] Es ist zu erwarten, dass auch diese Aktion wie ihr Vorgänger die Gemeinsame Aktion eine hohe Praxisrelevanz erlangen wird.

(2) Standpunkte der Union

Neben den Beschlüssen zu einer Gemeinsamen Aktion kann der Rat gemäß Art. 25 b) ii) EUV i.V.m. Art. 29 EUV Beschlüsse zur Festlegung von Standpunkten der Union bestimmen. Das Konzept der Standpunkte der Union bezieht sich

557 Art. 28 Absatz 4 EUV; vgl. auch: Hobe, Europarecht, § 28, Rn. 21.

558 Kaufmann-Bühler, in: Grabitz/Hilf/Nettesheim, Das Recht der EU, Art. 28 EUV, Rn. 28.

559 Marquardt/Gaedtke, in: von der Groeben/Schwarze/Hatje, EUV-Kommentar, Art. 28 EUV, Rn. 14.

560 Marquardt/Gaedtke, in: von der Groeben/Schwarze/Hatje, EUV-Kommentar, Art. 28 EUV, Rn. 15; Kaufmann-Bühler, in: Grabitz/Hilf/Nettesheim, Das Recht der EU, Art. 28 EUV, Rn. 29.

561 Van Vooren/Wessel, EU External Relations Law, S. 387.

562 Bitterlich, in: Lenz/Borchardt, EU-Verträge Kommentar, Art. 28 EUV, Rn. 2 und 3.

auf die Regelung bestimmter Fragen geographischer oder thematischer Natur und basiert auf den vormals im Nizza-Vertrag normierten gemeinsamen Standpunkten[563]. Sie unterscheiden sich von den ehemaligen Standpunkten darin, dass sie nicht mehr nur primär der Durchsetzung konkreter Vorhaben dienen, sondern nun auf das gesamte kohärente außenpolitische Auftreten gerichtet sind.[564] Diese Umformulierung soll zu einer klaren Abgrenzung zu den gemeinsamen Standpunkten des Art. 294 AEUV beitragen.[565] Möchte die Union also zu einer bestimmten Lage oder einem bestimmten Ereignis in Drittländern in negativer sowie positiver Weise Position beziehen, so geschieht das durch die Bestimmung von den hier behandelten Standpunkten.[566] Die Festlegung der Positionsbestimmung stellt einen einseitigen Akt dar, der im Ergebnis die Mitgliedstaaten bindet und ihr Verhalten gegenüber dem im Standpunkt normierten Adressaten beeinflusst.[567] Auch wenn im Gegensatz zu dem Wortlaut des Art. 28 Absatz 2 EUV das Wort „bindend" in Art. 29 EUV nicht auftaucht, ist davon auszugehen, dass den Mitgliedstaaten die Pflicht obliegt, ihre Politik im Einklang mit den Standpunkten der Union auszuführen[568]. Die Verbindlichkeit folgt u.a. aus der allgemeinen Loyalitätspflicht, die im Satz 2 des Art. 29 „(d)ie Mitgliedstaaten *tragen dafür Sorge*"[569] besonders zur Geltung kommt[570], sowie aus dem allgemeinen Kohärenzgedanken[571]. Damit sind die Standpunkte der Union wie auch die Aktionen verbindlich und begründen eine Handlungspflicht für die Mitgliedstaaten. Darüber hinaus binden die Standpunkte auch die Union selbst und ihre Organe. Insbesondere der Hohe Vertreter ist bei seinem Verhalten an die Inhalte des Standpunktes gebunden.[572] Wegen der Wirkungen des Art. 40 EUV sind die

563 Ex-Art. 15 EUV-Nizza.

564 Busse, Die völkerrechtliche Einordnung der Europäischen Union, S. 179 – der Autor bezieht sich jedoch auf die Handlungsform der Gemeinsamen Standpunkte i.S.d. ehemaligen Art. J.2 EUV.

565 Kaufmann-Bühler, in: Grabitz/Hilf/Nettesheim, Das Recht der EU, Art. 29 EUV, Rn. 1.

566 Bitterlich, in: Lenz/Borchardt, EU-Verträge Kommentar, Art. 29 EUV, Rn. 2.

567 Kaufmann-Bühler, in: Grabitz/Hilf/Nettesheim, Das Recht der EU, Art. 29 EUV, Rn. 3.

568 Van Vooren/Wessel, EU External Relations Law, S. 385; Kaufmann-Bühler, in: Grabitz/Hilf/Nettesheim, Das Recht der EU, Art. 29 EUV, Rn. 19; Bitterlich, in: Lenz/Borchardt, EU-Verträge Kommentar, Art. 29 EUV, Rn. 3.

569 Hervorhebung durch die Verfasserin.

570 Van Vooren/Wessel, EU External Relations Law, S. 384.

571 Cremer, in: Calliess/Ruffert, EUV/AEUV-Kommentar, Art. 29 EUV, Rn. 5; Regelsberger/Kugelmann, in: Streinz, Kommentar EUV/AEUV, Art. 29 EUV, Rn. 6; Terhechte, in: Schwarze, EU-Kommentar, Art. 29 EUV, Rn. 3.

572 Cremer, in: Calliess/Ruffert, EUV/AEUV-Kommentar, Art. 29 EUV, Rn. 4.

Kommission und andere, nicht für die GASP unmittelbar tätige Organe durch den allgemeinen Kohärenzgedanken zumindest verpflichtet, sich nicht widersprüchlich zu verhalten sowie ein gleichgesinntes und gebündeltes Auftreten zu fördern.[573]

Zuständig für die Festsetzung der Standpunkte der Union ist der Rat, der wie bei einem Beschluss zu einer Aktion die Leitlinien des ER zu beachten hat. Die Abstimmung folgt einstimmig, es sei denn, der Standpunkt basiert auf einem Beschluss des ER über die strategischen Interessen, dann ist qualifizierte Mehrheit ausreichend[574]. Entscheidend ist – vor allem zur Abgrenzung zu einer Aktion –, dass der festzusetzende Standpunkt geographische und/oder thematische Fragen betrifft und nicht auf ein operatives Handeln ausgerichtet ist. Oft werden auf Grundlage eines Beschlusses nach Art. 29 EUV weitere Durchführungs- und Umsetzungsmaßnahmen gefasst.[575] Hierbei können Standpunkte vor allem auch Grundlage für Sanktionen nach Art. 215 AEUV sein. In der Praxis haben sich die vormals benannten gemeinsamen Standpunkte nicht nur zu einem bevorzugten Instrument für die Anweisung an Mitgliedstaaten zur Durchführung von Sanktionen (insbesondere autonomen EU-Sanktionen[576]) entwickelt, sondern sind auch zu der Hauptäußerungsform der Union erwachsen.[577] Liegt ein Beschluss über strategische Interessen und Ziele des ER vor, der die im Standpunkt enthaltene Thematik betrifft, so kann dieser Beschluss den Rahmen für den Standpunkt darstellen.[578] Wie beim Beschluss zur Aktion ist dies aber nicht zwingend erforderlich.[579]

Im Regelfall sind die Maßnahmen zeitlich befristet oder werden zumindest regelmäßig überprüft.[580] Als Adressat kommt nicht immer nur die Regierung eines Landes in Betracht, sondern auch z.B. bestimmte Gemeinden eines

573 Ibid., Rn. 5.

574 Art. 31 Absatz 2 EUV.

575 Van Vooren/Wessel, EU External Relations Law, S. 385.

576 Sanktionen, die nicht auf Grund von verbindlichen Resolutionen des VN-Sicherheitsrates, sondern von der Union aus eigener Initiative der Union erlassen wurden, siehe: Marquardt/Gaedtke, in: von der Groeben/Schwarze/Hatje, EUV-Kommentar, Art. 29 EUV, Rn. 6.

577 Kaufmann-Bühler, in: Grabitz/Hilf/Nettesheim, Das Recht der EU, Art. 29 EUV, Rn. 2 und 18; ähnlich: Marquardt/Gaedtke, in: von der Groeben/Schwarze/Hatje, EUV-Kommentar, Art. 29 EUV, Rn. 2.

578 Van Vooren/Wessel, EU External Relations Law, S. 384.

579 Kaufmann-Bühler, in: Grabitz/Hilf/Nettesheim, Das Recht der EU, Art. 29 EUV, Rn. 3.

580 Bitterlich, in: Lenz/Borchardt, EU-Verträge Kommentar, Art. 29 EUV, Rn. 4.

Landes,[581] Oppositionsparteien[582] oder Militärjunten[583]. In manchen Fällen bedarf es aber dann auch durchaus des Einverständnisses bzw. der Mitwirkung des mittelbar betroffenen Staats.[584] Eine unmittelbare Wirkung auf Einzelne ist dagegen ausgeschlossen. Es kann lediglich zu einer faktisch regelnden Wirkung kommen, da es selbst bei einer im Standpunkt ausdrücklich genannten Einzelperson als Adressat der Maßnahme[585] immer noch eines Umsetzungsaktes für die tatsächlichen Auswirkungen bedarf.[586]

Der materiell-rechtliche Anwendungsbereich ist nicht ausdrücklich in Art. 29 EUV normiert. In der Praxis haben sich indes durchaus die Themenbereiche restriktive Maßnahmen i.S.d. Art. 215 AEUV, die Umsetzung von VN-Resolutionen im Bereich der Terrorismusbekämpfung sowie die Rüstungskontrolle durchgesetzt.[587] Die Aufzählung der Kernbereiche macht aber deutlich, dass es zu Überschneidungen mit den Anwendungsfällen der Aktion nach Art. 28 Absatz 1

---

581 Gemeinsamer Standpunkt 1999/691/GASP v. 22. Juli 2000 betreffend die Unterstützung für die demokratischen Kräfte in der Bundesrepublik Jugoslawien.

582 Vgl. Erwägungsgrund 6 des Gemeinsamen Standpunkts 1999/691/GASP des Rates vom 22. Oktober 1999 betreffend die Unterstützung für die demokratischen Kräfte in der Bundesrepublik Jugoslawien, der die Einladung von Oppositionsparteien zu Gesprächen betreffend Friedensförderung erwähnt.

583 Gemeinsamer Standpunkt 98/409/GASP v. 29. Juni 1998 betreffend Sierra Leone, der die nationale legitime Regierung von den gegenüber den Rebellen ausgesprochenen Verboten ausnahm.

584 Vgl. Kaufmann-Bühler, in: Grabitz/Hilf/Nettesheim, Das Recht der EU, Art. 29 EUV, Rn. 15, die u.a. das Beispiel des Gemeinsamer Standpunkts 1999/722/GASP des Rates vom 8. November 1999 betreffend die Unterstützung der Umsetzung der Waffenstillstands-Vereinbarung von Lusaka und des Friedensprozesses in der Demokratischen Republik Kongo durch die EU erwähnen.

585 Siehe z.B. Gemeinsamer Standpunkt des Rates 2002/402/GASP vom 27. Mai 2002 betreffend restriktive Maßnahmen gegen Osama bin Laden, Mitglieder der Al-Qaida-Organisation und die Taliban sowie andere mit ihnen verbündete Personen, Gruppen, Unternehmen und Einrichtungen und zur Aufhebung der Gemeinsamen Standpunkte 96/746/GASP, 1999/727/GASP, 2001/154/GASP und 2001/771/GASP, der u.a. in Art. 4 die Mitgliedstaaten dazu auffordert, geeignete Maßnahmen zur Verhinderung der Einreise der in Art. 1 genannten Personen zu ergreifen. Damit adressiert der Standpunkt zwar bestimmte Personen, die sich auswirkenden Maßnahmen müssen jedoch noch getroffen werden und demnach liegt nur eine faktische Wirkung auf Einzelpersonen vor.

586 Cremer, in: Calliess/Ruffert, EUV/AEUV-Kommentar, Art. 29 EUV, Rn. 9.

587 Regelsberger/Kugelmann, in: Streinz, Kommentar EUV/AEUV, Art. 29 EUV, Rn. 11 und 12; Terhechte, in: Schwarze, EU-Kommentar, Art. 29 EUV, Rn. 2 und 7 ff.

EUV kommen kann. In der Praxis ist die Abgrenzung zwischen den beiden Handlungsformen demnach nicht unbedingt einfach. Dabei hilft es durchaus auch nicht weiter, dass die Beschlüsse nach Art. 28 und Art. 29 EUV formal nicht mehr als Aktion bzw. Gemeinsamer Standpunkt bezeichnet werden, sondern in der Überschrift ganz allgemein als „Beschlüsse“ betitelt werden. Lediglich in den darauffolgenden Ausführungen wird auf die dem Beschluss zugrundeliegenden Normen verwiesen. Hier lässt wiederum die Formulierung „*gestützt auf den Vertrag der Europäischen Union, insbesondere auf Art. …*“[588] durchaus den Schluss zu, dass bei Erlass des Beschlusses tatsächlich noch weitere, nicht aufgezählte Normen von Relevanz waren. Dessen ungeachtet bieten natürlich die Forderung der Konkretheit einer internationalen Situation sowie das operative Vorgehen in Art. 28 Absatz 2 S. 1 EUV einen Anhaltspunkt zur Abgrenzung beider Handlungsformen. Art. 28 EUV fordert immer ein Tätigwerden der Union, wohingegen mit einem Standpunkt nach Art. 29 EUV eher das Meinungsbild bzw. eine Haltung der Union bzw. der Mitgliedstaaten kundgegeben wird.[589] Ersteres ist auf das Aktive ausgerichtet, Letzteres ist insbesondere darauf gerichtet, das Verhalten der Mitgliedstaaten zu bündeln und zu leiten.[590] Man könnte Standpunkte damit durchaus als einen Orientierungsrahmen für die einzelstaatlichen Politiken bezeichnen.[591] Der Beschluss nach Art. 28 EUV muss dagegen konkreteren Anforderungen entsprechen.[592] Wenn also ein Beschluss ein Bündel von Maßnahmen, die dafür einzusetzenden Mittel und gegebenenfalls die zeitliche Abfolge detailliert erläutert, so liegt sehr wahrscheinlich ein Beschluss über eine Aktion und nicht über einen Standpunkt der Union vor. Letztendlich ist die Abgrenzung für eine systematische Einordnung zwar durchaus interessant, in der Praxis ist aber weitaus wichtiger, dass die Verfahrensvorschriften und die

---

588 Vgl. z.B. Beschluss (GASP) 2016/37 des Rates vom 16. Januar 2016 über den Beginn der Anwendung des Beschlusses (GASP) 2015/1863 zur Änderung des Beschlusses 2010/413/GASP über restriktive Maßnahmen gegen Iran und Beschluss (GASP) 2015/2430 des Rates vom 21. Dezember 2015 zur Aktualisierung der Liste der Personen, Vereinigungen und Körperschaften, für die die Artikel 2, 3 und 4 des Gemeinsamen Standpunkts 2001/931/GASP über die Anwendung besonderer Maßnahmen zur Bekämpfung des Terrorismus gelten, und zur Aufhebung des Beschlusses (GASP) 2015/1334.

589 Terhechte, in: Schwarze, EU-Kommentar, Art. 29 EUV, Rn. 5; Cremer, in: Calliess/Ruffert, EUV/AEUV-Kommentar, Art. 29 EUV, Rn. 2.

590 Cremer, in: Calliess/Ruffert, EUV/AEUV-Kommentar, Art. 29 EUV, Rn. 2.

591 Bitterlich, in: Lenz/Borchardt, EU-Verträge Kommentar, Art. 29 EUV, Rn. 3.

592 Cremer, in: Calliess/Ruffert, EUV/AEUV-Kommentar, Art. 28 EUV, Rn. 11.

rechtsstaatlichen Grenzen zum Erlass dieser Beschlüsse eingehalten werden und dass es im Ergebnis zu einem effektiven Handeln in der Außenpolitik kommt. Ob dafür eine Aktion oder ein gemeinsamer Standpunkt ausgewählt wird, ist damit eher nachrangig. Zudem kann davon ausgegangen werden, dass der Erlass von Standpunkten sowie auch von Aktionen durch die ihr unmittelbar zugrundeliegende notwendige Konsensfindung zu der Kohärenz in der Außenpolitik insgesamt beiträgt.

(3) Durchführungsmaßnahmen

Mit den Lissabonner Reformen wurde das Instrument der Durchführungsmaßnahmen nach Art. 25 b) iii) EUV formell eingeführt.[593] Sie dienen als Brücke für die Entscheidungen mit qualifizierter Mehrheit nach den in Art. 31 Absatz 2 EUV festgelegten Fallkonstellationen.[594] Die Durchführungsmaßnahmen stehen damit unterhalb der Ebene der Beschlüsse über Aktionen und Standpunkte und betreffen grundsätzlich die Ernennung von Personal und organisatorischen Maßnahmen.[595] Zu denken ist auch an die Aufhebung von Maßnahmen, mit denen eine spezifische Durchführung festgelegt wurde. Diese werden nach dem Verfahren, das dem aufzuhebenden Beschluss zugrunde liegt, also als Durchführungsmaßnahme, die grundsätzlich der qualifizierten Mehrheit bedarf, aufgehoben.[596]

Zuständig für die Bestimmung von Durchführungsmaßnahmen ist grundsätzlich der Rat. Für Durchführungsmaßnahmen im Rahmen einer Krisenbewältigung – also im Bereich der GSVP – kann ausnahmsweise das PSK ermächtigt werden.[597]

---

593 Laut *Cremer* gab es die Durchführungsmaßnahmen jedoch bereits schon vorher in der Praxis des Rates, vgl. Cremer, in: Calliess/Ruffert, EUV/AEUV-Kommentar, Art. 25 EUV, Rn. 3.

594 Kaufmann-Bühler, in: Grabitz/Hilf/Nettesheim, Das Recht der EU, Art. 25 EUV, Rn. 9.

595 Kadelbach, in: von Arnauld (Hrsg.), Europäische Außenbeziehungen (EnzEuR Bd. 10), § 4, Rn. 22.

596 Kaufmann-Bühler, in: Grabitz/Hilf/Nettesheim, Das Recht der EU, Art. 31 EUV, Rn. 32.

597 Vgl. Art. 38 Absatz 3 EUV und Kaufmann-Bühler, in: Grabitz/Hilf/Nettesheim, Das Recht der EU, Art. 25 EUV, Rn. 9.

d) *Systematische Zusammenarbeit*

Die ehemals als regelmäßige Zusammenarbeit bezeichnete Handlungsform[598] ist seit den Lissabonner Reformen in Art. 25 c) EUV gefasst und in *systematische*[599] Zusammenarbeit der Mitgliedstaaten bei der Führung ihrer Politik umbenannt. Die sprachliche Änderung von „regelmäßig" auf „systematisch" (sowie die Änderung der damals im Amsterdamer Vertrag enthaltenen Bezeichnung von „Einrichtung" zu „Ausbau" einer Zusammenarbeit) soll die sich stetig verdichtende Zusammenarbeit der Mitgliedstaaten und der Union im Rahmen der GASP verdeutlichen.[600]

Die Verpflichtung zur Zusammenarbeit folgt u.a. aus der allgemeinen Solidaritäts- und Loyalitätspflicht fixiert in Art. 24 Absatz 3 EUV und kann als Grundlage für alle weiteren GASP-Maßnahmen gesehen werden. Inhaltlich ist sie nicht begrenzt, sie kann sich auf alle Themenbereiche der GASP beziehen.[601] Konkretisiert wird die systematische Zusammenarbeit aber u.a. durch Art. 32 EUV, der die Pflicht zur gegenseitigen Unterrichtung und Abstimmung normiert.[602] Die systematische Zusammenarbeit selbst stellt nicht eine einzelne bzw. die einzige Handlungsform i.S.d. Art. 25 c) EUV dar. Sie umfasst vielmehr viele verschiedene Handlungsarten. So fällt insbesondere der traditionelle Meinungsaustausch

598 Ex-Art. 12, 5. Spiegelstrich EUV-Nizza.

599 Hervorhebung durch die Verfasserin.

600 Ähnlich: Kaufmann-Bühler, in: Grabitz/Hilf/Nettesheim, Das Recht der EU, Art. 25 EUV, Rn. 10.

601 Dies wird zum einen aus dem Wortlaut des Art. 25 c) EUV gefolgert, der keine bestimmten Erfordernisse an die systematische Zusammenarbeit stellt, und zum anderen aus Art. 21 EUV, der den Rahmen und die Ziele der GASP bestimmt. Darüber hinaus würde es dem Sinn des allgemeinen Kohärenzgebots widersprechen, wenn die Mitgliedstaaten in der Koordination ihrer Außenpolitiken i.R.d. GASP eingeschränkt werden würden. Im Übrigen kann aus Art. 32 EUV – der zudem Art. 25 c) EUV konkretisiert – gefolgert werden, dass die Abstimmung (und damit auch ein Teilbereich der Zusammenarbeit) zu **jeder** außen- und sicherheitspolitischen Frage von allgemeiner Bedeutung zu erfolgen hat. Zwar wird hier das Vorliegen von außen- und sicherheitspolitischen Fragen von „allgemeiner Bedeutung" vorausgesetzt, aber auch erst dann besteht eine Pflicht zur Abstimmung; dies schließt aber eine freiwillige Zusammenarbeit i.S.d. Art. 25 c) EUV als eine allgemeinere und mildere Handlungsform (im Vergleich zur Abstimmungspflicht) bei Fragen ohne allgemeine Bedeutung nicht aus.

602 Bitterlich, in: Lenz/Borchardt, EU-Verträge Kommentar, Art. 25 EUV, Rn. 2 und Art. 32, Rn. 2.

zwischen den Mitgliedstaaten, der sich wiederum in unterschiedlichen Formen äußern kann, unter diese Handlungsform.[603] Als Unterkategorien kommen des Weiteren auch die klassischen Instrumente der Diplomatie wie Erklärungen, Demarchen und politische Dialoge in Betracht.[604] Letztere sind wiederum beim Agieren in internationalen Organisationen und multilateralen Institutionen nach Art. 34 EUV von entscheidender Bedeutung. Folglich kommt der systematischen Zusammenarbeit und ihren zugrundeliegenden Methoden auch im Rahmen des Art. 34 EUV eine hohe Bedeutung zu.[605]

Im Ergebnis stellt Art. 25 c) EUV nicht ein bloßes „Auffangbecken“ für Handlungen der Mitgliedstaaten im Bereich der GASP dar, sondern die Basis des kohärenten außenpolitischen Handelns. Trotz der systematischen Stellung unterhalb der anderen Handlungsformen ist die systematische Zusammenarbeit alles andere als nachrangig zu betrachten. Der Ausbau der Zusammenarbeit und der damit einhergehenden Koordinierung der nationalen Politiken und die Förderung eines gemeinsamen Willens stellen die fundamentale Grundlage für die Erarbeitung und Ausführung der GASP – einer gemeinsamen Außenpolitik – dar.[606]

2. Übereinkünfte mit Drittstaaten

Eine in Art. 25 EUV nicht ausdrücklich genannte, jedoch definitiv als Instrument der GASP zu qualifizierende Handlungsform ist die in Art. 37 EUV normierte Kompetenz zum Abschluss von Übereinkünften mit Drittstaaten und internationalen Organisationen.[607] Die mit den Lissabonner Reformen eingeführte neue Grundsatznorm ermächtigt nun speziell die Union als Vertragspartner zum Abschluss von völkerrechtlichen Verträgen mit einem oder mehreren Staaten oder internationalen Organisationen. Dabei normiert Art. 37 EUV die Abschlusskompetenz der Union, die Ausführungsbestimmungen enthält jedoch Art. 216 bis Art. 218 AEUV. Obwohl schon vor den Lissabonner Reformen eine

603 Regelsberger/Kugelmann, in: Streinz, Kommentar EUV/AEUV, Art. 25 EUV, Rn. 11.
604 Ibid., Rn. 13 und 15.
605 Cremer, in: Calliess/Ruffert, EUV/AEUV-Kommentar, Art. 25 EUV, Rn. 4; Regelsberger/Kugelmann, in: Streinz, Kommentar EUV/AEUV, Art. 25 EUV, Rn. 11 ff.
606 Ähnlich: Kaufmann-Bühler, in: Grabitz/Hilf/Nettesheim, Das Recht der EU, Art. 25 EUV, Rn. 11.
607 Marquardt/Gaedtke, in: von der Groeben/Schwarze/Hatje, EUV-Kommentar, Art. 37 EUV, Rn. 1; Kaufmann-Bühler, in: Grabitz/Hilf/Nettesheim, Das Recht der EU, Art. 37 EUV, Rn. 4 und Art. 25, Rn. 13.

unionale Kompetenz zum Abschluss von völkerrechtlichen Übereinkünften bestand, waren die Verfahrensvorschriften jeweils getrennt nach GASP und vergemeinschafteten Außenpolitikbereichen festgelegt. Die speziell auf die Intergouvernementalität der GASP ausgerichteten Verfahrensbestimmungen waren im Ex-Art. 24 EUV-Nizza enthalten und für Abkommen im Bereich der vergemeinschafteten Außenpolitiken war Ex-Art. 300 EGV-Nizza einschlägig. Die Differenzierung wurde sodann mit der Einführung der umfassend gültigen außenpolitischen Zielbestimmungen des Art. 21 EUV beseitigt. Das nun gegenwärtig in Art. 37 EUV und Art. 216 ff. AEUV normierte Zusammenwirken bzw. einheitliche Verfahren für beide Bereiche verdeutlicht die mit den Lissabonner Reformen beabsichtigte Überwindung der ehemaligen Säulenstruktur.[608]

Der Anwendungsbereich für die Abkommen umfasst den gesamten Bereich der GASP, einschließlich der GSVP. Die Praxis zeigt auf, dass auf Art. 37 EUV insbesondere dann zurückgegriffen wird, wenn es sich um den Abschluss von Abkommen mit Drittstaaten im Zusammenhang mit GSVP-Missionen handelt.[609]

Die Beschlussfassung zum Abschluss eines Abkommens folgt gemäß Art. 218 Absatz 8 Unterabsatz 2 S. 1 AUEV i.V.m. Art. 31 Absatz 1 EUV in der Regel einstimmig, es sei denn ein Fall des qualifizierten Mehrheitsbeschlusses nach Art. 31 Absatz 2 EUV liegt vor. Zuständig ist der Rat.

Insgesamt entspricht der Art. 37 EUV der bereits zuvor bestandenen Praxis, wonach die EU berechtigt war, in der GASP eigenständig Verträge zu schließen.[610] Neu ist jedoch die Manifestierung der Völkerrechtsfähigkeit der Union (die sich aus der Rechtspersönlichkeit der Union nach Art. 47 EUV ableitet)[611] im Wortlaut der Vorschrift.[612] Zudem bestehen Besonderheiten für die GASP in

608 Kaufmann-Bühler, in: Grabitz/Hilf/Nettesheim, Das Recht der EU, Art. 37 EUV, Rn. 3.

609 Marquardt/Gaedtke, in: von der Groeben/Schwarze/Hatje, EUV-Kommentar, Art. 37 EUV, Rn. 2; Thym, ZaöRV 2006, S. 863 (S. 876); Koutrakos, The EU Common Security and Defence Policy (2013), S. 191.

610 Thym, ZaöRV 2006, S. 863 (S. 870 ff., S. 875); Müller-Ibold, in: Lenz/Borchardt, EU-Verträge Kommentar, Art. 216 AEUV, Rn. 2 m.w.N.; Marquardt/Gaedtke, in: von der Groeben/Schwarze/Hatje, EUV-Kommentar, Art. 37 EUV, Rn. 1.

611 Vgl. u.a. Booß, in: Lenz/Borchardt, EU-Verträge Kommentar, Art. 47 EUV, Rn. 1 ff.; Ruffert, in: Calliess/ders., EUV/AEUV-Kommentar, Art. 47 EUV, Rn. 5.

612 Womit zugleich auch die vor den Lissabonner Reformen noch bestandene Unsicherheit darüber beseitigt wurde, ob die Union oder lediglich die Gesamtheit der Mitgliedstaaten als vertragschließende Partei beim Abschluss solcher Übereinkommen im Rahmen der GASP auftritt, siehe: Scheffler, Die Europäische Union als rechtlich-institutioneller Akteur im System der Vereinten Nationen, S. 676, Fußnote 96.

Bezug auf das Initiativrecht des Hohen Vertreters und der Verhandlungsführung des Rates.[613] Auch ist die Anhörung und Zustimmungspflicht des Parlaments bei GASP-Übereinkünften – ganz im Gegensatz zu Abkommen in vergemeinschafteten Bereichen – gänzlich ausgeschlossen.[614] Es kommt gemäß Art. 218 Absatz 10 AEUV lediglich zu einer Unterrichtung des Parlaments.[616] Diese Besonderheiten dienen dazu, dem intergouvernementalen Charakter der GASP trotz Verflechtung des EUV mit dem AEUV gerecht zu werden. Dennoch, das bereits erläuterte Problem der Abgrenzung der Kompetenzbereiche wurde durch die Fixierung der Konnexität der beiden Bereiche nicht beseitigt.[617] Ganz im Gegenteil, durch die Begründung des einheitlichen Verfahrens für den Abschluss von völkerrechtlichen Abkommen wird die Problematik der Sachbereichsabgrenzung zwischen der GASP und den vergemeinschafteten Außenpolitikbereichen zugespitzt. Dabei hilft die in Art. 218 Absatz 3, 1. HS. AEUV geforderte Abgrenzung nach dem Merkmal „ausschließlich oder hauptsächlich die GASP betreffende Übereinkünfte“ nicht wirklich, da die Festlegung, wann „hauptsächlich oder ausschließlich“ vorliegt, durchaus diffizil ist. Allein die vergangene und

613 Art. 218 Absatz 3, 1. HS. EUV und Art. 218 Absatz 3, 2. HS und Absatz 3–6 EUV.

614 Hier fragt es sich aber, ob die Zustimmungspflicht des Parlaments durch ein GASP-Abkommen, welches erhebliche finanzielle Auswirkungen i.S.d. Art. 216 Absatz 6 a) iv) AEUV) hat, begründet wird. Da das Parlament gemäß Art. 314 AEUV zusammen mit dem Rat den GASP-Haushalt bestimmt, könnte bei Vorliegen von erheblichen finanziellen Auswirkungen durchaus eine Zustimmungspflicht angenommen werden. Der EuGH hat jedoch in einer Plenarentscheidung aus 1999 (Urteil des Gerichtshofs v. 08.07.1999, Europäisches Parlament gegen Rat der Europäischen Union, Rs. C-189/97, Slg. 1999, 4741 (ECLI:EU:C:1999:366), Rn. 26 ff. – auch in: EuR 2000, 236 ff.) die Schwelle zur Annahme von erheblichen finanziellen Auswirkungen sehr hoch gesetzt, und ist wohl kaum von einer Praxisrelevanz der potenziellen Zustimmungspflicht des Parlaments in solchen Fällen auszugehen; vgl. bzw. ähnlich: Müller-Ibold, in: Lenz/Borchardt, EU-Verträge Kommentar, Art. 218 AEUV, Rn. 13.

615 *Jaag* weist darauf hin, dass sich das Parlament durch verschiedene interinstitutionelle Vereinbarungen mit Kommission und Rat Beteiligungs- und Mitwirkungsrechte gesichert hat, Jaag, EuR 2012, S. 309 (S. 318 f. m.w.N. in den Fußnoten 75 und 76).

616 *Koutrakos* macht darauf aufmerksam, dass die Anwendung des Art. 218 Absatz 10 AEUV auch auf GASP-Abkommen im Dokument „Declarations on political accountability by the High Representative of the Union for Foreign Affairs and Security Policy“ ausdrücklich bejaht wird (Dokument abrufbar unter: http://register.consilium.europa.eu/doc/srv?l=EN&f=ST%2012401%202010%20ADD%201), vgl. Koutrakos, The EU Common Security and Defence Policy (2013), S. 190 und Fußnote 3.

617 Koutrakos, The EU Common Security and Defence Policy (2013), S. 187 ff.

gegenwärtige Praxis der GASP und GSVP-Maßnahmen zeigt auf, dass diese nicht nur außen- und sicherheitspolitische Ziele verfolgen, sondern auch Auswirkungen auf andere Bereiche wie Entwicklungspolitik, Handel, Umwelt und organisierte Kriminalität (z.B. Menschenhandel[618]) haben kann.[619] Zugleich sind die Auswirkungen nicht nur marginaler bzw. nebensächlicher Natur, sondern wegen der teilweisen Normierung in den Zielbestimmungen der konkreten Maßnahme von tragender Bedeutung. Dieser nun verfolgte umfassende Ansatz ist meines Erachtens aber nicht zufällig eingetreten, sondern eine gewollte Entwicklung, die zur Stärkung der Kohärenz beitragen soll. Dieser Ansatz spiegelt sich auch in der mit den Lissabonner Reformen eingeführten einheitlichen Zielsetzung des Art. 21 EUV für das außenpolitische Handeln deutlich wider. Nichtsdestotrotz, das Problem der Kompetenzabgrenzung und des damit einhergehenden Empfehlungsrechts und Verhandlungsführungsrechts des Hohen Vertreters bzw. der Kommission könnte durch die Möglichkeit der Schaffung eines „Verhandlungsteams" i.S.d. Art. 218 Absatz 3, 2. HS AEUV obsolet werden. Die vertragliche Fixierung des Verhandlungsteams, die es vor den Lissabonner Reformen so nicht gegeben hat, könnte darauf hindeuten, dass eine gemeinsame Befassung durch den Hohen Vertreter und die Kommission gewollt ist, wenn das geplante Übereinkommen sowohl die GASP als auch vergemeinschaftete Bereiche der Außenpolitik betrifft.[620] Der Einfachheit halber sollen die Abkommen, die beide außenpolitische Bereiche betreffen, in den folgenden Ausführungen „Zwitter-Abkommen" genannt werden.[621]

---

618 Vgl. Beschluss (GASP) 2016/118 des Politischen und Sicherheitspolitischen Komitees v. 20. Januar 2016 betreffend die Umsetzung der Resolution 2240 (2015) des Sicherheitsrats der Vereinten Nationen durch die EUNAVFOR MED Operation SOPHIA (EUNAVFOR MED Operation SOPHIA/1/2016), der sich u.a. mit dem Kampf gegen Schleusung von Migranten und Menschenhandel befasst.

619 Hier sei allein auf das bekannte SALW-Urteil/ECOWAS-Urteil verwiesen, das sich gerade mit der Überschneidung der Kompetenzbereiche befasst; *Müller* gibt einen sehr umfassenden Überblick zu den Überschneidungen der GASP mit der ENP – Müller, Das Kohärenzgebot im Entwicklungsrecht der Europäischen Union, u.a. S. 292 ff.; allgemein: Koutrakos, The EU Common Security and Defence Policy (2013), S. 187.

620 Koutrakos, The EU Common Security and Defence Policy (2013), S. 189; Bungenberg, in: von der Groeben/Schwarze/Hatje, EUV-Kommentar, Art. 218 AEUV, Rn. 5 und Rn. 43; Mögele, in: Streinz/Bearbeiter, EUV und AEUV, Art. 218 AEUV, Rn. 6.

621 „Zwitter-Abkommen" in Anlehnung an das Vermischte, also das Hybride, welches aus der Vermischung der Teile eines Abkommens, die dem GASP-Bereich entspringen, mit den Teilen, die aus den vergemeinschafteten Außenpolitikbereichen entstammen,

Obwohl im Ergebnis dem Ansatz der gemeinsamen Befassung zuzustimmen ist, löst dies nicht die weiteren Folgeprobleme: Wem – dem Hohen Vertreter oder Vertreter der Kommission – soll der Rat die Verhandlungsführung übertragen und ist in einem solchen Fall das Einstimmigkeitsprinzip der GASP für die Beschlussfassung einschlägig? In der Praxis ist wohl zu erkennen, dass der Hohe Vertreter in den Vertragsschlussverfahren grundsätzlich in Erscheinung tritt – was die Annahme rechtfertigen könnte, dass dem Hohen Vertreter prinzipiell die Verhandlungsführung bei Zwitter-Abkommen zu übertragen ist. Dies ist jedoch abzulehnen, da die Gründe für das mehrheitliche Auftreten des Hohen Vertreters im Vertragsschlussverfahren eher auf seine Doppelhut-Zuständigkeit als Vizepräsident der Kommission zurückzuführen ist als auf eine der GASP entgegenkommende großzügige Annahme des Vorliegens von „hauptsächlich oder ausschließlich die GASP betreffende[n] Übereinkommen". Um die Verfahrensprozedur schlussendlich aber nicht unnötig zu belasten, ist dem Rat ein gewisser Beurteilungsspielraum hinsichtlich der Bestimmung der Verhandlungsführung und damit einhergehenden Sachbereichsbestimmung zuzusprechen.[622] Dies erscheint auch nicht willkürlich, da der Rat schon vor Erteilung der Ermächtigung zur Aufnahme von Verhandlungen vom Hohen Vertreter bzw. der Kommission durch sog. „Empfehlungen" über den Grund, das Ziel und den Gegenstand der Aufnahme der Verhandlungen informiert wird.[623] Damit legen bereits die vorschlagenden Organe den Kompetenzbereich fest und der Rat kann sich schon frühzeitig mit der Sachbereichsaufteilung befassen. Liegt eine offensichtliche Kompetenzüberschreitung vor, würde dies als interinstitutioneller Konflikt die Wirkung des geplanten völkerrechtlichen Übereinkommens nicht beeinträchtigen. Darüber hinaus ist der Rat nicht berechtigt eine Verhandlungsermächtigung ohne vorherige Befassung durch den Hohen Vertreter oder die Kommission auszusprechen,[624] so dass eine Aushöhlung der Kompetenzen seitens des Rates zu Lasten des Hohen Vertreters bzw. der GASP unwahrscheinlich ist. Im Ergebnis bleibt zu hoffen, dass sich die Akteure (zumindest in der Mehrzahl der Fälle) schon im Vorhinein einig werden bzw. eventuelle Kompetenzgerangel bereits im Vorfeld gelöst werden.

---

entsteht; überdies, um eine deutliche Unterscheidbarkeit zu den „gemischten Abkommen" (= Abkommen, die den Kompetenzbereich der vergemeinschafteten Politiken und den der Mitgliedstaaten betreffen) zu definieren.

622 Mögele, in: Streinz/Bearbeiter, EUV und AEUV, Art. 218 AEUV, Rn. 6.

623 Mögele, in: Streinz/Bearbeiter, EUV und AEUV, Art. 218 AEUV, Rn. 3.

624 Mögele, in: Streinz/Bearbeiter, EUV und AEUV, Art. 218 AEUV, Rn. 5.

Kommen wir nun aber zu der Fragestellung, ob bei der Beschlussfassung über Zwitter-Abkommen dem in der GASP herrschenden Einstimmigkeitsprinzip Vorrang zu gewähren ist oder ob es wie bei den vergemeinschafteten Bereichen betreffenden Übereinkünften bloß einer qualifizierten Mehrheitsentscheidung bedarf.[625] Schaut man sich die Systematik des Art. 218 AEUV – insbesondere Absatz 8 AEUV – an, so kann durchaus ein Regel-Ausnahme-Verhältnis erkannt werden.[626] Das heißt, die qualifizierte Mehrheit gilt grundsätzlich und die Einstimmigkeit nur als Ausnahme. Erst wenn der GASP-Bereich tatsächlich ausschließlich oder hauptsächlich tangiert ist, muss ein einstimmiger Beschluss gefasst werden. Es handelt sich also um einen Ausnahmefall von der sonst zu fordernden qualifizierten Mehrheit. Da eine Ausnahmevorschrift nicht extensiv ausgelegt werden sollte, muss davon ausgegangen werden, dass die Einstimmigkeit einzig und allein bei Vorliegen einer hauptsächlichen oder ausschließlichen Berührung einschlägig ist. Ist der GASP-Bereich dagegen nur in minimalster Form betroffen, sollte es bei einer qualifizierten Mehrheitsentscheidung bleiben.

Für eine gegenteilige Auflassung würde sprechen, dass die Mitgliedstaaten im Bereich der GASP auch nach den Lissabonner Reformen an ihrer Autonomie im Rat festgehalten und das Prinzip der Intergouvernementalität beibehalten haben. Folglich könnte man annehmen, dass die Mitgliedstaaten davon ausgehen, dass sämtliche Beschlüsse (also auch die betreffend den Abschluss von Zwitter-Abkommen), die nur irgendwie den GASP-Bereich tangieren, auch nach dessen Verfahrensvorschriften und damit einstimmig erlassen werden müssen. Dieser Annahme folgend würde nämlich das Prinzip der Einstimmigkeit als Kernelement der Intergouvernementalität ausgehöhlt werden, wenn eine qualifizierte Mehrheitsentscheidung für Zwitter-Abkommen als ausreichend erachtet werden würde. Zugleich würde mit hoher Wahrscheinlichkeit auch die Debatte über die schleichende Ausweitung der unionalen Kompetenzen durch weitläufige Anwendung des typischen „Kommissionverfahrens" neu entfacht werden. Daneben spricht auch die umfassende Konzeption der in Art. 21 EUV enthaltenen Zielbestimmungen – die unzweifelhaft für alle GASP-Beschlüsse gelten – dafür, solche Beschlüsse dem Einstimmigkeitsprinzip zu unterwerfen. Sofern die Abkommen nach Art. 37 EUV einem nicht derartig erschöpfenden Zweck dienen sollten, wäre bei Formulierung der Vorschrift eine Einschränkung aufgenommen worden und da dies nicht erfolgt ist, könnte man annehmen, dass Zwitter-Abkommen auch dem Einstimmigkeitsprinzip unterworfen sind. Diese

625 Koutrakos, The EU Common Security and Defence Policy (2013), S. 190.

626 Ähnlich: Koutrakos, The EU Common Security and Defence Policy (2013), S. 190.

Schlussfolgerung lässt jedoch außer Acht, dass Art. 37 EUV lediglich die Kompetenz zum Abschluss der völkerrechtlichen Abkommen normiert, die Art und Weise, wie die Abkommen verhandelt und beschlossen werden, aber durch Art. 218 AEUV bestimmt wird. Folglich ist es ausschließlich Art. 218 AEUV, der die Grundverfahrensregeln und deren Ausnahmen bestimmt; und da der Wortlaut des Art. 218 Absatz 3, HS. 1 EUV eben die Ausnahme für ein Abkommen, das ausschließlich oder hauptsächlich die GASP betrifft, festlegt und dieser Wortlaut deutlich und unmissverständlich ist, kann trotz der zuvor genannten Argumente nicht angenommen werden, dass die Einstimmigkeitsregel für die Beschlussfassung über Zwitter-Abkommen gilt. Dem Wortlaut der Vorschrift muss damit mehr Gewicht zugesprochen werden als dem potenziellen Willen der Mitgliedstaaten als Mitglieder des Rates, der in Vertretung für diese in den GASP-Bereichen agiert. Schließlich haben die legitimierten Vertreter der Mitgliedstaaten bei den Lissabonner Vertragsverhandlungen und -ratifikationen mitgewirkt und mitentschieden und damit schlussendlich zum Ausdruck gebracht, dass sie mit dem Wortlaut des Art. 37 EUV und dem des Art. 218 AEUV einverstanden sind. Würde eine gegenteilige Auffassung vertreten werden, verhielten sich diese Repräsentanten widersprüchlich.

Im Übrigen und im äußersten Zweifel könnte auch immer noch darauf abgestellt werden, wer von dem Vorschlagsrecht i.S.d. Art. 218 Absatz 3, HS. 1 AEUV Gebrauch gemacht hat. Hat der Hohe Vertreter das Zwitter-Abkommen vorgeschlagen, so ist auch nach den GASP-Vorschriften zu verhandeln und zu beschließen. Hat jedoch die Kommission die Empfehlung an den Rat ausgesprochen, so gilt die qualifizierte Mehrheit als ausreichend für das Zwitter-Abkommen. Kommt es trotz allem zum Disput zwischen den Parteien, sollte dem Rat auch in Bezug auf die notwendige Beschlussfassungsmehrheit die Entscheidungshoheit einschließlich Ermessensspielraum zugesprochen werden. Dieser Vorschlag erscheint auch nicht bedenklich, denn der Rat muss sich auch an den Wortlaut der Verträge, also des Art. 218 AEUV, halten und kann nicht willkürlich entscheiden. Überdies kann der Rat die Verhandlungen inhaltlich steuern,[627] so dass es auch sachgerecht erscheint ihm die Entscheidungshoheit im äußersten Zweifel zu überlassen.

Zu beachten ist zuletzt, dass die Norm in Zukunft auch im Zusammenhang von gemischten Übereinkünften Bedeutung haben wird. Dabei handelt es sich um Übereinkünfte, die nicht ausschließlich einem vergemeinschafteten

627 Vgl. Art. 218 Absatz 2 und Absatz 4; siehe auch: Mögele, in: Streinz/Bearbeiter, EUV und AEUV, Art. 218 AEUV, Rn. 8.

Zuständigkeitsbereich der Union unterfallen, sondern zugleich die Vertragsschlusskompetenz der Mitgliedstaaten betreffen.[628] Hier kommt es dann wieder einmal auf eine Kompetenzabgrenzung an, die in der Praxis bekannterweise grundsätzlich nicht trennscharf möglich ist. In der Praxis ist indessen auch zu beobachten, dass die Union und die Mitgliedstaaten vermehrt als gemeinsames Verhandlungsteam auftreten.[629] Dies ist möglicherweise auf die diffizile Sachbereichsabgrenzung zurückzuführen, muss aber nicht so sein. Zumindest fördert das gemeinsame Vorgehen die Einheitlichkeit im außenpolitischen Auftreten und damit zugleich auch die Kohärenz im außenpolitischen Handeln.

3. Abstimmung

Formell betrachtet stellt die in Art. 32 EUV normierte Abstimmungspflicht keine Handlungsform dar, jedoch ist sie als wesentliches Mittel der GASP-Umsetzung hier aufzuzählen. Art. 32 EUV bildet nämlich ein grundlegendes Element der GASP, indem er die alles entscheidende Interaktion der Außenpolitik der Mitgliedstaaten und die der GASP normiert. Wie auch die Vorgängerregelung[630] baut Art. 32 EUV auf eine umfassende Konsultationspflicht der Mitgliedstaaten in allen außenpolitischen Fragen auf. Neben den Konsultationspflichten enthält Art. 32 EUV auch Unterrichtungs- und Abstimmungspflichten. Insgesamt können diese Pflichten durchaus als Ausdruck ihrer in Art. 24 Absatz 3 EUV enthaltenen Solidaritätspflicht und als Konkretisierung der in Art. 24 Absatz 2 EUV niedergelegten Zielsetzung der Konvergenz des Handelns der Mitgliedstaaten gewertet werden.[631] Im Ergebnis liegt der Sinn der Vorschrift in der Realisierung eines gemeinsamen Vorgehens durch Abstimmung,[632] was inhaltlich zugleich die Annäherung der mitgliedstaatlichen Positionen bis hin zu der Schaffung eines gemeinsamen Nenners im Rahmen der GASP umfassen kann. Entscheidend ist dabei, dass das Vorgehen und Handeln der Union im Rahmen der GASP und nicht die bloße Koordinierung des mitgliedstaatlichen Handelns im Vordergrund steht.

---

628 Lorenzmeier, in: Grabitz//Hilf/Nettesheim, Das Recht der EU, Art. 218 AEUV, Rn. 14.

629 Schmalenbach, in: Calliess/Ruffert, EUV/AEUV-Kommentar, Art. 218 AEUV, Rn. 27 m.w.N.

630 Ex-Art. 16 EUV-Nizza.

631 Marquardt/Gaedtke, in: von der Groeben/Schwarze/Hatje, EUV-Kommentar, Art. 32 EUV, Rn. 1.

632 Vogler, Handlungsfähigkeit der Europäischen Union im Rahmen der GASP, S. 64.

Art. 32 EUV hat vor allem – wie bereits oben erwähnt – Relevanz im Rahmen der systematischen Zusammenarbeit i.S.d. Art. 25 c) EUV. Allerdings handelt es sich bei Art. 32 EUV gerade nicht um eine in Art. 25 EUV enthaltene Handlungsform im Sinne eines Endprodukts, sondern um den Prozess des Zustandekommens der Willensbildung im Rahmen der GASP.[633] Das Ergebnis dieser Abstimmung stellt im günstigsten Fall eine tragfähige Grundlage für die konkrete Außenpolitik sowie für ein einheitliches Handeln dar – worauf die einzelnen Handlungsformen des Art. 25 EUV im Folgenden aufbauen können.

Konkret enthält Art. 32 EUV eine umfassende Pflicht zur gegenseitigen Unterrichtung, Abstimmung und Zusammenarbeit in allen sicherheitspolitischen Fragen von allgemeiner Bedeutung.[634] Die Betonung auf Fragen „von allgemeiner Bedeutung" sollte nicht zu eng verstanden werden, um damit auch partikuläre Interessen von einzelnen Mitgliedstaaten zuzulassen. Denn in der Praxis kann es durchaus sein, dass einzelne Interessen im späteren Verlauf der Ausführung einer nationalen Politik zu einem „gemeinsamen" Interesse erwachsen und da Art. 32 EUV gerade einen einseitigen, möglicherweise nicht unionskonformen Einzelgang der Mitgliedstaaten verhindern möchte, ist von Anfang an auch einzelnen nationalen Anliegen Beachtung zu schenken. Darüber hinaus erscheint die Abgrenzung, wann und wann nicht eine Frage von allgemeiner Bedeutung vorliegt, in der Praxis durchaus schwierig.[635]

Obwohl die neue Vorschrift im Vergleich zu der Vorgängerregelung grundsätzlich präziser ist,[636] fehlt in der aktuellen Vorschrift die explizite Erwähnung der Pflicht zur gegenseitigen Unterrichtung. Lediglich enthalten ist die Pflicht zur Abstimmung. Das Fehlen dieses Hinweises lässt sich aber auch dadurch erklären, dass eine Abstimmung ohne vorherige Unterrichtung nicht möglich ist und demnach in der Abstimmung die Unterrichtung implizit enthalten ist.[637]

Im Ergebnis ist festzuhalten, dass die Vorschrift insgesamt auf das gemeinsame Vorgehen und damit die Schaffung eines gemeinsamen Willens gerichtet

---

633 Kaufmann-Bühler, in: Grabitz/Hilf/Nettesheim, Das Recht der EU, Art. 32 EUV, Rn. 2.

634 Bitterlich, in: Lenz/Borchardt, EU-Verträge Kommentar, Art. 32 EUV, Rn. 2.

635 Marquardt/Gaedtke, in: von der Groeben/Schwarze/Hatje, EUV-Kommentar, Art. 32 EUV, Rn. 2.

636 Art. 32 EUV normiert u.a. im Gegensatz zum Ex-Art. 16 EUV-Nizza explizite Vorgaben zum Vorgehen im Rat, zudem werden die Solidaritätspflicht der Mitgliedstaaten und die Pflicht zum konvergenten Handeln explizit hervorgehoben.

637 Kaufmann-Bühler, in: Grabitz/Hilf/Nettesheim, Das Recht der EU, Art. 32 EUV, Rn. 4; Marquardt/Gaedtke, in: von der Groeben/Schwarze/Hatje, EUV-Kommentar, Art. 32 EUV, Rn. 3.

ist. Dabei beziehen sich die Koordinierungspflichten nicht nur auf die Mitgliedstaaten und den Rat, sondern gelten auch für die Staats- und Regierungschefs im ER.[638] Damit kommt auch der umfassende Ansatz, wie es Art. 21 EUV normiert und fordert, zum Ausdruck. In seiner Funktion hat der Art. 32 EUV eine hohe Bedeutung für das Zustandekommen und die Durchführung der GASP.[639] Die Vorschrift dient als Basis für das weitere GASP-Vorgehen - auch wenn sie nicht unmittelbar als Handlungsform bezeichnet werden kann.

4. Handlungsformen *sui generis*

Neben den bereits genannten förmlichen Handlungsformen verfügt die Union über weitere Instrumente, die nicht in den Vorschriften des EUV normiert sind. Hierbei handelt es sich um Maßnahmen, die auch nicht in den übrigen Normen der Verträge fixiert sind und grundsätzlich keine Verbindlichkeit aufweisen. Auch sind sie nicht einem bestimmten Organ oder einem bestimmten Verfahren zuzuordnen.[640] Um diese - nachfolgend noch näher zu beschreibenden - Handlungsformen jedoch überhaupt in dem unionalen System erfassen zu können, wird der populären Ansicht gefolgt,[641] diese Instrumente als Rechtsakte *sui generis* zu bezeichnen[642]. Der Theorie der Rechtsakte *sui generis* liegt zugrunde, dass sie auf eine formale Kategorisierung der „untypischen" Rechtsakte in die bestehenden Handlungs(formen)kataloge verzichtet (oder vielmehr verzichten muss). Sie lassen sich also gerade nicht mit den übrigen vorgesehenen Handlungsformen in ein konsistentes System einfügen.[643] Aber auch Autoren, die diese Rechtsakte nicht als *sui generis*, sondern als *sonstige* Handlungsformen[644],

---

638 Marquardt/Gaedtke, in: von der Groeben/Schwarze/Hatje, EUV-Kommentar, Art. 32 EUV, Rn. 1; Kaufmann-Bühler, in: Grabitz/Hilf/Nettesheim, Das Recht der EU, Art. 32 EUV, Rn. 3.

639 Kaufmann-Bühler, in: Grabitz/Hilf/Nettesheim, Das Recht der EU, Art. 32 EUV, Rn. 11.

640 De Witte, Legal Instruments and Law-Making in the Lisbon Treaty, in: Griller/Ziller, The Lisbon Treaty, S. 79 (S. 82).

641 Vgl. v. Bogdandy/Bast/Arndt, ZaöRV 2002, S. 77 (S. 101)

642 De Baere, Constitutional Principles of EU External Relations, S. 119; Reimer, Zur Theorie der Handlungsformen des Staates, S. 89.

643 Reimer, Zur Theorie der Handlungsformen des Staates, S. 89; De Witte, Legal Instruments and Law-Making in the Lisbon Treaty, in: Griller/Ziller, The Lisbon Treaty, S. 79 (S. 81); Lenaerts/Desomer, ELJ 2005, S. 744 (S. 747 und S. 748).

644 Frenz, Handbuch des Europarechts, Wirkungen und Rechtsschutz, Rn. 1532; Frenz, Europarecht, Rn. 36.

ungekennzeichnete Handlungsformen[645], atypische Handlungsformen[646] bzw. „Soft Law"[647] bezeichnen, folgen der Argumentation, dass diese Handlungsformen keiner vertraglich fixierten Kategorie entspringen. Ebenso ist allen Theorien gleich, dass sie die rechtlichen Wirkungen dieser Handlungsformen nicht einheitlich geklärt haben. Meines Erachtens ist solchen Rechtsakten gemein, dass sie im Wege der Auslegung außerhalb der gültigen Formkataloge im Falle eines nichtvorhandenen Formenwahlgebots ermittelt werden und weder nur das Innenrecht betreffend noch unbedingt unverbindlich sein müssen. Die Befugnis zum Erlass dieser unverbindlichen Rechtsakte folgt regelmäßig aus der Sachkompetenz der handelnden Organe.[648]

Gerade im Bereich der GASP ist ein hohes Aufkommen von *sui generis*-Rechtsakten zu beobachten.[649] Dies kann zwar auch möglicherweise auf die fehlende Rechtskontrolle des EuGH zurückgeführt werden,[650] stellt aber angesichts des politischen Charakters der GASP keine Überraschung dar. Der informelle Austausch zwischen den unionalen Organen, nationalen Diplomaten, europäischen Diplomaten und den Verwaltungsträgern in Brüssel stellt in den vielen politischen Prozessen eine durchaus übliche Vorgehensweise dar.[651] Oft wäre eine Entscheidung des Rates ohne diese „vorbereitenden Handlungen" gar nicht möglich.[652] Demnach finden sich neben den auch im AEUV-Recht bekannten sonstigen Beschlüssen, Demarchen, Pressemitteilungen und Schlussfolgerungen insbesondere auch Erklärungen des Rates oder des Hohen Vertreters[653],

645 Nettesheim, in: Grabitz/Hilf/ders., Das Recht der EU, Art. 288 AEUV, Rn. 5.

646 Härtel, Handbuch Europäische Rechtsetzung, 3. Teil, § 6, Rn. 9, m.w.N.; Hable, Handlungsformen und Kompetenzen in der Europäischen Verfassungsdebatte, IEF Working Paper Nr. 53, 2003, S. 10.

647 Van Vooren/Wessel, EU External Relations Law, S. 36 f.; Thym, Parliamentary Involvement in European International Relations, in: Cremona/de Witte, EU Foreign Relations Law (2008), S. 201 (S. 213).

648 Kadelbach, in: von Arnauld (Hrsg.), Europäische Außenbeziehungen (EnzEuR, Bd. 10), § 4, Rn. 108.

649 *Regelsberger/Kugelmann* beziehen sich u.a. auf die unveröffentlichte *acquis politique*: Regelsberger/Kugelmann, in: Streinz, Kommentar EUV/AEUV, Art. 25 EUV, Rn. 12.

650 Ähnlich: Terhechte, in: Schwarze, EU-Kommentar, Art. 25 EUV, Rn. 5.

651 Duke/Vanhoonacker, EFAR 11 (2006), S. 163 (S. 180).

652 Ibid., S. 163 (S. 149).

653 Siehe u.a. Bitterlich, in: Lenz/Borchardt, EU-Verträge Kommentar, Art. 25 EUV, Rn. 3; Kaufmann-Bühler, in: Grabitz/Hilf/Nettesheim, Das Recht der EU, Art. 25

sog. Green Papers und White Papers, Strategien und interinstitutionelle Vereinbarungen[654], die alle den unbenannten Handlungsformen zugeordnet werden können. Auch Empfehlungen und Stellungnahmen[655], die von Unionsorganen und anderen europäischen Institutionen formulierte Standpunkte enthalten und nicht selten mit Erwartungen an die Adressaten verbunden sind, fallen in diese Kategorie.[656] Im Rahmen der GASP können diese untypischen Handlungsformen vor allem zur Entwicklung von politischen Initiativen beitragen.[657] Daneben gibt es auch „*Declarations issued by the Presidency*", die fast täglich veröffentlicht werden[658] und nach deren Inhalt sich insbesondere das Handeln der Beitrittskandidaten richtet[659], die aber eben auch nicht vertraglich normiert sind. Eine weitere in den Verträgen nicht genannte Form der systematischen Zusammenarbeit im Rahmen der GASP geschieht in den sog. politischen Dialogen mit Drittstaaten. Diese politischen Dialoge erfolgen meistens auf der Grundlage von Allgemeinen Assoziationsverträgen, sonstigen Entscheidungen oder bestimmten Erklärungen und können in Form von tatsächlichen Dialogtreffen stattfinden oder sich in einem bloßen Schriftverkehr äußern.[660] Unabhängig von der Form kann den GASP-Akteuren hierbei durchaus eine Art Mediatorfunktion zugesprochen werden, deren Wirksamkeit als außenpolitisches Instrument nicht verachtet werden darf[661] und demnach zu Recht in der Kategorie der *sui generis*-Handlungsformen aufgelistet wird.[662] Des Weiteren bilden laut der Fachliteratur

---

EUV, Rn. 13; Cremer, in: Calliess/Ruffert, EUV/AEUV-Kommentar, Art. 25 EUV, Rn. 7 und 8; Härtel, Handbuch Europäische Rechtsetzung, 3. Teil, § 6, Rn. 8.

654 Van Vooren/Wessel, EU External Relations Law, S. 37.

655 Nicht zu verwechseln mit den unverbindlichen Rechtshandlungsformen des Art. 288 Absatz 5 AEUV, die unter Umständen sogar Verfahrensvoraussetzung für den Beginn eines Rechtsetzungsverfahrens für Handlungsformen nach Art. 288 Absatz 1–4 AEUV sein können – jedoch nicht im Rahmen der GASP; siehe auch: Hetmeier, in: Lenz/Borchardt, EU-Verträge Kommentar, Art. 288 AEUV, Rn. 33.

656 Ähnlich: Kadelbach, in: von Arnauld (Hrsg.), Europäische Außenbeziehungen (EnzEuR, Bd. 10), § 4, Rn. 108.

657 Insbesondere Stellungnahmen des PSK – Kadelbach, in: von Arnauld (Hrsg.), Europäische Außenbeziehungen (EnzEuR, Bd. 10), § 4, Rn. 108.

658 Cardwell, EU External Relations, S. 13.

659 Cardwell, EU External Relations, S. 13.

660 Van Vooren/Wessel, EU External Relations Law, S. 383.

661 Z.B. im sog. Barcelona-Prozess (heute: Euro-mediterrane Partnerschaft), in dem die Union eine Vorreiterrolle in der Schaffung eines Dialogs der teilnehmenden Länder schaffte.

662 Regelsberger/Jopp in Diedrichs/Faber/Tekin/Umbach, Europe Reloaded, S. 396 (410).

die informellen Absprachen einen großen Bestandteil innerhalb der Handlungsmöglichkeiten.[663] Auch diesen soll – neben den Schlussfolgerungen[664] – in der Praxis eine zentrale Bedeutung zukommen.

Als Paradebeispiel für die vorherrschende Informalität sei hier die Europäische Sicherheitsstrategie genannt – ein politisches Referenzdokument, das auf einer unverbindlichen Ausarbeitung des Hohen Vertreters basierte, das wiederum vom ER angenommen wurde und somit zu einem offiziellen Referenzdokument avancierte.[665] Überdies gibt es sog. „*Codes of Conduct*", die vielfach zur Vereinheitlichung der nach außen hin verfolgten außenpolitischen Praxis sowie zur Konsensfindung zwischen der Union und den Mitgliedstaaten im Rahmen multilateraler Verträge und in internationalen Organisationen beiträgt.[666]

Betrachtet man die aufgezählten Instrumente, so erkennt man, dass viele der „ungeschriebenen" Handlungsformen in den Bereich der informalen Diplomatie fallen.[667] Dieser Faktor mindert jedoch keineswegs deren Auswirkungen in der Praxis.[668] Gerade die in der Praxis sehr häufig vorkommenden Erklärungen des Rates oder des Hohen Vertreters haben trotz ihrer grundsätzlichen rechtlichen Unverbindlichkeit[669] eine hohe Relevanz. Nicht zu verachten ist, dass die informellen Akte in der Regel ohne größere Vorbereitung und ohne Einhaltung strenger Form- und Verfahrensvorschriften veröffentlicht werden können und ein Konsens wegen der Unverbindlichkeit regelmäßig schneller gefunden werden kann. Folglich sind die Erklärungen ein schnelles Reaktionsmittel und unter Umständen auch politisch richtungsweisend.[670]

Zuletzt, vergleicht man die in den übrigen Unionsbereichen bekannten, nicht jedoch im Handlungsformenkatalog des Art. 288 AEUV enthaltenen Mitteilungen, Leitlinien und Bekanntmachungen, so ist diesen gemeinsam, dass sie prinzipiell auch keine unmittelbare Verbindlichkeit aufweisen.[671] Allesamt haben

---

663 Thym, 50 Archiv des Völkerrechts (2012), S. 125 (S. 137).

664 Van Vooren/Wessel, EU External Relations Law, S. 24.

665 Thym, 50 Archiv des Völkerrechts (2012), S. 125 (S. 137).

666 Kadelbach, in: von Arnauld (Hrsg.), Europäische Außenbeziehungen (EnzEuR Bd. 10), § 4, Rn. 112.

667 Vgl. auch Kadelbach, in: von Arnauld (Hrsg.), Europäische Außenbeziehungen (EnzEuR Bd. 10), § 4, Rn. 25.

668 Van Vooren/Wessel, EU External Relations Law, S. 24 f., die ausführen, dass die Schlussfolgerungen u.U. richtungsweisend für ein zukünftiges Handeln der Kommission oder ein anderes unverbindliches außenpolitisches Handeln sein können.

669 De Baere, Constitutional Principles of EU External Relations, S. 120.

670 Ähnlich: Van Vooren/Wessel, EU External Relations Law, S. 381.

671 Vgl. Glaser, Die Entwicklung des Europäischen Verwaltungsrechts, S. 383.

diese Maßnahmen jedoch in der Praxis eine gewisse Bedeutung und sind damit alles andere als rechtlich bedeutungslos.[672]

5. Weitere einzelne Handlungsformen

In begründeten Sonderfällen darf der Rat nach den Grundsätzen der Durchführungsbeschlüsse i.S.d. Art. 291 Absatz 2 a.E. AEUV Maßnahmen zur Durchführung von Unionsrecht erlassen. Die Vorschrift selbst bezieht sich zwar auf das unionale Verwaltungshandeln, kann jedoch auch im Bereich der GASP verwendet werden.[673] Dies verdeutlichen auch Art. 24 und Art. 26 EUV, die dem Rat Durchführungskompetenzen für die GASP übertragen. Dass jedoch darüber hinaus durch Art. 291 Absatz 2 EUV in gesteigerten Ausnahmefällen eine weitere Befugnis für den Bereich der GASP zugesprochen wird, ist m.E. nicht der Fall. Es ist davon auszugehen, dass Art. 24 und Art. 26 EUV als Spezialvorschriften dienen und den allgemeinen Art. 291 AEUV verdrängen.[674] Die in Absatz 2, 1. HS. enthaltene Ermächtigung, in begründeten Ausnahmefällen weitere Durchführungsrechtsakte zu erlassen, gilt demnach nur für die übrigen Unionsbereiche.[675]

6. Ehemalige Handlungsformen

Da die nachfolgende empirische Analyse sich nicht nur auf den Zeitraum Ex-post-Lissabonner Reformen bezieht, sondern umfassend auch Maßnahmen, die zuvor getroffen wurden, erfasst, ist es sinnvoll einen Überblick über die ehemaligen Handlungsformen der GASP zu geben.

a) Gemeinsame Strategien

Im ehemaligen Art. 13 EUV-Nizza hatte der ER die Kompetenz neben den Grundsätzen und den allgemeinen Leitlinien auch gemeinsame Strategien zu beschließen. Letzteres wurde mit dem Amsterdamer Vertrag eingeführt und sollte den grundsätzlichen Rahmen für die Politik der Union und der Mitgliedstaaten in dem betroffenen Bereich bilden.[676] Es sollten die für die Entwicklung

---

672 Ähnlich: ibid.; Van Vooren/Wessel, EU External Relations Law, S. 37 und 72.

673 Ruffert, in: Calliess/ders., EUV/AEUV-Kommentar, Art. 291 AEUV, Rn. 2.

674 Hetmeier, in: Lenz/Borchardt, EU-Verträge Kommentar, Art. 291 AEUV, Rn. 7; Nettesheim, in: Grabitz/Hilf/ders., Das Recht der EU, Art. 291 AEUV, Rn. 35.

675 Gellermann, in: Streinz, Kommentar EUV/AEUV, Art. 291 AEUV, Rn. 13.

676 Peters/Wagner, Gemeinsame Außen- und Sicherheitspolitik, in: Heinelt/Knod (Hrsg.), Politikfelder im EU-Mehrebenensystem, S. 45.

der Europäischen Union notwendigen Impulse gegeben werden.[677] Wie auch die allgemeinen Leitlinien waren die gemeinsamen Strategien an den Rat gerichtete, rechtsverbindliche Initiativakte.[678] Die gemeinsamen Strategien waren jedoch denjenigen Bereichen vorenthalten, in denen wichtige Interessen der Mitgliedstaaten bestanden.[679] Der ER musste die Zielsetzung, die Dauer und die von der Union und den Mitgliedstaaten bereitzustellenden Mittel angeben. Damit waren die gemeinsamen Strategien im Vergleich zu den allgemeinen Leitlinien ein konkretes Handlungsinstrumentarium. Auf Grund der dadurch entstandenen eingeschränkten Handlungsmöglichkeiten[680] nahm der ER in der Praxis aber auch nur zurückhaltend davon Gebrauch.[681] In den einzigen drei Fällen, in denen eine gemeinsame Strategie erlassen wurde,[682] gab es bei der Umsetzung wegen innerer Widersprüchlichkeiten erhebliche Probleme, so dass sich die gemeinsame Strategie in der Praxis nicht bewährt hatte.[683] Wohl deswegen wurde diese Handlungsform auch nicht mit den Lissabonner Reformen übernommen. Ungeachtet dessen gibt es jedoch seit Ablauf der drei bereits genannten Strategien im Jahr 2003 Hinweise auf weitere Strategien. Diese wurden aber nicht im Amtsblatt der Union veröffentlicht und auch nicht offiziell unter der Bezeichnung „Gemeinsame Strategie" gefasst, und wurden auch nicht unter Einhaltung der Verfahrensvorschriften für die ehemalige Handlungsform erlassen.[684] Das Wissen über die Existenz dieser Strategien folgt aus der Erwähnung in zahlreichen Maßnahmen. Es handelt sich hierbei um die Europäische Sicherheitsstrategie („**ESS**"), Strategie der EU gegen Massenvernichtungswaffen,[685] EU-Afrika-Strategie,[686] EU-Strategie zur Terrorismusbekämpfung[687] und die

---

677 Vogler, Handlungsfähigkeit der Europäischen Union im Rahmen der GASP, S. 56.

678 Vogler, Handlungsfähigkeit der Europäischen Union im Rahmen der GASP, S. 56.

679 Ex-Art. 13 Absatz 2 EUV-Nizza.

680 Vogler, Handlungsfähigkeit der Europäischen Union im Rahmen der GASP, S. 57.

681 Terhechte, in: Schwarze, EU-Kommentar, 2. Aufl. 2009, (Ex.-)Art. 13 EUV, Rn. 11.

682 Russland (1999/414), Ukraine (1999/877), Mittelmeer (2000/458); vgl. auch: Kadelbach, in: von Arnauld (Hrsg.), Europäische Außenbeziehungen (EnzEuR, Bd. 10), § 4, Rn. 17.

683 Kaufmann-Bühler, in: Grabitz/Hilf/Nettesheim, Das Recht der EU, Art. 25 EUV, Rn. 2; vgl. auch: Eeckhout, EU External Relations Law, S. 477.

684 Eeckhout, EU External Relations Law, S. 477.

685 12. Dezember 2003, Ratsdokument Nr. 15656/03.

686 „Die EU und Afrika: Auf dem Weg zu einer strategischen Partnerschaft", 1. Juni 2005, Ratsdokument 15702/1/05 REV 1.

687 30. November 2005, Ratsdokument 14469/3/05 REV 3.

Strategie zur Bekämpfung der Anhäufung von Kleinwaffen und leichten Waffen und dazugehöriger Munition sowie des unerlaubten Handelns damit.[688] Dass diese Strategien nicht unter der offiziellen Kategorie der ehemaligen Gemeinsamen Strategie erlassen wurden, ist wohl dem Umstand zuzuschreiben, dass die Strategien allesamt Bereiche außerhalb der GASP betreffen.[689]

b) Gemeinsame Aktion

Auch die bis zu den Lissabonner Reformen eigenständige Handlungsform der gemeinsamen Aktion wurde trotz ihrer zunehmenden praktischen Bedeutung in die Metakategorie des „Beschlusses" überführt. Zuvor stellte die gemeinsame Aktion das klar definierte gemeinsame Handeln auf einem konkreten Gebiet der Außenpolitik dar.[690] Der Ursprung der gemeinsamen Aktion lag in der „gemeinsamen Vorgehensweise", die im Rahmen der EPZ betrieben wurde.[691] Die Handlungsform stellte eines der bedeutendsten Mittel zum operativen Vorgehen innerhalb der GASP dar, welches für die Mitgliedstaaten bindend war[692]. Die Annahme konnte auch damals schon nur durch den Rat unter Einhaltung des Einstimmigkeitsprinzips erfolgen. Lediglich die als Konkretisierungs- oder Folgemaßnahme einer gemeinsamen Strategie erlassene gemeinsame Aktion konnte mit einer qualifizierten Mehrheit beschlossen werden.[693] Im Vergleich zu der Kategorie der gemeinsamen Standpunkte, die in erster Linie eine koordinationsbezogene Positionierung der Mitgliedstaaten darstellte und die Förderung des gemeinsamen Vorgehens bezweckte, war die gemeinsame Aktion auf ein tatsächliches und effektives gemeinsames Vorgehen ausgerichtet.[694]

c) Entscheidung

Die ehemals bestehende Entscheidung[695] wurde durch den gegenwärtig in Art. 288 Absatz 4 S. 2 AEUV enthaltenen Beschluss

688 13. Januar 2006, Ratsdokument 13066/05.
689 Eeckhout, EU External Relations Law, S.477.
690 Burghardt/Tebbe, EuR 1995, S. 1 (S. 14).
691 Terhechte, in: Schwarze, EU-Kommentar, 2. Aufl. 2009, (Ex.-)Art. 14 EUV, Rn. 1.
692 Ex-Art. 14 Absatz 3 EUV-Nizza.
693 Ex-Art. 23 Absatz 2, 1. Spiegelstrich EUV-Nizza.
694 Vgl. Vogler, Handlungsfähigkeit der Europäischen Union im Rahmen der GASP, S. 61 f.
695 Ex-Art. 249 Absatz 4 EGV-Nizza.

ersetzt.[696] Entscheidender Unterschied ist jedoch, dass der Beschluss nicht wie die damalige Entscheidung auf eine verbindliche Einzelmaßnahme beschränkt ist, sondern nun auch offiziell abstrakt-generelle Regelungen erfasst.[697] Die zuvor geltende Entscheidung musste stets an einen bestimmten Adressaten gerichtet sein.

7. Handlungen im Wege der Kooperation

Im Übrigen dürfen Formen der differenzierten Integration bei den Handlungsmöglichkeiten im Rahmen der GASP nicht unerwähnt bleiben. Hierbei handelt es sich streng genommen nicht um klassische Handlungsformen der GASP,[698] sondern um flexible Formen der Zusammenarbeit[699] bzw. Flexibilisierungsinstrumente,[700] wie die der verstärkten Zusammenarbeit nach Art. 20 EUV[701] oder der im Rahmen der GSVP zu gründenden Ständigen Strukturierten Zusammenarbeit nach Art. 42 Absatz 6 EUV. Da es sich aber wiederum um etablierte Handlungsmöglichkeiten handelt, die sich im Laufe des europäischen Integrationsprozesses entwickelt haben,[702] sind auch diese im Abschnitt über die Handlungsformen der GASP aufzuführen und darzustellen.

a) Allgemeines zu Wegen der Kooperation

Im klassischen Verständnis wird unter Maßnahmen im Wege der Kooperation das Zusammenwirken von Gemeinschafts- und mitgliedstaatlicher Verwaltung

696 Glaser, Die Entwicklung des Europäischen Verwaltungsrechts, S. 352 f.; Ruffert, in: Calliess/ders., EUV/AEUV-Kommentar, Art. 288 AEUV, Rn. 86; Nettesheim, in: Grabitz/Hilf/ders., Das Recht der EU, Art. 288 AEUV, Rn. 172.

697 Lecheler führt aus, dass die Rechtspraxis die abstrakt-generelle Entscheidung schon kannte, es jedoch erst mit den Lissabonner Reformen zur Normierung dieser Form kam – Lecheler, DVBl 2008, S. 873 (S. 876).

698 De Baere, Constitutional Principles of EU External Relations, S. 114.

699 Kuhn: Die Europäische Sicherheits- und Verteidigungspolitik im Mehrebenensystem, S. 159; Weickert, Die „verstärkte Zusammenarbeit" als Institut des Unionsrechts, S. 183.

700 Weickert, Die „verstärkte Zusammenarbeit" als Institut des Unionsrechts, S. 62.

701 *Kadelbach* spricht hier von variablen Modellen, vgl. Kadelbach, EuR 5/2013, S. 489 (S. 498 f.) und ders., Von der Krise zur Reform?, in: ders. (Hrsg.), Die EU am Scheideweg: mehr oder weniger Europa?, S. 19 f.; Terhechte, Europäische Verfassungsstudien, S. 194 f. und S. 209 f.

702 Pechstein, in: Streinz, Kommentar EUV/AEUV, Art. 20 EUV, Rn. 5 und 13.

verstanden[703]. Dabei spiegeln solche Kooperationsformen das Grundprinzip des europäischen Integrationsprozesses wider[704] – Stichwort in diesem Zusammenhang war in der Vergangenheit oft die differenzierte Integration.[705] Seit Beginn des europäischen Integrationsprozesses wurde akzeptiert, dass einzelne Mitgliedstaaten außerhalb des Gemeinschaftsrahmens weitergehende Formen der Zusammenarbeit praktizierten, wenn dadurch die gemeinschaftlichen Ziele und Politiken nicht beeinträchtigt wurden[706]. Dabei kann diese differenzierte Integration auf vielfältige Weise geschehen;[707] ihre Strukturformen sind mannigfaltig und sie kann innerhalb oder außerhalb des Unionsvertrages stattfinden. Mithin wird die differenzierte Integration auch als Alternative zu einer gleichförmigen Gemeinschaftsentwicklung verstanden; mit diesen Kooperationsformen können insbesondere Unterschiede in der wirtschaftlichen Leistungsfähigkeit der Mitgliedstaaten berücksichtigt[708] und zugleich verschiedene Vollzugsziele - zumindest teilweise - ausgeglichen werden.[709] Andererseits

---

703 Szczekalla, in: Terhechte, Verwaltungsrecht der Europäischen Union, § 5, Rn. 71; vgl. allgemein zur Verwaltung des Gemeinschaftsraums zischen europäischer Administration und mitgliedstaatlicher Exekutive, also dem allgemeinen Europäischen Verwaltungsrecht - Schmidt-Aßmann, Das allgemeine Verwaltungsrecht als Ordnungsidee, S. 377 ff.; Danwitz, Europäisches Verwaltungsrecht, S. 259, S. 141 ff.

704 Vgl. Weickert, Die „verstärkte Zusammenarbeit" als Institut des Unionsrechts, S. 183 ff.; Terhechte, Europäische Verfassungsstudien, S. 209.

705 Weickert, Die „verstärkte Zusammenarbeit" als Institut des Unionsrechts, S. 185.

706 Forgó, Differenzierte Integration, IEF Working Paper Nr. 23, November 1996, Forschungsinstitut für Europafragen Wirtschaftsuniversität Wien, S. 5.

707 Vgl. z.B. Aufzählung von Pitschas, Europäisches Verwaltungsverfahrensrecht und Handlungsformen der gemeinschaftlichen Verwaltungskooperation, in: Hill/Pitschas, Europäisches Verwaltungsverfahrensrecht, Beiträge der 70. Staatswissenschaftlichen Fortbildungstagung, S. 326 f.

708 Forgó, Differenzierte Integration, IEF Working Paper Nr. 23, November 1996, Forschungsinstitut für Europafragen Wirtschaftsuniversität Wien, S. 5; Terhechte, Europäische Verfassungsstudien, S. 194 f. und S. 209; *Schorkopf* spricht davon, dass Integrationsmethoden ein Europa unterschiedlicher Geschwindigkeiten fördere - Schorkopf, Methodenpluralismus in der europäischen Integration - Zur Errungenschaft der Gemeinschaftsmethode und zur Notwendigkeit einer Unionsmethode, in: Kadelbach (Hrsg.), Die Europäische Union am Scheideweg: mehr oder weniger Europa?, S. 93 (S. 109).

709 Pitschas, Europäisches Verwaltungsverfahrensrecht und Handlungsformen der gemeinschaftlichen Verwaltungskooperation, in: Hill/Pitschas, Europäisches Verwaltungsverfahrensrecht, Beiträge der 70. Staatswissenschaftlichen Fortbildungstagung, S. 325.

wird teils kritisch vorgebracht, dass die Formen der kooperativen Zusammenarbeit eher als ein Ergebnis weitreichender politischer Divergenzen anzusehen sind.[710] In diesem Zusammenhang sollte jedoch nicht unbeachtet bleiben, dass Handlungen im Wege der Kooperation gerade den im Völkerrecht herrschenden und die internationalen Beziehungen prägenden kooperationsrechtlichen Ansatz widerspiegeln.[711] Es ist daher nicht überraschend, dass insbesondere in der intergouvernementalgeprägten GASP diese Art der Zusammenarbeit Handlungsmöglichkeiten eröffnet und damit eine verstärkte Rolle in der Ausführung der Außenpolitik spielt. In den nachfolgenden Ausführungen wird daher auf die GASP-spezifischen Kooperationsformen eingegangen, die im Rahmen des Integrationsprozesses ihren Weg in die vertragliche Kodifikation gefunden haben. Dabei wird zunächst die allgemein für die GASP geltende verstärkte Zusammenarbeit nach Art. 20 EUV erläutert und im darauffolgenden Abschnitt werden die Kooperationsformen, die sich speziell auf die Gemeinsame Sicherheits- und Verteidigungspolitik beziehen, dargelegt.

b) Verstärkte Zusammenarbeit nach Art. 20 EUV

Es wurde bereits erwähnt, dass der kooperative Ansatz der staatlichen Zusammenarbeit im europarechtlichen Integrationsprozess eine große Rolle spielte. Wegen der der Kooperation zugrundeliegenden Flexibilität gewann diese Art der Zusammenarbeit auch stetig an Bedeutung, um die europarechtlichen Ziele zu erreichen.[712] Deswegen war es nicht verwunderlich, dass mit dem Vertrag von Nizza auch speziell für die GASP eine verstärkte Zusammenarbeit normiert wurde[713] und mit den Lissabonner Reformen diese Kooperationsform sogar auf die GSVP ausgeweitet wurde.[714] Art. 20 EUV (i.V.m. Art. 326–334 AEUV)

---

710 Katrin Forgó, Differenzierte Integration, IEF Working Paper Nr. 23, November 1996, Forschungsinstitut für Europafragen Wirtschaftsuniversität Wien, S. 5 und S. 9.

711 Goldmann, Internationale öffentliche Gewalt, S. 18 und S. 504; ähnlich: Schorkopf, Methodenpluralismus in der europäischen Integration – Zur Errungenschaft der Gemeinschaftsmethode und zur Notwendigkeit einer Unionsmethode, in: Kadelbach (Hrsg.), Die Europäische Union am Scheideweg: mehr oder weniger Europa?, S. 93 (S. 97).

712 Allgemein: Bitterlich, in: Lenz/Borchardt, EU-Verträge Kommentar, Art. 20 EUV, Rn. 1 f.

713 Vgl. Ex-Art. 27°ff. EUV-Nizza.

714 Scheffler, Die Europäische Union als rechtlich-institutioneller Akteur im System der Vereinten Nationen, S. 679; Giegerich, Wege zu einer vertieften Gemeinsamen Außen- und Sicherheitspolitik: Reparatur von Defiziten als „kleine Lösung", in: Kadelbach

enthält nun die GASP-spezifische verstärkte Zusammenarbeit, die nach dem Wortlaut schon allein darauf ausgerichtet ist den Integrationsprozess fördern und die Interessen der Union schützen.[715] Allerdings sollen neben der integrativen Förderung auch tatsächlich differenzierte Fortschritte im Rahmen der GASP erreicht werden – ohne dabei auf bestimmte Sachfragen[716] beschränkt zu sein.[717] Durch Verhandlungen und enge Kooperation sollen Differenzen zwischen den beteiligten Staaten überwunden und universell angelegte Handlungswege gefunden werden, die im besten Fall zur Lösung von (außenpolitischen) Konflikten führen.[718] Eine Gruppe von mindestens neun Mitgliedstaaten soll durch gemeinsames Vorgehen die Ziele der Union – und damit auch die der GASP – erreichen[719]. Zu beachten ist, dass die Ausübung dieser engeren mitgliedstaatlichen Zusammenarbeit immer innerhalb des institutionellen und rechtlichen Unionsrahmens erfolgt.[720] Durch die Inanspruchnahme des institutionellen Rahmens wird erreicht, dass die ausgewählten Akteure als Handlungsträger der verstärkten Zusammenarbeit agieren und gelten.[721]

Die konkreten Voraussetzungen, die kumulativ vorliegen müssen, werden in den relevanten Vorschriften, nämlich Art. 20 EUV und Art. 326–334 AEUV, festgelegt. Dabei gilt Art. 20 EUV als Rahmenvorschrift, die die wesentlichen Bestimmungen zum Verfahren und zur grundsätzlichen Zulässigkeit sowie zu Sinn und Zweck der verstärkten Zusammenarbeit enthält. Die AEUV-Vorschriften enthalten dagegen das detaillierte Regelungswerk, welches die Besonderheiten der GASP in speziellen Unterabsätzen der einschlägigen Vorschriften beachtet.[722]

(Hrsg.), Die Europäische Union am Scheideweg: mehr oder weniger Europa?, S. 131 (S. 167).

715 Vgl. Art. 20 Absatz 1 Unterabsatz 2, S. 1 EUV.

716 Die verstärkte Zusammenarbeit darf jedoch nicht in ausschließliche Unionszuständigkeiten eingreifen.

717 Becker, in: von der Groeben/Schwarze/Hatje, EUV-Kommentar, Art. 20 EUV, Rn. 1, 11.

718 Ähnlich: Becker, in: von der Groeben/Schwarze/Hatje, EUV-Kommentar, Art. 20 EUV, Rn. 11–13.

719 Dem Wortlaut des Art. 20 Absatz 1 Unterabsatz 2 S. 1 EUV nach „Ziele der Union", dies jedoch begrenzt auf Ziele der GASP, da eine verstärkte Zusammenarbeit nicht im Rahmen der ausschließlichen Kompetenzen der Union begründet werden kann (vgl. Art. 20 Absatz 1 EUV).

720 Kellerbauer, Von Maastricht bis Nizza, S. 34 und S. 36.

721 Kellerbauer, Von Maastricht bis Nizza, S. 37.

722 Pechstein, in: Streinz, Kommentar EUV/AEUV, Art. 20 EUV, Rn. 2.

Das vorgegebene Zusammenspiel des EUV mit dem AEUV kann dabei als Ausdruck der Überwindung der vormals bestehenden Säulenstruktur gesehen werden.

Zu den konkreten Voraussetzungen gehört unterdessen, dass die Begründung der verstärkten Zusammenarbeit mindestens neun teilnehmende Mitgliedstaaten voraussetzt[723] und dass die verstärkte Zusammenarbeit nicht in einem ausschließlichen Zuständigkeitsbereich der Union begründet werden kann. Bereits erwähnt wurde auch, dass die verstärkte Zusammenarbeit den Zielen der Union bzw. der GASP, dem Schutz der Interessen der Europäischen Union und der Stärkung des Integrationsprozesses – im Sinne von Überwindungen von Vorbehalten integrationsunwilliger Mitgliedstaaten und einer Ausrichtung auf einen gemeinsamen Willen – dienen muss. In diesem Zusammenhang ist es von Relevanz zu betonen, dass diese drei Punkte nicht nur Zielvorstellungen, sondern „echte" Voraussetzungen für die Begründung der verstärkten Zusammenarbeit darstellen, die folglich auch allesamt erfüllt werden müssen. Als weitere Prämisse normiert Art. 20 Absatz 2 S. 1 EUV, dass die Begründung einer verstärkten Zusammenarbeit erst erfolgen kann, wenn das verfolgte außenpolitische Ziel nicht innerhalb eines bestimmten Zeitraums unter Beteiligung aller Mitgliedstaaten erreicht werden kann.[724] Folglich ist die Begründung der verstärkten Zusammenarbeit erst möglich, wenn kein anderes Mittel in Betracht kommt bzw. wenn andere Mittel erfolglos waren. In der Literatur ist man sich einig, dass diese Prämisse erreicht ist, wenn von den Mitgliedstaaten versucht wurde in bestimmten Sachfragen einen Fortschritt durch gemeinsames Handeln zu erreichen, dieser Versuch aber gescheitert ist.[725] Insgesamt erscheint dieses *Ultima-Ratio*-Gebot den Anwendungsbereich der verstärkten Zusammenarbeit erheblich einzuschränken. Andererseits kann auf Grund der fehlenden weiteren Detaillierung hinsichtlich des Vorliegens einer solchen Lage davon ausgegangen werden, dass dem Rat ein erweiterter Ermessensspielraum bei der Feststellung zusteht[726] und die Beschneidung des Anwendungsbereichs damit wieder etwas relativiert wird.

---

723 Im Vertrag von Nizza war noch eine Mindestzahl von acht Mitgliedstaaten vorgeschrieben (vgl. Ex-Art. 43 g) EUV-Nizza). Die mit den Lissabonner Reformen eingeführte Erhöhung auf neun Mitgliedstaaten ist jedoch nicht als Schikane zu sehen, sondern als eine Anpassung an die erfolgte Erweiterung der EU, vgl. Becker, in: von der Groeben/Schwarze/Hatje, EUV-Kommentar, Art. 20 EUV, Rn. 9.

724 Art. 20 Absatz 2 Unterabsatz 2 EUV.

725 Becker, in: von der Groeben/Schwarze/Hatje, EUV-Kommentar, Art. 20 EUV, Rn. 50.

726 Pechstein, in: Streinz, Kommentar EUV/AEUV, Art. 20 EUV, Rn. 13.

Neben den bereits genannten Anforderungen werden die weiteren Voraussetzungen in Art. 326 ff. AEUV festgelegt. Zunächst wird vorausgesetzt, dass die Verträge und das Recht der Union geachtet werden müssen und keine Beeinträchtigung des Binnenmarktes oder des wirtschaftlichen, sozialen und territorialen Zusammenhalts der Union entsteht. Darüber hinaus darf die verstärkte Zusammenarbeit keine negativen Auswirkungen auf den Handel zwischen den Mitgliedstaaten haben und keine Wettbewerbsverzerrungen herbeiführen. Zuletzt müssen die Zuständigkeiten, die Rechte und die Pflichten der nicht beteiligten Mitgliedstaaten[727] sowie das Kohärenzgebot geachtet werden[728]. Bei den zwei zuletzt genannten Punkten fragt es sich, warum diese noch einmal explizit erwähnt werden, da bereits aus den allgemeinen Zielsetzungen des Art. 21 EUV sowie aus der allgemeingültigen Solidaritäts- und Loyalitätspflicht des einzelnen Mitgliedstaats diese Pflichten erwachsen. Andererseits soll gerade die Hervorhebung betreffend die Achtung des Kohärenzgebots aufzeigen, dass die Beachtung der Kohärenz als Voraussetzung sowohl für die Begründung der verstärkten Zusammenarbeit als auch für die Durchführung bei Erlass von Maßnahmen im Rahmen dieser verstärkten Zusammenarbeit gilt.[729]

In verfahrensrechtlicher Hinsicht erfolgt das Zustandekommen der verstärkten Zusammenarbeit im Rahmen der GASP in einem zweistufigen Verfahren. Im ersten Schritt bedarf es eines Antrags der Mitgliedstaaten an den Rat, der dann an den Hohen Vertreter und die Kommission zur Stellungnahme übermittelt wird.[730] Zugleich wird das Parlament über den Antrag unterrichtet.[731] Sodann fasst der Rat – nach positivem Feststellen des Vorliegens der Voraussetzungen – einen einstimmigen Beschluss über die Begründung („Ermächtigung“) der verstärkten Zusammenarbeit.[732] In einem zweiten Schritt können dann vertragliche Institutionen und Mechanismen in Anspruch genommen werden, um die tatsächliche Zusammenarbeit durch weitere Beschlüsse auszuführen.[733] Die nach der Ermächtigung im Rahmen der begründeten verstärkten Zusammenarbeit erlassenen Beschlüsse werden Durchführungsbeschlüsse genannt.

727 Art. 327 AEUV.
728 Art. 334 AEUV.
729 Vgl. Bitterlich, in: Lenz/Borchardt, EU-Verträge Kommentar, Art. 334 AEUV, Rn. 2.
730 Art. 329 Absatz 2 AEUV.
731 Ibid.
732 Art. 329 Absatz 2 Unterabsatz 1 AEUV.
733 Becker, in: von der Groeben/Schwarze/Hatje, EUV-Kommentar, Art. 20 EUV, Rn. 35.

Auf Grund der zahlreichen Voraussetzungen und dementsprechend hohen Hürden kann davon ausgegangen werden, dass bei dem Einsatz dieses Instruments Verhaltenheit walten soll.[734] Insbesondere der Aspekt, dass die verstärkte Zusammenarbeit lediglich als letztes Mittel in Betracht kommt, schmälert die Einsatzmöglichkeiten im deutlichen Maße. Andererseits können in dem *Ultima-Ratio*-Gebot durchaus auch positive Aspekte gesehen werden. Dann nämlich, wenn die verstärkte Zusammenarbeit bei vorausgehenden Kooperationsversuchen als Druckmittel eingesetzt wird.[735] Denn wenn ein Mitgliedstaat sich weigert seine Zustimmung zu bestimmten Maßnahmen zu erteilen, könnten die anderen Mitgliedstaaten mit der Begründung einer verstärkten Zusammenarbeit drohen, in der die kooperierenden Mitgliedstaaten Vorteile für sich und für den Integrationsprozess schaffen[736] – unter Ausschluss des unwilligen Mitgliedstaats. Ob dieser Schlussfolgerung allerdings beizustimmen ist, bleibt fraglich, denn die verstärkte Zusammenarbeit steht immer allen Mitgliedstaaten offen und auch der nachträgliche Beitritt ist möglich[737].

Die strengen Voraussetzungen ungeachtet, betrachtet man die verstärkte Zusammenarbeit in ihrer Gesamtheit, fällt auf, dass sie keinen geographischen Kriterien bzw. Einschränkungen unterliegt.[738] Demnach ist eine Zusammenarbeit in einer Vielzahl von Ländern denkbar, wobei sie – wie gesagt – auch jedem Mitgliedstaat offensteht[739]. Folglich ist, obwohl die Voraussetzungen sehr streng sind und ein Vorgehen einer Gruppe einzelner Mitgliedstaaten nicht denselben Effekt hat wie ein Vorgehen sämtlicher Mitgliedstaaten, dieses Instrument

734 Bitterlich, in: Lenz/Borchardt, EU-Verträge Kommentar, Art. 329 AEUV, Rn. 3, der von dem Ausnahmecharakter der verstärkten Zusammenarbeit spricht; ähnlich: Terhechte, Europäische Verfassungsstudien, S. 210 – es wird allgemein erwähnt, dass bei dem Einsatz der verstärkten Zusammenarbeit Verhaltenheit waltet.

735 Becker, in: von der Groeben/Schwarze/Hatje, EUV-Kommentar, Art. 20 EUV, Rn. 50 f.

736 Ibid.

737 Sofern natürlich die Beteiligungsvoraussetzungen erfüllt sind, vgl. Art. 331 AEUV.

738 Ruffert, in: Calliess/ders., EUV/AEUV-Kommentar, Art. 20 EUV, Rn. 20.

739 Vgl. Art. 20 Absatz 1 und Absatz 3 EUV und Art. 328 Absatz 1 S. 1 AEUV – gegebenenfalls muss ein sich interessierender Mitgliedstaat die in einem bereits bestehenden Beschluss zur verstärkten Zusammenarbeit normierten Teilnahmevoraussetzungen erfüllen und eventuell bereits bestehende Rechtsakte achten, vgl. Art. 331 AEUV und siehe: Bitterlich, in: Lenz/Borchardt, EU-Verträge Kommentar, Art. 331 AEUV, Rn. 1.

zumindest dem Nichtstun bzw. dem unkoordinierten Vorgehen einzelner Mitgliedstaaten vorzuziehen.[740]

H. Beschlussfassung in der GASP

Nachdem die relevanten Handlungsformen für die Ausführung und Umsetzung der GASP erläutert wurden, erfolgt nun die Darstellung der den Handlungsformen zugrundeliegenden Beschlussmodalitäten.

Der Vertrag von Lissabon hat in Bezug auf die Beschlussfassungsregeln keine grundlegenden Neuerungen gebracht. Wie auch zuvor wird das im EUV geregelte Beschlussverfahren von dem Grundsatz der Einstimmigkeit, der Gelegenheit der konstruktiven Enthaltung, der begrenzten Möglichkeit zur Entscheidung mit qualifizierter Mehrheit bei Durchführungsbeschlüssen sowie der generellen Möglichkeit zur Verhinderung von Abstimmungen mit qualifizierter Mehrheit durch die Geltendmachung eines Vetorechts[741], geleitet.[742] In der GASP herrscht also – als extremer Gegensatz zu der Gemeinschaftsmethode – das Einstimmigkeitsprinzip. Ein Prinzip, dass durch die vorherrschende Dominanz der Mitgliedstaaten, die in den zwei wichtigsten Beschlussorganen, nämlich der ER und der Rat, vertreten sind, geprägt ist.[743] Dabei richtet sich das außenpolitische Vorgehen im Rahmen der GASP nach strengen Vorschriften des Art. 31 EUV. Am Anfang steht das Initiativrecht, also das Recht der Mitgliedstaaten, des Hohen Vertreters bzw. des Hohen Vertreters mit Unterstützung der Kommission gemäß Art. 30 Absatz 1 EUV, dem Rat einen Vorschlag zu einer Frage der GASP zu unterbreiten. Aber der Rat kann auch handeln, ohne dass es hierfür zwangsnotwendig einer vorausgehenden Initiative seitens der genannten Akteure bedarf. Dieses Recht wird aus Art. 30 Absatz 1 EUV gefolgert, nach dem der Rat mit den Fragen der GASP zu befasst ist. Die Kommission sowie das Parlament besitzen dagegen kein Initiativrecht. Das Parlament wird gemäß Art. 36 S. 1 EUV

740 Giegerich, Wege zu einer vertieften Gemeinsamen Außen- und Sicherheitspolitik: Reparatur von Defiziten als „kleine Lösung", in: Kadelbach (Hrsg.), Die Europäische Union am Scheideweg: mehr oder weniger Europa?, S. 131 (S. 167).

741 Vgl. Art. 31 Absatz 2 Unterabsatz 2 EUV – beachte: auch Anwendung des „Luxemburger Kompromisses" bzw. Kompromiss von Ioannina genannt – vgl. Kadelbach, in: von Arnauld (Hrsg.), Europäische Außenbeziehungen (EnzEuR, Bd. 10), § 4, Rn. 32; Bitterlich, in: Lenz/Borchardt, EU-Verträge Kommentar, Art. 31 EUV, Rn. 10.

742 Scheffler, Die Europäische Union als rechtlich-institutioneller Akteur im System der Vereinten Nationen, S. 716 f.

743 Vgl. De Baere, Constitutional Principles of EU External Relations, S. 125.

lediglich angehört, wobei seine Ansichten gebührend zu berücksichtigen sind (S. 2). Die Kommission kann dagegen – wenn überhaupt – faktisch auf den Hohen Vertreter in seiner Position als Vizepräsident der Kommission einwirken bzw. zusammenwirken.[744] Das fehlende Initiativrecht der Kommission ist Ausdruck der starken Zwischenstaatlichkeit der GASP und der dominierenden Stellung der Mitgliedstaaten im Rahmen der GASP.[745] Die Möglichkeit des Hohen Vertreters mit Unterstützung der Kommission Initiativen einzuleiten bezieht sich lediglich auf die Bereiche gemischter Materien, also Bereiche, in denen sich die GASP mit denen der vergemeinschafteten Außenpolitiken überschneiden.

Sofern eine Initiative eingeleitet wurde oder der Rat eigenständig Themen aufgegriffen hat, folgt als nächster Schritt die eigentliche Beschlussfassung. Die Beschlussfassung erfolgt gemäß Art. 31 Absatz 1 S. 1 EUV vom ER oder vom Rat – wie bereits erwähnt – grundsätzlich einstimmig. Abweichend von den zwingend festgelegten Einstimmigkeitsfällen kann ausnahmsweise nach Art. 31 Absatz 2 EUV mit qualifizierter Mehrheit entschieden werden. Der EUV sieht fünf Möglichkeiten vor, in denen vom Einstimmigkeitsprinzip abgewichen werden kann. Zunächst auf Grundlage eines Beschlusses des ER über die strategischen Interessen und Ziele nach Art. 22 Absatz 1 EUV.[746] Zudem besteht die Möglichkeit des Rates einen Beschluss, der speziell auf Vorschlag des Hohen Vertreters, der wiederum speziell vom ER aufgesucht wurde bzw. auf eigene Initiative des Hohen Vertreters zurückgeht, gemäß Art. 31 Absatz 2, 2. Spiegelstrich EUV mit qualifizierter Mehrheit zu fassen. Der dritte Fall betrifft hingegen einen Beschluss, mit dem eine Aktion oder ein Standpunkt der Union i.S.d. Art. 25 lit. b) Ziff. iii) EUV festgelegt wird. Viertens kann ein Beschluss mit qualifizierter Mehrheit geschlossen werden, wenn auf Vorschlag des Hohen Vertreters ein Sonderbeauftragter für besondere politische Fragen gemäß Art. 33 EUV ernannt wird. Zuletzt besteht die Möglichkeit des ER einstimmig einen Beschluss zu fassen, der bestimmt, dass der Rat in anderen als in den in Art. 31 Absatz 2 EUV genannten Fällen – mit Ausnahme der Fälle mit militärischen und verteidigungspolitischen Schwerpunkten – mit qualifizierter Mehrheit

---

744 Frenz, ZaöRV 2010, S. 487 (509); Kaufmann-Bühler/Meyer-Landrut, in: Grabitz/Hilf/Nettesheim, Das Recht der EU, Art. 30 EUV, Rn. 2.

745 Kaufmann-Bühler/Meyer-Landrut, in: Grabitz/Hilf/Nettesheim, Das Recht der EU, Art. 30 EUV, Rn. 3.

746 Hier ist zu beachten, dass der Beschluss nach Art. 22 Absatz 1 gemäß Art. 22 Absatz 1 Unterabsatz 2 S. 1 EUV bereits einstimmig gefasst wurde und damit im Ergebnis gar keine Ausnahme vom Einstimmigkeitsprinzip gemacht wurde.

entscheiden kann. Beachtenswert ist in diesem Zusammenhang, dass ein Mitgliedstaat durch die sog. „Blockadeoption"[747], normiert in Art. 31 Absatz 2 Unterabsatz 1 S. 1 EUV, eine Entscheidung mit qualifizierter Mehrheit durch Geltendmachung eines wesentlichen nationalen Grundes einseitig verhindern kann. Hierbei handelt es sich um einen Schutzmechanismus, der aus dem intergouvernemental geprägten Politikfeld resultiert.[748] Indem die Anforderungen an die Gründe für die Blockade recht hoch sind[749], wird einem eventuell drohenden Missbrauch dieser Funktion entgegengesteuert. Dies wird noch deutlicher, wenn man sich die alte Rechtslage vor Augen hält, bei der es für die Durchsetzung des Vetorechts über mehr als ein Drittel der nach Ex-Art. 205 Absatz 2 EGV-Nizza gewogenen Stimmen bedurfte[750] und es in der Praxis kaum zur Erhebung von Einwänden kam. Gegenwärtig bedarf es für eine Nichtannahme eines Einspruchs mindestens eines Drittels der Mitgliedstaaten, die mindestens ein Drittel der Unionsbevölkerung ausmachen,[751] so dass die Anforderungen nunmehr höher sind und eine zukünftige extensive Anwendung in der Praxis wohl noch unwahrscheinlich ist.[752]

Bei raschem Handlungsbedarf, also einer Situation, die eine schnelle außenpolitische Reaktion erfordert, sieht Art. 30 Absatz 2 EUV die Möglichkeit der Einberufung einer Dringlichkeitssitzung auf Verlangen des Hohen Vertreters oder eines Mitgliedstaats vor.

---

747 Auch „Notbremse" genannt, vgl. Giegerich, Wege zu einer vertieften Gemeinsamen Außen- und Sicherheitspolitik: Reparatur von Defiziten als „kleine Lösung", in: Kadelbach (Hrsg.), Die Europäische Union am Scheideweg: mehr oder weniger Europa?, S. 131 (S. 162, Fußnote 110 m.w.N.).

748 Frenz, ZaöRV 2010, S. 487 (514).

749 Der Mitgliedstaat, der die Absicht hat, einen Beschluss, der mit qualifizierter Mehrheit geschlossen wird, abzulehnen, muss darlegen, dass seine Ablehnungsabsicht auf wesentlichen Gründen der nationalen Politik beruht und nicht z.B. nur auf bloßen Detailfragen zu einer bestimmten Politik. Vgl. Frenz, ZaöRV 2010, S. 487 (513).

750 Vgl. Ex-Art. 23 Absatz 1 Unterabsatz 2 Satz 4 EUV-Nizza.

751 Vgl. Art. 31 i.V.m. Art. 16 Absatz 4 Unterabsatz 3 EUV und Art. 238 Absatz 2 AEUV.

752 Scheffler, Die Europäische Union als rechtlich-institutioneller Akteur im System der Vereinten Nationen, S. 716 f. und Fußnote 229.

I. Justiziabilität der GASP

Neben den Handlungsformen und den Beschlussmodalitäten stellt die Justiziabilität der GASP einen relevanten Aspekt dar, der eine – zumindest komprimierte – Erörterung erfordert.

Die GASP fällt gemäß Art. 275 AEUV nicht in die Zuständigkeit des Gerichtshofs der Europäischen Union. Das heißt, dass bis auf zwei Ausnahmenbereiche weder die GASP als solche noch die im Rahmen der GASP erlassenen Maßnahmen der gerichtlichen Kontrolle unterliegen. Der Europäische Gerichtshof ist lediglich für die Kontrolle der Einhaltung der Kompetenzen i.S.d. Art. 40 EUV sowie für Klagen, die nach Art. 263 Unterabsatz 4 AEUV gegen Beschlüsse über restriktive Maßnahmen[753] gegenüber natürlichen oder juristischen Personen erhoben werden, zuständig. Der zuerst genannte Fall betrifft vor allem die Fragen der Kompetenzabgrenzung zwischen den unionalen Gemeinschaftszuständigkeiten i.S.d. Art. 3 ff. AEUV und der intergouvernementalen Zuständigkeit der GASP und der damit einhergehenden Einhaltung der unterschiedlichen Verfahrensgrundsätze. Der zweite Fall stellt eine in der Praxis immer öfter vorkommende Überprüfung des Erlasses von restriktiven Maßnahmen dar, dessen zweistufiges Erlassverfahren einen einstimmigen Beschluss nach Titel V Kapitel 2 EUV – also im Rahmen der GASP – voraussetzt.[754] Im zweiten Schritt liegen dann die Durchführungskompetenzen bei der Union und damit zugleich auch bei der Kommission. Wegen der weitreichenden Folgen restriktiver Maßnahmen für den Betroffenen (z.B. bei Verhängung wirtschaftlicher oder finanzieller Sanktionen) müssen diese Beschlüsse der gerichtlichen Überprüfung zugänglich sein. Dies folgt aus dem allgemein geltenden Rechtsschutzgedanken, nach dem der Grundrechtsschutz und das Recht auf gerichtliches Gehör und auf rechtswahrende Verteidigung gewährleistet sein müssen. Sofern also ein GASP-Beschluss Voraussetzung für den Erlass einer restriktiven Maßnahme ist, kann trotz genereller Unzuständigkeit eine inzidente Prüfung des GASP-Beschlusses durch den Gerichtshof erfolgen.[755]

---

753 Vor allem restriktive Maßnahmen nach Art. 215 AEUV i.V.m. den GASP-Vorschriften.

754 Vgl. Art. 215 Absatz 1 und 2 AEUV.

755 Vgl. Schneider/Terhechte, in: Grabitz/Hilf/Nettesheim, Das Recht der EU, Art. 215 AEUV, Rn. 26; Müller-Ibold, in: Lenz/Borchardt, EU-Verträge Kommentar, Art. 215 AEUV, Rn. 11 und Borchardt, in: Lenz/Borchardt, EU-Verträge Kommentar, Art. 275 AEUV, Rn. 2; in diesem Zusammenhang soll auf das Urteil des EuGH vom 06.10.2020, Bank Refah Kargaran gegen Rat der Europäischen Union, Rs. C-134/19P (ECLI:EU:C:2020:793) in BeckRS 2020, 25302, verwiesen werden, in dem inzident

Zu beachten ist auch, dass der neueingerichtete EAD gerade nicht der Kontrolle des Gerichtshofs unterliegt, da dieser keine Entscheidungen mit Außenwirkung trifft (mit Ausnahme von Entscheidungen, die die Haushalts- und Personalautonomie tangieren).[756]

eine GASP-Maßnahme bei der Beurteilung einer Schadensersatzklage auf Grund der in einem GASP-Beschluss vorgesehenen restriktiven Maßnahmen geprüft wurde.

756 Martenczuk, EuR-Beiheft 2012, S. 189 (S. 202).

II. Die Gemeinsame Sicherheits- und Verteidigungspolitik

Neben der eingehenden Darstellung der GASP ist es notwendig den Teilbereich GSVP, der in der Vergangenheit immer mehr an Bedeutung und politischer Brisanz erlangt hat, in diesem Abschnitt abzuhandeln.

Eine der weitreichendsten Stärkungen der operativen Dimensionen der GASP war die Einrichtung der Europäische Sicherheits- und Verteidigungspolitik (**ESVP**) im Jahr 1999. Damit entschloss sich die Union autonome militärische und zivile Mittel zur Intervention in Konfliktregionen zu schaffen.[757] Mit dem Vertrag von Lissabon wurde die ESVP in die GSVP umbenannt. Im Vergleich zu vorangegangenen Vertragsänderungen haben die Reformen des Lissabonner Vertrages die weitreichendsten Änderungen in der GSVP bewirkt.[758] Damit zeigt sich zugleich, dass sich die GSVP im Rahmen der GASP zu einem Schlüsselprojekt der weiteren europäischen Einigung entwickelt hat. Aber auch wenn die GSVP formal in das unionale System innerhalb der Union eingebettet ist, stellt dieser Teil einen spezifischen Bereich der GASP dar, der mehr als alle anderen Bereiche durch nationale Vorbehalte geprägt ist. Nichtsdestotrotz lässt sich auch hier mittlerweile ein gemeinsames Problem- und Handlungsbewusstsein erkennen, welches – ambitioniert gesehen – zu einer gemeinsamen Verteidigung – wie es Art. 42 Absatz 2 S. 2 EUV vorsieht – führen könnte. Insbesondere die vergangenen Erfahrungen in internationalen Konflikten haben den Mitgliedstaaten gezeigt, dass sie Bedrohungen ausgesetzt sind, die ein vereintes Vorgehen erfordern. Handelt die Union nun gemeinsam mit den Mitgliedstaaten auch in der GSVP erfolgreich und effektiv, würde sich dies sicherlich identitätsbildend auswirken und die europäische Integration auch in diesem Bereich vertiefen.

Im Großen und Ganzen wird die Europäische Union überwiegend als Zivilmacht und nicht als Militärmacht angesehen. Dies ist aber auch nicht verwunderlich, denn die Union verfügt nicht über eine eigene Armee oder sonstige bewaffnete Kräfte; sie ist vielmehr auf die verteidigungsrechtliche Hilfe und

---

757 Peters/Wagner, Gemeinsame Außen- und Sicherheitspolitik, in: Heinelt/Knod (Hrsg.), Politikfelder im EU-Mehrebenensystem, S. 45.

758 Kaufmann/Bühler, in: Grabitz/Hilf/Nettesheim, Das Recht der EU, Art. 42 EUV, Rn. 13.

militärischen Fähigkeiten der Mitgliedstaaten angewiesen.[759] Hält man sich jedoch die charakteristischen Merkmale einer Zivilmacht vor Augen, so erscheint es mittlerweile fraglich, ob diese Annahme tatsächlich noch zutrifft.[760] Eine Zivilmacht wird dadurch gekennzeichnet, dass die Außenpolitik erstens wertegebunden ist und zweitens primär auf zivile und außenwirtschaftliche Instrumente zurückgreift.[761] Mit der Wertegebundenheit werden vor allem die aktive Förderung von Demokratieprinzipien sowie die Einhaltung von Menschenrechten gemeint.[762] Diese Faktoren können in Bezug auf die Union auf jeden Fall bejaht werden.[763] Jedoch werden die operativen Fähigkeiten der Union immer stärker hervorgehoben und ausgeweitet. Darüber hinaus wurde mit der kompletten Eingliederung der Funktionen der Westeuropäischen Union die ehemals bestehende Abhängigkeit zu dieser überwunden.[764] Auch die Anzahl an EU-Missionen ist in den letzten Jahren stark angestiegen.[765] Andererseits vertrauen die Mitgliedstaaten, die zugleich Mitglieder der NATO sind, in Sachen Verteidigung weiterhin vorrangig auf die nordatlantische Allianz,[766] was die Annahme der Abkehr von einer reinen Zivilmacht zu einer Militärmacht wieder relativiert. Darüber hinaus stützt die Union aber ihre GSVP auch ausdrücklich auf zivile Mittel[767] und die Verknüpfung dieser Mittel mit militärischen Fähigkeiten – womit des Weiteren

---

759 Frenz, Europarecht, Rn. 963.

760 *Terhechte* deutet zumindest an, dass sich die Union stärker von einer Zivilmacht zu einer Militärmacht entwickelt – Terhechte, Europäische Verfassungsstudien, S. 262 und S. 273.

761 S. Schmidt: Fortschritte und neue Herausforderungen in der Europäischen Außen- und Sicherheitspolitik, in: Leiße (Hrsg.), Die Europäische Union nach dem Vertrag von Lissabon, S. 213.

762 Ibid.

763 Siehe allein Art. 2 und Art. 3 EUV, die die Werte und Ziele der Union normieren.

764 Kaufmann-Bühler, in: Grabitz/Hilf/Nettesheim, Das Recht der EU, Art. 42 EUV, Rn. 81.

765 *Lasheras/Ayala/Maulny/Katsioulis/Biscop* verweisen auf insgesamt 21 zivile und militärische Missionen – Lasheras/Ayala/Maulny/Katsioulis/Biscop, Internationale Politikanalyse (2009), S. 2; *Kaufmann-Bühler* führt hier insgesamt 20 Missionen in den letzten 10 Jahren an, vgl. Kaufmann-Bühler, in: Grabitz/Hilf/Nettesheim, Das Recht der EU, Art. 42 EUV, Rn. 82; *Webber* zählt insgesamt 24 Missionen, vgl. Webber, The Common Security and Defence Policy in a multilateral world, in: P. Koutrakos, European Foreign Policy (2011), S. 205 (S. 218 f.).

766 Kaufmann-Bühler, in: Grabitz/Hilf/Nettesheim, Das Recht der EU, Art. 42 EUV, Rn. 81.

767 Vgl. u.a. Art. 43 Absatz 1 EUV sowie Hauptaspekte und grundlegende Optionen der GASP (Buchstabe E Nummer 25 der Interinstitutionellen Vereinbarung vom 2.

ihr Charakter als Zivil- bzw. Friedensmacht unterstrichen wird.[768] Im Ergebnis sollte man aber davon ausgehen, dass auch die GSVP – wie die GASP – einen ganzheitlichen Ansatz verfolgt, der sowohl *soft power* als auch *hard power* vereint[769], und es keine Rolle spielt, ob die Union als Zivilmacht oder Militärmacht bezeichnet wird, sondern wie effektiv und wirksam der multilaterale Ansatz der GSVP (und der GASP insgesamt) ist.

A. Grundlagen der GSVP

Die Anfänge der Gemeinsamen Verteidigungspolitik waren alles andere als einfach. Sie waren vielmehr holprig.[770] In der Nachkriegszeit wurden zwar schnell Stimmen laut, die eine Wiederbewaffnung und ein Ende der Besatzung Deutschlands forderten,[771] doch die 1952 geplante Europäische Verteidigungsgemeinschaft mit der Idee einer verteidigungspolitischen Kooperation scheiterte bereits 1954 am Veto Frankreichs.[772] Als Ersatz wurde zwar die Westeuropäische Union gegründet, doch diese verschob das Anliegen einer verteidigungspolitischen Kooperation auf die atlantische Ebene – nämlich auf die NATO.[773] Damit war die WEU keine europäische Angelegenheit wie einst gefordert. Die ab dem Jahre 1970 parallel verlaufende EPZ stellte zwar eine Kooperation in nichtwirtschaftlichen Bereichen (also vor allem in der Außenpolitik) dar, umfasste jedoch keine sicherheitspolitischen Aspekte[774]. Erstmals 1983 schaffte es der Europäische Rat von Stuttgart, dass sicherheits- und verteidigungspolitische Aspekte in

---

Dezember 2013) – 2013 – Entwurf des Jahresberichts der Hohen Vertreterin der Europäischen Union für Außen- und Sicherheitspolitik an das Europäische Parlament (Dokumentennr. 12094/14), S. 189 ff.

768 Marquardt/Gaedtke, in: von der Groeben/Schwarze/Hatje, EUV-Kommentar, Art. 42 EUV, Rn. 12; ähnlich: Webber, The Common Security and Defence Policy in a multilateral world, in: P. Koutrakos, European Foreign Policy (2011), S. 205 (S. 211).

769 Ähnlich: Lasheras/Ayala/Maulny/Katsioulis/Biscop verweisen auf insgesamt 21 zivile und militärische Missionen – Lasheras/Ayala/Maulny/Katsioulis/Biscop, Internationale Politikanalyse (2009), S. 2.

770 Vgl. allgemein: Webber, The Common Security and Defence Policy in a multilateral world, in: P. Koutrakos, European Foreign Policy (2011), S. 205 (S. 205 ff.).

771 Insbesondere Deutschland forderte dies, wobei Deutschland von Italien, den Benelux-Ländern und Frankreich Unterstützung erhielt – zugleich Beteiligte der gescheiterten EPZ.

772 Graf Kielmansegg, EuR 2006, S. 182.

773 Ibid.

774 Missiroli, in: Missiroli, Coherence for Security Policy (2001), S. 6.

die EPZ miteinbezogen wurden. Die rechtliche Institutionalisierung der EPZ erfolgte allerdings erst durch die Einheitliche Europäische Akte im Jahr 1987.[775] Die darauffolgende Gründung der Europäischen Union durch den Vertrag von Maastricht schaffte dann zwar einen gemeinsamen vertraglichen Rahmen für die europäische Integration, doch war hier „nur" die GASP und nicht die gemeinsame Verteidigungspolitik adressiert.[776] Als wesentlicher Schritt im Rahmen dieser Reformen konnte jedoch die Beseitigung der Beschränkung auf die „politischen und wirtschaftlichen Aspekte der Sicherheit", die noch aus der EPZ herrührte, gesehen werden.[777] Der Maastrichter Vertrag weitete sodann die Politik der EU auf „sämtliche Fragen" der Sicherheit aus.[778] Der bisherige Rahmen wurde durch Bestimmung konkreter militärischer Fähigkeiten und die Möglichkeit der Beauftragung einer Gruppe von Mitgliedstaaten sowie durch die Begründung der Ständigen Strukturierten Zusammenarbeit und der militärischen Beistandsklausel grundlegend erweitert.[779] Der 1997 folgende Vertrag von Amsterdam adressierte dann zum ersten Mal in der Präambel die Verpflichtung zur schrittweisen Festlegung einer gemeinsamen Verteidigungspolitik.[780] Die 1992 im Rahmen der WEU beschlossenen Petersberg-Aufgaben, die u.a. die Übernahme von friedenserhaltenden Maßnahmen und Operationen zur Krisenbewältigung umfassten, wurden als Bestandteil des EU-Vertrages (in seiner damaligen Fassung) festgelegt.[781] Damit war die EU erstmalig vertraglich befähigt, internationale Befriedungsoperationen unter Nutzung der Möglichkeiten der WEU und der NATO ohne direkte Beteiligung der USA zu unternehmen.[782] Die Betonung liegt hier auf „vertraglich" befähigt, da die EU selbst nicht mit den militärischen oder zivilen Kapazitäten ausgerüstet war.[783] Die EU erfüllte also im Endeffekt weiterhin das Leitbild der „Zivilmacht".[784] Dies änderte sich

---

775 Kaufmann-Bühler, in: Grabitz/Hilf/Nettesheim, Das Recht der EU, Art. 42 EUV, Rn. 1.

776 Es wurde lediglich auf verteidigungspolitische Zielrichtung gedeutet – vgl. 9. Präambelsatz des Vertrages von Maastricht 1992.

777 Vgl. Ex-Art. 30 Absatz 6 (a) S. 2 der EEA – „They are ready to coordinate their positions more closely on the political and aspects of security".

778 Vgl. Ex-Art. J.4 EUV-Maastricht.

779 Bitterlich, in: Lenz/Borchardt, EU-Verträge Kommentar, Art. 42 EUV, Rn. 9.

780 Vgl. u.a. geänderter 9. Präambelsatz und Art. B, 2. Spiegelstrich des Vertrages von Amsterdam 1999.

781 Bitterlich, in: Lenz/Borchardt, EU-Verträge Kommentar, Vorbemerkung zu Art. 42 EUV, Rn. 3; De Baere, Constitutional Principles of EU External Relations, S. 105.

782 Kaufmann-Bühler, in: Grabitz/Hilf/Nettesheim, Das Recht der EU, Art. 42 EUV, Rn. 2.

783 Im Ergebnis war dann die EU über die NATO doch wieder an die USA „gebunden".

784 Graf Kielmansegg, EuR 2006, S. 182 (S. 182 f.).

jedoch mit der Idee der ESVP. Diese stellte die Funktions- und Entwicklungsfähigkeit der EU auf dem Gebiet der Verteidigung in den Vordergrund. In der Kölner Tagung des Europäischen Rates in 1999 – die als wahre Geburtsstunde der ESVP gewertet wird[785] – wurde die Absicht beurkundet die äußere Handlungsfähigkeit der EU zu stärken und durch den Aufbau ziviler und militärischer Verbände und Einrichtungen eine autonome Konfliktverhütung und Krisenbewältigung der EU zu ermöglichen[786]. Es wurde entschieden, dass der Union autonome Entscheidungs- und Handlungsmöglichkeiten zustehen sollten, um internationalen Bedrohung wirksam begegnen zu können.[787] Mit der ESVP wurde der verteidigungspolitische Verbund mit der WEU aufgelöst und die EU damit auf eigene Füße gestellt.[788] Auch wenn die Handlungsmöglichkeiten hier auch noch weiterhin unter dem Vorbehalt der Verpflichtungen unter der NATO standen, so war die Gründung der ESVP integrationspolitisch von erheblicher Bedeutung. Insbesondere wenn man in Betracht zieht, dass die Reformen umgesetzt wurden, obwohl die Souveränität der Mitgliedstaaten an einem besonders heiklen Punkt betroffen war.[789] Der darauf folgende Aufbau an militärischen und zivilen Instrumenten lässt sich an der Tagung des ER in Helsinki 1999 verdeutlichen, da hier zum ersten Mal konkret von der Bereitstellung eines Truppenkontingents gesprochen wurde.[790] Die Möglichkeit der Bereitstellung eines Truppenkontingents konnte (und kann) aber nicht mit der Schaffung einer europäischen Armee gleichgesetzt werden, denn die Bereitstellung der Truppen hätte nur auf der Grundlage einer souveränen Entscheidung der einzelnen Mitgliedstaaten erfolgen können – dementsprechend liegt also keine autonome

785 Craig, The Lisbon Treaty, S. 419; Bitterlich, in: Lenz/Borchardt, EU-Verträge Kommentar, Art. 42 EUV, Rn. 9; Müller-Brandeck-Bocquet, Die Europäische Union als Akteur in den internationalen Beziehungen, in: Kadelbach, Die Außenbeziehungen der Europäischen Union, S. 19 (S. 28).

786 Von Heinegg, Pechstein/Nowak/Häde, Frankfurter Kommentar, Art. 42 EUV, Rn. 4.

787 Craig, The Lisbon Treaty, S. 419.

788 Graf Kielmansegg, EuR 2006, S. 182 (S. 183).

789 Graf Kielmansegg, EuR 2006, S. 182 (S. 183).

790 Damaliges Ziel war es, bis zum Jahr 2003 in der Lage zu sein, innerhalb von 60 Tagen bis zu 60.000 Soldaten für einen Einsatz von mindestens einem Jahr bereitzustellen – vgl. Punkt 28 der *Helsinki Headline Goal* – Schlussfolgerungen des Vorsitzes des Europäischen Rates, Helsinki, 10. und 11. Dezember 1999 – abrufbar unter: http://www.europarl.europa.eu/summits/hel1_de.htm#II; vgl. auch Müller-Brandeck-Bocquet, Die Europäische Union als Akteur in den internationalen Beziehungen, in: Kadelbach, Die Außenbeziehungen der Europäischen Union, S. 19 (S. 28 f.).

Entscheidungskompetenz der Union vor. Der im Jahr 2001 unterzeichnete Vertrag von Nizza weitete die Aufgaben erneut aus und beseitigte die letzten formalen Hürden zur endgültigen Übernahme der Funktionen und Institutionen der WEU in die ESVP.[791] In der Folgezeit wurden auf Grundlage der Vertragsänderungen neben der Ablösung des Politischen Komitees durch das Politische und Sicherheitspolitische Komitee[792] weitere entsprechende institutionelle Gremien geschaffen.[793] Unangetastet blieb jedoch das Verhältnis der ESVP zur NATO. Der Nizza-Vertrag lieferte lediglich entsprechende Handlungsrichtlinien für Verhandlungen für das Zusammenwirken mit der NATO bei Inanspruchnahme dessen Kapazitäten zur Ausführung einer EU-Maßnahme der Krisenbewältigung[794] – welche letztendlich auch zur Vereinbarung der strategischen Partnerschaft im sog. Berlin-Plus-Abkommen vom 16. Dezember 2002 führte.

Obwohl das Durchringen der Mitgliedstaaten zu einer ESVP so mühsam war, wurde die ESVP im Laufe des Integrationsprozesses zu dem Schlüsselprojekt der Union. Die wirtschaftspolitische Macht wurde bekanntlich schon erreicht, so dass sich die Union verstärkt mit ihrem „neuen" Projekt der Stärkung ihres „militärischen" Ansehens befassen konnte. Schon im Dezember 2003 folgten die nächsten sicherheitspolitischen Änderungen. Es wurde die ESS, die den politischen und strategischen Rahmen der ESVP darstellte, erlassen.[795] Die EES war ursprünglich als Dach der ESVP vorgesehen und verdeutlichte zugleich die Position der EU auf dem internationalen Feld.[796] Darüber hinaus betont die ESS auch den notwendigen kohärenten Ansatz der verschiedenen Maßnahmen. In der nach der Implementierung erfolgten Praxis konnte die ESS zwar keinen handlungsleitenden Charakter aufweisen,[797] trotz allem gilt das Dokument als

791 Kaufmann-Bühler, in: Grabitz/Hilf/Nettesheim, Das Recht der EU, Art. 42 EUV, Rn. 4.

792 Nun mit der Kompetenz ausgestattet, im Falle der Übertragung durch den Rat, Krisenbewältigungsaktionen zu leiten.

793 Z.B. Einrichtung eines EU-Militärausschusses und Militärstabs sowie eines beratenden Ausschusses für die Verbesserung nichtmilitärischer Krisenbewältigung, vgl. Bitterlich, in: Lenz/Borchardt, EU-Verträge Kommentar, Art. 42 EUV, Rn. 10.

794 Kaufmann-Bühler, in: Grabitz/Hilf/Nettesheim, Das Recht der EU, Art. 42 EUV, Rn. 4; vgl. auch Schlussfolgerungen des ER v. 29.01.2003 in Kopenhagen unter III. 27 (Dok. 15917/02).

795 P. Koutrakos, The EU Common Security and Defence Policy (2013), S. 79.

796 P. Koutrakos, The EU Common Security and Defence Policy (2013), S. 80.

797 Galaski/Kaim: Die Europäische Union als Militärmacht, in: Leiße (Hrsg.), Die Europäische Union nach dem Vertrag von Lissabon, S. 304; ähnlich: Müller-Brandeck-Bocquet, Die Europäische Union als Akteur in den internationalen Beziehungen, in: Kadelbach, Die Außenbeziehungen der Europäischen Union, S. 19 (S. 30).

richtungsweisend für die Notwendigkeit der Verbindung militärischen Vorgehens mit zivilen Stabilisierungsmaßnahmen.[798] Es legte als erstes Dokument die wesentlichen Prinzipien und Grundsätze für eine europäische Sicherheitspolitik fest.[799] Verdeutlicht wird dies vor allem in dem 2008 vom ER veröffentlichten Bericht zur ESS,[800] der die Position der EU als wichtigen Akteur für eine bessere Welt betonte und die Fortschritte, die die EU innerhalb der letzten fünf Jahre nach Verabschiedung der ESS gemacht hatte, akzentuierte.[801] Zugleich hob der Bericht aber hervor, dass die Union zur Erreichung ihres vollen Potenzials kohärenter, handlungsfähiger und zunehmend aktiver werden müsste.[802] Deswegen nahm auch der zuletzt erlassene Reformvertrag 2009 dies zum Anlass, die sicherheits- und verteidigungspolitische Komponente der EU zu stärken. Insbesondere die Zulassung permanenter strukturierter militärischer Zusammenarbeit als besondere Ausprägung der verstärkten Zusammenarbeit[803] sowie die Normierung einer Beistandsklausel[804] sowie auch die Schaffung der Europäischen Verteidigungsagentur[805] waren Maßnahmen zur Stärkung der ESVP. Auch die detaillierte Wiedergabe der Petersberg-Aufgaben findet sich im EUV wieder.[806] Der Lissabonner Vertrag übernahm dabei fast alle Neuerungen, die bereits in dem gescheiterten EU-Verfassungsvertrag enthalten waren,[807] worunter auch die Verpflichtung der Mitgliedstaaten ihre militärischen Fähigkeiten weiterzuentwickeln und der Union diese zur Erfüllung ihrer Ziele zur Verfügung

798 Kaufmann-Bühler, in: Grabitz/Hilf/Nettesheim, Das Recht der EU, Art. 42 EUV, Rn. 21.

799 Müller-Brandeck-Bocquet, Die Europäische Union als Akteur in den internationalen Beziehungen, in: Kadelbach, Die Außenbeziehungen der Europäischen Union, S. 19 (S. 30).

800 Report on the Implementation of the European Security Strategy – Providing Security in a Changing World, European Council, 11. Dezember 2008, S407/08.

801 Der Bericht verdeutlichte aber auch, dass sich das Sicherheitsverständnis von einem zunächst nur territorialbezogenen zu einem globalen, die Umwelt, den Klimawandel und die Gesellschaft umfassenden Vorstellungsbild gewandelt hatte, vgl. hierzu P. Koutrakos, The EU Common Security and Defence Policy (2013), S. 86 ff.

802 Unter Fußnote 800 genannter Report, S. 2 – „For our full potential to be realised we need to be still *more capable, more coherent and more active.*"

803 Art. 42 Absatz 6 und Art. 46 EUV.

804 Art. 42 Absatz 7 EUV.

805 Art. 45 EUV.

806 Art. 43 EUV.

807 Kaufmann-Bühler, in: Grabitz/Hilf/Nettesheim, Das Recht der EU, Art. 42 EUV, Rn. 9.

zu stellen gehört.[808] Einzig wurde die Systematik im Bereich des auswärtigen Handelns geändert. In Art. 21 EUV und Art. 22 EUV werden nun die allgemeinen, für alle Bereiche des auswärtigen Handelns, also auch für die GSVP, geltenden Ziele dargelegt. Die Bestimmungen über die GSVP sind dagegen als besondere Vorschriften zu qualifizieren. 2010 folgte dann gleich auch die Formulierung der EU-Strategie der inneren Sicherheit.[809]

Vergegenwärtigt man sich den Lauf des Integrationsprozesses innerhalb der GASP – mit besonderem Augenmerk auf die verteidigungs- und sicherheitspolitische Komponente –, so kann man durchaus sagen, dass sich die Union im Laufe des Integrationsprozesses von einer Zivil- und Wirtschaftsmacht zu einem verteidigungspolitischen Akteur gewandelt hat.[810] Es handelt sich zwar um einen sehr mühsamen Prozess, doch brachte jeder Schritt die Union in sicherheitspolitischer Perspektive etwas voran:[811] von einem engen Verständnis der Sicherheitspolitik, die sich nur auf die verteidigungspolitischen Komponenten konzentrierte, zu einem weiten umfassenden Verständnis der Sicherheitspolitik, die sich den globalen Herausforderungen der neuen Welt angepasst hat. Heute umfasst die europäische Sicherheitspolitik neben dem Kernelement der territorialen Integrität auch Herausforderungen und Gefahren aus Bereichen der Massenvernichtungswaffen, des Terrorismus, der regionalen Konflikte mit Auswirkungen auf die EU, der sog. *Failing States*, der organisierten Kriminalität, des Klimawandels, der Energieversorgungssicherheit und der sog. *Cyber Security*.[812] Der Wandel des Sicherheitsverständnisses mag insbesondere auch daher kommen, dass die Erfahrungen der letzten Jahre die Kenntnis mit sich gebracht haben, dass kein Konflikt und keine Gefahr alleine bzw. separat betrachtet und ihnen begegnet werden kann.[813] Die heutigen Gefahren sind vielmehr

---

808 Art. 42 Absatz 3 Unterabsatz 2 EUV.

809 Mitteilung der Kommission an das Europäische Parlament und den Rat vom 22. November 2010 – EU-Strategie der inneren Sicherheit: Fünf Handlungsschwerpunkte für mehr Sicherheit in Europa (KOM(2010) 673 endg.) – nicht im Amtsblatt veröffentlicht.

810 Graf Kielmansegg, EuR 2006, S. 182 (S. 184); es ist darauf hinzuweisen ist, dass die Bezeichnung als verteidigungspolitischer Akteur nicht gleichzusetzen ist mit der Bezeichnung der Militärmacht, vgl. oben unter II. die einleitenden Ausführungen zur GSVP.

811 Ehrhart, Integration 2/2013, S. 91 (S. 92).

812 Vgl. Text der ESS – Globale Herausforderungen, S. 2 ff.

813 Bailes, SIPRI Yearbook 2005, S. 2 (S. 6).

untrennbar miteinander verbunden und stellen – vor allem – nicht nur militärische Gefahren dar.[814]

B. Struktur

Die inhaltliche Ausgestaltung der GSVP ist fast identisch mit den Strukturen der GASP. Die GSVP ist wie die GASP zwischenstaatlich und nicht gemeinschaftsrechtlich ausgeprägt.[815] Sie weist also gerade keine Supranationalität auf.[816] Die grundlegende Bestimmung findet sich – neben den allgemeinen Bestimmungen des Titels V – in Art. 42 EUV. Daneben enthalten Art. 43–46 EUV Durchführungsbestimmungen, die die allgemeinen Bestimmungen ergänzen.

Für die gemeinsame Verteidigungspolitik, die als handlungsbezogener Begriff ganz allgemein die politischen Gestaltungshandlungen betrifft, gilt die Unionskompetenz.[817] Die gemeinsame Verteidigung i.S.d. Art. 42 Absatz 2 Unterabsatz 2 S. 2 EUV ist der Union dagegen vorenthalten und gehört nicht zur unionalen Verbandskompetenz.[818] Demnach kann die Union nicht rechtsverbindlich über die Streitkräfte der Mitgliedstaaten verfügen.[819] Hintergrund dieser Unterscheidung sind die Vorbehalte der Mitgliedstaaten einen elementaren Teil ihrer nationalen Kernkompetenzen abzugeben. Schließlich betreffen militärische Entscheidungen den Kern der staatlichen Souveränität, die der Entscheidungskompetenz der parlamentarisch legitimierten nationalen Parlamente unterliegt.[820] Darüber hinaus bestanden schon immer Differenzen zwischen den „aufgeschlossenen“ Mitgliedstaaten und den neutralen Mitgliedstaaten wie Irland, Schweden und Finnland, die sich generell nicht an militärischen Operationen beteiligen wollen

---

814 P. Koutrakos, The EU Common Security and Defence Policy (2013), S. 86.

815 Wouters/Coppens/De Meester, The European Union's External Relations after Lisbon Treaty, in: Griller/Ziller, The Lisbon Treaty, S. 143 (S. 165).

816 Kaufmann-Bühler, in: Grabitz/Hilf/Nettesheim, Das Recht der EU, Art. 42 EUV, Rn. 14.

817 Graf Kielmansegg, EuR 2006, S. 182 (S. 190) – klarstellend ist auszuführen, dass die Unionskompetenz nicht in dem Verständnis zu verstehen ist, dass die GSVP eine ausschließliche Zuständigkeit der Union darstellt. Das ist gerade nicht der Fall, da die GSVP wie die GASP intergouvernemental geprägt ist und demnach eine Kompetenz *sui generis* darstellt.

818 Graf Kielmansegg, EuR 2006, S. 182 (S. 190).

819 Graf Kielmansegg, EuR 2006, S. 182 (S. 200).

820 Vgl. z.B. den in Deutschland geltenden Parlamentsvorbehalt, nach dem die Bundesregierung vor einem Einsatz bewaffneter deutscher Streitkräfte im Ausland einen Antrag an den Bundestag stellen muss (§ 3 Absatz 1 ParlamentsbeteiligungsG).

bzw. wollten.[821] Anderseits fürchteten die „großen“ Staaten wie Frankreich und Großbritannien eine Schwächung der NATO.[822] Nicht ohne Grund hat die Entwicklung und Ausgestaltung der verteidigungspolitischen Komponenten, wie sie zum jetzigen Zeitpunkt bestehen, entscheidend länger gedauert als die wirtschaftliche Entwicklung der EU.

Unterstützt wird die Annahme des Kompetenzausschlusses der Union für die gemeinsame Verteidigung durch das in der GSVP herrschende Freiwilligkeitsprinzip, nach dem die Mitgliedstaaten weder zu bestimmten Beiträgen zu einem europäischen Streitkräftereservoir noch zur Beteiligung an EU-Operationen rechtlich verpflichtet werden können.[823]

Darüber hinaus greift auch hier das im Rahmen der GSVP geltende Rückgriffsprinzip, nach dem die Fähigkeiten der Union von den Mitteln der Mitgliedstaaten abhängen.[824] Aus diesem Prinzip folgt zugleich für die Union das Verbot des Aufbaus integrierter Streitkräfte und Hauptquartiere.[825] Der Aufbau kann dementsprechend auch nicht über die sog. Evolutivklausel des Art. 42 Absatz 2 Unterabsatz 1 S. 2 und S. 3 EUV gerechtfertigt werden.[826]

C. Ziele

Die Ziele der GSVP sind mehrfach in dem EU-Vertrag genannt. Zunächst ist – wie bereits erwähnt – festzuhalten, dass die allgemeinen Ziele des Art. 21 EUV auch für die GSVP gelten, denn die GSVP ist integrierter Bestandteil des auswärtigen Handelns. Der 11. Präambelsatz spricht davon, dass die Mitgliedstaaten entschlossen sind durch die schrittweise Festlegung einer gemeinsamen Verteidigungspolitik die Identität und Unabhängigkeit Europas zu stärken, um Frieden und Sicherheit in Europa und der Welt zu fördern. Art. 3 Absatz 5 S. 2 EUV verdeutlicht nochmals u.a., dass die Union ihren Beitrag zum Frieden und zur Sicherheit in der Welt leistet. Dies wird noch einmal in Art. 21 Absatz 2 c EUV bekräftigt und weiter konkretisiert. In Art. 42 EUV finden sich dann die Zielbestimmungen, die sich speziell auf die GSVP beziehen. Absatz 2 enthält den

---

821 Vgl. hierzu sog. irische Klausel des Art. 42 Absatz 2 Unterabsatz 2 1. HS. EUV.

822 Graf Kielmansegg, EuR 2006, S. 182 (S. 190 f.).

823 Graf Kielmansegg, EuR 2006, S. 182 (S. 197).

824 Art. 42 Absatz S. 4 und Absatz 3 Unterabsatz 1 S. 1 EUV.

825 Graf Kielmansegg, EuR 2006, S. 182 (S. 197).

826 Dies könnte nur durch eine förmliche Vertragsänderung i.S.d. Art. 48 EUV ermöglicht werden, vgl. Cremer, in: Calliess/Ruffert, EUV/AEUV-Kommentar, Art. 42 EUV, Rn. 12.

konkreten Hinweis auf die schrittweise Festlegung der gemeinsamen Verteidigungspolitik, die zu einer gemeinsamen Verteidigung führen kann. Das Konzept der GSVP ist also umfassend angelegt. Die GSVP ist nicht auf bestimmte Kriterien und Kategorien beschränkt.[827] Sie umfasst verteidigungspolitische sowie sicherheitspolitische Aspekte und sogar eine Beistandsgarantie[828]. Vereinfacht gesehen richtet sich die GSVP auf einen doppelten Ansatz, nämlich das militärische sowie das zivile Adressieren von weltpolitischem Geschehen.[829] Die Zielerreichung ist nicht begrenzt auf die Territorien der Mitgliedstaaten, sondern bezieht sich auch auf Gebiete außerhalb der Union.[830] „Eingeschränkt“[831] werden die Zielbestimmungen dadurch, dass die Friedenssicherung, Konfliktverhütung und Stärkung der internationalen Sicherheit gemäß Art. 42 Absatz 1 S. 3 EUV im Einklang mit den Grundsätzen der Charta der Vereinten Nationen erfolgen muss und dass der „Auftrag“ nach Art. 42 Absatz 2 Unterabsatz 2 EUV unter dem Vorbehalt der Verpflichtungen, die unter dem Nordatlantikvertrag vereinbart wurden, steht.

Aus den vertraglichen Bestimmungen kann also gefolgert werden, dass die Union sich zunächst das Ziel gesetzt hat, ihre sicherheitspolitischen Fähigkeiten weiter zu verbessern und zu diesem Zweck auch den Entwicklungsprozess innerhalb der GSVP, also die Fortentwicklung und Ausweitung der militärischen und auch zivilen Mittel, energisch voranzutreiben.[832] Als Fernziel steht offensichtlich die gemeinsame Verteidigung im Vordergrund. Dies aber in einer, wie Art. 42 Absatz 2 Unterabsatz 1 EUV beschreibt, schrittweisen Festlegung einer gemeinsamen Verteidigungspolitik, welche wiederum einen einstimmigen Beschluss des ER erfordert und zugleich mit den verfassungsrechtlichen Vorgaben der einzelnen Mitgliedstaaten übereinstimmen muss.

Es ist bereits jetzt evident, dass zur Erfüllung dieses Ziels die Beschaffung von Rüstungsgütern und die Aufstellung von Gefechtsverbänden in den Vordergrund

---

827 P. Koutrakos, The EU Common Security and Defence Policy (2013), S. 61.

828 Art. 42 Absatz 7 EUV.

829 Vgl. Müller-Brandeck-Bocquet, Die Europäische Union als Akteur in den internationalen Beziehungen, in: Kadelbach, Die Außenbeziehungen der Europäischen Union, S. 19 (S. 33); siehe auch die einleitenden Ausführungen unter II.

830 Vgl. Art. 42 Absatz S. 3 EUV.

831 Eingeschränkt soll hier nicht im negativen Sinne gemeint sein, da die Einhaltung der Grundsätze der UN-Charta positive Wirkung hat.

832 Peters/Wagner, Gemeinsame Außen- und Sicherheitspolitik, in: Heinelt/Knodt (Hrsg.), Politikfelder im EU-Mehrebenensystem, S. 48; Wouters und Bearbeiter, The Law of EU External Relations, S. 382 f.

rücken müssen, da diese bestenfalls zu einem hohen Maß an militärischer Integration führen können. Darüber hinaus muss die Ausführung der GSVP noch flexibler werden als die GASP, denn hier scheint die Heterogenität der Mitgliedstaaten noch stärker ausgeprägt zu sein.[833]

D. Umfang

Im Gegensatz zu den vertraglichen Bestimmungen zur GASP wird der Umfang der GSVP in den Verträgen wesentlich detaillierter beschrieben.[834] Um der Union eine durchsetzungsfähige Kraft auf dem internationalen Feld zu geben, ist der Umfang der GSVP seit ihrer Geburtsstunde stetig gewachsen. Nicht nur die neuen globalen Herausforderungen haben hierzu beigetragen, sondern auch das sich wandelnde Verständnis der Union und ihrer Mitgliedstaaten von einer reinen Zivilmacht zu einer erstzunehmenden Streitmacht zu erwachsen.

1. Sachlicher Anwendungsbereich

Nach dem allgemeinen Wortlaut umfasst die GSVP eine Sicherheits- und eine Verteidigungspolitik und da die Sicherheitspolitik als Erstes Eingang in die Verträge gefunden hat, ist davon auszugehen, dass dieser Begriff weiter gefasst ist als der Begriff der reinen Verteidigungspolitik. Neben der klassischen Verteidigungspolitik umfasst die GSVP also gerade auch die Sicherheitspolitik.[835] Im Rahmen dieser Sicherheitspolitik spielen vor allem die Konfliktverhütung und das Krisenmanagement mehr denn je eine entscheidende Rolle.[836] Der Begriff der Konfliktverhütung ist umfassend und bezieht neben politischen, wirtschaftlichen und militärischen Mitteln auch flexible Maßnahmen ein, die ein angepasstes Reagieren auf konkrete und spezielle Situationen ermöglichen.[837] Dagegen ist das Krisenmanagement auf das kurzfristige Agieren und Reagieren ausgelegt – insbesondere als eine Politik, die auf den Einsatz von militärischen Mitteln und

833 Peters/Wagner, Gemeinsame Außen- und Sicherheitspolitik, in: Heinelt/Knodt (Hrsg.), Politikfelder im EU-Mehrebenensystem, S. 57.
834 Eeckhout, The EU's CFSP after Lisbon, in: Biondi/ders./Ripley, EU after Lisbon (2012), S. 265 (S. 266 f.).
835 So auch Kaufmann-Bühler, in: Grabitz/Hilf/Nettesheim, Das Recht der EU, Art. 42 EUV, Rn. 19; Der Europäische Auswärtige Dienst zwischen intergouvernementaler Koordination und supranationaler Repräsentation, S. 113 f.
836 Ähnlich: Missiroli, in: Missiroli, Coherence for Security Policy (2001), S. 8.
837 Ibid.

negativer Diplomatie setzt.[838] Darüber hinaus spricht Art. 42 Absatz 2 S. 2 EUV auch von der Möglichkeit einer gemeinsamen Verteidigung, sofern der ER dies einstimmig beschließt. Diese Möglichkeit wird zum ersten Mal in den Verträgen als konkretes Ziel bezeichnet und stellt nicht mehr nur eine vage Möglichkeit dar.[839] Die gemeinsame Verteidigung steht jedoch unter dem Vorbehalt der *schrittweisen* Festlegung der gemeinsamen Verteidigungspolitik. Damit wird deutlich, dass die Verteidigungspolitik im Entwicklungszustand ist, wobei ein stetiges Voranschreiten impliziert wird.[840] Sofern sich aber die Union mit den Mitgliedstaaten dazu entschließt eine gemeinsame Vereidigung zu begründen, so steht dies ihnen auf Grund der vertraglich festgelegten Kompetenz zu.[841] Dagegen stellt die Möglichkeit einer gemeinsamen Verteidigung eine Entwicklungsoption dar, für die (noch) keine Unionskompetenz besteht.[842] Die GSVP umfasst des Weiteren die Pflicht der Mitgliedstaaten zur schrittweisen Verbesserung ihrer militärischen Fähigkeiten.[843] Ob darin eine tatsächliche Handlungspflicht zu sehen ist, bleibt fraglich. Immerhin dürfen die Mitgliedstaaten, sofern sie sich nicht auf die sog. irische Klausel, also auf ihre Neutralität gemäß Art. 42 Absatz 2 Unterabsatz 2 S. 1 EUV berufen, nicht untätig bleiben.[844] Dies gebietet allein schon die allgemein geltende Loyalitätspflicht.

Fest steht, dass sich im Laufe der Zeit der Umfang der Sicherheits- und Verteidigungspolitik erweitert hat und die Ansprüche der Union gestiegen sind. Dies hat zur Folge, dass nun auch die Frage der Verantwortlichkeit – und damit auch der Haftung – mehr denn je im Vordergrund steht. Die ESS verdeutlichte in diesem Zusammenhang bereits, dass „Europa bereit sein muss, Verantwortung

838 Ibid.

839 Vgl. Ex-Art. 17 Absatz 1 S. 1 EUV-Nizza „die zu einer gemeinsamen Verteidigung führen *könnte*" (Hervorhebung durch die Verfasserin) mit Art. 42 Absatz 2 S. 2 EUV: „Diese führt zu einer gemeinsamen Verteidigung"; sowie Streinz/Ohler/Herrmann, Der Vertrag von Lissabon zur Reform der EU, § 17 III.

840 Graf Kielmansegg, EuR 2006, S. 182 (S. 185) – vgl. auch die englische Fassung des Art. 42 Absatz 2 S. 1 und S. 2 EUV, der von „*shall including the progressive framing of a Common Union defence policy. This will lead to a common defence*" spricht.

841 Hiermit ist nicht gemeint, dass die Union eine Gemeinschaftskompetenz für eine gemeinsame Verteidigung besitzt, sondern dass die Union ihre Verteidigungspolitik durch Beschlüsse innerhalb des GASP-Rahmens realisieren kann; vgl. Graf Kielmansegg, EuR 2006, S. 182 (S. 186).

842 Graf Kielmansegg, EuR 2006, S. 182 (S. 186).

843 Art. 42 Absatz 3 Unterabsatz 2 S. 1 EUV.

844 Cremer, in: Calliess/Ruffert, EUV/AEUV-Kommentar, Art. 42 EUV, Rn. 25.

für die globale Sicherheit [...] zu tragen".[845] Der Bericht von 2008 erwähnt im allerersten Satz, dass die Europäische Union nun mehr Verantwortung trägt als je zuvor.[846] Ob darin jedoch die Verantwortung im rechtlichen Sinne oder eher im moralischen Sinne zu verstehen ist,[847] soll nicht Gegenstand dieser Arbeit sein. Es soll genügen festzustellen, dass die Verantwortlichkeit mit dem Streben der Union nach Vereinheitlichung und mit ihrer Erweiterungspolitik von stetig wachsender Relevanz ist und in Zukunft wohl auch neue rechtliche Rahmen erfordern wird, womit zugleich der Umfang der GSVP erweitert werden könnte.

2. Geographischer Anwendungsbereich

Laut Art. 42 Absatz S. 3 EUV beziehen sich die Aufgaben und Ziele auch auf Missionen außerhalb der Union. Die Benennung von Missionen außerhalb der Union ist erstmalig durch den Lissabonner Vertrag eingeführt worden.[848] In Anbetracht dieses Wortlautes könnte man also annehmen, dass die unionale Sicherheits- und Verteidigungspolitik geographisch nicht auf den in Art. 355 Absatz 1 bis 5 AEUV genannten räumlichen Geltungsbereich[849] begrenzt ist. Unterstützt wird diese These mit den bereits durchgeführten Aktionen und Missionen in Drittstaaten wie u.a. in der Republik Kongo[850] und Mazedonien[851] und in Somalia[852]. Darüber hinaus verweise ich auf meine Ausführungen zum Umfang der GASP im ersten Teil unter I., Buchstabe D., die sinngemäß auf die GSVP übertagen werden können. Eine weitere Infragestellung dieses weiten Anwendungsbereichs ist m.E. nicht erforderlich.

845 ESS-Bericht, S. 1.

846 Report on the Implementation of the European Security Strategy – Providing Security in a Changing World, European Council, 11. Dezember 2008, S407/08, S. 1.

847 Vgl. P. Koutrakos, The EU Common Security and Defence Policy (2013), S. 89 f.

848 Kaufmann-Bühler, in: Grabitz/Hilf/Nettesheim, Das Recht der EU, Art. 42 EUV, Rn. 34.

849 Art. 52 EUV.

850 Operation „Artemis 2003" – u.a. Gemeinsame Aktion 2003/423/GASP vom 5. Juni 2003.

851 EU-Operation „Concordia" unter dem UN-Mandat nach der UN-Resolution 1371 vom 26. September 2001.

852 European Military Training Mission for Somalia – u.a. Beschluss des Rates 2010/197/GASP vom 21. Dezember 2012.

3. Inhaltlicher Umfang

In inhaltlicher Hinsicht kann sich die Union bei der Erfüllung ihrer Aufgaben ziviler sowie militärischer Mittel bedienen. Zu den Aufgaben, die zur Erreichung der Ziele innerhalb der GSVP dienen, gehören gemäß Art. 43 Absatz 1 EUV gemeinsame Abrüstungsmaßnahmen, humanitäre Aufgaben und Rettungseinsätze, Aufgaben der militärischen Beratung und Unterstützung, Aufgaben der Konfliktverhütung und der Erhaltung des Friedens sowie Kampfeinsätze im Rahmen der Krisenbewältigung einschließlich Frieden schaffender Maßnahmen und Operationen zur Stabilisierung der Lage nach Konflikten. Diese Aufzählung ist jedoch nicht als abschließend zu verstehen.[853] Diese Annahme folgt allein aus dem Umstand, dass die Aufgaben der GSVP seit dem Nizza-Vertrag, über die Festlegung der Petersberg-Aufgaben, bis hin zur ESS und den darauf folgenden Entwicklungen[854], stetig ausgeweitet wurden.[855] Neuestes Beispiel hierfür ist die Einführung der Beistandsverpflichtung in Art. 42 Absatz 7 EUV, die ursprünglich in dem gescheiterten Verfassungsentwurf erstmalig Platz gefunden hatte[856].

Zur Erfüllung dieser Aufgaben kann die Union also auf zivile und militärische Mittel zurückgreifen. Die Mitgliedstaaten stellen diese der Union zur Verfügung.[857] Darüber hinaus kann der Hohe Vertreter gemäß Art. 42 Absatz 4 S. 2 gegebenenfalls auf Instrumente der Union zur Erfüllung des verteidigungspolitischen Auftrages zurückgreifen. Im Gegensatz zu dem finanzrechtlich geprägten Begriff der Instrumente der Union handelt es sich bei den Mitteln der Mitgliedstaaten um einen weiten Begriff, der das Bereitstellen von Experten, Polizisten und Truppen bis hin zu Ausrüstungs-, Transport- und Kommunikationsfazilitäten umfasst.[858] Im Krisenmanagement stehen dagegen militärische Mittel und

---

853 P. Koutrakos, The EU Common Security and Defence Policy (2013), S. 59.

854 Vgl. vor allem den vom Rat der Europäischen Union 2009 veröffentlichten Bericht „Europäische Sicherheitsstrategie – Ein sicheres Europa in einer besseren Welt“, abrufbar unter: https://www.consilium.europa.eu/de/documents-publications/publications/european-security-strategy-secure-europe-better-world/.

855 Ähnlich: Scheffler, Die Europäische Union als rechtlich-institutioneller Akteur im System der Vereinten Nationen, S. 687.

856 Vgl. Art. 1–41 Absatz 7 des Verfassungsvertrages.

857 Sog. Rückgriffsprinzip des Art. 42 Absatz 1 S. 4 EUV (siehe auch oben unter Abschnitt B. Struktur).

858 Kaufmann-Bühler, in: Grabitz/Hilf/Nettesheim, Das Recht der EU, Art. 42 EUV, Rn. 36.

der Einsatz von negativer Diplomatie, also Sanktionen, Embargos, Einfrieren von Vertragsverhandlungen, im Vordergrund.[859]

Im Ergebnis kommt es nicht auf die Aufzählung aller einzelnen Instrumente und Maßnahmen an, denn im Grundsatz sind es immer wieder dieselben Handlungsformen, die jedoch in unterschiedlicher Weise und in unterschiedlicher Kombination eingesetzt werden. Dementsprechend erscheint es nicht sachgerecht den inhaltlichen Umfang präzise festzulegen.

E. Akteure der GSVP

Im Vergleich zu der GASP gibt es in der GSVP eine Vielzahl an Akteuren. Insbesondere in den letzten Jahren kam es zu einer Häufung von neuen Institutionen innerhalb der GSVP.[860] Dies führt u.a. dazu, dass im Bereich der GSVP die Akteure nicht eindeutig abgrenzbar sind. Insbesondere sind die Abgrenzungen zwischen den einzelnen Zuständigkeiten und den Organen nicht immer sehr strikt. Die Lissabonner Reformen haben versucht durch die Einführung neuer Vorschriften mehr Klarheit in diesem Bereich zu bringen.[861]

1. Mitgliedstaaten

Kein Unionsorgan, aber die wichtigsten Handelnden innerhalb der GSVP und damit auch als Erstes zu nennen sind die Mitgliedstaaten. Die Mitgliedstaaten sind für die Ausführung der Maßnahmen im Bereich der GSVP zuständig. Sie stellen der Union für die Umsetzung der GSVP-Politiken und Ziele ihre zivilen und militärischen Fähigkeiten zur Verfügung.[862] Gemäß Art. 44 EUV kann der Rat unter Vorliegen der hierin genannten Voraussetzungen einer Gruppe von Mitgliedstaaten die Ausführung einer Mission übertragen.

2. Europäischer Rat

Der ER hat auf Grund seiner Stellung als Leitfigur für die Union gemäß Art. 22 Absatz 1 EUV auch in der GSVP eine entscheidende Bedeutung. Er legt die

---

859 Missiroli, in: Missiroli, Coherence for Security Policy (2001), S. 8.

860 Ähnlich: Webber, The Common Security and Defence Policy in a multilateral world, in: P. Koutrakos, European Foreign Policy (2011), S. 205 (S. 216).

861 P. Koutrakos, The EU Common Security and Defence Policy (2013), S. 38; Webber, The Common Security and Defence Policy in a multilateral world, in: P. Koutrakos, European Foreign Policy (2011), S. 205 (S. 215).

862 Art. 42 Absatz 3 S. 1 EUV.

strategischen Interessen und Ziele fest, die auch die Ausführung der GSVP bestimmen.[863] Dem ER stehen zwar auch in der GSVP keine Gesetzgebungsbefugnisse zu,[864] jedoch hat er das Recht Beschlüsse nach Art. 22 Absatz 1 Unterabsatz 2 EUV zu erlassen. Der Präsident des ER nimmt auch im Rahmen der GSVP die Außenvertretung der Union wahr. Das neu definierte Amt des Präsidenten[865] dient der Stärkung des intergouvernementalen Charakters der GSVP, da die Mitgliedstaaten ein Interesse daran haben, auf dem internationalen Parkett mit „einem" (auf Zeit gewählten) Gesicht vertreten zu sein,[866] anstelle des rotierenden Vorsitzes durch Staats- und Regierungschefs.[867] Der Präsident soll auf Augenhöhe mit dem Kommissionpräsidenten und dem Präsidenten des Europäischen Parlaments verhandeln können.

3. Rat der Europäischen Union

Dem Rat obliegen neben den oben beschriebenen Aufgaben innerhalb der GASP auch in der GSVP wesentliche Aufgaben und Pflichten. Zunächst beurteilt der Rat gemäß Art. 42 Absatz 3 Unterabsatz 2 S. 2 a.E. EUV die Verbesserung der militärischen Fähigkeiten. Daneben fasst er auf Vorschlag des Hohen Vertreters oder auf Initiative der Mitgliedstaaten Beschlüsse zur GSVP einschließlich der Beschlüsse über die Einleitung von Missionen nach Art. 42 Absatz 1 EUV und der Übertragung von Missionen nach Art. 42 Absatz 5 i.V.m. Art. 44 EUV. Dem Rat unterstellt ist die Europäische Verteidigungsagentur, ihm obliegt auch die nähere Ausgestaltung deren obliegt.[868] Zuletzt ist der Rat Adressat für die Mitgliedstaaten, die eine Ständige Strukturierte Zusammenarbeit i.S.d. Art. 46 EUV anstreben.

Daneben nimmt der Rat in der besonderen Formation des Rates für Allgemeine Angelegenheiten eine besondere Stellung in der GSVP ein. Der Rat für Allgemeine Angelegenheiten, der sich aus hochrangigen Vertretern der Mitgliedstaaten zusammensetzt, ist nämlich für die „politische Überwachung" der GSVP zuständig.[869]

---

863 Art. 22 Absatz 1 Unterabsatz 2, S. 1 EUV.

864 Art. 15 Absatz 1 S. 3 EUV.

865 Damit ist die Einführung eines ständigen Präsidenten mit einer Amtszeit von 2,5 bzw. 5 Jahren gemeint.

866 P. Koutrakos, The EU Common Security and Defence Policy (2013), S. 39.

867 Kumin, in: Grabitz/Hilf/Nettesheim, Das Recht der EU, Art. 15 EUV, Rn. 16.

868 Vgl. Art. 45 Absatz 2 S. 2 EUV.

869 The Common Security and Defence Policy in a multilateral world, in: P. Koutrakos, European Foreign Policy (2011), S. 205 (S. 215).

4. Hoher Vertreter

In Bezug auf die GSVP hat der Hohe Vertreter – neben den bereits o.g. Befugnissen – das Initiativrecht (gegebenenfalls gemeinsam mit der Kommission) Beschlüsse i.S.d. Art. 42 Absatz 4 EUV vorzuschlagen. Darüber hinaus ist er gemäß Art. 26 Absatz 3 EUV allgemein mit der Durchführung der gemeinsamen Außenpolitik, also auch mit der Ausführung der GSVP, mit den von den Mitgliedstaaten zur Verfügung gestellten Mitteln, betraut. Im Rahmen von Missionen ist der Hohe Vertreter für die Koordinierung der zivilen und militärischen Aspekte, wenn auch unter Aufsicht des Rates und unter enger Zusammenarbeit mit dem Politischen und Sicherheitspolitischen Komitee, zuständig.[870]

Die vormalige Amtsinhaberin Catherine Ashton hat bis zum Ablauf ihrer Amtszeit die GSVP eher stiefmütterlich behandelt. In ihren offiziellen Ansprachen hat sie sicherheits- und verteidigungspolitische Aspekte eher selten und wenn dann nur kurz angesprochen.[871] Es bleibt abzuwarten, wie der gegenwärtige Hohe Vertreter Josep Borrell mit diesem Bereich umgehen wird.

5. Europäischer Auswärtiger Dienst

Auch innerhalb der GSVP hat der EAD eine entscheidende Rolle. Denn gemäß dem EAD-Beschluss obliegt dem EAD die Unterstützung des Hohen Vertreters in der GASP und in der GSVP.[872] Genauso wie bei der Bestimmung des Umfangs der Tätigkeit im Rahmen der GASP Unsicherheit herrscht, ist dies auch im Rahmen der GSVP.[873] Grundsätzlich kann jedoch davon ausgegangen werden, dass sich der Umfang nach den Aufgaben des zu unterstützenden Organs bestimmt.[874]

Im Rahmen der GSVP kommt dem EAD darüber hinaus besondere Bedeutung zu, da ihm die Zentralverwaltung über die Direktion Krisenmanagement und Planung, den Stab für die Planung und Durchführung ziviler Operationen, den Militärstab der Europäischen Union und das Lagezentrum der Europäischen

870 Art. 43 Absatz 2 EUV.

871 P. Koutrakos, The EU Common Security and Defence Policy (2013), S. 47.

872 Art. 1 Absatz 1, 1. Spiegelstrich des EAD-Beschlusses; vgl. auch: Kruse, Der Europäische Auswärtige Dienst zwischen intergouvernementaler Koordination und supranationaler Repräsentation, S. 225.

873 Merket, EFAR 17 (2012), S. 625 (S. 640).

874 In Anlehnung an Art. 2 Absatz 1 und 2 des EAD-Beschlusses – „Unterstützung bei Erfüllung seines *(Hoher Vertreter)* Auftrags bzw. bei Wahrnehmung ihrer *(Präsident des Europäischen Rates, Präsident der Kommission und Kommission)* jeweiligen Aufgaben"; vgl. auch Merket, EFAR 17 (2012), S. 625 (S. 640).

Union[875] obliegt.[876] Erst kürzlich hat der EAD das sog. *Crisis Respond System* (**CRS**) ins Leben gerufen, das eine entscheidende Rolle im Sicherheitssektor in Bezug auf die rapide Mobilisierung von Instrumenten und Akteuren in den Mitgliedstaaten spielt.[877] Das CRS umfasst präventive und vorbereitende Maßnahmen sowie Maßnahmen des Wiederaufbaus.[878] Das Ziel des CSR ist eine kohärente und effektive Zusammenarbeit in Krisensituationen. Die Zuständigkeit für die Planung, Koordinierung und Organisation wurde einer speziellen Unterabteilung des EAD zugewiesen.

Da der EAD grundsätzlich eng mit den Außenministern der Mitgliedstaaten zusammenarbeitet und unmittelbar in allen Entscheidungsprozessen, die im Zusammenhang mit dessen Arbeit stehen, mitwirkt, kann dem EAD eine starke Rolle auf dem GSVP-Feld zugesprochen werden.[879]

6. Europäisches Parlament

Die zentrale Bestimmung für die Stellung des Parlaments innerhalb der GSVP ist auch hier Art. 36 EUV. Nach diesem Artikel stehen dem Parlament Unterrichtungs-, Anhörungs-, Konsultations- und Fragerechte zu. Art. 36 EUV stellt nun auch ausdrücklich klar, dass die Verteidigungspolitik in die Beteiligungsrechte des Parlaments miteinbezogen ist. Darüber hinaus veröffentlicht das Parlament u.a. Konzepte für GSVP-Aktivitäten, die Erfahrungen aus vorangegangenen Maßnahmen analysieren und zusammenstellen und als Leitlinien und Handbücher für GSVP-Aktivitäten genutzt werden. Zu den wichtigsten konzeptuellen Arbeiten zählt die Entschließung zur Umsetzung der Gemeinsamen Sicherheits- und Verteidigungspolitik (nach dem Jahresbericht des Rates an das Parlament

---

875 Die jedoch der unmittelbaren Aufsicht und Verantwortung des HV unterliegen.

876 Art. 4 Absatz 3 a), 3. Spiegelstrich des EAD-Beschlusses, vgl. auch Marquardt/Gaedtke, in: von der Groeben/Schwarze/Hatje, EUV-Kommentar, Vorbemerkungen zu Art. 26–42 EUV, Rn. 39.

877 Vgl. offizielle Website des EAD unter: http://eeas.europa.eu/crisis-response/what-we-do/index_en.htm; vgl. auch Merket, EFAR 17 (2012), S. 625 (S. 646).

878 Wozu u.a. die sog. Crisis Platform, der EU Situation Room und das Crisis Management Board gehören – vgl. ibid. (EAD-Website).

879 Ähnlich Merket, EFAR 17 (2012), S. 625 (S. 646 und Fußnote 100) – jedoch unter Begrenzung auf die Entwicklungspolitik, in der der Autor dem EAD eine – nicht offensichtliche – entscheidende Rolle zuspricht.

zur Gemeinsamen Außen- und Sicherheitspolitik) aus dem Jahr 2015[880] sowie die Entschließung des Parlaments zur Hochseepiraterie von 2012.[881]

Wie der Bereich der übrigen GASP fällt auch der finanzielle Bereich in die Bestimmungsrechte des Parlaments – mit Ausnahme der operativen Ausgaben auf Grund von Maßnahmen mit militärischen oder verteidigungspolitischen Bezügen und in Fällen, in denen der Rat einstimmig etwas anderes bestimmt[882] – so dass auch hier die Gefahr der Einflussnahme des Parlaments und des möglichen Ausübens von Druck besteht.[883]

7. Europäische Kommission

Obwohl der Hohe Vertreter in seiner Position als Vizepräsident der Kommission die Aufgaben des früheren Kommissars für Außenbeziehungen übernommen hat, ist die Kommission noch in einem gewissen Maße an der Planung von GSVP-Operationen als Organ beteiligt, so dass eine Aufzählung an dieser Stelle sinnvoll erscheint. Zwar hat die Kommission in verteidigungspolitischen und militärischen Angelegenheiten kein eigenes Vorschlagsrecht, die Kommission kann aber vor allem dann eine Rolle spielen, wenn es zu Überschneidungen mit ökonomischen, entwicklungspolitischen oder die Nachbarschaftspolitik betreffenden Bereichen kommt oder es ganz banal um die Finanzierung solcher Maßnahmen geht.[884]

Die ehemals in Art. 27 Nizza-EUV enthaltene Bestimmung, nach der die Kommission in vollem Umfang an den Arbeiten im Bereich der GASP beteiligt wird, ist nicht von den Lissabonner Reformen übernommen worden.

---

880 Entschließung des Europäischen Parlaments vom 21. Mai 2015 zur Umsetzung der Gemeinsamen Sicherheits- und Verteidigungspolitik (nach dem Jahresbericht des Rates an das Europäische Parlament zur Gemeinsamen Außen- und Sicherheitspolitik) (2014/2220(INI)) – P8_TA(2015)0213.

881 Entschließung des Europäischen Parlaments vom 10. Mai 2012 zur Hochseepiraterie (2011/2962(RSP)) – P7_TA(2012)0203.

882 Art. 41 Absatz 2 Unterabsatz 1 EUV.

883 P. Koutrakos, The EU Common Security and Defence Policy (2013), S. 52; The Common Security and Defence Policy in a multilateral world, in: P. Koutrakos, European Foreign Policy (2011), S. 205 (S. 214); Scheffler, Die Europäische Union als rechtlich-institutioneller Akteur im System der Vereinten Nationen, S. 719 f.

884 Peters/Wagner, Gemeinsame Außen- und Sicherheitspolitik, in: Heinelt/Knodt (Hrsg.), Politikfelder im EU-Mehrebenensystem, S. 56.

8. PSK, EUMC und EUMS

Wie bereits oben erwähnt, hat auch das PSK innerhalb der GSVP eine entscheidende Rolle inne, die es unter der Verantwortung des Rats ausübt.[885] Die Fortentwicklung der GSVP hat zu einer erweiterten und stärker handlungsorientierten Stellung des PSK innerhalb dieses Bereichs geführt.[886] Dem PSK obliegt die Leitung und Kontrolle von Operationen,[887] welches auch den Einsatz militärischer Mittel umfasst. Hierbei obliegt dem PSK nicht nur die politische Leitung, sondern auch die strategische Leitung[888] –, nicht jedoch die militärische Leitung. Letzteres obliegt dem Militärausschuss der EU, einem dem PSK nachgeordneten militärischen Gremium.[889] Dem Militärausschuss der EU (*European Union Military Committee* – **EUMC**), der aus Vertretern der Mitgliedstaaten besteht, obliegt die militärische Leitung von Truppeneinsätzen und allen anderen militärischen Aktivitäten der Union.[890] Der EUMC ist das höchste militärische Gremium der EU. Er berät das PSK in allen militärischen Angelegenheiten und gibt Empfehlungen ab.[891] Daneben pflegt er vor allem die Beziehungen zur NATO.

Dem EUMC wiederum ist der EU-Militärstab „**EUMS**" zur Unterstützung untergeordnet.[892] Der EUMS (*European Union Military Staff*) ist ein militärisches Hilfsgremium des Rates, der neben diversen Einrichtungen zum Krisenmanagement im Rahmen der GSVP unterstützende Aufgaben übernimmt. In der Sache ist das PSK gehalten dem Militärausschuss Leitlinien vorzugeben, dabei entschiedet der EUMS, „wie" vorzugehen ist. Im Krisenfall soll der EUMS die multinationalen Streitkräfte bestimmen, erfassen und aufstellen. Im Rahmen der militärischen Planung bildet der EUMS das Bindeglied zwischen dem

885 Vgl. Engbrink, Die Kohärenz des auswärtigen Handelns der Europäischen Union, S. 118.
886 Kaufmann-Bühler/Meyer-Landrut, in: Grabitz/Hilf/Nettesheim, Das Recht der EU, Art. 38 EUV, Rn. 7; Van Vooren/Wessel, EU External Relations Law, S. 372.
887 Art. 38 Absatz 1 Unterabsatz 2 und Art. 43 EUV.
888 Ibid.
889 Bieber/Epiney/Haag/Kotzur, Die Europäische Union, § 4, Rn. 57; Bitterlich, in: Lenz/Borchardt, EU-Verträge Kommentar, Art. 38 EUV, Rn. 4.
890 Kaufmann-Bühler/Meyer-Landrut, in: Grabitz/Hilf/Nettesheim, Das Recht der EU, Art. 38 EUV, Rn. 22; Dietrich, ZaöRV 2006, S. 663 (S. 684).
891 Kaufmann-Bühler/Meyer-Landrut, in: Grabitz/Hilf/Nettesheim, Das Recht der EU, Art. 38 EUV, Rn. 12.
892 Bieber/Epiney/Haag/Kotzur, Die Europäische Union, § 4, Rn. 57.

EUMC auf der einen Seite und den zur Verfügung stehenden Streitkräften auf der anderen Seite.[893]

Das PSK spielt eine entscheidende Rolle in der Praxis und in der Beschlussfassung innerhalb der GSVP. Dem PSK obliegt es nämlich, dem Rat vorzuschlagen, welche politischen Ziele die EU verfolgen sollte, und hierfür einen kohärenten Katalog von Optionen zu empfehlen, mit denen zur Beilegung einer Krise beigetragen werden soll.[894] Anzumerken ist, dass das PSK – wie der Rat – unmittelbar die Mitgliedstaaten und damit mit sehr hoher Wahrscheinlichkeit auch deren Interessen repräsentiert, was wiederum verdeutlicht, dass Missionen durchaus unter der Lenkung der Mitgliedstaaten beschlossen und ausgeführt werden können.

9. Weitere Gremien und Akteure

Über die bereits genannten Einrichtungen hinaus gibt es weitere Institutionen, die bei der Ausführung der GSVP entscheidende Aufgaben wahrnehmen. Zunächst sei das Direktorat für Krisenbewältigung und Planung (*Crisis Management and Planning Directorate* – **CMPD**) genannt, dem die politisch-strategische Planung ziviler und militärischer Operationen im Rahmen der Krisenbewältigung obliegt.[895] Daneben arbeitet der Ausschuss für die zivilen Aspekte der Krisenbewältigung (*Committee for Civilian Aspects of Crisis Management* – **CIVCOM**) an den zivilen Planzielen der GSVP und steht dem PSK und weiteren Gremien beratend zur Seite.[896] Darüber hinaus existiert der zivile Planungs- und Durchführungsstab (*Civilian Planning and Conduct Capability* – **CPCC**), der für die Planung autonome operative Durchführung von zivilen Krisenbewältigungsoperationen zuständig ist.[897]

Für die Umsetzung der Maßnahmen in der Praxis verfügt die Union über sog. Gefechtsgruppen („*Battlegroups*"), die kleinere multinationale integrierte Streitkräfteeinheiten mit einer Größe von ca. 1.500 Personen umfassen, die

893 Dietrich, ZaöRV 2006, S. 663 (S. 684).

894 Kaufmann-Bühler/Meyer-Landrut, in: Grabitz/Hilf/Nettesheim, Das Recht der EU, Art. 38 EUV, Rn. 24.

895 Vgl. Van Vooren/Wessel, EU External Relations Law, S. 408.

896 Ibid.

897 Kaufmann-Bühler, in: Grabitz/Hilf/Nettesheim, Das Recht der EU, Art. 42 EUV, Rn. 40.

innerhalb von kürzester Zeit im Auftrag der Union in Krisengebiete versandt werden können.[898]

Seit 2012 besteht nun auch ein GSVP-Lager, das vorrangig dazu dienen soll, Missionen mit den für ihre rasche Entsendung und Einsatzfähigkeit wesentlichen Ausrüstungen auszustatten.[899] Zurzeit unterstützt das GSVP nur zivile Missionen – eine Ausweitung seines Anwendungsbereichs auf bestehende Missionen wird jedoch gefordert.[900]

Des Weiteren ist die bereits erwähnte Europäische Verteidigungsagentur (*European Defence Agency* – **EDA**) zu nennen. Die Idee der EDA war bereits in dem EVV festgelegt und wurde noch vor Unterzeichnung des später gescheiterten Verfassungsvertrages durch eine gemeinsame Aktion im Jahr 2004 umgesetzt.[901] Im EUV-Lissabon wird die EAD als bestehend vorausgesetzt. Ihr Aufgabengebiet umfasst die unterstützende und koordinierende Einwirkung auf die Entwicklung der Verteidigungsfähigkeit der Union in den Bereichen Forschung, Beschaffung und Rüstung.[902] Durch Koordinierung und Unterstützung der Mitgliedstaaten in diesen Bereichen sollen Synergieeffekte genutzt werden und soll effektiv und möglichst kostensparend gearbeitet werden. Zu beachten ist aber, dass die Mitwirkung der Mitgliedstaaten auf dem Freiwilligkeitsprinzip beruht.

Auch das Sattelitenzentrum der Europäischen Union (*European Union Satellite Center* – **EUSC**) spielt in der GSVP eine entscheidende Rolle, insbesondere in der Frühwarnbeobachtung von potenziellen Konflikten und in der Lagebeobachtung von Konfliktsituationen. Es unterstützt in Übereinstimmung mit der ESS die Entscheidungsfindung innerhalb der GASP und vor allem im Rahmen

---

898 Peters/Wagner, Gemeinsame Außen- und Sicherheitspolitik, in: Heinelt/Knod (Hrsg.), Politikfelder im EU-Mehrebenensystem, S. 48.

899 Vgl. Hauptaspekte und grundlegende Optionen der GASP (Buchstabe G Nummer 43 der Interinstitutionellen Vereinbarung vom 17. Mai 2006) – 2012 – Jahresbericht der Hohen Vertreterin der Europäischen Union für Außen- und Sicherheitspolitik an das Europäische Parlament (in der vom Rat am 15.10.2013 gebilligten Form – Dokumentennr. 14924/13), S. 131.

900 Vgl. Entschließung des Europäischen Parlaments vom 21. Mai 2015 zur Umsetzung der Gemeinsamen Sicherheits- und Verteidigungspolitik (nach dem Jahresbericht des Rates an das Europäische Parlament zur Gemeinsamen Außen- und Sicherheitspolitik) (2014/2220(INI)) – P8_TA(2015)0213, Nr. 10.

901 Gemeinsame Aktion 2004/551/GASP des Rates über die Einrichtung der Europäischen Verteidigungsagentur v. 12. Juli 2004, ABl. 2004 L 245/17.

902 Art. 42 Absatz 3 Unterabsatz 2 S. 2 EUV; vgl. auch: Van Vooren/Wessel, EU External Relations Law, S. 409.

der GSVP einschließlich Krisenbewältigungsmissionen und -operationen.[903] Die operative Richtung wird vom Hohen Vertreter festgelegt, wobei die politische Aufsicht dem PSK unter der Verantwortung des Rates obliegt.[904] Zuletzt zeigte die Arbeit des EUSC großen Nutzen für die VN-Operation UNSMIS in Syrien, indem es die Operation in Fast-Echtzeit unterstützte. Außerdem haben zunehmend mehr internationale Organisationen ein Interesse an der Arbeit und beauftragen das EUSC – was jedoch auch zu einer Ausreizung der personellen und finanziellen Kapazitäten führt.[905]

Zuletzt seien das Institut der Europäischen Union für Sicherheitsstudien (*European Union Institute for Security Studies* – **EUISS**) sowie das Europäische Sicherheits- und Verteidigungskolleg (*European Security and Defence College* – **ESDC/ESVK**) genannt. Ersteres unterstützt die Weiterentwicklung der GSVP durch gezielte Veranstaltungen und Fachpublikationen. Das EUISS hat sich zur Aufgabe gemacht den transatlantischen Dialog der unionalen Außenpolitik zu fördern und zu der strategischen Entwicklung der GASP, und insbesondere der GSVP, beizutragen.[906] Hierbei steht sie in enger Zusammenarbeit mit den Mitgliedstaaten sowie der Wissenschaft. Das Institut gilt als wissenschaftlich unabhängig, untersteht jedoch bei der Erfüllung ihrer Aufgaben der politischen Verantwortung des Rates und der operativen Leitung des Hohen Vertreters.[907] Das EUISS wird vom oben genannten ESVK umfasst, welches vom Rat 2005 errichtet wurde[908] und ein Netz von Bildungseinrichtungen darstellt, die sich mit Fragen der Sicherheits- und Verteidigungspolitik befassen. Das ESVK stellt

---

903 Art. 2 Absatz 1 des Beschlusses 2014/401/GASP des Rates vom 26.06.2014 über das Satellitenzentrum der Europäischen Union und zur Aufhebung der GA 2001/555/CFSP betreffend die Einrichtung eines Satellitenzentrums der Europäischen Union.

904 Art. 3 Absatz 1 und 2 des in Fußnote 903 genannten Beschlusses.

905 Vgl. den in Fußnote 899 genannten Jahresbericht 2012, S. 138 f.

906 Vgl. Art. 2 des Beschluss 2014/75/GASP des Rates vom 10.02.2014 (das EUISS wurde mit der Gemeinsamen Aktion des Rates 2001/554/GASP vom 20.07.2001 gegründet und durch den zuerst genannten Beschluss abgelöst).

907 Art. 3 Absatz 1 des o.g. Beschlusses 2014/75/GASP.

908 Eingerichtet durch die Gemeinsame Aktion 2005/575/GASP des Rates vom 18. Juli 2005 zur Errichtung eines Europäischen Sicherheits- und Verteidigungskollegs (ESVK), aufgehoben durch die Gemeinsame Aktion 2008/550/GASP des Rates vom 23. Juni 2008 zur Errichtung eines Europäischen Sicherheits- und Verteidigungskollegs (ESVK) und zur Aufhebung der Gemeinsamen Aktion 2005/575/GASP, wiederum aufgehoben durch Beschluss 2013/189/GASP des Rates vom 22. April 2013 zur Errichtung eines ESVK und zur Aufhebung der Gemeinsamen Aktion 2008/550/GASP.

einen der wichtigsten Akteure im Bereich der zivilen und militärischen Ausbildung auf EU-Ebene dar.[909] Das ESVK soll mit den Ausbildungsmaßnahmen für ein besseres Verständnis der komplexen Struktur der GSVP sorgen und zugleich die Fähigkeiten im Bereich der strategischen Planung verbessern und damit vor allem die Sicherheits- und Verteidigungskultur in der GSVP stärken. Darüber hinaus ist es dafür verantwortlich, die Unionsstellen mit sachkundigem Personal auszustatten.

Das EUISS und das EUSC unterliegen zwar der politischen Kontrolle des PSK und damit mittelbar der Aufsicht des Hohen Vertreters, sie sind aber beide selbstständige Institutionen mit eigener Rechtspersönlichkeit, die im System der EU-Institutionen eine gesonderte Position einnehmen.[910]

F. Handlungsformen innerhalb der GSVP

Da die GSVP innerhalb der GASP angeordnet ist, ordnen sich die entsprechenden Handlungsformen dem Maßnahmenpaket des Art. 22 EUV und Art. 25 EUV unter.[911] Das bedeutet, dass die Organe für Handlungen innerhalb der GSVP auf den gleichen Maßnahmenkatalog und Verfahrensvorschriften zurückgreifen können wie beim Handeln innerhalb der GASP.[912] Das lässt sich in der Praxis vor allem daran erkennen, dass etwaige GSVP-Beschlüsse immer unter dem Zusatz der GASP veröffentlicht werden.[913] Die einzigen Unterschiede bestehen in dem Inhalt und den Zielen sowie gegebenenfalls dem Adressaten der Maßnahme. Dennoch, Maßnahmen der GASP werden typischerweise mit juristischen Instrumenten verwirklicht, wobei die GSVP auf reale Instrumente, die ein operatives Vorgehen ermöglichen, angewiesen ist.[914] Darüber hinaus sollen die GSVP-Maßnahmen maßgeblich auf die Sicherheitsaspekte der Union ausgerichtet sein, welches vor allem die Bereiche der (Zusammen-)Arbeit mit der OSZE,

909 Jahresbericht des Rates an das Europäische Parlament über die Hauptaspekte und grundlegenden Optionen der GASP (Buchstabe G Nummer 43 der Interinstitutionellen Vereinbarung vom 17. Mai 2006) – 2008 (Dokumentennr. 10665/09 vom 05.06.2009), S. 51.

910 Dietrich, ZaöRV 2006, S. 663 (S. 685 f.).

911 P. Koutrakos, The EU Common Security and Defence Policy (2013), S. 36.

912 Ähnlich: Marquardt/Gaedtke, in: von der Groeben/Schwarze/Hatje, EUV-Kommentar, Art. 42 EUV, Rn. 2.

913 Vgl. hierzu europäische Datenbank PreLex.

914 Kaufmann-Bühler, in: Grabitz/Hilf/Nettesheim, Das Recht der EU, Art. 42 EUV, Rn. 37.

die Abrüstung und die Kontrolle der Waffenausfuhr, die Nichtverbreitung von Kernwaffen sowie die wirtschaftlichen Sicherheitsaspekte, insbesondere die Weitergabe von Militärtechnologie an Drittstaaten, umfasst.[915] Insgesamt sollen die Maßnahmen der GSVP die Union dazu befähigen, zivile und militärische Operationen außerhalb der Union durchzuführen.[916] Als entferntes Ziel soll – wie bereits mehrfach erwähnt – eine gemeinsame Verteidigungspolitik geschaffen werden.[917]

Bei der Ausführung der GSVP darf nicht außer Acht gelassen werden, dass der EUV zwar die Instrumente zur Umsetzung der GSVP bestimmt, diese jedoch in der Praxis nur durch Rückgriff auf die Ressourcen der Mitgliedstaaten ausgeführt werden können.[918] Dies wird u.a. mit Art. 42 Absatz 1 S. 4 EUV und Art. 42 Absatz 3 EUV deutlich, nach denen die Union ihre GSVP-Ziele mit Hilfe der zivilen und militärischen Fähigkeiten der Mitgliedstaaten verfolgt. Damit wird klar, dass die Union für die Ausführung der GSVP kaum über Eigenmittel verfügt, sondern fast ausschließlich auf die Bereitstellung von Mitteln und Fähigkeiten durch die Mitgliedstaaten angewiesen ist.

Kommen wir nun zu den einzelnen Instrumenten, die zur Ausführung und zur Erreichung der Ziele der GSVP zur Verfügung stehen.

1. Beschlüsse

Als Grundnorm für das Handeln innerhalb der GSVP sollte Art. 42 EUV genannt werden. Nach dieser Vorschrift können Maßnahmen zur Friedenssicherung, Konfliktverhütung und Stärkung der internationalen Sicherheit durch zivile und militärische Operationen ergriffen werden. Dabei werden die hier benannten Missionen durch die in Art. 43 EUV ff. enthaltenen Durchführungsbestimmungen näher definiert und konkretisiert. Ausgangspunkt jeder GSVP-Operation ist auch hier ein Beschluss des Rates, der die Ermächtigung zur Durchführung von zivilen und militärischen Operationen enthält.[919] Dieser als Grundlage dienende Beschluss legt Ziel und Umfang der Mission sowie die für den Beschluss

915 Van Vooren/Wessel, EU External Relations Law, S. 383.

916 Art. 42 Absatz 1 S. 3 EUV.

917 Art. 42 Absatz 2 S. 1 EUV.

918 P. Koutrakos, The EU Common Security and Defence Policy (2013), S. 63; sog. Rückgriffsprinzip – vgl. Cremer, in: Calliess/Ruffert, EUV/AEUV-Kommentar, Art. 42 EUV, Rn. 20.

919 Marquardt/Gaedtke, in: von der Groeben/Schwarze/Hatje, EUV-Kommentar, Art. 42 EUV, Rn. 1.

geltenden allgemeinen Durchführungsbestimmungen fest.[920] Dabei stimmen die Anforderungen dieses Beschlusses mit denen eines Beschlusses über eine Gemeinsame Aktion überein.[921] Dies überrascht auch gar nicht, da die Gemeinsame Aktion wie eine Mission auf eine konkrete Situation zugeschnitten ist und ein aktives Vorgehen verlangt, wobei Letzteres eben speziell auf die verteidigungspolitischen Aspekte ausgerichtet ist. Im Übrigen sei darauf aufmerksam gemacht, dass die ehemaligen ESVP-Missionen vor den Lissabonner Reformen auch als Gemeinsame Aktion nach Ex-Art. 14 EUV-Nizza erlassen wurden.

In verfahrensrechtlicher Hinsicht basiert der Grundbeschluss auf einem Vorschlag des Hohen Vertreters oder auf einer Initiative eines Mitgliedstaats.[922] Der Beschluss über den Erlass muss einstimmig gefasst werden.[923] Ein Übergang der Beschlussfassung auf qualifizierter Mehrheit ist nach Art. 31 Absatz 4 EUV ausdrücklich nicht möglich. Die strenge Normierung der Einstimmigkeitsregel dient dabei nicht nur dem Schutz der staatlichen Souveränität des einzelnen Mitgliedstaates im Bereich des Sicherheits- und Verteidigungssektors, sondern ist auch Ausdruck der Zurückhaltung der Mitgliedstaaten bezüglich Interventionen in Drittstaaten.[924] Als Ausnahme von der Einstimmigkeitsregel käme zwar der Beschluss über eine Mission mit ausschließlichem zivilem Charakter in Betracht, dieser erscheint jedoch angesichts des verteidigungspolitischen Charakters der GSVP als sehr unwahrscheinlich.[925] Noch unwahrscheinlicher wäre die Änderung der Verfahrensvorschriften zugunsten der qualifizierten Mehrheitsentscheidung im Rahmen eines ordentlichen Vertragsveränderungsverfahrens.[926] Denkbar realistischer wäre dagegen ein Folge- oder Durchführungsbeschluss, der einem Grundsatzbeschluss über eine Krisenbewältigung mit ausschließlich zivilen Mitteln folgt und damit mit qualifizierter Mehrheit

---

920 Bitterlich, in: Lenz/Borchardt, EU-Verträge Kommentar, Art. 43 EUV, Rn. 3 und Webber, The Common Security and Defence Policy in a multilateral world, in: P. Koutrakos, European Foreign Policy (2011), S. 205 (S. 213 ff.).

921 Bitterlich, in: Lenz/Borchardt, EU-Verträge Kommentar, Art. 43 EUV, Rn. 3.

922 Ein Vorschlagsrecht des Hohen Vertreters gemeinsam mit der Kommission kommt nach Art. 42 Absatz 4 S. 2 EUV lediglich dann in Betracht, wenn der Vorschlag den Rückgriff auf Instrumente der Union vorsieht, die den Politikbereichen außerhalb der GASP vorbehalten sind.

923 Art. 42 Absatz 4 S. 1 EUV.

924 Kaufmann-Bühler, in: Grabitz/Hilf/Nettesheim, Das Recht der EU, Art. 42 EUV, Rn. 23.

925 Cremer, in: Calliess/Ruffert, EUV/AEUV-Kommentar, Art. 42 EUV, Rn. 26.

926 Ibid.

erlassen werden könnte.[927] Allerdings wurde in der Praxis der GSVP bisher noch kein Gebrauch von Durchführungsbeschlüssen gemacht.[928]

Im Folgenden werden die einzelnen Maßnahmen, die durch den Grundbeschluss bestimmt werden können, dargestellt.

a) Beschlüsse über die Einleitung von Missionen

Gemäß Art. 43 EUV kann die Union durch Rückgriff auf zivile und militärische Mittel Missionen durchführen. Dabei knüpft die Bestimmung an die Grundnorm des Art. 42 Absatz 1 S. 2 EUV an und stellt deren Ausführbestimmung dar.[929] In Art. 43 Absatz 1 EUV werden die verschiedenen Maßnahmen für möglichen GSVP-Missionen näher definiert. Hierbei werden vor allem – aber nicht abschließend – die klassischen Petersberg-Aufgaben erfasst.[930] Mit den Lissabonner Reformen wurden zusätzlich gemeinsame Abrüstungsmaßnahmen, Aufgaben der militärischen Beratung und Unterstützung, Aufgaben der Konfliktverhütung sowie Operationen zur Stabilisierung der Lage nach Konflikten als mögliche Missionszwecke als weitere Aufgaben eingeführt.[931] Darüber hinaus verdeutlicht Art. 43 Absatz 1 S. 2 EUV, dass mit dem gesamten Maßnahmenkatalog auch zur Bekämpfung des Terrorismus beigetragen werden kann, worunter auch die Handlung auf dem Territorium eines Drittstaats erfasst ist. Die Wahl des Wortlauts „zur Bekämpfung des Terrorismus beigetragen werden" verdeutlicht, dass der Kampf gegen den Terrorismus nicht explizit und ausschließlich dem Zuständigkeitsbereich der GASP bzw. GSVP unterfällt, sondern vielmehr als umfassende Bedrohung auch in die vergemeinschafteten Zuständigkeitsbereiche der Union (und damit zugleich unter die „Kontrolle" der Kommission) fällt.[932]

Bemerkenswert ist, dass Art. 43 EUV nicht konkret (und auch nicht einheitlich) zwischen zivilen und militärischen Maßnahmen unterscheidet. Um jedoch eine Differenzierung der Instrumente zu ermöglichen, wird der Tendenz in der

---

927 Kaufmann-Bühler, in: Grabitz/Hilf/Nettesheim, Das Recht der EU, Art. 42 EUV, Rn. 24.

928 Ibid.

929 Kaufmann-Bühler, in: Grabitz/Hilf/Nettesheim, Das Recht der EU, Art. 43 EUV, Rn. 1 und 2.

930 Marquardt/Gaedtke, in: von der Groeben/Schwarze/Hatje, EUV-Kommentar, Art. 42 EUV, Rn. 3.

931 Whitman/Juncos, EFAR 14 (2009), S. 25 (S. 42).

932 Kaufmann-Bühler, in: Grabitz/Hilf/Nettesheim, Das Recht der EU, Art. 43 EUV, Rn. 9.

politischen Praxis gefolgt, nach der zwischen Beschlüssen über zivile Missionen und Beschlüsse über militärische Operationen unterschieden wird.[933] Das heißt, ein ziviles Vorgehen wird als Mission bezeichnet und ein militärisches Vorgehen als Operation. Daneben gibt es aber natürlich auch gemischte Missionen, die nicht eindeutig einer der Kategorien zuordenbar sind und als zivil-militärische Missionen zu bezeichnen sind.[934]

b) (Zivile) Missionen

Die Hauptfelder des zivilen Krisenmanagements stellen der Polizeiaufbau, der Aufbau rechtsstaatlicher Strukturen und Polizeikräfte, die Stärkung der Zivilverwaltung und der Schutz der Bevölkerung dar.[935] Daneben nehmen die zivilen Beobachtermissionen eine große Rolle ein.

Bei den Rechtsstaatsmissionen stehen die Akteure, die im Namen der Union handeln, den lokalen Behörden beratend zur Seite. Gegebenenfalls übernehmen diese Akteure auch Exekutivaufgaben im Bereich des Gerichts-, Vollzugs- und Zollwesens.[936]

c) (Militärische) Operationen

Die militärischen Operationen stellen im Gegensatz zu den zivilen Missionen wohl eher das dar, was sich die Bevölkerung unter einem Handeln in der GSVP vorstellt, nämlich das operative militärische Handeln. Mit dem Einsatz von militärischen Mitteln will die Union humanitäre Aufgaben und Rettungseinsätze, friedenserhaltende Aufgaben sowie Kampfeinsätze ausführen können. Neben dem präventiven (zivilen) Krisenmanagement soll die Union mit ihren Mitgliedstaaten fähig sein, bei Ausbruch einer Krise schnell militärische Kräfte zu

933 Ähnlich: ibid., Rn. 12, 15.

934 Marquardt/Gaedtke, in: von der Groeben/Schwarze/Hatje, EUV-Kommentar, Art. 43 EUV, Rn. 2.

935 Diese vier Hauptfelder wurden auf dem Europäischen Rat in Feira (Portugal) im Juni 2000, der auf der Tagung des Europäischen Rates in Helsinki im Dezember 1999 aufbaute, festgelegt, vgl. Anlage 3 zur Anlage I zu den Schlussfolgerungen des Vorsitzes vom Europäischen Rat (Santa Maria da Feira), 19. und 20. Juni 2000, abrufbar unter: http://www.europarl.europa.eu/summits/fei2_de.htm#an1.

936 Marquardt/Gaedtke, in: von der Groeben/Schwarze/Hatje, EUV-Kommentar, Art. 43 EUV, Rn. 4.

bündeln, um diese in Krisengebiete zu versenden und friedenschaffend tätig zu werden.[937]

Typisch für Missionen nach Art. 43 EUV sind vor allem die sog. „*Launching decisions*" – die kurzgesagt einen förmlichen Beschluss zur Einleitung militärischer EU-Operationen darstellen. Sie sind ein Teil des üblicherweise durchgeführten zweistufigen Verfahrens. Zunächst wird der bereits oben erwähnte Grundbeschluss gefasst, der den politischen Konsens über das geplante Vorgehen beinhaltet. Danach folgt der Beschluss über das sog. „*Launching*". Das geplante Ende der Operation wird grundsätzlich in einem dieser Beschlüsse bestimmt – jedoch immer mit der Möglichkeit der Verlängerung durch einen weiteren nachfolgenden Ratsbeschluss.

d) Gemischte Missionen

Mischformen der beiden oben genannten Arten stellen Einsätze dar, bei denen sowohl zivile als auch militärische Mittel eingesetzt werden. Gründe dafür können sein, dass eine zunächst militärisch gedachte Operation im Nachgang einen zivilen Schutz benötigt oder eine zivile Mission, die nur auf die Ausbildung von Polizeikräften ausgerichtet war, auf Grund von eintretender Instabilität im Drittland militärische, friedenserhaltende Maßnahmen erfordert. Als erstes Praxisbeispiel kann die zivil-militärische Unterstützungsaktion in der Region Darfur im Sudan genannt werden.[938] Sie war tatsächlich die erste Gemeinsame Aktion, die sich auch ausdrücklich auf die gemischte Komponente „zivil-militärisch" bezog.[939] Dabei umfasste die zivile Komponente politische und polizeiliche Unterstützungsmaßnahmen inklusive der Bereitstellung und Ausbildung von Polizeikräften vor Ort, und die militärische Komponente die Planungsunterstützung und technische Unterstützung, die Stellung von Militärbeobachtern und die Durchführung strategischer und taktischer Transporte sowie die Luftraumbeobachtung.[940] Insgesamt sollten die Maßnahmen die Afrikanische Union bei

937 Marquardt/Gaedtke, in: von der Groeben/Schwarze/Hatje, EUV-Kommentar, Art. 43 EUV, Rn. 5.

938 Gemeinsame Aktion 2005/557/GASP des Rates vom 18. Juli 2005 betreffend die zivil-militärische Unterstützungsaktion der Europäischen Union für die Mission der Afrikanischen Union in der Region Darfur in Sudan.

939 Vgl. Art. 1 Absatz 3 der o.g. Gemeinsamen Aktion 2005/557/GASP sowie Marquardt/Gaedtke, in: von der Groeben/Schwarze/Hatje, EUV-Kommentar, Art. 43 EUV, Rn. 7.

940 Art. 6 und Art. 9 der Gemeinsamen Aktion 2005/557/GASP.

der Stabilisierung der Lage im Sudan und bei der Beobachtung der Einhaltung der humanitären Waffenruhevereinbarung von N'Djamena unterstützen.[941]

In Anbetracht des nun geltenden erschöpfenden Sicherheitskonzepts, Krisensituationen umfassend anzugehen, erscheint es für die Zukunft sehr wahrscheinlich, dass die Art von Maßnahmen mit gemischten Komponenten in der Praxis immer häufiger zur Anwendung kommen wird.

2. Übereinkünfte mit Drittstaaten

Neben den Beschlüssen zur Einleitung von Missionen stellen die Beschlüsse über den Abschluss von internationalen Abkommen mit hauptsächlichem Bezug zur GSVP einen großen Anteil der Instrumente dar, die zur Ausführung der GSVP verwendet werden. Dabei werden diese Abkommen nach der Verfahrensprozedur, die auch für die GASP-Übereinkünfte gilt, abgeschlossen.[942] Demnach gelten die Bestimmungen des Art. 37 EUV i.V.m. Art. 218 AEUV, wonach die Abkommen vor allem vom Hohen Vertreter verhandelt werden.

Im Rahmen der GSVP haben sich drei Kategorien der Abkommen nach Art. 37 EUV herausgebildet. Dabei handelt es sich um Abkommen über die Beteiligung von Drittstaaten bei GSVP-Operationen, Abkommen über den Status von Truppen bzw. über die Rechtsstellung von Missionen und um Abkommen bezüglich der Überstellung von bestimmten Personen (sog. „*Transfer Agreements*").[943]

Bei der ersten Kategorie handelt es ich um Abkommen, die die Rahmenbedingungen für die Beteiligung eines oder mehrerer Drittstaaten an Operationen der EU bestimmen. Sie dienen vorrangig dem Schutz der Rechtsstellung der EU-Einsatzkräfte in den Drittländern.[944] Bisher stellt diese Art von Abkommen den Löwenanteil der im Rahmen der GSVP geschlossenen Abkommen dar.[945] In der Vergangenheit war es nicht selten, dass es sich bei den vertragschließenden Drittstaaten um Beitrittskandidaten gehandelt hat, die mittlerweile vollwertige Mitglieder der Europäischen Union geworden sind.[946] Zu beachten ist, dass

941 Vgl. Erwägungsgrund 1 der Gemeinsamen Aktion 2005/557/GASP.

942 Van Vooren/Wessel, EU External Relations Law, S. 416.

943 Ibid.

944 Kaufmann-Bühler, in: Grabitz/Hilf/Nettesheim, Das Recht der EU, Art. 37 EUV, Rn. 15.

945 Wessel, The EU's Foreign, Security and Defence Policy Fifteen Years after Maastricht: A constitutional Momentum, in: Ehrhart/Jaberg/Rinke/Waldmann (Hrsg.), Die Europäische Union im 21. Jahrhundert, S. 302 (S. 309).

946 Ibid.

trotz der Beteiligung von Drittstaaten die Entscheidungshoheit weiterhin bei der Union liegt.[947]

Als weitere Kategorie sind die Abkommen über den Status von Truppen, die sog. *Status of Forces Agreements* (SOFAs), sowie solche über die Rechtsstellung von Missionen, die sog. *Status of Mission Agreements* (SOMAs) zu verzeichnen.[948] Bei dieser Art von Abkommen handelt es sich um bilaterale oder multilaterale Verträge, die die Rechte und Pflichten der Streitkräfte und des Einsatzpersonals in dem Einsatzgebiet des Drittstaats regeln. Neben der rechtlichen Stellung solcher Missionen sollen vor allem Probleme, die typischerweise im Zusammenhang mit dem Einsatz von Personal auf fremdem Hoheitsgebiet entstehen, im Vorhinein gelöst werden.[949] Es kann sich dabei u.a. um Fragen des Zeitraums des Aufenthalts, der Haftung der Einsatzkräfte bis hin zu Fragen zur Besteuerung sowie zu Privilegien und Immunitäten des Personals handeln.[950] Da bereits in den Anfängen der Begründung einer gemeinsamen, im Namen der Union durchgeführten Mission die Frage der Immunität des agierenden Personals auftrat,[951] kam man zu der Übereinstimmung, dass durch den Abschluss solcher Übereinkommen die Missionen und deren Personal den diplomatischen Status im Sinne der Wiener Übereinkommen über diplomatische Beziehungen erhalten sollen.[952] Ungeachtet des diplomatischen Status muss das Einsatzpersonal die Gesetze des Gastlandes/Drittstaats respektieren und beachten.[953] Auf Grund der Unterschiede, die einzelfallbedingt in jeder Mission bestehen – sei es in Bezug auf die Ziele und Gegebenheiten des Einsatzes, die nationalen Einsatzfähigkeiten und Ansichten der teilnehmenden Staaten etc. –, gibt es bis heute noch keine international gültigen einheitlichen Muster für SOFAs oder SOMAs.[954] Es

947 Dietrich, ZaöRV 2006, S. 663 (S. 690).

948 Wouters und Bearbeiter, The Law of EU External Relations, S. 390.

949 Sari, Journal of Conflict and Security Law 13 (2008), S. 353 (S. 354).

950 Ibid., S. 354 f.

951 Ibid., S. 356 f.

952 Van Vooren/Wessel, EU External Relations Law, S. 416; *Sari* macht darauf aufmerksam, dass der diplomatische Status je nach Stellung des Personals variieren und teilweise eingeschränkt sein kann. Die Union schließe aber bestimmte Verträge ab, in denen sie zur Bedingung macht, dass das gesamte von den Mitgliedstaaten entsandte „EU-Personal“ den vollen und uneingeschränkten diplomatischen Status genießt, siehe Sari, EJIL 19 (2008), S. 67 f. (S. 76 m.w.N.).

953 Sari, EJIL 19 (2008), S. 67 (S. 89) und Journal of Conflict and Security Law 13 (2008), S. 353 (S. 364).

954 Sari, EJIL 19 (2008), S. 67 (S. 69).

haben sich lediglich für bestimmte Arten von Einsätzen und Missionen differenzierte Grundsätze und Prinzipien herausgebildet.[955] Auch im Rahmen der GSVP-Missionen schließt die Union mit jedem einzelnen Aufnahmestaat ein gesondertes SOMA/SOFA, so dass von einer Uniformität (noch)[956] nicht gesprochen werden kann.[957] Im Zusammenhang mit der GSVP (damals noch ESVP) ist ein bekanntes Beispiel für ein SOFA das am 17. November 2003 von damals zehn Mitgliedstaaten abgeschlossene EU SOFA, welches die Rechtsstellung des EU-Truppenstatuts regelt.[958] Nach dem Vorbild des Truppenstatuts der NATO

---

955 *Sari* führt u.a. aus, dass bei der Vereinbarung eines SOFAs im Zusammenhang mit strukturierter militärischer Zusammenarbeit oft auf das NATO SOFA von 1951 zurückgegriffen wird; bei Friedensmissionen wird dagegen auf Vertragswerke der Vereinten Nationen zurückgegriffen, vgl. Sari, EJIL 19 (2008), S. 67 (S. 69, 70 und Fußnote 10 und 12).

956 Es gibt jedoch den Entwurf zu einem Muster-SOMA: vgl. Dok. 10564/05 des Rates vom 27.06.2005 betreffend das Musterabkommen über die Rechtsstellung der zivilen Krisenbewältigungsmission der Europäischen Union in einem Aufnahmestaat - welchen der Rat laut Pressebericht 12604/07 am 18. September 2007 angenommen hat (vgl. http://db.eurocrim.org/db/de/doc/1203.pdf, S. 25 - letzter Aufruf: 22.10.2018); laut Bericht des EAD wurde am 05.03.2015 dem CIVCOM ein überarbeiteter Entwurf eines Dokuments mit demselben Titel (Dok. 17141/08 vom 15. Dezember 2008) übermittelt (vgl. http://data.consilium.europa.eu/doc/document/ST-5705-2015-REV-1/en/pdf, S. 17. Ob dieses Dokument in der Praxis bereits erfolgreich als Musterabkommen eingesetzt wurde, ist jedoch nicht klar. *Sari* führt aus, dass die SOMA (und SOFA)-Musterabkommen bis 2007 zweimal verwendet wurden (AMM SOMA und SOFA mit Gabun im Zusammenhang mit der EUFOR DR Kongo, siehe: Sari, EJIL 19 (2008), S. 67 (S. 85). Zu beachten ist aber, dass das Muster-SOMA (auch das bisher nicht erwähnte Muster-SOFA) nicht für die Öffentlichkeit zugänglich ist (siehe Vermerk einer Arbeitsgruppe des Rates gerichtet an den CORE-PER vom 16.09.2005: http://register.consilium.europa.eu/doc/srv?l=EN&t=PDF&gc=true&sc=false&f=ST%2011697%202005%20INIT - Nr. 15.

957 Sari, EJIL 19 (2008), S. 67 (S. 72).

958 Übereinkommen zwischen den Mitgliedstaaten der Europäischen Union über die Rechtsstellung des zum Militärstab der Europäischen Union abgestellten beziehungsweise abgeordneten Militär- und Zivilpersonals, der Hauptquartiere und Truppen, die der Europäischen Union gegebenenfalls im Rahmen der Vorbereitung und Durchführung der Aufgaben i.S.d. Artikels 17 Absatz 2 des Vertrags über die Europäische Union, einschließlich Übungen, zur Verfügung gestellt werden, sowie des Militär- und Zivilpersonals der Mitgliedstaaten, das der Europäischen Union für derartige Aufgaben zur Verfügung gestellt wird (EU-Truppenstatut), ABl. C 321 vom 31.12.2003, S. 6–16 - zu beachten ist, dass weder das Muster-SOFA noch das Muster-SOMA für die Öffentlichkeit zugänglich ist (siehe Vermerk einer Arbeitsgruppe des Rates

regelt das Abkommen neben dem rechtlichen Status des zum EU-Militärstab abgeordneten Personals auch die rechtliche Stellung der nationalen Einheiten, die der EU für Krisenbewältigungseinsätze oder Übungen zur Verfügung gestellt werden.[959] Als eine Art Unterkategorie der SOMA und SOFA können durchaus auch noch solche Abkommen gefasst werden, die den Austausch von strengen Sicherheitsinformationen bzw. Informationen, die einem Geheimhaltungsinteresse der Union und der beteiligten (Dritt-) Staaten unterliegen, betreffen.[960]

Als letzte Kategorie der Abkommen im Rahmen der GSVP finden sich noch die sog. Transfer-Agreements, die in den meisten Fällen die Bedingungen der Überstellung und Behandlung von Personen, die der Piraterie verdächtigt sind, betreffen. Bekannt in diesem Zusammenhang sind die Übereinkünfte mit Kenia[961], den Seychellen[962] und Mauritius[963], die allesamt die Überstellung von

---

gerichtet an den COREPER vom 16.09.2005: http://register.consilium.europa.eu/doc/srv?l=EN&t=PDF&gc=true&sc=false&f=ST%2011697%202005%20INIT - Nr. 15 - letzter Aufruf: 22.10.2018); einen umfassenden Überblick über das EU SOFA gibt *Sari* in Journal of Conflict and Security Law 13 (2008), S. 353 ff.

959 Dietrich, ZaöRV 2006, S. 663 (S. 687).

960 Van Vooren/Wessel, EU External Relations Law, S. 420.

961 Beschluss 2009/293/GASP des Rates vom 26. Februar 2009 über den Briefwechsel zwischen der Europäischen Union und der Regierung Kenias über die Bedingungen und Modalitäten für die Übergabe von Personen, die seeräuberischer Handlungen verdächtigt werden und von den EU-geführten Seestreitkräften (EUNAVFOR) in Haft genommen wurden, und von im Besitz der EUNAVFOR befindlichen beschlagnahmten Gütern durch die EUNAVFOR an Kenia und für ihre Behandlung nach einer solchen Übergabe.

962 Beschluss 2009/877/GASP des Rates vom 23. Oktober 2009 über die Unterzeichnung und vorläufige Anwendung des Briefwechsels zwischen der Europäischen Union und der Republik Seychellen über die Bedingungen und Modalitäten für die Überstellung mutmaßlicher Piraten und bewaffneter Räuber durch die EUNAVFOR an die Republik Seychellen und für deren Behandlung nach einer solchen Überstellung - beachtenswert: Neben dem Transfer-Agreement wurde auch ein SOFA-Abkommen mit den Seychellen im November 2009 unterzeichnet (Agreement between the European Union and the Republic of Seychelles on the status of the European Union-led forces in the Republic of Seychelles in the framework of the EU military operation Atalanta).

963 Beschluss 2011/640/GASP des Rates vom 12. Juli 2011 über die Unterzeichnung und den Abschluss des Abkommens zwischen der Europäischen Union und der Republik Mauritius über die Bedingungen für die Überstellung mutmaßlicher Seeräuber sowie die Übergabe von damit in Verbindung stehenden beschlagnahmten Gütern durch die EU-geführte Seestreitkraft an die Republik Mauritius und über die Behandlung mutmaßlicher Seeräuber nach der Überstellung.

Personen und deren Eigentum betreffen, die seeräuberischer Handlungen verdächtigt werden. Zuletzt wurde mit Tansania ein Abkommen bezüglich der Überstellung mutmaßlicher Seeräuber abgeschlossen.[964]

3. Instrumente *sui generis*

Neben den im EUV genannten Handlungsformen bedienen sich die Organe auch im Rahmen der GSVP weiterer, in den Verträgen nicht normierter Instrumente.[965] Die gesamte Politik der GSVP – auch die in der vormals bestehenden ESVP – war (und ist) von der Verwendung *sui generis* Akte geprägt, was zugleich auch zu der Entwicklung der GSVP entscheidend beitrug.[966] Der Hohe Vertreter veröffentlicht z.B. regelmäßig sog. Erklärungen und Demarchen, um die Ansichten der Union zu einem bestimmten Thema oder die Entwicklungen mit Relevanz zur GSVP darzustellen.[967] Daneben werden auch Standpunkte und Aktionspläne[968] erlassen. Da die GSVP Insgesamt einen sehr politischen Prozess darstellt,[969] wird der einfachen Kommunikation zwischen den Akteuren eine entscheidende Rolle als informelles Instrument der GSVP zugesprochen. Im Grundsatz kann man davon ausgehen, je sensibler der Informationsgehalt des behandelten Themas ist, desto informeller ist die Praxis der Diplomaten und

964 Abkommen zwischen der Europäischen Union und der Vereinigten Republik Tansania über die Bedingungen für die Überstellung mutmaßlicher Seeräuber sowie die Übergabe von damit in Verbindung stehenden beschlagnahmten Gütern durch die EU-geführte Seestreitkraft an die Vereinigte Republik Tansania; vgl. auch: Wouters und Bearbeiter, The Law of EU External Relations, S. 391 f.

965 P. Koutrakos, The EU Common Security and Defence Policy (2013), S. 36.

966 De Baere, Constitutional Principles of EU External Relations, S. 120.

967 Vgl. z.B. Erklärung der Hohen Vertreterin C. Ashton zu der Situation im Osten der Demokratischen Republik Kongo vom 10. Juli 2012, abrufbar in englischer Sprache unter: http://europa.eu/rapid/press-release_PESC-12-333_en.htm.

968 Z.B. der vom Rat am 22. November 2004 gebilligte Aktionsplan für eine ESVP- (Europäische sicherheits- und verteidigungspolitische) Unterstützung für Frieden und Sicherheit in Afrika, der sich hauptsächlich mit Fragen des Ausbaus von Fähig- und Fertigkeiten, der Planungsunterstützung, der Entwaffnung, der Demobilisierung und der Reintegration von Kombattanten, der Reform des Sicherheitssektors sowie mit der internen und externen EU-Koordinierung befasste – vgl. Pressemitteilung des Rates der Europäischen Union v. 22. November 2004 über die 2621. Tagung des Rates Allgemeine Angelegenheiten und Außenbeziehungen – Allgemeine Angelegenheiten in Brüssel, am 22. November 2004, Dok.-Nr. 14723/04 (Presse 324).

969 Kaufmann-Bühler, in: Grabitz/Hilf/Nettesheim, Das Recht der EU, Art. 42 EUV, Rn. 21.

der Akteure in Brüssel.[970] Dagegen ist es bei technischen Fragestellungen sehr wahrscheinlich, dass diese auf der Verwaltungsebene bzw. im förmlichen Verfahren geregelt werden.[971]

Daneben kann das Parlament auch im informellen Bereich mitmischen. Das Parlament kann unverbindliche Stellungnahmen zu bevorstehenden Missionen veröffentlichen – wobei es dies in der Praxis kaum macht.[972]

Angesichts der dynamischen Entwicklung der GASP und der GSVP ist es nicht verwunderlich, dass wiederholt und wohl auch vermehrt *sui generis*-Instrumente zurückgegriffen wird. Die Ausformung von *sui generis*-Maßnahmen bewirkt eine Änderung des bestehenden Systems und der Verfahrensstrukturen sowie zugleich die Entwicklung neuer Methoden.[973]

4. Handlungen im Wege der Kooperation

Wie auch in der GASP im Generellen ist in der GSVP zwischen „klassischen" Handlungsformen und Wegen der Kooperation zu unterscheiden. Der europäische Integrationsprozess hat nämlich aufgezeigt, dass flexible Handlungsmöglichkeiten auch im Rahmen der GSVP notwendig sind[974] und zugleich einen entscheidenden Beitrag zu der Entwicklung einer eigenständigen unionalen Sicherheits- und Verteidigungspolitik leisten können. Die Einführung flexibler Handlungsformen sollte zur Steigerung der Effizienz bei gleichzeitiger Wahrung der Kohärenz führen.[975] Im Rahmen der Lissabonner Reformen wurde die verstärkte Zusammenarbeit dann auf Maßnahmen mit militärischen und verteidigungspolitischen Implikationen erweitert. Nun stehen den außenpolitischen Akteuren zwei spezielle Arten der kooperativen Zusammenarbeit im Rahmen der GSVP zur Verfügung: die der engeren Zusammenarbeit nach Art. 42 Absatz 5 i.V.m. Art. 44 EUV und die der Ständigen Strukturierten Zusammenarbeit nach

970 Duke/Vanhoonacker, EFAR 11 (2006), S. 163 (S. 169 und S. 180).

971 Ibid., S. 163 (S. 169).

972 Vgl. Webber, The Common Security and Defence Policy in a multilateral world, in: P. Koutrakos, European Foreign Policy (2011), S. 205 (S. 214), der ausführt, dass das Parlament seit Anfang 2008 lediglich drei Stellungnahmen zu militärischem Vorgehen veröffentlicht hat und in Bezug auf zivile Missionen noch keine einzige.

973 Duke/Vanhoonacker, EFAR 11 (2006), S. 163 (S. 180); ähnlich: Burghardt/Tebbe, EuR 1995, S. 1 (S. 2); De Witte, Legal Instruments and Law-Making in the Lisbon Treaty, in: Griller/Ziller, The Lisbon Treaty, S. 79 (S. 82).

974 Kaufmann-Bühler/Meyer-Landrut, Das Recht der Europäischen Integration, Art. 31, Rn. 5.

975 Ibid.

Art. 42 Absatz 6 EUV und Art. 46 EUV. Im weitesten Sinne ist auch die jüngst in Art. 42 Absatz 7 EUV normierte Beistandsklausel den flexiblen Kooperationsformen zuzurechnen, so dass im Folgenden alle drei soeben genannten Instrumente näher beleuchtet werden.

a) Engere Zusammenarbeit

Gemäß Art. 42 Absatz 5 EUV i.V.m. Art. 44 EUV kann der Rat eine Gruppe von Mitgliedstaaten mit der Durchführung einer Mission zur Wahrung der Werte der EU und im Dienste ihrer Interessen ermächtigen. Es soll eine (kleine) Gruppe von Mitgliedstaaten ad hoc zusammengestellt werden, die wiederum im Namen und für die Union im außenpolitischen GSVP-Bereich handelt.[976] Dabei gilt als Voraussetzung, dass die ausgewählten Mitgliedstaaten bereit sind, die zu übertragende Mission zu übernehmen und durchzuführen.[977] Überdies wird gefordert, dass die ausgewählten Mitgliedstaaten auch zur Übernahme der Mission fähig und in der Lage sind.[978] Nach dem Wortlaut des Art. 44 Absatz 1 EUV müssen diese Prämissen kumulativ vorliegen.

Obwohl nur der Rat durch einstimmigen Beschluss eine Gruppe von gewillten Mitgliedstaaten zu einer engeren Zusammenarbeit ermächtigen kann, obliegt die Bestimmung der Ausführung der Zusammenarbeit wiederum den beteiligten Mitgliedstaaten alleine. Allerdings müssen sie sich hierfür mit dem Hohen Vertreter abstimmen. Der Rat wird indes über den aktuellen Stand der Mission sowie über bestimmte Änderungen (i.S.d. Art. 44 Absatz 2 S. 2 EUV) informiert.

Durch die Einfügung der engeren Zusammenarbeit im Bereich der GSVP erhofft man sich eine flexible Methode zur Einwirkung auf spezielle internationale Geschehen. Denn obwohl die Mitgliedstaaten unter der Kontrolle der Union handeln, steht ihnen ein weiter Handlungsspielraum bezüglich der Umsetzung der Missionsziele zu.[979] Folglich werden die Zusammenarbeit und die nationale Entscheidungshoheit nicht allzu stark beschränkt, dennoch kann die Union eine gewisse Kontrolle durch den Rat ausüben. Darüber hinaus können die Mitgliedstaaten durch die enge Zusammenarbeit Wechselwirkungen erzeugen, die sich

---

976 P. Koutrakos, The EU Common Security and Defence Policy (2013), S. 72.

977 Vgl. Art. 44 Absatz 1 S. 1 EUV – aus diesen Voraussetzungen leitet sich der sich auch im Angloamerikanischen für die engere Zusammenarbeit zu findende Begriff „*Coalitions of the Able and Willing*" ab, vgl. hierzu: Whitman/Juncos, EFAR 14 (2009), S. 25 (S. 44).

978 Ibid.

979 P. Koutrakos, The EU Common Security and Defence Policy (2013), S. 73.

durchaus positiv auf die Effektivität der Maßnahme auswirken können. Zuletzt ist auch die Wirkung einer Mission, die im Namen und auf Seiten der Union ausgeführt wird, für den einzelnen teilnehmenden Mitgliedstaat gegenüber anderen (Dritt-)Staaten nicht zu verachten – auch wenn sich dies möglicherweise nur in politischer Hinsicht bemerkbar macht. Ein bekanntes Beispiel der engeren Zusammenarbeit ist die Operation „Artemis", bei der Frankreich die Initiative zur Begründung einer solchen Zusammenarbeit ergriffen hatte und zur Unterstützung der Operation der Vereinten Nationen „MONUC" in der Demokratischen Republik Kongo diente.[980]

b) Ständige Strukturierte Zusammenarbeit

Neben der engeren Zusammenarbeit nach Art. 42 Absatz 5 i.V.m. Art. 44 EUV wurde durch die Lissabonner Reformen auch die Ständige Strukturierte Zusammenarbeit nach Art. 42 Absatz 6 EUV und Art. 46 EUV geschaffen. Dieses Instrument ist – wie die engere Zusammenarbeit – auf die enge Kooperation von bestimmten Mitgliedstaaten ausgerichtet[981] und dient der Durchführung von zivilen und militärischen GSVP-Missionen. Das vorrangige Ziel dieses Instruments ist die Erleichterung des Rückgriffs auf militärische Mittel und auf militärisches Personal, welches sich zugleich förderlich auf die Entwicklung der militärischen (Verteidigungs-)Fähigkeiten auswirken soll.[982] Der Unterschied zur engeren Zusammenarbeit liegt vor allem in dem zeitlichen Aspekt. Die Ständige Strukturierte Zusammenarbeit ist auf längerfristige Projekte ausgelegt, wohingegen die einfache engere Zusammenarbeit für Einzelfälle bestimmt wird.[983] Die Begründung von Ersterer, die vor allem das Eingehen weiterer Verpflichtungen durch die teilnehmenden Mitgliedstaaten zur Folge hat, setzt im Gegensatz zu der engeren Zusammenarbeit das Erfüllen einer Reihe von anspruchsvollen Voraussetzungen voraus.[984] Die Normierung der besonderen qualitativen Prämissen und der konkreten Zielvorgaben in Art. 42 Absatz 6 EUV

---

980 Van Vooren/Wessel, EU External Relations Law, S. 409.

981 Whitman/Juncos, EFAR 14 (2009), S. 25 (S. 43); Bitterlich, in: Lenz/Borchardt, EU-Verträge Kommentar, Art. 46 EUV, Rn. 1.

982 Whitman/Juncos, EFAR 14 (2009), S. 25 (S. 43).

983 Marquardt/Gaedtke, in: von der Groeben/Schwarze/Hatje, EUV-Kommentar, Art. 42 EUV, Rn. 15.

984 Marquardt/Gaedtke, in: von der Groeben/Schwarze/Hatje, EUV-Kommentar, Art. 46 EUV, Rn. 1; für den materiellen Gehalt dieser Kriterien verweist Art. 46 EUV auf das Protokoll Nr. 10 über die Ständige Strukturierte Zusammenarbeit (vor allem Art. 2).

und Art. 46 EUV[985] ersetzt dabei die fehlende präzise vertragliche Definition der Ständigen Strukturierten Zusammenarbeit.

Wie auch die verstärkte Zusammenarbeit nach Art. 20 EUV steht die Begründung dieser Zusammenarbeit grundsätzlich allen Mitgliedstaaten offen. Allerdings setzt die Ständige Strukturierte Zusammenarbeit weder eine bestimmte Anzahl von teilnehmenden Mitgliedstaaten voraus noch muss sie das *Ultima-Ratio*-Mittel sein, um zur tatsächlichen Ausführung zu gelangen.[986] Der spätere Beitritt eines zusätzlichen Mitgliedstaats (nach Mitteilung seiner Absicht an den Rat und den Hohen Vertreter) ist wiederum – wie bei der verstärkten Zusammenarbeit – jederzeit möglich.[987] Die zuletzt genannten Punkte stehen insbesondere für die Flexibilität dieses Instruments.[988]

In verfahrensrechtlicher Hinsicht ist zu betonen, dass die Entscheidung zur Begründung einer Ständigen Strukturierten Zusammenarbeit wieder beim Rat liegt. Nach Mitteilung der Absicht durch die sich beteiligenden Mitgliedstaaten und der Anhörung des Hohen Vertreters fasst der Rat binnen drei Monaten einen entsprechenden Beschluss.[989] Der Beschluss wird – als einer der wenigen Ausnahmen in der GSVP – mit qualifizierter Mehrheit gefasst. Das Ausscheiden aus der Zusammenarbeit erfolgt entweder durch Mitteilung des ausscheidenden Mitgliedstaats an den Rat oder bei Wegfall des Vorliegens der Voraussetzungen für die Teilnahme durch qualifizierten Mehrheitsentscheid des Rates.[990]

Im Dezember 2017 wurde das Instrument der Ständigen Strukturierten Zusammenarbeit erstmalig umgesetzt.[991] Der Rat begründet die erste Ständige Strukturierte Zusammenarbeit mit 25 teilnehmenden Mitgliedstaaten. Diese

---

985 Sowie Art. 1 und Art. 2 des Protokoll Nr. 10 über die Ständige Strukturierte Zusammenarbeit nach Art. 42 des Vertrags über die Europäische Union, ABl. 83/275.

986 Art. 20 Absatz 2 S. 1 EUV fordert für eine verstärkte Zusammenarbeit die Beteiligung von mindestens 9 Mitgliedstaaten; vgl. Marquardt/Gaedtke, in: von der Groeben/Schwarze/Hatje, EUV-Kommentar, Art. 46 EUV, Rn. 2.

987 Art. 46 Absatz 3 EUV.

988 Ähnlich: Marquardt/Gaedtke, in: von der Groeben/Schwarze/Hatje, EUV-Kommentar, Art. 46 EUV, Rn. 2.

989 Art. 46 Absatz 2 EUV.

990 Vgl. Art. 46 Absatz 5 und Art. 46 Absatz 4 EUV.

991 Beschluss (GASP) 2017/2315 des Rates vom 11. Dezember 2017 über die Begründung der Ständigen Strukturierten Zusammenarbeit (PESCO) und über die Liste der daran teilnehmenden Mitgliedstaaten, Amtsblatt der EU – L331/57.

einigten sich in einer entsprechenden Erklärung auf – anfänglich – 17 verschiedene Projekte im Bereich der Verteidigung.[992]

Im Ergebnis kann nicht erwartet werden, dass allein mit der Normierung der Ständigen Strukturierten Zusammenarbeit eine „Europäische Armee" begründet wird; allerdings bewirkt diese Form der Kooperation durchaus zu einem gewissen Grad eine Harmonisierung der nationalen Verteidigungspolitiken[993] – was bereits mit der ersten Umsetzung 2017 zu erkennen ist – und dementsprechend ist dieses Instrument für die GSVP durchaus zu begrüßen.

c) *Beistandsklausel*

Noch nie zuvor sind die europäischen Verträge so weit gegangen, dass sie eine gegenseitige Beistandsklausel – wie sie nun in Art. 42 Absatz 7 EUV für den Fall des bewaffneten Angriffs auf das Hoheitsgebiet eines Mitgliedstaats bestimmt ist – normiert haben. Die Lissabonner Reformen haben diese Pflicht nun vertraglich fixiert und damit die Bedeutung der politischen Solidarität i.S.d. Art. 24 Absatz 3 EUV nochmals hervorgehoben. Was jedoch die Beistandsklausel alles umfasst und wie die Mitgliedstaaten im Fall eines bewaffneten Angriffs reagieren sollen, wird von Art. 42 Absatz 7 EUV nicht näher definiert. Es handelt sich vielmehr um eine weitläufige und unbegrenzte Pflicht, die im Sinne der Vorgaben des internationalen Rechts ausgelegt und angewendet werden muss.[994] Bei der Auslegung dieser Norm sind darüber hinaus der stetige Wandel des Sicherheitssektors und der GSVP sowie die Einstellung der Mitgliedstaaten hierzu zu beachten.[995] Für den Fall, dass sich NATO-Verpflichtungen und Pflichten aus der Beistandsklausel überschneiden, gilt das im EUV normierte Prinzip des Vorrangs der Obligationen, die aus der NATO-Mitgliedschaft entspringen.[996] Für die sog. neutralen Mitgliedstaaten[997] wurde eine *Opt-out*-Möglichkeit normiert.

---

992 Die Projekte erstrecken sich auf Bereiche wie Ausbildung, Fähigkeitenentwicklung und operative Einsatzbereitschaft im Bereich der Verteidigung – vgl. Anhang zum Beschluss (GASP) 2017/2315.

993 Van Vooren/Wessel, EU External Relations Law, S. 410.

994 P. Koutrakos, The EU Common Security and Defence Policy (2013), S. 68.

995 Ibid., S. 70; ähnlich: Kaufmann-Bühler, in: Grabitz/Hilf/Nettesheim, Das Recht der EU, Art. 42 EUV, Rn. 14.

996 Cremer, in: Calliess/Ruffert, EUV/AEUV-Kommentar, Art. 42 EUV, Rn. 18.

997 Irland, Finnland, Österreich, Malta, Schweden und Zypern; siehe auch: Marquardt/Gaedtke, in: von der Groeben/Schwarze/Hatje, EUV-Kommentar, Art. 42 EUV, Rn. 9.

Die neutralen Staaten können sich auf die in Art. 42 Absatz 7 S. 2 EUV enthaltene irische Klausel berufen und ihre militärische Hilfeleitung verweigern.[998]

In Bezug auf den sachlichen Anwendungsbereich ist erwähnenswert, dass die Beistandsklausel als Grund für deren Eintritt gerade nicht die Terrorismusbekämpfung erwähnt.[999] Diese Causa ist vielmehr in Art. 222 AEUV enthalten, der die allgemeine Solidaritätsklausel für Terror- oder Katastrophenfälle bestimmt. Dem Wortlaut des Art. 42 Absatz 2 EUV nach zu folgern scheint die Beistandsklausel also im Fall des bewaffneten Angriffs einschlägig zu sein und die Solidaritätsklausel im Fall eines Terroranschlags, einer Naturkatastrophe oder einer von Menschen verursachten Katastrophe einzugreifen.[1000] Das vertragliche „Heraushalten" der Terrorismusbekämpfung aus dem Bereich der GSVP trägt wohl dem Umstand Rechnung, dass der Kampf gegen den Terrorismus als Teil der Bedrohung der inneren Sicherheit gesehen und damit auch dem Bereich „Raum der Freiheit, der Sicherheit und des Rechts" zugeordnet wird.[1001] Dennoch, auch wenn man in dieser Differenzierung durchaus das von der Union verfolgte umfassende und weite Sicherheitsverständnis sehen kann,[1002] bleibt der fade Nachgeschmack, dass die Terrorismusbekämpfung aus dem Bereich der GSVP herausgehalten wird, um den intergouvernemental geprägten Verfahrensbestimmungen zu entgehen. Andererseits müssen Beschlüsse, die Auswirkungen auf den Bereich der Verteidigung haben, nach den Einstimmigkeitsregeln des Art. 31 Absatz 1 EUV gefasst werden.[1003] Darüber hinaus beschließt der Rat in den Fällen, die keine Auswirkungen auf die Verteidigungsaspekte haben, nur, sofern ein gemeinsamer Vorschlag seitens des Hohen Vertreters und der Kommission vorliegt. Damit ist auch hier ein Alleingang der Kommission zu Lasten der Mitgliedstaaten vertraglich nicht möglich. Ferner wird grundsätzlich das PSK miteinbezogen, das als Hauptakteur der GSVP unmittelbar die

---

998 Cremer, in: Calliess/Ruffert, EUV/AEUV-Kommentar, Art. 42 EUV, Rn. 17; nähere Einzelheiten finden sich bei: Kaufmann-Bühler, in: Grabitz/Hilf/Nettesheim, Das Recht der EU, Art. 42 EUV, Rn. 29–31.

999 Ähnlich: Wouters und Bearbeiter, The Law of EU External Relations, S. 416.

1000 Der Anwendungsbereich der allgemeinen Solidaritätsklausel erscheint auch viel weiter, da Art. 222 AEUV im Gegensatz zum Art. 42 Absatz 7 EUV keinen bewaffneten Terroranschlag voraussetzt, sondern die Anwendung auf jegliche Terroranschläge ausweitet – vgl. Van Vooren/Wessel, EU External Relations Law, S. 404.

1001 Kaufmann-Bühler, in: Grabitz/Hilf/Nettesheim, Das Recht der EU, Art. 42 EUV, Rn. 16.

1002 Ibid., S. 71.

1003 Art. 222 Absatz 3 S. 2 AEUV.

mitgliedstaatlichen Interessen vertritt (und in Zukunft wohl auch vertreten wird). Im Übrigen legt der Beschluss des Rates nur den Rahmen des Vorgehens fest.[1004] Die konkreten Schritte werden durch die Mitgliedstaaten in „Absprache“ mit dem Rat festgelegt.[1005] Hiermit wird auch eine gewisse Flexibilität des Instruments gesichert.[1006] Im Ergebnis wird die eben genannte Befürchtung der Umgehung der Verfahrensvorschriften zum Schutze der Intergouvernementalität also wieder relativiert. Schlussendlich ist erwähnenswert, dass die Beistandspflicht erst einmal nach einem erfolgten Terroranschlag eingefordert wurde[1007] – nämlich nachdem diverse Orte in Paris im November 2015 Opfer von terroristischen Akten wurden und Frankreich in der Tagung des Rates „Auswärtige Angelegenheiten“ am 17. November 2015 um seine Unterstützung seitens anderer Mitgliedstaaten bat.[1008]

G. Beschlussfassung in der GSVP

Bezüglich der Beschlussfassung für die Ausgestaltung der GSVP gilt das Prinzip der Einstimmigkeit auch in diesem Bereich uneingeschränkt.[1009] Eine mögliche Ausweitung der Möglichkeit zur Entscheidung mit qualifizierter Mehrheit durch

---

1004 Kaufmann-Bühler, in: Lenz/Borchardt, EU-Verträge Kommentar, Art. 222 AEUV, Rn. 3.

1005 Ibid.; vgl. auch den Vertrag zwischen der Bundesrepublik Deutschland und der Französischen Republik über die deutsch-französische Zusammenarbeit und Integration („*Aachener Vertrag*“) vom 22. Januar 2019. Dieser völkerrechtliche Vertrag wurde im Nachgang des französischen Anforderns von Unterstützung auf Grundlage des Art. 42 Absatz 7 EUV zwischen Deutschland und Frankreich geschlossen und legt eine schärfer formulierte Verpflichtung zum gegenseitigen militärischen Beistand fest – vgl. zu Letzterem: Die Beistandsklausel im Aachener Vertrag über die deutsch-französische Zusammenarbeit und Integration, Ausarbeitung der Wissenschaftlichen Dienste des deutschen Bundestages – WD 2-3000 -036/19 – S. 8 und S. 11 (abrufbar unter: https://www.bundestag.de/resource/blob/645868/dc4693de6aaff54d814b7a4e9a4a524c/WD-2-036-19-pdf-data.pdf.).

1006 Kaufmann-Bühler, in: Lenz/Borchardt, EU-Verträge Kommentar, Art. 222 AEUV, Rn. 2.

1007 Zu beachten ist aber auch hier, dass der Terroranschlag zugleich als bewaffneter Angriff gesehen werden kann.

1008 Vgl. Mitteilung des Europäischen Parlaments vom 20. Januar 2016 – abrufbar unter: https://www.europarl.europa.eu/news/de/headlines/security/20160119STO10518/eu-bundnisfall-rechtliche-grundlagen-und-praktische-auswirkungen.

1009 Vgl. Art. 42 Absatz 4 EUV.

den ER ist im Bereich der GSVP gemäß Art. 31 Absatz 4 EUV gerade ausgeschlossen. Hier gilt auf Grund des sehr sensiblen Regelungsbereichs – verteidigungspolitischer Bereich als wesentliches Element eines Nationalstaats – noch stärker das Prinzip der Einstimmigkeit. Das Prinzip zur konstruktiven Enthaltung bleibt aber erhalten.[1010]

1010 Art. 31 Absatz 1 Unterabsatz 2 EUV; vgl. auch: Kadelbach, in: von Arnauld (Hrsg.), Europäische Außenbeziehungen (EnzEuR, Bd. 10), § 4, Rn. 32.

III. GASP im Verhältnis zu anderen internationalen und regionalen Akteuren

Es ist offensichtlich, dass eine erfolgreiche Europäische Außenpolitik nicht ohne das Zusammenwirken mit anderen (außenpolitischen) Akteuren möglich ist. Mit dem Bewusstsein, dass globale Herausforderungen globale Lösungen und eine globale Zusammenarbeit erfordern, verlässt sich die EU bei ihrer Außenpolitik nicht nur auf die Mitgliedstaaten, sondern auch auf weitere andere internationale, regionale sowie nichtstaatliche Organisationen und Institutionen. Daher spielt nicht nur das präsente Verhältnis zur NATO auf dem internationalen Parkett eine Rolle, auch das Verhältnis zu den Vereinten Nationen und zu anderen eben genannten Akteuren ist von Bedeutung. Im Vergleich zur Binnenmarktpolitik setzt die Union in der Außenpolitik insbesondere auf die Kooperation mit nichtstaatlichen Akteuren, vor allem denen aus Drittstaaten.[1011] Aber auch das Aufkommen neuer Akteure lässt sich auf dem internationalen Parkett nicht vermeiden, so dass sich die EU stetig neuen „Gegnern" stellen muss bzw. sich mit neuen Akteuren messen muss. In diesem Zusammenhang taucht der Begriff der *Global Security Governance* auf – ein Begriff, der sich vor allem auf Grund der neuen globalen Gefahren („*transnational nature of threats*") entwickelt hat und durch eine Koordinierung von Akteuren, Kompetenzen und Fähigkeiten geprägt ist. Dabei werden zivile wie auch militärische und diplomatische Mittel miteinander verbunden. Man ist in der Außenpolitik zu der Erkenntnis gelangt, dass eine klare Trennung zwischen zivilen und militärischen Instrumenten sowie zwischen nationalen, gemeinschaftsrechtlichen und internationalen Kompetenzen für ein erfolgreiches Mandat auf internationaler Ebene nicht mehr möglich ist. Auch die Union ist zu dieser Erkenntnis gekommen und verfolgt das Ziel einer kohärenten Außenpolitik, die auf eine enge und koordinierte multilaterale Zusammenarbeit und auf die intelligente Nutzung von Synergieeffekten, die durch die Verbindung von verschiedenen Maßnahmen entstehen, gerichtet ist.

Zu beachten ist, dass die folgenden Ausführungen zu diesem Abschnitt nicht präzise zwischen den vergemeinschafteten Bereichen und der GASP/GSVP in Bezug auf die jeweils einzelnen internationalen Akteure unterscheiden. Dies

---

1011 Peters/Wagner, Gemeinsame Außen- und Sicherheitspolitik, in: Heinelt/Knod (Hrsg.), Politikfelder im EU-Mehrebenensystem, S. 58.

folgt dem Umstand, dass bei der Ausführung der GASP wie auch der auswärtigen Politik der vergemeinschafteten Bereiche oft auf dieselben internationalen Akteure zurückgegriffen wird bzw. mit denselben Akteuren verhandelt und agiert wird.

A. NATO

Wie bereits erläutert, verliefen die Anfänge der verteidigungspolitischen Dimension der europäischen Außenpolitik holprig.[1012] Die EPZ vermied sicherheitspolitische Punkte zu adressieren. Sie beschränkte sich auf wirtschaftliche Aspekte der Sicherheit.[1013] Daher stammt auch die politische Charakterisierung der EU als eine Zivilmacht, die auch noch heute populären Zuspruch findet. In der Folgezeit wurden jegliche sicherheitspolitischen Probleme bzw. Aspekte mit der NATO oder mit der damals noch bestehenden WEU gelöst. Die Mitgliedstaaten erklärten sich damals bereit, die WEU als Verteidigungskomponente der damaligen Union zu entwickeln.[1014] Die NATO und die ehemalige WEU standen damals wie auch noch heute für eine kollektive Sicherheit und Verteidigung.[1015] Zweifellos hat die WEU die verteidigungspolitische Komponente der Außenpolitik der Union aufgewertet.[1016] Trotz allem stand die WEU faktisch im Schatten der NATO, da die damaligen Mitglieder der WEU allesamt zugleich Mitglieder der NATO waren;[1017] und ungeachtet der Fortschritte des gesamten Entwicklungsprozesses im sicherheitspolitischen Sektor durch die Begründung der GASP gilt auch noch heute weiterhin der Grundsatz, dass die GSVP nicht die NATO ersetzen soll, sondern diese ergänzen soll.[1018] Damals wie heute soll die NATO für die Mitgliedstaaten das Fundament der kollektiven Verteidigung sein und auch weiterhin die maßgebliche Rolle bei der Gewährleistung der Sicherheit

---

1012 Einen detaillierten, aber komprimierten Überblick über die frühen Anfänge der Zusammenarbeit von NATO (USA) und WEU findet sich bei Schlag, Außenpolitik als Kultur, u.a. S. 120–125.

1013 Burghardt/Tebbe, EuR 1995, S. 1 (S. 17).

1014 Vgl. den ehemaligen Artikel J. 4 des Maastrichter Vertrages; vgl. auch Dietrich, ZaöRV 2006, S. 663 (S. 675 ff.); Herdegen, Völkerrecht, § 46, Rn. 6.

1015 Cardwell, EU External Relations, S. 49.

1016 Burghardt/Tebbe, EuR 1995, S. 1 (S. 18).

1017 Burghardt/Tebbe, EuR 1995, S. 1 (S. 17).

1018 Bitterlich, in: Lenz/Borchardt, EU-Verträge Kommentar, Art. 42, Rn. 13; Webber, The Common Security and Defence Policy in a multilateral world, in: P. Koutrakos, European Foreign Policy (2011), S. 205 (S. 207).

gegenüber militärischen Angriffen spielen. Dies erklärt auch, warum 21 der 27 Mitgliedstaaten der NATO angehören. Nichtsdestotrotz wurde in den Lissabonner Reformen mehr denn je betont, dass die Fähigkeit zu einem autonomen militärischen Handeln der Union geschaffen werden soll. Dem Bestreben hierzu soll im hohen Maße applaudiert werden – zugleich kann aber nicht ausgeblendet werden, dass die Union sozusagen in politischer und militärischer Abhängigkeit von den USA, der Führungsmacht der NATO, steht[1019]. Von einer autonomen Handlungsfähigkeit bzw. von einer gleichberechtigten strategischen Partnerschaft im Bereich der Krisenbewältigung kann m.E. nicht gesprochen werden.

Grundlage der heutigen Beziehungen zwischen der NATO und der EU bilden die 2002 vereinbarte „Erklärung der Europäischen Union und der NATO über die Europäische Sicherheits- und Verteidigungspolitik“[1020] sowie das „Berlin-Plus-Abkommen“ aus dem Jahr 2003.[1021] Beide Erklärungen definieren die strategische Partnerschaft zwischen der EU und der NATO. Letzteres legt die Modalitäten über den Zugang der EU zu den Mitteln und Fähigkeiten der NATO fest.[1022] Die Erklärung von 2003 dient der Detaillierung der permanenten Zusammenarbeit sowie der Festlegung von gemeinsamen Grundsätzen und Zielen. Im Vordergrund stehen eine effektive Zusammenarbeit und Abstimmung

---

1019 Galaski/Kaim: Die Europäische Union als Militärmacht, in: Leiße (Hrsg.), Die Europäische Union nach dem Vertrag von Lissabon, S. 300; siehe hierzu auch die Erklärung der ehemaligen Außenministerin der USA Madeleine Albright im Jahr 1998, in der sie erläuterte, inwieweit sich die ESVP in Bezug auf die USA/NATO entwickeln dürfe. Hierbei betonte sie die sog. „drei D's“: (1) Es dürfe nicht zu einer Entkoppelung der EU von der USA kommen (*decoupling*), (2) Es sollte eine unnötige Duplizierung militärischer Fähigkeiten vermieden werden (*duplication*), (3) Es muss eine Diskriminierung der Nicht-EU-Mitgliedstaaten ausgeschlossen sein (*discrimination*) – vgl. Hinweise bei Varwick auf den Artikel in der Financial Times vom 7. Dezember 1998 „The right balance will secure NATO's future“ von Madeleine K. Albright, Varwick: NATO und EU: Partnerschaft oder Konkurrenz?, in: Henning Riecke (Hrsg.): Die Transformation der NATO, S. 131 (S. 141).

1020 Erklärung der NATO und der Europäischen Union über die Europäische Sicherheits- und Verteidigungspolitik (ESVP), Brüssel, 16. Dezember 2002 (nicht im Amtsblatt veröffentlicht – abrufbar unter: https://eeas.europa.eu/topics/common-security-and-defence-policy-csdp/5388/shaping-of-a-common-security-and-defence-policy-_en.

1021 Vgl. auch: Webber, The Common Security and Defence Policy in a multilateral world, in: P. Koutrakos, European Foreign Policy (2011), S. 205 (S. 223 f.).

1022 Koch, Interorganisationale Beziehungen als organisationsübergreifende Strukturen der Aufgabenerledigung der Europäischen Union, in: Kadelbach (Hrsg.), 60 Jahre Integration in Europa, S. 137 (S. 141); Dietrich, ZaöRV 2006, S. 663 (S. 688).

sowie die Förderung der Transparenz. Unter anderem haben sich die Vertragsparteien dazu verpflichtet regelmäßige Treffen der beiden höchsten Gremien, also des PSK und des NATO-Rates, zu organisieren.[1023] Verdeutlicht wurde jedoch auch, dass die NATO die Basis für die kollektive Verteidigung ihrer Mitglieder bleibt.[1024] Die EU soll lediglich zusätzlich zu den Instrumenten, die ihr bereits zur Verfügung stehen, durch die GSVP in die Lage versetzt werden, unabhängig Krisenbewältigungseinsätze durchzuführen.[1025] Die Berlin-Plus-Vereinbarung regelt dagegen die Grundlagen für die Zusammenarbeit zwischen der EU und NATO im Bereich der Krisenbewältigung.[1026] Unter anderem ermöglicht die Vereinbarung der NATO Einsätze, die von der EU durchgeführt werden, zu unterstützen, auch wenn die NATO als Ganzes nicht einbezogen ist. Darüber stehen EU-Offiziere in ständigem Kontakt mit dem permanenten Hauptquartier der NATO SHAPE, welches wiederum für alle Einsätze der NATO-Streitkräfte zuständig ist. Die NATO selbst steht in permanenter Verbindung mit der EUMS.

Neben den zwei zuvor genannten Erklärungen stellen die politischen Absprachen zwischen den Mitgliedstaaten der NATO und den EU-Mitgliedstaaten insgesamt die am häufigsten verwendete Handlungsart innerhalb der strategischen Partnerschaft der NATO mit der EU dar.[1027]

Trotz der vertraglich fixierten Zusammenarbeit ist die Praxis aber immer noch mit gegenseitigem Misstrauen belastet, welches die Kooperation tatsächlich erschwert.[1028] Auch besteht eine Unsicherheit über die Zuständigkeit der EU im Konfliktfall, da die Vereinbarung der NATO das Erst-Interventionsrecht zuspricht.[1029] Bisher gab es auch nur zwei Missionen, die unter dem Berlin-Plus-Abkommen vollzogen wurden.[1030] Dabei handelt es sich um die 2003 erfolgreich

---

1023 Ähnlich: Webber, The Common Security and Defence Policy in a multilateral world, in: P. Koutrakos, European Foreign Policy (2011), S. 205 (S. 225).

1024 Vgl. https://eur-lex.europa.eu/legal-content/DE/TXT/?uri=LEGISSUM%3Al33243.

1025 Vgl. Seite 2 der Erklärung vom 16. Dezember 2002.

1026 Zu den Einzelheiten vgl. Koch, Interorganisationale Beziehungen als organisationsübergreifende Strukturen der Aufgabenerledigung der Europäischen Union, in: Kadelbach (Hrsg.), 60 Jahre Integration in Europa, S. 137 (S. 141).

1027 Dietrich, ZaöRV 2006, S. 663 (S. 689).

1028 Webber, The Common Security and Defence Policy in a multilateral world, in: P. Koutrakos, European Foreign Policy (2011), S. 205 (S. 225 f.); siehe auch: Algieri, Die Gemeinsame Außen- und Sicherheitspolitik der EU, S. 154.

1029 Koch, Interorganisationale Beziehungen als organisationsübergreifende Strukturen der Aufgabenerledigung der Europäischen Union, in: Kadelbach (Hrsg.), 60 Jahre Integration in Europa, S. 137 (S. 149, S. 154 f.).

1030 Ibid., S. 226.

abgeschlossene Operation Concordia in Mazedonien sowie um die Operation Althea, in der die EU nach dem Ende der *Stabilisation Force* (SFOR) die militärische Leitung in Bosnien-Herzegowina übernahm (sog. EUFOR).[1031] Das Verhältnis unter diesem Abkommen ist vor allem durch die Stellung der Türkei stark beeinträchtigt. Die Türkei weigert sich auf Grund der Stellung von Zypern als EU-Mitglied mit der EU zusammenzuarbeiten und blockiert die Ausführung weiterer Operationen unter dem Berlin-Plus-Abkommen.[1032] Zudem wird von Kritikern vorgebracht, dass durch die Einführung der rechtlich verbindlichen Beistandsklausel in Art. 42 Absatz 7 S. 1 EUV durch die Lissabonner Reformen der Eindruck erweckt wird, dass die NATO-Verpflichtungen nun nicht mehr im Vordergrund stehen. Letzterem ist entgegenzutreten, denn der 2. Unterabsatz spricht den Verpflichtungen unter dem Nordatlantikvertrag ausdrücklich Vorrang zu.

Für die Zukunft bleibt zu hoffen, dass die NATO wie auch die EU erkennen, dass aus einer guten Zusammenarbeit durchaus Synergien entwickelt werden können, die einen Anteil zur Friedenssicherung in der Welt beitragen können. Die EU ist auf den Einsatz ziviler Mittel wie humanitäre Hilfe und polizeiliche und justizielle Leitung erprobt und die NATO auf den Einsatz von militärischen Mitteln, so dass eine effektivere Zusammenarbeit mit Kombination beider Kenntnisse und Erfahrungen durchaus sinnvoll wäre.[1033]

B. Verhältnis zu den Vereinten Nationen

Die Geschichte hat gezeigt, dass die Vereinten Nationen schon immer eine entscheidende Rolle in der europäischen Außenpolitik gespielt haben und auch weiterhin spielen werden. Aktuell enthält Art. 21 Absatz 1 TEU die grundlegende Bestimmung, dass das außenpolitische Handeln der Union unter Achtung der Grundsätze der Vereinten Nationen (**VN/UN**) zu erfolgen hat. Die Union sieht die VN als „wahren" Garanten des internationalen Friedens an.[1034] Die

---

1031 Koch, Interorganisationale Beziehungen als organisationsübergreifende Strukturen der Aufgabenerledigung der Europäischen Union, in: Kadelbach (Hrsg.), 60 Jahre Integration in Europa, S. 137 (S. 141 ff.); Algieri, Die Gemeinsame Außen- und Sicherheitspolitik der EU, S. 147.

1032 Ähnlich: Thym, ZaöRV 2006, S. 863 (S. 881).

1033 Webber, The Common Security and Defence Policy in a multilateral world, in: P. Koutrakos, European Foreign Policy (2011), S. 205 (S. 226).

1034 P. Koutrakos, The EU Common Security and Defence Policy (2013), S. 97; vgl. auch Entwurf eines Berichts des Vorsitzes über die Europäische Sicherheits- und

grundlegende Bestimmung des Art. 21 EGV sowie die einzelnen Bestimmungen der ESS und auch weitere andere Vorschriften verdeutlichen die Ehrfurcht der Union vor den Vereinten Nationen.[1035] Beginnt man mit den Anfängen der gemeinsamen Verteidigungspolitik zum Zeitpunkt des Maastrichter Vertrages, so stellt man fest, dass das Zusammenspiel mit den VN nie außer Acht gelassen wurde. Art. J.5 Absatz 5 S. 2 des Maastrichter Vertrages enthielt die Bestimmung, dass sich die Mitgliedstaaten, die zugleich ständige Mitglieder des VN-Sicherheitsrats sind, bei der Wahrnehmung ihrer Aufgaben unbeschadet ihrer Verantwortlichkeiten auf Grund der Charta der VN für die Standpunkte und Interessen der Union einzusetzen haben. Mit Art. 19 Absatz 2 Unterabsatz 2 S. 2 des Amsterdamer Vertrages und dem darauffolgenden Nizza-Vertrag wurde dieser Wortlaut aufrechterhalten. Seit den Lissabonner Reformen gilt im Sicherheitsrat nunmehr für alle EU-Mitgliedstaaten – und nicht mehr nur für die ständigen Mitglieder des Sicherheitsrates –, dass sie verpflichtet sind, sich bei der Wahrnehmung ihrer Aufgaben „unbeschadet ihrer Verantwortlichkeiten auf Grund der Charta der Vereinten Nationen" für die Standpunkte und Interessen der EU einzusetzen.[1036] Zudem wurde in Art. 34 Absatz 2 Unterabsatz 3 EUV eingefügt, dass ein unionsrechtlicher Standpunkt, der zugleich auf der Tagesordnung des VN-Sicherheitsrates ist, auf Antrag der Mitgliedstaaten vom Hohen Vertreter vorzutragen ist. Diese Vorschrift ist von hoher symbolischer Bedeutung für die Stellung der Union in den internationalen Politiken[1037] – auch wenn dies auf lange Sicht die fehlende Vollmitgliedschaft der Union nicht ersetzt.[1038] Aber auch wenn es so scheint, dass die Unionsinteressen durch den jetzigen Artikel 34 Absatz 2 EUV gesichert sind, bleibt dennoch die Frage, ob nicht der Wortlaut des Satz 2, Unterabsatz 2 eine gewisse *Opt-out*-Möglichkeit für die Mitgliedstaaten zulässt. Denn die Interessen der Union sind durch die Mitgliedstaaten nun insoweit zu wahren, wie es die internationale Situation zulässt. Verlangt eine internationale Notlage ein rapides Handeln des VN-Sicherheitsrates, so scheint es, dass die Mitgliedstaaten, die zugleich auch VN-Mitglieder sind, zu

---

Verteidigungspolitik vom 30.11.2000, erstellt vom AStV an den Rat, Übermittlungsvermerk, Dokumentennr. ST 14056 2000 INIT, S. 3.

1035 P. Koutrakos, The EU Common Security and Defence Policy (2013), S. 97.

1036 Art. 34 Absatz 2 Unterabsatz 2 EUV.

1037 Denn der VN-Sicherheitsrat gilt als Symbol für prägende Staaten auf dem internationalen Parkett, vgl. Algieri, Die Gemeinsame Außen- und Sicherheitspolitik der EU, S. 139.

1038 Streinz/Ohler/Herrmann, Der Vertrag von Lissabon zur Reform der EU, § 17 II 4.

Lasten der Union handeln könnten.[1039] Darüber hinaus ist auch der generelle Einfluss des VN-Sicherheitsrates in die nationalen Politiken der Mitgliedstaaten nicht ausgeschlossen. Soweit die Mitgliedstaaten nämlich die Standpunkte und Interessen der Union vertreten, handelt es sich um diejenigen Interessen und Standpunkte, die der ER – der sich bekanntlich aus den Staats- und Regierungschefs der Mitgliedstaaten zusammensetzt[1040] – unter möglicherweise starkem Einfluss der nationalen Interessen (die wiederum vom VN-Sicherheitsrat beeinflusst sind) erlassen hat.[1041] Es ist offensichtlich, dass das Einstimmigkeitsprinzip und das Fehlen supranationaler Elemente im Bereich der GASP dem Staat Frankreich und dem Vereinigten Königreich als ständigen Mitgliedern erlaubt, ihre Rolle im Rahmen der VN nach wie vor weitgehend autonom und (fast) unbehelligt von europäischer Einflussnahme auszufüllen.[1042] Diese Tendenz wird vor allem durch die Sicherung der Kompetenzabgrenzung – Normierung der wechselseitigen Unberührbarkeit in Art. 40 EUV – gewährleistet. Auch können sich die Mitgliedstaaten nicht immer auf eine gemeinsame Position einigen, da wirtschaftliche Interessen eines oder mehrerer Mitgliedstaaten entgegenstehen.[1043] Anderseits ist der Hohe Vertreter gerade befugt im VN-Sicherheitsrat die Standpunkte der Union vorzutragen,[1044] so dass die Gefahr der nationalen Einflussnahme möglicherweise etwas abgemildert wird. Indes erfordert der Vortrag eines Standpunktes durch den Hohen Vertreter – als besondere Ausprägung der Außenvertretung –, dass ein Standpunkt und ein Antrag der im Sicherheitsrat vertretenen Mitgliedstaaten tatsächlich vorliegen.[1045] Demnach spricht das Antragsrecht des Hohen Vertreters zwar für eine Kohärenzsteigerung

---

1039 Wouters/Coppens/De Meester, The European Union's External Relations after Lisbon Treaty, in: Griller/Ziller, The Lisbon Treaty, S. 143 (S. 153).

1040 Art. 14 Absatz 2 S. 1 EUV.

1041 Ähnlich: Wouters/Coppens/De Meester, The European Union's External Relations after Lisbon Treaty, in: Griller/Ziller, The Lisbon Treaty, S. 143 (S. 153).

1042 Dörr, in: Grabitz/Hilf/Nettesheim, Das Recht der EU, Art. 40 EUV, Rn. 4.

1043 Dies hat sich vor allem in der Debatte um die Haltung Chinas in Bezug auf die Einhaltung und Achtung von Menschenrechten im Rahmen der VN-Menschenrechtskonferenzen gezeigt, vgl. hierzu Algieri, Die Gemeinsame Außen- und Sicherheitspolitik der EU, S. 141.

1044 Art. 34 Absatz 2 Unterabsatz 3 EUV.

1045 Cremer, in: Calliess/Ruffert, EUV/AEUV-Kommentar, Art. 34 EUV, Rn. 9; Kaufmann-Bühler, in: Grabitz/Hilf/Nettesheim, Das Recht der EU, Art. 34 EUV, Rn. 17; Engbrink, Die Kohärenz des auswärtigen Handelns der Europäischen Union, S. 71.

und Milderung der Gefahr der Durchsetzung nationaler Einzelinteressen, doch wird dieser Einfluss wieder dadurch abgemildert, dass der Hohe Vertreter „sein" Anliegen nur unter diesen Voraussetzungen vortragen kann. Er kann damit weder an der politischen Willensbildung noch auf den Verhandlungsprozess zwischen dem Sicherheitsrat und den Mitgliedstaaten ein- bzw. mitwirken. Darüber hinaus müssen die bereits genannten Voraussetzungen vorliegen, d.h. ein Beschluss i.S.d. Art. 25 Absatz 1 b) ii) i.V.m. Art. 29, 31 EUV sowie ein Antrag der Mitgliedstaaten. Auf Letzteres hat der HV zumindest einen sekundärrechtlichen Anspruch.[1046] Dies kann schon allein aus dem Sinn und Zweck des Art. 34 EUV abgeleitet werden, der in Absatz 1 eine unionsorientierte Koordinierungspflicht der Mitgliedstaaten in ihrem nationalen Vorgehen normiert. Die Unterrichtungs- und Abstimmungspflicht bezieht sich auf internationale Organisationen[1047] und somit auch auf die VN. Dass die Koordinierungspflicht auch auf die VN Anwendung findet, kann zudem aus dem Aufbau des Unterabsatzes 3 entnommen werden, der als Voraussetzung gerade das Vorliegen eines Standpunktes der Union normierte. Liegt ein solcher vor, so haben sich die Mitgliedstaaten durch ihre Vertreter im Rat bereits auf einen gemeinsamen Nenner geeinigt und stehen in der Pflicht ihre nationalen Politiken in Einklang mit dem Inhalt der Standpunkte zu bringen.[1048] Würden sich die Mitgliedstaaten diesem widersetzen und ein Antragsrecht ablehnen, handeln sie nicht im Einklang mit ihren unionsrechtlichen Pflichten. Im Ergebnis kann der Hohe Vertreter mit der in Art. 34 Absatz 2 Unterabsatz 3 EUV normierten besonderen Außenvertretungsbefugnis zwar nicht unmittelbar die politische Willensbildung im Sicherheitsrat beeinflussen, jedoch kann er die Sichtbarkeit der Unionsinteressen definitiv erhöhen[1049] und diese sogar gegebenenfalls zwangsweise durchsetzen. Zudem ist davon auszugehen, dass durch die Abwesenheiten des Hohen Vertreters zumindest mittelbar politischer Druck auf die ständigen Mitglieder

1046 Engbrink, Die Kohärenz des auswärtigen Handelns der Europäischen Union, S. 72; zumindest begrenztes Ermessen der Mitgliedstaaten in ihrer Entscheidung über Antrag: Bitterlich, in: Lenz/Borchardt, EU-Verträge Kommentar, Art. 34, Rn. 8; *Kaufmann-Bühler* spricht dagegen von einem bewussten Pflichtgefühl, so dass ein Antrag nicht von vornherein aussichtslos ist, Kaufmann-Bühler, in: Grabitz/Hilf/Nettesheim, Das Recht der EU, Art. 34 EUV, Rn. 17.

1047 Bitterlich, in: Lenz/Borchardt, EU-Verträge Kommentar, Art. 34, Rn. 3.

1048 Vgl. Art. 29 Absatz 2 und Art. 28 Absatz 2 EUV.

1049 Ähnlich: Engbrink, Die Kohärenz des auswärtigen Handelns der Europäischen Union, S. 72.

ausgeübt wird und der Tendenz zum Durchsetzen deren nationaler Einzelinteressen zumindest etwas entgegengewirkt wird.

Zuletzt sollte vielleicht nicht unerwähnt bleiben, dass dem Hohen Vertreter (neben dem Präsidenten des ER, der Kommission und den Delegationen der EU) ein Vertretungs- und Rederecht in der Generalversammlung der VN zusteht. Die Einräumung des Rederechts ist von erheblicher Relevanz, da der EU als Nichtstaat lediglich ein Beobachterstatus zusteht und keinen anderen nichtstaatlichen Organisationen ein solches Recht eingeräumt wurde.[1050] Das Rederecht wurde im Mai 2011 von der Generalversammlung erweitert, indem der Hohe Vertreter sich nun direkt in die Debatten einschalten darf und nicht bis zum Schluss warten muss.[1051] Insgesamt kann die Vertretung der Unionsinteressen in der Generalversammlung als positiv gewertet werden. Von den Anfangsjahren bis über die EU-Erweiterung zeigte sich stets eine hohe Geschlossenheit der Mitgliedstaaten in den Abstimmungen und Stellungnahmen im Rahmen der Generalversammlung.[1052] Uneinheitliches Handeln zeigte sich wenn, dann in den Abstimmungen, die sicherheitspolitische Bereiche betrafen. Dort standen (und stehen) gerade die politischen Richtungen und Positionen der einzelnen Mitgliedstaaten bzw. Untergruppierungen innerhalb der Generalversammlung einem gemeinsamen Handeln entgegen.[1053]

Im Verhältnis Unionsrecht und Beschlüsse des VN-Sicherheitsrates spielen die VN-Resolutionen eine entscheidende Rolle. Da die EU kein Mitglied der VN ist, ist sie grundsätzlich auch nicht zur Umsetzung solcher Resolutionen verpflichtet.[1054] Anders sieht das jedoch bei den Mitgliedstaaten aus, die zugleich VN-Mitglieder sind.[1055] Diese sind völkerrechtlich verpflichtet über die Mechanismen der GASP eventuelle Sanktionsbeschlüsse der Vereinten Nationen in den Unionsrahmen umzusetzen.[1056] Hierbei erfolgt die Umsetzung nach dem

---

1050 Engbrink, Die Kohärenz des auswärtigen Handelns der Europäischen Union, S. 73.

1051 UN Basis-Informationen 42 – Juli 2011 – Deutsche Gesellschaft für Vereinte Nationen e.V., S. 4, abrufbar unter: https://dgvn.de/un-basis-informationen/.

1052 Algieri, Die Gemeinsame Außen- und Sicherheitspolitik der EU, S. 139.

1053 Algieri führt exemplarisch die Stellung der einzelnen Mitgliedstaaten – insbesondere die von England und Frankreich – zur Außenpolitik der USA (hier die amerikanische Irak-Strategie) an, vgl. Algieri, Die Gemeinsame Außen- und Sicherheitspolitik der EU, 139 f. und S. 142.

1054 Arnauld, in: von Arnauld (Hrsg.), Europäische Außenbeziehungen (EnzEuR, Bd. 10), § 1, Rn. 106.

1055 Vgl. Art. 25 UN-Charta.

1056 Arnauld, in: von Arnauld (Hrsg.), Europäische Außenbeziehungen (EnzEuR, Bd. 10), § 1, Rn. 106.

Verfahren des Art. 215 AEUV. Folglich setzen restriktive Maßnahmen, die von einem VN-Sicherheitsbeschluss vorgegeben werden, einen Beschluss nach Art. 28 oder Art. 29 EUV voraus.[1057] Diese Verkoppelung ist starr, d.h., ohne einen GASP-Beschluss hinreichender Bestimmtheit darf von Art. 215 AEUV nicht Gebrauch gemacht werden.[1058] Bei der Umsetzung einer VN-Resolution kann die Union strengere Maßnahmen als die von den VN ursprünglich vorgesehenen Regelungen erlassen.[1059] Bemerkenswert ist, dass im Falle des Nichtzustandekommens eines GASP-Beschlusses (z.B. wegen mangelnder Einstimmigkeit hinsichtlich der Umsetzung einer VN-Resolution bezüglich restriktiver Maßnahmen) die Mitgliedstaaten nach den grundsätzlichen Pflichten der Charta der VN[1060] zur selbstständigen Umsetzung des Sicherheitsratsbeschluss verpflichtet sind.[1061]

Nicht verachtenswert ist aber, dass die VN selbst die Bedeutung der Union als globaler (Sicherheits-)Akteur erkannt hat. Das Verhältnis ist also gerade nicht nur einseitig geprägt. Die VN hat bereits 1992 die hohe Bedeutung der EG für die Sicherheit im Balkan betont.[1062] Im Jahr 2003 haben die EU und die Vereinten Nationen eine gemeinsame Erklärung zur verstärkten Zusammenarbeit in Krisensituationen verfasst,[1063] was eindeutig die wachsende Bedeutung der Zusammenarbeit dieser Akteure aufzeigt. Aber auch der vom Generalsekretär der VN 2003 veröffentlichte Bericht über die Entwicklung, Sicherheit und Menschenrechte betont die wertvolle Ergänzung, die die Beschlüsse der Europäischen Union zur Friedenssicherung leisten.[1064] Darüber hinaus werden die Entwicklung und Kapazitätsausweitung der Europäischen Union explizit[1065]

1057 Wouters und Bearbeiter, The Law of EU External Relations, S. 178.

1058 Cremer, in: Calliess/Ruffert, EUV/AEUV-Kommentar, Art. 215 AEUV, Rn. 11.

1059 Wouters und Bearbeiter, The Law of EU External Relations, S. 190.

1060 Vor allem Art. 103 UN-Charta.

1061 Cremer, in: Calliess/Ruffert, EUV/AEUV-Kommentar, Art. 215 AEUV, Rn. 9 m.w.N.

1062 Agenda for Peace, 17. June 1992, UN-Document, A/47/277-S/24111, Rn. 62.

1063 Joint Declaration on UN-EU Co-operation in Crisis Management, 24. September 2003; vgl. auch EU-UN co-operation in Military Crisis Management Operations Elements of Implementation of the EU-UN Joint Declaration, adopted by the European Council on 17–18 June 2004.

1064 Report of the Secretary General, 21 March 2005, UN-Document, A/59/2005, Rn. 112.

1065 General Assembly Resolution A/60/L1 on the 2005 World Summit Outcome, 15. September 2005, Rn. 93 (a).

und die Teilnahme an regionalen Friedenssicherungsmaßnahmen außerhalb des Unionsbereichs betont[1066].

Im organisatorischen Kontext ist das PSK innerhalb der Union für die Erarbeitung der VN-Politik zuständig. Innerhalb des PSK formuliert die Ratsarbeitsgruppe für die Beziehungen zu den Vereinten Nationen (**CONUN**) gemeinsame Positionen der Mitgliedstaaten. Das CONUN stellt ein bedeutendes Koordinationsforum für die Zusammenarbeit der Union mit den VN dar.[1067] Die Ausarbeitung und Abstimmung als grundlegende Vorarbeit zur Festlegung der Politik der Union durch die Arbeitsgruppe bezieht sich vor allem auf die Schwerpunktpolitikfelder des Friedens, der Sicherheit und der Krisenprävention[1068] sowie der Entwicklungszusammenarbeit und der Terrorismusbekämpfung. Die Förderung der Menschenrechte, der Demokratie und der Rechtsstaatlichkeit zieht seit Beginn der Zusammenarbeit einen roten Faden durch die gemeinsame Tätigkeit und gehört auch zu den Schwerpunktbereichen, mit denen sich die Union im Kontext der Zusammenarbeit mit den VN befasst.[1069] Aber auch die nachhaltige Entwicklung in Bezug auf die wirtschaftliche Steuerung und der Klimawandel stellen wichtige Aufgabenfelder dar, in denen die EU mit den VN im ständigen Dialog steht. Neben dem CONUN existieren noch weitere themenspezifische Arbeitsgruppen, die auch wichtige Vorarbeiten für die Zusammenarbeit der Union und der VN leisten. Daneben finden regelmäßige Koordinationstreffen zwischen den Mitgliedstaaten, den Vertretern der Kommission und des Rates bei verschiedenen Einrichtungen der VN statt.[1070] Insgesamt gibt es eine Vielzahl von zur Verfügung stehenden Instrumenten, die eine gemeinsame und kohärente Politik der Union und der VN ermöglichen. Ob diese in der Praxis immer zu einem erfolgreichen gemeinsamen Handeln führt, ist leider nicht vorhersehbar.

Im Ergebnis lässt sich festhalten, dass die Beziehung einerseits dadurch gekennzeichnet, dass die Union und die VN getrennte Wege gehen, diese Wege aber untrennbar miteinander zusammenhängen.[1071] Zudem ist das Verhältnis von einem stetigen Wandel gekennzeichnet, der aus der Anpassung an die

---

1066 Report of the Secretary General on the regional-global security partnership: challenges and opportunities, 28 June 2006, A/61/204-S/2006/590, Rn. 35, 57, 65.

1067 Algieri, Die Gemeinsame Außen- und Sicherheitspolitik der EU, S. 138.

1068 Worunter auch die Rüstungskontrolle und die Nichtverbreitung von Massenvernichtungswaffen gehören.

1069 Algieri, Die Gemeinsame Außen- und Sicherheitspolitik der EU, S. 138.

1070 Algieri, Die Gemeinsame Außen- und Sicherheitspolitik der EU, S. 138.

1071 P. Koutrakos, The EU Common Security and Defence Policy (2013), S. 98.

weltpolitischen und praktischen Gegebenheiten und Herausforderungen folgt. Sicher ist auch, dass ein Agieren der Mitgliedstaaten an dem Sicherheitsrat vorbei völkerrechtswidrig wäre.[1072] Anderseits basiert der Erfolg der Maßnahmen bei beiden Akteuren auf der gemischten Anwendung ziviler und militärischer Maßnahmen.[1073] Sie verlassen sich beide auf die Synergieeffekte, die durch die kombinierte Anwendung von Maßnahmen mit politischen, humanitären, sicherheits- und entwicklungsrelevanten Zielbestimmungen entstehen.[1074] Die Praxis hat bereits gezeigt, dass sich die EU auf die VN verlässt. Dies gilt aber auch im umgekehrten Sinne. Nicht ohne Grund erteilen die VN an die Union Mandate bzw. übernimmt die Union Missionen, die zuvor unter der Führung der VN ausgeführt wurden.[1075] Aber die Realität hat auch gezeigt, dass das Verhältnis weiterhin durch eine hohe Komplexität geprägt ist. Es entstehen immer wieder Unstimmigkeiten zwischen den einzelnen Mitgliedern und die Koordination „gemeinsamer" Maßnahmen gestaltet sich auf Grund verschiedener Zielvorstellungen als schwierig. Im Endeffekt darf man die Interaktion der Union zusammen mit ihren Mitgliedstaaten und der VN aber nicht – zu vorschnell – verurteilen, denn schließlich steckt die Beziehung noch in ihren Anfängen und wird durch die immer wieder neu auftretenden internationalen Gefahren gefordert und auch strapaziert.

C. Europarat

Um die globalen Herausforderungen zu meistern, bedarf es auch der Zusammenarbeit mit dem Europarat. Neben einer verstärkten Zusammenarbeit in der Europäischen Nachbarschaftspolitik arbeitet die EU in der „klassischen" Außenpolitik eng mit dem Europarat an gemeinsamen Programmen zusammen, die in der Mehrheit die Bereiche Demokratie und Menschenrechte, einschließlich der Wahlunterstützung und Medien, sowie Verfassungs- und Gesetzgebungsfragen betreffen.[1076] Geographisch bildete vor allem der westliche Balkan den

1072 Ehrhart, Integration 2/2013, S. 91 (S. 105).

1073 Webber, The Common Security and Defence Policy in a multilateral world, in: P. Koutrakos, European Foreign Policy (2011), S. 205 (S. 226).

1074 Ibid.

1075 Z.B. wurde die von der UN geleitete International Police Task Force, die im ehemaligen Bosnien-Herzegowina unter der sog. UNMIBH (United Nations Mission in Bosnia-Hercegovina) seit Ende 1995 ausgeführt wurde, am 1. Januar 2003 an die Polizeimission der Europäischen Union übergeben.

1076 Jahresbericht des Rates an das Europäische Parlament über die Hauptaspekte und grundlegenden Optionen der GASP (Buchstabe G Nummer 43 der

Schwerpunkt der Mitwirkung.[1077] Bei der Zusammenarbeit spielt der Umstand, dass es sich bei den Mitgliedern des Europarates teilweise um Drittstaaten - also um Nicht-EU-Mitglieder - handelt, eine große Rolle.[1078] Die Internationalität der Mitspieler ermöglicht eine vereinfachte und effektive Zusammenarbeit in den sog. *Joint programmes*[1079]. Besonders hoch schätzt die EU die Arbeit der Expertengremien des Europarats zur Beobachtung und Beratung seiner Mitgliedstaaten im Hinblick auf die Standards für Menschenrechte und Rechtsstaatlichkeit.[1080] Darüber hinaus ist die EU aber auch stets bemüht, die Präsenz und Anerkennung des Europäischen Gerichtshofs für Menschenrechte zu fördern - dies insbesondere unter dem Aspekt, dass die Europäische Menschenrechtskonvention nun Teil des Unionsrechts ist und Verhandlungen über den Beitritt der EU hierzu laufen.

D. Weitere für die GASP/GSVP relevante Akteure

Die EU vertraut bei ihrer Außenpolitik nicht nur auf die bereits aufgezählten Akteure, sondern auch auf internationale und regionale Organisationen. Allerdings sollen hier nicht alle und nicht jede Organisation einzeln aufgezählt werden. Es soll lediglich eine kleine Anzahl von Akteuren erläutert werden, die einen guten Eindruck über die verschiedenen außenpolitischen Partner der EU vermitteln.

Interinstitutionellen Vereinbarung vom 17. Mai 2006) – 2008 (Dokumentennr. 10665/09 vom 05.06.2009), S. 26.

1077 Mayer, 60 Jahre Integration I: Der Europarat und die Europäische Union, in: Kadelbach (Hrsg.), 60 Jahre Integration in Europa, S. 17 (S. 31 f.).

1078 Mayer, 60 Jahre Integration I: Der Europarat und die Europäische Union, in: Kadelbach (Hrsg.), 60 Jahre Integration in Europa, S. 17 (S. 21, S. 35).

1079 Beispiele für solche gemeinsamen Programme sind z.B. ein Projekt gegen Korruption in Albanien und das Projekt zur effizienten Gefängnisverwaltung in Bosnien, siehe: Mayer, 60 Jahre Integration I: Der Europarat und die Europäische Union, in: Kadelbach (Hrsg.), 60 Jahre Integration in Europa, S. 17 (S. 31 f.).

1080 Vgl. Hauptaspekte und grundlegende Optionen der GASP (Teil II Buchstabe E Nummer 25 der Interinstitutionellen Vereinbarung vom 2. Dezember 2013) – 2013 – Entwurf des Jahresberichts der Hohen Vertreterin der Europäischen Union für Außen- und Sicherheitspolitik an das Europäische Parlament (Dokumentennr.: 12094/14 vom 23.07.2014), S. 163; vgl. auch: Mayer, 60 Jahre Integration I: Der Europarat und die Europäische Union, in: Kadelbach (Hrsg.), 60 Jahre Integration in Europa, S. 17 (S. 32 ff).

1. Afrikanische Union und Arabische Liga

Zunächst sollen hier die Arabische Liga (**AL**) / Liga der Arabischen Staaten (**LAS**)[1081] sowie die Afrikanische Union (**AU**) erwähnt werden. Letztere hat insbesondere in Anbetracht des neuen Fokus der Union auf afrikanische Staaten an Bedeutung gewonnen.[1082] Die Zusammenarbeit der EU und der AU (sowie der VN) ist der Afrikanischen Friedens- und Sicherheitsarchitektur gewidmet. Die EU stellt u.a. erhebliche finanzielle Mittel für friedensunterstützende Operationen bereit. Darüber hinaus möchte die EU die Zusammenarbeit der AU mit regionalen Wirtschaftsgemeinschaften fördern. Eine intensive Abstimmung mit der AU (und den VN, der ECOWAS) war zuletzt insbesondere auf Grund der kritischen Lage in Guinea-Bissau, nachdem es 2012 zum Staatsstreich gekommen war, erforderlich. Zwar wurden zwischenzeitlich wieder freie Wahlen abgehalten, doch der Stabilisierungsprozess dauert an und benötigt Unterstützung von internationaler Seite. Insgesamt soll Afrika zu einem handlungsfähigen Kontinent erwachsen, der auf Rechtsstaatlichkeit und der Beachtung der Menschenrechte und Frauenrechte basiert.

Die Kollaboration mit der LAS hat sich vor allem in der Syrien-Krise sowie in dem Konflikt zwischen Palästina und Israel als sinnvoll erwiesen. Zuletzt wurde durch finanzielle Mittel der EU ein Krisenzentrum in Kairo eingerichtet. Mit Hilfe der LAS soll ein wirksames krisenbezogenes Frühwarnsystem geschaffen werden, das mit dem Frühwarnmechanismus der EU verbunden werden soll. Damit soll ein effektiveres Krisenmanagement ermöglicht werden.[1083]

2. AKP-Staaten und lateinamerikanische Staaten

Im karibischen Raum arbeitet die EU mit den AKP-Staaten eng zusammen. Unter anderem gibt es eine Gemeinsame Partnerschaftsstrategie Karibik-EU, deren Hauptaugenmerk auf den Ausbau der Sicherheit gerichtet ist. Dagegen steht bei der Zusammenarbeit mit den lateinamerikanischen Ländern (**LAK**) neben Handelsabkommen der Umgang mit Migration und Drogen im Vordergrund.

1081 Zuletzt vor allem in der Syrien-Krise – vgl. Ehrhart, Integration 2/2013, S. 91 (S. 97).

1082 P. Koutrakos, The EU Common Security and Defence Policy (2013), S. 99.

1083 Vgl. Hauptaspekte und grundlegende Optionen der GASP (Buchstabe G Nummer 43 der Interinstitutionellen Vereinbarung vom 17. Mai 2006) – 2012 – Jahresbericht der Hohen Vertreterin der Europäischen Union für Außen- und Sicherheitspolitik an das Europäische Parlament (in der vom Rat am 15.10.2013 gebilligten Form – Dokumentennr. 14924/13), S. 31.

Insgesamt zielt die EU auf einen verstärkten Dialog mit den karibischen und lateinamerikanischen Staaten ab, um eine effektive strategische Partnerschaft auszubauen.[1084] Zuletzt fand im Januar 2013 ein Gipfeltreffen zwischen der EU und der Gemeinschaft der lateinamerikanischen und karibischen Staaten (**CELAC**) statt, in dem das Spektrum der regionalen Zusammenarbeit erweitert wurde und ein deutliches Signal für das politische Engagement der EU für dieses Gebiet nicht nur in wirtschaftlicher, sondern auch in global-politischer Sicht abgegeben wurde.[1085]

3. EWR- bzw. EFTA-Staaten

Im Bereich der GASP ist weiterhin die Zusammenarbeit mit den EWR-Staaten- bzw. EFTA-Staaten zu benennen. Diese Staaten haben sich bereits einer Vielzahl von Erklärungen angeschlossen bzw. sich bereit erklärt, sich an bestimmten Gemeinsamen Aktionen zu beteiligen.[1086] Auch im Rahmen der GSVP haben sich die EWR/EFTA-Mitgliedstaaten Schweiz und Norwegen verschiedenen Maßnahmen angeschlossen.[1087]

4. ECOWAS

Die ECOWAS ist eine Organisation, deren Mitgliedstaaten vom westafrikanischen Kontinent stammen. Neben der Förderung der regionalen Entwicklung und der regionalen Wirtschaft unterstützt die ECOWAS auch friedenschaffende Maßnahmen, die einen immensen Beitrag zur Stabilität in den gefährdeten afrikanischen Regionen leisten.[1088] Die Union steht schon seit längerem mit ECOWAS in einem ständigen politischen Dialog. Dabei geht es nicht nur um die Zusammenarbeit in sicherheits- und friedenpolitischen Angelegenheiten,

---

1084 Ibid., S. 89 f.

1085 Die EU möchte neben der wirtschaftlichen Zusammenarbeit auch die Zusammenarbeit in der Bewältigung globaler Herausforderungen, wie Sicherheit, Bekämpfung organisierter Kriminalität und Klimawandel fördern und stärken, vgl. den unter Fußnote 1083 genannten Jahresbericht 2012, S. 147.

1086 Vgl. den unter Fn. 1079 genannten Jahresbericht 2012, S. 57.

1087 Die Schweiz hat sich u.a. an der EU-Militäroperation EUFOR Althea in Bosnien und Herzegowina und an der zivilen Mission EULEX im Kosovo beteiligt; Norwegen unterstützt die EUFOR Atalanta in Somalia, EULEX Kosovo und die EUJUST-Lex-Operation im Irak.

1088 Einen ausführlichen Überblick gibt Plenk, Regionale Integration im sub-saharischen Afrika, S. 232 ff.; zu sicherheitspolitischen Aspekten, S. 444 ff.

sondern auch um die Bekämpfung des Drogenhandels und die Implementierung demokratischer Strukturen. Unter anderem erhält die Organisation auch finanzielle Unterstützung von der EU, die insbesondere in der Beilegung der Krise in Mali von hoher Bedeutung war. Zuletzt ist in der Praxis auch das Zusammenspiel von VN, ECOWAS und der Union von großer Relevanz.

Die EU hält den privilegierten Observer-Status der Kategorie A inne, der sie dazu berechtigt bei öffentlichen Treffen des Ministerrates anwesend zu sein und sich gegebenenfalls zu präsentieren.[1089] Darüber hinaus hat sie auch das Recht auf Zugang zu Dokumenten und zum Komitee des ECOWAS, kann Fragen einreichen und mit dem Sekretariat kommunizieren.[1090] Im Ergebnis kann die EU zwar grundsätzlich nur beraten, informieren oder warnen, jedoch zeigt dieser Status, wie viel Beachtung der EU im Gegensatz zu anderen internationalen und regionalen Akteuren (denen lediglich der Beobachterstatus der Kategorie B mit nichtgesicherten passiven Teilnahmerechten zugesprochen wird) geschenkt wird.[1091]

5. IGAD

Die Intergovernmental Authority and Development (**IGAD**) stellt eine regionale Organisation von Staaten am Horn von Afrika dar, deren Ziel die Unterstützung der wirtschaftlichen und humanitären Entwicklung ihrer Mitgliedstaaten ist, wobei die Ernährungssicherheit und Friedenssicherung als Hauptmerkmale gelten. Die Union arbeitet mit der IGAD im Rahmen ihrer Entwicklungspolitik zusammen; insbesondere der Erlass der Gemeinsamen Strategie für Afrika intensiviert diese. Aktuell bemüht sich die IGAD um eine Vermittlung im Bürgerkrieg im Sudan. Erst im August 2015 führte ihr Bemühen zu dem Abschluss eines Friedensabkommens für den Süd-Sudan, das u.a. mit der Union und weiteren Staaten ausgearbeitet wurde.[1092] Für die Umsetzung des Friedensabkommens hat die Union darüber hinaus auch weitreichende finanzielle Unterstützungen zugesagt.[1093]

1089 Plenk: Regionale Integration im sub-saharischen Afrika, S. 419.

1090 Ibid.

1091 Ibid., S. 419 und S. 421.

1092 Vgl. offizielle Homepage der IGAD unter http://igad.int/index.php?option=com_content&view=article&id=1195:igad-plus-statement-on-the-south-sudan-peace-agreement&catid=1:latest-news&Itemid=150.

1093 Vgl. Veröffentlichung der Europäischen Kommission „The EU announces new additional funds for the IGAD Monitoring and Verification Mechanism in South Sudan" vom 6. März 2015 – abrufbar unter: https://africa-eu-partnership.org/en/stay-infor

6. Organisation für Islamische Zusammenarbeit

Ein weiterer internationaler Partner stellt die Organisation für Islamische Zusammenarbeit (*Organization of Islamic Cooperation* – **OIC**) dar, die u.a. die bilateralen Beziehungen der EU mit ihren südlichen Nachbarstaaten vereinfacht. Die OIC stellt eine zwischenstaatliche Organisation dar, deren derzeit 56 Mitgliedstaaten Länder sind, in denen entweder der Islam Staatsreligion, Religion der Bevölkerungsmehrheit oder Religion einer großen Minderheit ist. Damit wird zugleich deutlich, dass der Islam und die Durchsetzung der Interessen islamischer Staaten eine entscheidende Rolle bei dem Auftreten der OIC auf dem internationalen Parkett spielen.[1094] Seit 2013 besitzt die OIC eine ständige Repräsentanz in Brüssel, die die Zusammenarbeit der OIC mit der EU fördern soll. Darüber hinaus sollen interkulturelle Dialoge, insbesondere in Bezug auf interreligiöse Aspekte und den Islam, zu einem unvoreingenommenen Bewusstsein in der Öffentlichkeit beitragen. Im Zuge der Einrichtung des ständigen Dialogpartners vor Ort hat die EU die Beziehungen zur OIC aufgenommen und intensiviert. Hauptmerkmal der Kooperation sind die Förderung der Achtung der Menschenrechte und der Rechte von Frauen und Kindern sowie der gemeinsame Kampf gegen religiöse Intoleranz und Terrorismus.[1095] Auf Grund der Größe der OIC – die zweitgrößte intergouvernementale Organisation neben den VN – stellt sie grundsätzlich einen potenziellen Partner für die Konfliktverhütung und -vermittlung in islamischen Staaten (wie z.B. Somalia und Philippinen) dar. Leider fehlt es jedoch in der Praxis an Mitteln zur effektiven Umsetzung von Lösungen und zum Teil auch an dem politischen Willen der OIC-Mitglieder.[1096] Darüber hinaus kam es wegen der Bemühung des OIC den Status Nordzyperns „aufzuwerten" bereits zu Spannungen zwischen der OIC, der EU und den Mitgliedstaaten der EU.[1097] Auch die Nichtadressierung des Verhältnisses zwischen dem Islam und dem Christentum sowie religiösen Minderheiten verursacht Spannung zwischen den Akteuren. Trotz allem scheint die OIC immer stärker

med/news/eu-announces-new-additional-funds-igad-monitoring-and-verification-mechanism.

1094 Hakala/Kettis: The Organisation of Islamic Cooperation: Defined – for better and worse – by its religious dimension, September 2013, S. 1.

1095 Ibid. – für den kompletten letzten Absatz.

1096 Ibid., S. 7.

1097 Damit arbeitet die OIC zugleich gegen die VN, die in der UN Res. 550 (1984) alle Staaten dazu aufgerufen hat, nicht die von Politikern im Jahr 1983 proklamierte Türkische Republik Nordzypern anzuerkennen (Pkt. 3).

an Relevanz unter den außenpolitischen Akteuren zu gewinnen,[1098] so dass nun auch der EAD den Kontakt zu dieser Organisation aufgenommen hat.

7. OECD

Die zwischenstaatliche Organisation für wirtschaftliche Zusammenarbeit und Entwicklung (*Organisation for Economic Co-operation and Development* – **OECD**) wurde als Nachfolgeorganisation der Organisation für europäische und wirtschaftliche Zusammenarbeit, die nach dem Zweiten Weltkrieg ins Leben gerufen wurde, gegründet. Zu den Zielen der Organisation zählen vor allem die Förderung einer optimalen Wirtschaftsentwicklung sowie die Schaffung einer hohen Beschäftigung und eines steigenden Lebensstandards in den Mitgliedstaaten.[1099] Darüber hinaus unterstützt die OECD aber auch das Wirtschaftswachstum in Entwicklungsländern und trägt zu einer Ausweitung des Welthandels bei.[1100] Im Gegensatz zu der EU ist die OECD strikt intergouvernemental ausgestaltet, wobei ihren Beschlüssen völkerrechtliche Bindung zukommt, ohne dabei in den Mitgliedstaaten unmittelbar anwendbar zu sein.[1101]

Wegen der Überschneidung der Zielsetzungen der OECD mit den Zielen und Grundsätzen der Union ist eine Zusammenarbeit unumgänglich. Dementsprechend nimmt die Kommission als Beobachterin grundsätzlich an allen Arbeiten der OECD teil[1102] – die OECD nimmt dagegen nur auf spezielle Einladung an den Arbeiten der Kommission teil.[1103] Zu beachten ist aber, dass die Teilnahme ohne Stimmrecht erfolgt.[1104] Nichtsdestotrotz geht das Verhältnis weit über den bloßen Beobachterstatus hinaus. In rechtlicher Hinsicht kann man sogar von

---

1098 Z.B. durch Einladung zur Teilnahme am sog. Istanbul-Prozess und dessen Verhandlungsrunden, der von der US-Außenministerin Hillary Clinton initiiert wurde, vgl. u.a. Report of the United States on the First Meeting of Experts to Promote Implementation of United Nations Human Rights Council Resolution 16/18, December 2011, abrufbar unter: http://www.universal-rights.org/wp-content/uploads/2015/02/1st-Meeting-Conference-Report.pdf.

1099 Art. 1 OECD-Übereinkommen; allgemein: Herdegen, Völkerrecht, § 45, Rn. 1.

1100 Art. 1 b) und Art. 2 e) OECD-Übereinkommen; Breier, in: Lenz/Borchardt, EU-Verträge Kommentar, Art. 220 AEUV, Rn. 17.

1101 Ähnlich: Herdegen, Völkerrecht, § 45, Rn. 8.

1102 Schröder, in: von der Groeben/Schwarze/Hatje, EUV-Kommentar, Art. 220 AEUV, Rn. 31; vgl. auch Art. 13 OECD-Übereinkommen i.V.m. dem Zusatzprotokoll 1, Nr. 1.

1103 Breier, in: Lenz/Borchardt, EU-Verträge Kommentar, Art. 220 AEUV, Rn. 18.

1104 Kokott, in: Streinz, Kommentar EUV/AEUV, Art. 220 AEUV, Rn. 68.

einer Quasi-Mitgliedschaft der EU in der OECD sprechen.[1105] Mit ihrer ständigen Vertretung ist es der Union möglich, Standpunkte in die Arbeiten der OECD einzubringen. Darüber hinaus kann sie aktiv die Arbeiten des OECD mitgestalten, da ihr ein Rede- und Vorschlagsrecht zusteht und sie die Möglichkeit hat, Stellungnahmen abzugeben.[1106] Zudem profitiert die EU von der Zusammenarbeit mit der OECD, da sie auf das Wissen der OECD über wirtschaftliche, soziale und umweltpolitische Entwicklungen zurückgreifen kann. Auch hat sie Zugang zu den Materialien und Studien, die von der OECD zu einschlägigen Themen veröffentlicht werden.

Die Kohärenz zwischen dem Handeln der Union und dem Handeln der Mitgliedstaaten, die zugleich auch Mitglied in der OECD sind, wird durch eine entsprechende Pflicht des amtierenden Ratsvorsitzes zur Information der weiteren Mitgliedstaaten sichergestellt. Demnach muss dieser bei zukünftigen Rechtsakten, die die Zuständigkeit der Union betreffen, eine Erklärung abgeben, in der er die anderen Mitglieder der OECD auf diesen Umstand und auf das für die Union bestehende Erfordernis, eventuelle Beschlüsse annehmen zu müssen, hinweist.[1107]

8. OSZE

Die Organisation für Sicherheit und Zusammenarbeit (**OSZE**), deren Ziel die Förderung der Achtung der Menschenrechte, der Grundfreiheiten, der Regeln der Demokratie und der Rechtsstaatlichkeit ist, verfolgt seit ihrer Gründung ein umfassendes und dimensionsübergreifendes Sicherheitskonzept. Neben den bereits genannten Zielen steht die OSZE auch für die Schaffung von umfassender und ungeteilter Sicherheit, Konfliktverhütung und Konfliktmanagement im OSZE-Raum ein. Hierbei arbeitet sie nicht nur mit der EU, sondern auch mit den VN und der NATO zusammen. Die EU ist jedoch eng in die OSZE integriert

---

1105 Vgl. Ausführungen des EAD zu dem Verhältnis EU – OECD unter: http://www.eeas.europa.eu/delegations/oecd_unesco/oecd_eu/political_relations/legal_framework/index_en.htm; *Schröder* und *Kokott* sprechen dagegen von einer assoziierten Mitgliedschaft, vgl. Schröder, in: von der Groeben/Schwarze/Hatje, EUV-Kommentar, Art. 220 AEUV, Rn. 32 m.w.N. und Kokott, in: Streinz, Kommentar EUV/AEUV, Art. 220 AEUV, Rn. 69 m.w.N.

1106 Schröder, in: Schröder, in: von der Groeben/Schwarze/Hatje, EUV-Kommentar, Art. 220 AEUV, Rn. 32; Osteneck, in: Schwarze, EU-Kommentar, Art. 220 AEUV, Rn. 29.

1107 Kokott, in: Streinz, Kommentar EUV/AEUV, Art. 220 AEUV, Rn. 68.

und nimmt in der Stellung als Beobachterin an Konferenzen und Expertentreffen teil. Sie unterstützt die OSZE bei ihren Bemühungen die Sicherheit in ihren drei Dimensionen – politisch-militärische, wirtschaftlich-ökologische und menschliche – zu erhöhen.[1108] Vor allem bei der Konfliktprävention, dem Krisenmanagement und der Krisennachsorge sowie bei der Behandlung von regionalen Konflikten erfolgt eine enge Abstimmung mit der EU.[1109] Teilweise findet eine gemeinsame Finanzierung der OSZE-Programme statt. In der OSZE sind alle europäischen Länder, die Nachfolgestaaten der Sowjetunion, die USA, Kanada und die Mongolei vertreten. Die EU-Mitgliedstaaten stellen dabei knapp die Hälfte der OSZE-Mitglieder dar und leisten zwei Drittel der OSZE-Beitragszahlungen.[1110] Damit hat sich die EU auch zu einem *key player* innerhalb der Zusammenarbeit entwickelt.

Paradebeispiel für die Zusammenarbeit der OSZE ist die Unterstützung der EU bei den Verhandlungen über die politische Vermittlung im Berg-Karabach-Konflikt, die im Rahmen der Minsk-Gruppe[1111] der OSZE geführt wurden und bis heute noch andauern. Im Zusammenhang mit dem Ukraine-Konflikt versucht die EU über die OSZE verstärkt auf Russland einzuwirken, um so die militärischen Handlungen Russlands auf ukrainischem Staatsgebiet zu unterbinden.[1112]

Trotz der intensiven Beziehungen zwischen der EU und der OSZE und der Mitwirkungsrechte fehlt es noch an der Vollmitgliedschaft für die EU. Dies wird auch zukünftig erstmal so bleiben, da die OSZE für die Aufnahme der EU ihre Satzung ändern müsste. Derzeit sieht diese nämlich nur die Möglichkeit der Mitgliedschaft von „Regierungen" vor.[1113]

1108 Vgl. Jahresbericht der Hohen Vertreterin der Europäischen Union für Außen- und Sicherheitspolitik an das Europäische Parlament über die Hauptaspekte und grundlegenden Optionen der GASP (Buchstabe G Nummer 43 der Interinstitutionellen Vereinbarung vom 17. Mai 2006) – 2009 (Dokumentennr. 10659/10 vom 08.06.2010), S. 35.

1109 Ähnlich: Dietrich, ZaöRV 2006, S. 663 (S. 691).

1110 Vgl. http://eeas.europa.eu/organisations/osce/index_en.htm.

1111 Frankreich, Russische Föderation, Vereinigte Staaten von Amerika.

1112 Vgl. Gemeinsame Mitteilung der Hohen Vertreterin und der Europäischen Kommission an das Europäische Parlament, den Rat, den Europäischen Wirtschafts- und Sozialausschuss und den Ausschuss der Regionen – Umsetzung der Europäischen Nachbarschaftspolitik, v. 25.03.2015 (JOIN(2015) 9 final), S. 8 f.

1113 Vgl. Art. 16 der OSZE-Satzung vom 14. Dezember 1960.

9. Union für den Mittelmeerraum (UfM)

Die im Jahr 2010 vom ER gegründete Gemeinschaft zwischen Mitgliedstaaten der EU, den Mittelmeeranrainerstaaten sowie Staaten aus Afrika und dem Nahen Osten[1114] geht auf die bereits 1995 initiierte Euro-Mediterrane-Partnerschaft („Barcelona-Prozess") sowie auf Initiativen des ehemaligen französischen Präsidenten Sarkozy zurück. Anders als die Europäische Union hat sich die EUROMED auf einzelne regionale und subregionale Projekte und die konkrete Förderung der Integration und des Zusammenhalts der Region geeinigt.[1115] Die einzelnen Projekte beziehen sich insbesondere auf die Liberalisierung des Waren- bzw. Dienstleistungshandels[1116] sowie auf Bereiche der Umwelt, der Energie und der Migration.

Seit Inkrafttreten des Lissabonner Vertrages ist der EAD damit beauftragt, eine Neuorganisation der Partnerschaft vorzunehmen, die vor allem eine „*Good Governance*" in den Vordergrund stellt[1117] und dabei auf eine differenzierte und auf regionale Unterschiede basierende Vorgehensweise zurückgreift.[1118] Die Ausstattung mit einem funktionsfähigen Sekretariat, einem Generalsekretär sowie sechs stellvertretenden Generalsekretären, wie es im September 2010 erfolgte, wird diesen Prozess sicherlich vereinfachen. Zieht man überdies in Betracht, dass der Nahe und Mittlere Osten den Teil der Welt darstellt, der am meisten von Krisen und Konflikten betroffen ist,[1119] die sich auch auf die Mitgliedstaaten der EU sowie andere westliche Länder auswirken, so ist offenkundig, dass diese Partnerschaft ein wichtiges Instrument für das zukünftige außenpolitische Vorgehen in diesen Regionen ist. Die Union kann nicht darauf verzichten, die Beziehungen zu diesen Staaten konkreter und sichtbarer zu gestalten.

10. WTO

Einen Sonderfall bildet die Beteiligung der EU in der Welthandelsorganisation (**WTO**), die vor allem in handelspolitischer Hinsicht eine große Rolle in der europäischen Außenpolitik spielt. Die EU ist in dieser Organisation neben den

1114 Insgesamt 33 Mitgliedstaaten, wobei die Partnerschaft von Syrien suspendiert wurde.

1115 Mitteilung der Kommission an das Europäische Parlament und den Rat: Barcelona-Prozess: Union für den Mittelmeerraum, KOM 2008 (319) endgültig, Pkt. 17.

1116 Weiß, in: Grabitz/Hilf/Nettesheim, Das Recht der EU, Art. 207 AEUV, Rn. 263.

1117 Vgl. Webseite des EAD unter http://www.eeas.europa.eu/euromed/index_de.htm.

1118 Fröhlich, Die Europäische Union als globaler Akteur, S. 295 f.

1119 Ibid.

Mitgliedstaaten als offizielles Mitglied anerkannt. Dies war aber nicht immer so. Bei Errichtung des GATT[1120] hatte die damalige EWG/EG lediglich einen Beobachterstatus. Auf Grund der Übertragung der Kompetenz zur Handelspolitik auf die Union entwickelte sich der Beobachterstatus aber zu einer faktischen Vollmitgliedschaft[1121] und schließlich zu einer offiziellen Vollmitgliedschaft.[1122] Dieser Status ist dann mit dem Vertrag von Lissabon und der damit einhergehenden Verleihung der Rechtspersönlichkeit der EU auf diese übergegangen.

Die WTO hat sich zum Ziel gesetzt, ein multilaterales Handelssystem auf der Grundlage von gemeinsamen Regeln zu schaffen. Neben der Vereinheitlichung von Zoll- und Handelstarifen für materielle Güter – wie es das GATT von 1947 ursprünglich vorsah – erfasst die heutige WTO auch die Harmonisierung des Austauschs von Dienstleistungen und Gedanken.[1123] Demnach gehören zu den letzten Errungenschaften vor allem das Allgemeine Abkommen über den Handel mit Dienstleistungen (GATS) und das Übereinkommen über handelsbezogene Aspekte der Rechte des geistigen Eigentums (TRIPS). Die EU war von Anfang an einer der Hauptförderer eines effizienten internationalen Handels auf Grundlage der Rechtsstaatlichkeit. Auch das von der WTO eingeführte Streitbeilegungssystem, in dem internationale Handelsstreitigkeiten ausgetragen und Entscheidungen durchgesetzt werden, wird von der EU oft in Anspruch genommen.[1124]

Bei der Ausübung der Stimmrechte von EU und Mitgliedstaaten innerhalb der WTO-Gremien gilt, dass die Anzahl der Stimmen im Ergebnis nicht die Anzahl der Mitgliedstaaten der EU übersteigen dürfen.[1125] So gewährleistet das WTO-Übereinkommen die Gleichbehandlung mit anderen internationalen Organisationen.[1126] In der Praxis ist dies aber nicht von besonderer Relevanz, da es kaum

---

1120 Allgemeines Zoll- und Handelsübereinkommen von 1947, das von der WTO 1995 abgelöst wurde.

1121 Urteil des EuGH v. 12.12.1972, International Fruit Company NV und andere gegen Produktschap voor Groenten en Fruit, Rs. 21 to 24/72, Slg. 1972, 1219 (ECLI:EU:C:1972:115), Rn. 14/18.

1122 Art. XI:1 WTO-Übereinkommen; Kokott, in: Streinz, Kommentar EUV/AEUV, Art. 220 AEUV, Rn. 76 f.

1123 Allgemein: Hobe, Europarecht, § 27, Rn. 23.

1124 Vgl. das vom Europäischen Parlament veröffentlichte Informationspapier „Die Europäische Union und die Welthandelsorganisation“ 05/2018, S. 2, abrufbar unter: http://www.europarl.europa.eu/ftu/pdf/de/FTU_5.2.2.pdf.

1125 Art. IX Absatz 1 S. 3 des WTO-Übereinkommens.

1126 Schröder, in: von der Groeben/Schwarze/Hatje, EUV-Kommentar, Art. 220 AEUV, Rn. 35.

zu förmlichen Abstimmungen kommt.[1127] Darüber hinaus werden die Mitgliedstaaten sowieso im Rahmen der Handelspolitik von der Kommission vertreten. Die EU verhandelt Handelsabkommen im Namen der Mitgliedstaaten und vertritt die Interessen der EU in den Streitbeilegungsverfahren.[1128] Die umfassende ausschließliche Zuständigkeit in der Handelspolitik führte zuletzt dazu, dass die EU für die Mitgliedstaaten alleine die Verhandlungen in der sog. WTO-Doha-Runde führte (und mangels erfolgreichen Abschlusses auch weiterhin führt).[1129] Die Doha-Runde ist auf die Lösung von multilateralen Handelshemmnissen, die Marktöffnung und die Armutsbekämpfung – Letzteres insbesondere in Bezug auf Entwicklungsländer – ausgerichtet.[1130] Jedoch sind die Verhandlungen auf Grund des Zurückkehrens einiger WTO-Mitglieder/Handelspartner zu bilateralen Handelsabkommen und wegen Differenzen zwischen Industrieländern und wichtigen Schwellenländern zum Stillstand gekommen.

Festzuhalten ist, dass die Zusammenarbeit der EU mit der WTO zu einem effizienten internationalen Handelssystem mit freiem Marktzugang beigetragen hat. Auf Grund von stetig stattfindenden intensiven Verhandlungen werden multilaterale Lösungen für Veränderungen im globalen Handel und das Auftreten neuer Handelspartner gefunden. Auch wenn die aktuellen Verhandlungen ins Stocken geraten sind, kann die EU in ihrer europäischen Außenpolitik nicht auf die WTO verzichten. Zuletzt zeigt die Entwicklung von einer bloßen Beobachterin zu einem effizient agierenden Vollmitglied die wachsende Bedeutung der Union auf dem internationalen (Handels-)Parkett.

11. Weitere regionale Partner

Die EU hat ihre Zusammenarbeit vor allem auch auf der regionalen Ebene ausgebaut. Um vor Ort Präsenz zu zeigen und sich mit den lokalen Herausforderungen vertraut zu machen, vertraut die EU auf die Unterstützung durch regionale Organisationen und Regionalmächte. Ziel der regionalen Zusammenarbeit ist insbesondere auch die Förderung und Stärkung der regionalen Eigenverantwortung. Beispielhaft zu nennen sind hier der Regionale Kooperationsrat für die westlichen Balkanstaaten (**RCC**), die Zusammenarbeit mit Ländern Zentralasiens (inklusive politischen Dialogs und technischer Zusammenarbeit) und

1127 Weiß, in: Grabitz/Hilf/Nettesheim, Das Recht der EU, Art. 207 AEUV, Rn. 210.
1128 Ibid.
1129 Ibid., Rn. 211.
1130 Ibid., Rn. 210.

die Zusammenarbeit mit der afrikanischen Regionalorganisation (und auch der AU).

Der Verband Südostasiatischer Nationen (**ASEAN**) bildet einen der wichtigsten regionalen Partner im asiatischen Raum. Im Rahmen der EU-ASEAN-Partnerschaft nimmt die Hohe Vertreterin regelmäßig an Sitzungen und Tagungen des ASEAN teil. Insbesondere die Zusammenarbeit im Bereich der Politik und Sicherheit steht hierbei im Vordergrund. Es sollen Möglichkeiten der engeren Zusammenarbeit in Krisensituationen geschaffen werden. Es besteht darüber hinaus ein intensiver Dialog über die Förderung und Durchsetzung von Menschenrechten sowie die Förderung der Wirtschaftskraft der Staaten. Im Juli 2012 unterschrieb die damalige Hohe Vertreterin / Vizepräsidentin der EU-Kommission Ashton den Vertrag über Freundschaft und Zusammenarbeit in Südostasien, der einen Nichtangriffs- und Kooperationspakt zwischen ASEAN-Mitgliedern und ihren Partnern darstellt und zugleich Voraussetzung für den Beitritt zum Ostasiengipfel ist. Mit Unterzeichnung dieses Vertrages stimmten die Außenminister der verschiedenen ASEAN-Mitgliedstaaten dem Beitritt der EU zum Verband zu.[1131] Für den Beitritt der EU als regionaler Organisation mussten die Gründungsverträge des ASEAN-Verbands geändert werden, was wiederum zu einer sehr starken Verzögerung des Beitrittsprozesses (im Dezember 2006 hat die EU den Antrag auf Beitritt gestellt) führte.[1132] Die Bereitschaft zu solch einer Vertragsänderung zeigt jedoch wieder einmal das Gewicht der EU als globaler Akteur und das Anerkennen durch andere außenpolitische Akteure auf. Mit einzelnen ASEAN-Ländern steht sie zudem in unmittelbaren Verhandlungen für Partnerschafts- und Kooperationsabkommen, wobei ihr strategisches Ziel ein interregionales Freihandelsabkommen ist. Hier zeigt sich wieder, dass man die GASP nicht gänzlich von der Außenhandelspolitik der Kommission trennen kann, sondern dass es zu einem fließenden Übergang kommt. Viele der Handelsabkommen führen zu einer intensiveren Zusammenarbeit – was sich durchaus positiv auf die diplomatischen und auch militärischen Verbindungen auswirken kann.

Der ASEAN-Partnerschaft schließen sich zugleich die vereinbarten, zweijährigen Asien-Europa-Gipfel ASEM an. ASEM wurde als informelles Dialog- und Kooperationsforum für Staats- und Regierungschefs europäischer und asiatischer Staaten in Bezug auf Wirtschaft, Politik, Kultur und Soziales errichtet. Allerdings

1131 Vgl. Pressemitteilung der EU-Kommission vom 12. Juli 2012 „EU tritt Vertrag über Freundschaft und Zusammenarbeit in Südostasien bei", IP/12/781.

1132 Ibid.

ist der Einfluss dieser Verständigung bisweilen nicht als besonders erfolgreich im westlichen Verständnis zu sehen. Wegen des im ASEAN-Verbund geltenden Nichteinmischungsprinzips in nationale Angelegenheiten werden konsequent kontroverse Debatten über bestehende Kritikpunkte (z.B. weitreichende Unterschiede in den Menschenrechtsstandards in China und divergierende Ansichten über umweltpolitische Schutzmaßnahmen) vermieden. Darüber hinaus fehlt es dem Verbund an verbindlichen Prinzipien und Zielen.[1133]

Abschließend ist festzuhalten, dass nicht jede einzelne Organisation, die mit der EU zusammenarbeitet bzw. auf deren Kooperation die EU vertraut, aufgezählt werden kann. Es gibt noch eine Vielzahl weitere,[1134] deren Beschreibung indes den Umfang der Arbeit sprengen würde.

1133 Vgl. zu diesen Ausführungen die Studie „ASEM in its tenth year – looking back, looking forward – An evaluation of ASEM in its first decade and an exploration of its future possibilities" des Japan Center for Exchange und University of Helsinki Network for European Studies, Mach 2006, S. 6 ff., abrufbar unter: http://eeas.europa.eu/asem/docs/asem_ten_years_looking_back_en.pdf.

1134 Vgl. z.B. Kokott, in: Streinz, Kommentar EUV/AEUV, Art. 220 AEUV, Rn. 75 und 81 ff.; Schmalenbach, in: Calliess/Ruffert, EUV/AEUV-Kommentar, Art. 220 AEUV, Rn. 15 ff.; Tietje, in: Grabitz/Hilf/Nettesheim, Das Recht der EU, Art. 220 AEUV, Rn. 45 f.

Zweiter Teil: Kohärenz durch Handlungsformen in der GASP?

Der nun folgende zweite Komplex bildet das Hauptaugenmerk dieser Arbeit. Er widmet sich der rechtsförmlichen und praktischen Bedeutung der vertraglich vorgegebenen Handlungsformen innerhalb der GASP. Neben der Darstellung der Grundzüge der klassischen Handlungsformenlehre und deren Übertragbarkeit auf die GASP sowie der daraus zu folgernden Funktionen für eine bereichsspezifische Systematisierung spielt die schon angekündigte empirische Analyse einer Stichprobe von bereits erlassenen bzw. in Kraft befindlichen Maßnahmen der GASP (inklusive des Teilbereichs der GSVP) eine entscheidende Rolle für die Ergebnisse und Schlussfolgerungen dieses Abschnitts. Bevor sich jedoch der empirischen Auswertung der Praxis der Handlungsformen gewidmet werden kann, bedarf es einer Einleitung in die Dogmatik der Handlungsformenlehre. Denn die Arbeit hat sich auch zum Ziel gesetzt, die vertragliche Kodifizierung des Handlungsformenkatalogs des EUV zu untersuchen und für den Fall, dass diese Systematisierung als nicht sinnvoll erachtet wird, eine neue, brauchbarere Typisierung für die Maßnahmen der GASP und GSVP zu entwickeln. Im Vordergrund steht also zunächst die Sinnhaftigkeit der Übernahme der Elemente der klassischen Handlungsformenlehre zur Ordnung des auswärtigen Handelns in der GASP – ergo der Ordnung des unionalen „Rechtssystems" durch Systematisierung und Formung der Handlungsmöglichkeiten der unionalen Organe.[1135] Dass das europäische Rechtssystem dabei nicht den Rechtsbegriff der Handlungsform verwendet, sondern sich u.a. der „Handlung", des „Rechtsinstruments" oder der „Maßnahme" bedient[1136], steht der Übertragung der Grundideen und Ziele der Handlungsformenlehre nicht entgegen.

1135 Vgl. auch Härtel, Handbuch Europäische Rechtsetzung, 3. Teil, § 6, Rn. 3; von Alemann, Die Handlungsform der interinstitutionellen Vereinbarung, S. 177.

1136 Interessant ist, dass der für die GASP relevante Vertragstext des EUV eine Oberkategorisierung im Sinne von „Instrumenten" o.Ä. des Maßnahmenkatalogs für die Ausübung der GASP-Aufgaben grundsätzlich vermeidet. Vgl. z.B. Art. 25 EUV, der davon spricht, dass die Union ihre GASP verfolgt, indem sie (die Union), u.a. allgemeine Leitlinien bestimmt, Beschlüsse erlässt und die systematische Zusammenarbeit ausbaut. Es wird aber nicht erwähnt, dass der Union folgende „Maßnahmen", Rechtsinstrumente" oder „Formen" zustehen. Eine solche Kategorisierung wird konsequent vermieden.

Mithin ist es im ersten Schritt notwendig auf die klassische Handlungsformenlehre einzugehen, um die Grundlagen zur Abgrenzung und Darstellung der Besonderheiten der unionalen Handlungsformenlehre und deren Übertragung auf den Bereich der GASP zu schaffen. Eingangs wird der Begriff der Handlungsform generell beschrieben, wobei hierzu allgemeine Erläuterungen zu der klassischen Handlungsformenlehre von Nöten sind. Dabei wird auch der Hintergrund im Staatsrecht kurz adressiert. Im Folgenden wird auf die einzelnen Merkmale, die eine „klassische“ Handlungsform ausmachen, eingegangen. Anschließend wird der Fachausdruck der Handlungsform als „neuartige“ Begriffsentwicklung innerhalb des Unionsrechts adressiert, wobei die bereits bestehende Handlungsformenlehre und deren Anwendbarkeit auf bzw. dessen Defizite für die Anwendung im unionalen System beschrieben werden. Denn man kommt schnell zu dem Befund, dass die traditionelle Handlungsformenlehre im System der EU nicht zu einem zufriedenstellenden Ergebnis führt, sofern es nicht zu einer unionalen Anpassung der klassischen Ansätze kommt. Die EU als supranationale Einrichtung bedarf nämlich ihres eigenen Systems. Dies wird vor allem durch den Umstand verdeutlicht, dass sich die klassische Handlungsformenlehre auf den Begriff des Gesetzes stützt und das Unionsrecht von Rechtsakten spricht.

Sodann wird sich der Bedeutung einer Handlungsformenlehre in dem intergouvernemental geprägten Bereich der GASP gewidmet. Ausgangspunkt ist die Frage der Notwendigkeit einer Handlungsformenlehre für die GASP. Offenkundig ist dabei, dass die klassischen Ansätze der Handlungsformenlehre – wie auch bei dem unionalen System – nicht einfach auf die GASP übertragen werden können. Auch ist evident, dass die spezielle „unionale Handlungsformenlehre“ nicht auf die ehemals dritte Säule, in der gerade kein supranationales Recht vorliegt, unmittelbar transferiert werden kann. Dies wird auch mit einem Vergleich des Art. 288 AEUV und Art. 25 EUV deutlich. Im allgemeinen Rahmen des europäischen Handelns liegt der Sinn der Unterteilung des Art. 288 AEUV vor allem in der Garantie des Rechtsschutzes für Mitgliedstaaten und für betroffene Einzelne. Das Handeln im Rahmen der GASP ist indes der Kontrolle des Gerichtshofs der Europäischen Union entzogen.[1137] Der Gerichtshof ist in der GASP – wie bereits erläutert – lediglich für die Überprüfung der Kompetenzeinhaltung nach Art. 40 EUV sowie für die Kontrolle individual gerichteter Sanktionsmaßnahmen der GASP zuständig.[1138] Dementsprechend ist sich der Frage zuzuwenden, welche Funktion(en) der Qualifizierung von Handlungsformen innerhalb der

1137 Art. 24 Absatz 1 Unterabsatz 2 S. 6 EUV und Art. 275 Absatz 1 AEUV.

1138 Vgl. Art. 275 Absatz 2, 1. Alt. AEUV und Art. 275 Absatz 2, 2. Alt. EUV.

GASP zuzusprechen ist (sind), wenn die Rechtsschutzfunktion von vornherein ausscheidet. Möglicherweise spielt bei der Entwicklung der Funktionen die sensible innerstaatliche Souveränität der Mitgliedstaaten in Bezug auf Außenpolitik eine entscheidende – und möglicherweise sogar einschränkende – Rolle. Jedenfalls wird die Übertragung der Prinzipien und Grundsätze der klassischen und unionalen Handlungsformenlehre auf die GASP sorgfältig beurteilt und entsprechend den Besonderheiten der GASP angepasst. Im letzten Schritt dieses Teilabschnitts werden die für die GASP eruierten besonderen Funktionen der gegenwärtigen Systematisierung herausgearbeitet und dargestellt.

Im zweiten Teilabschnitt wird sich der praktischen Bedeutung der Handlungsformen in der GASP und ihrem Teilbereich der GSVP zugewendet. Anhand der empirischen Analyse von insgesamt 147 Maßnahmen erfolgt eine quantitative und eine qualitative (inhaltliche) Auswertung der Praxis der GASP. Dabei sollen die Ergebnisse und Schlussfolgerungen der Analyse dazu beitragen, das bestehende Handlungsformensystem der GASP zu bewerten, und gegebenenfalls zur Entwicklung einer eigenen Handlungsformenlehre verhelfen. Hierbei bringt ein wertender Vergleich der Praxis mit der formalen Einteilung innerhalb der Art. 25 ff. EUV weitere Erkenntnisse. Möglicherweise wird die empirische Analyse auch neue Handlungsformen aufzeigen, die noch nicht kodifiziert wurden, von der die EU aber innerhalb der GASP bereits Gebrauch macht. Kommt es zu einem solchen Ergebnis, wird u.a. analysiert, ob sich diese Handlungsform(en) als *neue* Handlungsform(en) eignet (eignen). Die Bewertung dessen erfolgt anhand der typischen Handlungsformenkriterien, die zuvor erläutert wurden, wobei u.a. auch ein Vorschlag für die jeweilige Definition dieser neuen Handlungsform(en) unterbreitet wird. Abschließend erfolgt eine Zwischenstellungnahme.

I. Rechtsförmliche Bedeutung der Handlungsformen in der GASP

Wie bereits erwähnt, behandelt der I. Teil dieses Abschnitts die rechtsförmliche Bedeutung der Handlungsform innerhalb des GASP-Bereichs. Dabei wird auf die der Handlungsform zugrundeliegende klassische Lehre, deren Merkmale und Zwecke eingegangen, um die Grundlagen für eine potenzielle Übertragung auf den GASP-Bereich zu schaffen. Im Vordergrund steht dabei die Herausarbeitung der Sinnhaftigkeit des Versuchs der Kodifizierung eines Bereichs, der wegen seiner intergouvernementalen Strukturen überwiegend politisch geprägt und unvorhersehbar ist und damit rechtsdogmatisch schwerlich erfassbar erscheint.[1139] Darüber hinaus ist die Außenpolitik – und damit zugleich die GASP – durch eine Vielzahl von Rechtsquellen geprägt, die die klassischen Zielsetzungen einer Formenlehre möglicherweise in Frage stellen.[1140] Denn nicht nur das Gemeinschaftsrecht und das Recht der einzelnen Mitgliedstaaten, sondern auch das Völkerrecht beeinflusst die Implementierung und Fortentwicklung der GASP und deren Handlungsmittel. Indessen fordert der unionale Kohärenzgedanke die Schaffung von verfestigten Strukturen, die vor allem durch ein in sich geschlossenes und systematisches Normensystem etabliert werden können. Die rechtliche Einordnung von Handlungen eines Legitimierten in einen bestimmten Rechtsrahmen und unter von diesem Rechtsrahmen vorgegebene Anforderungen führt zu einer rechtlichen Qualifizierung und Rechtfertigung des Handelns. In klassischen Verhältnissen stellt dieser Rechtsrahmen Anforderungen an die Rechtsform, das Erlassorgan, das Verfahren, den Rechtsschutz und die Gewaltenteilung sowie deren Verhältnis zueinander auf. Durch die Verknüpfung dieser Parameter werden einzelnen Entscheidungsprozessen bestimmte

1139 Vgl. *Vogenauer*, der die Übertragung klassischer Handlungsformenlehrenelemente bzw. die Entwicklung einer gemeineuropäischen Methodenlehre für den gesamten Unionsrechtsrahmen vorschlägt – Vogenauer, ZEuP 2005, S. 234 ff.; vgl. auch: Nettesheim, EuR 6/2006, S. 737 (S. 767); andererseits führt *Reimer* aus, dass sich die Methodenlehre auch an Teilbereiche anpassen kann und dass sich Methodenlehren für Teilrechtsgebiete unterscheiden können – vgl. Reimer, Juristische Methodenlehre, Rn. 36. Dies spricht zumindest für eine Offenheit zur (angepassten) Anwendung der klassischen Handlungsformenlehre auf den GASP-Bereich.

1140 Ähnlich, da es sich allgemein auf das Sekundärrecht der Unionsrechtsordnung bezieht: Nettesheim, EuR 6/2006, S. 737 (S. 760 und S. 771).

und definierte Wirkungsweisen zugeordnet, die zugleich Anknüpfungspunkte für die Geltendmachung des Rechtsschutzes darstellen. Im Ergebnis führt die rechtliche Qualifizierung zur Stabilisierung des Handelns des Legitimierten und zur Rechtsklarheit im inneren und äußeren Kontext.

In der Außenpolitik – und speziell in der GASP – stellt sich jedoch die Frage, ob eine solche Klassifizierung und Systematisierung überhaupt möglich ist und sofern dies möglich ist, ob dies für ein effektives Handeln sinnvoll erscheint. Es ist sich auch damit auseinanderzusetzen, welcher Rechtsrahmen für die normative Anknüpfung von Anforderungen in Betracht kommt. Dabei wird u.a. untersucht, ob das unionale Gebilde an sich den klassischen Strukturen der Handlungsformenlehre unterworfen werden kann. Hieraus lassen sich dann Rückschlüsse auf die Übertragbarkeit dessen auf den GASP-Bereich ziehen. Darüber hinaus ist zu untersuchen, ob andere als die klassischen Funktionen einer Handlungsformenlehre (wie z.B. der Rechtsschutz) für die GASP auserkoren werden können. Möglicherweise ergeben sich durch das Zusammenspiel des Mehrebenensystems bestehend aus dem Gemeinschaftsrecht, den nationalen Rechtsordnungen und dem Völkerrecht andere sinnvolle Zwecke für eine Kodifizierung des Handelns der GASP. Diese speziellen Funktionen werden sodann dargestellt. Den Abschluss bildet eine wertende Stellungnahme.

A. Begriff der Handlungsform

Der Begriff der Handlungsform stammt aus der juristischen Methodenlehre des öffentlichen Rechts und stellt auf die Entwicklung von leistungsfähigem und justiziablem Verwaltungshandeln im Konkreten ab.[1141] Die Vereinheitlichung des Rechts steht dabei im Vordergrund.[1142] Der Handlungsform liegen etablierte Strukturelemente des öffentlichen Rechts einer jeweiligen Rechtsordnung zugrunde, die rechtliche Regelungen und Fehlerfolgen für diesen Akt der öffentlichen Gewalt (also der Handlungsform) aufstellen und anordnen.[1143] Dabei sollen anhand von abstrakten Merkmalen die wiederkehrenden und vergleichbaren

---

1141 v. Bogdandy/Goldmann, ZaröV 2009, 51, S. 51 (S. 76 f. und S. 83); Kadelbach, Allgemeines Verwaltungsrecht unter europäischem Einfluss, S. 297; von Alemann/Scheffczyk, in: Bader/Ronellenfitsch, Beck'scher Online-Kommentar VwVfG, § 35, Rn. 25 und 27; Goldmann, Internationale öffentliche Gewalt, S. 405 und 11 German Law Journal (2009), S. 1865 (S. 1880); Schmidt-Aßmann, Das allgemeine Verwaltungsrecht als Ordnungsidee, S. 4 f.

1142 Vogenauer, ZEuP 2005, S. 234 (S. 235).

1143 Goldmann, Internationale Öffentliche Gewalt, S. 400 f. (teilweise m.w.N.).

Elemente eines Rechtssachverhalts strukturiert werden und soll so das Handeln öffentlicher Organe gefiltert werden.[1144] Die Handlungsform generiert also ein Instrument, welches der öffentlichen Verwaltung ermöglicht, mit Außenwirkung zu handeln.[1145] Möchte das öffentlich-rechtlich legitimierte Organ seine Ziele erreichen, so setzt es die Handlungsform als Steuerungsinstrument ein.[1146] Die Handlungsform ist aber nicht nur der zentrale Baustein für die Ausübung von öffentlicher Gewalt, sondern auch für die Abgrenzung zur Rechtsform des Gesetzes notwendig.[1147] Denn die Handlungsform ist eben kein Gesetz.[1148] Sie ist nicht nach Durchlaufen des verfassungsrechtlich gebotenen Gesetzgebungsverfahrens erlassen worden. Sie entsteht vielmehr bereits auf einer früheren Ebene. Gleichwohl kommt der typischen Handlungsform die dem Gesetz typischerweise zugrundeliegende Legitimationswirkung, nämlich dass sie auf Grund eines vorgegebenen Verfahrens erlassen wird, und Lenkungsfunktion, die wiederum den Adressaten sowie Art und Umfang des Rechtsschutzes bestimmt, zu.[1149] Folglich ist die Handlungsform sowohl von einem konstituierenden als auch einem disziplinierenden Element geprägt.[1150] Zugleich knüpft die Handlungsform für die Ausübung an bestimmte Elemente an. Liegen die vorgegebenen Elemente vor, erschließt sich der Verwaltung bzw. für den Träger der öffentlichen Verwaltung, mit welchem Mittel sie handeln kann. Für die Handlungsträger ergibt sich daraus ein bestimmtes Spektrum an Instrumenten, die ihr je nach Sachverhalt zum Handeln zur Verfügung stehen.[1151] Demnach leitet und definiert die Handlungsform auch das Handeln der öffentlichen Verwaltungsträger, ohne die

---

1144 Ähnlich: Stelkens, in: Stelkens/Bonk/Sachs, VwVfG, § 35, Rn. 3.

1145 Dies schließt aber nicht aus, dass ein Instrument als Handlungsform qualifiziert wird, obwohl es nur Innenwirkung erzeugt. Zugleich gibt es Instrumente, die Innenwirkungen und Außenwirkungen simultan erzeugen.

1146 Kadelbach, in: von Arnauld (Hrsg.), Europäische Außenbeziehungen (EnzEuR, Bd. 10), § 4, Rn. 4.

1147 v. Bogdandy/Goldmann, ZaröV 2009, S. 51 (S. 76), auch ist die Handlungsform zur Abgrenzung von anderen rechtserzeugenden Einzelakten wie Verwaltungsentscheidungen abzugrenzen – Köndgen/Mörsdorf, in: Riesenhuber (Hrsg.), Europäische Methodenlehre, § 6, Rn. 4.

1148 Vgl. hierzu: Kadelbach, Allgemeines Verwaltungsrecht unter Europäischem Einfluss, S. 297.

1149 Vgl. von Alemann/Scheffczyk, in: Bader/Ronellenfitsch, Beck'scher Online-Kommentar VwVfG, § 35, Rn. 27 und 28.

1150 Goldmann, Internationale öffentliche Gewalt, S. 401.

1151 Ähnlich: Goldmann, Internationale öffentliche Gewalt, S. 401 f.

Handlungsform als Gesetz zu qualifizieren. Idealerweise haben die rechtsetzenden Institutionen eine hinreichende Auswahl an Handlungsinstrumenten, die effektive und flexible Handlungsmöglichkeiten schaffen. Selten gibt es in einem Rechtssystem nur eine einzige Handlungsform. Denn eine Beschränkung auf nur eine Handlungsform erscheint angesichts der Komplexität gegenwärtiger und zukünftiger Rechtsetzungserfordernisse dysfunktional.[1152] Welcher Staat ist so einfach gestrickt bzw. so gut durchorganisiert, dass er nur mit einer einzigen und wahren Handlungsform auskommen könnte?

Eine Handlungsform ist jedoch ohne Bedeutung, wenn sie nicht innerhalb eines bestimmten stabilen Rechtsrahmens verwendet wird.[1153] Denn erst wenn die Handlungsform einem bestimmten Rechtssystem zuordenbar ist, ist sie überhaupt also solche qualifizierbar.[1154] Das als Rechtsregime zu qualifizierende Merkmal einer Handlungsform stellt den Ausgangspunkt für die Bindung an bestehende Rechtsnormen im Allgemeinen und an das Gesetz im Besonderen her.[1155] Der Inhalt, den eine Handlungsform „speichert", ist variabel. Die rechtlichen und tatsächlichen Wirkungen hängen dagegen von der jeweiligen Rechtsordnung ab, in der die Handlungsform besteht.[1156] Diese Wirkung wird auch unter dem Begriff des Legalitätsprinzips gefasst, der als Oberbegriff zum Vorrang und Vorbehalt des Gesetzes verstanden wird.[1157] Das Legalitätsprinzip bewirkt die Disziplinierung und Bindung der Rechtsetzungsmacht.[1158] Die Kompetenz zum Erlass von Handlungsformen, ergo die Kompetenz zum staatlichen Handeln, wird aus der staatlichen Verfassung abgeleitet, die zugleich auch einen einheitlichen materiellen Rahmen für die Masse an Handlungsformen bestimmt und deren Justiziabilität gewährleistet.[1159]

Die Handlungsform spielt aber nicht nur für den Verwaltungsträger auf der einen Seite eine entscheidende Rolle, sondern auch für den Bürger, der auf der

1152 v. Bogdandy/Bast/Arndt, ZaöRV 2002, S. 77 (S. 80).

1153 Ähnlich: Danwitz, Europäisches Verfassungsrecht, S. 259; Terhechte, Europäische Verfassungsstudien, S. 220 ff.

1154 Kadelbach, in: von Arnauld (Hrsg.), Europäische Außenbeziehungen (EnzEuR, Bd. 10), § 4, Rn. 4.

1155 v. Bogdandy, Gubernative Rechtsetzung, S. 160.

1156 Goldmann, Internationale Gewalt, S. 402.

1157 v. Bogdandy, Gubernative Rechtsetzung, S. 215.

1158 Vgl. Ibid., S. 161 ff.

1159 v. Bogdandy, Gubernative Rechtsetzung, S. 161 ff.; Vogenauer, ZEuP 2005, S. 234 (S. 236); Terhechte, Europäische Verfassungsstudien, S. 194 f. und S. 220.

anderen Seite des staatlichen Handelns steht.[1160] Aus den bereits genannten Merkmalen einer Handlungsform ergeben sich für den Bürger als Adressaten der Handlungsform idealerweise Identifikationsmöglichkeiten in Bezug auf das handelnde Organ und die Rechtsfolgen der Handlungsformenwahl. Das Erfüllen der der Handlungsform zugrundeliegenden Merkmale legitimiert das öffentlich-rechtliche Handeln gegenüber den Adressaten. Aus den Rechtsfolgen lassen sich wiederum die Rechtsschutzmöglichkeiten für den Adressaten ableiten.[1161] Die Qualifizierung der Handlungsform macht demnach das Handeln der Verwaltung für den Bürger nachvollziehbar, vorhersehbarer[1162] und im besten Falle nachträglich (gerichtlich) überprüfbar. Hierin zeigt sich die Wechselwirkung zwischen erlassendem Organ und Adressat der Maßnahme, die für die Handlungsformenlehre von äußerster Relevanz ist.

Heutzutage ist der Begriff der Handlungsform weiter gefasst als in den ursprünglichen Anfängen der klassischen Handlungsformenlehre.[1163] Zunächst waren sämtliche Formen, die der Verwaltung zurechenbar waren (also nicht nur einseitig getroffene Entscheidungen, sondern auch kooperatives und konsensuales Handeln sowie administrative Beteiligung Dritter), von der Handlungsformenlehre umfasst. Jedoch war (und ist auch noch) die Handlungsformenlehre und damit auch die einzelne Handlungsform auf das nationale Gebiet eines Rechtsstaats begrenzt. Derweil existiert die Handlungsform aber nicht mehr nur im klassischen Verwaltungshandeln auf nationalen Ebenen, sondern auch als Instrument öffentlichen Handelns auf internationaler Ebene (z.B. in der Europäischen Union und in internationalen Organisationen). Durch die damit einhergehende Europäisierung und Internationalisierung des Rechts wird das nationale Recht vor veränderte und neue Herausforderungen gestellt, welche sich durchaus auf das klassische Verwaltungshandeln auswirken.[1164] Die Regelungsaufgaben werden immer komplexer und sind vermehrt durch Multidimensionalität geprägt. Insbesondere der Eintritt in den europäischen Verwaltungsverbund hat einen Wandel bewirkt, auf den die rechtswissenschaftliche

---

1160 Ähnlich: Stelkens, in: Stelkens/Bonk/Sachs, VwVfG, § 35, Rn. 3.

1161 Vgl. Glaser, Die Entwicklung des Europäischen Verwaltungsrechts, S. 61, m.w.N.

1162 Von Alemann/Scheffczyk, in: Bader/Ronellenfitsch, Beck'scher Online-Kommentar VwVfG, § 35, Rn. 27.

1163 Vgl. Stelkens, in: Stelkens/Bonk/Sachs, VwVfG, § 35, Rn. 2.

1164 Vgl. allgemein zu dem Wandel in der Handlungsformenlehre durch fortschreitende Internationalisierung: Hoffmann-Riem, in: ders./Schmidt-Aßmann/Voßkuhle (Hrsg.), Grundlagen des Verwaltungsrechts, § 33, Rn. 45 ff.

Formenlehre „antworten" muss.[1165] Folglich kommt es zu einer fortwährenden Anpassung klassischer Strukturen an die veränderten Gegebenheiten und gegebenenfalls sogar zu Neuentwicklungen unter Einbezug klassischer Gesichtspunkte. Letzteres trifft auf die Strukturierung des Handlungsmechanismus der EU zu. Hier ist insbesondere darauf zu achten, dass dem Begriff der Handlungsform im europäischen Recht ein anderes Verständnis zugrunde liegt als der klassischen Lehre. Zunächst wird der Begriff Handlungsform als eine Kategorie des Unionsrechts – im engeren Sinne des Sekundärrechts – erfasst.[1166] Des Weiteren ist der Begriff im Vergleich zum klassischen Begriffsverständnis weiter und flexibler. Nichtsdestotrotz sollen in den folgenden Ausführungen die Begriffe Rechtsinstrumente, Rechtsform, Rechtsakt, Handlung und Instrument als Synonym für den Begriff der Handlungsform verwendet werden.[1167] Um der Arbeit und der zugrundeliegenden empirischen Analyse eine gewisse Flexibilität einzuräumen, wird gerade keine Differenzierung zwischen den genannten Begrifflichkeiten gemacht. Allerdings bedeutet dies nicht, dass die Handlungsform mit dem Gesetz gleichzusetzen ist.[1168] Zu diesem besteht ein entscheidender Unterschied. Denn die Handlungsform umfasst auch informelles Handeln, also ein Handeln, das gerade nicht ein rechtsförmliches Gesetzgebungsverfahren vor dessen Erlass durchlaufen ist. Zudem folge ich der Ansicht, dass die Handlungsform ein juristischer Begriff ist, der sich allgemein zur Strukturierung des Rechts eignet.[1169]

1165 Hoffmann-Riem, in: ders./Schmidt-Aßmann/Voßkuhle (Hrsg.), Grundlagen des Verwaltungsrechts, § 33, Rn. 45.

1166 Vgl. Frenz, Handbuch des Europarechts, Wirkungen und Rechtsschutz, Rn. 618 ff.; Lecheler, DVBl. 2008, S. 873.

1167 Insbesondere liegt der Sinn der Arbeit nicht in der Klärung des anhaltenden Streits über das Verhältnis der Handlungsform zur Rechtsform – vgl. Glaser, Die Entwicklung des Europäischen Verwaltungsrechts, S. 53, m.w.N. sowie S. 332 zur Synonymverwendung; *Glaser* führt aus, dass die Handlungsform auf übergeordneter Rechtsebene zur Rechtsform steht; wobei *Kadelbach* die Rechtsform als Oberbegriff für die Rechtsquelle und Handlungsform sieht und betont, dass die Trennlinie zwischen diesen von der Reichweite des Vorbehalts des Gesetzes abhängt (vgl. Kadelbach, Allgemeines Verwaltungsrecht unter europäischem Einfluss, S. 297).

1168 Siehe bereits Hinweis weiter oben und Kadelbach, Allgemeines Verwaltungsrecht unter europäischen Einfluss, S. 297.

1169 Glaser, Die Entwicklung des Europäischen Verwaltungsrechts, S. 71, m.w.N.; der Ansicht *Lehrs*, der bestimmte, dass andere – oben nicht genannte – Begriffe, die oft in unzulässiger Weise als Synonym füreinander verwendet werden, speziell verschiedene Stufen der Formenlehre repräsentieren, ist sich aber m.E. nicht zu widersetzen. Gerade im Bereich des klassischen Verwaltungsrechts kann z.B. der Begriff

B. Handlungsformenlehre

Der öffentlich-rechtliche Akt wird nicht automatisch zu einer Handlungsform, sobald ein öffentlich-rechtliches Handeln in einem bestimmten Rechtsregime vorgenommen wird. Genauso wenig entsteht eine Handlungsform durch das bloße Beschreiben des öffentlich-rechtlichen Handelns.[1170] Für das Entwickeln einer Handlungsform bzw. für das Heranwachsen eines bestimmten öffentlich-rechtlichen Handelns zu einer Handlungsform bedarf es vielmehr der Unterstützung durch die rechtswissenschaftliche Lehre.[1171] Erst durch die enthüllende Dogmatik der juristischen Lehre kann das amorphe öffentlich-rechtliche Handeln zu einer Handlungsform gedeihen. Dabei verfolgt die Handlungsformenlehre eine kritische und wertende Auseinandersetzung mit den zu beurteilenden Elementen des öffentlich-rechtlichen Handelns, wobei als Ausgangspunkt die dem Rechtsstaat (bzw. im Völkerrecht: der Rechtsgemeinschaft bzw. der internationalen Organisation[1172]) zugrundeliegende Rechtsordnung und deren Prinzipien gelten[1173]. Wie bereits erwähnt, gibt die Rechtsordnung dabei vor, welche Parameter den Rechtsgewinnungsprozess leiten sollen.[1174] Es stellt die normativen Anforderungen, anhand derer die Handlungsformenlehre ihre Wertung für die einzelnen Handlungsformen vornimmt. Dabei ist es selbstverständlich, dass die Rechtsordnung und die Handlungsformenlehre rechtsstaatlich und demokratisch orientiert sein müssen. Ohne diese Grundvoraussetzung kann die Systematisierung des öffentlich-rechtlichen Handelns kein akzeptables Legitimitätsniveau erreichen.[1175] Demzufolge gilt auch, je weniger Handlungsformen an

---

des „Verwaltungshandelns" nicht mit der Handlungsform, die hier adressiert wird, gleichgesetzt werden – vgl. Lehr, Staatliche Lenkung durch Handlungsformen, S. 19.

1170 *Goldmann* beschreibt das Handeln vor der Klassifizierung unter eine Handlungsform als eine Äußerung internationaler Institutionen, die das Rohmaterial für die spätere rechtliche Subsumtion unter die konstituierenden Elemente einer Handlungsform darstellt, vgl. Goldmann, Internationale öffentliche Gewalt, S. 404 f.

1171 Vgl. Gärditz, AdV 45 (2007), S. 1 (S. 30); Goldmann, Internationale öffentliche Gewalt, S. 404 f.; Kühling/Lieth, EuR 2003, S. 371 (S. 388); Vogenauer, ZEuP 2005, S. 234 (S. 234); Nettesheim, EuR 6/2006, S. 737 (S. 738); Reimer, Juristische Methodenlehre, Rn. 688.

1172 Ähnlich: v. Bogdandy, 9 German Law Journal (2008), S. 1909 (S. 1917).

1173 Vgl. Goldmann, Internationale öffentliche Gewalt, S. 404; Terhechte, Europäische Verfassungsstudien, S. 231; ähnlich: Reimer, Juristische Methodenlehre, Rn. 692 und 694.

1174 Kühling/Lieth, EuR 2003, S. 371 (S. 373).

1175 Ähnlich: Goldmann, Internationale öffentliche Gewalt, S. 408.

rechtsstaatliche Bindungen geknüpft sind, desto weniger Bedeutung kann ihnen zugemessen werden.[1176] Diese Prämisse macht zugleich deutlich, dass der Handlungsformenlehre die Aufgabe zukommt, das Legitimationsniveau zu sichern und ein „Fehlgehen" der öffentlichen Hand aufzudecken sowie gegebenenfalls auftretende Lücken zu schließen.[1177] Denn die Rechtsordnung steht immer unter der Macht des Staats und läuft Gefahr von dieser in negativer und missbräuchlicher Weise eingesetzt zu werden[1178] – diesem muss die Handlungsformenlehre durch ständige Reflexion des öffentlich-rechtlichen Handelns entgegensteuern.

Im Ergebnis verfolgt die Handlungsformenlehre also das Ziel durch Anknüpfung an Rechtsfolgen bei vergleichbaren Handlungen einen dem Verwaltungshandeln zugrundeliegenden allgemeinen Nenner zu erkennen, um damit ein nachvollziehbares System innerhalb des Verwaltungshandelns offenzulegen.[1179] Schlussendlich soll sie zur Rechtsvereinheitlichung[1180] und deren Vorhersehbarkeit führen – was im Ergebnis auch den Rechtsschutz erleichtert.[1181] Dabei ist es evident, dass eine Vergleichbarkeit der Sachverhalte des öffentlich-rechtlichen Handelns nur erreicht werden kann, sofern die Lehre die dem öffentlich-rechtlichen Handeln zugrundeliegenden Elemente in einer gewissen Abstraktheit erfasst.[1182] Die Systembildung muss das nach außen wirkende Verhalten der öffentlich-rechtlichen Träger also auch rationalisieren, was nur möglich ist, wenn sie dieses Verhalten auch komprimiert. Das Komprimieren geschieht durch das Aufdecken von aussagekräftigen Elementen, die typischerweise bei gleichgelagerten und vergleichbaren Sachverhalten anzutreffen sind. Dabei werden diese

1176 Glaser, Die Entwicklung des Europäischen Verwaltungsrechts, S. 61.

1177 Ähnlich: Goldmann, Internationale öffentliche Gewalt, S. 409; Kühling/Lieth, EuR 2003, S. 371 (S. 380 ff.) – wobei die Autoren u.a. darauf aufmerksam machen, dass eine Handlungsformenlehre die „Disziplinierungsfunktion" umso unabhängiger wahrnimmt, desto länger sie existiert. Dementsprechend orientiert sich eine junge Handlungsformenlehre in den Anfängen immer sehr eng am kodifizierten Recht.

1178 Goldmann, Internationale öffentliche Gewalt, S. 408; ähnlich: Reimer, Juristische Methodenlehre, Rn. 708 ff., der die Methodenlehre (auch) als Vertrauenssicherung für die Rechtsverwirklichung untermauert.

1179 Glaser, Die Entwicklung des Europäischen Verwaltungsrechts, S. 59.

1180 Vogenauer, ZEuP 2005, S. 234 (S. 235).

1181 Schlussendlich führt das zur Rechtssicherheit i.S.d. Berechenbarkeit und Überschaubarkeit sowohl bei Setzung als auch Anwendung des Rechts – Terhechte, Europäische Verfassungsstudien, S. 707.

1182 Goldmann, Internationale öffentliche Gewalt, S. 403; von Alemann/Scheffczyk, in: Bader/Ronellenfitsch, Beck'scher Online-Kommentar VwVfG (2018), § 35 VwVfG, Rn. 25.

Elemente den aus der Rechtsordnung zugrundeliegenden Kriterien zugeordnet, womit die einzelnen Sachverhalte auf eine höhere Ebene der Signifikanz gehoben werden. Diese Signifikanz äußert sich dabei in der oben erwähnten Abstraktheit, die wiederum für die Herausbildung einer systematischen Kategorisierung notwendig ist.[1183] Von der auf den Einzelfall bezogenen subjektiven Betrachtung wird zu einer objektiven Sicht gewechselt, anhand derer auf abstrakte Weise ein normativ verbindlicher Gehalt des öffentlich-rechtlichen Handelns herausgefiltert wird.[1184] Sofern Merkmale für eine bestimmte Handlungsform bereits existieren, soll nachfolgendes Verhalten des öffentlich-rechtlichen Trägers diesen Handlungsformenmerkmalen zugeordnet werden. Stimmen die für die Kategorisierung zu der bestimmten Handlungsform relevanten Merkmale überein, kann das untersuchte Verhalten allein durch Zuordnung zu der bereits festgelegten Handlungsform legitimiert werden.[1185] Es bedarf keiner erneuten Untersuchung des konkreten Handelns auf dessen Legitimität, da eine rechtliche Vermutung dafür besteht, dass ein von der Handlungsform erfasstes Handeln den legitimen Vorgaben des Rechtsregimes entspricht.[1186] Dies bedeutet aber auch, dass ein Verhalten, welches auf Grund z.B. weitreichender Folgen nicht in das bereits bestehende System eingeordnet werden kann, einer noch strengeren Legitimitätsprüfung unterzogen werden muss. Ein strengerer Legitimitätsmaßstab gilt vor allem auch bei Maßnahmen, die Individuen betreffen.[1187]

Sofern sich ein typisches „Verhaltensmuster" herauskristallisiert hat, soll sich also das zukünftige Verhalten des öffentlich-rechtlichen Organs daran ausrichten. Möchte das Organ mit einer bestimmten Handlung bestimmte Wirkungen bzw. Rechtsfolgen herbeiführen, greift sie auf die Handlungsform zurück, die nach den Systematisierungskriterien das von dem Handelnden Beabsichtigte bewirkt. Demzufolge kann durchaus von einer standardisierenden Lenkungsfunktion der Handlungsformenlehre gesprochen werden.[1188] In der Literatur

---

1183 Ein gewisser Grad an Abstraktheit ist notwendig, denn eine Vervielfachung und Verkleinerung der Kriterien würde viel zu schnell an Grenzen der Methodik stoßen und der Entwicklung von Handlungsformen im Wege stehen – vgl. Reimer, Juristische Methodenlehre, Rn. 59 und Goldmann, Internationale öffentliche Gewalt, S. 486.

1184 Gärditz, AdV 45 (2007), S. 1 (S. 31).

1185 Goldmann, Internationale öffentliche Gewalt, S. 403.

1186 Ibid., S. 404 mit Hinweis u.a. auf Schmidt-Aßmann, Das allgemeine Verwaltungsrecht als Ordnungsidee, S. 298 f.

1187 Goldmann, Internationale öffentliche Gewalt, S. 403 m.w.N.

1188 *Schmidt-Aßmann* spricht hier von der Disziplinierung der Verwaltung – Schmidt-Aßmann, Das allgemeine Verwaltungsrecht als Ordnungsidee, S. 300.

wird dieses Phänomen auch mit der sog. Speicherfunktion des Wissens über rechtliche Folgen bei der Formenwahl beschrieben.[1189] Im Idealfall trägt das gesammelte und angewandte Wissen („Speicher") der Systematisierung zu einer Standardisierung und Vorhersehbarkeit des staatlichen Handels[1190] und damit auch zur Rechtsklarheit bei.[1191] Darüber hinaus geht die beschriebene Lenkungsfunktion einher mit dem Effekt der Disziplinierung des öffentlich-rechtlichen Trägers. Dieser ist fortan verpflichtet, die aus der zugrundeliegenden Rechtsordnung bestehenden Gebote und Verbote zu beachten[1192] – sonst würde die Legitimitätsstruktur der verwendeten Handlungsform durchbrochen werden.

Bei der Entwicklung dieses kohärenten Systems ist die Handlungsformenlehre jedoch im besonderen Maße auf die Aufrechterhaltung der Variabilität angewiesen. Denn nicht jede Handlungsform und die ihr zugrundeliegenden Elemente sind starr in einen Rahmen zu packen. Folglich muss der konkrete Inhalt des Speichers bzw. des Rechtsregimes variabel sein – wobei die Variabilität wieder von der zugrundeliegenden Rechtsordnung sowie den rechtlichen und tatsächlichen Wirkungen der mit der Handlungsform erfassten Elemente des öffentlich-rechtlichen Handelns abhängt.[1193] Dementsprechend müssen die innerhalb eines Systems bestehenden Handlungsformen auch in einem gegenseitigen Austauschverhältnis zueinander stehen und dürfen nicht strikt methodisch getrennt werden.[1194] Dies gewährt auch ein Maß an Flexibilität und damit Anpassungsfähigkeit an veränderte Umstände. Einer der Verdienste der Anwendung der Handlungsformenlehre soll eben auch die Optimierung des öffentlich-rechtlichen Handelns sein – und dies erfordert evident auch die Fortbildung der Handlungsformen (gegebenenfalls auch durch Kreuzung bereits bestehender Handlungsformen) durch die Lehre und Praxis.

1189 Vgl. Bast, Handlungsformen und Rechtsschutz, in: v. Bogdandy/ders. (Hrsg.): Europäisches Verfassungsrecht, S. 489 (S. 537); Schmidt-Aßmann, Das allgemeine Verwaltungsrecht als Ordnungsidee, S. 4.

1190 Vgl. u.a. Danwitz, Europäisches Verwaltungsrecht, S. 259; Bast, Handlungsformen und Rechtsschutz, in: v. Bogdandy/ders., Europäisches Verfassungsrecht, S. 489 (S. 505 u. S. 541).

1191 Schmidt-Aßmann, Das allgemeine Verwaltungsrecht als Ordnungsidee, S. 298.

1192 Ibd., S. 300; ähnlich: Köndgen/Mörsdorf, in: Riesenhuber (Hrsg.), Europäische Methodenlehre, § 6, Rn. 5.

1193 *Goldmann* spricht hier von „Instrumenten", welche er als Rohmaterial für die internationalen Organisationen beschreibt, vgl. Goldmann, Internationale öffentliche Gewalt, S. 405.

1194 Gärditz, AdV 45 (2007), S. 32.

Im Zwischenergebnis kann festgehalten werden, dass ohne die rechtwissenschaftliche Dogmatik kein strukturierter Rechtsgewinnungsprozess entsteht. Die Förderung der Rechtsklarheit durch systematisch nachvollziehbare Strukturen stärkt zugleich auch die Rationalität und Akzeptanz des öffentlich-rechtlichen Handelns. Zugleich ermöglichen die durch die Handlungsformenlehre entwickelten Strukturen eine Ex-ante-Bewertung der öffentlichen Gewalt und dienen damit auch der Rechtssicherheit. Darüber hinaus trägt die Handlungsformenlehre entscheidend – und das auch auf dem europäischen Rechtsgebiet – zur Konvergenz und gegenseitigen Abstimmung der (nationalen und unionalen) Organe beim öffentlich-rechtlichen Handeln bei[1195].

C. Hintergrund im Staatsrecht und Völkerrecht

Der Begriff der Handlungsform stammt vorrangig aus dem Staatsrecht. Als zentraler Baustein der öffentlich-rechtlichen Verwaltungsrechtslehre[1196] kann seine Entwicklung bis in die Entstehungszeit des modernen öffentlichen Rechts im 19. Jahrhundert zurückverfolgt werden.[1197] Die Entstehung von demokratischen Rechtsstaaten ging einher mit der Forderung der Legitimierung der öffentlichen Verwaltung und der damit untrennbar verbundenen Entwicklung der Handlungsformenlehre.[1198] Durch abstrakte Begriffsbildungen sollte die Flut an Verwaltungshandeln systematisiert und zu einer sinnvollen Ordnung zusammengebracht werden.[1199] Der Begriff der Handlungsform dient dabei seit Anfang an als Oberbegriff zur Kategorisierung der vielfältigen und verschiedenen Verwaltungshandlungsarten.[1200]

1195 Vgl. Glaser, Die Entwicklung des Europäischen Verwaltungsrechts, S. 60.

1196 Lehr, Staatliche Lenkung durch Handlungsformen, S. 5.

1197 Goldmann, Internationale öffentliche Gewalt, S. 405; vgl. auch v. Bogdandy, Gubernative Rechtsetzung, S. 162 f.; Schmidt-Aßmann, Das allgemeine Verwaltungsrecht als Ordnungsidee, S. 297.

1198 Ähnlich: Glaser, Die Entwicklung des Europäischen Verwaltungsrechts, S. 3, m.w.N.; Cananea, European Public Law (2003), S. 563 (S. 565 f.); von Alemann, Die Handlungsform der interinstitutionellen Vereinbarung, S. 177.

1199 Von Alemann/Scheffczyk, in: Bader/Ronellenfitsch, Beck'scher Online-Kommentar VwVfG, § 35, Rn. 25; von Alemann, Die Handlungsform der interinstitutionellen Vereinbarung, S. 177.

1200 Ähnlich: von Alemann/Scheffczyk, in: Bader/Ronellenfitsch, Beck'scher Online-Kommentar VwVfG, § 35, Rn. 26; dagegen führt *Kadelbach* aus, dass die Rechtsform der Überbegriff für die Handlungsform (und Rechtsquelle) ist, vgl. Kadelbach, Allgemeines Verwaltungsrecht unter europäischem Einfluss, S. 297.

Andererseits kann nicht geleugnet werden, dass die Handlungsform zum gewissen Grad auch durch das Völkerrecht geprägt ist – und das obwohl das Konzept der klassischen Handlungsform dem Völkerrecht als strukturelles Fallrecht, das die Staatenpraxis widerspiegelt,[1201] eher fremd ist. Weder ist das Völkerrecht Ausdruck eines übergreifenden Systemgedankens, noch besteht im allgemeinen Völkerrecht ein vertragliches Dogma, wonach der Inhalt des Handelns eines Völkerrechtssubjekts an eine bestimmte Form gebunden ist.[1202] Lediglich das Interventionsverbot, nach welchem sich das Verhalten – und damit auch die Handlungsform – der Völkerrechtssubjekte zu richten hat, kann als einheitliches Ziel gesehen werden.[1203] Auch ist das Völkerrecht im Gegensatz zum nationalen (und auch europäischen) Recht weniger stark durchorganisiert – es basiert vielmehr auf der intergouvernementalen Zusammenarbeit von Regierungen[1204]. Dennoch ist das Völkerrecht der Handlungsformenlehre nicht gänzlich abgeneigt. Es ist nämlich nicht von der Hand zu weisen, dass auch das Völkerrecht auf Instrumente angewiesen ist, die in typisierender Weise festlegen, welche Funktionen ein bestimmtes völkerrechtliches Handeln hat und welcher Legitimität es bedarf.[1205] Die Systematisierung und Rechtsfortbildung – auch im Völkerrecht – ist insbesondere wegen der durch die Globalisierung neu auftretenden Regelungsaufgaben mehr denn je von bedeutendem Interesse.[1206] Auch die Praxis des Völkerrechts zeigt eine gewisse Tendenz zur Festlegung von Handlungsdogmen auf. In der Rechtsquellenentwicklung des Völkerrechts ist zu erkennen, dass zu der traditionellen Staatenpraxis zum Nachweis einer gegenseitigen Gewohnheit (als notwendiger Schritt zur Entwicklung von (Gewohnheits-) Recht) eine prinzipienorientierte Interpretation und systematische Argumentation getreten ist,[1207] die durchaus zu der Herausbildung einer völkerrechtlichen

1201 Gärditz, AdV 45 (2007), S. 1 (S. 1 und S. 21).

1202 Wengler, 22 Archiv des Völkerrechts (1984), S. 306 (S. 312).

1203 Kadelbach, in: von Arnauld (Hrsg.), Europäische Außenbeziehungen (EnzEuR, Bd. 10), § 4, Rn. 2.

1204 Schorkopf, Methodenpluralismus in der europäischen Integration – Zur Errungenschaft der Gemeinschaftsmethode und zur Notwendigkeit einer Unionsmethode, in: Kadelbach (Hrsg.), Die Europäische Union am Scheideweg: mehr oder weniger Europa?, S. 93 (S. 97).

1205 Vgl. Goldmann, Internationale öffentliche Gewalt, S. 388.

1206 Gärditz, AdV 45 (2007), S. 1 (S. 2); Damm, Die Europäische Union im universellen Völkergewohnheitsrecht, S. 25 f.; Verdross/Simma, Universelles Völkerrecht, § 533.

1207 Gärditz, AdV 45 (2007), S. 1 (S. 8); ähnlich: Damm, Die Europäische Union im universellen Völkergewohnheitsrecht, S. 27 ff.

Handlungsformenlehre bzw. Rechtsquellenlehre beiträgt. Norminterpretierende Prinzipien stellen hierbei z.B. die souveräne Gleichheit der Staaten und die territoriale Integrität, Grundsätze der völkerrechtlichen Verantwortlichkeit sowie der Grundsatz der Verhältnismäßigkeit dar.[1208] Bei der Bildung von systematischen Rechtsstrukturen sind allen voran die Handlungen von internationalen Organisationen zu nennen,[1209] die in Regelungstexten der Statuten der verschiedenen internationalen Organisationen Eingang finden und damit den Rückgriff auf diese bei darauffolgendem Handeln ermöglichen. Zum Beispiel tauchte im Völkerrecht bereits früh die Empfehlung auf.[1210] Diese weist zwar im Gegensatz zu den klassischen europäischen Handlungsformen wie der Richtlinie und Verordnung keine Rechtsverbindlichkeit auf,[1211] kann jedoch durchaus als Zeichen der Formalisierung gesehen werden. Im Übrigen greift das Völkerrecht (allen voran der Internationale Strafgerichtshof) auf die wertende Rechtsvergleichung für eine abstrahierende Systembildung zurück.[1212]

Schaut man sich die Handlungsformen-/Rechtsquellenlehre an, weisen sie die Gemeinsamkeit auf, dass die mit der Dogmatik einhergehende Systematisierung bestimmte Funktionen erfüllen soll. Im Idealfall entlastet die Handlungsformenlehre die Rechtsanwendung und leitet die Auslegung des Rechts und dient damit der Orientierung bei der Entwicklung des Rechts[1213] und dies unabhängig davon, ob es sich um einzelstaatliches, europäisches oder internationales Recht handelt.

D. Typische Merkmale einer Handlungsform

Wie bereits erläutert, wird der abstrakte Begriff der Handlungsform mit materiellen Kriterien gefüttert, um so das weitgefächerte Verwaltungshandeln zu typisieren.[1214] Zugleich wird mit der Anknüpfung an materielle Kriterien die Identifizierung von untypischen Handlungsformen erleichtert.[1215] Dabei soll

---

1208 Gärditz, AdV 45 (2007), S. 1 (S. 25).

1209 Härtel, Handbuch Europäische Rechtsetzung, 3. Teil, § 6, Rn. 2.

1210 Biervert, Der Mißbrauch von Handlungsformen im Gemeinschaftsrecht, S. 71.

1211 Biervert, Der Mißbrauch von Handlungsformen im Gemeinschaftsrecht, S. 71.

1212 Gärditz, AdV 45 (2007), S. 1 (S. 10 m.w.N).

1213 Schmidt-Aßmann, Das allgemeine Verwaltungsrecht als Ordnungsidee, S. 4–6; Gärditz, AdV 45 (2007), S. 1 (S. 8).

1214 Goldmann, Internationale öffentliche Gewalt, S. 401.

1215 Von Alemann/Scheffczyk, in: Bader/Ronellenfitsch, Beck'scher Online-Kommentar VwVfG, § 35, Rn. 27.

als Ideal der Handlungsformendogmatik die Entwicklung eines ausgewogenen forminternen Gleichgewichts zwischen den rechtlichen Wirkungen und der rechtlichen Absicherung einer einzelnen Handlungsform erreicht werden.[1216] *Goldmann* spricht hier zu Recht von der Notwendigkeit der methodisch glaubwürdigen Entwicklung von Handlungsformen.[1217] Welches sind aber die formellen und materiellen Kriterien, die so prägend sind, dass sie eine Handlungsform ausmachen? Grundsätzlich kann angenommen werden, dass die konkrete Ausgestaltung und die Bezeichnung der bestehenden Handlungsformen eines Rechtsregimes für ein transparentes Rechtssystem von entscheidender Bedeutung sind.[1218] Die Qualifizierung der Handlungsform richtet sich aber grundsätzlich nicht nach der formalen Bezeichnung – wie man auf den ersten Blick doch gerne annehmen würde –, sondern nach ihrem materiellen Inhalt.[1219] Dies schließt indessen nicht aus, dass die formelle Bezeichnung durch den Urheber im Einzelfall doch von Relevanz sein kann.[1220]

Nichtsdestotrotz, neben der formalen Bezeichnung kommen natürlich noch andere Kriterien in Betracht. Nach *Goldmann* können Handlungsformen z.B. durch Kompetenzzuweisungen, Verfahrensrecht und Rechtsschutz einen Zustand relativer Stabilität errichten. Aber auch diese Parameter sind nicht die einzigen. Die soeben aufgezählten Parameter sollen vielmehr als zusammenfassende Oberbegriffe verstanden werden. Denn man denke nur daran, dass unter den Begriff des Verfahrensrechts auch Anforderungen zum Inkrafttreten, zur Begründung und zur Auswahl einer Handlungsform zu fassen sind. Auch die Adressierung der Kompetenz zum Erlass einer Handlungsform kann von vielen weiteren Faktoren abhängen. Möglicherweise wohnt der Handlungsform bereits inne, welches Organ auf sie zurückgreifen darf. Oder aber die Handlungsform

---

1216 Bast, Handlungsformen und Rechtsschutz, in: v. Bogdandy/ders. (Hrsg.): Europäisches Verfassungsrecht, S. 489 (S. 536) mit Verweis auf Schmidt-Aßmann, Das allgemeine Verwaltungsrecht als Ordnungsidee, S. 299.

1217 Neben der rechtstaatlichen und demokratischen Konzeption, siehe Goldmann, Internationale öffentliche Gewalt, S. 408.

1218 Vgl. Glaser, Die Entwicklung des Europäischen Verwaltungsrechts, S. 461.

1219 Siehe hierzu u.a.: von Alemann/Scheffczyk, in: Bader/Ronellenfitsch, Beck'scher Online-Kommentar VwVfG, § 35, Rn. 27; Biervert, in: Schwarze, EU-Kommentar, Art. 288 AEUV, Rn. 17; v. Bogdandy, Gubernative Rechtsetzung, S. 163; Lecheler, DVBl. 2008, S. 873 (S. 874).

1220 Biervert, in: Schwarze, EU-Kommentar, Art. 288 AEUV, Rn. 17; Appel, Das internationale Kooperationsrecht der Europäischen Union, S. 266; ähnlich: v. Bogdandy, Gubernative Rechtsetzung, S. 239.

ist „organneutral" ausgestaltet und erst der zu regelnde Sachverhalt und dessen Regelungsintention intendieren die zu verwendende Handlungsform. Auch der Rechtsschutz kann verschiedenartig ausgeprägt sein. Manche Handlungsformen sind möglicherweise nicht der gerichtlichen Kontrolle unterworfen, für andere Handlungsformen gelten besondere Gerichtszweige. Wieder andere Handlungsformen bedürfen einer besonderen Ausgestaltung, damit sie überhaupt gerichtlich überprüfbar sind.

Vergegenwärtigt man sich allein nur die soeben aufgezählten Kriterien, so fällt auf, dass die einzelnen Anforderungen wohl einfacher bestimmt werden können, wenn eine Handlungsform bereits besteht. Bestehende Handlungsformen haben den Reifeprozess schon durchlebt und geben ihre präjudizielle Wirkung ab, so dass nachkommende Handlungen viel besser eingeordnet werden können. Die Entwicklung neuer Handlungsformen steht jedoch am Anfang dieses Reifeprozesses, so dass die Bestimmung der einzelnen Anforderungen eine anspruchsvolle Herausforderung – für die Rechtsdogmatik – darstellt. Dementsprechend hat die rechtswissenschaftliche Lehre eine Reihe von verschiedenen Merkmalen herausgearbeitet, die typisch für die Bestimmung einer Handlungsform sein sollen. Es handelt sich dabei um sog. formidentifizierende Parameter, die nun eingehend dargestellt werden.

1. Formale Identität

Damit ein öffentlich-rechtliches Handeln zur Handlungsform gedeiht und zugleich rechtliche Gültigkeit gewinnt, bedarf es eines Verfahrens unter Mitwirkung der staatlichen Akteure. Dieser unter der Bezeichnung der formalen Identität zu fassende Prozess beschreibt also die objektive Zugehörigkeit eines Rechtsaktes zu einem vertraglich vorgesehenen oder durch die Praxis etablierten Handlungstypus[1221] innerhalb eines funktionierenden Rechtssystems. Kurz, die Identifizierung der (internationalen) öffentlichen Gewalt. Die Identifizierung der Rechtspersönlichkeit des agierenden (Völker-)Rechtssubjekts hat wiederum maßgeblichen Einfluss auf die Wirkungen, die vom Erlass der Handlungsform ausgehen können.[1222] Das heißt, neben der Zuweisung zu einem bestimmten Entstehungsprozess innerhalb einer bestimmten Rechtsordnung wird auch eine charakteristische Rechtsfolge festgelegt[1223]. Es wird also eine rechtliche

---

1221 Bast, Grundbegriffe der Handlungsformen der EU, S. 438; ähnlich: Cananea, European Public Law (2003), S. 563 (S. 565).

1222 Goldmann, Internationale öffentliche Gewalt, S. 458.

1223 Ähnlich: Lehr, Staatliche Lenkung durch Handlungsformen, S. 18.

Subsumtion ermöglicht, die sich im nächsten Schritt auf die Rechte und Pflichten des Erlassorgans und des Adressaten auswirkt.[1224] Dieser Prozess muss wiederum möglichst abstrakt erfolgen, damit eine Handlungsform auf viele Sachverhalte und flächendeckend sinnvoll angewendet werden kann – ohne allerdings Gefahr zu laufen „alles in einen Topf zu werfen". Der Prozess ist demnach eine Gratwanderung, die alles andere als einfach ist. Darüber hinaus hat die Festlegung der formalen Identität nicht nur Auswirkungen auf die im Einzelfall vorliegende Handlungsform, sondern ermöglicht auch eine Abgrenzung zu weiteren anderen Handlungsformen,[1225] welche von äußerster Wichtigkeit ist. Im Idealfall sollte dadurch die Unterscheidbarkeit der verschiedenen Handlungsformen voneinander ermöglicht werden.[1226]

Die offensichtliche Kehrseite des Prozesses der Bestimmung der formalen Identität und der dazugehörigen Kriterien ist jedoch, dass die Herausbildung einer Handlungsform vor anspruchsvolle und zugleich strenge Hürden gestellt wird. Verdeutlicht wird damit zugleich, dass nicht jedes einzelne öffentliche Handeln einer bestehenden Handlungsform zugänglich ist bzw. zu der Bildung einer neuen Handlungsform beiträgt. Dieser „Kritikpunkt" wird gleichwohl durch die Festigung und Stärkung der von der Handlungsformenlehre für bereits bestehende Handlungsformen ausgehenden Rechtssicherheit und -klarheit wieder relativiert[1227] und macht die strengen Anforderungen und Hürden hinnehmbar.

2. Rechtsregime

Nachdem die formidentifizierenden Merkmale einer Handlungsform ausdifferenziert wurden, bedarf es im nächsten Schritt der Entwicklung eines normativen Rechtsregimes. Die Ausarbeitung der oben genannten formalen Parameter diente der Erkennbarkeit der Handlungsform,[1228] das Rechtsregime stellt dagegen die normative Unterfütterung dieser Handlungsform dar. Das bedeutet aber nicht, dass das Rechtsregime in einem hierarchischen Verständnis unterhalb der formalen Identität liegt. Ganz im Gegenteil, das Rechtsregime muss dabei in der „Hierarchie" über den ihm unterfallenden Handlungsformen stehen.[1229] Dabei ist das Rechtsregime elementar für die Bedeutung der Handlungsform, da dieses

1224 Ähnlich: Reimer, Zur Theorie der Handlungsformen des Staates, S. 31.
1225 Ähnlich: Nettesheim, EuR 6/2006, S. 737 (S. 739, Fußnote 4).
1226 Siehe auch: Lehr, Staatliche Lenkung durch Handlungsformen, S. 18.
1227 Ibid., S. 18 f.
1228 Appel, Das internationale Kooperationsrecht der Europäischen Union, S. 284.
1229 Goldmann, 11 German Law Journal (2009), S. 1865 (S. 1901).

die rechtsstaatlichen Bedingungen festlegt. Es stellt sozusagen den legitimatorischen Rahmen dar, das Vorgaben und zugleich Grenzen für das staatliche Handeln enthält. Je weniger eine Handlungsform an rechtsstaatliche Bedingungen geknüpft ist, desto weniger Bedeutung kann einer Handlungsform zugemessen werden.[1230] Folglich muss das Rechtsregime auch für jede Handlungsform einzeln entwickelt werden.

Das Festlegen eines Rechtsregimes für eine Handlungsform dient vor allem der Vorhersehbarkeit und Rechtssicherheit des staatlichen Handelns. Deswegen umfasst das Rechtsregime auch regelmäßig Kollisionsnormen, Kompetenznormen und Verfahrensnormen[1231]. Jedoch gilt die Aufzählung nicht als abschließend. Es können auch weitere andere Parameter für das Rechtsregime von Relevanz sein.

3. Wirkungsmodus

Das dritte Element, welches für eine Handlungsform typisch ist, stellt keine objektive Eigenschaft dar, sondern ist durch ein Element auf der Rechtsfolgenseite gekennzeichnet – die Regelungsfunktion[1232]. Grundsätzlich zielen Handlungsformen darauf ab Rechtswirkungen zu erzeugen.[1233] In der Handlungsformenlehre nennt man dieses prägende Merkmal „Wirkungsmodus". Der Wirkungsmodus formt die Handlungsform, indem er ein Leistungsprofil als solches definiert, an dem sich die übrigen Regimeelemente der einzelnen Handlungsformen ausrichten sollen bzw. müssen.[1234] Das Wirkungsverhältnis soll dabei alle Sachverhalte – in personeller wie sachlicher Hinsicht – erfassen, von denen erwartet wird, dass sie durch die Handlungsform geregelt werden sollen. Kurz gesagt, es handelt sich bei dem Wirkungsmodus um die Gesamtheit der formdeterminierten Rechtswirkungen einer Handlungsform.[1235] Typische bekannte Rechtswirkungen sind die Verbindlichkeit bzw. Unverbindlichkeit einer Handlungsform.

Der Wirkung kommt eine elementare Funktion zu, da die Handlungsformen nicht nach ihrer Bezeichnung festgelegt werden (s.o.), sondern nach ihren (Aus-)Wirkungen.[1236] Erzielt die Handlungsform keine Wirkung, so ist sie auch

1230 Glaser, Die Entwicklung des Europäischen Verwaltungsrechts, S. 61.
1231 Goldmann, 11 German Law Journal (2009), S. 1865 (S. 1901 ff.).
1232 v. Bogdandy, Gubernative Rechtsetzung, S. 238.
1233 Nettesheim, in: Grabitz/Hilf/ders., Das Recht der EU, Art. 288 AEUV, Rn. 13.
1234 Bast, Grundbegriffe der Handlungsformen der EU, S. 106.
1235 Ibid., S. 179.
1236 Lecheler, DVBl 2008, S. 873 (S. 874); siehe auch oben.

nicht existent.[1237] Aber auch für die Abgrenzung zu anderen Handlungsformen ist der Wirkungsmodus von äußerster Relevanz. Die unterschiedlichen Wirkungen kennzeichnen die unterschiedlichen Arten von Handlungsformen[1238] und machen sie so unterscheidbar. Darüber hinaus stellt die Wirkung gewissermaßen das Gegenstück zum Urheber dar, aus dessen Verhältnis zueinander ein Legitimationszusammenhang entspringen muss.[1239] Demnach trifft der Wirkungsparameter zugleich auch eine Aussage über die Legitimierung des öffentlichen Handelns. Überdies wird zugleich die Wechselwirkung zum Rechtsrahmen aufgezeigt. Denn, weichen die von den Handlungsformen hervorgerufenen rechtlichen und tatsächlichen Wirkungen zu stark voneinander ab, so dürfte es immer schwieriger werden, ihre Legitimität in dem einheitlichen Rechtsrahmen zu begründen bzw. in diesem ihre Rechtfertigung zu finden.[1240]

4. Gültigkeitsregime

Das Rechtsregime und der Wirkungsmodus würden allein keine Handlungsform definieren. Es bedarf vielmehr des verbindenden Merkmals des Gültigkeitsregimes. Wenn ein rechtsetzendes Organ eine Maßnahme erlässt, weil es die Rechtswirkungen einer bestimmten Handlungsform in Anspruch nehmen will, dann aktiviert das Organ mit dieser Wahl zugleich ein spezifisches Gültigkeitsregime, dem sich das handelnde Organ auch nicht einfach entziehen kann.[1241] Das heißt, dass innerhalb des Gültigkeitsregimes diejenigen spezifischen Wirksamkeits- und Rechtmäßigkeitsanforderungen erfasst werden, die gerade für die für ein Handeln des öffentlichen Trägers notwendige Handlungsform gelten.[1242] Dabei gilt, dass die erfassten Wirksamkeitserfordernisse erfüllt sein müssen, damit das hoheitliche Handeln Rechtswirkungen entfalten kann.[1243] Wie *Bast* es präzise auf einen Punkt bringt: Das Gültigkeitsregime ist die Antwort der Rechtsordnung auf das rechtliche Potenzial einer Handlungsform: ein Wirkungsmodus – ein Gültigkeitsregime.[1244] Die Abhängigkeit bzw. das Zusammenspiel des Wirkungsmodus und des Gültigkeitsregimes bedeutet aber zugleich auch, dass

---

1237 Goldmann, Internationale öffentliche Gewalt, S. 402.
1238 Appel, Das internationale Kooperationsrecht der Europäischen Union, S. 206.
1239 Goldmann, Internationale öffentliche Gewalt, S. 463.
1240 Ibid., S. 401.
1241 Bast, Grundbegriffe der Handlungsformen der EU, S. 72.
1242 Appel, Das internationale Kooperationsrecht der Europäischen Union, S. 443.
1243 Ibid.
1244 Bast, Grundbegriffe der Handlungsformen der EU, S. 72.

das Fehlen von Gültigkeitsvoraussetzungen Auswirkungen auf die Wirksamkeit des Rechtsaktes hat. Die konkreten Rechtsfolgen des Verfehlens von Gültigkeitsvoraussetzungen hängen dabei von der Art und Schwere der Verfehlung[1245] und den Regelungen, die das zugrundeliegende Rechtsregime für diese Verfehlungen vorsieht, ab. Zu beachten ist aber auch, dass die Gültigkeit von dem Wirkungsmodus unabhängig zu betrachten ist, denn auch unverbindliches Recht kann Geltungsanspruch haben.[1246] Innerhalb des Gültigkeitsregimes steckt also ein Rechtmäßigkeitsregime, welches formelle und materielle Maßstäbe für eine Maßnahme aufstellt.[1247] Anhand des Grades der Erfüllung dieser Kriterien beurteilt sich die Rechtmäßigkeit bzw. Rechtswidrigkeit der von dem handelnden Organ ausgewählten Maßnahme. Diese Kriterien ergeben sich – anders als die Wirksamkeitserfordernisse, die sich unmittelbar aus der jeweiligen Handlungsform selbst ergeben – aus den entsprechenden Kompetenznormen.[1248]

5. Kontrollregime

Ist eine Handlungsform erstmals klar definiert, so garantiert sie sowohl ihrem Schöpfer als auch ihrem Adressaten ein hohes Maß an Rechtssicherheit,[1249] da eine eventuelle Rechtswidrigkeit der Handlungsform im Rahmen eines gerichtlichen Verfahrens geltend gemacht werden kann.[1250] Folglich wird eine klassische Handlungsform durch den bestehenden Rechtsschutz gekennzeichnet,[1251] also dass Handlungen eines staatlichen oder staatsähnlichen Organs anfechtbar sind. Für das nationale Verwaltungsrecht ist es typisch, dass sich die Rechtsschutzarten nach den verschiedenen Rechtswirkungen, die das staatliche Handeln erzeugt hat, richten.[1252] Dementsprechend spielt der soeben beschriebene Wirkungsmodus eine äußerst relevante Rolle für das Kontrollregime. Allerdings prägen nicht allein der Wirkungsmodus, sondern alle Facetten einer Handlungsform

1245 Ibid., S. 330.

1246 Appel, Das internationale Kooperationsrecht der Europäischen Union, S. 2010 (m.w.N.).

1247 Bast, Grundbegriffe der Handlungsformen der EU, S. 351.

1248 Ibid.

1249 Goldmann, Internationale öffentliche Gewalt, S. 404.

1250 Bast, Grundbegriffe der Handlungsformen der EU, S. 387.

1251 Kadelbach, in: von Arnauld (Hrsg.), Europäische Außenbeziehungen (EnzEuR Bd. 10), § 4, Rn. 4.

1252 Von Alemann/Scheffczyk, in: Bader/Ronellenfitsch, Beck'scher Online-Kommentar VwVfG, § 35, Rn. 28.

die Ausgestaltung des Kontrollregimes. Denn die gerichtliche Kontrolle profitiert von der Vorhersehbarkeit und damit Wiederkehrbarkeit der Rechtsfolgen, so dass die Urteile auch eine Stringenz und Nachvollziehbarkeit aufweisen können. Die Rechtsprechung kann und soll die aus der Praxis entwickelten Handlungsformen überprüfen und gegebenenfalls ausbessern. Kommt es – wie so oft – zu einer „Ausbesserung", folgt daraus zugleich das disziplinierende Tadeln der ausführenden Gewalt. Folglich kann die Rechtsprechung auch zu einer „Verbesserung" des exekutiven und legislativen Handelns führen.

Daneben kommt der Rechtsprechung durch „Ausbesserung" die damit zugleich einhergehende Funktion der Fortentwicklung der Handlungsform bzw. des Rechts zu.[1253] Kann im Einzelfall ein Instrument, welches das Organ angewendet hat, nicht in das bestehende System der Handlungsformen eingeordnet werden, kann das Gericht daraus bestimmte Folgen ableiten, die zu einer Neuentwicklung von Handlungsformen beitragen können. Dabei ist es nicht ausgeschlossen, dass die Gerichte auf die (Verwaltungs-)Wissenschaft und deren entwickelte Theorievorschläge zurückgreifen.[1254]

6. Lenkungsregime

Einige Autoren fügen als letztes Merkmal einer Handlungsform die Lenkung- bzw. Steuerungsfunktion zu.[1255] Dabei wird darauf abgestellt, dass die Handlungsform insbesondere aus Sicht der Verwaltung eine Ordnungs- und Orientierungsfunktion aufweist.[1256] Die Steuerungsfunktion soll dabei das Korrelat gegenüber der Rechtsschutzfunktion des Bürgers darstellen.

Es fragt sich nur, ob diesem Merkmal tatsächlich eine eigenständige Bedeutung im Sinne eines typischen Merkmals einer Handlungsform zukommen soll. Denn das Wesen der Steuerungsfunktion ist streng genommen lediglich ein Resultat aus der Vorhersehbarkeit des staatlichen Handelns, das wiederum

---

1253 Schmidt-Aßmann, Das allgemeine Verwaltungsrecht als Ordnungsidee, S. 5.

1254 Ähnlich: Schmidt-Aßmann, Das allgemeine Verwaltungsrecht als Ordnungsidee, S. 5.

1255 Vgl. z.B. Glaser, Die Entwicklung des Europäischen Verwaltungsrechts, S. 62 f.; Schmidt-Aßmann, Das allgemeine Verwaltungsrecht als Ordnungsidee, S. 298.

1256 Schmidt-Aßmann, Das allgemeine Verwaltungsrecht als Ordnungsidee, S. 298; ähnlich: *von Alemann*, der im Rahmen der Qualifizierung der interinstitutionellen Vereinbarung als Handlungsform eine verfahrens- und organisationsorientierte Steuerungswirkung dieser feststellt: von Alemann, Die Handlungsform der interinstitutionellen Vereinbarung, S. 170 ff. und S. 174.

durch den festgelegten Wirkungsmodus ermöglicht wird.[1257] Dementsprechend wird dieses Merkmal nicht weiter erörtert.

E. Klassische Funktionen der Handlungsformenlehre

Wie oben erwähnt, haben sich der Begriff der Handlungsform und die darauf basierende Dogmatik nicht ohne Grund entwickelt. Der Handlungsformenlehre mit ihren zugrundeliegenden Maßstäben sind äußerst sinnvolle Funktionen und Ziele zuzuschreiben, die demokratisch orientierten Staatswesen und deren Bürgern zu Gute kommen. Dabei wurden einige dieser Funktionen bereits in den oben erläuterten typischen Merkmalen einer Handlungsform beschrieben. Dessen ungeachtet sollen im Folgenden die wesentlichen Leistungen und Zwecke der klassischen Handlungsformenlehre kurz und prägnant dargestellt werden. Die teilweise nochmalige Darstellung dient der besseren Erfassbarkeit dieser Funktionen, die wiederum eine fundierte Grundlage für die spätere Eruierung der Funktionen der Systematisierung des unionalen Rechts inklusive der GASP-spezifischen Handlungsformen bietet.

Die Handlungsformenlehre versucht in allererster Linie das Handeln des öffentlichen Trägers zu systematisieren. Dabei stellen die Herstellung der Legitimitätsvermittlung[1258] und der Transparenz[1259] die obersten Gebote dieser Lehre dar. Diese Gebote werden wiederum durch Handlungsformenklarheit und Handlungsformenwahrheit geschaffen,[1260] die der politischen Rechtserzeugung eine binnenrationale Orientierung vermitteln[1261]. Dabei hängen die genannten Gesichtspunkte unmittelbar von einem gültigen Rechtsrahmen ab, der das öffentlich-rechtliche Handeln bindet. Klare Strukturen wirken dann rechtsschutzeröffnend und rechtsschutzerleichternd,[1262] da die Handlungsform definiert, was rechtens ist,[1263] und diese somit rechtlich überprüfbar macht. Diese sog. Konkretisierungs- und Klarstellungsfunktion[1264] trägt also der elementaren

---

1257 Und im weiten Sinne auch durch die Festlegung der formellen Parameter, also der formellen Identität.

1258 Goldmann, Internationale öffentliche Gewalt, S. 421.

1259 Szczekalla, in: Terhechte, Verwaltungsrecht der Europäischen Union, § 5, Rn. 78.

1260 Ibid.

1261 Schmidt-Aßmann, Das allgemeine Verwaltungsrecht als Ordnungsidee, S. 4 ff.

1262 Ibid., Rn. 39.

1263 Vgl. von Alemann/Scheffczyk, in: Bader/Ronellenfitsch, Beck'scher Online-Kommentar VwVfG (2018), § 35, Rn. 57.

1264 Ibid.

Funktion des Rechtsschutzes Rechnung. Der Aspekt der Rechtssicherheit wird zudem durch die Verfahrensfunktion, nämlich die Verpflichtung des Organs bei der Wahl einer bestimmten Handlungsform auch deren zugrundeliegende Verfahrensschritte einzuhalten, verstärkt.[1265] Überdies führen die vom Rechtsregime vermittelten Gültigkeitsvoraussetzungen zu einer Begründungspflicht.[1266] Mit diesem unmittelbar verbunden ist die Einhaltung der materiellen Vorgaben. Dabei werden die Wirkungen in ein angemessenes Verhältnis zur Verhältnismäßigkeit gebracht.[1267] Auch dies trägt zur Rechtssicherheit bei. Die in den Handlungsformen enthaltenen materiellen Anforderungen und Wirkungsbeschreibungen dienen zudem als Wissensspeicher zur Erleichterung des Auffindens von verallgemeinerungsfähigen Lösungen für öffentlich-rechtliche Sachverhalte.[1268] Die daraus abstrahierte sog. Leitfunktion entlastet und rationalisiert das Handeln des öffentlichen Trägers.[1269] Darüber hinaus wird die öffentliche Gewalt durch die Festlegung von Anforderungen diszipliniert und werden Entscheidungen vorhersehbar gemacht[1270], welches – zusammen mit der Leitfunktion – zu einer Effektuierung des öffentlich-rechtlichen Handelns führt.[1271]

In demokratischen Grundstrukturen stellt im Übrigen das Gewaltenteilungsprinzip einen grundlegenden Pfeiler der Handlungsformenlehre dar.[1272] Neben der klassischen Abgrenzung zwischen legislativer und exekutiver Gewalt verleiht die Handlungsformenlehre in vielerlei anderer Hinsicht dem Gewaltenteilungsprinzip Ausdruck. Zunächst ist der klassischen Handlungsform typisch, dass sie die Kompetenz zum hoheitlichen Handeln überhaupt erst begründet. Das heißt, die Handlungsform bestimmt grundsätzlich das zuständige Erlassorgan.[1273] Dementsprechend ist die Handlungsform für die Zuteilung der hoheitlichen Aufgaben verantwortlich. Dies impliziert wiederum, dass mit der Kompetenzzuteilung zugleich eine Abgrenzung zu anderen Kompetenzen, also

---

1265 Von Alemann/Scheffczyk, in: Bader/Ronellenfitsch, Beck'scher Online-Kommentar VwVfG (2018), § 35, Rn. 53.

1266 Kadelbach, in: von Arnauld (Hrsg.), Europäische Außenbeziehungen (EnzEuR, Bd. 10), § 4, Rn. 7.

1267 Ibid.

1268 Szczekalla, in: Terhechte, Verwaltungsrecht der Europäischen Union, § 5, Rn. 2.

1269 Ibid.

1270 Kühlin/Lieth, EuR 2003, S. 371 (S. 384).

1271 Szczekalla, in: Terhechte, Verwaltungsrecht der Europäischen Union, § 5, Rn. 79.

1272 Vogenauer, ZEuP 2005, S. 234 (S. 246); Nettesheim, EuR 6/2006, S. 737 (S. 762).

1273 Nettesheim, EuR 6/2006, S. 737 (Fußnote 4); im unionalen Kontext ist dies jedoch anders; siehe hierzu die nachfolgenden Ausführungen.

Zuständigkeitsbereichen, erfolgt. Dies geschieht in der Form, dass die legislativen Hoheitsfunktionen von den exekutiven Tätigkeiten getrennt werden. Auch folgen rechtliche Differenzierungen zwischen den einzelnen Handlungsformen, indem die Dogmatik das unterschiedliche Dürfen dieser qualifiziert und untereinander abgrenzt. Dabei werden zugleich hierarchische Strukturen innerhalb der Rechtsakte festgelegt, welche nochmals das Gewaltenteilungsprinzip untermauern.

Im Übrigen kann der Handlungsform u.U. auch eine Vollstreckungs- und Titelfunktion zugesprochen werden.[1274] Wie z.B. der klassische deutsche Verwaltungsakt nach § 35 VwVfG, der bei Unanfechtbarkeit des Verwaltungsaktes es der handelnden Behörde in die Hand gibt, ihren Titel zu vollstrecken[1275].

F. Unionales System der Handlungsformen

Auch wenn sich die Arbeit zum Ziel gesetzt hat, die Kohärenz innerhalb der GASP zu untersuchen und hierfür die Grundsätze der klassischen Handlungsformenlehre unterstützend heranzuziehen, ist es auf Grund der Einbettung der GASP in das unionale System von Notwendigkeit, die sich mittlerweile eigenständig entwickelte unionale Handlungsformenlehre zu beschreiben.

1. Allgemeines

Grundsätzlich kann davon ausgegangen werden, dass die Entwicklung des europäischen (Verwaltungs-)Rechts von Beginn an durch die nationalen Handlungsformenlehren geprägt worden ist.[1276] Zwar gibt es im Unionsrecht einige Besonderheiten, insbesondere im Recht der Außenbeziehungen[1277], doch orientieren sich die unionalen Handlungsformen prinzipiell an den gleichen Maximen und Merkmalen wie die traditionelle Handlungsformenlehre.[1278]

1274 Von Alemann/Scheffczyk, in: Bader/Ronellenfitsch, Beck'scher Online-Kommentar VwVfG (2018), § 35, Rn. 60; Szczekalla, in: Terhechte, Verwaltungsrecht der Europäischen Union, § 5, Rn. 2.

1275 Ibid.

1276 Ähnlich: Danwitz, Europäisches Verwaltungsrecht, S. 258 m.w.N.; Cananea, European Public Law (2003), S. 563 (S. 566 f.); Terhechte, Europäische Verfassungsstudien, S. 691.

1277 Vgl. Kadelbach, in: von Arnauld (Hrsg.), Europäische Außenbeziehungen (EnzEuR, Bd. 10), § 4, Rn. 10 ff.

1278 Ähnlich: Schmidt-Aßmann, Das allgemeine Verwaltungsrecht als Ordnungsidee, S. 297 ff.; Terhechte, Europäische Verfassungsstudien, S. 186.

Insbesondere die Einflüsse des französischen und deutschen Rechts auf das unionale Recht führten zur Durchsetzung des Rechtsstaatenverständnisses gegenüber dem Gedanken der Beschneidung wirtschaftspolitischer Handlungsspielräume.[1279] Im Übrigen spiegelt das europäische Recht im Großen und Ganzen auch die Rechtstraditionen der Gründungsmitgliedstaaten wider.[1280] Die im Unionsrecht einhergegangene Verrechtlichung, die sich insbesondere in der Begründung der unionalen Handlungsformen niedergelegt hat, führte zu einem erhöhten Rechtsschutz des Einzelnen[1281] – einer grundlegenden klassischen Funktion der Handlungsformenlehre – sowie zur einheitlichen Anwendung des Unionsrechts. Gleichwohl darf nicht außer Acht gelassen werden, dass sich die nationalen Handlungsformenlehren aus dem bipolaren Eingriffsverhältnis des Staats zum Bürger entwickelten. Dem Unionsrecht liegt hingegen ein tripoliges Verhältnis zugrunde, welches durch die Interaktion der Gemeinschaft, der Mitgliedstaaten und des einzelnen Unionsbürgers geprägt ist.[1282] Darüber hinaus ist die Europäische Union wegen ihres supranationalen Charakters strukturell auch den internationalen Organisationen nah gestellt,[1283] die wiederum von deren eigenen Prinzipien sowie dem normativ geprägten Völkerrecht geleitet werden[1284]. Dementsprechend sind Auswirkungen dieser sowie des Völkerrechts auf die unionale Systembildung offenkundig – welche u.a. auch dazu

1279 Bast, Handlungsformen und Rechtsschutz, in: v. Bogdandy/ders. (Hrsg.): Europäisches Verfassungsrecht, S. 489 (S. 493 f.); allgemein zu der Ausprägung von mitgliedstaatlichen Verfassungsprinzipien auf das Unionsrecht: Terhechte, Europäische Verfassungsstudien, S. 256 f.

1280 Von Alemann, Die Handlungsform der interinstitutionellen Vereinbarung, S. 130.

1281 Terhechte, Europäische Verfassungsstudien, S. 186.

1282 Danwitz, Europäisches Verwaltungsrecht, S. 233; ähnlich – jedoch in Bezug auf internationale Organisationen: v. Bogdandy, 9 German Law Journal (2008), S. 1909 (S. 1915); allgemein zu der Einordung der Union: Terhechte, Europäische Verfassungsstudien, S. 182 f.; *Köndgen/Mörsdorf* stellen auf den supranationalen Charakter der Union ab, der zu neuartigen Fragestellungen in der Rechtsquellenlehre führt – Köndgen/Mörsdorf, in: Riesenhuber (Hrsg.), Europäische Methodenlehre, § 6, Rn. 8 und 9.

1283 Goldmann, Internationale öffentliche Gewalt, S. 416; ähnlich: Gosalbo Bono, CML Rev. 2006, S. 337 (S. 353 – mit Ausführungen zu dem Streitstand über die Rechtsnatur des Unionsrecht zwischen den Traditionalisten und Autonomisten, S. 354 ff.); Nettesheim, in: Grabitz/Hilf/ders., Das Recht der EU, Art. 288 AEUV, Rn. 12.

1284 Terhechte, Europäische Verfassungsstudien, S. 219 und S. 257 f.; Gosalbo Bono, CML Rev. 2006, S. 337 (S. 370).

führen, dass die Unionsrechtsordnung stets einer gewissen Dynamik unterliegt[1285].[1286] Auch kennt das Unionsrecht keine normhierarchischen Abstufungen der Bestimmungen des Primärrechts.[1287] Im Übrigen liegt keine klassische Verfassung vor, die als gültiges Rechtsregime den Rechtsrahmen für ein Handeln der öffentlichen Funktionsträger vorgibt.[1288] Das Fehlen der Verfassung als Grundlage für die Entwicklung der Handlungsformen und ihrer kritischen Reflexion wird bei internationalen Organisationen aber durch den Rückgriff auf die Prinzipien des internationalen Rechts und die der jeweiligen internationalen Organisation ausgeglichen[1289]. Die Prinzipien begründen dabei Wertungspräferenzen, die in einem objektivrechtlichen Abwägungsprozess über das Bestehen einer Handlungsform entscheiden.[1290] Zugleich geht mit der Entscheidung für ein Prinzip ein Rechtfertigungszwang einher.[1291] Damit dienen sie der Legitimation des Handelns auf internationaler Ebene. Da dem Unionsrecht keine Verfassung im klassischen Sinne zugrunde liegt, bilden die Ziele und Grundprinzipien des Primärrechts die normativen Maßstäbe für die Entwicklung von unionalen Handlungsformen.[1292]

Folglich können trotz der Ähnlichkeiten des Unionsrechts mit dem nationalen Recht der Mitgliedstaaten nicht sämtliche Merkmale, Anknüpfungspunkte und Funktionen der klassischen Handlungsformenlehre und -vorstellungen auf das Unionsrecht übertragen werden.[1293] Es bedarf vielmehr einer Anpassung der traditionellen Vorstellungen an die europäische Systembildung.[1294]

1285 Nettesheim, EuR 6/2006, S. 737 (S. 740); Terhechte, Europäische Verfassungsstudien, S. 366 (m.w.N.).

1286 Diese innewohnende Dynamik lässt sich allein schon an den vergangenen EU-Vertragsreformen erkennen und ist Ausdruck des EU-Integrationsprozesses.

1287 Nettesheim, EuR 6/2006, S. 737 (S. 740 und S. 745); Köndgen/Mörsdorf, in: Riesenhuber (Hrsg.), Europäische Methodenlehre, § 6, Rn. 8; Lenaerts/Desomer, ELJ 2005, S. 744 (S. 745) – allerdings auch mit dem Hinweis, dass in den Verträgen durchaus sekundäre hierarchische Elemente zu finden sind (Fußnote 1), Terhechte, Europäische Verfassungsstudien, S. 606.

1288 v. Bogdandy, 9 German Law Journal (2008), S. 1909 (S. 1921).

1289 Ähnlich: v. Bogdandy, 9 German Law Journal (2008), S. 1909 (S. 1917) und Kadelbach/Kleinlein, 44 Archiv des Völkerrechts (2006), S. 235 (S. 243).

1290 Ähnlich: Kadelbach/Kleinlein, 44 Archiv des Völkerrechts (2006), S. 235 (S. 246).

1291 Ibid., S. 263.

1292 Ausführliche Auseinandersetzung mit den Unionsprinzipien: Terhechte, Europäische Verfassungsstudien, S. 227 ff.

1293 Ähnlich: Vogenauer, ZEuP 2005, S. 234 (S. 245 f.).

1294 v. Bogdandy, 9 German Law Journal (2008), S. 1909 (S. 1921).

Die unionale Handlungsformenlehre muss die Handlungsform als autonomen Begriff erfassen, der – zumindest überwiegend – unabhängig von den klassischen Vorstellungen ist. Dabei muss die unionale Lehre so ausgestaltet sein, dass sie die nationalen Eigenheiten der Handlungsformenlehre(n) ausblendet und eine Metasprache entwickelt, die sich für alle Rechtsordnungen der Mitgliedstaaten eignet.[1295] Tatsächlich hat das Unionsrecht diese „Unabhängigkeit" bereits u.a. damit untermauert, dass die Verträge den Begriff der Rechtsakte bzw. Rechtsquellen anstatt der verwaltungsrechtlichen Terminologie der Handlungsform verwenden.[1296] Allein dieser Umstand zeigt eine gewisse Abgrenzung zu den Vorstellungen und Ansichten in der klassischen Handlungsformenlehre auf. Allerdings bedeutet die Forderung einer autonomen Entwicklung des unionalen Systems nicht eine völlige Abkehr von den mitgliedstaatlichen Besonderheiten der Handlungsformenlehre. Die Union soll vielmehr aus diesen nationalen Eigentümlichkeiten lernen und darauf aufbauend eine „flexible unionale Handlungsformenlehre" entwickeln.

Wie bereits erwähnt, darf nicht außer Acht gelassen werden, dass die internationalen Organisationen neben den Mitgliedstaaten auch eine Art von Vorbild für die Europäische Union darstellen.[1297] Neben der klassischen Lehre sind gerade auch das Handeln internationaler Organisationen sowie das Völkerrecht im Allgemeinen für die Entwicklung des unionalen Handlungsformensystems prägend.[1298] Exemplarisch soll auf die Richtlinie verwiesen werden, der nachgesagt wird, dass sie auf der im Völkerrecht bestehenden unverbindlichen Rechtshandlung der „Empfehlung" aufbaut.[1299] Überdies ist für das Unionsrecht sowie für das Völkerrecht die wertende Rechtsvergleichung, der zwischen den in den Mitgliedstaaten herrschenden Rechtsanwendungen, von übergeordneter Bedeutung. Ohne eine differenzierte Rechtsvergleichung, die im Ergebnis auch eine

---

1295 Glaser, Die Entwicklung des Europäischen Verwaltungsrechts, S. 70; Kühling/Lieth, EuR 2003, S. 371 (S. 384); nationale Eigenarten entstehen bzw. finden sich auch in den mehrsprachigen Rechtstexten, die im europäischen Recht üblich sind. Demnach muss sich bei der Entwicklung einer unionalen Handlungsformenlehre mit einem Sprachenvergleich der relevanten Rechtstexte auseinandergesetzt werden – vgl. Vogenauer, ZEuP 2005, S. 234 (S. 247 f.).

1296 Vgl. Glaser, Die Entwicklung des Europäischen Verwaltungsrechts, S. 70; Lehr, Staatliche Lenkung durch Handlungsformen, S. 95.

1297 Härtel, Handbuch Europäische Rechtsetzung, 3. Teil, § 6, Rn. 2.

1298 Ähnlich: Von Alemann, Die Handlungsform der interinstitutionellen Vereinbarung, S. 131.

1299 Ibid., m.w.N.

Rechtsangleichung ermöglicht, könnte das supranationale unionale System nicht funktionieren.[1300] Die Mitgliedstaaten würden sich keinem System beugen, welches nicht zumindest im weitesten Maße von ihrem Willen getragen ist. In der GASP wird diese Parallelität zwischen der Rechtsvergleichung und Fortentwicklung des Rechts noch viel deutlicher, da dieser Bereich im überwiegenden Maße von der nationalen Staatenpraxis der Mitgliedstaaten geprägt ist, als dass es die vergemeinschafteten (Außen-)Politikbereiche sind.

Neben den einzelstaatlichen und internationalen Einflüssen zeigt aber auch das Gemeinschaftsrecht selbst Entwicklungen auf, die sich auf die Herausbildung einer gesonderten unionalen Handlungsformenlehre auswirken. Die Europäische Union als supranationales Eigengebilde, die weder als Einzelstaat noch als internationale Organisation zu qualifizieren ist,[1301] stützt sich auf ihre eigene autonome Rechtsordnung, die wegen der Verflochtenheit der nationalen, europäischen und völkerrechtlichen Rechtsquellen[1302] entscheidend vom Multilateralismus geprägt ist. Dieser Multilateralismus wird sich zwangsläufig in der unionalen Handlungsformenlehre widerspiegeln. Neben dem mitgliedstaatlichen Recht stellt das Eigenverwaltungsrecht einen Fundus für Regelungsmodelle einer unionalen Systematisierung auf.

2. Besonderheiten

Nach dieser allgemeineren Darstellung zur unionalen Handlungsformenlehre wird im Folgenden dargelegt, welche Eigenschaften der klassischen Handlungsformenlehre – gegebenenfalls in abgewandelter Form – auf das Unionsrecht übertragen werden können und welche wesentlichen (noch nicht dargestellten) Unterschiede zwischen den Lehren herrschen.

a) Rechtsordnung als Handlungsrahmen

Den Mindeststandard für die innere Organisation von Staaten stellen die internationalen Verfassungsnormen, die mit ihren normativen Anforderungen so zugleich zu Leitkriterien staatlicher Außenpolitik werden.[1303] Paradebeispiel

1300 Ähnlich: Vogenauer, ZEuP 2005, S. 234 (S. 247).

1301 Vgl. oben unter 3. Teil: Abschnitt I. A. und zum Rechtsstreit der Rechtsnatur der Europäischen Union allgemein: Gosalbo Bono, CML Rev. 2006, S. 337 (S. 354 ff.).

1302 Ähnlich: Schmidt-Aßmann, Das allgemeine Verwaltungsrecht als Ordnungsidee, S. 393; Thym, Parliamentary Involvement in European International Relations, in: Cremona/de Witte, EU Foreign Relations Law (2008), S. 201 (S. 204).

1303 Kadelbach/Kleinlein, 44 Archiv des Völkerrechts (2006), S. 235 (S. 246 f.).

sind hierfür die Achtung der Menschenrechte und deren Durchsetzung auf regionaler und universeller Ebene.[1304] Die verfassungsimmanenten Prinzipien und Grundsätze dienen zugleich als Rechtsregime für die Entwicklung der Parameter und Elemente einer Handlungsform. Das bestehende Recht dient als Garant für die Ausübung des öffentlichen Handelns und ohne ein bereits bestehendes Rechtssystem kann es kein Rechtshandeln geben. Diese Grundvoraussetzung für ein legitimes hoheitliches Handeln gilt für die Unionsordnung genauso wie für Mitgliedstaaten und Drittstaaten. Diese Notwendigkeit dessen wird verdeutlicht, wenn man sich verinnerlicht, dass die Unionsrechtsordnung ihren Rechtsakten den spezifischen Wirkungsmodus verleiht, der es ihnen u.a. ermöglicht, Individuen einseitig zu determinieren. Dementsprechend ist es auch an der Unionsrechtsordnung, für ein angemessenes Rechtsregime zu sorgen, dass diese (unionsgeprägte) Ausübung internationaler öffentlicher Gewalt einhegt.[1305] Dies hat die Union auch getan. Aus dem im Unionsrecht geltenden Prinzip der begrenzten Einzelermächtigung folgt, dass die Union nur in dem durch die Verträge – das Primärrecht – vorgegebenen Rahmen, also innerhalb der ihr übertragenen Kompetenzen, handeln kann.[1306] Das heißt, dass sich die Union in den von den Verträgen vorgegebenen Formen von Rechtshandlungen bewegen muss, wenn sie das sog. abgeleitete Unionsrecht erlässt[1307]. Dementsprechend unterliegt das Handeln der Union (und ihrer Organe) genauso einem gültigen Rechtsrahmen wie das Handeln der Mitgliedstaaten und deren Behörden.

Darüber hinaus fließt das Völkerrecht in diesen Rechtsrahmen ein.[1308] Dies wird vor allem dadurch verdeutlicht, dass die Union nun selbst Rechtspersönlichkeit besitzt und damit als Völkerrechtssubjekt im Rahmen der Völkerrechtsordnung agiert.[1309]

1304 Kadelbach/Kleinlein, 44 Archiv des Völkerrechts (2006), S. 235 (S. 246).

1305 Appel, Das internationale Kooperationsrecht der Europäischen Union, S. 440; Vogenauer, ZEuP 2005, S. 234 (S. 246); Nettesheim, EuR 6/2006, S. 737 (S. 746).

1306 Biervert, Der Mißbrauch von Handlungsformen im Gemeinschaftsrecht, S. 91 f., S. 104; Nettesheim, EuR 6/2006, S. 737 (S. 746).

1307 Streinz/Ohler/Herrmann, Der Vertrag von Lissabon zur Reform der EU, § 10 III 1.

1308 Siehe oben unter 2. Teil, I., E.

1309 Müller-Ibold, in: Lenz/Borchardt, EU-Verträge Kommentar, Art. 216 AEUV, Rn. 2 und 4.

b) Ordnungsfunktion

Das Unionsrecht nutzt die Kategorien der verschiedenen Handlungsformen zur Einordnung und Gliederung des Rechts, welches wiederum von den Organen und Institutionen der Union erlassen werden kann.[1310] Damit weist die unionale Handlungsformenlehre wie auch die klassische Handlungsformenlehre eine gewisse Ordnungsfunktion auf. Im allgemeinen europäischen Recht stellt Art. 288 AEUV die normative Grundlage für den allgemeinen Handlungskatalog des unionsrechtlichen Handelns dar. Er beschreibt die formale Struktur und die Wirkungen der wichtigsten Instrumente für das unionseigene Handeln.[1311] Art. 288 AEUV enthält also einen Katalog von Rechtsakten, derer sich die Union bedienen kann. Hierunter fallen Verordnungen, Richtlinien, Beschlüsse, Empfehlungen und Stellungnahmen. Die ersten drei Genannten stellen Rechtsakte dar, die in ihren Wirkungen verbindlich sind.[1312] Dagegen sind die zwei zuletzt genannten Handlungsformen unverbindlicher Natur. Mit dem Vertrag von Lissabon ist der Katalog von 15 auf 5 Handlungsformen minimiert worden. An die Stelle der Entscheidung ist der Beschluss getreten, der zwar die ehemalige Entscheidung umfasst, jedoch nicht mehr an einen bestimmten Adressaten gerichtet sein muss. Die genannten Rechtsakte gelten seit den Lissabonner Reformen eigentlich einheitlich für alle Organe der Union.[1313] Die Betonung liegt hier auf eigentlich, denn für die GASP gilt wieder etwas anderes. In der GASP stehen den Organen und Handlungsträgern gerade nicht die Instrumente des Art. 288 AEUV (mit Ausnahme des Beschlusses, der jedoch in der GASP eine andere Bindungswirkung hat)[1314] zu.

Anders als die Vorgängerregelung Ex-Art. 249 EUV-Nizza enthält Art. 288 AEUV eine abschließend Aufzählung der Rechtsformen.[1315] Diese Feststellung

---

1310 Bast, Grundbegriffe der Handlungsformen der EU, S. 101 und S. 437; Nettesheim, in: Grabitz/Hilf/ders., Das Recht der EU, Art. 288 AEUV, Rn. 13.

1311 Nettesheim, in: Grabitz/Hilf/ders., Das Recht der EU, Art. 288 AEUV, Rn. 1; Biervert, in: Schwarze, EU-Kommentar, Art. 288 AEUV, Rn. 15.

1312 Die Richtlinie ist nur hinsichtlich ihrer Ziele verbindlich – dies stellt eine notwendige Differenzierung von der unverbindlichen Empfehlung dar; vgl. Leidenmuehler, ICL-Journal 2010, Vol. 4, S. 191 (192 f.).

1313 Biervert, in: Schwarze, EU-Kommentar, Art. 288 AEUV, Rn. 2; Nettesheim, in: Grabitz/Hilf/ders., Das Recht der EU, Art. 288 AEUV, Rn. 10.

1314 Siehe hierzu auch die folgenden Ausführungen.

1315 Hetmeier, in: Lenz/Borchardt, EU-Verträge Kommentar, Art. 288 AEUV, Rn. 1 und 3; Biervert, in: Schwarze, EU-Kommentar, Art. 288 AEUV, Rn. 4; Leidenmuehler, ICL-Journal 2010, Vol. 4, S. 191 (192); Biervert, Der Mißbrauch von Handlungsformen im Gemeinschaftsrecht, S. 104; Nettesheim, in: Grabitz/Hilf/ders., Das Recht

schließt es aber – paradoxerweise – nicht zugleich aus, dass weitere Rechtshandlungen zugelassen werden können.[1316] Dieses Phänomen wird in der Literatur oft als partielle Geschlossenheit der unionalen Handlungsformen bezeichnet, wonach die abschließende Regelung nur für verbindliche Rechtsakte im Außenverhältnis gilt.[1317] Gefolgert wird dies u.a. aus dem Grundsatz der begrenzten Einzelermächtigung, der eben besagt, dass die Union nur die Instrumente verwenden kann, die ihr durch die Verträge zugewiesen sind[1318].[1319] Aus dem Umkehrschluss dieser Argumentation folgt jedoch zugleich, dass die Bildung von weiteren rechtsunverbindlichen Handlungen – also auch die Entwicklung neuer nicht bindender Instrumente – zulässig ist.[1320] Auch das Primärrecht und die Praxis zeigen auf, dass neben Art. 288 AEUV grundsätzlich noch weitere Rechtshandlungen zugelassen sind.[1321] Der mit dem Lissabonner Vertrag eingeführte Beschluss (anstelle der vormals normierten Entscheidung) ist das aktuellste Beispiel.[1322] Dieser war trotz fehlender vertraglicher Fixierung extensiv in der Praxis angewandt worden. Darüber hinaus sei Art. 295 AEUV genannt, der nun erstmalig die Rechtsnatur von interinstitutionellen Vereinbarungen primärrechtlich regelt.[1323] Zwar werden interinstitutionelle Vereinbarungen nicht innerhalb des 1. Abschnitts der Rechtsakte der Union genannt, doch spricht die Systematik, nämlich die Einordnung unter dem Abschnitt der Annahmeverfahren, für eine

---

der EU, Art. 288 AEUV, Rn. 83 – abschließend in Bezug auf die Handlungsformen, mit denen die Union auf die Mitgliedstaaten und Unionsbürger zugreifen kann; so auch Glaser, Die Entwicklung des Europäischen Verwaltungsrechts, S. 335, m.w.N.; Streinz/Ohler/Herrmann, Der Vertrag von Lissabon zur Reform der EU, § 10 V; Lecheler, DVBl 2008, S. 873 – zumindest abschließend in Bezug auf rechtsverbindliche Handlungsformen des Ex-Art. 249 EGV-Nizza.

1316 Nettesheim, in: Grabitz/Hilf/ders., Das Recht der EU, Art. 288 AEUV, Rn. 75; Biervert, in: Schwarze, EU-Kommentar, Art. 288 AEUV, Rn. 4.

1317 Glaser, Die Entwicklung des Europäischen Verwaltungsrechts, S. 335.

1318 Langguth, in: Lenz/Borchardt, EU-Verträge Kommentar, Art. 5 EUV, Rn. 5.

1319 Nettesheim, in: Grabitz/Hilf/ders., Das Recht der EU, Art. 288 AEUV, Rn. 72 f. und 83; Glaser, Die Entwicklung des Europäischen Verwaltungsrechts, S. 337.

1320 Ibid.

1321 Nettesheim, in: Grabitz/Hilf/ders., Das Recht der EU, Art. 1 AEUV, Rn. 32 und Art. 288 AEUV, Rn. 83.

1322 Streinz/Ohler/Herrmann, Der Vertrag von Lissabon zur Reform der EU, § 10 III 1.

1323 Siehe hierzu auch Art. 13 Absatz 2 S. 2 EUV, der den Grundsatz der loyalen Zusammenarbeit normiert; vgl. Kluth, in: Calliess/Ruffert, EUV/AEUV-Kommentar, Art. 295 AEUV, Rn. 1, der die erfolgte vertragliche Absicherung als sinnvoll bezeichnet.

weitere Quelle des Primärrechts.[1324] Praktische Bedeutung haben aber auch – und vor allem – Entschließungen, Mitteilungen und Erklärungen,[1325] die meist im Inneren der Verwaltung verbleiben[1326]. Weitere unverbindliche Rechtsakte, die in der Praxis des Öfteren vorkommen, sind Handlungen wie Memoranden, Pläne, Entwürfe und Mitteilungen der Kommission, Programme des Rates und Bekundungen des Parlaments.[1327] Des Weiteren ist nach der Rechtsprechung des EuGH anerkannt, dass völkerrechtliche Übereinkommen einen Bestandteil der europäischen Rechtsordnung bilden.[1328] Es ist auch nicht auszuschließen, dass noch nicht vertraglich fixierte Handlungsformen im späteren Verlauf auch Eingang in die Verträge finden.[1329]

Abschließend ist festzuhalten, dass trotz der Möglichkeit zur Neu- und Weiterentwicklung des Handlungsformenkatalogs des Art. 288 AEUV das unionale Recht die Kategorisierung zur Ordnung des Handelns ihrer Organe einsetzt. Dementsprechend liegt ein weiteres Element vor, welches die unionale Handlungsformenlehre von der traditionellen Handlungsformenlehre übernommen hat.

c) Kompetenzzuweisung

Das in der klassischen Rechtslehre geltende Formenwahlgebot, nach dem die Zuweisung der Kompetenz an das Organ zugleich auch die einzige wahre Art der Handlungsform festlegt, ist für die Unionsformenlehre nicht geeignet.[1330] Dies würde die notwendige Flexibilität des Unionsrechts einschränken.[1331] Das Unionsrecht basiert vielmehr auf dem Prinzip der formenneutralen

---

1324 Leidenmuehler, ICL-Journal 2010, Vol. 4, S. 191 (192, Fußnote 7).

1325 Nettesheim, EuR 2006, S. 737 (S. 764).

1326 Glaser, Die Entwicklung des Europäischen Verwaltungsrechts, S. 337.

1327 Nettesheim, in: Grabitz/Hilf/ders., Das Recht der EU, Art. 288 AEUV, Rn. 75.

1328 Vgl. Urteil des Gerichtshofs v. 30.04.1974 – Haegeman/Belgien, Rs. 181/73, Slg. 1974, 449 (E-CLI:EU:C:1974:41), Rn. 2/6.

1329 Wie gerade erwähnt – die mit den Lissabonner Reformen erstmalige primärrechtliche Regelung der interinstitutionellen Vereinbarungen (Art. 295 AEUV) oder des Beschlusses i.S.d. Ex-Art. 249 EUV-Nizza, der im EUV-Amsterdam noch nicht enthalten war, vgl. Bogdandy/Bast/Arndt, ZaöRV 2002, S. 77 (S. 91); generell: vgl. hierzu die Debatte um das sog. „Soft Law" – u.a. Schwarze, EuR 2011, S. 3 ff.

1330 Bast, Handlungsformen und Rechtsschutz, in: v. Bogdandy/ders. (Hrsg.): Europäisches Verfassungsrecht, S. 489 (S. 528), Lenaerts/Desomer, ELJ 2005, S. 744 (S. 745); Nettesheim, in: Grabitz/Hilf/ders., Das Recht der EU, Art. 288 AEUV, Rn. 14 und 15.

1331 Nettesheim, in: Grabitz/Hilf/ders., Das Recht der EU, Art. 288 AEUV, Rn. 13.

Rechtsgrundlagen. Es liegt also eine der klassischen Handlungsformenlehre unbekannte Entkoppelung der Handlungsform von der Kompetenz, also dem Organ, vor.[1332] Die Wahl der Rechtsgrundlage – und nicht der Handlungsform – entscheidet über die Zuständigkeit der Unionsorgane.[1333] Denn in der Union werden die Kompetenzen arbeitsteilig von einer Mehrzahl von Organen wahrgenommen[1334]. Folglich verleiht z.B. Art. 288 AEUV keine generelle Kompetenz zum Erlass der dort aufgezählten Normen, sondern setzt voraus, dass das Organ durch spezielle Kompetenznormen zum Erlass einer dieser Handlungsformen ermächtigt wurde.[1335] Welche der vorgegebenen Handlungsform in Betracht kommt, richtet sich dementsprechend nach der Kompetenznorm in den einzelnen Politikbereichen und dem Zweck der Maßnahme sowie nach dem Ermessen der Organe.[1336] Selbstverständlich darf der Gebrauch der Handlungsformen nicht über den Bereich der Verbandskompetenz der Union gehen und muss zudem an den Grenzen der missbräuchlichen Ermessensausübung beurteilt werden.

Darüber hinaus fehlt im unionalen Kontext die der klassischen Handlungsformenlehre zugrundeliegende Unterscheidung zwischen der Legislative und Exekutive.[1337] Rat und Kommission nehmen sowohl legislative und exekutive Funktionen wahr, während das Parlament das mitwirkende und kontrollierende Organ darstellt.[1338] Im nationalen Kontext stellt die Handlungsform hingegen ein typisches Element der Exekutive dar. Folglich kann man im nationalen Recht anhand exekutiver Befugnisse bereits erkennen (bzw. zumindest einschränken),

---

1332 Bast, Grundbegriffe der Handlungsformen der EU, S. 22; Lenaerts/Desomer, ELJ 2005, S. 744 (S. 745).

1333 Goldmann, Internationale öffentliche Gewalt, S. 427 (m.w.N.).

1334 Bast, Grundbegriffe der Handlungsformen der EU, S. 104 f.

1335 Ähnlich: Appel, Das internationale Kooperationsrecht der Europäischen Union, S. 237 und S. 281, die jedoch die Verwendung des Begriffs „Organ“ durch „Autor“ ersetzt hat, um zu verdeutlichen, dass es neben den klassischen EU-Organen des Art. 13 EUV auch weitere Organe gibt, die primäres und sekundäres Unionsrecht erlassen (vor allem Kooperationsgremien).

1336 Arnold/Klamert, in: Dauses, EU-Wirtschaftsrecht, K. I, Rn. 168; Leidenmuehler, ICL-Journal 2010, Vol. 4, S. 191 (192).

1337 U.a. Glaser, Die Entwicklung des Europäischen Verwaltungsrechts, S. 326; Nettesheim betont die Aufrechterhaltung der Differenz zum Staatlichen i.R.d. unionalen Handlungsformenlehre – Nettesheim, in: Grabitz/Hilf/ders., Das Recht der EU, Art. 288 AEUV, Rn. 17.

1338 Danwitz, Europäisches Verwaltungsrecht, S. 237.

welches Organ gehandelt hat. Schlussendlich liegt damit eine mittelbare Kompetenzbestimmung durch die Gewaltenteilung vor. Das Gemeinschaftsrecht beruht aber nicht auf dem Prinzip der Gewaltenteilung und dementsprechend kommt der Funktion der Gewaltentrennung Ausdruck zu verleihen keine derartig große Bedeutung auf EU-Ebene zu, wie es im nationalen Bereich der Fall ist.[1339]

Auch kann aus den einschlägigen Verfahrensvorschriften für den Erlass der verschiedenen Handlungsformen keine Kompetenzzuweisung bzw. -abgrenzung erkannt werden.[1340] Hieran haben auch die Lissabonner Reformen mit der Einführung der delegierten Rechtsakte und Durchführungsrechtsakte nichts geändert.[1341] Hieraus lassen sich gerade keine Handlungsbefugnisse ableiten – diese folgen weiterhin aus dem Prinzip der begrenzten Einzelermächtigung aus den jeweiligen Kompetenzvorschriften der Verträge[1342].

d) Gleichrang der Organe

Im nationalen Recht gibt es grundsätzlich mehrere Organe, denen regelmäßig eigene Rechtsformen zugeordnet sind.[1343] Im unionalen Primärrecht wird aber gerade keine Differenzierung der Handlungsformen nach Erlassorgan angeordnet. Zum Beispiel wird nicht zwischen Kommissionsverordnungen und Ratsverordnungen unterschieden.[1344] Damit liegt eine Gleichordnung der Organe vor, die zugleich auf die Festlegung eines hierarchischen Verhältnisses zwischen den Organen verzichtet. Hierin liegt ein wesentlicher Unterschied zu den klassischen Vorstellungen eines Handlungsformensystems.

e) Handlungsformenhierarchie

Des Weiteren besteht eine entscheidende Distinktion zu der klassischen Handlungsformenlehre darin, dass im Unionsrecht verbindliche und unverbindliche Rechtsakte auf einer Stufe stehen, es demnach keine hierarchischen Ebenen

---

1339 v. Bogdandy/Bast/Arndt, ZaöRV 2002, S. 77 (S. 83).

1340 Ibid.; Lecheler, DVBl 2008, S. 873 (S. 875).

1341 Glaser, Die Entwicklung des Europäischen Verwaltungsrechts, S. 327.

1342 Hetmeier, in: Lenz/Borchardt, EU-Verträge Kommentar, Art. 288 AEUV, Rn. 2.

1343 Einschlägiges Beispiel ist der deutsche Verwaltungsakt nach § 35 VwVfG, der der zuständigen Behörde zur Regelung eines Einzelfalls auf dem Gebiet des öffentlichen Rechts zusteht – vgl. u.a. Stelkens, in: Stelkens/Bonk/Sachs, VwVfG, § 35, Rn. 2 ff.

1344 Bast, Handlungsformen und Rechtsschutz, in: v. Bogdandy/ders. (Hrsg.): Europäisches Verfassungsrecht, S. 489 (S. 530).

aufweist.[1345] Art. 288 AEUV verzichtet bewusst darauf eine Rangfolge zwischen den verschiedenen Rechtsakten zu normieren.[1346] Anders als das nationale Verfassungsrecht normiert das unionale Recht keine Strukturierung durch eine dominante Handlungsform.[1347] Es wird unterdessen zwischen Gesetzgebungsakten und Rechtsakten ohne Gesetzescharakter[1348] sowie zwischen delegierten Rechtsakten[1349] und Durchführungsrechtsakten[1350] unterschieden. Die klassischen (deutschen) Handlungsformenlehren sehen dagegen das Hierarchieprinzip als entscheidendes Element an, um die Handlungsform von der Rechtsform abzugrenzen.[1351]

Darüber hinaus besteht im Unionsrecht eine konsequente Irrelevanz der formalen Abgrenzung von europäischer Rechtsetzung und Verwaltung.[1352] Die einzige Hierarchie – und diese im Sinne einer relativen Hierarchie – besteht nach h.M. zwischen Primärrecht und Sekundärrecht innerhalb des abgeleiteten Rechts.[1353] Diese Richtigkeit dieser Annahme wird evident, wenn man sich vergegenwärtigt, dass die Handlungsformen auf Grundlage der Rechtssätze des Primärrechts erlassen werden und damit konsequenterweise in der Rangfolge über diesen stehen müssen. Eine Hierarchie besteht eben nur so weit, wie der Rechtsrahmen (nämlich das an sich nichthierarchisch aufgebaute Primärrecht) über den Handlungsformen steht und dieser die Grundlagen für das Gültigkeitsregime bestimmt.

1345 Goldmann, Internationale öffentliche Gewalt, S. 415; siehe auch oben Fußnote 1287.

1346 Ruffert, in: Calliess/ders., EUV/AEUV-Kommentar, Art. 288 AEUV, Rn. 6a; Nettesheim, EuR 2006, S. 737 (S. 764); Glaser, Die Entwicklung des Europäischen Verwaltungsrechts, S. 333.

1347 Bast, Handlungsformen und Rechtsschutz, in: v. Bogdandy/ders. (Hrsg.): Europäisches Verfassungsrecht, S. 489 (S. 533).

1348 Vgl. Art. 290 AEUV.

1349 Vgl. Art. 290 AEUV.

1350 Vgl. Art. 291 AEUV.

1351 Vgl. hierzu: Kadelbach, in: von Arnauld (Hrsg.), Europäische Außenbeziehungen (EnzEuR, Bd. 10), § 4, Rn. 5.

1352 Glaser, Die Entwicklung des Europäischen Verwaltungsrechts, S. 326.

1353 Vgl. u.a. Hetmeier, in: Lenz/Borchardt, EU-Verträge Kommentar, Art. 288 AEUV, Rn. 34; Magiera, Zur Reform der Normenhierarchie im Recht der Europäischen Union, Integration 4/1995, S. 197 (S. 198 f.). Zu beachten ist jedoch, dass die durch die Lissabonner Reformen neu eingeführten Art. 290 und Art. 291 AEUV eine Abgrenzung zwischen legislativem und exekutivem Handeln fordern.

Auch einen Vorrang der Richtlinie gegenüber der Verordnung, wie es im Subsidiaritätsprotokoll[1354] einst vorgesehen war, sieht der Vertrag von Lissabon nun nicht mehr vor.[1355] Allerdings haben sich in der Praxis durchaus Merkmale entwickelt, wann z.B. zu einer Verordnung anstatt einer Richtlinie oder der vor Lissabon noch geltenden Entscheidung gegriffen wird. Die Unionspraxis lässt z.B. erkennen, dass die Richtlinie in den Fällen zum Einsatz kommt, in denen sich die Unionsorgane sicher sind, dass nationale Regelungen besser geeignet sind, um konkrete Sachverhalte zu regeln.[1356]

Aus dem Nichtvorliegen von hierarchischen Strukturen folgt, dass – außerhalb der GASP – alle rechtsetzenden Organe auf den gleichen Formenfundus zugreifen. Art. 288 AEUV überlässt den Organen die Wahl, welche Handlungsform sie für die Ausübung ihrer Zuständigkeiten einsetzen möchten, sofern ihr Handeln im Rahmen der ihr zugewiesenen Kompetenzen verbleibt.

f) Formenwahlermessen

Auch in Bezug auf die Formenwahlgebote herrscht ein weiterer entscheidender Unterschied zwischen der klassischen Handlungsformenlehre und der unionalen Handlungsformenlehre. Wie bereits oben ausgeführt, geht Ersteres von einem Formenwahlgebot aus, nachdem die Zuweisung der Kompetenz an das Organ zugleich auch die einzig in Betracht kommende Art des Handelns festlegt.[1357] Dieses in der Kompetenzzuweisung enthaltenes Formenwahlgebot ist aber dem unionalen Recht fremd und kann nicht auf die unionale

---

1354 Vgl. Nr. 6 im Abschnitt „Protokoll über die Anwendung der Grundsätze der Subsidiarität und der Verhältnismäßigkeit“ des vormaligen Subsidiaritätsprotokolls (S. 106) (ABl. 1997 C 340/105).

1355 De Witte, Legal Instruments and Law-Making in the Lisbon Treaty, in: Griller/Ziller, The Lisbon Treaty, S. 79 (S. 96); Streinz/Ohler/Herrmann, Der Vertrag von Lissabon zur Reform der EU, § 10 V; ähnlich: Glaser, Die Entwicklung des Europäischen Verwaltungsrechts, S. 339. Der Lissabonner Vertrag sieht jedoch nun ein ausdrückliches Hierarchieverhältnis zwischen Primärrecht und den Delegierten- und Durchführungsrechtsakten in Art. 290, 291 AEUV vor.

1356 Biervert, Der Mißbrauch von Handlungsformen im Gemeinschaftsrecht, S. 88, S. 105; allgemeiner zur Rangordnung: Ruffert, der den in der Literatur noch bestehenden Streit zu dem Rangverhältnis der Rechtsakte des abgeleiteten Unionsrechts – der auch nach Inkrafttreten des Vertrages von Lissabon wohl fortbesteht – erwähnt, vgl. Ruffert, in: Calliess/ders., EUV/AEUV-Kommentar, Art. 288 AEUV, Rn. 10 ff.

1357 Vgl. u.a. auch: Bast, Handlungsformen und Rechtsschutz, in: v. Bogdandy/ders. (Hrsg.): Europäisches Verfassungsrecht, S. 489 (S. 528).

Handlungsformenlehre – zumindest nicht auf das Primärrecht – übertragen werden.[1358] Bis auf wenige Ausnahmen[1359] können die Organe frei wählen, welcher Rechtshandlung sie sich bedienen wollen. Hierbei kommt ihnen nach Art. 296 Absatz 1 AEUV ein Ermessen zu. Das Ermessen ist durch den Verhältnismäßigkeitsgrundsatz eingeschränkt. Aus dem Verhältnismäßigkeitsprinzip, welches aus dem Grundsatz der begrenzten Einzelermächtigung abgeleitet wird, ergeben sich Umfang und Grenzen der Wahlfreiheit.[1360]

Streng genommen fordert die im unionalen Recht vorhandene Entkoppelung der Kompetenz von der Handlungsform die Bestimmung eines Formenwahlermessens. Denn wenn das nationale Recht mit der Definition der Kompetenznorm zugleich auch die zu wählende Handlungsform bestimmt, so kann dies logischerweise bei – im Unionsrecht vorhandener – getrennter Kompetenz- und Handlungsformenbestimmung nicht im Rahmen der Bestimmungen einer dieser Vorschriften geschehen. Folglich bedarf es einer eigenständigen Regelung für beide Kategorien.[1361] Eine losgelöste Bestimmung der Art der Wahl der Handlungsform hat auch den Vorteil, dass es die Handlungsformendogmatik entlastet.[1362] Die Handlungsform ist dann nämlich nicht dazu gezwungen Inhalt und Reichweite der Kompetenzen des Organs festzulegen.[1363] Der unionsrechtliche Regelfall des Formenwahlermessens stellt einen Ausdruck der Lösung von der Gewaltenteilungsdoktrin als einer der Grundlagen der klassischen Handlungsformenlehre dar.

g) Handlungsformschaffung

Von der Wahlfreiheit und dem zugesprochenen Ermessen ist die Formwahlschaffung abzugrenzen. Aus dem Prinzip der begrenzten Einzelermächtigung folgt, dass die Unionsorgane nicht dazu befugt sind, als generelle Rechtsetzungsorgane außerhalb des Kompetenzrahmens zu agieren.[1364] Daraus kann jedoch nicht

---

1358 Ibid.; Nettesheim, in: Grabitz/Hilf/ders., Das Recht der EU, Art. 288 AEUV, Rn. 18.

1359 Z.B. Art. 113 AEUV, der im steuerlichen Bereich nur den Erlass von Richtlinien zulässt; oder Art. 109 AEUV, nach dem bei staatlichen Beihilfen lediglich der Erlass von Durchführungsverordnungen zugelassen ist.

1360 Biervert, Der Mißbrauch von Handlungsformen im Gemeinschaftsrecht, S. 88, S. 104; Leidenmuehler, ICL-Journal 2010, Vol. 4, S. 191 (196).

1361 Bast, Grundbegriffe der Handlungsformen, S. 37.

1362 Ibid.

1363 Ibid.

1364 Frenz, Handbuch des Europarechts, Wirkungen und Rechtsschutz, Rn. 1512.

geschlossen werden, dass eine Formschaffung grundsätzlich ausgeschlossen ist. Ganz im Gegenteil, die Verträge enthalten kein allgemeines Verbot der Nutzung von weiteren sog. atypischen Handlungsformen, so dass auch davon ausgegangen werden kann, dass die Aufzählung der verschiedenen Handlungsformen in den Verträgen nicht abschließend ist.[1365] Darüber hinaus erfordern Aufgaben und Ziele der Union ein flexibles Handlungsinstrumentarium[1366] und das gilt für die GASP genauso wie für die übrigen Unionsbereiche. Wenn die genannten Handlungsformen nicht ausreichen, müssen auch andere ergriffen werden können.[1367] Dies natürlich unter der Prämisse, dass das Organ grundsätzlich die Kompetenz zum Handeln hat, die Kompetenzgrundlage selbst ausnahmsweise keine Begrenzung vornimmt und die Effektivität des unionsrechtlichen Handelns die Wahl einer ungeschriebenen Handlungsform erfordert. Zudem muss immer das allgemein geltende Verhältnismäßigkeitsprinzip geachtet werden.[1368] Die Vergangenheit hat uns bereits gezeigt, dass durch konsequente und stetige Übung bestimmte „formlose" Maßnahmen bei folgenden Vertragsänderungen Eingang in die vertraglichen Bestimmungen gefunden haben.[1369]

1365 Vgl. Cardwell, EU External Relations, S. 13 und Terhechte, in: Schwarze, EU-Kommentar, Art. 25 EUV, Rn. 3 (die sich auf die GASP beziehen); Bast, Grundbegriffe der Handlungsformen der EU, S. 49, 102 und Lehr, Staatliche Lenkung durch Handlungsformen, S. 101 (beide beziehen sich auf die Art. 249 EGV a.F.); Nettesheim, in: Grabitz/Hilf/ders., Das Recht der EU, Art. 288 AEUV, Rn. 83 (allgemein); anders, für eine abschließende Aufzählung: Frenz, Handbuch des Europarechts, Wirkungen und Rechtsschutz, Rn. 1517 ff.; De Witte, Legal Instruments and Law-Making in the Lisbon Treaty, in: Griller/Ziller, The Lisbon Treaty, S. 79 (S. 81).

1366 Biervert, Der Mißbrauch von Handlungsformen im Gemeinschaftsrecht, S. 73; Lenaerts/Desomer, ELJ 2005, S. 744 (S. 746).

1367 Frenz, Handbuch des Europarechts, Wirkungen und Rechtsschutz, Rn. 1523.

1368 Das wird allein schon aus Art. 5 Absatz 4 Unterabsatz 2 EUV gefolgert; siehe auch: De Witte, Legal Instruments and Law-Making in the Lisbon Treaty, in: Griller/Ziller, The Lisbon Treaty, S. 79 (S. 96); Terhechte, Europäische Verfassungsstudien, S. 706 f.

1369 Schwarze, EuR 2011, S. 3 ff.; Lenaerts/Desomer, ELJ 2005, S. 744 (S. 747); Glaser, Die Entwicklung des Europäischen Verwaltungsrechts, S. 352, m.w.N.; Härtel, Handbuch Europäische Rechtsetzung, 3. Teil, § 10, Rn. 1 und 21; v. Bogdandy/Bast/Arndt, ZaöRV 2002, S. 77 (S. 87) – aktuelles Beispiel: Einfügung des Art. 295 AEUV und damit erstmalige Normierung einer Rechtsgrundlage für interinstitutionelle Vereinbarungen – vgl. auch Hetmeier, in: Lenz/Borchardt, EU-Verträge Kommentar, Art. 295 AEUV, Rn. 1 f.; Lecheler, DVBl 2008, S. 873 (S. 876); Lehr, Staatliche Lenkung durch Handlungsformen, S. 100 f.; Appel, Das internationale Kooperationsrecht der Europäischen Union, S. 235 und S. 237; Cananea, European Public Law

Darüber hinaus lässt sich der Wortlaut der Verträge für diese Annahme heranziehen. Die EU-Verträge sprechen oft nur von Handlungen und legen sich damit nicht explizit nur auf die in Art. 288 AEUV normierten Handlungsformen fest. Als exemplarisches Beispiel sei Art. 263 AEUV genannt – dieser Artikel spricht von Handlungen soweit es sich nicht um Empfehlungen oder Stellungnahmen handelt. Wegen der Nichtaufzählung der einzelnen in Art. 288 AEUV normierten verbindlichen Rechtsakte ist davon auszugehen, dass für ein offenes System plädiert wurde, welches mit der Existenz von weiteren (verbindlichen) Maßnahmen rechnet.[1370] Auch der Zweck der Verträge,[1371] der ein dynamisches supranationales Gebilde geschaffen hat, spricht für eine Formschaffung. Die generelle Bejahung der Formschaffung in den genannten Grenzen lässt sich aber auch durch die Praxis des Völkerrechts ableiten. Denn aus dem Recht der internationalen Organisationen lässt sich gerade kein grundsätzliches Verbot der Kreation von neuen Handlungsformen herleiten.[1372] Zudem kann aus der im allgemeinen Völkerrecht auf die europäische Union übertragenen *implied powers*-Doktrin auf die Zulässigkeit der Formschaffung geschlossen werden.

Überdies kennt auch die klassische Handlungsformenlehre die Entwicklung von neuen Handlungsformen. Dies folgt vor allem auch daraus, dass – wie bereits oben erläutert – die Handlungsformenlehre ein System kritischer, prinzipienorientierter Reflexion des Vergangenen darstellt,[1373] und es nicht ausbleibt, dass Veränderungen die Schaffung neuer Handlungsformen erfordern. Dabei vollzieht sich die Entwicklung einer Handlungsform in einem längeren, dezentralen, dialektischen Prozess, der Entscheidungsträger auf allen Ebenen, wie der Rechtswissenschaft, der Öffentlichkeit und nicht zuletzt auch der Gerichte, miteinbindet.[1374] Bei der Handlungsformschaffung spielt also die Wissenschaft genauso eine große Rolle wie die Praxis der handelnden Organe und Träger des öffentlich-rechtlichen Handelns. Es ist ein Zusammenspiel beider, die innerhalb eines bestehenden Rechtssystems zu dem notwendigen Legitimierungsprozess

(2003), S. 563 (S. 565), der sich jedoch allgemein auf die Entwicklung des Gewohnheitsrechts zu Abkommen bzw. gesetztem Recht im Verfassungsrecht bezieht.

1370 Vgl. noch zu der alten Rechtslage: Bast, Grundbegriffe der Handlungsformen, S. 46 m.w.N.

1371 Biervert, Der Mißbrauch von Handlungsformen im Gemeinschaftsrecht, S. 73.

1372 Goldmann, Internationale öffentliche Gewalt, S. 435 und 436.

1373 Goldmann, Internationale öffentliche Gewalt, S. 404; ähnlich: Lecheler, DVBl 2008, S. 873 (S. 876).

1374 v. Bogdandy/Goldmann, ZaröV 2009, 51, S. 51 (S. 88).

einer neuen Handlungsform beitragen.[1375] *Goldmann* und *Bast* beschreiben die Entwicklung einer (neuen) Handlungsform durch einen Prozess, indem im ersten Schritt die Elemente, durch die eine Maßnahme als Politikbewertung identifiziert werden kann, festgelegt werden müssen, so dass man im zweiten Schritt das Rechtsregime der Handlungsform definieren kann. Für Letzteres ist entscheidend, dass diejenigen Elemente bestimmt werden, die essentiell für die Legitimität und die Effizienz einer Handlungsform sind. Dagegen müssen diejenigen Elemente, die als entbehrlich oder als zu kontextspezifisch erscheinen, ausgesondert werden, um die für die Verwendung der Handlungsform in einem anderen Sachbereich nötige Abstraktheit zu gewinnen.[1376] Im letzten Schritt muss den essentiellen Elementen dann Rechtswirkung verliehen werden.[1377] *Lehr* spricht hier zunächst von der Integration der rechtlich bisher nur rudimentär erfassten Vorgehensweisen in das bestehende Rechtsformensystem, wobei zunächst die Einordnung in das existierende Rechtsschutzsystem und zuletzt die Einordnung in das Staatshaftungssystem erfolgt.[1378] Letzteres erfordert zudem den Staat als Aufsichtsinstanz, der die Konsequenzen gescheiterter Neufassungen trägt.[1379] Im Endeffekt beschreibt *Lehr* denselben dreistufigen Prozess wie *Goldmann* und *Bast*, wobei in beiden Darstellungen an letzter Stelle die Einordnung in das Rechtsschutzsystem steht. Beiden Ansichten ist gemein, dass sie die Bedeutung der Dogmatik im Zusammenspiel mit dem bestehenden Rechtssystem und dessen Prinzipien und Wirkungen bei der Kristallisierung einer Handlungsform aufzeigen.

Dieser Formgebung bzw. -schaffung sind jedoch Grenzen gesetzt. Ein unbegrenztes Schöpfungsrecht besteht gerade nicht.[1380] Die Handlungsformschaffung ist unzulässig, sofern sie die Grenzen, die sich aus dem Primärrecht ergeben, übertritt.[1381] Damit ist vor allem gemeint, dass sich die Formschaffung auf die bereits bekannten Rechtswirkungen beschränken muss[1382] – was jedoch wiederum gerade Raum für die Entwicklung von „neuen" Handlungsformen lässt, die

---

1375 Goldmann, Internationale öffentliche Gewalt, S. 439 und S. 441.

1376 Vgl. hierzu: v. Bogdandy/Goldmann, ZaröV 2009, 51, S. 51 (S. 88).

1377 v. Bogdandy/Goldmann, ZaröV 2009, 51, S. 51 (S. 91).

1378 Lehr, Staatliche Lenkung durch Handlungsformen, S. 446.

1379 Ibid., wobei *Lehr* von der Verantwortung für gescheiterte Lenkungsversuche spricht und nicht von gesicherten Handlungsformschaffungen.

1380 Nettesheim, in: Grabitz/Hilf/ders., Das Recht der EU, Art. 288 AEUV, Rn. 76.

1381 Bast, Grundbegriffe der Handlungsformen der EU, S. 57.

1382 v. Bogdandy/Bast/Arndt, ZaöRV 2002, S. 77 (S. 87).

aus „Kreuzungen“ der bisher möglichen Rechtswirkungen entstehen.[1383] Darüber hinaus können sich Grenzen aus eventuell die Kompetenznormen übergreifenden Schranken ergeben.[1384] Zuletzt aus dem Grundsatz der Rechtssicherheit, nach dem nur eine tatsächlich notwendige Formschaffung zu rechtfertigen ist.[1385] Eine missbräuchliche Schaffung wäre demnach dann anzunehmen, wenn das Bedürfnis für die Schaffung nicht nachvollziehbar ist oder eine Unklarheit über die mit einer Handlung erzielte Rechtswirkung vorliegt.[1386] Folglich kann auch nicht jede „neue“ Handlungsform zu der Anerkennung einer neuen (Sub-)Kategorie führen. Generell sollte man sich bei der Formgebung und -schaffung vor Augen führen, dass nicht jede Änderung bzw. neuartige Entwicklung zugleich auch die Schaffung und Anerkennung einer neuen Handlungsform bedeutet. Wie bereits in den Grenzen der Formschaffung kurz erläutert, muss der neuen Handlungsweise eine gewisse Relevanz und vor allem auch die Eigenschaft der Erleichterung des öffentlich-rechtlichen Handelns zukommen, damit sie sich als neue Handlungsform überhaupt etablieren kann.[1387] Dabei können bloße Zwischenschritte sowie informatorische oder vorbereitende Maßnahmen die geforderte Relevanz nicht aufbringen.[1388] Im Ergebnis muss der öffentlich-rechtliche Träger das Auftreten eines neuen Handlungsweges in der Öffentlichkeit rechtfertigen und die notwendige Akzeptanz erlangen. Nur so kann das notwendige Legitimationsniveau für das öffentlich-rechtliche Handeln erreicht werden.

Abschließend lässt sich festhalten, dass das unionale Handlungsformensystem im Gegensatz zu der klassischen Handlungsformenlehre – in erhöhtem Maße – vom Grundsatz der Offenheit für die Entwicklung neuer Handlungsformen geprägt ist. Die Grenze wird dort gezogen, wo die Stabilität des Rechtssystems gefährdet ist[1389] und es zu einer Kompetenzüberschreitung kommen würde.

h) Rechtsschutzgesichtspunkte

Einer der prekärsten Unterschiede der unionalen Systematisierung zur klassischen Handlungsformenlehre stellt die Entkoppelung des Rechtsschutzes von

1383 Härtel, Handbuch Europäische Rechtsetzung, 3. Teil, § 7, Rn. 23; Bogdandy/Bast/Arndt, ZaöRV 2002, S. 77 (S. 87).

1384 Bast, Grundbegriffe der Handlungsformen der EU, S. 57.

1385 Ähnlich: Härtel, Handbuch Europäische Rechtsetzung, 3. Teil, § 6, Rn. 9.

1386 v. Bogdandy/Bast/Arndt, ZaöRV 2002, S. 77 (S. 87).

1387 Goldmann, Internationale öffentliche Gewalt, S. 438.

1388 Ibid., S. 437.

1389 Danwitz, Europäisches Verwaltungsrecht, S. 259.

den unionalen Handlungsformen dar. In der klassischen Handlungsformenlehre liegt einer der Grundpfeiler darin, dass anhand der von der Verwaltung gewählten Handlungsform zugleich auch der Rechtsschutzmechanismus festgelegt wird. Das heißt, die Handlungsform entscheidet darüber, ob Rechtsschutz besteht oder nicht. Dagegen hat sich im Unionsrecht die rechtsschutzbezogene Generalklausel mit der Formenneutralität gegen das zu den Anfängen der Europäischen Union geforderte handlungsformenbezogene Rechtsschutzsystem durchgesetzt.[1390] Eine Verbindungslinie zwischen Handlungsform und Justiziabilität besteht nur insofern, als sich die Organe mit der Wahl einer der verbindlichen Handlungsformen des Art. 288 AEUV sicher der Legalitätskontrolle der Europäischen Gerichte unterstellen.[1391] Dies hat aber weniger mit der Bezeichnung der Handlungsform, sondern mit den Rechtswirkungen der verbindlichen Handlungsformen des Art. 288 AEUV zu tun. Nebenbei ist anzumerken, dass ein formenspezifischer Begriff zur Begründung der rechtlichen Überprüfbarkeit die Gefahr birgt, dass zu strenge formale Anforderungen zur Umgehung des Rechtsschutzes verleiten. Die Organe könnten durch bestimmte Formulierungen im Rahmen der Fixierung ihres Handelns die Rechtsschutzvoraussetzungen für dessen Anfechtbarkeit umgehen.[1392] Dementsprechend hat die Formenneutralität im Gegensatz zu der Formengebundenheit den Vorteil, dass für die Begründung des Rechtsschutzes ein weiter Begriff der (Rechts-)Handlung zugrunde gelegt werden kann.

Die soeben beschriebene dogmatische Entkoppelung von Handlungsform und Rechtsschutz hat zur Folge, dass im Rahmen der unionalen Handlungsformenlehre das Augenmerk auf andere Funktionen als die der „klassischen“ Handlungsform gelegt werden muss.[1393] Dabei wird in der Literatur u.a. vorgeschlagen das (rechtliche) Wirkungsprinzip als geeigneten Ansatz für die Festlegung von materiellen Kriterien einer typischen unionalen Handlungsform zu nehmen.[1394] Diese Vorgehensweise kann u.a. mit dem Wortlaut des Art. 288

1390 Bast, Handlungsformen und Rechtsschutz, in: v. Bogdandy/ders. (Hrsg.): Europäisches Verfassungsrecht, S. 489 (S. 525).

1391 In Bezug auf Ex-Art. 249 EGV – Bast, Handlungsformen und Rechtsschutz, in: v. Bogdandy/ders. (Hrsg.): Europäisches Verfassungsrecht, S. 489 (S. 521).

1392 Vgl. Bast, Handlungsformen und Rechtsschutz, in: v. Bogdandy/ders. (Hrsg.): Europäisches Verfassungsrecht, S. 489 (S. 522).

1393 Ibid.

1394 Bast, Handlungsformen und Rechtsschutz, in: v. Bogdandy/ders. (Hrsg.): Europäisches Verfassungsrecht, S. 489 (S. 525); Terhechte, Europäische Verfassungsstudien, S. 712.

AEUV untermauert werden. Denn die Handlungsformen des Art. 288 AEUV unterscheiden sich nicht nach ihrem Urheber, Regelungsgegenstand oder Entstehungsverfahren, sondern nach ihren Rechtswirkungen.[1395] Daneben kann auch dem Adressatenkreis eine gewisse abgrenzende Funktion zugesprochen werden. Allerdings wird die Bedeutung des Wirkungsmodus durch die Veröffentlichungspflicht nach Art. 297 AEUV wieder etwas eingegrenzt. Denn Handlungen der Unionsorgane werden grundsätzlich nur durch Veröffentlichung im Amtsblatt oder durch Notifikation des betroffenen Adressaten wirksam.[1396] Die Veröffentlichung der relevanten Maßnahme ist Voraussetzung dafür, dass sie Rechtswirkungen entfalten kann.[1397] In diesem Kontext ist prekär, dass in der Praxis eine erhebliche Anzahl der unionalen Handlungen nicht im Amtsblatt veröffentlicht wird. Daraus resultiert aber auch u.a. die Schlussfolgerung, dass man den Rang der Handlungsform daran erkennen kann, wie sie veröffentlicht wurde.[1398] Stellt man also nur auf den Wirkungsmodus ab, würde man faktisch alle unverbindlichen Maßnahmen und atypischen Maßnahmen, die keiner Veröffentlichungspflicht unterliegen, nicht erfassen und sie automatisch einem niedrigen Rang zuordnen. Im Ergebnis ist also eine ganzheitliche Betrachtung der gefassten Maßnahme vorzunehmen, um deren Justiziabilität auf unionsrechtlicher Ebene zu eruieren. Eine vorteilhafte Errungenschaft des unionalen Rechts ist, dass trotz der Entkopplung des Rechtsschutzes von der Handlungsform und der Unvergleichbarkeit des nationalen Rechtsschutzes mit dem des Unionsrechts[1399] bei Vorliegen der normierten Voraussetzungen die prinzipielle Anfechtbarkeit von Handlungen der Unionsorgane gegeben ist.[1400]

1395 Magiera, Zur Reform der Normenhierarchie im Recht der Europäischen Union, Integration 4/1995, S. 197 (S. 199 f.).

1396 Vgl. Art. 297 AEUV; siehe auch: Bast, Handlungsformen und Rechtsschutz, in: v. Bogdandy/ders. (Hrsg.): Europäisches Verfassungsrecht, S. 489 (S. 538).

1397 Urteil des Gerichtshofs v. 29.05.1974, Hauptzollamt Bielefeld v Offene Handelsgesellschaft in Firma H. C. König, Rs. 185/73, Slg. 1974, 607 (ECLI:EU:C:1974:61), Rn. 6.

1398 Lehr, Staatliche Lenkung durch Handlungsformen, S. 105 (m.w.N.), der jedoch von der Rechtsquelle und nicht von der Handlungsform spricht.

1399 Kadelbach, in: von Arnauld (Hrsg.), Europäische Außenbeziehungen (EnzEuR Bd. 10), § 4, Rn. 6.

1400 Ibid.

i) Zwischenergebnis

Im Zwischenergebnis ist davon auszugehen, dass auch im Unionsrecht ein beträchtliches Bedürfnis nach der Systematisierung im Sinne der klassischen Handlungsformenlehre besteht. Dabei sind die klassischen Vorstellungen im Lichte der Besonderheiten des Unionsrechts anzupassen. Teilweise bedarf es der Loslösung von nationalen Vorbildern der verwaltungsrechtlichen Handlungsformenlehre, im Übrigen kann auf die bekannten Funktionen dieser Lehre zurückgegriffen werden. Der wohl elementarste Unterschied – neben der Entkopplung von Handlungsform und Rechtsschutz – zwischen der klassischen Handlungsformenlehre und der unionalen Handlungsformenlehre ist, dass das Unionsrecht nicht zwischen legislativer und exekutiver Gewalt differenziert. Dagegen stellt in der klassischen Handlungsformenlehre die Handlungsform das traditionelle Element der Exekutive dar. Auch weist das unionale System im Gegensatz zu dem nationalen Rechtssystem keine eindeutige Hierarchie zwischen Erlassorganen oder den verschiedenen Handlungsformen auf. Eine weitere wesentliche Abweichung besteht in der fehlenden Zuweisung von Kompetenzen im Handlungsformenkatalog des Art. 288 AEUV selber, also der Entkoppelung von der Handlungsform und Kompetenz. Die Kompetenzbestimmung obliegt vielmehr dem Primärrecht selbst und das Verwenden der unionalen Handlungsformen setzt das Bestehen der Kompetenz zum Handeln voraus. Das wiederum zeigt die enge Verstrickung mit dem Prinzip der begrenzten Einzelermächtigung auf, welches im Ergebnis dafür verantwortlich ist, dass die unionalen Organe existieren und mit Handlungsbefugnissen ausgestattet sind. Aus der Kompetenzentkoppelung folgt weiterhin das grundsätzliche Vorliegen eines Ermessens der unionalen Organe bei der Wahl der in Betracht kommenden Handlungsformen, welches dem nationalen Recht fremd ist. Im Rahmen des Unionsrechts beruht die Zuordnung der zu fassenden Maßnahme zu einer der vorgegebenen Handlungsformen auf der bewussten Entscheidung des Organs.[1401] Dagegen basiert die klassische Handlungsformenlehre auf der Idee, dass die Qualifizierung der Judikative obliegt.[1402] Überdies folgt aus der Entkoppelung der Kompetenz, dass die unionalen Handlungsformen sektorübergreifend, also für das gesamte Unionsrecht, anwendbar sind.[1403] Diese umfassende Anwendungsmöglichkeit ist dem nationalen Recht fremd. Im deutschen Verwaltungsrecht etwa stehen die

1401 Bast, Grundbegriffe der Handlungsformen, S. 17 f.

1402 Ibid.

1403 Mit Ausnahme der sektorspezifischen Handlungsformen, wie z.B. für die GASP und die Europäische Zentralbank.

verschiedenen Handlungsformen nur bestimmten Bereichen und bestimmten Hoheitsträgern zu. Dies ist logische Folge der im nationalen Kontext geltenden Verknüpfung der Kompetenz an die Handlungsform. Eine weitere entscheidende Distinktion zu der klassischen Handlungsformenlehre liegt darin, dass das Unionsrecht die Gültigkeitsanforderungen an die Handlungsformen überwiegend formenneutral ausgestaltet hat,[1404] was zugleich auch zu einer der klassischen Handlungsformenlehre unbekannten Entlastung der Handlungsformen geführt hat, da diese so nicht über die entsprechenden Prüfungsmaßstäbe entscheiden müssen.[1405] Als Konsequenz der bestehenden Entkoppelung von Handlungsform und Rechtsschutz stellt das unionale System auf andere relevante Kriterien für die Differenzierung als Handlungsform ab. Dabei kommt vor allem den Wirkungen und dem Adressatenkreis Bedeutung zu. Zuletzt ist das unionale System auch grundsätzlich offen(er) für die Entwicklung neuer Handlungsformen. Es enthält keinen *numerus clausus*, der für die nationalen Rechtsordnungen typisch ist. Jedoch sind trotz der Offenheit und der Entwicklungsfreudigkeit des unionalen Handlungsformensystems die Erwartungen an die Rationalität und Kohärenz etwas zu drosseln und ist dementsprechend nicht in jeder atypischen Maßnahme eine neu zu etablierende Handlungsform zu sehen.[1406]

G. Übertragung der Handlungsformenlehre auf die GASP

Kommen wir nun zu unserem Hauptaugenmerk dieses Abschnitts, der Analyse des Vorliegens bzw. der Entwicklung einer eigenen Handlungsformenlehre für die GASP und deren bereichsspezifischen Funktionen. Dabei enthalten die folgenden Ausführungen eine GASP-spezifische Auseinandersetzung mit den Merkmalen, die der klassischen Handlungsformenlehre zugrunde liegen und durch die unionalen Besonderheiten ergänzt wurden. Darüber hinaus wird auf die Funktionen einer Systematisierung von GASP-eigenen Handlungsformen eingegangen. Es wird ermittelt, ob die formale Klassifizierung sinnvoll ist und welcher GASP-spezifische Mehrwert hieraus geschöpft werden kann.

1. Grundlagen der Handlungsformenlehre der GASP

So wie bereits festgestellt wurde, dass die Kriterien der klassischen Handlungsformenlehre teils nur in abgeänderter Form auf das unionale

---

1404 Bast, Grundbegriffe der Handlungsformen, S. 74.
1405 Ibid.
1406 Ibid., S. 66.

Handlungsformensystem angewendet werden können, besteht für den intergouvernemental geprägten Bereich der GASP sehr wahrscheinlich dieselbe Notwendigkeit. Im Gegensatz zu den Bereichen der vergemeinschafteten Außenpolitiken gelten in der GASP wie immer Besonderheiten,[1407] die, wie *Härtel* zutreffend feststellt, u.a. auf den unterschiedlichen Integrationsgrad, der in den verschiedenen Rechtsbereichen des Unionsrechts herrscht, zurückzuführen sind.[1408] Auf diese Besonderheiten wird nun in den folgenden Abschnitten eingegangen.

a) Rechtsordnung als Handlungsrahmen

Wie bereits dargestellt, lässt sich die Union bei ihrem auswärtigen Handeln nach den Grundsätzen und Zielen des Art. 21 EUV leiten und gemäß Art. 24 EUV folgt auch das Handeln der GASP diesen Grundsätzen und Zielen. Folglich ist unbestreitbar, dass die GASP nicht in einem rechtsfreien Raum ausgeübt wird, sondern die Maßnahmen dem Rechtsrahmen unterliegen, dem auch die übrigen Handlungen der Unionsorgane in sämtlichen anderen Bereichen des Unionsrechts unterfallen. Der intergouvernemental geprägte Bereich unterliegt demnach dem Handlungs- und Legitimitätsrahmen, der das gesamte unionale Handeln bestimmt.[1409] Das heißt, die GASP muss das Unionsrecht, das universelle Völkerrecht[1410] und auch das Recht der Mitgliedstaaten beachten. Allerdings kommt dem einzelnen Rechtsrahmen und dessen Prinzipien und Grundsätze innerhalb der GASP ein gesonderter Stellenwert zu.[1411] Dies gilt insbesondere in Bezug auf die im Rahmen des Unionsrechts geltenden Prinzipien der Einzelermächtigung, der Subsidiarität und der Verhältnismäßigkeit

---

1407 De Baere, Constitutional Principles of EU External Relations, S. 113; Terhechte, Europäische Verfassungsstudien, S. 712; Nettesheim, in: Grabitz/Hilf/ders., Das Recht der EU, Art. 288 AEUV, Rn. 10.

1408 Härtel, Handbuch Europäische Rechtsetzung, 3. Teil, § 6, Rn. 2.

1409 Thym, 50 Archiv des Völkerrechts (2012), S. 125 (S. 152).

1410 Vgl. hierzu Damm, Die Europäische Union im universellen Völkergewohnheitsrecht, u.a. S. 53, 59 m.w.N.; ähnlich: Kruse, Der Europäische Auswärtige Dienst zwischen intergouvernementaler Koordination und supranationaler Repräsentation, S. 112 (m.w.N.).

1411 Vgl. hierzu u.a.: Kadelbach, in: von Arnauld (Hrsg.), Europäische Außenbeziehungen (EnzEuR, Bd. 10), § 4, Rn. 35; vgl. *Terhechte*, der sich intensiv mit den in den unionalen Außenbeziehungen anzuwendenden Werten auseinandersetzt – Terhechte, Europäische Verfassungsstudien, S. 262 ff. M.E. stellen die von Terhechte aufgelisteten Werte auch Prinzipen dar, welche für die Fortbildung der GASP-spezifischen Handlungsformenlehre von Relevanz sein können.

sowie des Demokratiegrundsatzes, der Geltung der Menschenrechte und der Rechtsstaatlichkeit. Wegen des politischen Charakters der GASP, der koordinierenden Funktion und der starken Rolle der einzelstaatlichen Diplomatie der Mitgliedstaaten sowie des intergouvernementalen Charakters der Beschlussfassung ist die Bedeutung dieser Prinzipien und Grundsätze in diesem Bereich divergent.[1412] Die Geltung mancher der aufgezählten Grundsätze und Prinzipien kann unter Umständen im Rahmen der GASP (und speziell in der GSVP) nicht zur vollen Entfaltungen kommen. Zu nennen ist hier etwa die Beachtung der Menschenrechte. Bei der Anwendung und Auslegung des Grundsatzes der Beachtung der Menschenrechte – welcher zugleich und weiterhin als Kontrollmaßstab für die Legitimität des Handelns dient – müssen die Besonderheiten des außenpolitischen Handelns (z.B. bei Militäreinsätzen) angemessen berücksichtigt werden.[1413] Zweifelsohne wird auch der allgemein geltende Verhältnismäßigkeitsgrundsatz[1414] bei der Implementierung von GASP-Maßnahmen strapaziert. Auch diesbezüglich muss zu Gunsten der Handlungsfähigkeit der GASP teilweise mit Einschränkungen gerechnet werden.[1415] Ohne für eine Freistellung der Verpflichtung der Beachtung der Menschenrechte bzw. andere geltende Prinzipien und Grundsätze zu plädieren, ist es nicht von der Hand zu weisen, dass es einer prozeduralen und materiellen Anpassung des Rechtsregimes für die GASP (und der GSVP) bedarf.[1416] Dies erscheint jedoch eher ein Aspekt, der im Rahmen des Kontrollregimes Relevanz erhält bzw. zur Prüfung gelangen kann.[1417]

1412 Kadelbach, in: von Arnauld (Hrsg.), Europäische Außenbeziehungen (EnzEuR, Bd. 10), § 4, Rn. 35.

1413 Thym, 50 Archiv des Völkerrechts (2012), S. 125 (S. 152).

1414 Damm, Die Europäische Union im universellen Völkergewohnheitsrecht, u.a. S. 53, S. 59.

1415 Vgl. z.B. Art. 2 lit. b der Datenschutz-Grundverordnung (Verordnung (EU) 2016/679 des Europäischen Parlaments und des Rates vom 27. April 2016 zum Schutz natürlicher Personen bei der Verarbeitung personenbezogener Daten, zum freien Datenverkehr und zur Aufhebung der Richtlinie 95/46/EG), die den GASP-Bereich aus dem Anwendungsbereich des Schutzes natürlicher Personen bei der Verarbeitung personenbezogener Daten gänzlich ausklammert. Im Endeffekt bedeutet die Ausklammerung dieses Bereichs, dass die Regelungen der Datenschutz-Grundverordnung bei der Auswahl der GASP-Mittel und damit einhergehenden Verhältnismäßigkeitsprüfung nicht berücksichtigt werden müssen.

1416 Damm, Die Europäische Union im universellen Völkergewohnheitsrecht, u.a. S. 53, S. 59.

1417 Ibid.

Im Vergleich zu den vergemeinschafteten Bereichen ist hervorzuheben, dass innerhalb der GASP (und der übrigen unionalen auswärtigen Politiken) das Völkerrecht eine entscheidende Rolle spielt. Auf Grund seiner intergouvernemental geprägten Struktur wird die Praxis der GASP – noch mehr, wie es in den übrigen unionalen Bereichen der Fall ist – vom Völkerrecht geprägt. Dementsprechend wird der zu beachtende Rechtsrahmen in Bezug auf die Geltung von vertraglichem und gewohnheitsrechtlichem Völkerrecht verstärkt. Hierbei gilt nicht nur, dass die Union als Völkerrechtssubjekt an das Völkerrecht gebunden ist[1418], sondern auch dass die Mitgliedstaaten,[1419] die für die Umsetzung der GASP-Maßnahmen auf dem internationalen Feld verantwortlich sind, daran gebunden sind.[1420] Dabei bildet das Völkerrecht gegenüber den Mitgliedstaaten und der Union in gewisser Weise eine autonome Rechtsordnung, die der eignen – weiteren – Legitimation bedarf.[1421]

Zuletzt müssen bei der Ausführung der GASP die nationalen Rechtsordnungen der Mitgliedstaaten beachtet werden. Dies folgt allein schon daraus, dass die nationalen Außenpolitiken sich nicht der unionalen GASP untergeordnet haben, sondern neben dieser fortbestehen und es sich bei der GASP im Ergebnis um eine unionale Zusammenarbeit handelt.

Ob man auf Grund dieser Feststellungen davon ausgehen kann, dass die GASP als eigenständige Rechtsordnung qualifiziert werden kann,[1422] soll nicht Gegenstand dieser Arbeit sein. Fest steht, dass Art. 21 EUV für die Union einen einheitlichen institutionellen Rahmen vorsieht, der die Kohärenz und Kontinuität der Maßnahmen zur Erreichung ihrer Ziele sicherstellt, und dies spricht für eine einheitliche Unionsordnung und folglich gegen die Annahme der GASP als eigenständige Rechtsordnung. Nichtsdestotrotz schafft die vertragliche Fixierung von explizit für die GASP geltenden Handlungsformen einen konzeptionellen

---

1418 Dies folgt insbesondere aus der nach Art. 47 EUV gegebenen Völkerrechtsfähigkeit, die sich vor allem in ihr (der Union) auferlegten völkerrechtlichen Rechten und Pflichten ausdrückt – vgl. u.a. Booß, in: Lenz/Borchardt, EU-Verträge Kommentar, Art. 47 EUV, Rn. 5; Dörr, in: Grabitz/Hilf/Nettesheim, Das Recht der EU, Art. 47 EUV, Rn. 23.

1419 Die Staatenverantwortlichkeit gilt auch im Völkerrecht als oberstes Gebot, an dem sich das Handeln von internationalen Organisationen ausrichten muss – vgl. Goldmann, Internationale öffentliche Gewalt, S. 472.

1420 Müller-Ibold, in: Lenz/Borchardt, EU-Verträge Kommentar, Art. 216 AEUV, Rn. 4.

1421 Kadelbach/Kleinlein, 44 Archiv des Völkerrechts (2006), S. 235 (S. 242).

1422 Vgl. z.B. Gosalbo Bono, CML Rev. 2006, S. 337 (S. 337–394); Wessel, The European Union's Foreign and Security Policy: A Legal Institutional Perspective, S. 17 ff.

Rahmen, an dem sich das Handeln der unionalen Organe in der GASP orientieren muss.[1423] Die Auswahl und Anwendung der Handlungsformen stellt dabei eine verbindliche Konkretisierung der in Art. 21 EUV genannten Grundsätze und Ziele dar.

b) Ordnungsfunktion

Für das übrige Unionsrecht haben wir festgestellt, dass Art. 288 AEUV (und die zusätzlich geltenden Spezialvorschriften) der Einordnung und der Gliederung der den Unionsorganen zur Verfügung stehenden Mittel dient. Es erscheint jedoch fraglich, ob dieses Ordnungsmerkmal auch für den Handlungsformenkatalog des Titels V, Kapitel 2 EUV zutrifft.

Da die auswärtigen Beziehungen der GASP einen Teil des Völkerrechts darstellen, ist es evident, dass die Handlungen in diesem Bereich nicht einfach in das „Korsett" der typischen unionalen Handlungsformen gepackt werden können. Die allgemeine Außenpolitik folgt nämlich keinem einheitlichen Bezugsrahmen,[1424] sondern entwickelt sich abstrakt anhand der politischen Gegebenheiten. Sie ist nicht nur „praxisnah", sondern auf die Praxis angewiesen. In der Praxis ist es aber erstmal irrelevant, ob eine Handlungsform durch die rechtswissenschaftliche Dogmatik abgesichert ist, sondern es ist entscheidend, dass die GASP funktioniert und handlungsfähig ist.[1425] Darüber hinaus ist die GASP, wie auch das Völkerrecht und die Außenpolitik im Generellen, stark von der Exekutive geprägt[1426], die wiederum durch die nationalen Regierungsvertreter gestaltet wird.[1427] Damit trägt die GASP als politisches Konstrukt zwei der größten Gegner einer Formenlehre in sich: Informalität und Kooperation.

1423 In ähnlicher, aber speziellerer Art verweist *Szczekalla* auf den Beschluss, der einen konzeptionellen Rahmen für die einzelnen Politikfelder i.R.d. GASP herstellt – Szczekalla in: Terhechte (Hrsg.), Verwaltungsrecht der Europäischen Union, § 5, Rn. 2 ff.

1424 Kadelbach, in: von Arnauld (Hrsg.), Europäische Außenbeziehungen (EnzEuR, Bd. 10), § 4, Rn. 2.

1425 Ähnlich: Lehr, Staatliche Lenkung durch Handlungsformen, S. 25.

1426 Kadelbach, EuR 5/2013, S. 489 (502).

1427 Vgl. Schmidt-Aßmann, Das allgemeine Verwaltungsrecht als Ordnungsidee, S. 324 – die Ausführungen beziehen sich aber nicht auf die GASP, sondern auf Rechtsordnungen allgemein. Es besteht jedoch kein Zweifel, dass dieser Aspekt auch auf die GASP übertragen werden kann. Denn Informalität und Abstimmungen, wie sie auf dem politischen und diplomatischen Parkett stets vorkommen, bergen immer die große Gefahr der Umgehung von formellen und möglicherweise auch materiellen Vorschriften.

Daneben besteht in der GASP der Grundsatz der Entbindung der Gesetzgebung[1428], wonach der Erlass von Verordnungen und Richtlinien ausgeschlossen ist. Folglich besteht eine vertragliche Normierung, die den Rückgriff auf die Handlungsformen des Art. 288 AEUV untersagt. Demgemäß wurden spezielle Handlungsformen normiert, die ausschließlich für den intergouvernemental geprägten Bereich des Titels V, Kapitel 2 EUV in Betracht kommen. Dabei ist offenkundig, dass die Verfasser der Verträge mit der vertraglichen Fixierung dieser gesonderten Handlungsformen beabsichtigten eine Systematik in das außenpolitische Handeln einzuführen. Auch dem aktuellen Art. 25 EUV kommt zweifellos die Aufgabe zu, die politisch beeinflusste GASP zu systematisieren und soweit wie möglich rechtlichen Strukturen zu unterwerfen.[1429] Dabei ist zu beachten, dass im Rahmen der GASP der Terminus Handlungsform eher für ein Instrument steht, das der internen Koordinierung der mitgliedstaatlichen Politiken dient,[1430] und nicht für ein starres Konzept zur Bestimmung von öffentlich-rechtlichem Handeln, wie es der traditionellen Handlungsformenlehre anhaftet.

Obgleich das Instrumentarium für die Koordinierung der Außenpolitik einen gesonderten Status in Titel V, Kapitel 2 des EUV einnimmt, ordnen sich die Handlungsformen der GASP in das System des allgemeinen auswärtigen Handelns der Union ein. Gemäß Art. 23 EUV beruht nämlich das Handeln im Rahmen der GASP auf den Grundsätzen des Kapitels 1, was wiederum bedeutet, dass die in Art. 21 Absatz 2 EUV aufgezählten allgemeinen Grundsätze, Werte und Ziele der Union auch hier gelten.[1431] Dies wird mit Art. 205 AEUV unterstrichen, der bestimmt, dass das Handeln der Union auf internationaler Ebene von den Grundsätzen und Zielen des Titels V Kapitel 1 EUV – also Art. 21 und Art. 22 EUV – bestimmt wird. Damit können die in Art. 21 und 25 EUV beschriebenen Handlungsformen auch nicht gänzlich unabhängig von den in Art. 288 EUV normierten Instrumenten gesehen werden. Sie ergänzen sich vielmehr bzw. sollten sich aus Gründen der Kohärenz ergänzen. Dies zeigt sich auch darin, dass GASP-Maßnahmen als Grundlage für den Erlass von restriktiven Maßnahmen nach dem AEUV dienen.

1428 Art. 24 Absatz 1 Unterabsatz 2 S. 3 EUV und Art. 31 Absatz 1 S. 2 EUV.

1429 Vgl. Terhechte, in: Schwarze, EU-Kommentar, 2. Aufl. 2009, Ex-Art. 12 EUV, Rn. 2 – allerdings zum ehemaligen Handlungsformenkatalog.

1430 Peters/Wagner, Gemeinsame Außen- und Sicherheitspolitik, in: Heinelt/Knod (Hrsg.), Politikfelder im EU-Mehrebenensystem, S. 45.

1431 Wie bereits in den obigen Ausführungen, u.a. unter 2. Teil, Abschnitt I, F. 1, festgestellt.

Schlussendlich ist beiden Handlungsformenkatalogen gemein, dass sie ein Arsenal an Maßnahmentypen zur Verfügung stellen, dessen sich die Unionsorgane bedienen sollen, wenn die Unionsorgane bestimmte Wirkungen auf dem unionalen Gebiet erreichen wollen. Unabhängig von dem fehlenden Zwang zum Einsatz der GASP-Handlungsformen ist den Handlungsformenkatalogen des Art. 288 AEUV sowie Art. 22 und 25 EUV eine Ordnungsfunktion – sei es in zusammengefasster Sicht oder in einzelner Betrachtung – zuzuweisen.

c) Kompetenzzuweisung

Art. 22 und 25 EUV zeigen in systematischer Weise die wesentlichen Instrumente der GASP auf, jedoch fehlt es – wie auch bei Art. 288 AEUV – an der Zuweisung der Zuständigkeiten. Die Norm des Art. 25 EUV enthält ebenso wie die im übrigen Unionsrecht geltende zentrale Handlungsformenvorschrift des Art. 288 AEUV keine Kompetenzzuweisung. Dementsprechend stellen Art. 22 und 25 EUV einen Kanon an Handlungsformen zur Verfügung, aus dem der Rat und der ER (bzw. entsprechend andere zum Handeln befähigte Unionsorgane) die jeweilig passende Handlungsform wählen können. Diesem Ermessen ist selbstverständlich vorausgesetzt, dass sie durch andere kompetenzzuweisende Normen zum Handeln ermächtigt wurden.[1432] Das System der Kompetenzzuweisung ist also identisch mit dem in den vergemeinschafteten Unionsbereichen verfolgten Prinzip,[1433] nämlich dem der Entkoppelung von Organen und Handlungsformen, die – wie bereits erwähnt – der klassischen Handlungsformenlehre unbekannt ist. Daraus folgernd und eigentlich auch evident kann der Kompetenzzuweisung als Handlungsformenmerkmal innerhalb der GASP nicht derartig viel Beachtung geschenkt werden, wie es in der traditionellen Handlungsformenlehre üblich ist.

d) Gleichrang der Organe

Wie bereits ausgeführt, übernehmen die Handlungsformen des übrigen Unionsrechts gerade nicht die aus der traditionellen Handlungsformenlehre bekannte

---

1432 Dies folgt allein schon aus dem geltenden Prinzip der begrenzten Einzelermächtigung.

1433 Mit der Ausnahme dahingehend, dass auf die in Art. 25 AEUV normierten Handlungsformen nicht sämtliche Unionsorgane zurückgreifen können, sondern nur der Rat und der ER – also nicht die Europäische Kommission oder das Europäische Parlament.

Gewaltenteilungsfunktion.[1434] Es gibt keine Unterscheidung zwischen Legislative und Exekutive und folglich herrscht kein hierarchisches Verhältnis zwischen Rat, Kommission und Parlament. Das vergemeinschaftete Unionsrecht unterscheidet bei der Zuordnung von Handlungsformen auch nicht zwischen den Erlassorganen und dementsprechend gibt es z.B. auch keine Differenzierung zwischen Kommissionsverordnungen und Ratsverordnungen.[1435]

Für die GASP gilt jedoch wie so oft etwas anderes. Der Rat ist dem ER als oberste Entscheidungsinstanz untergeordnet.[1436] Implizit wird dies durch Art. 22 EUV aufgezeigt. Nach dieser Bestimmung hat der Rat als operatives Entscheidungsorgan der GASP die vom ER erlassenen strategischen Interessen und Ziele vorzubereiten und umzusetzen.[1437] Darüber hinaus ergibt sich aus Art. 26 EUV, dass der ER die allgemeinen Leitlinien bestimmt, nach denen der Rat die weiteren Beschlüsse zur Ausführung der GASP erlässt. Zu beachten ist jedoch, dass diese implizite hierarchischen Struktur nicht bedeutet, dass der Rat nur handeln kann, wenn solche Leitlinien existieren.[1438] Insbesondere in Krisensituationen ist ein autonomes Handeln des Rates denkbar. Dieses Argument relativiert das soeben beschriebene Hierarchieverhältnis zwischen Rat und ER wieder.

Andererseits gibt es auch noch weitere GASP-Organe (wie z.B. EDA, EVA, etc.) denen explizite Aufgaben zugeordnet sind und die kein anderes Organ einfach übernehmen darf. Diese Organe sind aber offenkundig dem Rat bzw. dem Hohen Vertreter untergeordnet.[1439] Auch das – politisch sehr selbstständige[1440] – PSK ist dem Rat untergeordnet.[1441] Folglich sind auch in diesem Zusammenhang hierarchische Elemente zu erkennen.

Damit besteht innerhalb des GASP-Bereichs im Gegensatz zu den übrigen Unionsbereichen, in denen absoluter Gleichrang der rechtsetzenden Organe herrscht, eine Art unterschwellige Hierarchie zwischen den handelnden

---

1434 Siehe auch: Bast, Handlungsformen und Rechtsschutz, in: v. Bogdandy/ders. (Hrsg.): Europäisches Verfassungsrecht, S. 489 (S. 529f.).

1435 Bast, Handlungsformen und Rechtsschutz, in: v. Bogdandy/ders. (Hrsg.): Europäisches Verfassungsrecht, S. 489 (S. 530); Nettesheim, EuR 6/2006, S. 737 (S. 740).

1436 Vgl. u.a. Art. 26 EUV.

1437 Bitterlich, in: Lenz/Borchardt, EU-Verträge Kommentar, Art. 22 EUV, Rn. 1 a.E.

1438 Bitterlich, in: Lenz/Borchardt, EU-Verträge Kommentar, Art. 26 EUV, Rn. 3.

1439 Vgl. z.B. Art. 45 Absatz 1 EUV und Art. 1 Absatz 3 des Beschlusses 2010/427/EU des Rates v. 26. Juli 2010 über die Organisation und Arbeitsweise des Europäischen Auswärtigen Dienstes.

1440 Bitterlich, in: Lenz/Borchardt, EU-Verträge Kommentar, Art. 38 EUV, Rn. 12.

1441 Vgl. Art. 38 EUV.

Organen.[1442] Dies wiederum stellt eine Ähnlichkeit zu der hierarchischen Struktur der klassischen Handlungsformenlehre dar, auch wenn es nicht derart stark ausgeprägt ist.

e) Rechtswirkung

Im Vergleich zu dem unionalen Handlungsformenkatalog des Art. 288 AEUV weisen Art. 22 und 25 EUV den einzelnen Handlungsformen keine Rechtswirkungen zu. Das heißt, weder in Art. 22 EUV noch in Art. 25 EUV wird eine Aussage dazu getroffen, wie sich die einzelnen Handlungsformen auf den potenziellen Adressaten auswirken. Dagegen normiert der allgemeine unionale Handlungsformenkatalog dies unmittelbar in der Vorschrift selbst.[1443] Der Verordnung, der Richtlinie und der Entscheidung werden unterschiedliche Wirkungen und deren Adressaten direkt zugeordnet.[1444] Damit wird zugleich deutlich, dass Art. 288 AEUV im Gegensatz zu Art. 22 und 25 EUV einen hohen Konkretisierungsgrad aufweist. Er definiert die einzelnen Handlungsformen über ihren Wirkungsmodus.[1445] Dagegen bedürfen Art. 22 und 25 EUV der näheren Ausgestaltung durch die nachfolgenden Vorschriften.

Die unmittelbare Wirkung des Gemeinschaftsrechts ist als grundlegende Bedeutung des europäischen Rechts stets hervorzuheben.[1446] Im hochpolitischen Bereich der Außen-, Sicherheits- und Verteidigungspolitik kann dieser Wirkung aber tatsächlich nur begrenzt Bedeutung zugewiesen werden. Der Wirkung des Rechts kommt in diesem Bereich auf Grund der weiten Einschätzungs- und Entscheidungsspielräume des ER und des Rates nur eine limitierte Funktion zu.[1447] Darüber hinaus sind die Maßnahmen nur für die Union selbst[1448] und für die Mitgliedstaaten bindend[1449]; gegebenenfalls auch für Drittstaaten bzw. internationale Organisationen. Unmittelbares Recht kann – mit Ausnahme

---

1442 Ähnlich: Wessel, The European Union's Foreign and Security Policy: A Legal Institutional Perspective, S. 201; anders: Nettesheim, EuR 6/2006, S. 737 (S. 766).

1443 Ruffert, in: Calliess/ders., EUV/AEUV, Art. 288 AEUV, Rn. 5 und 6.

1444 Vgl. den Wortlaut von Art. 288 AEUV.

1445 Bast, Grundbegriffe der Handlungsformen, S. 15; Ruffert, in: Calliess/ders., EUV/AEUV, Art. 288 AEUV, Rn. 5.

1446 Danwitz, Europäisches Verwaltungsrecht, S. 148.

1447 Giegerich, Wege zu einer vertieften Gemeinsamen Außen- und Sicherheitspolitik: Reparatur von Defiziten als „kleine Lösung", in: Kadelbach (Hrsg.), Die Europäische Union am Scheideweg: mehr oder weniger Europa?, S. 131 (S. 156).

1448 Hetmeier, in: Lenz/Borchardt, EU-Verträge Kommentar, Art. 288 AEUV, Rn. 31.

1449 Art. 28 Absatz 2 EUV.

von Maßnahmen mit Sanktionscharakter – im Rahmen der GASP nicht erlassen werden. Es ist vielmehr so, dass die im Rat vertretenen Regierungsvertreter, die von ihnen vertretenen Mitgliedstaaten selbst verpflichten. Es liegt kein supranationales Recht vor, das die Union im Rahmen der GASP unmittelbar gegenüber ihren Mitgliedstaaten oder deren Staatsbürgern erlassen kann. Die Begründung von Rechten und Pflichten für Einzelne wird gerade nicht erzeugt und ist grundsätzlich auch nicht beabsichtigt. Eine Ausnahme hierzu stellen die GASP-Beschlüsse zur Einleitung von Sanktionen wie z.B. Einreiseverbote oder Waffenembargos dar, denen eine unmittelbare Wirkung zuzusprechen ist.[1450]

In diesem Zusammenhang darf auch nicht unbeachtet bleiben, dass das auswärtige Handeln auf dem Grundsatz basiert, die Souveränität der Mitgliedstaaten in der Außen- und Sicherheitspolitik möglichst unangetastet zu lassen.[1451] Folglich gibt es im Rahmen der GASP keine Instrumente zur Durchsetzung oder Sanktionierung von Mitgliedstaaten für den Fall des Nichtbefolgens bzw. der ungenügenden Umsetzung von „angeordneten" Maßnahmen. Dies ist ein entscheidender Unterschied zu den Wirkungen der sonstigen unionalen Handlungsformen. Aber auch wenn die klassische Handlungsformenlehre die Unverbindlichkeit als relevante Rechtswirkung ablehnt,[1452] kann hieraus keine begrenzte Daseinsberechtigung der Handlungen in der GASP folgen. Diese Schlussfolgerung kann auch mit dem Wortlaut des Art. 288 AEUV untermauert werden, der gerade die unverbindlichen Maßnahmen der Empfehlung und der Stellungnahme aufzählt und damit erkennen lässt, dass das Primärrecht der Union nicht zwischen den für den Wirkungsmodus sonst üblichen Parametern der Verbindlichkeit und Unverbindlichkeit differenziert.

Im Ergebnis ist festzuhalten, dass der Wortlaut der Art. 21 und 25 ff. EUV nicht den Aspekt der Rechtswirkung adressiert. Auch die Praxis der GASP zeigt auf, dass die speziellen Handlungsformen gerade nicht dazu bestimmt sind, eine unmittelbare und vorrangige Geltung zu beanspruchen,[1453] woraus auch zu folgern ist, dass die aus dem Vorrang des Unionsrechts abgeleitete Verpflichtung der Mitgliedstaaten zur Nichtanwendung entgegenstehenden nationalen Rechts

---

1450 Thym, 50 Archiv des Völkerrechts (2012), S. 125 (S. 149, Fußnote 141).

1451 Peters/Wagners, Gemeinsame Außen- und Sicherheitspolitik, in: Heinel/Knodt (Hrsg.), Politikfelder im EU-Mehrebenensystem, S. 45.

1452 Appel, Das internationale Kooperationsrecht der Europäischen Union, S. 207 (m.w.N.).

1453 Thym, 50 Archiv des Völkerrechts (2012), S. 125 (S. 148).

nicht gilt.[1454] Diese soeben beschriebenen Aspekte stellen einen wesentlichen Unterschied zu der unionalen Handlungsformenlehre dar und erfordern somit eine bereichsspezifische Anpassung der Dogmatik betreffend die Handlungsformen innerhalb der GASP.

f) Handlungsformenhierarchie

Das fehlende hierarchische Verhältnis der unionalen Rechtsetzungsorgane hat zur Folge, dass die Rechtsakte des Primärrechts grundsätzlich auf derselben Rangstufe stehen,[1455] gleichgültig welcher unionsrechtlichen Rechtsquelle sie entstammen. Einzige Ausnahme hiervon stellen die habilitierten Durchführungsrechtsakte dar. Da diese kein Primärrecht an sich darstellen, können sie gerade nicht ihren zugrundeliegenden Basisrechtsakt ändern[1456] und sind demnach hierarchisch untergeordnet. Wie bereits erwähnt, sind Gesetzgebungsakte gemäß Art. 24 Absatz 1 EUV in der GASP jedoch ausgeschlossen. Das eliminiert zugleich die Möglichkeit, Maßnahmen der GASP als Rechtsakte des abgeleiteten Rechts[1457] zu qualifizieren. Dementsprechend fallen die Handlungsformen aus dem im Unionsrecht bekannten 3-Phasen-Modell heraus – und das obwohl sie bindende Wirkung aufweisen können.[1458] Konsequenz der Nichtqualifizierung als Gesetzgebungsakt ist, dass der Rat bei Entwürfen zu GASP-Maßnahmen nicht öffentlich tagen muss.[1459] Ferner werden auch den nationalen Parlamenten lediglich Entwürfe zu Gesetzgebungsakten zugeleitet (Art. 12 Absatz 1 lit. a EUV), die wiederum nur so die Möglichkeit haben, die Einhaltung des

1454 Ibid., S. 147 – nichtsdestotrotz sind die Mitgliedstaaten im Rahmen des in Art. 24 Absatz 3 EUV normierten Loyalitätsgebots dazu verpflichtet, die GASP-Beschlüsse einzuhalten und deren Umsetzung zu unterstützen.

1455 Bast, Handlungsformen und Rechtsschutz, in: v. Bogdandy/ders. (Hrsg.): Europäisches Verfassungsrecht, S. 489 (S. 530 f.); Nettesheim, EuR 6/2006, S. 737 (S. 740).

1456 Bast, Handlungsformen und Rechtsschutz, in: v. Bogdandy/ders. (Hrsg.): Europäisches Verfassungsrecht, S. 489 (S. 535).

1457 Delegierte Rechtsakte oder Durchführungsrechtsakte.

1458 Mit dem „*hierarchical three-level model*" meint *De Witte* die formale Einteilung in Gesetzgebungsakte, die im ordentlichen und im besonderen Gesetzgebungsverfahren erlassen werden, und die Rechtsakte der Exekutive (Rechtsakte des abgeleiteten Rechts) – siehe hierzu: De Witte, Legal Instruments and Law-Making in the Lisbon Treaty, in: Griller/Ziller, The Lisbon Treaty, S. 79 (S. 100).

1459 Vgl. Art. 16 Absatz 8 EUV und De Witte, Legal Instruments and Law-Making in the Lisbon Treaty, in: Griller/Ziller, The Lisbon Treaty, S. 79 (S. 101).

Subsidiaritätsgrundsatzes zu prüfen.[1460] Ob hier aber von einer relevanten Auswirkung hinsichtlich demokratischer (In-)Transparenz gesprochen werden kann, bleibt äußerst fraglich, da die GASP im Ergebnis praktisch von den nationalen Vertretern im ER gesteuert wird.

Auch ein explizites Rangverhältnis zwischen den Handlungsformen der GASP lässt sich aus dem Wortlaut des Art. 25 EUV nicht unmittelbar entnehmen. Allerdings lässt sich ein Hinweis auf ein hierarchisches Verhältnis aus Art. 22 EUV bzw. Art. 26 EUV ableiten. Nach diesen Vorschriften gestaltet der Rat die GASP auf der Grundlage der vom ER festgelegten allgemeinen Leitlinien und strategischen Vorgaben. Aus dieser Bestimmung – zusammen mit der systematischen Anordnung in Art. 25 EUV – lässt sich durchaus ein hierarchisches Element erkennen. Für diese Annahme spricht auch die vertragliche Gestaltung des Art. 22 EUV, nachdem die nach dieser Vorschrift erlassenen grundsätzlichen Vorgaben des ER durch den Rat (bzw. den Hohen Vertreter) als operatives GASP-Entscheidungszentrum vorzubereiten und umzusetzen sind[1461]. Zu beachten ist aber, dass zwischen den durchzuführenden Aktionen und einzunehmenden Standpunkten kein Stufenverhältnis erkannt werden kann.[1462]

g) Formenwahlermessen

Um die Aufgaben und Ziele der Union – und der GASP – nach außen hin verwirklichen zu können, bedarf die Gemeinschaft eines eigenen Handlungsinstrumentariums. Wie auch im übrigen Unionsrecht – und auch im Völkerrecht[1463] – wird den GASP-Akteuren grundsätzlich die Freiheit der Formenwahl gelassen.[1464] Einschränkungen bestehen – wie bereits erläutert – hinsichtlich des allgemein geltenden Subsidiaritätsgrundsatzes und Verhältnismäßigkeitsgrundsatzes[1465] sowie dann, wenn die Vorschrift, nach der gehandelt wird, eine bestimmte Form

1460 De Witte, Legal Instruments and Law-Making in the Lisbon Treaty, in: Griller/Ziller, The Lisbon Treaty, S. 79 (S. 101).

1461 Bitterlich, in: Lenz/Borchardt, EU-Verträge Kommentar, Art. 22 EUV, Rn. 1 a.E.

1462 Wessel, The European Union's Foreign and Security Policy, S. 126 – die Ausführungen des Autors beziehen sich auf die noch unter dem EUV-Amsterdam normierte/n Gemeinsame Aktion/Gemeinsamen Standpunkt.

1463 Wengler, 22 Archiv des Völkerrechts (1984), S. 306–327 (S. 312).

1464 Kadelbach, in: von Arnauld (Hrsg.), Europäische Außenbeziehungen (EnzEuR Bd. 10), § 4, Rn. 89; Streinz/Ohler/Herrmann, Der Vertrag von Lissabon zur Reform der EU, § 10 V.

1465 De Witte, Legal Instruments and Law-Making in the Lisbon Treaty, in: Griller/Ziller, The Lisbon Treaty, S. 79 (S. 96); generell: Art. 5 EUV.

festlegt.[1466] Jedoch binden die Verträge nur im Einzelfall die Kompetenz an eine bestimmte Handlungsform[1467] und das in der GASP grundsätzlich weniger als in den vergemeinschafteten Kompetenzbereichen.[1468] Zu beachten ist natürlich, dass aus dem strengen Prinzip der begrenzten Einzelermächtigung generell folgt, dass die Organe nicht über den ihnen übertragenen Zuständigkeitsbereich handeln dürfen und sofern ausnahmsweise eine bestimmte Handlungsform vorgegeben wird, auch nur diese erlassen werden darf.[1469] In der GASP gilt eben die Besonderheit, dass die handelnden Organe an die Vorgaben der Art. 25 ff. EUV gebunden sind.[1470] Das heißt, dass für Maßnahmen innerhalb der GASP weder Verordnungen und Richtlinien noch Gesetzgebungsvorhaben in Betracht kommen. Es dürfen grundsätzlich nur Beschlüsse als bindende Maßnahmen ergehen. Der Erlass von Stellungnahmen und Empfehlungen und anderen – insbesondere atypischen Maßnahmen – ist aber auch in der GASP nicht ausgeschlossen.

h) Handlungsformschaffung

Für die GASP gilt wie für die übrigen Unionsbereiche, dass die in Art. 21 ff. EUV genannten Aufgaben und Ziele ein flexibles Handlungsinstrumentarium benötigen. Wenn die genannten Handlungsformen nicht ausreichen, müssen auch andere ergriffen werden können.[1471] Dabei gelten die bereits oben erläuterten Prinzipien der Handlungsformfortentwicklung und Grenzen der Handlungsform(neu)schaffung für das Unionsrecht entsprechend.

i) Rechtsschutzgesichtspunkte

Wie bereits oben dargelegt, stellt das Ermöglichen einer Rechtskontrolle durch die Gerichte einen Grundbaustein der nationalen Handlungsformenlehre dar.

1466 Kadelbach, in: von Arnauld (Hrsg.), Europäische Außenbeziehungen (EnzEuR Bd. 10), § 4, Rn. 115; Frenz, Handbuch des Europarechts, Wirkungen und Rechtsschutz, Rn. 1515.

1467 Goldmann, Internationale öffentliche Gewalt, S. 434; Härtel, Handbuch Europäische Rechtsetzung, 3. Teil, § 8, Rn. 27.

1468 Härtel, Handbuch Europäische Rechtsetzung, 3. Teil, § 8, Rn. 28 – mit einem Überblick an Beispielen (jedoch in Bezug auf den damals noch geltenden EG-Vertrag Nizza).

1469 Leidenmuehler, ICL-Journal 2010, Vol. 4, S. 191 (196).

1470 Kadelbach, in: von Arnauld (Hrsg.), Europäische Außenbeziehungen (EnzEuR, Bd. 10), § 4, Rn. 115.

1471 Frenz, Handbuch des Europarechts, Wirkungen und Rechtsschutz, Rn. 1523.

Indem bestimmte Rechtswirkungen bestimmten Sachverhalten zugeordnet werden können, die anhand des zugrundeliegenden Rechtsrahmens und dessen Prinzipien legitimiert werden können, wird der rechtliche Überprüfungsrahmen festgelegt. Dadurch werden rechtsstaatliche Prinzipien erfüllt und zugleich die Rechtssicherheit und die Transparenz gefördert. Je weniger Handlungsformen aber an rechtsstaatliche Bindungen geknüpft sind, desto weniger Bedeutung kann ihnen zugemessen werden.[1472] Dieses Prinzip gilt auch für die unionale Rechtsordnung – jedoch mit dem entscheidenden Unterschied der Entkoppelung des Rechtsschutzes von der Bezeichnung der genutzten Handlungsform.[1473] In der GASP ist dies aber tatsächlich anders. Die GASP ist bekanntlich von der Rechtskontrolle des Gerichtshofs ausgenommen. Die Maßnahmen können lediglich nach Kompetenzüberschreitungen im Rahmen von Art. 40 EUV bzw. bei individueller Betroffenheit einer natürlichen Person von einer GASP-Maßnahme überprüft werden. Folglich ist dem typischen Merkmal des Ermöglichens einer justiziablen Kontrolle bei der Kategorisierung des GASP-Handelns in ein Handlungsformensystem keine bzw. nur geringe Beachtung zu schenken.

Das fehlende Kontrollregime wirft jedoch Bedenken dahingehend auf, dass den GASP-Organen damit möglicherweise eine unkontrollierte Dispositionsbefugnis über die einzusetzenden Maßnahmen zusteht. Folglich scheint die Gefahr eines Ermessensmissbrauchs bei der Formenwahl wahrscheinlicher, als es bei bestehenden Kontrollinstanzen der Fall wäre. In den übrigen Unionsbereichen, in denen der Handlungsformenkatalog des Art. 288 AEUV zur Verfügung steht, ist die Gefahr des Formenmissbrauchs trotz bestehenden Formenwahlermessens durch die generelle Anfechtbarkeit dieser Handlungen gedämmt.[1474] Denn in diesen Bereichen verhindert die Wahl der Form des Rechtsaktes eben nicht ihre Anfechtbarkeit. Die Handlungen der GASP unterliegen aber keiner bzw. nur einer sehr beschränkten Justiziabilität. Gerade unter diesem Aspekt erscheint der Rückgriff auf die juristische Dogmatik mehr als nur notwendig, um der GASP eine ausreichende Legitimitätsgrundlage zu schaffen. Schließlich trägt die rechtswissenschaftliche Lehre durch die kritisch-wertende Reflexion der Praxis zur Entwicklung und Stärkung der Legitimität von hoheitlichem Handeln bei. Die Handlungsformenlehre kann – auch im Rahmen der GASP – methodisch die Position des Kontrollregimes einnehmen und alternative Formenkonzepte

1472 Glaser, Die Entwicklung des Europäischen Verwaltungsrechts, S. 61.
1473 Vgl. die vorangegangenen Ausführungen.
1474 Vgl. Bast, Grundbegriffe der Handlungsformen, S. 100.

anhand der im Rechtsregime bestehenden Legitimitätsanforderungen entwickeln und diese den Organen anbieten.

j) Zwischenergebnis

Als Zwischenergebnis kann festgehalten werden, dass sich der Bereich der GASP im Allgemeinen für die Systematisierung durch eine Handlungsformenlehre eignet. Die Charakteristik der GASP spricht grundsätzlich nicht gegen die Anwendung solcher Grundsätze – auch wenn dies in angepasster Form erfolgen muss. Ein Rückgriff auf die Elemente der traditionellen Handlungsformenlehre – unter Beachtung der unionalen Ausprägungen und GASP-spezifischen Besonderheiten – erscheint durchaus sinnvoll. Die unionalen Außenbeziehungen stellen praktisch gesehen eine Fortsetzung interner Politiken der Mitgliedstaaten dar, die auf Grund der für die Implementierung zur Verfügung stehenden administrativen Strukturen mit dem nationalen Verwaltungsrecht vergleichbar sind.[1475] Die elementare Schlussfolgerung daraus ist, dass Maßnahmen der GASP selbstverständlich einer normativen Grundlage sowie rechtlich verpflichtender Grenzen bedürfen. Das Verhalten der Akteure im Bereich dieser Politik darf nicht in einem rechtsfreien Raum ausgeübt werden. Es bedarf, wie bei dem übrigen unionalen Handeln, einer normativen Legitimationsgrundlage, deren Anforderungen sich die einzelnen Maßnahmen stellen und die sie erfüllen müssen. Auch bedarf es eines systematisierten Schemas mit einheitlichen Maßstäben, auf Grund dessen die Praxis der GASP standardisiert und zugleich vorhersehbar gemacht wird. Die Vorhersehbarkeit kommt dabei den Außenstehenden genauso zugute wie den Akteuren selbst. Für Letztere ist insbesondere entscheidend, dass sie sich – wie auch im übrigen Unionsrecht – darauf verlassen können, dass andere Organe sich an die in der GASP geltenden „Spielregeln" halten. Denn die Eigenverantwortlichkeit der GASP-Akteure und die Effektivität des Handelns müssen in ein Gleichgewicht gebracht werden,[1476] welches wiederum zur Legitimierung und Akzeptanz des Handelns führt. Hierzu sind Elemente und Parameter, die die Grundlagen für eine hinreichende Legitimität aufstellen, unerlässlich. Folglich bedürfen die Maßnahmen der GASP (inklusive Handlungen der GSVP) wie auch traditionelle Handlungsformen rechtsordnungsbezogener Parameter, die dem Verhalten der GASP-Organe eine Stellung im unionalen

1475 Vgl. Kadelbach, in: von Arnauld (Hrsg.), Europäische Außenbeziehungen (EnzEuR, Bd. 10), § 4, Rn. 2.

1476 Ähnlich: Schmidt-Aßmann, Das allgemeine Verwaltungsrecht als Ordnungsidee, S. 390.

System zuweisen. Das heißt, es muss zunächst die Feststellung getroffen werden, dass das Verhalten eine Maßnahme aus dem GASP-Bereich, also dem auswärtigen Handeln der Union, darstellt. Damit wird die Handlungsform zugleich auch dem notwendigen Gültigkeitsregime, welches die von der Handlungsform ausgehenden Rechtswirkungen legitimiert, zugeordnet. Diese Legitimierung erfolgt dabei anhand der im Unionsrecht feststehenden Grundsätze und Elemente, so dass auch die GASP-Handlungsformenlehre – wie auch die klassische Handlungsformenlehre – durch Rechtmäßigkeits- und Wirksamkeitsanforderungen geprägt ist. Die Kriterien der Rechtmäßigkeit ergeben sich wiederum aus dem Rechtsregime. Sie gliedern sich in die aus dem nationalen Recht bekannte Kategorisierung der formellen und materiellen Maßstäbe. Dabei ist das für die GASP relevante Rechtsregime durch eine Dreidimensionalität geprägt – durch das Unionsrecht, das Völkerrecht und das nationale Recht der Mitgliedstaaten.

Nichtsdestotrotz gibt es Aspekte der klassischen Handlungsformenlehre, die nicht auf die GASP übertragen werden können. Dem klassischen Ziel der Schaffung des Rechtsschutzes ist in der GASP keine besondere Bedeutung zuzumessen, da es an der unmittelbaren Wirkung der Maßnahmen fehlt und eine Entkoppelung der Handlungsform vom Rechtsschutz erfolgte. Überdies, wie auch im übrigen Unionsrecht, erfährt der klassische Gewaltenteilungsansatz im Sinne einer Abgrenzung zwischen Legislative und Exekutive keine Ausprägung. Allerdings schmälert das Nichtvorliegen dieser klassischen Funktionen nicht die generelle Übertragbarkeit der Handlungsformenlehre auf die GASP. Ganz im Gegenteil, die Vorteile, die sich aus der Etablierung eines systematischen Grundschemas ergeben, welches sich an normativen Strukturen orientiert und das politische Handeln ordnet sowie im besten Falle auch vorhersehbar macht, überwiegen. Darüber hinaus können aus der Etablierung eines GASP-spezifischen Handlungsformensystems möglicherweise auch andere Funktionen abgeleitet werden, die der klassischen Lehre fremd sind. Auf diese weitergehenden Funktionen ist im nächsten Schritt einzugehen.

2. Spezielle Funktionen der Handlungsformenlehre innerhalb der GASP

Es wurde festgestellt, dass der Rechtsbereich der GASP den Grundsätzen einer Handlungsformenlehre zugänglich ist. Zugleich wurde aber auch eruiert, dass die fundamentalen Elemente der Handlungsformenlehre wie die der Gewaltenteilung, der parlamentarische Kontrolle und des Rechtsschutzes im Rahmen der GASP nur bedingt Relevanz haben. Folglich scheint es sinnvoll, nun zu erörtern, welche anderen sinnvollen Funktionen der Kodifizierung der außenpolitischen

Maßnahmen der GASP im Rahmen dieser Dogmatik gefunden werden können. Dabei ist vorweg darauf hinzuweisen, dass die dogmatische Betrachtung im Vordergrund steht und politische Gründe, die festzustellende Funktionen in der Praxis eventuell wieder einschränken bzw. außer Kraft setzen könnten, auszublenden sind.

a) Ausdruck der Gewaltenteilung

Offenkundig ist, dass die Handlungsformen der GASP im Rahmen dieses Bereichs nicht die Funktion der Gewaltenteilung im klassischen Sinne untermauern können. Das unionale System verfügt nicht über die klassischen Strukturen eines demokratischen Staats.[1477] Es kann keine klare Abgrenzung zwischen Legislative und Exekutive erfolgen, die der demokratischen Legitimität dient.[1478] Der Rat als legislatives Organ übernimmt auch Aufgaben im Bereich der Exekutive, was mit einem System der strikten Gewaltentrennung grundsätzlich nicht vereinbar ist.[1479] Trotz allem erlangt der Gewaltenteilungsansatz im Rahmen der GASP eine – wenn auch andersartige – Ausprägung. Zum einen in der Form einer interinstitutionellen Gewaltenteilung, da die speziellen Handlungsformen eine Abgrenzung des GASP-Bereichs von den anderen Unionspolitikbereichen ermöglichen.[1480] Die im Titel V Teil 2 enthaltenen Bestimmungen sehen den Einsatz politikspezifischer Handlungsformen vor, die ausschließlich für den Bereich der GASP gelten. Durch Verwendung dieser Handlungsformen wird evident, dass es sich um Maßnahmen handelt, die im Rahmen des Titels V bzw. der Art. 21 ff. EUV erlassen wurden und nicht den übrigen Kompetenzbereichen zuzuordnen sind. Damit wird zugleich aufgezeigt, dass der Einsatz dieser Handlungsformen von der Art der Zuständigkeit abhängt.[1481] Folglich ermöglichen

---

1477 Vgl. hierzu: Kadelbach, Allgemeines Verwaltungsrecht unter europäischem Einfluss, S. 227 ff.; Nettesheim, EuR 6/2006, S. 737 (S. 762).

1478 Vgl. Hable, Handlungsformen und Kompetenzen in der Europäischen Verfassungsdebatte, IEF Working Paper Nr. 53, 2003, S. 10.

1479 Siehe auch: Hable, Handlungsformen und Kompetenzen in der Europäischen Verfassungsdebatte, IEF Working Paper Bd. 53, 2003, S. 14 f.; *Thym* spricht davon, dass es sich bei der Ausübung der GASP um die Ausübung von exekutiver Gewalt handelt – Thym, 50 Archiv des Völkerrechts (2012), S. 125 (S. 153).

1480 Kadelbach, in: von Arnauld (Hrsg.), Europäische Außenbeziehungen (EnzEuR, Bd. 10), § 4, Rn. 36.

1481 Härtel, Handbuch Europäische Rechtsetzung, 3. Teil, § 8, Rn. 41.

die GASP-Handlungsformen neben der Abgrenzung von den verschiedenen Unionspolitiken zugleich auch eine begrenzende Zuständigkeitszuteilung.

Zum anderen wird dem Gewaltenteilungsansatz aber auch in einer Art externen Ausprägung gegenüber den Mitgliedstaaten und auch Drittstaaten Ausdruck verliehen. Indem durch die Verwendung der speziell im GASP-Bereich vorgegebenen Instrumente eine Differenzierung zwischen dem „unionalen" außenpolitischen Handeln eines Mitgliedstaats und dem eigenständigen außenpolitischen Handeln eines Mitgliedstaats statuiert wird, wird eine imaginäre Grenze zwischen der unionalen GASP-Maßnahme und den autonomen nationalen Maßnahmen der Mitgliedstaaten, die nicht unter dem Dach der GASP ausgeführt werden, gezogen[1482].

a) Kompetenzab- und -eingrenzung

Dem speziellen Ausdruck der Gewaltenteilung folgend enthält die Kategorisierung in Art. 22 und Art. 25 EUV zugleich eine Art Kompetenzab- und -eingrenzung[1483], die jedoch nicht unmittelbar evident ist. Im Vergleich, die Handlungsformen des Katalogs des Art. 288 AEUV enthalten gerade keine ausdrückliche Bestimmung, die eine Abgrenzung zwischen den Kompetenzsphären der Union und der Mitgliedstaaten normiert.[1484] Das Unionsrecht hat vielmehr eine Entlastung der Handlungsformen dergestalt vollzogen, dass diese nicht über Kompetenzen und eine Begrenzung der Unionsgewalt entscheiden müssen.[1485] Die Kompetenzen und ihr Umfang werden vielmehr vom Primärrecht festgelegt und als bestehend für die Wahl einer Handlungsform vorausgesetzt. Auf den ersten Blick scheint es so, dass dies auch für den Handlungsformenkatalog der GASP gilt. So spricht dieser – wie auch Art. 288 AEUV – von der Union, die auf die einzelnen normierten Maßnahmen auf Grund primärrechtlich verankerter Kompetenz zurückgreifen kann. Jedoch verhalten sich die Handlungsformen der Art. 22 und 25 ff. EUV hinsichtlich der Kompetenzabgrenzung zu den Mitgliedstaaten im Vergleich zu den übrigen Unionsbereichen anders. Wie bereits als besondere Ausprägung des Gewaltenteilungsansatzes erwähnt wurde, wird in der GASP mittelbar eine Abgrenzung zu den mitgliedstaatlichen Kompetenzen in der Außenpolitik vorgenommen. Die GASP-Handlungsformen dürfen eben

1482 Siehe hierzu auch die unmittelbar folgenden Ausführungen.

1483 Allgemein hierzu: Hable, Handlungsformen und Kompetenzen in der Europäischen Verfassungsdebatte, IEF Working Paper Bd. 53, 2003, S. 8.

1484 Noch zur alten Rechtslage: Bast, Grundbegriffe der Handlungsformen, S. 105.

1485 Nettesheim, EuR 6/2006, S. 737 (S. 764).

nur in diesem Bereich zur Anwendung kommen. Das heißt, handeln die im Rat vertretenen mitgliedstaatlichen Regierungsvertreter unter dem Schirm der GASP, handelt es sich nicht um die unilaterale Außenpolitik des einzelnen Mitgliedstaats, sondern um die „gemeinsame" Außenpolitik. Folglich beinhalten die GASP-Handlungsformen im Gegensatz zu den übrigen unionalen Handlungsformen[1486] eine Kompetenzverteilung zwischen Union und Mitgliedstaaten.[1487]

Darüber hinaus erfolgt durch die Wahl einer GASP-Handlungsform unmittelbar eine Begrenzung der unionalen Kompetenzen. In den übrigen Zuständigkeitsbereichen der Union stehen den Organen die Handlungsformen des Art. 288 AEUV zu. Ein Rückgriff auf diese ist in der GASP ausgeschlossen. Genauso kann in den übrigen vergemeinschafteten Bereichen nicht auf die Handlungsformen der GASP zurückgegriffen werden. Handlungsformen der GASP In diesem gegenseitigen Ausschluss kann zugleich eine partielle Begrenzung des Kompetenzumfangs der unionalen Organe gesehen werden. Dies gilt umso mehr, seitdem die EU-Verträge nun nicht mehr zwischen der EG und der EU unterscheiden. Mittlerweile gibt es nur noch die Union. Dabei ist zu beachten, dass es sich dabei nicht um eine starre Verknüpfung der Handlungsform mit der Kompetenz handelt – wie dies etwa aus dem nationalen Verwaltungsrecht bekannt ist, wonach die Handlungsformen die Ausübung der Kompetenz bestimmen. Denn in der Zuständigkeitsbegrenzung liegt zugleich ein dynamisches Element, da die Handlungsformen der Art. 22 und 25 ff. EUV den Rückgriff auf *sui generis*-Handlungsformen durch die zuständigen Organe nicht unterbinden.

Mit der Kompetenzab- und -eingrenzung unmittelbar zusammenhängend ist die durch die Wahl einer GASP-Handlungsform erfolgte Zuteilung der Kompetenz. Es wird zwar nicht unmittelbar das handelnde Organ identifiziert, doch wird erkennbar gemacht, dass es sich um eine Maßnahme handelt, die im Rahmen des Titels V, Art. 21 ff. EUV erlassen wurde und nicht den übrigen Kompetenzbereichen der Union zuzuordnen ist. Zugleich wird ausgeschlossen, dass die

---

1486 Hable, Handlungsformen und Kompetenzen in der Europäischen Verfassungsdebatte, IEF Working Paper Bd. 53, 2003, S. 6 – wobei die Ausführungen noch die damals bestehende EG betreffen.

1487 In gewissem Maße überschneiden sich hier die Funktionen der Ausprägungen des Gewaltenteilungsansatzes mit dem der Kompetenzab- und -eingrenzung (vgl. auch die Ausführungen im vorherigen Absatz dieses Abschnitts).

Kommission (oder nicht in der GASP-Außenpolitik zuständige Unterorgane der Union) gehandelt hat.[1488]

b) Festlegung von Verfahren und der internen Organisation

Wie auch der AEUV legt der EUV Verfahrensvorschriften für die Fassung von Maßnahmen innerhalb der GASP und speziell auch für die GSVP fest. Jedoch gelten gemäß Art. 24 Absatz 1 Unterabsatz 3 S. 1 EUV für den Erlass der Handlungsformen der GASP – in Abweichung zu den allgemeinen Regeln nach dem AEUV – besondere Verfahrensregeln. Deutlich wird dies nicht nur an dem vorherrschenden Prinzip der Einstimmigkeit, sondern vor allem auch daran, dass der Erlass von Gesetzgebungsakten in der GASP ausgeschlossen[1489] und die parlamentarische Kontrolle äußerst eingeschränkt ist. Durch die Festlegung von speziellen Beschlussregeln wird eine unmissverständliche Abgrenzung zu den Verfahrensstrukturen der übrigen Kompetenzbereiche erreicht. Die Verfahrensbestimmungen der übrigen Unionsbereiche sind in der GASP nicht anwendbar. Folglich kann anhand des gewählten Beschlussverfahrens erkannt werden, ob ein Beschluss im Rahmen der GASP gefasst wurde oder nicht. Wurde ein Beschluss per Einstimmigkeit gefasst, liegt darin zugleich der Hinweis auf das besondere Beschlussverfahren der GASP nach Art. 31 EUV vor. Auch ein Beschluss, der auf Grund einer qualifizierten Mehrheitsentscheidung erlassen wird, in dem zugleich auf eine in Art. 31 Absatz 2 Unterabsatz 1 EUV genannte Maßnahme verwiesen wird, lässt eindeutig den Schluss auf das Vorliegen einer GASP-spezifischen Handlungsform zu. Hier schließt sich der Kreis mit der bereits obig genannten Kompetenzab- und -eingrenzung.

Überdies wird durch die Verwendung der GASP-Handlungsformen die Reichweite der parlamentarischen Beteiligung festgesetzt. Soweit bei Verfahrensgang das Parlament in Erscheinung tritt, ist evident, dass die Maßnahme nicht im Rahmen der GASP gefasst worden sein kann. Diese Schlussfolgerung kann auch im umgekehrten Fall angewendet werden, wonach die Wahl der Handlungsformen der GASP ausschließt, dass das Parlament in diesem Bereich gesetzgeberisch tätig wird. Diese Feststellung zeigt zugleich die bestehende Konnexität zur oben erwähnten Kompetenzab- und -eingrenzung auf. Denn soweit das

---

1488 In gewissem Maße überschneiden sich hier die Funktionen der Ausprägungen des Gewaltenteilungsansatzes mit dem der Kompetenzab- und -eingrenzung (vgl. auch Ausführungen im vorherigen Absatz dieses Abschnitts).

1489 Art. 289 Absatz 3 AEUV.

Parlament keine aktiven Mitwirkungsrechte beim Erlass der GASP-Maßnahmen hat, ist seine Kompetenz auch eingeschränkt.

Zu beachten ist jedoch, dass die besonderen Verfahrensstrukturen nicht auch zugleich spezifische Entstehungsverfahren für die unterschiedlichen GASP-Handlungsformen festlegen. Die durchzuführenden Aktionen und einzunehmenden Standpunkte unterfallen z.B. denselben Beschlussmodalitäten.

c) Schaffung von Rechtsklarheit und Rechtssicherheit

In der klassischen Handlungsformenlehre liegt der Schwerpunkt des Zwecks der Handlungsformenlehre in der Schaffung von Rechtsklarheit und Rechtssicherheit.[1490] Durch die formelle Festlegung von Wirkungen, die den Anforderungen des Verhältnismäßigkeitsgrundsatzes entsprechen, und der Manifestierung von Gültigkeitsvoraussetzungen, die zugleich eine Begründungspflicht für das öffentlich-rechtliche Handeln auslösen, werden diese Funktionen erfüllt. Die hieraus folgende rechtsstaatliche Konsequenz ist, dass die in Frage stehenden Handlungen auch dem Rechtsschutz zugänglich sind. Das heißt, dass Maßnahmen durch die festgelegten Parameter für das einzelne Individuum angreifbar und zugleich für das Gericht nachträglich überprüfbar sind. Letzterem kann in der GASP – wie bereits mehrfach erwähnt – wegen des Ausschlusses der Justiziabilität keine elementare Betrachtung geschenkt werden. Nichtsdestotrotz trägt die Formalisierung der GASP in rechtsdogmatischer Sicht zur Schaffung von Rechtsklarheit und Rechtssicherheit – wenn auch nur in einem überschaubaren Maß – bei. Es kann nämlich nicht von der Hand gewiesen werden, dass die Festlegung von formellen und materiellen Strukturen für politisches Handeln dieses in gewisser Weise auch vorhersehbar(er) macht. Denn haben sich die Mitgliedstaaten zu einem gemeinsamen Handeln entschlossen, schaffen sie zugleich auch die Basis für ein rechtsverbindliches Handeln im Rahmen der im Titel V, Kapitel 2 des EUV zur Verfügung stehenden Handlungsmittel. Dieses Handeln unterliegt den vorgegebenen Verfahrensstrukturen und den materiell-rechtlichen Anforderungen. Das in den bereits statuierten Handlungsformen gespeicherte Wissen betreffend die materiell-rechtlichen Rechtsfolgen[1491] führt auch im Bereich der hochpolitischen und von Diplomatie beherrschten GASP dazu, dass eine gewisse rechtliche Struktur eingehalten wird. Auch wenn es an

---

1490 Kadelbach, in: von Arnauld (Hrsg.), Europäische Außenbeziehungen (EnzEuR, Bd. 10), § 4, Rn. 7; vgl. auch Ausführungen oben unter 2. Teil, Abschnitt I. D. und F.

1491 Bast, Handlungsformen und Rechtsschutz, in: v. Bogdandy/ders. (Hrsg.): Europäisches Verfassungsrecht, S. 489 (S. 537).

Sanktionsmaßnahmen für den Fall der Nichteinhaltung im Bereich der GASP fehlt und damit ein tatsächlicher Zwang der Mitgliedstaaten praktisch nicht besteht, ist auf Grund des allgemein geltenden unionalen Loyalitätsgebots und eventuell entstehenden politischen Drucks davon auszugehen, dass sich die mitgliedschaftlichen Vertreter, nachdem bereits ein Kosens zu einem gemeinsamen unionalen Handeln gefunden wurde, nicht den Verfahrensanforderungen entziehen werden.

Im Übrigen wird durch die Differenzierung von politikspezifischen Handlungsformen zugleich auch eine leichtere Zuordnung (Kompetenzbereiche, Organ etc.) ermöglicht. Auch diese trägt zur Rechtsklarheit und Rechtssicherheit bei.

d) Bestimmung des Verhältnisses zur Rechtsform

Fraglich ist, ob die Systematisierung der GASP-Handlungsformen zu der Bestimmung des Verhältnisses zwischen der Handlungsform und der Rechtsform bzw. *vice versa* beiträgt und man damit der GASP-Handlungsformenlehre eine weitere sinnvolle Funktion zuweisen kann. Diesem potenziellen Zweck kann man jedoch nur dann Beachtung schenken, wenn man die Ansicht vertritt, dass Handlungsformen und Rechtsformen überhaupt in einem Stufenverhältnis zueinander stehen.[1492] Sofern man jedoch die Begrifflichkeiten lediglich als Synonyme verwendet,[1493] scheint die Bestimmung eines abgrenzenden bzw. gesonderten Verhältnisses der Begrifflichkeiten zueinander obsolet.

Nehmen wir – entgegen den obigen Ausführungen – also an, dass sich die Rechtsform tatsächlich von der Handlungsform in der Hinsicht unterscheidet, dass sie als Oberbegriff die Handlungsform und daneben auch die Rechtsquelle erfasst und dass die Handlungsform – im Gegensatz zur Rechtsform – weder ein Begriff des positiven Rechts noch der Rechtstheorie ist, sondern lediglich dem äußeren System des Verwaltungshandelns zuzuordnen ist.[1494] Dabei stellt die Handlungsform in klassischen Staatsstrukturen einen rechtlich qualifizierbaren Tätigkeitstyp dar, welcher der Verwaltung zur Durchsetzung ihrer Ziele

---

1492 Z.B. *Kadelbach*, der die Rechtsform als Oberbegriff für die Handlungsform und Rechtsquelle sieht – Kadelbach, Allgemeines Verwaltungsrecht unter europäischem Einfluss, S. 297; Stelkens, in: Stelkens/Bonk/Sachs, VwVfG, § 35, Rn. 3 (m.w.N.) und Rn. 5 f.

1493 Vgl. Hoffmann-Riem, in: ders./Schmidt-Aßmann/Voßkuhle (Hrsg.), Grundlagen des Verwaltungsrechts, § 33, Rn. 10 m.w.H.; auch Hinweis bei Kadelbach, in: von Arnauld (Hrsg.), Europäische Außenbeziehungen (EnzEuR, Bd. 10), § 4, Fußnote 5.

1494 Kadelbach, Allgemeines Verwaltungsrecht unter europäischem Einfluss, S. 297.

zur Verfügung steht.[1495] Entscheidend ist hierbei, dass eine rechtliche Einordnung dieser Handlungsform noch gar nicht erfolgt ist. Denn erst durch die Rechtsform wird die Handlungsform rechtlich qualifizierbar.[1496] Dabei ist das, was die Rechtsform vorgibt, zugleich auch der Maßstab, an dem sich die Handlungsform zu messen hat. Diese Konsequenz folgt daraus, dass die Rechtsform auch die Rechtsquelle erfasst. Letzteres stellt die Anforderungen der Rechtserzeugung und damit die Zulässigkeit normativer Handlungsformen dar.[1497] Der mit dieser Unterordnung einhergehende Anspruch an die Handlungsformen, bestimmte Anforderungen zu erfüllen, korrespondiert auch mit dem Prinzip der begrenzten Einzelermächtigung und der organschaftlichen Kompetenzabgrenzung, nach dem sich die Union als Rechtsgemeinschaft (bzw. Rechtsunion[1498]) der Handlungsformen und Verfahren zu bedienen hat, die ihr das Unionsrecht zuteilt.[1499] Die Union kann sich nicht Handlungsformen bedienen, die nicht durch das Unionsrecht zugelassen sind – was schlussendlich bedeutet, dass die für die Union handelnden Organe solche Handlungsformen auch nicht anwenden dürfen. Dieser Grundsatz gilt auch für den Bereich des Titels V EUV. Folglich hat die Union spezielle Handlungsformen geschaffen, die dem unionsrechtlich Zulässigen entsprechen. Diesen Ausführungen folgend – und unter der Annahme der differenzierten Betrachtung der Handlungsform und Rechtsform – kann durchaus angenommen werden, dass die Funktion der Systematisierung der GASP-Maßnahmen zur Bestimmung des Verhältnisses zwischen Handlungsform und Rechtsform dient. Im Ergebnis wird sogar eine Abgrenzung zwischen diesen Formen geschaffen.

e) Effektivitätssteigerung

Im Zusammenhang mit der durch die Systematisierung von GASP-spezifischen Handlungsformen ermöglichten Abgrenzung zur Rechtsform steht eine weitere

---

1495 Ibid.

1496 Kadelbach, in: von Arnauld (Hrsg.), Europäische Außenbeziehungen (EnzEuR, Bd. 10), § 4, Rn. 4.

1497 Kadelbach, Allgemeines Verwaltungsrecht unter europäischem Einfluss, S. 297.

1498 Der EuGH spricht nun nicht mehr von der Union als Rechtsgemeinschaft, sondern von der Rechtsunion, vgl. EuGH Urteil v. 29. Juni 2010, Rs. C-550/09, Slg. 2010, 6213 (ECLI:EU:C:2010:382), Rn. 44.

1499 Kadelbach, in: von Arnauld (Hrsg.), Europäische Außenbeziehungen (EnzEuR, Bd. 10), § 4, Rn. 8 – auch m.w.N.; Langguth, in: Lenz/Borchardt, EU-Verträge Kommentar, Art. 5 EUV, Rn. 4.

Funktion. Durch die Verknüpfung der Handlungsform mit der Rechtsform und die damit einhergehende Etablierung der Ersteren in den relevanten Rechtsrahmen wird deutlich, dass die Union – in den Grenzen der Kompetenzübertragung – selbst steuern kann, welcher Rechtsformen sie sich bedient. Das heißt, durch die rechtliche Formalisierung von gesonderten Handlungsformen wird aufgezeigt, dass es sich um spezielle Tätigkeitstypen für einen bestimmten (Politik)Bereich handelt, die es den Unionsorganen und relevanten Akteuren erlauben in dem entsprechenden Bereich flexibler zu agieren. Denn eine gewisse Formenvielfalt bietet durchaus die Chance situationsangepasster zu handeln.[1500] Damit scheint die Formalisierung von speziellen Handlungsformen auch aus Gründen der Kohärenz und Effizienz sinnvoll. Denn die Union ist mehr als ihre Mitgliedstaaten darauf angewiesen, die auf sie übertragenen Kompetenzen (*und deren rechtliche Ausgestaltung*) als Mittel der Politikgestaltung zu nutzen.[1501] Daraus kann man zugleich die Forderung abgeleitete werden, dass die Union ihr Handlungsinstrumentarium an die einzelnen (Politik)Bereiche anpassen können muss. Im Ergebnis bedeutet dies, dass eine Systematisierung der GASP-Handlungsformen auch ein Mittel darstellt, um diese Politik effektiv und flexibel umzusetzen.

f) Bestimmung von hierarchischen Ebenen

Das Verhältnis zwischen den verschiedenen Handlungsformen innerhalb der GASP entspricht nicht der traditionellen Ansicht der Handlungsformenlehre von einer Hierarchie der vorgegebenen Instrumente.[1502] Es wird nicht zwischen legislativen und nichtlegislativen Rechtsakten unterschieden.[1503] Soweit man jedoch nicht von einer formalistischen Hierarchie sprechen kann, kann in der

1500 Szczekalla, in: Terhechte, Verwaltungsrecht der Europäischen Union, § 5, Rn. 5.

1501 Kadelbach, in: von Arnauld (Hrsg.), Europäische Außenbeziehungen (EnzEuR, Bd. 10), § 4, Rn. 8 – die kursiv-gefassten Ausführungen stammen nur von der Autorin und nicht von *Kadelbach*.

1502 Vgl. Kadelbach, in: von Arnauld (Hrsg.), Europäische Außenbeziehungen (EnzEuR, Bd. 10), § 4, Rn. 154; vgl. zur Hierarchie, die durch eine Dogmatisierung eines Rechtssystems entstehen kann: Nettesheim, EuR 6/2006, S. 737 (S. 739).

1503 Der Entwurf des EVV sah dahingehend gerade die Unterscheidung zwischen dieser Art von Rechtsakten vor und hätte bei Ratifikation wohl zu einem hierarchischen Stufenverhältnis geführt, jedoch auch wieder mit Ausnahmen für die GASP und GSVP – vgl. Art. I-34 und Art. I-35 EVV-Entwurf sowie Art. I-40 und Art. I-41 EVV-Entwurf vom 29. April 2004.

GASP sowohl eine interinstitutionelle als auch eine operative hierarchische formale Anordnung erkannt werden.

In interinstitutioneller Hinsicht zeigt sich, dass der ER als oberste Entscheidungsinstanz über dem Rat steht. Ihm kommt eine Präponderanz zu, die insbesondere in Art. 26 EUV zum Ausdruck gelangt.[1504] Gemäß Art. 26 Absatz 2 EUV fasst der Rat die erforderlichen Beschlüsse auf Grundlage der vom ER festgelegten allgemeinen Leitlinien und strategischen Vorgaben. Dies entspricht auch dem bereits erwähnten Prinzip der gestuften Willensbildung, nach dem auf der ersten Stufe die in Art. 21 Absatz 1 und 2 EUV genannten Ziele und auf der zweiten nachfolgenden Stufe die Bestimmung der strategischen Interessen und Ziele durch den ER stehen.[1505] In der darauffolgenden dritten Stufe erfolgt die eigentliche Durchführung der Politik durch den Rat.[1506] Zudem wird durch die Anerkennung des ER als Unionsorgan mit den Lissabonner Reformen dessen Leitorganstellung unterstrichen.[1507] Allerdings ist es auch denkbar, dass der Rat ohne strategische Vorgaben und allgemeine Leitlinien des ER handelt – vor allem in einer konkreten Lage bzw. Krisensituation[1508], so dass die wortlautmäßige interinstitutionelle Hierarchie wieder etwas relativiert wird. Andere Autoren lehnen ein hierarchisches Verständnis der GASP-Normen mit dem Argument ab, dass die strategischen Interessen und Ziele lediglich politischer Natur sind, die darauf abzielen, die Mitgliedstaaten in der Ausführung ihrer nationalen Außenpolitik zu leiten und zu beeinflussen.[1509] Da vorliegend jedoch die reine formalistische Ausprägung im EUV beleuchtet wurde, soll die politisch motivierte Begründung der Nichthierarchie hier außer Acht gelassen werden.

Überdies werden andere hierarchische Elemente innerhalb der GASP aufgefunden. Titel V des EUV schafft eine hierarchische Aufteilung zwischen dem ER und Rat einerseits und der Kommission und dem Parlament andererseits. Auf Grund der geringen Einflussmöglichkeiten dieser Unionsorgane in der Sekundärrechtsetzung der GASP wird eine Höherstellung des ER und des Rates innerhalb dieses Kompetenzbereichs begründet. Faktisch führt dies auch zu

1504 Kaufmann-Bühler/Meyer-Landrut, in: Grabitz/Hilf/Nettesheim, Das Recht der EU, Art. 26 EUV, Rn. 21.

1505 Vgl. hierzu: Cremer, in: Calliess/Ruffert, EUV/AEUV, Art. 22 EUV, Rn. 3.

1506 Ibid., Rn. 6 f.

1507 Aber auch vor der vertraglichen Manifestierung der Organstellung wurde die zentrale Stellung des ER als Leitorgan der GASP bereits anerkannt – vgl. v. Bogdandy/Bast/Arndt, ZaöRV 2002, S. 77 (S. 114).

1508 Bitterlich, in: Lenz/Borchardt, EU-Verträge Kommentar, Art. 26 EUV, Rn. 3.

1509 De Pasquale, in: Blanke/Mangiameli, TEU-Commentary (2013), Art. 25, Rn. 4.

einer Vorherrschaft der Mitgliedstaaten gegenüber der Kommission und dem Parlament, da der ER und der Rat aus den Staats- und Regierungschefs bzw. mitgliedstaatlichen Vertretern besteht. Ob die zuletzt genannten Auswirkungen der Systematisierung der GASP-Instrumente als sinnvolle Funktion erachtet werden können, hängt schlussendlich davon ab, ob man ein Befürworter der intergouvernementalen Struktur ist oder nicht, und soll dementsprechend nicht weiter erörtert werden.

g) Festlegung von Konkretheitsstufen

Wegen der fehlenden Festlegung von Rechtswirkungen in Art. 22 und Art. 25 EUV weisen die Handlungsformen grundsätzlich nicht denselben Konkretheitsgrad wie die in Art. 288 AEUV normierten Handlungsformen auf. Dennoch sind in der Kategorisierung der Art. 22 und Art. 25 EUV gewisse Konkretheitsstufen für die einzelnen Handlungsformen erkennbar. Bei Betrachtung der Struktur und des Aufbaus der Art. 22, 25 ff. EUV fällt nämlich auf, dass die systematische Gliederung der Handlungsinstrumente nach der Konkretheit der jeweiligen Maßnahme erfolgt.[1510] Die oberste Stufe bilden dabei die allgemeinen Leitlinien, die den höchsten Abstraktheitsgrad aufweisen.[1511] Darauf folgt der Beschluss zur Durchführung einer Aktion bzw. zur Annahme eines Standpunktes, wobei Ersteres wiederum inhaltlich konkreter ist.[1512] Folglich können einzunehmende Standpunkte in der Abstraktheit höher eingestuft werden als Aktionen.

h) Strukturierung des gesamten Kooperationsmechanismus

Nicht von der Hand zu weisen ist, dass die Systematisierung der Handlungen der GASP in bestimmte Formentypen tatsächlich zu einer Verrechtlichung der vormals informellen Abstimmungsprozesse geführt hat.[1513] Die vormals rein politische Zusammenarbeit wird nun in bestimmten rechtlichen Bahnen geführt, sobald sich die Mitgliedstaaten in den Gremien darauf geeinigt haben. *Kadelbach* sieht die Handlungsinstrumente der GASP sogar als oberste Stufe einer Kaskade der rechtlichen Politikgestaltung, denen zugleich der Auftrag der

---

1510 Cremer, in: Calliess/Ruffert, EUV/AEUV, Art. 25 EUV, Rn. 1.

1511 Ibid.

1512 Vgl. Wortlaut des Art. 28 Absatz 1 EUV im Vergleich zu den inhaltlichen Anforderungen eines Standpunktes nach Art. 29 EUV.

1513 Kadelbach, in: von Arnauld (Hrsg.), Europäische Außenbeziehungen (EnzEuR, Bd. 10), § 4, Rn. 118.

Kohärenzschaffung mit dem übrigen auswärtigen Handeln obliegt.[1514] Für die Annahme des allgemeinen Kohärenzauftrages sprechen vor allem die verfahrensrechtlichen Grundlagen zum Erlass von restriktiven Maßnahmen. Denn die Handlungsformen der GASP dienen gerade der Vorbereitung der Handlungen nach dem AEUV,[1515] so dass die Wirkung der Instrumentenstrukturierung im Rahmen der GASP auch in andere Bereiche ausstrahlt. Insbesondere wird durch die Handlungsformen die Einheitlichkeit der Maßnahmen der Mitgliedstaaten und der Union gefördert und den Handlungen zugleich mehr Gewicht auf dem internationalen Feld verliehen. Die Gefahr der Fragmentierung, die bei sonstigem gemeinschaftlichem Handeln, welches sich gerade nicht der GASP-Instrumente bedient, bestehen kann, wird durch die Verwendung der systematischen Strukturen vermieden. Zudem kommt es zu einer Bündelung der einzelnen mitgliedschaftlichen Kräfte, was nochmals durch das Wirken der Union verstärkt wird. Folglich liegt das Ziel der Systematisierung der GASP auch darin, das gesamte Verhalten – der Mitgliedstaaten und der Union – zu harmonisieren und widersprüchliches Verhalten auf dem internationalen Parkett zu vermeiden. Dies wird u.a. durch die vorgegebenen Handlungsformen erreicht. Folglich kann die Strukturierung des Kooperationsmechanismus durchaus als Zweck der Verrechtlichung der GASP aufgezählt werden.

i) *Etablierung von langfristigen Strukturen*

Bei der Durchsicht der Maßnahmen, die der (im Folgenden noch darzustellenden) empirischen Analyse zugrunde lagen, ist aufgefallen, dass viele der erlassenen GASP-Maßnahmen sozusagen als „Folgemaßnahmen" zu einer „Grundmaßnahme" erlassen wurden. Das heißt, einige der GASP-Beschlüsse betrafen schlicht die Verlängerung einer bereits bestehenden Maßnahme oder die Bereitstellung von weiteren Finanzierungsmitteln zu einer schon beschlossenen Maßnahme. In anderen Fällen wurden Missionsleiter ernannt oder es wurde der Posten eines Sonderbeauftragten eingerichtet. Diesen Maßnahmen ist gemein, dass sie auf eine bereits durch GASP-Handlungsformen etablierte

1514 Kadelbach, in: von Arnauld (Hrsg.), Europäische Außenbeziehungen (EnzEuR, Bd. 10), § 4, Rn. 118 – betreffend den Verweis auf die Kaskade macht *Kadelbach* auch auf die Ausführungen von *Cremer* zu der kaskadenartig gestuften Willensbildung i.R.d. GASP aufmerksam – Cremer, in: Calliess/Ruffert, EUV/AEUV, Art. 21 EUV, Rn. 3.

1515 Vgl. Art. 215 Absatz 1 und 2 AEUV, nach dem ein GASP-Beschluss des Rates als Grundlage für restriktive Maßnahmen in der Handelspolitik dient.

Struktur zurückgreifen. Daraus lässt sich wiederum ableiten, dass GASP-Maßnahmen in inhaltlicher Sicht auf eine Langfristigkeit ausgerichtet sind und bestenfalls auf bereits Bestehendes zurückgreifen können – eine Langfristigkeit und Nutzung bestehender Strukturen, welche sehr wahrscheinlich bei schlichtem Zusammenwirken einzelner Mitgliedstaaten ohne die unionalen Verpflichtungen wohl nicht zu erreichen wäre.

j) Umsetzung völkerrechtlicher Pflichten

Wegen der Verzahnung der GASP von Unionsrecht und Völkerrecht stellt die Ausformung und Implementierung dieser intergouvernemental geprägten Außenpolitik mit den vorgegebenen Handlungsformen die Schnittstelle zum Recht der Mitgliedstaaten in Bezug auf das Völkerrecht dar.[1516] Denn die Maßnahmen der GASP etablieren Umsetzungsinstrumente für die Implementierung der völkerrechtlichen Pflichten.[1517] Die Implementierung dieser Umsetzungsinstrumente erfolgt wiederum mit den Mitteln der einzelnen Mitgliedstaaten. Als exemplarisches Beispiel sei die Umsetzung von UN-Sanktionen genannt. Mit der Verknüpfung des Unionsrechts mit dem Völkerrecht wird auch klar, dass die GASP-Maßnahmen eine unmittelbare verfassungsrechtliche Bedeutung für die auswärtige Gewalt der einzelnen Mitgliedstaaten haben.[1518]

Im Ergebnis trägt der Rückgriff auf die GASP-Handlungsformen auch zur Sicherung einer geschlossenen völkerrechtlichen Vertretung bei.[1519] Denn mit Erlass einer GASP-Handlungsform haben sich bereits 27 Regierungsvertreter auf ein gemeinsames Vorgehen geeinigt, das auf dem völkerrechtlichen Parkett als vereintes Vorgehen mit mehr Gewicht als einzelnes unilaterales Vorgehen gewertet wird.

1516 Kadelbach, in: von Arnauld (Hrsg.), Europäische Außenbeziehungen (EnzEuR, Bd. 10), § 4, Rn. 12.

1517 Kadelbach, in: von Arnauld (Hrsg.), Europäische Außenbeziehungen (EnzEuR, Bd. 10), § 4, Rn. 89.

1518 Kadelbach, in: von Arnauld (Hrsg.), Europäische Außenbeziehungen (EnzEuR, Bd. 10), § 4, Rn. 12.

1519 Vgl. hierzu EuGH, der im Gutachten v. 15. November 1994, 1/94, Rn. 108 ausführt, dass die Mitgliedstaaten und die Unionsorgane sowohl bei der Aushandlung und dem Abschluss eines gemischten Übereinkommens als auch bei dessen Durchführung verpflichtet sind zusammenzuarbeiten. Die Pflicht zur Zusammenarbeit ergibt sich dabei aus der Notwendigkeit einer geschlossenen völkerrechtlichen Vertretung der Gemeinschaft.

k) Unionaler Beitrag zur Entwicklung des Völkergewohnheitsrechts

Folgt man der Ansicht, dass internationale Organisationen Rechtsetzungssubjekte im Rahmen des Völkerrechts sind und damit die Fähigkeit aufweisen, einen Beitrag zu der (Weiter-)Entwicklung von Völkergewohnheitsrecht zu leisten,[1520] ist davon auszugehen, dass auch die Union als durch ihre Organe selbstständig handelndes Völkerrechtssubjekt im Rahmen ihrer allgemeinen auswärtigen Politik einen Beitrag zu der Ausformung des Völkergewohnheitsrechts erbringt.[1521] Die Handlungsformen der Außenpolitik sind demnach nicht nur Mittel der Umsetzung völkerrechtlicher Pflichten, sondern stellen auch ein Medium zur autonomen Gestaltung des Völkerrechts dar.[1522] Diese Annahme wird zwar relativiert, wenn man sich vergegenwärtigt, dass die intergouvernementale GASP im Ergebnis eine Fortführung der nationalen Außenpolitiken der Mitgliedstaaten darstellt und die inhaltliche Gestaltung schlussendlich den nationalen Vertretern in den relevanten Gremien obliegt. Folglich ist ein eigener Beitrag der Union zur Entwicklung des Völkergewohnheitsrechts in der GASP – sowie auch in der GSVP – nicht offensichtlich. Denn die Maßnahmen im Rahmen der GASP geben – rein formalistisch betrachtet – nur den Gestaltungswillen der Mitgliedstaaten wieder und haben möglicherweisen keinen materiellen Unionsinhalt.[1523] Nichtsdestotrotz sollte bedacht werden, dass sich die Union in ihren Zielen der strikten Einhaltung und Weiterentwicklung des Völkerrechts verpflichtet hat.[1524] Überdies stellt das Völkerrecht eine Rechtsquelle für das unionale Handeln dar und da das Völkergewohnheitsrecht gemäß Art. 38 Absatz 1 lit. b IGH-Statut als Bestandteil des Völkerrechts gilt, ist dies zugleich ein Teil des Unionsrechts.

Im Ergebnis kann also zumindest davon ausgegangen werden, dass eine Beschleunigung des Gewohnheitsrechtsbildungsprozesses durch die Bündelung

---

1520 Vgl. zu diesem Themenkomplex: Damm, Die Europäische Union im universellen Völkergewohnheitsrecht, S. 134 ff.

1521 Damm, Die Europäische Union im universellen Völkergewohnheitsrecht, S. 148 und S. 156 – und dies obwohl die Autorin zunächst ausführte, dass die inhaltliche Gestaltung der vergemeinschafteten Außenpolitiken mittelbar den Mitgliedstaaten – durch ihre Vertretung im ER – obliegt und der Union lediglich die Ausgestaltung des Abstimmungsverhaltens obliegt und die Union damit keinen Beitrag zur Entwicklung des Völkergewohnheitsrechts leistet – vgl. u.a. S. 140 f. und S. 144.

1522 Kadelbach, in: von Arnauld (Hrsg.), Europäische Außenbeziehungen (EnzEuR, Bd. 10), § 4, Rn. 89.

1523 Damm, Die Europäische Union im universellen Völkergewohnheitsrecht, u.a. S. 143 f.

1524 Vgl. Art. 3 Absatz 5 EUV.

von Unionsinteressen und mitgliedstaatlichen Interessen, die zu einer Verminderung der beteiligten Akteurs- und Wertepluralität führt, in Gang gesetzt wird.[1525] Im Übrigen kann die Bündelung von unionalen und mitgliedstaatlichen Interessen richtungsweisende Wirkung entfalten,[1526] die im besten Falle einen positiven Effekt auf die Herausbildung einer ständigen Übung für die Begründung von Völkergewohnheitsrecht hat.

l) Ausprägung als Rechtsgemeinschaft

Auch wenn der Union selbst in der GASP nur ein kleiner autonomer Beitrag zur Entwicklung des Völkergewohnheitsrechts zugesprochen werden kann, so zeigt das gesamte außenpolitische Handeln der Union deutlich, dass sie dem Anspruch als Rechtsgemeinschaft gerecht wird bzw. werden will. Denn die Herausarbeitung von bestimmten Rechtsformen mit anknüpfenden Rechtsregeln geht einher mit der Ausdifferenzierung als Rechtsstaat[1527] – und die Kompetenzen unter Titel V, Teil 2 EUV erlauben der Union gerade innerhalb der GASP ihr eigenes Sekundärrecht zu entwickeln.[1528] Um dieses Ziel zu erreichen – sowie auch ihre Pflichten als Rechtsgemeinschaft zu erfüllen –, steht der Union u.a. das breitgefächerte Handlungsinstrumentarium der Art. 21, 25 ff. EUV zu.[1529] Dieses Handlungsinstrumentarium musste vor allem deswegen geschaffen werden, weil der Zugriff auf die Handlungsformen des Art. 288 AEUV für die Ausführung der GASP ausgeschlossen ist.

Die Etablierung als Rechtsgemeinschaft wird des Weiteren dadurch untermauert, dass der Union mittlerweile Völkerrechtssubjektivität zugesprochen wird und die Union im Rahmen der GASP-Außenkompetenzen befugt ist, völkerrechtliche Verträge abzuschließen, in denen die Union als Vertragspartei anstelle der Mitgliedstaaten auftritt. Darüber hinaus kann sie völkerrechtliche Ansprüche verfolgen und gegebenenfalls auch an durch völkerrechtliche

---

1525 Damm, Die Europäische Union im universellen Völkergewohnheitsrecht, u.a. S. 257.

1526 Ibid., S. 258.

1527 Hoffmann-Riem, in: ders./Schmidt-Aßmann/Voßkuhle (Hrsg.), Grundlagen des Verwaltungsrechts, § 33, Rn. 7; ähnlich: Terhechte, Europäische Verfassungsstudien, S. 183, S. 185 und S. 720.

1528 Ähnlich: Magiera, Zur Reform der Normenhierarchie im Recht der Europäischen Union, Integration 4/1995, S. 197 (S. 199).

1529 Ähnlich: Kadelbach, in: von Arnauld (Hrsg.), Europäische Außenbeziehungen (EnzEuR, Bd. 10), § 4, Rn. 11.

Verträge begründeten Streitschlichtungsmechanismen partizipieren.[1530] Überdies ist die Union bereits in internationalen Organisationen vertreten bzw. wirkt zumindest als Beobachter bei deren Handeln mit. Im Übrigen dienen die Beschlüsse nach Art. 25 ff. EUV durchaus zur Äußerung des unionalen Ansatzes in bestimmten internationalen Situationen gegenüber Drittstaaten,[1531] welches auch der Etablierung als Rechtsgemeinschaft Ausdruck verleiht. Im Zirkelschluss zeigt sich hier wiederum die Konnexität der Etablierung als Rechtsgemeinschaft zum Beitrag der Union zur Entwicklung des Völkergewohnheitsrechts. Denn die Äußerung eines unionalen gemeinsamen Ansatzes beim Vorgehen in der Außenpolitik kann durchaus auch richtungsweisende Wirkung für die internationale Entwicklung des Völker(gewohnheits)rechts haben. Schlussendlich wird die Möglichkeit zur Einflussnahme auf die Entwicklung des Völkergewohnheitsrechts durch den Status als Rechtsgemeinschaft verstärkt.

Im Ergebnis möchte die Union einen eigenen Willen schaffen, der sich von den Mitgliedstaaten abgrenzen lässt,[1532] und hierzu verhelfen die systematisierten Handlungsformen auch. Die Mitgliedstaaten unterstützen dies implizit, indem sie sich für ein Handeln unter dem Schirm der Union unter Verwendung der vorgegebenen Handlungsformen entscheiden. Würden die Vertreter der Mitgliedstaaten nicht für ein gemeinsames Handeln im Rahmen der GASP stimmen, machten sie ihr Verhalten auch nicht zu einem Teil des Unionsrechts.[1533]

m) Bestimmung des Haftungsadressaten

Eine mögliche weitere Funktion der Kategorisierung in Handlungsformen könnte darin liegen, dass die Union den Haftungsadressaten für die Handlungen im Rahmen der GASP festlegen möchte. Die Bestimmung des Haftungsadressaten – und damit zugleich Zurechnungssubjekt für Rechte und Pflichten – ist jedoch diffizil. Die Handlungsformen in der klassischen Lehre wollen den Staat und die Regierung adressieren, damit die Verantwortlichkeit und Haftung an sie weitergegeben werden kann. Das Handeln der nationalen Regierungen

---

1530 Gutachtliche Stellungnahme des EuGH vom 14. Dezember 1991, C-1/91, Rn. 40; dazu: Damm, Die Europäische Union im universellen Völkergewohnheitsrecht, u.a. S. 159.

1531 De Pasquale, in: Blanke/Mangiameli, TEU-Commentary (2013), Art. 25, Rn. 14.

1532 Wessel, The European Union's Foreign and Security Policy, S. 253 ff.

1533 Dies wird deutlich, wenn die Mitgliedstaaten sich entscheiden in der Formation der im Rat vereinigten Vertreter der Mitgliedstaaten zu handeln und sich damit zugleich gegen das Fassen einer GASP-Handlungsform entschließen.

hat jedoch grundsätzlich direkte und unmittelbare Wirkung. Im Bereich der GASP ist dies aber nicht der Fall. Bei Maßnahmen der GASP bedarf es immer zunächst eines Handelns bzw. einer Umsetzung durch den einzelnen Mitgliedstaat. Das heißt zugleich, dass die Union eben nicht direkt und unmittelbar handelt. Erschwerend tritt hinzu, dass die Politikverflechtungen innerhalb der GASP-Entscheidungsmechanismen es erschweren, Entscheidungsträger klar zu identifizieren und gegebenenfalls als Verantwortliche zu bestimmen. Dementsprechend kann der Zurechnungs- und Haftungsfunktion, die wiederum Anknüpfungspunkte für den Rechtsschutz des Einzelnen sind, innerhalb der GASP nur eine begrenzte Funktion zugemessen werden.

Allerdings kann nicht von der Hand gewiesen werden, dass der Bestimmung des Zurechnungsträgers bei dem Zusammenwirken von mehreren Handlungsträgern – wie es für die GASP typisch ist – eine Schlüsselfunktion zukommt. In Anbetracht dessen, dass die Mitgliedstaaten seit dem Vertrag von Maastricht nicht mehr als Akteure der Außenpolitik aufgezählt sind[1534] und seitdem ausschließlich die Union als Akteur der GASP identifiziert wird sowie als Konsequenz der durch Art. 47 EUV an die Union verliehenen Rechtspersönlichkeit, dass sämtliche in Art. 21, 25 ff. EUV genannten Handlungsformen nun auch der Union zuzurechnen sind, ist die Union im Zweifel auch als Haftungsadressat zu sehen.

n) Anpassung der Realität an das Recht

Grundsätzlich kann davon ausgegangen werden, dass die Etablierung eines Handlungsformensystems zu einer Anpassung der sozialen Realität an die rechtliche Realität führt.[1535] Die rechtliche Strukturierung von bestimmten Maßnahmen in einem Handlungsrahmen ist ein Ergebnis der Formalisierung vergangener Praxis. Unter Umständen kann mit der Formalisierung auch eine Verknüpfung von rechtlichen Bedingungen mit nichtrechtlichen Faktoren erreicht werden.[1536] Für den Bereich der GASP heißt das, dass vergangenes Verhalten der relevanten politischen Akteure in rechtliche Bahnen geleitet wurde. Im besten Falle wird die diplomatische Informalität in einer Handlungsform gebündelt. Folglich kann zumindest angenommen werden, dass die formalistischen Strukturen eine gewisse Transparenz in der Ausführung der GASP

1534 Vgl. Ex-Art. J.1 des Vertrages von Maastricht: „die Union und ihre Mitgliedstaaten".

1535 Wessel, The European Union's Foreign and Security Policy, S. 206.

1536 Vgl. Hoffmann-Riem, in: ders./Schmidt-Aßmann/Voßkuhle (Hrsg.), Grundlagen des Verwaltungsrechts, § 33, Rn. 2 a.E.

schaffen und die GASP-Politik einem formellen Beratungsprozess zugänglich machen.[1537] Dies trägt zugleich zur Durchschaubarkeit[1538] und Glaubwürdigkeit dessen bei. Im Übrigen darf nicht verkannt werden, dass die Systematisierung der GASP-Handlungsformen überhaupt erst die Möglichkeit zur Verwendung der im Konsens beschlossenen Maßnahmen schafft.[1539]

o) Überwachung der Rechtsordnung

Eine weitere – wenn auch nicht stark ausgeprägte – Funktion der vertraglichen Fixierung von speziellen Handlungsformen für die GASP kann in der Überwachung der unionalen Rechtsordnung gefunden werden. Dabei handelt es sich nicht um die Überwachung im Sinne eines gerichtlichen Systems,[1540] sondern um eine Art interinstitutionelles Balancesystem. Denn abgesehen von typischen justiziellen Überwachungsgremien gibt es weitere Kontrollmechanismen, die durchaus solche Wirkungen erzeugen, dass sie als sinnvolle überwachende Funktion eines Handlungsformensystems aufgezählt werden können. *Goldmann* spricht hier überzeugend von folgenbezogenen Parametern, die von harten bis weichen Sanktionsmechanismen bis hin zu Berichtsverfahren, direkten Implementierungssystemen[1541] und der klassischen Justiziabilität reichen.[1542]

Das hier angesprochene interinstitutionelle Balancesystem äußert sich darin, dass der ER als oberstes Entscheidungsgremium eine Art Überwachungsorgan – wenn auch ohne echte[1543] Sanktionsmöglichkeiten – in Bezug auf die Einhaltung der Verfahrensvorschriften darstellt.[1544] Darüber hinaus erfolgt auch eine limitierte Überwachung durch das Parlament, da diesem die finanzielle Budgethoheit

---

1537 Eeckhout, EU External Relations Law, S. 188.

1538 Härtel, Handbuch Europäische Rechtsetzung, 3. Teil, § 8, Rn. 24.

1539 Allgemeiner: Wessel, The European Union's Foreign and Security Policy, S. 206.

1540 Wessel, The European Union's Foreign and Security Policy, S. 207.

1541 D.h., dass die Durchsetzung ohne Sanktionen und Retorsionen erfolgt, wie z.B. durch Verlust von Mitgliedschaftsrechten, vgl. Goldmann, Internationale öffentliche Gewalt, S. 479 f.

1542 Goldmann, Internationale öffentliche Gewalt, S. 471–483.

1543 Durchaus kann politischer und/oder interinstitutioneller Druck einen verpflichtenden Charakter aufweisen, welcher die Organe zur Einhaltung der vorgegebenen Rechten und Pflichten diszipliniert, ohne dabei bei Nichtbeachtung echten Sanktionen ausgesetzt zu sein.

1544 Wessel, The European Union's Foreign and Security Policy: A Legal Institutional Perspective, S. 208 f.

obliegt.[1545] Im Übrigen werden durch die GASP-spezifischen Vorgaben zum Handeln auch „Anleitungen" an die Mitgliedstaaten gegeben, an denen sich ihre nationalen Regelungen zu richten haben. Im besten Fall wird somit Kollisionen mit unionsrechtlichen Vorgaben entgegengewirkt,[1546] was wiederum eine Art Kontrolle des Einhaltens der Rechtsordnung darstellt.

p) Selbstregulierung der Organe

Mit der zuvor erwähnten Überwachungsfunktion geht die Selbstregulierung der Organe einher. Da die Organe in der Wahl ihrer Instrumente grundsätzlich frei sind, müssen sie genau entscheiden, welche Mittel sie zur Durchführung der GASP einsetzen. Im besten Falle wählen die Organe nuanciert und kontrolliert die in Betracht kommenden Mittel aus.[1547] Dies kann bedeuten, dass die Organe nicht die Handlungsform auswählen, die alle Wirkungen abdeckt, sondern gegebenenfalls auch schwächere Maßnahmen auswählen.[1548] Bei der Auswahl lassen sich die Organe durch das in den Handlungsformen gespeicherte Wissen und ihre vergangenen Praxiserfahrungen leiten. Resultat dessen ist auch, dass sich die Organe selbst binden, wenn sie in vergleichbaren Sachverhalten zu bestimmten Handlungsformen greifen. Hieraus entsteht nicht nur ein interinstitutioneller Vertrauensschutz der Organe untereinander, sondern im besten Falle auch ein „Gewissen" des handelnden Organs, sich von seinem eigenen vergangenen ständigen Handeln nicht zu distanzieren. Dementsprechend kontrollieren sich die Organe selbst, indem sie sich beim Entschluss zur Fassung von Maßnahmen nach Titel V, Kapitel 2 des EUV ihr vergangenes Verhalten und dessen zugrundeliegende Parameter vergegenwärtigen und sich zugleich daran messen. Dies zeigt zugleich auf, dass auch im unionsrechtlichen Sinne die traditionelle Lenkungsfunktion eine entscheidende Rolle spielt – nämlich die Forderung und Einhaltung dieser unionsrechtlichen Grundsätze. Dieser Sinn kann auch ohne weiteres auf die Instrumente der GASP übertragen werden. Denn die Ausführung der Zuständigkeiten in der GASP soll gemäß Art. 21 EUV von den dort genannten Grundsätzen geleitet werden. Diese Maßstäbe wirken sich vor

---

1545 Ibid., S. 240.

1546 Ähnlich: Kühling/Lieth, EuR 2003, S. 371 (S. 385).

1547 Bast, Handlungsformen und Rechtsschutz, in: v. Bogdandy/ders. (Hrsg.): Europäisches Verfassungsrecht, S. 489 (S. 544).

1548 Ibid.; ähnlich: Härtel, Handbuch Europäische Rechtsetzung, 3. Teil, § 8, Rn. 36.

allem auf Ermessens- und Abwägungsklauseln, sei es in verfahrensrechtlicher oder materieller Hinsicht, aus.[1549]

q) Verfestigung der Organqualität

In Bezug auf den ER schafft die Kategorisierung der Handlungsformen eine Verfestigung dessen Organstellung im unionalen System. Durch die Beschlussfassungskompetenz des ER in Art. 26 Absatz 1 Satz 2 EUV – und dessen neue Organqualität – wird seine Stellung als unionales Organ gestärkt.[1550] Diese Stärkung der Organstellung wirkt sich zudem auf die bereits oben genannte Funktion der Schaffung von Rechtsklarheit und Rechtssicherheit aus. Denn der ER als Organ der Union ist nun gemäß Art. 13 Absatz 2 EUV an die einschlägigen Verfahrensregeln gebunden. Das heißt, dass der ER verpflichtet ist, die speziellen Verfahrensvorschriften der GASP bei sämtlichen Handlungen einzuhalten.

Festzustellen ist auch, dass in der Vergangenheit GASP-Beschlüsse zur internen Organisationsregelung verwendet wurden. Nicht nur der EAD und das PSK, sondern auch einige Sonderbeobachter wurden durch GASP-Beschlüsse eingerichtet und einberufen. Diese Selbstorganisation führt auch zu der Verfestigung der organisatorischen Strukturen innerhalb der GASP und zugleich im unionalen Kontext.

r) Begründung von Handlungspflichten der Mitgliedstaaten

Offenkundig ist, dass eine generelle Pflicht zum Erlass von GASP-Maßnahmen nicht besteht. Jedoch kann der Erlass von GASP-Maßnahmen eine Pflicht der Mitgliedstaaten zum Handeln im weitesten Sinne[1551] begründen. Sobald eine GASP-Handlungsform zu einem bestimmten Sachverhalt eingesetzt wurde, ist die Entscheidungsfreiheit der Mitgliedstaaten (insbesondere zum eigenständigen außenpolitischen Handeln) eingeschränkt.[1552] Natürlich bestimmt sich das Maß der Einschränkung der nationalen Entscheidungsfreiheit nach der

---

1549 Schmidt-Aßmann, Das allgemeine Verwaltungsrecht als Ordnungsidee, S. 313.

1550 Marquardt/Gaedtke, in: von der Groeben/Schwarze/Hatje, EUV-Kommentar, Art. 25 EUV, Rn. 1.

1551 Damit soll gemeint sein, dass auch die Pflicht zum Unterlassen von bestimmten Handlungen bzw. generell zum Nichthandeln umfasst sein kann; allgemein zu der Einwirkung von einer (europäischen) Handlungsformenlehre auf die Rechtsordnungen der Mitgliedstaaten vgl. Vogenauer, ZEuP 2005, S. 234 (S. 253 f.).

1552 Wessel, The European Union's Foreign and Security Policy: A Legal Institutional Perspective, S. 201.

Abstraktheit der gewählten Maßnahme. Handelt es sich um allgemeine Leitlinien oder strategische Interessen, sind die Handlungsmöglichkeiten nicht so stark eingeschränkt, wie es z.B. bei einem Beschluss zur Durchführung einer Aktion der Fall wäre. Nichtsdestotrotz können auch unverbindliche Handlungsformen einen gewissen politischen Druck erzeugen, der sich im Ergebnis zu einem verpflichtenden Charakter entwickelt[1553] und damit Handlungspflichten der einzelnen Mitgliedstaaten begründet. Im Übrigen können auch bereits erlassene GASP-Maßnahmen ein nachfolgendes Agieren der Mitgliedstaaten in den entsprechenden Gremien erfordern, wenn es z.B. um die Entscheidung der Verlängerung einer Gemeinsamen Aktion oder die Neubestellung eines Sonderbeobachters für eine bereits bestehende Position geht.

s) Begründung des Handlungswahlrechts der Mitgliedstaaten

Neben der Begründung von mitgliedstaatlichen Handlungspflichten wird zugleich auch ein Handlungswahlrecht der Mitgliedstaaten hinsichtlich des Mitteleinsatzes geschaffen. Denn nach Art. 26 Absatz 3 EUV erfolgt die Durchführung der GASP mit einzelstaatlichen Mitteln und den Mitteln der Union. Da der EUV den Begriff der einzelstaatlichen Mittel nicht näher erläutert, ist davon auszugehen, dass die Wahl des einzusetzenden einzelstaatlichen Mittels den Mitgliedstaaten obliegt.[1554] Dabei ist es den Mitgliedstaaten grundsätzlich überlassen, die Mittel zur Umsetzung der Beschlussziele und -vorgaben zu wählen, solange diese sich an den Inhalt und die Vorgaben des gefassten Beschlusses halten. Das heißt auch, dass eine klare Abgrenzung dahingehend erfolgt, dass die Basis für das GASP-Handeln auf unionaler Ebene beschlossen wird, die Einzelheiten aber mit nationalen Maßnahmen, über die jeder einzelne Mitgliedstaat autonom entscheiden kann, festgelegt werden. Hierbei lassen Beschlüsse, die Standpunkte der Union bestimmen, den Mitgliedstaaten wesentlich mehr autonomes Handlungspotenzial, als es Beschlüsse nach Art. 28 EUV tun. Denn bereits der Inhalt der – ehemals genannten – gemeinsamen Aktionen muss gemäß Art. 28 Absatz 1 EUV den Umfang und die der Union zur Verfügung gestellten Mittel sowie Bedingungen enthalten. Folglich wohnt dem Beschluss bereits eine spezifische Determinierung hinsichtlich der Mittel, die die Mitgliedstaaten einsetzen sollen bzw. können, inne. Mithin enthält diese Festlegung eine Einschränkung des autonomen mitgliedstaatlichen Handelns. Dagegen müssen

---

1553 Wessel, The European Union's Foreign and Security Policy: A Legal Institutional Perspective, S. 201.

1554 Cremer, in: Calliess/Ruffert, EUV/AEUV-Kommentar, § 26 EUV, Rn. 11.

Beschlüsse zu Standpunkten weniger inhaltliche Einzelheiten aufweisen. Der Standpunkt ist ein Konzept der Union zur Regelung bestimmter geographischer oder thematischer Fragen, dessen Durchführung letztendlich in der Hand der Mitgliedstaaten liegt.[1555] Daher haben die Mitgliedstaaten bei der inhaltlichen Ausgestaltung und bei der Wahl der Mittel zum Erreichen des Ziels des Standpunktes mehr Spielraum, als es bei einer Aktion der Fall wäre.

Sofern noch kein Beschluss erlassen wurde, haben die Mitgliedstaaten ihr Verhalten an den gegebenenfalls vom ER verabschiedeten allgemeinen Leitlinien bzw. strategischen Interessen zu orientieren. Innerhalb dieser Orientierung bleibt auch hier die Wahl der Umsetzungsmittel den Mitgliedstaaten – im Rahmen der Ermessensgrundsätze – überlassen.

Auch im Bereich der GSVP wird deutlich, dass die autonome Handlungsfähigkeit der Mitgliedstaaten durch die Verrechtlichung der GASP bestimmt wird. Laut Art. 42 Absatz 3 EUV stellen die Mitgliedstaaten ihre zivilen und militärischen Fähigkeiten als Beitrag zur Verwirklichung der vom Rat festgelegten Ziele zur Verfügung. Wie die Mitgliedstaaten diese Mittel zur Verfügung stellen, bleibt aber wieder den Mitgliedstaaten überlassen. Also begründet auch die Wahl von GSVP-spezifischen Beschlüssen ein Handlungswahlrecht der Mitgliedstaaten.

t) Festlegung der Finanzierung

Mit der Bestimmung der GASP-spezifischen Handlungsformen wird neben den bereits Genannten ein weiterer ganz konkreter Zweck verfolgt, nämlich die Festlegung der Art der Finanzierung der gefassten Maßnahme.

Grundsätzlich werden GASP-Maßnahmen durch den Unionshaushalt finanziert. Gemäß Art. 41 Absatz 1 und 2 EUV gehen die Verwaltungsausgaben sowie operativen Ausgaben zu Lasten des Haushalts der Union, sofern der Rat nicht einstimmig etwas anderes beschließt.[1556] Dagegen belasten Maßnahmen mit militärischen und verteidigungspolitischen Bezügen das mitgliedstaatliche Budget.[1557] Dabei erfolgen die genaue Aufteilung der Finanzierung und die Erbringung durch die Mitgliedstaaten mittels einer Umlagefinanzierung im Verhältnis ihrer

1555 Bitterlich, in: Lenz/Borhardt, EU-Verträge Kommentar, Art. 29, Rn. 1.

1556 Eine weitere Ausnahme bilden die sog. gemeinsamen Kosten von EU-Operationen mit militärischem oder verteidigungspolitischem Bezug, die auf Grundlage des Beschlusses 2015/528 des Rates vom 27. März 2015 durch den sog. Athena-Mechanismus verwaltet werden.

1557 Vgl. Art. 41 Absatz 2 Unterabsatz 2 EUV.

Bruttosozialprodukte[1558]. Im Ergebnis bedeutet die Differenzierung zwischen operativen Ausgaben und Verwaltungsausgaben und Ausgaben, die im Rahmen von militärischen oder verteidigungspolitischen Beschlüssen anfallen, dass mit der Handlungsformenwahl - zumindest im Bereich der GSVP - zugleich auch über den einschlägigen Finanztopf entschieden wird.

Fraglich ist in diesem Zusammenhang, ob die finanzielle Belastung, die die Mitgliedstaaten bei der Wahl eines Beschlusses nach Art. 25, 43 EUV (etwa zur Durchführung einer militärischen Operation) treffen würde, faktisch zu einer Zurückhaltung des Einsatzes dieser Handlungsformen führt. Es erscheint auf jeden Fall nicht abwegig, dass die Entscheidungsträger im Rat dazu tendieren, Maßnahmen zu treffen, die durch den Unionshaushalt gedeckt sind und nicht unmittelbar ihren eigenen Haushalten zur Last fallen.

u) Informationsgewinnung

Nicht als Kernfunktion zu qualifizieren, aber dennoch wert aufgezählt zu werden, ist die Informationsgewinnung, die die Union durch die Etablierung des GASP-Handlungsformensystems erreicht. Dies zeigt sich insbesondere in der GSVP, bei deren Umsetzung in hohem Maße auf Expertenwissen zurückgegriffen wird. Nicht ohne Grund existieren verschiedenen Sondergremien (wie z.B. PSK und EVA), die die Rechtsetzungsorgane der GSVP mit dem notwendigen Wissen für den Maßnahmenerlass ausstatten.[1559] Aber auch in den übrigen Bereichen der GASP wird auf Grundlage der Kenntnisse der nationalen Vertreter verhandelt und sich ausgetauscht, bevor es - im besten Falle - zu einem gemeinsamen Vorgehen durch Erlass einer GASP-Handlungsform kommt. Dieser Austausch stellt zugleich die Sammlung von Wissen dar, das für die Ausführung der Außenpolitik - und sicherlich auch für die Ausführung der vergemeinschafteten Politikbereiche - relevant ist.

1558 Vgl. zu Letzterem: Cremer, in: Calliess/Ruffert, EUV/AEUV-Kommentar, Art. 41 EUV, Rn. 6.

1559 Hier zeigt sich auch die Verbindung mit den weiter oben genannten Funktionen der Selbstregulierung der GASP-Organe und der Verfestigung der Organstruktur. Durch die Möglichkeit zur Schaffung von Unterorganen wird zugleich die Grundlage für die Konzentration von Expertenwissen gelegt, das wiederum zur Informationsgewinnung und -erhaltung beiträgt.

v) *Autoqualifizierung*

Die Maßnahmen innerhalb der GASP vollziehen eine Autoqualifizierung, indem sie sich selbst als bestimmte Handlungsform qualifizieren.[1560] Die von dem handelnden Organ ausgewählte Maßnahme wird im Titel auch als diese bezeichnet. Das heißt, die Qualifizierung einer Handlungsform beruht auf einer bewussten Entscheidung des handelnden Organs.[1561]

w) *Erzeugung von Erwartungen*

Nicht ungeachtet bleiben sollte der Aspekt, dass die Systematisierung von Handlungsformen grundsätzlich zur Entwicklung von Erwartungen beiträgt.[1562] Ist das hoheitliche Organ zum Handeln befugt, geht man davon aus, dass es auch handeln wird. Denkt man noch einen Schritt weiter, so wird nach Konsensfindung zu einer bestimmten Maßnahme auch erwartet, dass diese implementiert wird. Für die Ausführung der GASP bedeutet dies, dass bei Beschlussfassung über eine der in Art. 22 ff. EUV genannten Maßnahmen auch die Erwartung geweckt wird, dass die Union und mittelbar die Mitgliedstaaten entsprechend handeln werden. Daraus kann sich zugleich auch ein gewisser Vertrauensschutz entwickeln.[1563] Dies gilt sowohl für verbindliche wie auch für unverbindliche Maßnahmen. Unverbindliche Maßnahmen können insbesondere mittelbar Druck im Sinne einer politischen Wirkung hervorrufen.[1564]

x) *Neuorganisation des nationalen Verfassungsstaats*

Zuletzt kann durchaus noch angeführt werden, dass die Formalisierung der GASP-Außenpolitik zu einer Neuorganisation des Mitgliedstaats bis hin zu einem offenen Verfassungsstaat geführt hat[1565] bzw. führen kann. Die klassische Steuerung der nationalen Außenpolitik ist infolge der Globalisierung und

---

1560 Dies gilt auch in den vergemeinschafteten Bereichen, vgl. hierzu und zum Begriff der Autoqualifizierung in Ex-Art. 249 EUV-Nizza: Bast, Grundbegriffe der Handlungsformen, S. 17 f.

1561 Bast, Grundbegriffe der Handlungsformen, S. 17 f.; Appel, Das internationale Kooperationsrecht der Europäischen Union, S. 241.

1562 Hoffmann-Riem, in: ders./Schmidt-Aßmann/Voßkuhle (Hrsg.), Grundlagen des Verwaltungsrechts, § 33, Rn. 87.

1563 Ibid.

1564 Härtel, Handbuch Europäische Rechtsetzung, 3. Teil, § 12, Rn. 5.

1565 Calliess, in: Maunz/Dürig, Grundgesetz-Kommentar, Art. 24 GG, Rn. 12 und Art. 24 Absatz 2, Rn. 2.

Europäisierung vor neue Herausforderungen gestellt worden, die eine Verzahnung der unterschiedlichen nationalen Politiken mit den verschiedenen internationalen Akteuren erfordert hat – und auch zukünftig fordern wird. Im Rahmen dieser Verzahnung sind bereits Kompetenzen verloren gegangen, da eine separate Ausübung einzelner Politikfelder im Rahmen der Globalisierung und Europäisierung teilweise nicht mehr durchsetzbar war. Anstelle der einzelnen nationalen Politiken ist die gemeinsame Wahrnehmung von Aufgaben auf internationaler Ebene getreten.[1566] Darüber hinaus kommt es durch die globalisierende Verflechtung zu einer Entterritorialisierung von Problemen und rechtlichen Zugriffsmöglichkeiten der einzelnen Staaten, die eine Neustrukturierung der hierarchischen staatlichen Strukturen in einem Umfeld von nichthierarchischen grenzüberschreitender Verflechtungen notwendig machte.[1567] Die Grenzen zwischen den Rechtsordnungen werden überschritten und Entscheidungskompetenzen an internationale Einrichtungen übertragen. Die damit einhergehende notwendige Reorganisation des Staats vollzieht sich dabei durch eine Kooperation und/oder Integration in supranationalen Organisationen auf internationaler Ebene,[1568] die eine Veränderung der politischen Entscheidungsstrukturen für das nationale Verfassungsrecht nach sich ziehen.[1569] Der dabei eventuell entstehende Teilverlust der staatlichen Souveränität wird durch die Beteiligung an einer internationalen Lösung, die die ursprünglichen territorialen staatlichen Befugnisse übertrifft, sowie durch die potenzielle Einflussnahme auf Rechtsordnungen anderer Mitgliedstaaten kompensiert.[1570] Auch die Begründung gemeinsamer Zuständigkeiten kann durchaus als kompensierender Ausgleich für den potenziellen Autonomieverlust gesehen werden.[1571]

Sicherlich ist die Schlussfolgerung der Notwendigkeit der gemeinsamen Aufgabenwahrnehmung und der internationalen Kooperation bzw. Übertragung von nationalen Kompetenzen auf internationale Einrichtungen für

1566 Ibis, Rn. 2.

1567 Ibid. sowie Walter, DVBl 2000, S. 1 (S. 7 f.).

1568 Calliess, in: Maunz/Dürig, Grundgesetz-Kommentar, Art. 24 GG, Rn. 6.

1569 Walter, DVBl 2000, S. 1 ff.; ähnlich: *Terhechte* spricht von der „Innovationseinspeisung“, d.h. der beim Einsatz der Richtlinie erfolgten Einspeisung von unionsrechtlichen Innovationen in die nationalen Rechtsordnungen – Terhechte, Europäische Verfassungsstudien, S. 375 f.

1570 Ibid., S. 8 f.; ähnlich auch die Ausführungen des BVerfG im Lissabonner-Urteil unter Rn. 247 – BVerfG, Urteil des Zweiten Senats v. 30. Juni 2009 – 2 BvE 2/08, BVerfGE 123, 267 ff.

1571 Calliess, in: Maunz/Dürig, Grundgesetz-Kommentar, Art. 24 GG, Rn. 18.

die klassischen Bereiche der Innenpolitik wie der Umwelt-, Gesundheits- und Verbraucherschutzpolitik bis über die Wirtschafts-, Finanz- und Steuerpolitik, Migrationspolitik und Terrorismusbekämpfung[1572] leichter nachzuvollziehen – schließlich wurden in diesen Bereichen bereits Kompetenzen (teilweise) auf die Union übertragen –, aber auch in den klassischen Bereichen wie der Außenpolitik ist dieser Wandel zu bemerken gewesen. Dies zeigen allein die damals begründete WEU, der darauffolgende Beitritt vieler Mitgliedstaaten zur NATO, die Zusammenarbeit in den Vereinten Nationen und nicht zuletzt der erfolgte Zusammenschluss in der GASP.[1573] Die GASP stellt eine Kooperation auf supranationaler Ebene dar, in der sicherheitspolitische Entscheidungen mit internationalem Bezug getroffen werden. Diese Entscheidungen wirken sich auf die nationalen Außenpolitiken der einzelnen Mitgliedstaaten aus – sei es mit ausdrücklicher Bindung oder ungeschriebener politischer Bindung.

3. Zusammenfassung

Es ist nicht von der Hand zu weisen, dass die Vielzahl der verschiedenen Handlungsformen innerhalb des unionalen Systems zur Intransparenz beitragen. Der Ausschluss der Gesetzgebung und die Anwendung von politikspezifischen Instrumenten führen auch dazu, dass es Schwierigkeiten bei der Auslegung der Maßnahmen gibt. Einerseits kann man wegen der eingeschränkten Justiziabilität nicht auf die Erfahrung der europäischen Gerichte zurückgreifen, andererseits helfen die Erkenntnisse zu übrigen unionalen Handlungsformen bei dem Verständnis der GASP-Handlungsformen nicht unbedingt weiter, da diesen eben spezieller als die in Art. 288 AEUV genannten Handlungsformen sind. Darüber hinaus führt die Aufrechterhaltung der intergouvernementalen Struktur dazu, dass weitere Rechtsetzungsverfahrensstrukturen neben den allgemeinen Rechtsetzungsverfahren des übrigen unionalen Rechts bestehen bleiben. Es gibt gegenwärtig unzählige Verfahrensarten, deren inhaltliche Abgrenzung sich als sehr komplex erweist.[1574] Folglich besteht auch im Bereich der GASP ein Bedürfnis nach einer Systematisierung, die durchaus ihre Grundlage in den Ansätzen der klassischen Handlungsformenlehre finden kann. Es wurde festgestellt, dass die Grundsätze der klassischen Handlungsformenlehre im Wesentlichen auf das unionale System und damit auf den GASP-Bereich übertragbar sind. Wegen der

1572 Ibid., Rn. 2.

1573 Vgl. auch Walter, DVBl 2000, S. 1 (S. 2).

1574 Vgl. hierzu: Magiera, Zur Reform der Normenhierarchie im Recht der Europäischen Union, Integration 4/1995, S. 197 (S. 202).

GASP-gebietsbezogenen Sonderentwicklungen liegt der Fokus der Leistungstauglichkeit der Systematisierung aber weniger in der Normierung von feststehenden Rechtsfolgen, als in der Bündelung typischer Erscheinungsformen der GASP-Praxis.[1575] Das heiß aber nicht, dass die Normierung von Rechtsfolgen völlig außer Acht gelassen werden sollte. Ganz im Gegenteil, den Zielsetzungen der klassischen Handlungsformenlehre – Ordnungsleistung, Speicherleistung, Orientierungsleistung und Entlastungsleistungen[1576] – kommt in der GASP auch entscheidende Bedeutung zu und diese Zielsetzungen beeinflussen gleichermaßen die Bestimmung der Rechtsfolgen (bzw. umgekehrt). Dabei ist den zugewiesenen Rechtsfolgen aber nicht die Relevanz für den Rechtsschutz zuzusprechen, wie es im klassischen Bereich der Fall ist. Denn das Rechtsschutzsystem, das sich vorrangig nach dem Schutz von Betroffenen richtet, erhält in der Außenpolitik nicht ein solches Gewicht. Es geht in der Außenpolitik – und damit auch in der GASP – eben nicht um Individuen, die ihre Klagebegehren durchsetzen wollen. In der klassischen Außenpolitik steht der Bürger dementsprechend nicht im Vordergrund. Es handelt sich weitestgehend um politisches Verhalten. Auch ist zu beachten, dass es sich bei der GASP um einen intergouvernemental geprägten Bereich handelt, in dem keine Kompetenzen auf die Union übertragen wurden, wie es in den übrigen vergemeinschafteten Bereichen der Fall ist. In den vergemeinschafteten Unionsbereichen hat die Justiziabilität deswegen eine hohe Bedeutung – die Bedeutung, dass trotz Kompetenzübertragung eine Kontrolle gegeben und gesichert ist. Im Rahmen der GASP wird die Politik durch die Vertreter der Mitgliedstaaten in den entsprechenden Organen geleitet. Es handelt sich um eine Art fortgesetzter interner Außenpolitiken.

Der eingeschränkten Rechtsschutzfunktion ungeachtet konnten allerdings weitere sinnvolle Funktionen der GASP-spezifischen Handlungsformenlehre gefunden werden. Von äußerster Relevanz ist die durch die Systematisierung ermöglichte Identifizierung des handelnden Organs, auf Grund dessen zugleich die Zuweisung zu einem bestimmten Entstehungsprozess innerhalb des Titels V des EUV, also innerhalb der Unionsrechtsordnung, ermöglicht wird. Dabei stellt diese Funktion eine besondere Ausprägung des Gewaltenteilungsgrundsatzes dar. Im Recht der Mitgliedstaaten zeigen die Handlungsformen die klassisch bestehende Gewaltenteilung zwischen der Exekutive, der Legislative und der Judikative auf. Für die GASP ist auf Grund der fehlenden Abgrenzung

1575 Vgl. Hoffmann-Riem, in: ders./Schmidt-Aßmann/Voßkuhle (Hrsg.), Grundlagen des Verwaltungsrechts, § 33, Rn. 33–35.

1576 Ibid., Rn. 42.

zwischen legislativen und exekutiven Normen evident, dass diesem Aspekt nicht die Beachtung geschenkt werden kann, die er im nationalen Recht erhält. Dennoch äußert sich der Gewaltenteilungsaspekt in den GASP-Handlungsformen in einer interinstitutionellen und externen Variante, nämlich der Abgrenzung der Zuständigkeiten zwischen dem ER und dem Rat zu der Kommission und dem Parlament sowie äußerlich zwischen dem unionalen GASP-Handeln zu dem unilateralen Handeln der Mitgliedstaaten. Mit dieser speziellen Funktion wird zugleich deutlich, dass die Handlungsformen des Titels V auch zu einer Kompetenzabgrenzung und -eingrenzung führen. Zwar legen die Handlungsformen die Kompetenzen selbst nicht fest („Entlastung der Handlungsformen"), doch zeigt die Wahl der in Art. 21, 25 ff. EUV genannten Handlungsformen, dass die Instrumente des Art. 288 AEUV ausgeschlossen sind und dass weder die Kommission noch das Parlament Hoheitsrechte in diesem Bereich ausüben können. Daneben legen die politikspezifischen Handlungsformen bestimmte Verfahrensarten fest, die nur im Titel V des EUV zur Anwendung kommen. Das politische und informelle Handeln wird dadurch in strukturierte Bahnen geleitet, was zur Rechtssicherheit und Rechtsklarheit dieses Bereichs beiträgt. Als weiterer spezieller Ausdruck der Gewaltenteilung werden in der GASP – im Gegensatz zu dem übrigen unionalen Recht – interinstitutionelle hierarchische Ebenen installiert. Unter anderem wird dem ER die Stellung als oberstes Entscheidungsorgan im Bereich der GASP zugewiesen. Auch wird eine den vergemeinschafteten Unionsbereichen unbekannte operative hierarchische Ebene durch die Abgrenzung der Kompetenzbereiche von ER und Rat zur Kommission und zum Parlament geschaffen. Aus der durch die Handlungsformenkategorisierung folgenden Festlegung der interinstitutionellen Hoheit des ER lässt sich zudem ein interinstitutionelles Balancesystem erkennen, in dem der ER als oberstes Entscheidungsorgan des GASP-Bereichs auch ohne echte Sanktionsmöglichkeiten die Außenpolitik des Titels V des EUV lenkt und überwacht. Mit dieser Überwachungsfunktion geht die Funktion der Selbstregulierung der Organe einher. Das in den Handlungsformen gespeicherte Wissen und die Erfahrung der vergangenen Praxis leiten und kontrollieren das Handeln der Organe.

Die Handlungsformen dienen im weiten Sinne auch der Etablierung von langfristigen Strukturen. Indem die Handlungsformen so ausgestaltet sind, dass sie aufeinander aufbauen, bzw. indem die erlassenen Handlungsformen erfordern, dass sich die Organe nach einem bestimmten Zeitablauf erneut mit den beschlossenen Maßnahmen auseinandersetzen und gegebenenfalls Folgemaßnahmen beschließen müssen, wird ein stringentes Muster geschaffen. Dabei ist die durch die Handlungsformensystematisierung erfolgte Festlegung von Konkretheitsstufen zwischen den verschiedenen Maßnahmen nach Art. 21, 25 EUV durchaus förderlich für die Etablierung dieser langfristigen Strukturen. Gegebenenfalls lassen sich aus einer bereits erlassenen konkreten Aktion Rückschlüsse auf zukünftige Folgemaßnahmen ziehen. Diese Möglichkeit verknüpft mit dem in den Handlungsformen gespeicherten Wissen und der Erwartung der Organe an ihr eigenes Handeln kann durchaus zur Beständigkeit der GASP beitragen.

Auch führt die vertragliche Fixierung von GASP-spezifischen Handlungsformen zu einer Verfestigung der Organqualität. Denn die Organe sind an die vertraglich normierten, den Handlungsformen zugeordneten Verfahrensvorschriften gebunden. Dass nun auch der ER als Organ der Union vertraglich aufgezählt wird, verstärkt die Funktion der Verfestigung der Organstruktur in der GASP zudem. Im Übrigen werden die Organe durch die in den Handlungsformen zugrundeliegenden Fähigkeit, sich innerhalb ihrer Kompetenzen selbst zu regulieren, dazu ermächtigt, spezielle Unterorgane zu bilden – was zusätzlich zur Verfestigung der Organqualität verhilft. Schlussendlich trägt diese in der Handlungsformensystematisierung immanent liegende Funktion auch zur Rechtssicherheit und Rechtsklarheit bei.

Die Selbstregulierung der Organe und die Verfestigung der Organqualität steht mittelbar im Zusammenhang mit einer weiteren Funktion, nämlich die der Informationsgewinnung. Durch das Bestehen des intergouvernementalen Teils der Außenpolitik mit den speziellen Organen und der Kompetenz zur Schaffung von speziellen Organen und Funktionsträgern wird Spezialwissen in diesem Bereich konzentriert. Bevor es zu einem gemeinsamen Vorgehen kommt, wird sich innerhalb der passenden Gremien ausgetauscht. Vor allem im Bereich der GSVP kommt dem militärischen Expertenwissen eine enorme Bedeutung zu.

Allein aus dem Bestehen von vertraglich fixierten Handlungsformen folgt die Erwartung des Einsatzes dieser Mittel zur Umsetzung der GASP. Die Erwartung geht dabei von den Mitgliedstaaten und Außenstehenden bis hin zu den unionalen Organen selbst aus. Dabei antizipiert das GASP-spezifische Handlungsformensystem, dass das zuständige Organ die Wahl der Handlungsform trifft. Insofern erfolgt auch eine Art Autoqualifizierung durch die Wahl der entsprechenden Form, wobei die Wahl der Handlungsform in dem entsprechenden Beschluss benannt wird.

Folgt man der Ansicht, dass die Handlungsform zu der Rechtsform in einem Stufenverhältnis steht, so wird durch die GASP-spezifische Systematisierung eine Abgrenzung zu dieser geschaffen und zugleich bestimmt, dass die Handlungsform in dem Rechtsrahmen zu fassen ist, an den die Rechtsform gebunden ist. Durch die Schaffung der gesonderten GASP-Handlungsformen wird zudem aufgezeigt, dass die Union mit der Kompetenz ausgestattet ist – in den Grenzen des unionsrechtlich Zulässigen – ein eigenes politikspezifisches

Handlungsinstrumentarium zu schaffen, welches das außenpolitische Handeln effektiv steuert. Im Ergebnis führt diese Fähigkeit – unabhängig von der Abgrenzung zur Rechtsform – auch zu einer Effektivitätssteigerung des unionalen außenpolitischen Handelns. Die Union kann flexibel auf ein breites Spektrum an bestehenden Instrumenten zurückgreifen und gegebenenfalls auch neue Handlungsformen entwickeln.

Im Ergebnis tragen die aufgezählten Funktionen allesamt zur Strukturierung des gesamten Kooperationsmechanismus bei. Neben der Überwachung der Rechtsordnung durch das bereits erwähnte interinstitutionelle Balancesystem wird das außenpolitische Handeln der Mitgliedstaaten harmonisiert. Völkerrechtliche Pflichten werden im Rahmen des unionalen gemeinsamen Vorgehens der GASP umgesetzt und es wird eine geschlossene völkerrechtliche Vertretung ermöglicht. Mittelbar wird auch Einfluss auf den nationalen Verfassungsstaat der Mitgliedstaaten genommen, da das unilaterale einzelstaatliche Vorgehen durch eine Kooperation auf europäischer (und internationaler) Ebene ersetzt wird. Die Kooperation erfordert wiederum einen gewissen Grad an Reorganisation der nationalen Strukturen. Die GASP-spezifischen Handlungsformen erlauben zwar ein Handlungswahlrecht der Mitgliedstaaten bei der Umsetzung der Maßnahmen, doch begründen sie gleichermaßen Handlungspflichten für diese.

Neben der Strukturierung des gesamten Kooperationsmechanismus wird mit der Festlegung von gesonderten Handlungsformen zugleich aufgezeigt, dass die Union dem Anspruch einer Rechtsgemeinschaft gerecht wird. Die Herausarbeitung von politikspezifischen Handlungsformen (bzw. Rechtsformen) mit anknüpfenden Regeln geht einher mit der Ausdifferenzierung als rechtsstaatliches Gebilde – und speziell in diesem Fall zur Abgrenzung von internationalen Organisationen. Die geschaffenen Kompetenzen erlauben der Union – nicht nur innerhalb der GASP – ihre eigenen Rechtsregeln für das Sekundärrecht zu entwickeln. Dabei verhelfen diese Instrumente der Union die Praxis zu formalisieren und die bestehende diplomatische Informalität transparenter und zumindest etwas glaubwürdiger zu machen. Auch die Erlangung der Völkerrechtssubjektivität trägt zur Verfestigung bei, da die Union nun selbst völkerrechtlich handelt und damit auch eine Haftungsadressierung, die bei der bestehenden Akteursvielfalt in der GASP durchaus wünschenswert ist, ermöglicht.

Im Übrigen könnte auch erkannt werden, dass die Schaffung der GASP-Handlungsformen der Union ein Mittel in die Hand gibt, auf die Fortbildung des Völkergewohnheitsrechts Einfluss zu nehmen und gegebenenfalls diesen Entwicklungsprozess durch Bündelung der verschiedenen Interessen und Eindämmung der Pluralität zu beschleunigen. Diese gesamten eruierten Funktionen sind zusammen - aber auch einzeln betrachtet - evident förderlich für die Rechtsklarheit und Rechtssicherheit.

H. Zwischenstellungnahme

Die bloße Praxis der GASP führt nicht zu hinreichend konkreten Ergebnissen für die Legitimität des außenpolitischen Handelns, so dass ein Rückgriff auf Prinzipien, wie sie der klassischen und der an das Unionsrecht angepassten Handlungsformenlehre zugrunde liegen, unerlässlich ist. Solange Handlungsformen die Begrenzung und Kontrolle von öffentlicher außenpolitischer Gewalt ermöglichen, ohne die Effektivität des auswärtigen Handelns zu beeinträchtigen, ist die Einteilung der unterschiedlichen auswärtigen Handlungsmöglichkeiten in verschiedenen Kategorien, die sich an der traditionellen Handlungsformenlehre orientieren, sinnvoll. Der (europäische) Bürger, dessen Anliegen durchaus die Einhaltung demokratischer Grundsätze durch die Organe ist, wird in Sicherheit gewogen, wenn sich das auswärtige Handeln im Bereich der GASP nach vertraglich fixierten Merkmalen richtet. Zwar ist die Rechtssicherheit nicht in derartiger Form gegeben, wie man es von dem deutschen Recht oder auch vom Nicht-GASP-Bereich kennt, doch ist auf Grund des hochsensiblen Bereichs der Außenpolitik eine Einschränkung der Rechtssicherheit m.E. durchaus hinnehmbar. Durch die Bindung an die vorgegebenen Handlungsformen wird die Ausübung der GASP trotz allem geformt und in bestimmte Strukturen gebracht.[1577] Außerdem liegt der Sinn der Handlungsformenlehre u.a. auch darin, das Handeln den Funktionsträgern zurechenbar zu machen und damit zugleich deren Verantwortlichkeit zu begründen. Auch in der GASP ist diese Funktion durchaus begrüßenswert - unabhängig davon, dass dies wegen des grundsätzlichen Vorliegens eines gemeinsamen Handelns mehrerer Mitgliedstaaten nicht ganz einfach umzusetzen ist. Zudem stärkt die Erfassung des atypischen Handelns die „Staatlichkeit" der GASP und grenzt sie so von den internationalen Organisationen ab. Im Übrigen ist die Umsetzung der GASP-Maßnahmen immer von den nationalen Ressourcen abhängig. Das fordert unbedingte Koordination und Abstimmung,[1578] welche wiederum ihrer eigenen Handlungsformen bedürfen.

1577 Ähnlich: v. Bogdandy, 9 German Law Journal (2008), S. 1909 (S. 1927) - der sich jedoch allgemein auf das Handeln von internationalen Organisationen bezieht.

1578 Ibid., S. 1932.

Es kann natürlich argumentiert werden, dass ein abschließender Katalog von GASP-Handlungsformen zur Rechtssicherheit beitragen würde,[1579] allerdings ginge dies wieder zu Lasten des stark politisch motivierten und beeinflussten Handelns innerhalb der GASP. Ein offener, den dynamischen Prozess unterstreichenden, Handlungsformenkatalog stellt daher den geeigneteren Weg für die GASP dar; der Zulässigkeit der Handlungsformenschaffung für den GASP-Bereich in den rechtsstaatlichen Grenzen des unionalen Rechts ist folglich beizustimmen. Auch ist der Forderung einer klaren Abgrenzung zwischen Legislative und Exekutive zur Erhöhung der demokratischen Legitimität Positives abzugewinnen, doch sollte nicht außer Acht gelassen werden, dass sowohl die GASP-Außenpolitik wie auch die nationale Außenpolitik einen Bereich darstellt, der schon immer von der Exekutive und von Diplomatie beherrscht wurde. Folglich sollte die Forderung dieses Aspekts auf Ebene der übrigen Bereiche des Unionsrechts umgesetzt werden.

1579 Hable, Handlungsformen und Kompetenzen in der Europäischen Verfassungsdebatte, IEF Working Paper Bd. 53, 2003, S. 9.

II. Praktische Bedeutung der Handlungsformen in der Praxis der GASP

Bereits in der Vergangenheit wurde die Union vielfach wegen mangelnder Transparenz und mangelnder normenhierarchischer Strukturen kritisiert.[1580] Die vergangenen Reformprozesse haben wenig Klärung und Systematisierung gebracht. Teilweise ist es sogar zu einer Proliferation der Handlungsformen gekommen. Die Lissabonner Reformen haben zumindest in dieser Hinsicht die vertraglich normierte Anzahl der Handlungsformen von 15 auf 5 reduziert. Dies gilt aber auch nur für die vergemeinschafteten Bereiche und eben nicht für die GASP. Auch herrscht teils Uneinigkeit über das Handeln der Union, die Kompetenzzuweisung und die (völkerrechtliche) Zurechnung sowie gegebenenfalls auch die Justiziabilität innerhalb der GASP. Insbesondere die Debatten um die eigenständigen – aus dem unionalen Typus herausfallenden – Handlungsformen der GASP tragen zu dem Normenchaos bei. Diese Rechtshandlungen sind von der rechtswissenschaftlichen Dogmatik bisher noch nicht vollständig erschlossen worden[1581] – und das obwohl die fehlende Normenhierarchie und Kohärenz insbesondere seitens der deutschen Rechtswissenschaft debattiert und kritisiert wird.[1582] Die Kritik seitens der deutschen Lehre überrascht jedoch weniger, da die deutschen Rechtswissenschaftler hinsichtlich klarer Normenstrukturen und geordneter Kompetenzgrundlagen verwöhnt sind.[1583] Und das nicht ohne

---

1580 A.A. v. Bogdandy/Bast/Arndt, ZaöRV 2002, S. 77 (S. 78 ff.); Appel, Das internationale Kooperationsrecht der Europäischen Union, S. 204; Lenaerts/Desomer, ELJ 2005, S. 744 (S. 747 f.); Terhechte, Europäische Verfassungsstudien, S. 226 – *Terhechte* fordert auch ein Überdenken der Kategorienbildung in der unionalen Außenpolitik wegen fehlender Durchschlagskraft der entsprechenden Handlungsformen (S. 273 f.).

1581 Danwitz, Europäisches Verfassungsrecht, S. 175.

1582 Vgl. u.a. v. Bogdandy/Bast/Arndt, ZaöRV 2002, S. 77 (u.a. S. 108); v. Bogdandy, CML Rev. 1999, S. 887 (S. 889 ff.); Biervert, Der Mißbrauch der Handlungsformen im Gemeinschaftsrecht, S. 84 (mit weiteren Nachweisen in der Fn. 427); Lecheler, DVBl 2008, S. 873 ff.; ausländische Autoren: Lenaerts/Desomer, ELJ 2005, S. 744 ff.; Leidenmuehler, ICL-Journal 2010, Vol. 4, S. 191 (192); Missiroli, in: Missiroli, Coherence for Security Policy (2001), S. 5.

1583 Ähnlich: Goldmann, Internationale öffentliche Gewalt, S. 405 ff.

Grund, denn Deutschland ist für seinen sehr strukturierten und geregelten Verwaltungsaufbau bekannt. Aber nicht nur die fehlende bzw. unzureichende Normenhierarchie wird seitens der Kritiker bemängelt, auch die fortschreitende „Brüsselisierung" wird beklagt. Unter dem Stichwort der Brüsselisierung wird die Konzentrierung der europäischen Politik am Standort Brüssel gemeint. Entscheidungen werden immer mehr von den europäischen Institutionen in Brüssel gefällt anstatt von nationalen Akteuren in verschiedenen Mitgliedstaaten.[1584] Die Transparenz der Entscheidungsprozesse wird dadurch stark gefährdet. Ob diese Kritik jedoch auf die GASP übertragen werden kann, bleibt äußerst fraglich (und ist im Ergebnis abzulehnen), da doch die Lenkung und Ausführung der GASP in den Händen der Mitgliedstaaten geblieben ist. Ungeachtet dessen ist es erstaunlich, dass sich trotz der bestehenden Kritik bisher kaum ein Autor an die Systematisierung der GASP-Handlungen herangetraut hat.[1585] Neben der Übertragung der klassischen Handlungsformenlehre könnte man durchaus auch an eine politikspezifische Abgrenzung der Instrumente in der GASP denken, die nach Politik- und Referenzbereichen unterscheidet.[1586] Exemplarisches Beispiel für eine Analyse nach dieser Methode ist die von *Franklin Dehousse* aus dem Jahr 2005.[1587] *Franklin Dehousse* teilte die Maßnahmen der GASP nach dem jeweiligen Inhalt in verschiedene Kategorien ein.[1588] Dabei unterscheidet der Autor die Kategorien „Erklärende Diplomatie", „Pragmatische Diplomatie", „Zwingende Diplomatie", „Präventive Diplomatie", „Positive Diplomatie" und zuletzt die „Reaktion auf die Diplomatie".[1589] Mit dieser inhaltlichen Kategorisierung umging der Autor geschickt die systematische Kategorisierung in die vertraglich vorgegebenen Handlungsformen. Zudem vermied er mit dieser Vorgehensweise eine Auseinandersetzung mit den Anforderungen der klassischen Handlungsformenlehre. Nichtsdestotrotz erscheint diese Vorgehensweise nicht sachgerecht. Angesichts der Vielzahl an Überschneidungen der verschiedenen

1584 Missiroli, in: Missiroli, Coherence for Security Policy (2001), S. 6.

1585 Siehe folgender Hinweis auf die Studie von Franklin Dehousse. Dahingehend sollte noch auf die „kleine" Studie von *Wessel* hingewiesen werden, die sich auf den Einsatz von GASP-Maßnahmen konzentrierte – Wessel, The European Union's Foreign and Security Policy: A Legal Institutional Perspective, S. 125 ff.

1586 Goldmann, Internationale öffentliche Gewalt, S. 432.

1587 Dehousse, Les Actes adoptes dans le cadre de la PESC, in: Louis/Dany (Hrsg.), Commentaire Mégret, S. 549 ff.

1588 Dehousse, Les actes adoptés dans le cadre la PESC, in: Louis/Dony (Hrsg.), Commentaire Mégret, S. 549–579.

1589 Ibid.

Sachbereiche und dadurch entstehenden Abgrenzungsproblematiken zu den vergemeinschafteten Politikbereichen und deren Instrumente ist diese Methode sehr diffizil. Darüber hinaus würde die Entscheidung über die Anwendung der jeweiligen Handlungsform der „Willkür“ der Politik ausgesetzt, in dem Sinne, dass die Politik womöglich die Effektivität der politischen Entscheidung über die rechtliche Legitimierung der Art des Handels – ergo der ausgewählten Handlungsform – stellen könnte. Dies würde u.a. auch dazu führen, dass die durch Anwendung der Kriterien der Handlungsformenlehre erhoffte Strukturierung und Vorhersehbarkeit des Handelns in Frage gestellt werden würde, bzw. es würde kein zufriedenstellender Grad der Strukturierung erreicht werden. Durch die fehlende Möglichkeit der trennscharfen Abgrenzung der Politikbereiche ist die klassische Handlungsformenlehre (wohl) vorzuziehen.[1590]

Im Übrigen findet sich eine bekannte Studie von *von Bogdandy* und *Bast*[1591] aus dem Jahre 2002, die sich jedoch nicht explizit auf den Bereich der GASP bezieht, sondern das unionale Handeln im Allgemeinen analysiert. Die Ergebnisse der Autoren sind gewiss nicht zu verachten, jedoch hinsichtlich der Systematisierung im Bereich der GASP und der GSVP nicht aussagekräftig (genug). Darüber hinaus sind schon einige Jahre seit der Durchführung dieser Analyse vergangen und durch die Lissabonner Reformen weitreichende Veränderungen im unionalen System entstanden.

Dementsprechend hat sich dieser Abschnitt der Arbeit zum Ziel gesetzt, durch die hier vorgenommene empirische Analyse einer verlässlichen Stichprobe aus den in Kraft befindlichen Rechtsakten innerhalb der GASP die bestehende vertragliche Systematisierung zu erfassen und somit zum allgemeinen Verständnis und zur Ordnung des GASP-Bereichs beizutragen. Zunächst soll festgestellt werden, wie viele Maßnahmen der GASP und dem Teilbereich der GSVP zugeordnet werden können. Anhand dieser Einteilung soll auch die wachsende Bedeutung der verteidigungspolitischen Aspekte aufgezeigt werden. Im weiteren Verlauf wird der Anteil nach Erlassorganen dargestellt, wobei eine Gesamtdarstellung sowie eine Aufteilung nach den Teilbereichen GASP und GSVP folgen. Diese Vorgehensweise soll darlegen, welches Organ in der Praxis die Federführung in den Teilbereichen trägt. Möglicherweise weicht die Praxis von den Vorstellungen des EUV ab. Im Folgenden werden die analysierten Maßnahmen – soweit wie möglich – den verschiedenen vertraglich fixierten Handlungsformen zugeordnet und nach ihrer Häufigkeit aufgelistet. Sofern eine Zuordnung in die

1590 Goldmann, Internationale öffentliche Gewalt, S. 432.

1591 v. Bogdandy/Bast/Arndt, ZaöRV 2002, S. 77–161.

vorgegebenen Handlungsformen nicht möglich ist, fallen diese Handlungen in die Kategorie der *sui generis*-Maßnahmen. Dabei werden innerhalb der *sui generis*-Kategorie auch die einzelnen formalen Betitelungen dargelegt. Zudem erfolgt hier ebenfalls eine Aufteilung nach den Teilbereichen GASP und GSVP. Damit kann der Anteil an nicht systematisierungsfähigen Maßnahmen im Gegensatz zu den Maßnahmen, die in vertraglich fixierte Handlungsformen passen, für beide Teilbereiche gesondert ermittelt werden. Anschließend werden zwei Maßnahmen aus der Kategorie *sui generis* herausgesucht und wird analysiert, ob sich diese Subkategorien als neue Handlungsform eignen. Dabei werden die bei den einzelnen Maßnahmen wiederkehrenden und prägenden Merkmale herausgefiltert, um Definitionskriterien für die neuen Handlungsformen aufzustellen. Anhand dieser Definitionskriterien muss zugleich auch die Abgrenzung zu anderen Maßnahmen hergestellt werden. Im Ergebnis sollen die neuen Kategorien den Anforderungen an die Handlungsformenlehre genügen – unter Beachtung der oben herausgearbeiteten Eigenheiten für den Bereich der GASP.

Zu beachten ist, dass eine normative Auseinandersetzung mit dem Inhalt der Maßnahmen in der empirischen Analyse nicht erfolgt. Es geht im ersten Abschnitt nur um eine empirische Erfassung der Praxis der GASP. Erst im zweiten Abschnitt dieses Teils wird sich der inhaltlichen Analyse der in die empirische Analyse aufgenommenen Handlungen und Maßnahmen gewidmet, indem eine Neuklassifizierung der zuvor analysierten GASP-Maßnahmen anhand inhaltlicher Merkmale stattfindet.

A. Quantitative Analyse der Praxis der GASP

Nun folgt die bereits angekündigte quantitative Auswertung der Praxis anhand einer empirischen Analyse der GASP-Maßnahmen. Im Vordergrund dieses Abschnitts steht die Auseinandersetzung mit der mengenmäßigen Anzahl an untersuchten Maßnahmen und der Zuordnung zu den Kriterien Teilbereich GASP und GSVP, Erlassorgan und Art der Handlungsform.

1. Grundlagen der empirischen Analyse

Um das Verständnis für diese Arbeit aufzubringen, müssen zunächst die Grundlagen der empirischen Analyse beschrieben werden. Dabei wird auf die Konzeption (das Erhebungsverfahren) und die Methode sowie auf die Auswahlkriterien und die tatsächliche Durchführung eingegangen.

a) Datenbank der empirischen Analyse

Als Grundlage der empirischen Analyse diente eine verlässliche Stichprobe der im Rahmen der GASP in Kraft befindlichen Rechtsakte sowie Dokumente, die im öffentlichen Register des ER/Rates zugänglich waren bzw. nach Antragstellung freigegeben wurden.

(1) EUR-Lex

Die in der GASP erlassenen Rechtsakte konnten in der Datenbank EUR-Lex gefunden werden. EUR-Lex ist eine Datenbank, die Interessierten umfangreiche Informationen zum europäischen Recht bietet. Sie wird vom Amt für Veröffentlichung im Namen aller EU-Institutionen verwaltet. EUR-Lex enthält für jedermann zugänglich das geltende Gemeinschaftsrecht sowie alle amtlichen öffentlichen Rechtsdokumente, die von EU-Organen und -Einrichtungen veröffentlicht werden.[1592] In 2022 umfasste das Informationssystem rund 435.384 Referenzen und insgesamt ungefähr 3 Millionen Einträge.[1593] Jedes Jahr kommen durchschnittlich 12.000 Referenzen hinzu. Der Inhalt geht zurück bis zu den Ursprüngen der Europäischen Union, d.h. bis zur Gründung der Europäischen Gemeinschaft für Kohle und Stahl im Jahr 1952.[1594] Die neue EUR-Lex, die seit 2013 parallel neben der alten EUR-Lex läuft, beruht auf der Vorgängerdatenbank CELEX[1595]. Die Vorgängerdatenbank wurde auf Grund fehlender Transparenz und mangelnder Benutzerfreundlichkeit ab 2004 nicht mehr aktualisiert und durch das alte EUR-Lex abgelöst. 2013 erfolgte sodann die Neuordnung der alten EUR-Lex. Indem nun neben der Veröffentlichung der

---

1592 Im Einzelnen umfasst das EUR-Lex: Amtsblatt der Europäischen Union, EU-Recht (EU-Verträge, Richtlinien, Verordnungen, Beschlüsse und Entscheidungen, konsolidierte Rechtsvorschriften usw.), Vorarbeiten (Legislativvorschläge, Berichte, Grün- und Weißbücher usw.), EU-Rechtsprechung (Urteile, Beschlüsse usw.), internationale Übereinkommen, EFTA-Dokumente und andere öffentlich zugängliche Dokumente.

1593 Bei Berücksichtigung aller Sprachen und Dokumentformate – vgl. Statistiken der EU unter https://eur-lex.europa.eu/statistics/2022/eu-law-statistics.html sowie allgemeine Informationen über EUR-Lex http://eur-lex.europa.eu/content/welcome/about.html.

1594 Vgl. Arten der Dokumente in EUR-Lex: http://eur-lex.europa.eu/content/tools/TableOfSectors/types_of_documents_in_eurlex.html.

1595 CELEX steht für *Communitatis Europeae* Lex. Die Datenbank enthielt Informationen zur Rechtsetzung, Rechtsprechung, vorbereitende Dokumente und parlamentarische Anfragen des Europäischen Parlaments.

Vertragstexte in allen Amtssprachen auch weitere zusätzliche Dokumente und Links zu Dokumentationsquellen sowie Informationen zu aktuellen Gesetzgebungsverfahren und allgemeine Informationen zum europäischen Recht bereitgehalten werden, wird erneut die Transparenz der Rechtsvorschriften der Europäischen Union und der anderen als öffentlich eingestuften Dokumente erhöht. Die veröffentlichten Dokumente sind nun auch in elektronischer Form verbindlich.[1596] Mit Einführung der neuen EUR-Lex im Januar 2015 wurde zugleich auch eine neue Nummerierung für die EU-Rechtsakte eingeführt.[1597] Der Inhalt des EUR-Lex ist in verschiedene Bereiche geteilt.[1598] Die Maßnahmen[1599] im Bereich der GASP finden sich unter der Nummer 3 mit dem Buchstaben E, der für den Deskriptor steht.

Wie das Vorgängersystem CELEX und die alte EUR-Lex hat auch die neue EUR-Lex einige Tücken. Erwähnenswert ist, dass die Klassifikation mit dem Buchstaben „D“ nicht zwischen – der in der deutschen und niederländischen Sprache üblichen Unterscheidung von – Entscheidung oder Beschluss differenziert. Darüber hinaus werden unter dem Buchstaben „E“ zwar alle Rechtsvorschriften aus dem Bereich der GASP katalogisiert, doch werden Beschlüsse, die nach den Lissabonner Reformen erlassen wurden, innerhalb der Kategorie „D“ aufgeführt.

(2) Öffentliches Register Europäischer Rat / Rat der Europäischen Union

Neben der EUR-Lex-Datenbank wurde auch auf die Dokumentensuchfunktion im öffentlichen Register des ER / Rates der Europäischen Union zurückgegriffen. In diesem Register sind u.a. Dokumente veröffentlicht worden, die nicht

1596 Im engeren Sinne ist das nun rechtsverbindliche elektronische Amtsblatt der EU gemeint, vgl. Verordnung (EU) Bd. 216/2013 vom 7. März 2013 über die elektronische Veröffentlichung des Amtsblatts der Europäischen Union.

1597 Siehe offizielle Informationsseite des EUR-Lex unter: http://eur-lex.europa.eu/homepage.html;ELX_SESSIONID=5scvJppVxG9FG4hjTdpxZ098872PLl2XKfblnryQ9zWvLyjC2ZKY!1196331457?locale=de.

1598 Die verschiedenen Bereiche sind: 1 – Verträge, 2 – Internationale Abkommen, 3 – Rechtsvorschriften, 4 – Komplementärrecht, 5 – Vorarbeiten, 6 – Rechtsprechung, 7 – Nationale Durchführungsmaßnahmen, 8 – Nationale Rechtsprechung mit Bezug auf EU-Recht, 9 – Parlamentarische Anfragen, 0 – Konsolidierte Rechtsvorschriften, C – Sonstige in der Amtsblatt-Reihe C veröffentlichte Dokumente, E – EFTA-Dokumente.

1599 Gemeint sind Gemeinsame Standpunkte, Gemeinsame Maßnahmen und Gemeinsame Strategien (Ex-Titel V des Nizza-EUV).

offiziell im Amtsblatt der Europäischen Union verkündet wurden. Das Register dient den Transparenzregeln der EU, wonach Dokumente des Rates und des ER öffentlich zugänglich gemacht werden müssen. Zu beachten ist hierbei, dass die Angaben im Register nicht rechtsverbindlich sind, sofern sie nicht auch im Amtsblatt veröffentlicht wurden.[1600] Darüber hinaus sind viele der darin befindlichen Dokumente nur in englischer Sprache erhältlich. Um also umfassende Ergebnisse zu erreichen, wurde jeweils das englische und deutschsprachige Suchformular verwendet und mit den entsprechenden Suchbegriffen in englischer und deutscher Sprache gefüttert. Sofern Dokumente nur auf Antrag beim Generalsekretariat des Rates der Europäischen Union zugänglich waren, wurde über das elektronische Formular ein solcher Antrag gestellt. Der Sinn der Ausweitung der empirischen Analyse auf das öffentliche Register lag darin, dass somit auch Dokumente umfasst wurden, die noch nicht das gesamte formelle Annahmeverfahren durchlaufen haben, aber trotz allem entscheidende Hinweise auf Entwicklungen in der GASP und GSVP geben konnten.

b) Basis

Die Basis der empirischen Analyse erfolgte anhand der Auswertung einer verlässlichen Stichprobe der nach dem EUR-Lex in Kraft befindlichen Rechtsakte der GASP sowie der Dokumente des öffentlichen Registers. Die Stichprobe umfasst 147 Dokumente beider Datenbanken. Zu beachten ist dabei, dass unter Umständen auch das dem ausgewählten Dokument bzw. Rechtsakt zugrundeliegende „Außendokument" mitausgewertet wurde und es damit im Endeffekt zu Doppelzählungen der Dokumente aus dem öffentlichen Register kam[1601].

Zu den Einzelheiten: Ende Juli 2022 waren laut dem europäischen Rechtsinformationssystem EUR-Lex 4231 Rechtsakte allein im Bereich der GASP in Kraft. Internationale Abkommen waren dabei nicht miteinbezogen; diese werden seit einiger Zeit nicht mehr in der Kategorie der Rechtsakte, sondern in einer eigenen Kategorie aufgelistet. Die Analyse bezog sich auf die Rechtsakte, die im Zeitraum von Anfang 1993 bis Juli 2022 erlassen wurden. Die Auswahl aus den angezeigten Rechtsakten erfolgte willkürlich aus den einzelnen Jahresabschnitten. Es wurde jedoch aus jedem einzelnen Jahr mindestens ein Rechtsakt ausgewählt. Teilweise wurden bis zu 4 Rechtsakte bzw. Dokumente aus einem Jahr ausgewertet. Als verlässliche Stichprobe wurden insgesamt 83 Rechtsakte aus

1600 Vgl. auch Art. 297 AEUV.
1601 Weitere Erläuterungen hierzu finden sich in den unmittelbar folgenden Abschnitten.

dem EUR-Lex ausgewählt – wobei auch hier wieder bei manchen Maßnahmen das „Außendokument" aus Verständnisgründen mitausgewertet wurde[1602].

Die Analyse der 64 Dokumente, die im öffentlichen Register des ER erhältlich waren, bezog sich auf den Zeitraum von Januar 1999 bis Juli 2015. Um eine Abgleichung möglicherweise unterschiedlicher Ergebnisse zwischen der deutschen und englischen Fassung des Dokumenteninhalts zu ermöglichen, wurden sowohl das englische wie auch das deutsche Suchformular verwendet. Es wurden als Suchkriterien (einzeln und separat) „GASP", „CFSP", „CSDP", „ESDP", „ESVP"[1603] und „Verteidigung", „*defence*" in die vorgegebenen Suchfelder „Wörter im Begriff" und „Wörter im Text" eingegeben.[1604] Die Verwendung der zuletzt genannten Suchfelder erfolgte aus dem Grund, dass so auch die Einbeziehung nichtöffentlicher Dokumente ermöglicht wurde. Denn eine Analyse lediglich mit dem Suchfeld „Wörter im Text" hätte sich eben nur auf öffentliche Dokumente bezogen.

c) Variablen der Auswertung

Die Auswertung der ausgewählten Dokumente vollzog sich anhand der drei Kriterien „Form" –wobei damit die offizielle Bezeichnung in den zwei oben benannten Systemen gemeint ist –, „Organ" und Unterteilung in die „Teilbereiche" GASP und GSVP.

(1) Form

Entscheidend für die Auswertung nach der Form war die Überschrift bzw. der Titel, unter dem der Rechtsakt erlassen wurde. Im Rahmen der Auswertung der Dokumente aus dem öffentlichen Register mussten wieder manche Dokumente

---

1602 Vgl. hierzu z.B. den Übermittlungsvermerk des ehemaligen Generalsekretärs / Hohen Vertreters Javier Solana für den Präsidenten des Rates, der als Inhalt erste Leitlinien des Hohen Vertreters nach einem informellen Treffen der Staats- und Regierungschefs in Hampton Court enthielt (vgl. http://www.consilium.europa.eu/register/de/content/out/?&typ=ENTRY&i=ADV&DOC_ID=ST-15780-2005-INIT). Bei diesem Dokument wurden zum einen der Übermittlungsvermerk selbst und zum anderen die Leitlinien als Instrumente in der Analyse erfasst.

1603 CSDP steht für Common Security and Defence Policy – dem englischen Begriff für die GSVP – und ESVP steht für European Security and Defence Policy – dem englischen Begriff für die ESVP.

1604 In der englischsprachigen Suchmaske wurden die genannten Suchbegriffe in die Suchfelder „Words in Subject" und „Words in Text" eingegeben.

doppelt gezählt werden, da es zum einen auf das „Außendokument" (z.B. den Übermittlungsvermerk selber) und zum anderen auf den eigentlichen Inhalt des „Innendokuments" ankam.

(2) Organ

Die zweite Variable, die für die Auswertung relevant war, ist die Unterscheidung nach dem Erlassorgan. Natürlich finden sich im Bereich der GASP nicht derartig viele Erlassorgane wie in den übrigen Bereichen des unionsrechtlichen Handelns, doch ist dieser Variablen Beachtung zu schenken.

Als „Organ" gilt nach dem EUR-Lex der genannte Autor und im öffentlichen Register der „Ersteller" bzw. „*Originator*" (Letzteres im englischsprachigen Bereich). Zu beachten ist hier erneut, dass einige der ausgewählten Dokumente des öffentlichen Registers doppelt gezählt wurden. Dies folgt auch wieder aus dem Umstand, dass es sich bei diesen „Außendokumenten" teilweise um Übermittlungsvermerke u.Ä. handelte, bei denen der eigentliche Inhalt des übermittelten Dokuments einen anderen Ersteller bzw. *Originator* aufweist als das laut Register erstellende Organ des Übermittlungsvermerks bzw. des „Außendokuments".

(3) Teilbereiche

Als letzte Kategorie wurden die Ergebnisse in zwei verschiedene Teilbereiche eingeteilt. Die Unterteilung erfolgte in die Bereiche „GASP" und „GSVP". Für die tatsächliche Unterteilung wurde auf die Form sowie das Erlassorgan zurückgegriffen. Zudem spielte auch das juristische Gefühl – unter Beachtung der oben genannten Kenntnisse – eine Rolle in der Zuweisung in diese Subkategorien.

2. Quantitative Ergebnisse der empirischen Analyse

Um die empirische Analyse zunächst korrekt erfassen zu können, wird allgemein auf die Anzahl der Dokumente und deren Zuordnung zur Datenbank EUR-Lex bzw. dem Öffentlichen Register eingegangen und im zweiten Schritt die Aufteilung innerhalb der Datenbank und des Öffentlichen Registers nach den Teilbereichen GASP und GSVP erläutert.

a) Formenwahlpraxis nach Datenbank

Die Ergebnisse der empirischen Analyse unterteilen sich zunächst einmal wie folgt: Von den insgesamt 147 Dokumenten stammten 83 Rechtsakte aus dem Fundstellennachweis des EUR-Lex und 64 aus dem öffentlichen Register[1605].

Herkunft der Dokumente	Anzahl
EUR-Lex	83
Öffentliche Register	64
Insgesamt	**147**

Tabelle 1: Dokumentenanteil EUR-Lex und öffentliches Register

b) Anteil GASP/GSVP im EUR-Lex

Von den 83 Rechtsakten aus dem EUR-Lex wurden 58 der GASP und 25 der GSVP zugeteilt.

Unterbereiche EUR-Lex	Anzahl
GASP	58
GSVP	25
Insgesamt	**83**

Tabelle 2: Aufteilung der Dokumente aus dem EUR-Lex nach den Unterbereichen GASP und GSVP

c) Anteil GASP/GSVP im öffentlichen Register

Von den 64 Dokumenten des öffentlichen Registers konnten 31 der GASP und 33 der GSVP zugeordnet werden.

Unterbereiche öffentliches Register	Anzahl
GASP	31

1605 Zu beachten ist, dass insgesamt 8 Dokumente auf den Seiten des Parlaments veröffentlicht wurden. Hierbei handelt es sich um Antwortschreiben des Rates oder des Generalsekretariats des Rates auf parlamentarische Anfragen. Diese Dokumente wurden mitausgewertet, da in anderen ausgewerteten Dokumenten, die im Öffentlichen Register auffindbar waren, auf diese Antwortschreiben Bezug genommen wurde.

Unterbereiche öffentliches Register	Anzahl
GSVP	33
Insgesamt	**64**

Tabelle 3: Aufteilung der Dokumente aus dem öffentlichen Register nach Unterbereichen

d) Gesamtanteil GASP/GSVP aus EUR-Lex und öffentlichem Register

Daraus ergibt sich ein Gesamtanteil von 89 GASP-Maßnahmen und 58 Instrumenten, die innerhalb der GSVP erlassen wurden. Damit trägt die GASP einen Anteil von ca. 60 % und die GSVP einen Anteil von ca. 40 %.

Gesamtanteil EUR-Lex und öffentliches Register nach Unterbereichen	Anzahl
GASP	89
GSVP	58
Insgesamt	**147**

Tabelle 4: Aufteilung der gesamten untersuchten Dokumente nach Unterbereichen GASP/GSVP

e) Anteil nach Erlassorgan

Zunächst wird der Anteil nach Erlassorgan anhand der gesamten untersuchten 147 Dokumente dargestellt, im Folgenden dann die Aufteilung nach Erlassorgan in den Teilbereichen GASP und GSVP.

(1) Anteil nach Erlassorgan insgesamt

Aus der systematischen Analyse der stichprobenartig erfassten gesamten 147 Dokumente konnte ermittelt werden, dass 77 Rechtsakte/Dokumente vom Rat erlassen wurden. Das Generalsekretariat des Rates bzw. der Ratssekretär spielen mit insgesamt 16 Dokumenten eine Rolle. 15 Dokumente wurden jeweils vom PSK, wobei diese alle den Teilbereich der GSVP betrafen, und 9 Dokumente vom Ratsvorsitz des ER erlassen. Die zuletzt genannten Dokumente stammen wiederum alle aus dem öffentlichen Register und sind damit eher der formellen Natur einzuordnen. Insgesamt 6 Dokumente wurden vom ER erlassen, wobei es sich wiederum um Maßnahmen der GSVP handelt. 4 Dokumente wurden von dem Generalsekretär / Hohen Vertreter erlassen und 3 Dokumente durch den Hohen Vertreter in der Position als Vizekommissionspräsident im Namen der Kommission. Im eigenen Namen erließ der Hohe Vertreter 2 Dokumente. Das Sekretariat des Rates war mit 3 Dokumenten dabei. Jeweils 2 Dokumente stammen von der EVA bzw. von dem Hohen Vertreter als *„Head of the EDA“* sowie von den Referenten für Außenbeziehungen (sog. *RELEX Counsellors*). Auf die Arbeitsgruppe des Rates „Ausschuss Artikel 36“ sowie den Ausschuss der ständigen Vertreter fällt jeweils ein Dokument. Dem Ausschuss für die zivilen Aspekte der Krisenbewältigung (CIVCOM) und dem *Crisis Management and Planning Directorate* (CMPD) ist auch jeweils eine Maßnahme zuzurechnen. Das Parlament gemeinsam mit dem Rat hat ein Dokument erlassen. Ein Dokument stammt vom Europäischen Rechnungshof und wieder ein Dokument wurde von der Gruppe Allgemeine Angelegenheiten (*Working Party on General Affairs*) erlassen. Dem Sekretariat des ER ist der Erlass eines Dokuments zuzuordnen. Zuletzt fand sich ein Dokument, das von den im Rat vereinigten Vertretern der Regierungen der Mitgliedstaaten erlassen wurde.

Erlassorgan INSGESAMT	Anzahl
Rat	77
Generalsekretariat des Rates / Ratssekretär	16
PSK	15
Vorsitz des Rates	9
ER	6
Generalsekretär / Hoher Vertreter	4
Hohe Vertreterin / Vizekommissionspräsidentin im Namen der Kommission	3
Sekretariat des Rates	3
Hohe Vertreterin im eigenen Namen	2
Leiter der EVA (Hohe Vertreterin als „Head of EDA“)	2
Referenten für Außenbeziehungen (RELEX Counsellors)	2

Erlassorgan INSGESAMT	Anzahl
Arbeitsgruppe des Rates „Ausschuss Artikel 36"	1
Ausschuss der ständigen Vertreter (AStV)	1
Ausschuss für die zivilen Aspekte der Krisenbewältigung (CIVCOM)	1
Crisis Management and Planning Directorate (CMPD)	1
Parlament und Rat gemeinsam	1
Europäischer Rechnungshof	1
Gruppe Allgemeine Angelegenheiten (Working Party on General Affairs)	1
Vertreter der Regierungen der Mitgliedstaaten	1
Insgesamt	**147**

Tabelle 5: Maßnahmen geordnet nach Erlassorgan insgesamt

(2) Anteil nach Erlassorgan im Bereich der GASP

Neben der Einteilung nach Erlassorgan insgesamt folgt nun die Darstellung des Anteils des Erlassorgans aufgeteilt nach den Teilbereichen. Begonnen wird mit der Aufschlüsselung innerhalb der GASP. Von den insgesamt 147 Dokumenten konnten 89 der GASP zugeordnet werden. Innerhalb des GASP-Bereichs steht der Rat an vorderster Stelle als Erlassorgan mit einem gesamten Anteil von 62 Maßnahmen. Dem Rat folgend steht das Generalsekretariat des Rates mit 14 Dokumenten an zweiter Stelle. Der Vorsitz des Rates ist Urheber von 5 Dokumenten. Dem Hohen Vertreter handelnd im eigenen Namen sowie zugleich handelnd als Generalsekretär (also zu einer Zeit vor den Reformen des Lissabonner Vertrages) konnten jeweils 2 Maßnahmen zugeordnet werden. Lediglich ein Dokument wurde vom Europäischen Parlament und Rat gemeinsam erlassen. Der Europäische Rechnungshof erließ ein Dokument. Der Hohe Vertreter handelnd als Vizepräsident der Kommission sowie als Vorsitz des ER konnte als Urheber von jeweils einer Maßnahme ausfindig gemacht werden. Das

Schlusslicht bilden die Referenten für Außenbeziehungen mit dem Erlass eines Dokuments.

Erlassorgan GASP	Anzahl
Rat	62
Generalsekretariat des Rates	14
Vorsitz des Rates	5
Hohen Vertreterin im eigenen Namen	2
Generalsekretär / Hoher Vertreter	2
Parlament und Rat gemeinsam	1
Europäischer Rechnungshof	1
Vizepräsident der Kommission	1
Referenten für Außenbeziehungen (RELEX Counsellors)	1
Insgesamt	**89**

Tabelle 6: Maßnahmen geordnet nach Erlassorgan für den Teilbereich der GASP

(3) Anteil nach Erlassorgan im Bereich der GSVP

Zuletzt folgt die Darstellung der Anteile nach Erlassorgan im Bereich der GSVP. Hier teilt sich der Rat mit dem PSK die vorderste Stelle. Beide Organe haben jeweils insgesamt 15 Maßnahmen erlassen. Der ER nimmt im Bereich der GSVP mit dem Erlass von 6 Maßnahmen die dritte Stelle ein. Der Vorsitz des Rates des ER ist Urheber von 4 Dokumenten. Dem Sekretariat des Rates der Europäischen Union sind 3 Dokumente zuzuordnen und dem Generalsekretär des Rates insgesamt 2 Dokumente. Der Hohe Vertreter in der Position als Generalsekretär des Rates (also vor den Lissabonner Reformen) sowie in seiner Position als Vizepräsident der Kommission und als Leiter der Europäischen Verteidigungsagentur hat jeweils 2 Dokumente erlassen. Der Ausschuss für zivile Aspekte der Krisenbewältigung ist mit einem Dokument dabei. Der Gruppe der Referenten für Außenbeziehungen konnte ein Dokument zugeordnet werden. Der Ausschuss der ständigen Vertreter sowie die Arbeitsgruppe des Rates „Ausschuss Artikel 36“ (dieser wird seit dem Inkrafttreten des Lissabonner Vertrages Koordinierungsausschuss für den Bereich der polizeilichen und justiziellen

Zusammenarbeit in Strafsachen – kurz CATS – genannt[1606]) haben jeweils eine Maßnahme veranlasst. Auch dem *Crisis Management and Planning Directorate* (CMPD) ist eine Maßnahme zuzuordnen. Zuletzt sind die Vertreter der Regierungen der Mitgliedstaaten mit dem Erlass einer Maßnahme aufzuführen.

Erlassorgan GSVP	Anzahl
Rat	15
PSK	15
ER	6
Vorsitz des Rates	4
Sekretariat des Rates	3
Generalsekretariat des Rates	2
Generalsekretär des Rates / Hoher Vertreter	2
Hohe Vertreterin als Vizepräsidentin der Kommission	2
Leiter der Europäischen Verteidigungsagentur	2
Ausschuss für die zivilen Aspekte der Krisenbewältigung (CIVCOM)	1
Ausschuss der ständigen Vertreter (AStV)	1
Arbeitsgruppe des Rates „Ausschuss Artikel 36“	1
Crisis Management and Planning Directorate (CMPD)	1
Gruppe Allgemeine Angelegenheiten (Working Party on General Affairs)	1
Referenten für Außenbeziehungen (RELEX Counsellors)	1

1606 Der Ausschuss koordiniert den Bereich der polizeilichen und justiziellen Zusammenarbeit in Strafsachen, ist aber daneben auch für die Vorbereitung der Arbeiten des Ausschusses der Ständigen Vertreter in diesem Bereich zuständig (vgl. http://www.consilium.europa.eu/de/council-eu/preparatory-bodies/coordinating-committee-area-police-judicial-cooperation-criminal-matters/.

Erlassorgan GSVP	Anzahl
Vertreter der Regierungen der Mitgliedstaaten	1
Insgesamt	**58**

Tabelle 7: Maßnahmen geordnet nach Erlassorgan für den Teilbereich der GSVP

f) Anteil systematisierter Handlungsformen

Nachdem die Analyse nach Erlassorgan insgesamt und nach Teilbereichen GASP und GSVP aufgeschlüsselt wurde, erfolgt die Darstellung nach dem Anteil an den einzelnen vertraglich fixierten Handlungsformen, dies wiederum unterteilt nach den Teilbereichen GASP und GSVP.

(1) Anteil der einzelnen Handlungsformen in der GASP

Die Analyse der im Bereich der GASP erlassenen Maßnahmen hat ergeben, dass insgesamt 49 Maßnahmen dem vertraglichen Handlungsformenkatalog zugeordnet werden können. Von diesen 49 Handlungsformen stand der Erlass von Gemeinsamen Standpunkten an vorderster Stelle. Insgesamt 22 Gemeinsame Standpunkte wurden erlassen, wovon jeweils 7 nach Ex-Art. J.2 EUV-Maastricht und nach Ex-Art. 15 EUV-Nizza sowie 7 nach Art. 29 EUV-Lissabon und einer nach Art. 29 und (explizit) Art. 31 Absatz 1 EUV erlassen wurden. Des Weiteren finden sich sieben Beschlüsse zur Festlegung einer Gemeinsamen Aktion (4 nach Ex-Art. J.3 EUV-Maastricht und 3 nach Ex-Art. 14 EUV-Nizza). Überdies findet sich ein Beschluss zur Durchführung einer Gemeinsamen Aktion nach Ex-Art. 13 Absatz 2 i.V.m. Ex-Art. 23 Absatz 2 Unterabsatz 1, 2. Gedankenstrich EUV-Nizza unter den analysierten Dokumenten. Ferner wurden 3 Beschlüsse nach Ex-Art. 28 EUV-Nizza i.V.m. Ex-Art. 207 EGV-Nizza erfasst, die im Zusammenhang mit der Einrichtung von Militärausschüssen stehen. Auch fanden sich 2 Beschlüsse, die nach dem jetzigen Art. 26 Absatz 2 EUV (einer davon mit explizitem Verweis auf die Einstimmigkeitsregeln des Art. 31 Absatz 2 EUV) erlassen wurden und zur Gestaltung der GASP auf Grundlage der vom ER festgelegten allgemeinen Leitlinien und strategischen Vorgaben dienten. In der EUR-Lex-Datenbank im Unterbereich der GASP fanden sich auch 3 Verordnungen nach Ex-Art. 60 und Ex-Art. 301 EGV-Nizza bzw. Artikel 215 AEUV, die Grundlagen für Sanktionen im Bereich der GASP waren. Zu der Kategorie der Sanktionen ist auch die Empfehlung nach Ex-Art. 73g (i.V.m. Ex-Art. 228a) EGV-Maastricht einzuordnen, die dem Bereich der Wirtschaftssanktionen für den Kapital- und Zahlungsverkehr entstammt. Auch fand sich eine Verordnung nach Art. 209 Absatz 1 und Art. 212 Absatz 2 AEUV betreffend Maßnahmen der Entwicklungszusammenarbeit. Zudem fanden sich insgesamt 3 Beschlüsse, die internationale Übereinkünfte/Abkommen mit Drittstaaten und internationalen Organisationen betreffen. Ein Beschluss wurde auf Grundlage des Ex-Art. 24 EUV-Nizza, ein Beschluss nach Art. 37, Art. 31 Absatz 1 EUV-Lissabon i.V.m. Art. 209, 212 und Art. 218 Absatz 8 Unterabsatz 2 AEUV erlassen. Der übrige Beschluss wurde nach Art. 37 EUV-Lissabon i.V.m. Art. 218 AEUV gefasst. Wiederum ein anderer Beschluss zu Finanzierungsmaßnahmen im Rahmen der Friedensfazilität Moldau wurde auf Grundlage von Artikel 28 Absatz 1 und Artikel 41 Absatz 2 EUV-Lissabon gefasst. Zuletzt konnte ein Beschluss nach Ex-Art. 17 EUV-Nizza (Beschluss über die Regeln zur Verstärkten Zusammenarbeit mit der WEU) eruiert werden.

Formale Bezeichnung	Anzahl
Beschluss zur Festlegung Gemeinsamer Standpunkte nach Ex-Art. J.2 EUV-Maastricht	7
Gemeinsamer Standpunkt gemäß Ex-Art. 15 EUV-Nizza	7
Beschluss zur Festlegung einer Gemeinsamen Aktion nach Ex-Art. J.3 EUV-Maastricht	4
Gemeinsamer Standpunkt nach Art. 29 EUV-Lissabon	3
Gemeinsame Aktion nach Ex-Art. 14 EUV-Nizza	3
Beschluss nach Ex-Art. 28 EUV-Nizza i.V.m. Ex-Art. 207 EGV-Nizza	3
Beschluss nach Art. 28, 31 und 33 EUV-Lissabon	2
Verordnung nach Ex-Art. 60 und Ex-Art. 301 EGV-Nizza	2
Beschluss nach Ex-Art. 13 Absatz 2 i.V.m. Ex-Art. 23 Absatz 2 Unterabsatz 1, 2. Gedankenstrich EUV-Nizza	1

Formale Bezeichnung	Anzahl
Beschluss nach Ex-Art. 17 EUV-Nizza	1
Beschluss nach Ex-Art. 24 EUV-Nizza	1
Beschluss nach Art. 26 Absatz 2 EUV-Lissabon	1
Beschluss nach Art. 26 Absatz 2, 31 Absatz 1 EUV-Lissabon	1
Beschluss nach Artikel 28 Absatz 1, 41 Absatz 3 EUV-Lissabon	1
Beschluss nach Art. 29 und Art. 31 Absatz 1 EUV-Lissabon	1
Beschluss nach Art. 37, Art. 31 Absatz 1 EUV-Lissabon i.V.m. Art. 209, 212 und Art. 218 Absatz 8 Unterabsatz 2 AEUV	1
Beschluss nach Art. 37 EUV-Lissabon i.V.m. Art. 218 AEUV	1
Empfehlung nach Ex-Art. 73g (i.V.m. Ex-Art. 228a) EGV-Maastricht	1
Verordnung nach Art. 209 Absatz 1 und Art. 212 Absatz 2 AEUV	1
Verordnung nach Artikel 216 AEUV	1
Insgesamt	**49**

Tabelle 6: Anteil der Dokumente nach vertraglicher Kategorisierung in der GASP

(2) Anteil der einzelnen Handlungsformen i.R.d. GSVP

Auch im Bereich der GSVP konnten viele verschiedene Maßnahmen den vertraglich fest fixierten Handlungsformen zugeordnet werden. Insgesamt konnten 24 Handlungen dem bestehenden Handlungsformenkatalog unterworfen werden. An erster Stelle stehen mit insgesamt 10 Maßnahmen die Beschlüsse des PSK. Von diesen 10 Beschlüssen wurden jeweils 6 nach Ex-Art. 25 Absatz 3 EUV-Nizza und nach dem aktuell geltenden Art. 38 EUV gefasst. Darauffolgend finden sich 3 Beschlüsse nach Art. 28, 42 Absatz 4 und Art. 43 Absatz 2 EUV sowie ein Beschluss nach Art. 42 Absatz 4, 42 Absatz 2 EUV, die alle die Einleitung einer Mission betreffen. Überdies wurden 2 Beschlüsse gestützt auf Art. 28, 43 Absatz 2 EUV gefasst, die die Änderung von Einzelheiten bereits bestehender ziviler Missionen betreffen. Daneben fanden sich ein Beschluss nach Ex-Art. 13 Absatz 3 EUV-Nizza und ein Beschluss betreffend eine Gemeinsame Aktion über eine Militäroperation nach Ex-Art. 14, 25 Absatz 3, 28 EUV-Nizza. Darüber hinaus wurde ein Beschluss nach Ex-Art. 28 Absatz 1 EUV-Nizza i.V.m. Ex-Art. 207 EGV-Nizza, der die Einrichtung des Militärstabs der Europäischen Union betrifft, erfasst. Im weiteren Verlauf der Analyse fanden sich ein Beschluss zum Erlass eines Gemeinsamen Standpunktes nach Art. 29, 31 Absatz 1 EUV-Lissabon sowie ein Beschluss nach Art. 42, 45 EUV-Lissabon, der die Funktionsweise der EVA betrifft. Auch konnte ein Beschluss nach Art. 37 EUV-Lissabon i.V.m. Art. 218 AEUV, der die Unterzeichnung eines Abkommens betreffend die Beteiligung der Republik Korea an Krisenbewältigungsoperationen betrifft, aufgefunden werden. Im Übrigen fand sich ein Beschluss, der als Rechtsgrundlage einen Beschluss nach Ex-Art. 28 Absatz 1 i.V.m. Ex-Art. 207 EGV-Nizza nannte. Zuletzt wurde ein Übereinkommen nach Ex-EUV-Nizza (insbesondere nach Titel V) eruiert, das die Rechtsstellung des Militärstabes betrifft und dementsprechend dem Unterbereich der GSVP zuzuordnen war.

Formale Bezeichnung	Anzahl
Beschluss nach Ex-Art. 25 Absatz 3 EUV-Nizza (*PSK*)	4
Beschluss nach Art. 38 EUV-Lissabon (*PSK*)	6
Beschluss nach Art. 28, 42 Absatz 4, 43 Absatz 2 EUV-Lissabon	3
Beschluss nach Art. 28, 43 Absatz 2 EUV-Lissabon	2
Beschluss nach Ex-Art. 13 Absatz 3 EUV-Nizza	1
Beschluss über Gemeinsame Aktion nach Ex-Art. 14, 25 Absatz 3, 28 EUV-Nizza	1

Formale Bezeichnung	Anzahl
Beschluss nach Ex-Art. 28 Absatz 1 EUV-Nizza i.V.m. Ex-Art. 207 EGV-Nizza	1
Beschluss nach Art. 29, 31 Absatz 1 EUV-Lissabon	1
Beschluss nach Art. 42, 45 EUV-Lissabon	1
Beschluss nach Art. 42 Absatz 4, 43 Absatz 2 EUV-Lissabon	1
Beschluss nach Art. 37 EUV-Lissabon i.V.m. Art. 218 AEUV	1
Beschluss gestützt auf einen anderen Beschluss	1
Übereinkommen nach Ex-EUV-Nizza insbesondere Titel V	1
Insgesamt	**24**

Tabelle 6: Anteil der einzelnen Handlungsformen i.R.d. GSVP

g) Anteil sui generis-*Handlungsformen*

Nachdem die Maßnahmen dargestellt wurden, die dem unionsrechtlichen Handlungsformenkatalog zugeordnet werden konnten, folgt nun die Schilderung der Maßnahmen, die nicht der Kategorie einer der vertraglich fixierten Handlungsformen entsprechen und damit als *sui generis*-Maßnahmen zu qualifizieren sind. Begonnen wird wieder mit der Abbildung der Maßnahmen im Bereich der GASP, darauffolgend wird der Teilbereich der GSVP beleuchtet.

(1) GASP

Im Bereich der GASP ist der Anteil an den nicht in den Verträgen statuierten Handlungsformen mit 40 Maßnahmen überraschend hoch. In der Analyse konnten insgesamt 8 Berichte und 6 Entwürfe bzw. Endfassungen auf schriftliche Anfragen des Parlaments gefunden werden. Daneben fanden sich

6 I/A-Punkt-Vermerke und 6 *(einfache)*[1607] Vermerke. Des Weiteren wurden 4 Schlussfolgerungen bzw. Beratungsergebnisse eruiert. Überdies wurden 3 Übermittlungsvermerke und 2 Pressemitteilungen bzw. Erklärungen ermittelt. Einmal Leitlinien, die vom Hohen Vertreter/Generalsekretär erlassen wurden, sowie eine Empfehlung. Auch ein sog. Sonderbericht war aufzufinden. Zuletzt fand sich ein Gutachten unter den Maßnahmen, das auch als *sui generis*-Maßnahme zu qualifizieren ist.

Art der *sui generis*-Maßnahmen GASP	Anzahl
Bericht	8
Antwortschreiben bzw. Vorentwurf auf parlamentarische Fragen	6
I/A-Punkt-Vermerk	6
Vermerk	6
Schlussfolgerungen/ Beratungsergebnisse	4
Übermittlungsvermerk	3
Pressemitteilung/Erklärung	2
Empfehlung	1
Gutachten	1
Leitlinien	1
Sonderprüfungsbericht	1
Verhaltenskodex	1
Gesamt	**40**

Tabelle 7: Anteil an sui generis-Maßnahmen in der GASP

(2) GSVP

Im Teilbereich der GSVP stellt sich dies nicht anders dar. Hier konnten insgesamt 34 Maßnahmen als *sui generis*-Maßnahmen identifiziert werden. Es wurden insgesamt 6 Übermittlungsvermerke und 5 Berichte verzeichnet. Darüber hinaus wurden 5 Schlussfolgerungen und 4 Antwortschreiben auf parlamentarische

1607 Der Begriff dient lediglich zur Abgrenzung des Vermerks vom I/A-Punkt-Vermerk und wird nicht von den Unionsorganen verwendet.

Anfragen veröffentlicht. Bei einer der Antworten handelte es sich um einen Entwurf eines Antwortschreibens, welcher jedoch im Sinne der Effektivität dieser Analyse in die Kategorie der Antworten eingeteilt wurde. Daneben wurden 4 Headlines Goals veröffentlicht, wobei 2 davon militärische Planziele und die anderen zivile Planziele betrafen. Des Weiteren wurden 4 Vermerke ausfindig gemacht, die u.a. die Nichtverbreitung von Kleinwaffen und leichten Kriegswaffen sowie das Budget für Maßnahmen der GASP betrafen. Ferner wurden ein Aktionsplan, ein Beitrag und ein *Capability Development Plan* ausfindig gemacht. Überdies fanden sich ein EU-Konzept sowie ein I/A-Punkt-Vermerk unter den ungewöhnlichen Maßnahmen. Zuletzt wurde eine im Titel als „*Information*" bezeichnete Maßnahme ermittelt, die im EUR-Lex jedoch in der Kategorie der „Liste" geführt wurde.

Art der *sui generis*-Maßnahmen GSVP	Anzahl
Übermittlungsvermerk	6
Bericht	5
Schlussfolgerungen	5
Antwortschreiben bzw. Vorentwurf auf parlamentarische Fragen	4
Headline Goal (*Planziele*)	4
Vermerk	4
Aktionsplan	1
Beitrag	1
Capability Development Plan	1
EU-Konzept	1
I/A-Punkt-Vermerk	1
Liste (lt. ABl. „Information")	1
Insgesamt	**34**

Tabelle 8: Anteil an sui generis-Maßnahmen in der GSVP

h) Schlussfolgerung

Die quantitative Analyse hat gezeigt, dass von insgesamt 147 Maßnahmen ca. 60 % dem Bereich der GASP und ca. 40 % dem Teilbereich der GSVP zuzuordnen sind. Auch wenn die zu Beginn der Analyse erfolgte Zuordnung zur GASP und zur GSVP teilweise auch von einem juristischen Gefühl geleitet wurde, so verdeutlicht der enorme GSVP-Anteil von ungefähr 40 %, dass der Unterbereich der GSVP immer mehr an Bedeutung gewinnt. Insbesondere in den letzten zehn Jahren konnten vermehrt Beschlüsse und andere Maßnahmen mit verteidigungspolitischem Bezug festgestellt werden. Dies kann durchaus auf einen beschleunigten Prozess in der Entwicklung und der Formation der GSVP hindeuten. Ob damit auch ein verstärktes einheitliches Vorgehen der Union und der Mitgliedstaaten vorliegt, kann jedoch nicht zugleich ausgesagt werden. Die Abstimmungsmodalitäten zu den einzelnen Maßnahmen sind nicht zugänglich und demnach ist die Bejahung einer Änderung hin zu einem „gemeinsamen Konsens" bei den Vertretern der Mitgliedstaaten nicht zwangsläufig feststellbar.

In Bezug auf das Erlassorgan steht der Rat – sowohl im Bereich der GASP als auch im Bereich der GSVP – mit einem Anteil von ca. 52 % an den gesamten Maßnahmen an vorderster Stelle. Kein anderes Organ erzielte eine solch hohe Quote bei dem Erlass der untersuchten Maßnahmen. Dies entspricht auch dem in der Literatur und Praxis häufig zu vernehmenden Argument, dass nicht der ER, sondern der Rat das operative Entscheidungszentrum in der GASP ist.[1608] Dem Rat folgend ist der Generalsekretär/Ratssekretär, jedoch mit einem Anteil von lediglich 10,8 % (wovon 87 % allein im Bereich der GASP erlassen wurden). An dritter Stelle steht das PSK mit einem Anteil von 10 % in der Gesamtermittlung. Die Maßnahmen des PSK wurden alle im Bereich der GSVP erlassen, was zugleich auf eine gehobene Stellung im Bereich der Koordinierung der GSVP spricht. Im Teilbereich der GSVP steht das PSK damit sogar an gleicher Stelle mit dem Rat als handelndes Erlassorgan. An vierter Stelle findet sich der Vorsitz des Rates mit ca. 6 % an erlassenen Maßnahmen. Der ER steht im gesamten Vergleich mit lediglich 4,08 % an fünfter Stelle bei den Erlassorganen. Hier überrascht es, dass die vom ER erlassenen Maßnahmen alle dem GSVP-Bereich zuzuordnen sind. Überdies muss sich der ER den fünften Platz jedoch mit dem Hohen Vertreter teilen. Dieser steht mit 6 Maßnahmen (4 in der Position des Hohen Vertreters und Generalsekretärs zugleich und 2 als Hoher Vertreter handelnd im eigenen Namen), also auch mit einem Anteil von 4,08 %, zu Buche. Der Hohe Vertreter in der Position als Vizepräsident der Kommission ist mit ca. 2 % in der Gesamtanalyse dabei. Dieser niedrige prozentuale Anteil ist jedoch darauf zurückzuführen, dass der Erlass von Maßnahmen in dieser Doppelhut-Position erst seit den Lissabonner Reformen möglich ist. Es ist davon auszugehen – insbesondere unter Bezugnahme der schleichenden Verschmelzung

1608 Siehe z.B. Bitterlich, in: Lenz/Borhardt, EU-Verträge Kommentar, Art. 27 EUV, Rn. 7.

von den außenpolitischen Kommissionsbereichen und der GASP[1609], – dass der Hohe Vertreter handelnd als Vizepräsident der Kommission in Zukunft vermehrt Handlungen vornehmen wird. Die diversen übrigen Erlassorgane sind mit einem prozentualen Anteil von ca. 11 % in der Gesamtheit der Analyse vertreten.[1610]

Kommen wir aber nun aber zu dem Punkt, inwiefern sich die untersuchten Maßnahmen dem Handlungsformenkatalog des EUV und AEUV zuordnen lassen. Innerhalb des Bereichs der GASP konnten 55,06 % der Maßnahmen dem bestehenden (und den ehemaligen) Handlungsformenkatalog zugeordnet werden. Das heißt im Umkehrschluss, dass alle übrigen Handlungen, die im Bereich der GASP ermittelt wurden, dem Sektor der *sui generis*-Maßnahmen zuzuordnen sind – insgesamt also ca. 44,94 %. Konsequenterweise konnten damit lediglich etwas mehr als die Hälfte der gefassten Maßnahmen als vertraglich fixierte Handlungsformen qualifiziert werden. Ein durchaus beunruhigendes Ergebnis, da dies doch die viel kritisierte Intransparenz und die damit einhergehende Handlungsformenproliferation bestätigt.

Auch im Bereich der GSVP sieht es nicht anders aus. Hier überwiegt der Anteil der *sui generis*-Maßnahmen sogar mit einem Prozentsatz von ca. 59 %. Folglich liefert auch der gesamte Vergleich (GSVP und GASP gemeinsam) kein anderes Bild. Von den gesamten 147 untersuchten Dokumenten konnten 49,7 % der Maßnahmen den oben dargestellten unionalen Handlungsformen zugeordnet werden. Der Anteil an den Maßnahmen, die es in keine der statuierten Kategorien geschafft hat, beträgt dementsprechend insgesamt 50,3 %. Natürlich kann man sich nun fragen, ob dieses Zwischenergebnis nicht durch das Einbeziehen der Ratsdokumente in die Analyse etwas getrübt ist. Insbesondere weil es für einen großen Anteil der untersuchten Ratsdokumente charakteristisch ist, dass diese noch „unfertig" waren (d.h. es sich teilweise lediglich um vorbereitende Dokumente handelte) oder es sich schlichtweg um Vermerke zur Übermittlung eines anderen Dokuments handelte. Nimmt man jedoch z.B. die Kategorie „Übermittlungsvermerke" (also insgesamt 6 Maßnahmen) und ein Dokument aus der Kategorie „Antworten" (da es sich bei einem der analysierten Dokumente um einen Vorentwurf handelte) aus der Gesamtanzahl der von mir ermittelten *sui generis*-Maßnahmen heraus, bleibt trotzdem noch ein Anteil von 46,2 % an *sui generis*-Maßnahmen übrig. Auch dieser Prozentsatz stellt einen

1609 Vgl. die obigen Ausführungen zu den Abgrenzungsproblematiken im 1. Teil, Abschnitt I, D.

1610 Für den Anteil der einzelnen diversen Erlassorgane siehe oben Tabellen 6 und 7.

beträchtlichen Anteil dar. Demzufolge ist trotz der Einbeziehung der Ratsdokumente in die hier vorgenommene Analyse, von einer verlässlichen Aussage in Bezug auf die Entwicklung der *sui generis*-Maßnahmen auszugehen. Darüber hinaus darf nicht außer Acht gelassen werden, dass die Ratsdokumente bewusst der Öffentlichkeit zur Verfügung gestellt werden – auch wenn der explizite Hinweis auf die fehlende Bindung[1611] erfolgt. Allein der Umstand des Veröffentlichens von Dokumenten, womit zugleich das Befassen mit bestimmten Inhalten durch die Unionsorgane aufgezeigt wird, lässt die Relevanz von bestimmten Themenfeldern erkennen. Sofern sich diese Relevanz dann in dem Erlass von *sui generis*-Maßnahmen widerspiegelt, kann dies durchaus darauf zurückzuführen sein, dass der Verfahrensweg für den Erlass einer Maßnahme in einer vertraglich fixierten Handlungsform wegen zu hoher Hürden versperrt geblieben ist. Überdies kann man auch die von *von Bogdandy* und *Bast* in ihrer 2002 veröffentlichten empirischen Analyse zur Untermauerung der Anhäufung von unspezifizierten Handlungsformen heranziehen. In dieser empirischen Untersuchung, die sich auf den gesamten unionalen Bereich bezog, konnten 4 % der insgesamt 500 untersuchten Maßnahmen keinem vertraglichen Kategorienschema zugeordnet werden.[1612] Auch damals gab es also schon eine Reihe an *sui generis*-Maßnahmen. Nun mag argumentiert werden, dass diese 4 % nicht einen derartig großen Anteil, wie in dieser Analyse festgestellt wurde, darstellen und demnach keine verlässliche Aussage abgeleitet werden kann. Diesem Argument muss entgegengebracht werden, dass sich die Studie von *von Bogdandy* und *Bast* lediglich auf einen Zeitraum bis 2002 bezog und die Analyse nur Maßnahmen aus dem damaligen CELEX-System umfasste. Seitdem sind über 21 Jahre vergangen und ein Mehr an komplexen Problemstellungen, die ein breitgefächertes Reaktionsschema benötigen, ist entstanden. Darüber hinaus bezieht sich die vorliegende Studie eben auf die intergouvernemental geprägte GASP, die bekanntlich nicht derart formalisiert ist wie die vergemeinschafteten Bereiche. Naturgemäß entwickelt sich informelles Handeln in von Diplomatie geprägten Bereichen schneller und tritt im Zweifel auch eher zum Vorschein. Daher ist davon auszugehen, dass der außenpolitische Bereich im Sinne der GASP insgesamt anfälliger für die Entwicklung von informellem Recht ist.

Unabhängig von dem beachtlichen Anteil an *sui generis*-Maßnahmen steht innerhalb der Maßnahmen, die im Bereich des statuierten

1611 Die fehlende Bindung folgt aus der Nichtveröffentlichung im Amtsblatt der Europäischen Union.

1612 v. Bogdandy/Bast/Arndt, ZaöRV 2002, S. 77 (S. 91).

Handlungsformenkanons im Rahmen der GASP erlassen wurden, der Erlass von (gemeinsamen) Standpunkten an erster Stelle. Gefolgt werden diese durch die gemeinsame Aktion. Im Übrigen finden sich Beschlüsse, die nach verschiedenen Rechtsgrundlagen erlassen wurden. Es ist darauf hinzuweisen, dass der Beschluss die meistgewählte systematische Handlungsform darstellen würde, wenn man den Beschluss zum Erlass einer gemeinsamen Aktion bzw. zur Bestimmung eines (gemeinsamen) Standpunktes nicht jeweils als separate eigene Kategorie qualifiziert. Das Schlusslicht innerhalb der GASP bildet der Erlass einer Empfehlung sowie einer Verordnung. Letzteres zeigt deutlich den Unterschied zu den vergemeinschafteten Bereichen, in denen die Verordnung vorherrschend ist. Zumindest kamen *von Bogdandy* und *Bast* in ihrer 2002 veröffentlichten empirischen Analyse zu dem Ergebnis, dass die Verordnung (und die damals noch geltende Entscheidung) die am häufigsten angewandte Handlungsform war.[1613] Dabei bezog sich die Analyse auf das Handeln der Union insgesamt und gerade nicht auf den Bereich der GASP.[1614]

Im Teilbereich der GSVP steht der Beschluss in all seinen verschiedenen Erlassvarianten an vorderster Stelle. 10 dieser Beschlüsse stellen Beschlüsse hinsichtlich der politischen Kontrolle und strategischen Leitung von Operationen, die vom PSK gefasst wurden, dar. Die übrigen Beschlüsse wurden bis auf 2 vom Rat gefasst und haben verschiedene vertragliche Grundlagen. Unter anderem findet sich einer zur Festlegung einer gemeinsamen Aktion und einer zur Festlegung eines gemeinsamen Standpunktes. Streng genommen dürften die zwei zuletzt Genannten nicht im Teilbereich der GSVP aufgezählt werden, da die Handlungsform „Gemeinsame Aktion" und die „Gemeinsamer Standpunkt" nicht als vertraglich fixierte Handlungsform der GSVP gelten. Jedoch ist diese Einteilung auf Grund des inhaltlichen Kerns, der dem verteidigungsrechtlichen Bereich zuzuordnen war, gewählt worden. Im Übrigen stehen der GSVP rein formalistisch gesehen die einzelnen Handlungsformen des Art. 25 EUV auch zu. Bei den Maßnahmen der GSVP handelt es sich ja um spezielle Ausprägungen dieser.

1613 Ibid.

1614 In der Stichprobe von 500 Akten waren gerade mal 6 aus dem Bereich der GASP und der damals noch geltenden PJZS, vgl. v. Bogdandy/Bast/Arndt, ZaöRV 2002, S. 77 (S. 108).

3. Konsequenz aus der quantitativen Analyse: *sui generis*-Maßnahmen als neue Handlungsformengattung?

Nachdem im oberen Abschnitt festgestellt wurde, dass ein recht hoher Anteil an *sui generis*-Maßnahmen innerhalb der GASP und ihres Teilbereichs der GSVP vorliegt, ist sich der Frage zuzuwenden, ob eine (oder mehrere) dieser *sui generis*-Maßnahmen sich für die Erschaffung einer neuen Handlungsformenkategorie eignen. Da nicht jede einzelne unbestimmte Maßnahme auf ihr Potenzial einer neuen Handlungsformengattung untersucht werden kann,[1615] beschränke sich die Darstellung auf die am häufigsten verwendete *sui generis*-Maßnahme sowie eine *sui generis*-Maßnahme, die sich m.E. am ehesten als neue Kategorie eignet.

Für die Bestimmung einer neuen Handlungsform bedarf es zunächst der Ermittlung von rechtserheblichen Merkmalen, die für die Zuordnung zur neuen Kategorie entscheidend sind. Es handelt sich dabei um die bereits erwähnten formidentifizierenden Parameter. Diese Parameter können durch das Auffinden von empirischen Regelmäßigkeiten determiniert werden.[1616] Vorgaben hinsichtlich der Parameter, nach denen gesucht werden soll, bestehen nicht. Laut *Goldmann* gibt es keine vorgegebene Regel zu feststehenden Parametern. Die Einteilung soll nicht formellen Regeln folgen, sondern anhand von praktischen Erwägungen getroffen werden, die die Eigenheiten der zugrundeliegenden Maßnahme am besten aufgreifen.[1617] Der einzelne Parameter muss dabei eine gewisse Aussagekraft besitzen, damit er sich als Abgrenzungskriterium eignet. Diese Aussagekraft muss auch beim Zusammenwirken mit den anderen formidentifizierenden Parametern zum Ausdruck kommen. *Appel* spricht hier von einem Exklusivitätsanspruch, dem eine Kombination von mehreren Parametern, die allesamt zur Bestimmung einer Handlungsform herangezogen werden, entsprechen muss.[1618] Abgestellt wird auf die elementare Bedeutung dieser Parameter für die Handlungsform und die dadurch bewirkte zwingende Zuordnung zu der Handlungsform bei Vorliegen dieser Parameter, die diesem Exklusivitätsanspruch entsprechen.[1619]

1615 Eine Untersuchung aller *sui generis*-Maßnahmen auf ihr Handlungsformenpotenzial würde den Umfang dieser Arbeit sprengen – insbesondere unter dem Aspekt, dass im Abschnitt B dieses Teils ein Vorschlag für eine Neuklassifizierung der Maßnahmen erfolgt.

1616 Vgl. Appel, Das internationale Kooperationsrecht der Europäischen Union, S. 240 ff.

1617 Goldmann, 11 German Law Journal (2009), S. 1865 (S. 1882).

1618 Appel, Das internationale Kooperationsrecht der Europäischen Union, S. 263.

1619 Ibid.

Bei der Vorgehensweise zur Auffindung der formidentifizierenden Parameter wurde sich an der von *Bast* vorgenommenen Methodik, nach der zunächst in der Genese und im Text nach diesen gesucht wird und im zweiten Schritt die externen Merkmale wie Veröffentlichung und Bekanntgabe betrachtet werden, orientiert.[1620] Im zweiten Schritt ist zu beachten, dass der Art und Weise der Veröffentlichung bei *sui generis*-Maßnahmen nicht so viel Beachtung geschenkt werden kann wie bei Rechtshandlungen des übrigen Sekundärrechts, die durch Veröffentlichungen im Amtsblatt verbindlich werden. Andererseits kann durch das „Ob" und „Wann" einer Veröffentlichung eine generelle Wirkung, die nicht unbedingt immer verbindlich sein muss, erzielt werden.[1621]

a) Berichte

Als eine der anzahlmäßig am meisten gewählten *sui generis*-Maßnahmen konnte der Bericht ausfindig gemacht werden. Die empirische Analyse zeigte in der GASP 8 Berichte und in der GSVP 5 Berichte, also insgesamt 13 Berichte, auf. Es handelt sich dabei um verschiedene Jahresberichte des Rates an das Parlament über die Hauptaspekte und grundlegende Optionen der GASP, Jahresberichte zur Durchführung der Gemeinsamen Aktion 2002/589/GASP des Rates vom 12. Juli 2002 betreffend den Beitrag der Europäischen Union zur Bekämpfung der destabilisierenden Anhäufung und Verbreitung von Kleinwaffen und leichten Waffen, einen Bericht des Vorsitzes an den Rat nach Art. 14 der Gemeinsamen Aktion 2008/898/GASP über die Organisation des Büros des Sonderbeauftragten der Europäischen Union für die Afrikanische Union, einen Jahresbericht gemäß Art. 8 Absatz 2 des Gemeinsamen Standpunkts 2008/944/GASP des Rates betreffend gemeinsame Regeln für die Kontrolle der Ausfuhr der Militärtechnologie und Militärgütern, einen Bericht des Vorsitzes über die Europäische Sicherheits- und Verteidigungspolitik sowie den umfassenden Bericht „Ausbau und Stärkung der Zusammenarbeit zwischen dem JI-Bereich (Justiz und Inneres) und der zivilen Krisenbewältigung im Rahmen der Europäischen Sicherheits- und Verteidigungspolitik" und den *Report*[1622] *„CFSP Budget – Orientation for 2011 and 2012"*.

1620 Bast, Grundbegriffe der Handlungsformen der EU, S. 148 f.

1621 Vgl. hierzu Bast, Grundbegriffe der Handlungsformen der EU, S. 150.

1622 *Report* stellt die offizielle englische Bezeichnung dieses Dokuments durch das Register des ER / Rates der Europäischen Union dar. Das Dokument war nur in englischer Sprache erhältlich, so dass die Autorin eigenständig die Klassifizierung unter den äquivalenten deutschen Begriff des „Berichts" vorgenommen hat.

Allen Dokumenten ist gemeinsam, dass sie von einem (Unter-)Organ der GASP erlassen wurden. Keiner der Berichte wurde von der Kommission oder von dem Parlament veröffentlicht. Somit steht als erster formidentifizierender Parameter das Erlassorgan, nämlich ein Organ oder Unterorgan der GASP, fest.[1623] Die untersuchten Berichte weisen zudem auch immer einen Adressaten, also ein Organ, an das der einzelne Bericht gerichtet ist, aus. Die Berichte werden dementsprechend immer an ein bestimmtes Organ adressiert, so dass die Form der Maßnahme durchaus als interinstitutionelle adressatenbezogene Maßnahme bezeichnet werden kann.

Sämtliche der oben genannten Berichte wurden nicht im Amtsblatt der Europäischen Union veröffentlicht. Es handelt sich vielmehr um Dokumente, die über das Register des ER / Rates der Europäischen Union abrufbar sind. Zu den eventuellen Beschlussfassungsmodalitäten kann keine Aussage getroffen werden, da es sich bei den Dokumenten um *sui generis*-Maßnahmen handelt, die keinen vertraglich fixierten Verfahrensvorschriften unterliegen. Aus dem Umkehrschluss dieser Feststellung kann jedoch als Parameter abgeleitet werden, dass die „Berichte" keinen Beschlussregeln unterliegen.

Aber auch in Bezug auf die textimmanenten Parameter der Berichte können Aussagen getroffen werden, die eine Abgrenzung zu anderen GASP-Maßnahmen ermöglichen. Zunächst sind sämtliche Berichte schriftlich verfasst worden. Alle Dokumente – bis auf die „*CFSP Budget – Orientation for 2011 and 2012*" – enthalten bereits im Titel den Begriff des „Berichts". Das heißt, dass der Leser in den überwiegenden Fällen schon bei Erfassen des Titels sieht, dass es sich um einen Bericht handelt. Einzige Ausnahme stellt das Dokument „*CFSP Budget – Orientation for 2011 and 2012*" dar. Bei diesem Dokument ergibt sich die Qualifizierung als Bericht zwar nicht aus dem Text selbst, jedoch aus der Klassifizierung der Art des Dokuments als „*Report*" durch das Register.[1624] Folglich kann trotz der eben genannten Ausnahmen als inhaltliche Aktivkomponente die Erwähnung des Begriffs „Bericht" ausfindig gemacht werden. Diese Komponente stellt zugleich ein formidentifizierendes Merkmal für die neue Handlungsformkategorie des

1623 Diese Feststellung wäre möglicherweise eine andere, wenn die empirische Analyse nicht auf den Bereich der GASP begrenzt gewesen wäre. Würde man sämtliche unionalen Maßnahmen in die Analyse einbeziehen, wäre die Wahrscheinlichkeit des Auffindens von „Berichten", die auch z.B. von der Kommission oder dem Parlament erlassen werden, wohl sehr hoch.

1624 Vgl. http://www.consilium.europa.eu/register/en/content/out/?&typ=ENTRY&i=ADV&DOC_ID=ST-17538-2010-INIT.

Berichts dar. Nur in Ausnahmefällen, also dann, wenn sich aus dem Text des Dokuments die Hinweise auf „Bericht“ nicht ergeben, kann das zuständige Organ die Klassifizierung selbst vornehmen. Im Übrigen sollten dann aber die weiteren hier identifizierten Merkmale vorliegen.

Der Aufbau der Texte der untersuchten Berichte unterscheidet sich nur marginal. Grundsätzlich enthalten die Berichte einen einleitenden Teil, einen Hauptteil und einen Schlussteil im Sinne von Vorschlägen oder zukunftsgerichteten Aussagen sowie zusätzlich einen Anlagenteil. Auch der Sonderfall *„CFSP Budget – Orientation for 2011 and 2012“* kann trotz der Zensur (dazu gleich) in die Abschnitte Einleitung, Hauptteil (in diesem Fall z.B. „CFSP Budget 2011“ und „CFSP Budget 2012“) und Schlussteil im Sinne einer Empfehlung aufgeteilt werden. Zuletzt enthält dieser Bericht auch einen Anlagenteil, der sich aus der Abbildung von Statistiken zusammensetzt.

Auch wenn es nicht unwahrscheinlich erscheint, dass sich diese formelle Anordnung in einleitenden, mittleren und Schluss- und Anlagenteil in vielen anderen unionalen Maßnahmen wiederfinden wird und die Aussagekraft als formender Parameter dementsprechend gemindert ist, sollte diese Formulierungsart zumindest als „unterstützender“ (d.h. mit untergeordneter Aussagekraft) textimmanenter Parameter des Berichts angesehen werden.

Inhaltlich bezieht sich die Mehrheit der untersuchten Berichte auf eine explizite Rechtsgrundlage zum Erlass des einzelnen Berichts. Die Jahresberichte des Rates an das Parlament über die Hauptaspekte und grundlegende Optionen der GASP beziehen sich auf Buchstabe H Nummer 40 der interinstitutionellen Vereinbarung vom 6. Mai 1999. Drei weitere Berichte beziehen sich explizit auf weitere GASP-Handlungsformen, also eine Gemeinsame Aktion bzw. einen Gemeinsamen Standpunkt. Die *„CFSP Budget – Orientation for 2011 and 2012“* nennt ein weiteres informelles Dokument als Rechtsgrundlage für die Erörterung der Verwendung des GASP-Budgets.[1625] Lediglich der Bericht zur Europäischen Sicherheits- und Verteidigungspolitik sowie der Bericht „Ausbau und Stärkung der Zusammenarbeit zwischen dem JI-Bereich (Justiz und Inneres) und der zivilen Krisenbewältigung im Rahmen der Europäischen Sicherheits- und Verteidigungspolitik“ beziehen sich auf keine explizite Rechtsgrundlage zum Verfassen des Berichts. Es ist aber davon auszugehen, dass es in der Natur der Arbeit der Organe und Unterorgane liegt, Berichte über zu behandelnde GASP-Themen zu verfassen und diese z.B. für die Vorbereitung von weiteren

---

1625 Ein sog. Vermerk des Ratssekretariats – abrufbar unter: http://data.consilium.europa.eu/doc/document/ST-7438-2003-INIT/en/pdf.

Arbeiten oder Konferenzen zur Verfügung zu stellen.[1626] Demgemäß kann die Pflicht zur Erstellung eines Berichts explizit in einer anderen GASP-Maßnahme unmittelbar normiert werden oder sich schlichtweg aus den üblichen Arbeitsabläufen der Organe innerhalb deren Kompetenzrahmen ergeben.

In Bezug auf den Inhalt der Berichte ist weiterhin aufgefallen, dass alle Inhalte mit Ausnahme der *„CFSP Budget - Orientation for 2011 and 2012“* unzensiert waren. Das heißt, der Inhalt war der Öffentlichkeit in unbeschränkter Weise zugänglich. Lediglich die *„CFSP Budget - Orientation for 2011 and 2012“* enthält an verschiedenen Stellen den Hinweis *„deleted“*, wobei dann der entsprechende Titel und Absatz unbeschriftet bleibt. Auf der ersten Seite dieses Berichts findet sich zudem der Hinweis *„Document partially accessible to the public“*,[1627] so dass für den Leser sofort erkennbar ist, dass es sich um ein zensiertes Dokument handelt. Im Grunde genommen ist die partielle Zensur eines GASP-Dokuments nichts Überraschendes. Denn bei der GASP handelt es sich gerade um den Bereich, der sensible politische Informationen beinhaltet, an deren Nichtveröffentlichung (einzelne) Mitgliedstaaten stark interessiert sind.[1628]

In sachlicher Hinsicht befassen sich die Berichte zunächst mit einer Rückschau auf vergangene Tatsachen und Gegebenheiten, wobei die Rückschau nach Themengebieten und/oder geographisch aufgeteilt sein kann. Auch kann eine Unterteilung nach den getroffenen Maßnahmen in den einzelnen Mitgliedstaaten erfolgen.[1629] Nach dem Rückblick auf Geschehenes folgen grundsätzlich die zukunftsweisenden Empfehlungen und/oder Prioritätensetzung[1630] bzw. die

---

1626 Der Bericht zur Europäischen Sicherheits- und Verteidigungspolitik diente z.B. der Vorbereitung für die Tagungen des ER in Nizza – vgl. http://data.consilium.europa.eu/doc/document/ST-14056-2000-INIT/de/pdf.

1627 Dokument abrufbar unter: http://data.consilium.europa.eu/doc/document/ST-17538-2010-INIT/en/pdf.

1628 Vgl. Art. 9 der Verordnung (EG) Bd. 1049/2001 des Europäischen Parlaments und des Rates vom 30. Mai 2001 über den Zugang der Öffentlichkeit zu Dokumenten des Europäischen Parlaments, des Rates und der Kommission.

1629 Vgl. Jahresberichte zur Durchführung der Gemeinsamen Aktion 2002/589/GASP des Rates vom 12. Juli 2002 betreffend den Beitrag der Europäischen Union zur Bekämpfung der destabilisierenden Anhäufung und Verbreitung von Kleinwaffen und leichten Waffen – abrufbar unter: http://data.consilium.europa.eu/doc/document/ST-14555-2007-INIT/de/pdf.

1630 Vgl. Jahresberichte des Rates an das Europäische Parlament über die Hauptaspekte und grundlegende Optionen der GASP für 2004, S. 115 ff. – abrufbar unter: http://data.consilium.europa.eu/doc/document/ST-7961-2005-INIT/de/pdf.

Darstellung von Verbesserungsmöglichkeiten und möglichem Entwicklungspotenzial[1631]. Als sachlich-inhaltlich formidentifizierende Parameter eines Berichts können dementsprechend die Analyse von Vergangenem und die mit den Ergebnissen der Analyse im Zusammenhang stehenden Aussagen zum zukünftigen Verhalten auserkoren werden.

Insgesamt kann festgehalten werden, dass die eben ermittelten Merkmale der untersuchten Berichte sich durchaus dafür eignen, eine neue Handlungsform zu formen. Die den analysierten Dokumenten zugrundeliegenden Merkmale weisen einen Abgrenzungsgrad auf, der die Unterscheidung zu bereits bestehenden Handlungsformen erlaubt.

Folglich wird folgender Vorschlag für die Formulierung einer neuen Handlungsform „Bericht“ für den EU-Vertragstext gemacht:

> „**Berichte**: *(1) Zur Analyse der Festlegung und Durchführung der Gemeinsamen Außen- und Sicherheitspolitik, einschließlich der Gemeinsamen Sicherheits- und Verteidigungspolitik, kann die Union auf Berichte zurückgreifen, die von den in Titel V des EU-Vertrages genannten (Unter-)Organen im Rahmen ihrer Zuständigkeiten schriftlich verfasst werden. (2) Die Berichte sollen neben der Analyse des Vergangenen unter anderem auch Erläuterungen und Vorschläge zum zukünftigen Vorgehen innerhalb des analysierten Bereichs enthalten und relevante Dokumente als Anlagen beifügen. Zudem soll das als Bericht verfasste Dokument bereits im Titel als ‚Bericht‘ bezeichnet werden. Sofern sich ein Bericht auf eine im unionalen Primär- oder Sekundärrecht benannte Rechtsgrundlage oder auf eine bereits nach Art. 25 EUV erlassene Maßnahme bezieht, soll dies entsprechend vermerkt werden. Im Übrigen müssen die Berichte den Adressaten, an den der Bericht gerichtet ist, benennen. (3) Die Berichte sind nicht bindend und werden nicht im Amtsblatt der Europäischen Union veröffentlicht. Das zuständige Organ kann nach seinem Ermessen die Zugänglichkeit für die Öffentlichkeit über das Register des Europäischen Rates / Rates der Europäischen Union veranlassen.*“

b) Planziele

Die *sui generis*-Maßnahmen, die sich – neben dem Bericht – m.E. am ehesten für eine neue Kategorie eignen, stellen die sog. Headline Goals, also Planziele, dar. Diese Planziele werden zum einen als zivile Planziele und zum anderen als militärische Planziele von den GASP-Organen erlassen. In der Analyse wurden u.a. die *Helsinki Headline Goal*[1632] und *Headline Goal*

1631 Vgl. z.B. Bericht „Ausbau und Stärkung der Zusammenarbeit zwischen dem JI-Bereich (Justiz und Inneres) und der zivilen Krisenbewältigung im Rahmen der Europäischen Sicherheits- und Verteidigungspolitik“ – abrufbar unter: http://data.consilium.europa.eu/doc/document/ST-15880-2009-INIT/de/pdf.

1632 Abrufbar unter: https://www.europarl.europa.eu/summits/hel1_en.htm.

2010[1633] sowie die *Civilian Headline Goal* von Santa Maria da Feira (2000)[1634], die *Civilian Headline Goal 2008*[1635] und die *Civilian Headline Goal 2010*[1636] aufgefunden. Inhaltlich befasste sich z.B. die (Helsinki) Headline Goal damit, dass bis 2003 Europäische Krisenreaktionskräfte aufzustellen waren, die 50.000 bis 60.000 Soldaten umfassen, inklusive der Führungs- und Unterstützungstruppe. Diese sollten um die erforderlichen Luft- und Seestreitkräfte erweitert werden können und innerhalb von 60 Tagen an jedem Punkt der Erde einsatzbereit sein (kleinere Elemente auch schneller). Zuletzt sollten diese Streitkräfte für mindestens ein Jahr durchhaltefähig sein. Die zivilen Headline Goals beschäftigten sich dagegen mit den zivilen Aspekten des Krisen- und Konfliktmanagements, also dem raschen Einsatz einer bestimmten Anzahl von Kräften in den Bereichen Zivilpolizei, Rechtsstaatentwicklung, Zivilverwaltung und Katastrophenschutz. Aber auch die Unterstützung von Sonderbeauftragten sowie der Einsatz von Überwachungsmissionen waren stets von den *Civilian Headline Goals* umfasst.

In formeller Hinsicht ist allen Planzielen gemeinsam, dass sie vom ER erlassen wurden und nicht im Amtsblatt der Europäischen Union veröffentlicht wurden. Letzteres bedeutet, dass die Öffentlichkeit nur Zugang zu den Planzielen hat, wenn diese auf anderem Wege (z.B. im Register des ER / Rates der Europäischen Union) veröffentlicht werden. Nichtsdestotrotz können als erste formidentifizierende Parameter bereits das Erlassorgan ER sowie die Veröffentlichungsart „nicht bindend" festgelegt werden. Mit der Bestimmung des ER als zuständiges Organ für den Erlass der Planziele ist zugleich auch die klassische Funktion einer Handlungsform betreffend die Kompetenzzuweisung erfüllt.

Zu den Verfahrensmodalitäten können keine Aussagen getroffen werden, da diese als eigentliche *sui generis*-Maßnahmen eben nicht den Beschlussfassungsregeln des Titels V des EUV unterliegen. Da jedoch der ER für den Erlass der Planziele zuständig wäre, ist an eventuelle verfahrensrechtliche Anordnungen, die sich aus der Geschäftsordnung des ER ergeben (z.B. Art. 6 Absatz 1 – Konsensentscheidung), zu denken.

1633 Abrufbar unter: https://www.europarl.europa.eu/meetdocs/2004_2009/documents/dv/sede110705headlinegoal2010_/sede110705headlinegoal2010_en.pdf.

1634 Abrufbar unter: https://www.europarl.europa.eu/summits/fei2_en.htm.

1635 Abrufbar unter: https://eur-lex.europa.eu/legal-content/EN/TXT/?uri=LEGISSUM%3Al33239.

1636 Abrufbar unter: https://data.consilium.europa.eu/doc/document/ST%2014823%202007%20INIT/EN/pdf.

In inhaltlicher Hinsicht ist den untersuchten Planzielen gemeinsam, dass sie sich mit einer hypothetischen Fallgestaltung befassen, mit der analysiert werden soll, inwieweit die Union fähig ist, mit einem möglichen Krisenfall umzugehen und ob sie in der Situation effektiv handeln kann. Aus den Erfahrungen und Schlussfolgerungen dieser *Case Study* soll dann im Nachhinein ein Plan, der im Ernstfall auch tatsächlich umgesetzt werden kann, entwickelt werden. Anhand dieses Plans werden dann auch die tatsächlichen „Ziele" ausgearbeitet, die in einem bestimmten durch die „Headline Goals" festgelegten Zeitraum erreicht werden sollen. Die Planziele werden sodann als unverbindliche Maßnahme veröffentlicht. Die Planziele enthalten keinen bestimmten Adressaten. Jedoch wird aus dem Inhalt klar, dass sie sich an die Mitgliedstaaten sowie an die unionalen Organe richten, die zum Erfolg der Umsetzung und Erfüllung der Planziele beitragen sollen. Dass die Planziele vorrangig an die Mitgliedstaaten gerichtet sind, wird vor allem klar, wenn man sich verdeutlicht, dass die Union über keine eigenen Streitkräfte oder zivile Kapazitäten verfügt und auf die Entsendung und Bereitstellung durch die Mitgliedstaaten angewiesen ist.

Diese neue Kategorie der Pläne eignet sich auch grundsätzlich als neue Handlungsform. Denn sie ist auf Grund ihrer Merkmale „fiktive Fragestellung" bezogen auf einen „realistisch eintretbaren Fall" bereits abgrenzbar zu den bestehenden Handlungsformen. Weder die in Art. 25 ff. EUV normierten Beschlüsse zur Festlegung von Aktionen und Standpunkten noch die Bestimmung allgemeiner Leitlinien oder die systematische Zusammenarbeit der Mitgliedstaaten beziehen sich auf einen fiktiven (aber durchaus realistischen) Fall, der im Vorhinein geregelt werden soll. Darüber hinaus werden gemeinsame Aktionen und Standpunkte auch nicht vom ER erlassen, hierfür ist vielmehr der Rat zuständig. Aber auch inhaltlich weisen sie eindeutige Abgrenzungsattribute auf. Denn die gemeinsamen Aktionen und Standpunkte stellen grundsätzlich eine Reaktion auf etwas bereits Geschehenes dar. Sie adressieren einen konkreten Fall, dessen Regelungsbedürftigkeit zumindest schon tatsächlich „eingetreten" ist. Es handelt sich gerade nicht um Anleitungen zur Erfüllung von zukünftigen Zielvorgaben, wie es Planziele definieren. Hinsichtlich der Delimitation der Planziele von allgemeinen Leitlinien ist hervorzuheben, dass – wie der Begriff „allgemein" schon impliziert – Letztere grundsätzlich von genereller Natur sind und eben nicht z.B. konkrete Zahlenangaben für einen bestimmten Zeitraum festlegen. Darüber hinaus werden strategische Interessen durch gemeinsame Aktionen und Standpunkte erst umgesetzt. Das ist bei der Bestimmung von Planzielen nicht der Fall. Die Planziele sind selbsterklärend und bedürfen für die Umsetzung unmittelbar der nationalen Einzelhandlungen (z.B. Zurverfügungstellung des Militärcorps).

Neben den bereits erwähnten Merkmalen kann als weitere formidentifizierende Eigenschaft das Ziel der Entwicklung eines realistischen Plans für das zukünftige unionale Handeln ermittelt werden. Dabei darf sich das Planziel in inhaltlicher Hinsicht nur auf militärische Aspekte und auf das zivile Krisenmanagement beziehen. Diese zwei zuletzt genannten Merkmale werfen jedoch u.U. Abgrenzungsschwierigkeiten zu den Beschlüssen über strategische Interessen nach Art. 22 Absatz 2 Unterabsatz 2 EUV sowie zu Beschlüssen zur GSVP nach Art. 42 Absatz 4 EUV auf. Da zuletzt Genanntes vom Rat auf Vorschlag des Hohen Vertreters oder eines Mitgliedstaats erlassen wird und damit bereits von der Kompetenzzuweisung her die Abgrenzung zu Planzielen möglich ist, ist sich lediglich der Frage zuzuwenden, ob die hier erörterten Planziele solch aussagekräftige identifizierende Merkmale aufweisen, dass eine Abgrenzung zu den Beschlüssen über strategische Interessen nach Art. 22 Absatz 2 Unterabsatz 2 EUV, für dessen Erlass auch der ER zuständig ist, möglich ist. Diesen Beschlüssen ist gemein, dass sie betreffend ein Land oder ein Thema strategische Interessen und Ziele festlegen, wobei gemäß Art. 22 Absatz 1 Unterabsatz 2 S. 3 EUV auch konkrete Maßnahmen und die Geltungsdauer geregelt werden sollen. Auch die mögliche neue Handlungsform der Planziele enthält die Bestimmung von Zielen, die auf Grund von bestimmten außenpolitischen Interessen in der Außenpolitik erörtert und festgelegt werden. Ferner werden konkrete operationelle Mittel angesprochen und wird deren Zurverfügungstellung bzw. Bereitstellung von den Mitgliedstaaten gefordert sowie ein Zeitraum bestimmt. Darüber hinaus können sich Beschlüsse über strategische Interessen und Ziele auch auf verteidigungspolitische Angelegenheiten beziehen, auf die die Planziele explizit ausgerichtet sind. Inhaltlich weisen die Planziele also Übereinstimmungen mit den Beschlüssen über strategische Interessen und Ziele auf. Jedoch unterscheiden sich die Maßnahmen in verfahrensrechtlicher Hinsicht deutlich. Für die Planziele ist z.B. nicht vorgesehen, dass diese nur auf Empfehlung des Rates, wie es Art. 22 Absatz 1 Unterabsatz 3 EUV für die strategischen Interessen und Ziele vorsieht, erlassen werden können. Der wohl wichtigste Unterschied besteht jedoch darin, dass Beschlüsse über strategische Interessen und Ziele im Gegensatz zu den Planzielen verbindlich sind.[1637] Darüber hinaus werden die Planziele nicht im Amtsblatt der Europäischen Union veröffentlicht. Auch sollen die Beschlüsse nach Art. 22 EUV nach der systematischen Konstruktion der Art. 21 ff. EUV in die darauffolgenden Maßnahmen einfließen. Das heißt,

1637 Cremer, in: Calliess/Ruffert, EUV/AEUV-Kommentar, Art. 22 EUV, Rn. 3 – mit Verweis auf Art. 288 Absatz 4 AEUV.

trotz der Normierung der Verpflichtung zur Festlegung von Geltungsdauer und bereitzustellenden Mitteln ist davon auszugehen, dass diese Beschlüsse allgemein formuliert sein sollen und die konkrete und spezifische Ausgestaltung im Nachgang durch weitere Beschlüsse folgt.[1638] Dagegen sind Planziele sehr konkret formuliert und beziehen sich auf detailreiche und konkrete Maßnahmen. Überdies ist anzumerken, dass Beschlüsse – wie auch die nach Ex-Art. 13 Absatz 2 EUV-Nizza – wohl den Bereichen vorbehalten sind, in denen **wichtige** gemeinsame Interessen der Union bestehen.[1639] Daraus ist zu schlussfolgern, dass Beschlüsse nach Art. 22 EUV wohl eher nicht jegliches Detail der Verwendung von militärischen Kapazitäten und des zivilen Krisenmanagements, wie es Planziele definieren, bestimmen sollen.

Im Ergebnis ist anzunehmen, dass trotz der inhaltlichen Überschneidungen eine Abgrenzbarkeit zwischen Planzielen und den Beschlüssen nach Art. 22 EUV möglich ist. Dementsprechend steht die Ähnlichkeit dieser beiden Instrumente der Annahme einer neuen Handlungsform „Planziele" nicht entgegen. Da nach den oben erfolgten Ausführungen auch die Abgrenzung zu anderen bestehenden Handlungsformen möglich ist, folgt nun ein Vorschlag für die Formulierung des Planziels im Vertragstext des EU-Vertrages:

> „**Planziele**: *(1) Der Europäische Rat kann durch Bestimmung von militärischen und zivilen Planzielen das zukünftige Handeln in der Gemeinsamen Außen- und Sicherheitspolitik leiten. Diese militärischen und zivilen Planziele sollen den Organen und Mitgliedstaaten Handlungsvorschläge und erreichbare Zielvorstellungen zu einem bestimmten und detaillierten Themenkomplex innerhalb der Gemeinsamen Außen- und Sicherheitspolitik nahelegen. (2) Die Entwicklung solcher Planziele erfolgt anhand der Durchführung von hypothetischen Fallstudien, mittels derer die Leistungsfähigkeit und Effektivität des zukünftigen Handelns der Union innerhalb der Gemeinsamen Außen- und Sicherheitspolitik gemessen wird. (3) Die Planziele sind nicht verbindlich.*"

4. Schlussfolgerungen und Zwischenstellungnahme

Für diesen Abschnitt ist abschließend festzustellen, dass die Analyse einen großen – nicht zu verachtenden – Anteil an *sui generis*-Maßnahmen aufgezeigt hat und dementsprechend darüber nachgedacht werden sollte, ob nicht eine

---

1638 Ibid., Art. 22 EUV, Rn. 4.

1639 Bitterlich, in: Lenz/Borchardt, EU-Verträge Kommentar, Art. 22 EUV, Rn. 3; ähnlich in Bezug auf die Nachbildung des Art. 22 EUV zum Ex-Art. 13 Absatz 2 EUV-Nizza: Kaufmann-Bühler, in: Grabitz/Hilf/Nettesheim, Das Recht der EU, Art. 22 EUV, Rn. 12.

sinnvollere Einteilung als nach den systematischen Handlungsformen erfolgen kann. Auch der Aspekt, dass sich durch die verschiedenen Vertragsreformen verschiedene Begrifflichkeiten für die einzelnen Handlungsformen herausgebildet haben, unterstreicht die Infragestellung der gegenwärtig vertraglich fixierten Handlungsformen. Die unterschiedlichen Begrifflichkeiten für möglicherweise ein und dieselbe Maßnahme machen die Einteilung nach den vorgegebenen statuierten Handlungsformen nicht einfacher. Allein die Anzahl der Zeilen in den oben dargestellten Tabellen verdeutlicht, dass eine nach der Definition zu beurteilende bestimmte Art von Maßnahme (z.B. wie dem [gemeinsamen] Standpunkt oder der gemeinsamen Aktion) tatsächlich in verschiedenen Varianten auftreten kann und so die Kategorisierung unter den vertraglich normierten Begriff „gemeinsame Aktion" oder „gemeinsame Strategie" unmöglich macht bzw. zumindest erheblich erschwert. Deutlich wird dies insbesondere an der gemeinsamen Strategie, die seit den Lissabonner Reformen als „Standpunkt" vertraglich determiniert ist.[1640]

Des Weiteren wurde versucht zwei Maßnahmen, die in der empirischen Analyse den *sui generis*-Maßnahmen zugeordnet wurden, als neue Kategorien von Handlungsformen zu etablieren. Die formale Arbeit ist dabei möglicherweise gelungen. Die praktische Umsetzbarkeit ist jedoch ungewiss. Könnte es sein, dass die außenpolitischen Akteure einfach nur wieder andere – weitere – atypische Maßnahmen ergreifen? Möglicherweise schränkt die formale Festlegung von bestimmten Handlungsmöglichkeiten im Sinne von typischen Handlungsformen die Handlungsbereitschaft der außenpolitischen Akteure generell ein. Darüber hinaus muss – ohne dabei die hier erbrachten Bemühungen in Frage zu stellen – darauf aufmerksam gemacht werden, dass die Entwicklung weiterer Kategorien gerade zu der viel kritisierten Handlungsformenproliferation beiträgt und eben nicht eine Vereinfachung des Systems herbeiführt. Folglich ist trotz der Feststellung, dass das System der GASP grundsätzlich einer (auf sie angepassten) Handlungsformenlehre zugänglich ist und (manche) *sui generis*-Maßnahmen durchaus in neue Handlungsformenkategorien erfasst werden könnten, über eine andere Art der Qualifizierung der Maßnahmen nachzudenken. Dabei ist m.E. eine Differenzierung nach Themenbereichen am naheliegendsten. Diesem Aspekt wird sich im nächsten Abschnitt durch die Auseinandersetzung mit dem inhaltlichen Gehalt der in dieser Analyse stichprobenartig erfassten 147 Maßnahmen und die Zuordnung von abstrakten Oberkategorien, die sich wiederum an den inhaltlichen Ergebnissen orientieren, gewidmet.

1640 Vgl. Art. 25 lit. b) ii) EUV mit Ex-Art. 15 EUV-Nizza.

B. Inhaltliche Auswertung der Praxis der GASP

Nachdem unter Teil B, II. die quantitative Auswertung der Analyse der Stichprobe von den in Kraft befindlichen Maßnahmen innerhalb der GASP und GSVP dargelegt wurde, erfolgt nun die inhaltliche Auseinandersetzung mit den untersuchten Maßnahmen. Im Vordergrund steht dabei die Frage, ob sich auf Grund der inhaltlichen Auswertung der Praxis eine sinnvollere Systematisierung als die bestehende Formalisierung nach Art. 21, 25 EUV ff. aufstellen lässt. Möglicherweise ist die Einteilung in zwingende und nichtzwingende, diplomatische, wirtschaftliche, finanzielle oder militärische Maßnahmen, reine Konsultationen bzw. Gespräche oder Ähnliches sinnvoller. Folglich sollen durch die inhaltliche Analyse der im Rahmen der empirischen Analyse aufgefundenen einzelnen Maßnahmen neue Oberkategorien gebildet werden. Für die Entwicklung der neuen Oberkategorien bedarf es dabei des Herausfilterns von prägenden Merkmalen, die sich im Inhalt der jeweiligen Maßnahmen wiederfinden. Die inhaltliche Auswertung der erlassenen Maßnahmen konzentriert sich dabei auf solche wiederkehrenden Aspekte, die elementar für die Existenz einer Neukategorie sind und sich als Differenzierungsmerkmal zu anderen Kategorien erweisen. Dabei erinnert diese Vorgehensweise stark an die klassische Methode zur Entwicklung einer neuen Handlungsform. Auch dort kommt es auf die Herausbildung von sog. formidentifizierenden Merkmalen an, die in ihrer Gesamtheit solch einen Abstraktheitsgrad erreichen, dass eine Typisierung in eine bestimmte Handlungsform möglich ist.[1641] Der Unterschied zu der inhaltlichen Auswertung besteht darin, dass es bei dieser gerade nicht auf die klassischen Merkmale einer Handlungsform ankommt. Das Hauptaugenmerkmal liegt in dem Inhalt, also der Sachmaterie, mit der sich die Maßnahme befasst, bzw. dem Sachbereich, den das handelnde Organ regeln möchte. Würden wir hier auf die klassischen Merkmale einer Handlungsform wie u.a. den Wirkungsmodus, das Gültigkeitsregime und das Kontrollregime abstellen, so würde die hier vorgenommene Neukategorisierung keine Alternative zu der Systematisierung der Art. 22 und 25 ff. EUV darstellen. Insofern wurden in der vorliegenden Analyse die am häufigsten in der Stichprobe gefundenen Sach- und Themengebiete herausgefiltert und einzelnen, den Inhalt angepassten, abstrakten Oberbegriffen zugeordnet.

1641 Vgl. etwas die Vorgehensweise von *Bast*, Grundbegriffe der Handlungsformen der EU, S. 148 ff.; Goldmann, 11 German Law Journal (2009), S. 1865 (S. 1882 ff.); Appel, Das internationale Kooperationsrecht, u.a. S. 241 ff.

Natürlich bleibt der Bereich der GSVP nicht unbeachtet. Der Inhalt der in der quantitativen Analyse miteinbezogenen GSVP-Maßnahmen soll nach dem gleichen Prinzip, wie es für das Vorgehen in der GASP eben beschrieben wurde, erörtert werden. Jedoch wird in der Gesamtdarstellung der Unterteilung nach Sachmaterien nun nicht mehr nach dem Teilbereich GASP und dem Unterbereich der GSVP differenziert. Im Gegensatz zur quantitativen Analyse werden jetzt die Inhalte aller Maßnahmen zusammen betrachtet und daraus abstrakte Oberkategorien nach dem eben beschriebenen Prinzip gebildet.

Zusammenfassend lässt sich festhalten, dass die empirische Regelmäßigkeit von bestimmten inhaltlichen Komponenten den grundlegenden Faktor in der Bestimmung der Neukategorien bildet. Dies gilt sowohl in der Handlungsformenlehre als auch in der hier folgenden inhaltlichen Analyse. Die daraus entwickelten abstrakten Oberbegriffe sollen eine Alternative zu der Systematisierung nach dem bestehenden Handlungsformenkatalog der Art. 25 ff. EUV darstellen. Ob diese Kategorisierung den Anforderungen der klassischen und unionalen Handlungsformenlehre entspricht, bleibt zunächst dahingestellt und wird erst im nächsten Schritt erörtert.

Es soll noch einmal explizit darauf hingewiesen werden, dass die vorgeschlagene alternative Kategorisierung lediglich den Bereich der GASP betrifft und gerade nicht für die Handlungsformen der Art. 288 ff. AEUV gilt.

1. Neukategorisierung (Kognition)

Es folgt die Darstellung einer Neukategorisierung für das Systematisieren des Handelns innerhalb der GASP und GSVP.

a) Disziplinierende Maßnahmen

Begonnen wird mit der Darstellung der neuen Kategorie der „Disziplinierenden Maßnahmen". Wie das Wort „disziplinierend" bereits impliziert, geht es dabei um Handlungen und Maßnahmen der Unionsorgane, die einen zwingenden Charakter aufweisen. Dabei muss sich das zwingende Merkmal auf natürliche oder juristische Personen oder nichtstaatliche Einheiten auswirken. Dementsprechend sollte mit der Maßnahme eine Eindämmung der Handlungsfähigkeit des Betroffenen bewirkt werden. Typischerweise handelt es sich um Reiseein- bzw.-beschränkungen oder das Einfrieren von Geldern. Der Wirkungsmodus dieses Handlungsinstrumentariums kann dabei säulenübergreifend sein und damit auch Auswirkungen auf Unionsbereiche außerhalb der GASP haben. Ausdrücklich von den beabsichtigten Wirkungen ausgenommen ist das Auslösen von Handelsbeschränkungen. Die disziplinierenden Maßnahmen umfassen gerade nicht handelstypische Embargomaßnahmen gegenüber Drittstaaten. Dementsprechend enthält der zwingende Charakter dieser Maßnahmen ein einschränkendes Merkmal – nämlich die Nicht-Handelsbezogenheit –, welches zugleich auch seine Abgrenzbarkeit zu der nachfolgend erläuterten Neukategorisierung der „Transitmaßnahmen" ermöglicht. Im Ergebnis sind die disziplinierenden Maßnahmen vergleichbar mit den jetzigen restriktiven Maßnahmen des Titels V EUV und Art. 215 Absatz 2 AEUV gegenüber natürlichen oder juristischen Personen oder nichtstaatlichen Einheiten.

Zu den hier analysierten Maßnahmen, die unter die Neukategorie der Disziplinierenden Maßnahmen zu fassen wären, gehören u.a.: Gemeinsamer Standpunkt 97/193/GASP betreffend restriktive Maßnahmen gegenüber Personen, die während der Vorfälle in Mostar am 10. Februar 1997 Gewalttaten begangen haben; Gemeinsamer Standpunkt 2003/140/GASP betreffend restriktive Maßnahmen gegen Mitglieder der Al-Qaida-Organisation und andere mit ihnen verbündete Personen, Gruppen, Unternehmen und Einrichtungen; Verordnung (EG) Nr. 329/2007 des Rates vom 27. März 2007 über restriktive Maßnahmen gegen die Demokratische Volksrepublik Korea; Beschluss 2011/235/GASP über restriktive Maßnahmen gegen bestimmte Personen und Organisationen angesichts der Lage in Iran; Beschluss 2012/285/GASP über restriktive Maßnahmen gegen bestimmte den Frieden, die Sicherheit und die Stabilität in der Republik Guinea-Bissau gefährdende Personen und Organisationen; Beschluss (GASP) 2015/363 über die vorübergehende Aufnahme bestimmter Palästinenser in den Mitgliedstaaten der EU.

b) Transitmaßnahmen

Kommen wir nun zu der zweiten neuen Kategorie, den Transitmaßnahmen. Bei diesen Akten handelt es sich um Maßnahmen, die den Handel und die Durchfuhr von Waren und Gütern betreffen. Typischerweise tangieren diese Maßnahmen bestimmte Waffen, Munition, Militärtechnologie und Militärgüter. Die Betonung liegt hier auf „Transit", womit das Durchgehen durch einen Mitgliedstaat oder einen Drittstaat gemeint ist, und dem damit unweigerlich zusammenhängenden Handel. Ausgenommen von diesen Maßnahmen sind Regelungen, die die Durchreise von Personen umfassen. Diese sind bereits durch die oben erläuterten Disziplinierenden Maßnahmen umfasst. Transitmaßnahmen müssen dabei nicht abschließend sein, sie können auch vorbereitenden Charakter haben. Entscheidend ist, dass sich die Transitmaßnahme dem Inhalt nach vorrangig mit der Durchfuhr und dem Handel von Waren und Gütern befasst. Das Ziel einer Transitmaßnahme kann etwa in der nuklearen Abrüstung und

Nichtverbreitung liegen oder sie kann der konventionellen Rüstungskontrolle dienen. Typische Transitmaßnahmen stellen Beiträge der Union zum umfassenden Verbot von Nuklearversuchen und zum Inkrafttreten des Vertrages zum umfassenden Verbot von Nuklearversuchen („CTBT – *Comprehensive Nuclear-Test-Ban Treaty*“) dar.[1642] Auch Ausfuhrverbote und -begrenzungen für konventionelle Waffen und Massenvernichtungswaffen sowie Maßnahmen, die im Vorfeld und zum Austausch von Informationen betreffend diese Waffen getroffen werden, fallen unter die Transitmaßnahme. Maßnahmen zur Unterstützung von Ratifizierungsprozessen für Verträge und Übereinkommen mit diesem Hintergrund wären auch hierunter zu ordnen (wobei die Unterzeichnung von Übereinkommen mit Drittstaaten dem gesonderten Art. 37 EUV unterfallen – der wiederum grundsätzlich in die noch folgende Neukategorie der Präparatorischen Maßnahmen fällt).

Zu den bereits gefassten Maßnahmen gehören neben den bereits erwähnten auch Maßnahmen zur Verstärkung des Austauschs relevanter Informationen bei Waffentransaktionen, der Abschluss des Chemiewaffenabkommen (CWÜ) sowie das Übereinkommen über biologische Waffen und Toxinwaffen (BTWC). Die EU ist stets in Verhandlung mit Drittstaaten Übereinkünfte zur Nichtverbreitung zu schließen, zuletzt wurde mit Australien, Brunei, Georgien, Kanada, Kasachstan, Malaysia, Neuseeland und Singapur verhandelt.[1643] Die Arbeiten der Europäischen Union in Bezug auf die Transparenz des Waffenhandels umfassen Handfeuerwaffen, leichte Waffen und Antipersonenminen. Es wurden u.a. verschiedene Ratsbeschlüsse zur Eindämmung der destabilisierenden Anhäufung von Handfeuerwaffen und leichten Waffen gefasst, welche vor allem Albanien, Kambodscha und Mosambik betrafen. Bereits 2008 wurde ein Gemeinsamer Standpunkt gefasst, der gemeinsame Vorschriften für die Ausfuhr von Militärtechnologie und Militärgütern festlegte.[1644] Es wurde eine spezielle

1642 Seit Beginn der GASP stellt die Befürwortung einer weltweiten Nichtverbreitung und Abrüstung eines der zentralen Anliegen des außenpolitischen Handelns der EU dar. Primäres Ziel ist dabei, alle der EU zur Verfügung stehende Instrumente und Mechanismen zu bündeln, um Komplementarität und Kohärenz sicherzustellen – vgl. Hauptaspekte und grundlegende Optionen der GASP (Buchstabe G Nummer 43 der Interinstitutionellen Vereinbarung vom 17. Mai 2006) – 2012 – Jahresbericht der Hohen Vertreterin der Europäischen Union für Außen- und Sicherheitspolitik an das Europäische Parlament (in der vom Rat am 15.10.2013 gebilligten Form – Dokumentennr. 14924/13), S. 95.

1643 Ibid.

1644 Gemeinsamer Standpunkt 2008/944/GASP vom 8. Dezember 2008.

Ratsarbeitsgruppe „Ausfuhr konventioneller Waffen“ eingerichtet. Darüber hinaus wurden die Mitgliedstaaten dazu aufgefordert die erforderlichen nationalen Daten in das VN-Waffenregister einzutragen, um eine größere Transparenz im internationalen Waffentransfer zu schaffen. Allein die Aufzählung dieser Bandbreite an Arbeiten, die inhaltlich alle dem Bereich des Handels und der Durchfuhr von Waffen im weiten Sinne zuzuordnen sind, verdeutlicht die Notwendigkeit der Schaffung einer eigenen Kategorie – nämlich der von Transitmaßnahmen –, unter der diese Maßnahmen zu fassen sind.

Beispiele aus den analysierten Maßnahmen, die als Transitmaßnahmen zu qualifizieren sind: Empfehlung 94/313/EG über die Einstellung bestimmter Handels- und Finanzbeziehungen zu Haiti und Beschluss 94/681/GAAP betreffend den auf Grund von Art. J.2 EUV(-Maastricht) festgelegten Standpunkt über die Aufhebung der Einschränkung der wirtschaftlichen Beziehungen zu Haiti; Verhaltenskodex der EU für Waffenausfuhren vom 8. Juni 1998; Gemeinsamer Standpunkt 1999/533/GASP betreffend Beitrag der EU zur Förderung des baldigen Inkrafttretens des CTBT; Gemeinsamer Standpunkt 2003/468/GASP betreffend die Überwachung von Waffenvermittlungstätigkeiten; Entwurf des sechsten Jahresberichts über die Durchführung der GA 2002/589/GASP des Rates vom 12. Juli 2002 betreffend den Beitrag der EU zur Bekämpfung der destabilisierenden Anhäufung und Verbreitung von Kleinwaffen und leichten Waffen; Verordnung Nr. 174/2005 über Beschränkungen für die Erbringung von Hilfe für Côte d'Ivoire im Zusammenhang mit militärischen Aktivitäten; Gemeinsamer Standpunkt 2008/944/2008 betreffend gemeinsame Regeln für die Kontrolle der Ausfuhr von Militärtechnologie und Militärgütern; Beschluss 2010/179/GASP (u.a.) zur Unterstützung der auf die Waffenkontrolle ausgerichteten Tätigkeiten; Zwölfter Jahresbericht gemäß Artikel 8 Absatz 2 des Gemeinsamen Standpunkts 2008/944/GASP des Rates betreffend gemeinsame Regeln für die Kontrolle der Ausfuhr von Militärtechnologie und Militärgütern; Beschluss 2012/699/GASP über die Unterstützung der Union f.d. Tätigkeiten d. Vorbereitungskommission der Organisation des Vertrages für das umfassende Verbot von Nuklearversuchen zur Stärkung ihrer Überwachungs- und Verifikationsfähigkeiten im Rahmen der Umsetzung der Strategie der EU gegen die Verbreitung von Massenvernichtungswaffen; Schlussfolgerungen des Rates zur Überprüfung des GS 2008/944/GASP des Rates betreffend gemeinsame Regeln für die Kontrolle der Ausfuhr von Militärtechnologie und Militärgütern; Fünfzehnter Jahresbericht gemäß Art. 8 Absatz 2 des GS 2008/944/GASP des Rates betreffend gemeinsame Regeln für die Kontrolle der Ausfuhr von Militärtechnologie und Militärgütern; *Note on CFSP Actions in the area of non-proliferation of small arms and light weapons (SALW) and weapons of mass destruction (WMD), dated November 8, 2004*;

Information bezüglich der Gemeinsamen Militärgüterliste; Beschluss (GASP) 2019/2191 des Rates vom 19. Dezember 2019 zur Unterstützung eines globalen Berichterstattungsmechanismus über illegale konventionelle Waffen und dazugehörige Munition, um die Gefahr ihrer Umlenkung und ihres illegalen Transfers zu verringern (iTrace IV); Beschluss (GASP) 2019/2113 des Rates vom 9. Dezember 2019 zur Änderung des Beschlusses (GASP) 2016/2356 zur Unterstützung der auf Abrüstung und Waffenkontrolle ausgerichteten Tätigkeiten der Zentralstelle Südost- und Osteuropa für die Kontrolle von Kleinwaffen und leichten Waffen (SEESAC) in Südosteuropa im Rahmen der EU-Strategie zur Bekämpfung der Anhäufung von Kleinwaffen und leichten Waffen.

c) Demokratisierungsmaßnahmen

Als dritte Neukategorisierung kommt die sog. Demokratisierungsmaßnahme in Betracht. Die Demokratisierungsmaßnahmen zielen darauf ab, in krisengeplagten Ländern demokratische Strukturen zu etablieren bzw. wiederaufzubauen sowie eine eventuell bestehende Herrschaft und damit zusammenhängende hierarchische Strukturen abzubauen. Kurz gesagt, die Maßnahmenkategorie fördert Demokratieprozesse und den (Wieder-)Aufbau von Rechtsstaaten. Als konkrete Maßnahmen kommen dabei alle Handlungen in Betracht, die den unmittelbaren Aufbau, den Dialog, die Rekonstruktion, die Institutionalisierung und die Konsolidierung der Demokratie bezwecken.

Dabei stellen die Unterstützung des Aufbaus und die Wiederherstellung von Demokratisierungsprozessen eines der Hauptfelder der GASP dar. Von Beginn an stand – und steht weiterhin – die Demokratieforderung im Vordergrund. Die in der GASP zu diesem Zweck gewählten Maßnahmen stellen vornehmlich Maßnahmen zur Durchführung und Beobachtung von Wahlen dar[1645]. Darüber hinaus gehören auch die Förderung der Wirtschaft und die Durchführung von wirtschaftlichen Reformen[1646] sowie allgemein die Unterstützung der Staatsführung bei der Durchsetzung von rechtsstaatlichen und demokratischen Grundstrukturen[1647] (wozu u.a. auch die Unterstützung des Aufbaus einer funktionierenden Polizeieinheit gehört[1648]) zu den Demokratisierungsmaßnahmen.

1645 Vgl. Beschluss 93/678/GASP vom 6. Dezember 1993 und Beschluss 95/403/GASP vom 25. September 1995.

1646 Vgl. Gemeinsamer Standpunkt 97/357/GASP vom 2. Juni 1996.

1647 Vgl. Gemeinsamer Standpunkt 98/350/GASP vom 25. Mai 1998 und Gemeinsame Aktion 98/735/GASP vom 22. Dezember 1998.

1648 Vgl. Gemeinsame Aktion 2004/494/GASP vom 17. Mai 2004.

Adressaten der Maßnahmen sind u.a. afrikanische Staaten wie Südafrika (*Beschluss 93/678/GASP*) und Nigeria (*GA 98/735/GASP*) oder aber auch Afrika allgemein (*GS 98/350/GASP*). Zudem sind der Balkan, u.a. Albanien (*GS 97/357/GASP*), und das palästinensische Autonomiegebiet Empfänger von jeweils einer der untersuchten Maßnahmen. Weitere exemplarische Beispiele aus den hier analysierten Maßnahmen, die sich als Demokratisierungsmaßnahmen qualifizieren lassen, sind: Beschluss 93/678/GASP betreffend Unterstützung des demokratischen Übergangs in Südafrika; Beschluss 95/403/GASP zur Einsetzung eines Europäischen Wahldienstes in den palästinischen Gebieten; Gemeinsame Aktion 96/669/GASP betreffend die Region der Großen Seen; Gemeinsamer Standpunkt 97/357/GASP betreffend (u.a.) die Förderung des demokratischen Prozesses in Albanien; Gemeinsamer Standpunkt 98/350/GASP betreffend die Menschenrechte, die demokratischen Grundsätze, die Rechtsstaatlichkeit und die verantwortungsvolle Staatsführung in Afrika; Gemeinsame Maßnahme 98/735/GASP zur Unterstützung des Demokratisierungsprozesses in Nigeria; Gemeinsame Aktion 2004/494/GASP betreffend die Unterstützung der Europäischen Union beim Aufbau einer Integrierten Polizeieinheit in der Demokratischen Republik Kongo (DRK); Aktionsplan für eine ESVP-Unterstützung für Frieden und Sicherheit in Afrika; Beschluss 2010/452/GASP über die Beobachtermission der Europäischen Union in Georgien (EUMM Georgia).

Zu beachten ist, dass die Demokratisierungsmaßnahmen teilweise auch friedenserhaltende Strukturen aufweisen und es damit zu Überschneidungen mit der – im nächsten Unterabschnitt dargestellten – Neukategorisierung der friedensschaffenden und -erhaltenden Maßnahmen kommen kann.

d) Friedensschaffende und -erhaltende Maßnahmen

Neben der Unterstützung der Implementierung bzw. des Wiederaufbaus von demokratischen Grundstrukturen durch die Demokratisierungsmaßnahmen spielen die sog. friedensschaffenden und -erhaltenden Maßnahmen eine große Rolle bei der inhaltlichen Analyse, so dass diesen die nächste Neukategorisierung zu widmen ist.

Unter die friedensschaffenden und -erhaltenden Maßnahmen sind vor allem Maßnahmen, die der Grenzüberwachung dienen, und allgemeine Maßnahmen zur Konfliktverhütung, welche u.a. auch die Minenräumung[1649] umfassen kann, zu qualifizieren. Aber auch sämtliche Maßnahmen zur Bekämpfung des

1649 Vgl. Gemeinsamer Standpunkt 2000/420/GASP vom 29. Juni 2000.

Terrorismus (mit Ausnahme der Disziplinierenden Maßnahmen) sind der Kategorie der friedensschaffenden und -erhaltenden Maßnahmen zuzuordnen. Auch Maßnahmen zur Bekämpfung der Piraterie fallen unter diese Kategorie. Dabei müssen sich diese Maßnahmen nicht unmittelbar in tatsächlichen Handlungen widerspiegeln, sie können auch Maßnahmen darstellen, die mittelbar zum Frieden auf der Welt beitragen, wie z.B. der Beschluss 2011/168/GASP, mit dem die uneingeschränkte Geltung des Internationalen Strafgerichtshofs und dessen Statut verlangt wird, um nach Maßgabe der Ziele und der Grundsätze der Charta der VN den Frieden zu erhalten, Konflikte zu verhüten und die internationale Sicherheit zu stärken.

Bei den Maßnahmen zur Terrorismusbekämpfung stellt sich jedoch eine Abgrenzungsschwierigkeit mit den Disziplinierenden Maßnahmen – da z.B. das Einfrieren von Geldern einer einzelnen natürlichen Person zum Zweck der Terrorismusbekämpfung auch dem Ziel der friedensschaffenden und -erhaltenden Maßnahmen dienen kann. In solchen Abgrenzungsfällen ist neben der Ermittlung des Schwerpunkts der Maßnahme auch nach den unmittelbaren Wirkungen der Handlung zu fragen. Treffen die Wirkungen eine natürliche oder juristische Person oder nichtstaatliche Einheiten, dann sollte ein Beschluss über eine Disziplinierende Maßnahme und nicht friedenschaffende und -erhaltende Maßnahme gefasst werden.

Eine Abgrenzungsproblematik ergibt sich auch mit den Transitmaßnahmen, sofern und soweit friedensschaffende und -erhaltende Maßnahmen, die der Verhinderung und Bekämpfung von Terrorismus dienen, auch den Handel und den Transport von Waffen im weiten Sinne mitregeln. In diesem Fall ist wieder auf den Schwerpunkt der Maßnahme abzustellen. Wenn es schwerpunktmäßig um den Handel oder die Ausfuhr von Waffen geht, dann ist die Handlung als Transitmaßnahme zu qualifizieren. Anders dagegen, wenn die Waffenthematik nur mitgeregelt wird, wie z.B. im Gemeinsamen Standpunkt 2001/930/GASP über die Bekämpfung des Terrorismus, der neben der Bereitstellung von Geldern zur Terrorismusfinanzierung und Maßnahmen zur Grenzkontrolle auch den Austausch von Informationen zum Waffenhandeln umfasst. Die Adressierung der Waffenthematik steht bei dieser Maßnahme gerade nicht im Vordergrund, sondern wird im Rahmen der Terrorismusbekämpfung mitgeregelt, so dass dieser Beschluss im Ergebnis den friedensschaffenden und -erhaltenden Maßnahmen zuzuordnen ist.

Als Beispiele für friedensschaffende und -erhaltende Maßnahmen aus der empirischen Analyse sollen genannt werden: Gemeinsamer Standpunkt 2000/420/GASP betreffend die EU-Unterstützung für den OAU-Friedensprozess zwischen Äthiopien und Eritrea; Gemeinsamer Standpunkt 2001/930/GASP über die Bekämpfung des Terrorismus; Gemeinsame Aktion 2002/373/GASP betreffend den Beitrag der EU im Rahmen der Beobachtermission in Georgien; Gemeinsame Aktion 2008/851/GASP über die Militäroperation der Europäischen Union als Beitrag zur Abschreckung, Verhütung und Bekämpfung von seeräuberischen Handlungen und bewaffneten Raubüberfällen vor der Küste Somalias; Beschluss 2013/233/GASP über die Mission der Europäischen Union zur Unterstützung des integrierten Grenzmanagements in Libyen (EUBAM Libyen); Verordnung (EU) Nr. 230/2014 zur Schaffung eines Instruments, das zu Stabilität und Frieden beiträgt; Beschluss (GASP) 2021/2136 des Rates vom 2. Dezember 2021 über eine Unterstützungsmaßnahme im Rahmen der Europäischen Friedensfazilität zur Unterstützung der Streitkräfte der Republik Moldau.

e) *Konvergenzmaßnahmen*

Ein großer Anteil der untersuchten Maßnahmen ist der fünften Neukategorie, der sog. Konvergenzmaßnahme, zuzuordnen. Hierbei handelt es sich um Maßnahmen, die sich inhaltlich auf die Annäherung von zwei oder mehreren divergierenden Ausgangszuständen auf einen gemeinsamen Endzustand hin befassen. Dabei ist zu beachten, dass die divergierenden Ausgangszustände nicht zu eng verstanden werden dürfen. Das heißt, es sollen nicht nur Maßnahmen erfasst werden, die Sachverhalte betreffen, in denen die zu bewertenden Ausgangszustände gänzlich voneinander abweichen. Im Vordergrund dieser Maßnahmengruppe steht vielmehr die Betrachtung der Verhältnisse sämtlicher bzw. mehrerer Themenfelder der GASP (z.B. GSVP; gegebenenfalls auch vergemeinschafteter Außenpolitikbereiche) zueinander und deren Wirkung untereinander innerhalb des konkreten Maßnahmentyps. Charakteristisch für diesen Maßnahmentyp ist dabei, dass der Inhalt vergangene Handlungen adressiert und diese in Bezug zur Zukunft setzt. Nicht selten umfasst diese Maßnahmenart daher die Darlegung von Zielen und Verbesserungsvorschlägen für das zukünftige Handeln und für den Umgang der Organe miteinander. Typische Maßnahmen sind u.a. Leitlinien, Schlussfolgerungen, Jahresberichte, Pläne und (einfache)[1650] Berichte. Die Aufzählung der Jahresberichte innerhalb dieser Kategorie ist jedoch dahingehend einzuschränken, dass diejenigen Berichte, die sich inhaltlich hauptsächlich

1650 Der Begriff „einfach“ soll lediglich für die Unterscheidung zwischen Berichten und Jahresberichten dienen und stellt keine von der Union genutzte offizielle Bezeichnung dar.

mit bestimmten Themen wie dem Handel und der Durchfuhr von Waffen[1651] im weiten Sinne oder der Entwicklung und der Ausbildung von militärischen Fähigkeiten befassen, den vorrangigen Neukategorien der Transitmaßnahmen bzw. den – noch nachfolgend zu erörternden – Strategischen Maßnahmen zuzuordnen sind. Hier wird erneut die Bedeutung der inhaltlichen Komponente für die hier erfolgte Bestimmung der neuen Kategorien verdeutlicht. Es kommt eben nicht auf die Bezeichnung bzw. Betitelung durch das Unionsorgan, sondern auf den materiellen Kern des Handelns an.

Aus der hier vorgenommenen Analyse sind folgende Maßnahmen aufzuführen, die als Konvergenzmaßnahmen erfasst werden können: Schlussfolgerungen des Vorsitzes des Europäischen Rates vom 12./13. Dezember 2002, Kopenhagen; Jahresbericht des Rates an das EP über Hauptaspekte und grundlegende Optionen der GASP, einschließlich der finanziellen Auswirkungen für den Gesamthaushaltsplan der Europäischen Gemeinschaften (Buchstabe H Nummer 40 der Interinstitutionellen Vereinbarung vom 6. Mai 1999) 2004; Empfehlung (2007/C 314/02) betreffend einen Leitfaden für die Polizei- und Sicherheitsbehörden zur Zusammenarbeit bei Großveranstaltungen mit internationaler Dimension; Folgemaßnahmen zum Treffen von Hampton Court: GASP und ESVP – Erste Leitlinien des Generalsekretärs / Hohen Vertreters; Jahresbericht des Rates an das EP über Hauptaspekte und grundlegende Optionen der GASP (Buchstabe G Nummer 43 der Interinstitutionellen Vereinbarung vom 17. Mai 2006) – 2008; Bericht des Vorsitzes an den Rat nach Artikel 14 der GA 2008/898/GASP über die Organisation des Büros des Sonderbeauftragten der EU für die Afrikanische Union (AU); Jahresbericht der HV EU für Außen- und Sicherheitspolitik an das Parlament über die Hauptaspekte und grundlegenden Optionen der GASP (Buchstabe G Nummer 43 der Interinstitutionellen Vereinbarung vom 17. Mai 2006) – 2009; Jahresbericht – Hauptaspekte und grundlegende Optionen der GASP (Teil II Buchstabe E Nummer 25 der Interinstitutionellen Vereinbarung vom 02.12.2013) 2013; Gutachten des juristischen Dienstes betreffend den Beitritt der EU zur Europäischen Konvention zum Schutze der Menschenrechte; Beitrag des Generalsekretärs / Hohen Vertreters zum Bezugsrahmen für die Krisenbewältigung vom 28. November 2000; Bericht des Vorsitzes (des Europäischen Rates) über die Europäische Sicherheits- und Verteidigungspolitik

1651 Vgl. z.B. Entwurf des sechsten Jahresberichts über die Durchführung der GA 2002/589/GASP des Rates vom 12. Juli 2002 betreffend den Beitrag der EU zur Bekämpfung der destabilisierenden Anhäufung und Verbreitung von Kleinwaffen und leichten Waffen.

vom 22. Juni 2002; Schlussfolgerungen des Rates „Allgemeine Angelegenheiten und Außenbeziehungen" (unter Beteiligung der Verteidigungsminister) vom 21. November 2005.

f) Präparatorische Maßnahmen

In die nächste Neukategorie der sog. Präparatorischen Maßnahmen, ist ein großer Anteil der in der quantitativen Analyse der Gruppe der *sui generis* zugeordneten Maßnahmen einzuteilen. Bezeichnend für die Präparatorische Maßnahme ist – wie das Wort präparatorisch bereits indiziert –, dass es sich um Maßnahmen handelt, die einen vorbereitenden Charakter haben. Sie leiten eine zukünftige Maßnahme ein bzw. setzen einen Prozess für das aktive Handeln in Gang, ohne dabei aber eine untergeordnete Rolle zu spielen. Sie haben eigenständigen Charakter, da sie die Grundlagen für ein neues Vorgehen in bestimmten Sachgebieten mit bzw. in anderen Mitgliedstaaten bzw. in Drittstaaten schaffen. Die Maßnahmen betreffen keine externen Organe und begründen auch keine unmittelbaren Handlungspflichten für Externe, sondern wirken interinstitutionell innerhalb des unionalen Gefüges. Zum Beispiel kann es sich um den Beschluss zur Zustimmung zum Briefverkehr mit anderen Staaten oder den Beschluss zur Berufung eines Militärausschusses handeln.

Weitere Maßnahmen, die in der Analyse untersucht wurden und in diese Kategorie zu fassen sind, sind folgende: Ermächtigung zum Abschluss eines Übereinkommens mit Drittstaaten; Vermerk über die Verwendung des GASP-Haushalts; Gemeinsamer Standpunkt 94/779/GASP betreffend Ziele und Prioritäten der EU in Bezug auf die Ukraine; Gemeinsamer Standpunkt 96/697/GASP betreffend Beziehungen zu Kuba; Beschluss 1999/404/GASP betreffend vorbereitende Maßnahmen zur Integration der damaligen WEU in die EU; Beschluss 2000/354/GASP zur Einsetzung eines Ausschusses für die nichtmilitärischen Aspekte der Krisenbewältigung; Beschluss 2001/78/GASP betreffend die Einsetzung des PSK; Beschluss 2009/22/EG betreffend die Ernennung des Vorsitzenden des Militärausschusses der EU; Beschluss 2009/293/GASP über den Briefwechsel zwischen der EU und der Regierung Kenias über die Bedingungen und Modalitäten für die Übergabe von Personen, die seeräuberischer Handlungen verdächtigt werden und von den EU-geführten Seestreitkräften (EUNAVFOR) in Haft genommen wurden, und von im Besitz der EUNAVFOR befindlichen beschlagnahmten Gütern durch die EUNAVFOR an Kenia und für ihre Behandlung nach einer solchen Übergabe; Beschluss 2010/404/GASP über die Unterzeichnung und den Abschluss des Abkommens zwischen der Europäischen Union und dem Fürstentum Liechtenstein über die Sicherheitsverfahren für den Austausch von Verschlusssachen; Beschluss EUSEC/2/2008 betreffend die Ernennung des Leiters der Beratungs- und Unterstützungsmission der Europäischen Union im Zusammenhang mit der Reform des Sicherheitssektors in der Demokratischen Republik Kongo (EUSEC RD Congo); Beschluss EUPOL COPPS/1/2009 zur Einsetzung des Ausschusses der beitragenden Länder für die Polizeimission der Europäischen Union für die Palästinensischen Gebiete; Beschluss 2012/308/GASP über den Beitritt der Europäischen Union zum Vertrag über Freundschaft und Zusammenarbeit in Südostasien; Beschluss 2014/326/GASP über die Unterzeichnung und den Abschluss des Abkommens zwischen der Europäischen Union und der Republik Korea über die Schaffung eines Rahmens für die Beteiligung der Republik Korea an Krisenbewältigungsoperationen der Europäischen Union.

g) Interne Maßnahmen

Die Kategorie der Internen Maßnahmen stellt an sich keine klassische Handlungsform dar, die einem Organ zusteht, um ihr Handlungsziel zu erfüllen. Es handelt sich vielmehr um eine Beschreibung für einen internen Akt, der dazu dient, andere Maßnahmen bzw. Beschlüsse von einem Organ an ein anderes Organ zu übermitteln, wobei dieser Akt auch teilweise einen Handlungsauftrag für das adressierte Organ enthalten kann. Primär dient diese Handlungsform der interinstitutionellen Übermittlung von Dokumenten. Das Dokument enthält immer Angaben zum Absender, Empfänger und Betreff.

Die Notwendigkeit der Entwicklung dieser Kategorie hat sich daraus ergeben, dass im Rahmen der hier vorgenommenen Analyse (in der auch Dokumente des Registers des ER miteinbezogen wurden) viele *sui generis*-Maßnahmen aufgefunden wurden, die lediglich den Akt der Übermittlung eines anderen Hauptdokuments widergespiegelt haben. Dabei handelte es sich typischerweise um sog. Übermittlungsvermerke, I/A-Punkt-Vermerke oder sog. Cover Notes. Zum Beispiel wird bei den I/A-Punkt-Vermerken typischerweise angefragt, ob eine Empfehlung zur Qualifizierung eines bestimmten Dokuments als A-Punkt für die Tagesordnung des Rates ausgesprochen werden kann.[1652]

1652 Vgl. I/A-Punkt-Vermerk des Generalsekretariats vom 12. November 2007 betreffend die Konsultationen mit der Republik Togo gemäß Art. 96 des Abkommens von Cotonou – Entwurf des Schreibens an den Präsidenten – gerichtet an den ASTV/Rat (abrufbar unter: http://data.consilium.europa.eu/doc/document/ST-14133-2007-INIT/de/pdf).

Aus den hier analysierten Maßnahmen sind die Folgenden unter die Neukategorie der Internen Maßnahmen zu fassen: Übermittlungsvermerk vom 29. Januar 2003 (Dokumentennummer ST 15917 2002 INIT) betreffend Schlussfolgerungen des Vorsitzes des Europäischen Rates vom 12./13. Dezember 2002, Kopenhagen; I/A-Punkt-Vermerk zur Überprüfung des Gemeinsamen Standpunktes zum Sudan vom 19. Januar 2005; I/A-Punkt-Vermerk vom 15. April 2005 betreffend den Jahresbericht des Rates an das EP über Hauptaspekte und grundlegende Optionen der GASP; Übermittlungsvermerk vom 14. Dezember 2005 betreffend Folgemaßnahmen zum Treffen von Hampton Court: GASP und ESVP – Erste Leitlinien des Generalsekretärs / Hohen Vertreters; Vermerk vom 22. Februar 2006 betreffend Funding Options for the African Peace Facility (APF); Übermittlungsvermerk vom 13. November 2007 betreffend den Entwurf des sechsten Jahresberichts über die Durchführung der GA 2002/589/GASP; A-Punkt-Vermerk vom 26. Februar 2009 betreffend die Billigung des Jahresberichts des Rates an das EP über Hauptaspekte und grundlegende Optionen der GASP – 2008; I/A-Punkt-Vermerk vom 8. Dezember 2009 betreffend den Bericht des Vorsitzes an den Rat nach Artikel 14 der GA 2008/898/GASP über die Organisation des Büros des Sonderbeauftragten der EU für die Afrikanische Union (AU); Vermerk vom 8. Juni 2010 betreffend den Jahresbericht der HV EU für Außen- und Sicherheitspolitik an das Parlament über die Hauptaspekte und grundlegenden Optionen der GASP – 2009; Übermittlungsvermerk betreffend den Beitrag des Generalsekretärs / Hohen Vertreters zum Bezugsrahmen für die Krisenbewältigung.

h) Informelle Maßnahmen

Für die Qualifizierung einer Handlung als Informelle Maßnahme kommt es nicht auf den Inhalt der konkreten Handlung an, sondern auf die Art und Weise, wie sie sich nach außen hin äußert. Dies ist ein entscheidender Unterschied zu den übrigen bereits erläuterten Neukategorien, die sich maßgeblich nach dem Inhalt der bezweckten Maßnahme bestimmen. Die Informelle Maßnahme ist dadurch geprägt, dass sie keinem ordentlichen Beschlussverfahren unterliegt, gegebenenfalls sogar nicht schriftlich, sondern nur mündlich entäußert wird (und diese Entäußerung für die Nachwelt erst nachträglich schriftlich, z.B. in einem Protokoll, festgehalten wird). So sollen z.B. Antwortschreiben bzw. die mündliche Beantwortung von parlamentarischen Anfragen und ihre Vorbereitung, die sich inhaltlich mit Schwerpunktthemen wie der Terrorismusbekämpfung oder dem Waffenhandel befassen[1653], gerade nicht den speziellen Kategorien wie der Transitmaßnahme oder den Disziplinierenden Maßnahmen zugeordnet werden, sondern der hier beschriebenen Informellen Maßnahme. Dabei ist für die Abgrenzung entscheidend, dass der informelle Akt im Vordergrund steht. Es ist gerade noch nicht zu einem förmlichen Beschlussverfahren oder einer Konvergenzmaßnahme gekommen, in denen sich das unionale Organ bewusst zu einem tatsächlichen Handeln oder zu einem konkreten Vorhaben entschieden hat. Auch kann diesen Informellen Maßnahmen keine unmittelbar lenkende Funktion zugewiesen werden, da z.B. die Aussagen in einem Antwortschreiben zu einer parlamentarischen Anfrage recht oberflächlich erfolgen bzw. zumeist keine konkrete Antwort auf die relevante parlamentarisch gestellte Frage enthalten. Es wird überwiegend auf andere bestehende Maßnahmen oder allgemein auf andere Kompetenzträger verwiesen. Exemplarisches Beispiel ist die Antwort des Rates in Bezug auf eine parlamentarische Anfrage zu möglichen Waffenexporten der spanischen Regierung an Ägypten und Libyen und die Reaktion der Union hierauf. In den Ausführungen der Antwort wird schlichtweg auf die nationalen Kompetenzen in Bezug auf die Erteilung oder die Verweigerung von Ausfuhrgenehmigungen bei Militärgütern und auf das Bestehen des Gemeinsamen Standpunktes 2008/944/GASP betreffend gemeinsame Regeln für die Kontrolle der Ausfuhr von Militärtechnologie und Militärgütern verwiesen. Auch die Antwort des Rates in Bezug auf die parlamentarische Anfrage vom 19. März 2013 betreffend die Qualifizierung der Hisbollah als Terroristische Vereinigung im Sinne des Gemeinsamen Standpunktes 2001/931/GASP stellt lediglich darauf ab, dass es bisher an der Entscheidung eines kompetenten Gremiums fehlt, um diese rechtliche Beurteilung zu tätigen, und dass der Rat über den Status der Hisbollah zum gegebenen Zeitpunkt keine Entscheidung treffen kann.[1654]

Auch Pressemitteilungen fallen unter diese Kategorie, wobei hier die unmittelbar fehlende lenkende Funktion nicht unbedingt zutrifft, denn manche Pressemitteilungen informieren über bereits beschlossene Maßnahmen, so dass eine

---

1653 Siehe z.B. Antwortschreiben des Rates vom 25. Januar 2012 auf die parlamentarische Anfrage vom 7. November 2011 betreffend Waffenexporte der spanischen Regierung an Ägypten und Libyen (abrufbar unter: http://www.europarl.europa.eu/sides/getDoc.do?pubRef=-%2f%2fEP%2f%2fTEXT%2bWQ%2bE-2011-010056%2b0%2bDOC%2bXML%2bV0%2f%2fEN&language=EN).

1654 Vgl. http://www.europarl.europa.eu/sides/getAllAnswers.do?reference=E-2013-003099&language=EN).

Bindung bereits vorliegt[1655]. Trotz allem soll auf Grund der Form der Entäußerung – nämlich durch die Presse als reine Mitteilung – dies als ein informeller Akt qualifiziert werden.

Informelle Maßnahmen müssen nicht veröffentlicht werden, um ihre Wirkungen zu entfalten. Sie müssen auch nicht individuell bekannt gegeben werden. Auch müssen sie nicht in sämtlichen Sprachen der EU-Mitgliedstaaten veröffentlicht werden – dies zeigt auch schon die Veröffentlichungen im Register des Rates, dessen veröffentlichte Dokumente zum Teil nur auf Englisch erhältlich sind[1656] – sie sind nur eben nicht verbindlich wie die Dokumente, die offiziell im Amtsblatt veröffentlicht wurden. Es existiert auch keine Ex-ante-Kontrolle der informellen Maßnahmen.

Typische Beispiele sind: politischer Dialog; rein wirtschaftliche Zusammenarbeit; mündliche Antworten auf parlamentarische Anfragen[1657] oder der Vorentwurf einer Antwort auf parlamentarische Anfragen[1658].

i) Subsequente Maßnahmen

Als weitere Neukategorie findet sich die sog. Subsequente Maßnahme, die sich vor allem dadurch auszeichnet, dass es sich um eine Folgemaßnahme für bereits bestehende Maßnahmen handelt. Den Folgemaßnahmen ist gemeinsam, dass sie auf bestehende (Grund-)Beschlüsse zurückgreifen. Das heißt, in den Ausführungen des erlassenden Organs wird auf eine bereits gefasste Maßnahme Bezug genommen, zu der die Subsequente Maßnahme in unmittelbarem

---

1655 Vgl. Pressemitteilung der Hohen Vertreterin vom 9. Januar 2015 betreffend Erklärungen von Drittstaaten zu der Verlängerung der restriktiven Maßnahmen gegen die Republik Guinea, in der auf die bereits beschlossene Verlängerung des Beschlusses 2010/638/GASP durch den Beschluss 2014/728/GASP hingewiesen wird (abrufbar unter: http://data.consilium.europa.eu/doc/document/ST-11226-2014-INIT/de/pdf).

1656 Wie bereits erwähnt, erfolgt die Veröffentlichung auf den Seiten des Rates unverbindlich, sofern das Dokument keinen ausdrücklichen Hinweis auf die offizielle Veröffentlichung im Amtsblatt der EU enthält.

1657 Vgl. z.B. Mündliche Antwort des amtierenden Ratspräsidenten auf die schriftliche Frage des EP zur Thematik des Waffenexports vom 8. September 2010 (abrufbar unter: http://www.europarl.europa.eu/sides/getDoc.do?pubRef=-//EP//TEXT+OQ+O-2010-0076+0+DOC+XML+V0//DE).

1658 Vorentwurf einer Antwort des Generalsekretariats vom 15. November 2010 auf die schriftliche Anfrage des EP betreffend die Listung von terroristischen Personen und Vereinigungen (Beschluss 2009/1004/GASP).

Zusammenhang steht. Dabei kann es sich um Maßnahmen handeln, die einer vorausgehenden Resolution des Sicherheitsrates der VN folgen, oder schlichtweg um Beschlüsse, die z.B. bestehende Missionen oder Aktionen verlängern. Auch fällt die Verlängerung von restriktiven Maßnahmen (bzw. Neukategorie: Disziplinierende Maßnahmen) unter diese Kategorie – und dies obwohl eine spezielle Kategorie für restriktive Maßnahmen gebildet wurde. Man könnte zwar annehmen, dass die Verlängerung von restriktiven Maßnahmen gerade unter die „speziellere" Kategorie der Disziplinierenden Maßnahmen und nicht unter Subsequente Maßnahmen zu fassen sei. Dies ist jedoch abzulehnen, da Subsequente Maßnahmen wegen der bereits erlassenen „Grund-Maßnahme" einem erleichterten Erlassverfahren unterliegen – vergleichbar mit den aktuellen Bestimmungen zu den Beschlüssen, die vom Rat mit qualifizierter Mehrheit erlassen werden können[1659]. Das Erlassorgan hat sich bereits mit dem Vorliegen der Voraussetzungen für die Grund-Maßnahme befasst und diese daraufhin auch erlassen. Folgt nun eine Verlängerung, Ausweitung oder auch Beschränkung, so liegen die wesentlichen Informationen vor, die eine Verkürzung des – möglicherweise langwierigen – Verfahrens rechtfertigen. Inhaltlich ist die subsequente Maßnahme kurzgehalten und umfasst keine über mehrere Seiten hinausgehenden Ausführungen.

Als Beispiele aus den hier analysierten Maßnahmen, die der Neukategorie der Subsequenten Maßnahmen zuzuordnen sind, sind zu nennen: Gemeinsame Aktion 2008/749/GASP betreffend die militärische Koordinierungsmaßnahme der Europäischen Union zur Unterstützung der Resolution 1816 (2008) des Sicherheitsrates der Vereinten Nationen (EU NAVCO); Beschluss 2008/884/GASP zur Durchführung der Gemeinsamen Aktion 2007/369/GASP über die Einrichtung einer Polizeimission der Europäischen Union in Afghanistan (EUPOL AFGHANISTAN); Gemeinsamer Standpunkt 2009/68/GASP zur Verlängerung der restriktiven Maßnahmen gegen Simbabwe; Beschluss 2013/353/GASP zur Änderung und Verlängerung des Mandats des Sonderbeauftragten der Europäischen Union für den Südkaukasus und die Krise in Georgien; Beschluss (GASP) 2015/363 über die vorübergehende Aufnahme bestimmter Palästinenser in Mitgliedstaaten der Europäischen Union (Verlängerung des Beschlusses 2013/71/GASP); Beschluss 2011/411/GASP über die Rechtsstellung, den Sitz und die Funktionsweise der Europäischen Verteidigungsagentur und zur Aufhebung der Gemeinsamen Aktion 2004/551/GASP (Einrichtung der EVA); Beschluss 2012/808/GASP zur Ernennung eines Befehlshabers der

1659 Vgl. u.a. Art. 31 Absatz 2 EUV.

EU-Operation für die Militäroperation der Europäischen Union als Beitrag zur Abschreckung, Verhütung und Bekämpfung von seeräuberischen Handlungen und bewaffneten Raubüberfällen vor der Küste Somalias (Atalanta); Beschluss 2014/719/GASP zur Ernennung des Befehlshabers der EU-Mission der Militärmission der EU als Beitrag zur Ausbildung der malischen Streitkräfte (EUTM Mali) und zur Aufhebung des Beschlusses EUTM MALI/1/2014; Beschluss (GASP) 2016/359 des Rates vom 10. März 2016 zur Änderung des Beschlusses 2014/145/GASP über restriktive Maßnahmen angesichts von Handlungen, die die territoriale Unversehrtheit, Souveränität und Unabhängigkeit der Ukraine untergraben oder bedrohen; Beschluss (GASP) 2018/2061 des Politischen und Sicherheitspolitischen Komitees vom 18. Dezember 2018 zur Verlängerung des Mandats des Leiters der Mission der Europäischen Union zur Unterstützung des integrierten Grenzmanagements in Libyen (EUBAM Libya) (EUBAM Libya/2/2018).

j) Strategische Maßnahmen

Eine spezielle der GSVP zuzurechnende Neukategorie ist die der Strategischen Maßnahmen. Dabei handelt es sich um Maßnahmen, die im Zusammenhang mit dem Ausbau der Verteidigungsfähigkeit der Union stehen. Solche Maßnahmen betreffen die Themenfelder wie Ziele und Ausbau der militärischen Fähigkeiten, Forschung und Ausbildung im militärischen Bereich, industrieller und technischer Verteidigungssektor und Annahme von Beiträgen von Drittstaaten zum Ausbau der Verteidigungsfähigkeit bzw. des Verteidigungssektors. Daneben spielen sämtliche Maßnahmen und Handlungen der EVA eine tragende Rolle im Rahmen der Strategischen Maßnahmen.

Die Entwicklung dieser neuen Kategorie lässt sich vor allem damit begründen, dass seit den Lissabonner Reformen in der GSVP ein spezielles Augenmerk auf gewonnene Erfahrungen und auf die Ausbildung gelegt wird. Um den militärischen und zivilen Anforderungen der globalen Herausforderungen gerecht zu werden, werden Maßnahmen ergriffen, die sich vor allem auf die Ausbildung, den Austausch von Informationen und Erfahrungen sowie Militärübungen mit fiktiven Krisenszenarien[1660] richten. Im Vordergrund steht hierbei auch das Ziel zu einer kohärenten Anwendung der GSVP – und damit letztendlich auch zur GASP – beizutragen. Aus dem Informationsaustausch, der zwischen der EU, den Mitgliedstaaten und anderen internationalen Akteuren erfolgt, können

1660 Zuletzt im November 2013 durchgeführte Militärübung (MILEX 13).

effektivitätssteigernde Synergieeffekte für die GSVP hergeleitet werden. So kann u.a. eine Zusammenstellung von Erfahrungen für die Ausarbeitung von Konzepten verwendet werden. Bewähren sich ausgearbeitete Konzepte in der zukünftigen Umsetzung von GSVP-Maßnahmen, so können daraus im besten Falle standardisierte Verfahren hergeleitet werden, die vor allem der Kohärenzsteigerung dienen. Darüber hinaus erwächst die EVA zu einem entscheidenden Akteur für den Ausbau der militärischen Zusammenarbeit und damit zur Entwicklung der Verteidigungsfähigkeit. Auch hier lässt sich durchaus eine kohärente Kraft erkennen. Die Mitgliedstaaten waren (und sind) sich bewusst, wie wichtig es ist, gemeinsam auf europäischer Ebene Verteidigungsfähigkeiten mit flexiblen und wirksamen Militärstrukturen zu entwickeln. Um dieses Ziel zu erreichen, haben sie sich im Rat – durch ihre Vertreter – auf die Einrichtung der Verteidigungsagentur geeinigt. Laut der Gemeinsamen Aktion 2004/551/GASP, mit der die EVA eingerichtet wurde, bestand ihr Auftrag darin Verteidigungsfähigkeiten im Bereich der Krisenbewältigung zu entwickeln, die europäische Rüstungszusammenarbeit zu fördern und zu verbessern, die europäische industrielle und technische Verteidigungsbasis (ITVB) zu stärken und einen wettbewerbsfähigen europäischen Markt für Verteidigungsgüter zu schaffen sowie, gegebenenfalls in Verbindung mit den Forschungsmaßnahmen der Gemeinschaft, die auf die Führung bei strategischen Technologien für künftige Verteidigungs- und Sicherheitsfähigkeiten ausgerichtete Forschung zu unterstützen und somit das industrielle Potenzial Europas in diesem Bereich zu stärken.[1661] Mit Beschluss des Rates vom 12. Juli 2011 wurde der Aufgabenbereich des EAD erweitert und näher konkretisiert. Nun soll der EAD vor allem die Mitgliedstaaten bei der Entwicklung ihrer Verteidigungsfähigkeiten unterstützen und Koordinierungsaufgaben übernehmen sowie auf die Harmonisierung des operativen Bedarfs sowie die Festlegung effizienter und kompatibler Beschaffungsverfahren hinwirken. Darüber hinaus soll der EAD u.a. auch vom Rat begründete Ständige Strukturierte Zusammenarbeiten bei ihrer Durchführung unterstützen.[1662] Eine enge Zusammenarbeit mit den Mitgliedstaaten erfolgt bei der (Weiter-)Entwicklung des *Capability Development Plan* (CDP), der einen grob ausgerichteten dynamischen Bericht über

1661 Vgl. Erwägungsgrund 3 der Gemeinsamen Aktion 2004/551/GASP des Rates vom 12. Juli 2004 über die Einrichtung der Europäischen Verteidigungsagentur – mittlerweile durch Beschluss 2011/411/GASP des Rates vom 12. Juli 2011 über die Rechtsstellung, den Sitz und die Funktionsweise der Europäischen Verteidigungsagentur und zur Aufhebung der Gemeinsamen Aktion 2004/551/GASP weiter konkretisiert.

1662 Art. 5 des o.g. Beschlusses 2011/411/GASP.

den langfristigen Fähigkeitsbedarf darstellt und Ergebnisse für ein langfristiges Konzept der Fähigkeitenentwicklung liefern soll. Um den wachsenden Bedürfnissen gerecht zu werden und gegenwärtige Änderungen berücksichtigen zu können, soll der CDP stetig weiterentwickelt werden. Auch das Konzept *„pooling and sharing*", das auf eine gemeinsame Verwendung militärischer Fähigkeiten bzw. eine strategische Kooperation ausgerichtet ist, zeigt einen gemeinsamen Willen und ein übereinstimmen des Handeln der Mitgliedstaaten auf.

Neben den bereits genannten Maßnahmen sind aus der hier erfolgten Analyse folgende Handlungen als Strategische Maßnahmen zu qualifizieren: Helsinki Headline Goal 2003; Headline Goal 2010; Civilian Headline Goal 2008; Civilian Headline Goal 2010, Schlussfolgerungen des Rates zur Entwicklung militärischer Fähigkeiten (2010); Schlussfolgerungen des Europäischen Rates (Santa Maria da Feira) (2010); Beschluss 2001/80/GASP zur Einsetzung des Militärstabs der Europäischen Union (EUMS); Beschluss 2001/442/GASP zur Anwendung des Beschlusses des Rates zur Einsetzung des EUMS; Übereinkommen zwischen den Mitgliedstaaten der EU über die Rechtsstellung des EU-Truppenstatus; Beschluss 2004/732/GASP über die Annahme von Beiträgen von Drittstaaten zur militärischen Operation der EU in Bosnien und Herzegowina; Beschluss 2006/675/GASP über einen Beitrag der Schweizerischen Eidgenossenschaft zur militärischen Operation der Europäischen Union; Capability Development Plan des Leiters der Europäischen Verteidigungsagentur vom 8. Juli 2008; Vermerk des Vorsitzes des Rates betreffend Industriepolitik – Mitteilung der Kommission „Auf dem Weg zu einem wettbewerbsfähigeren und effizienteren Verteidigungs- und Sicherheitssektor" vom 13. September 2013.

k) Finanzmaßnahmen

Abschließend ist als Neukategorie die Finanzmaßnahme zu nennen. Wie der Titel dieser Maßnahmenkategorie bereits offenlegt, handelt es sich hierbei um Handlungen, die unmittelbar mit der Finanzierung von GASP-Maßnahmen zusammenhängen. Typisch ist, dass die Maßnahmen bereits erlassene Beschlüsse adressieren und den darauffolgenden Einsatz der finanziellen Mittel nachträglich auf deren Angemessenheit überprüfen. Auch können sich die Maßnahmen mit dem zukünftigen Einsatz der finanziellen Mittel – vor allem im Bereich der GSVP – befassen und einen Plan bzw. eine Zielerreichung für einen zukünftigen Zeitraum (z.B. zwei Jahre[1663]) festlegen. In den Finanzmaßnahmen werden auch

---

1663 Vgl. Report der RELEX Counsellors on CFSP Budget – Orientation for 2011 and 2012, vom 6. Dezember 2010, abrufbar unter: http://data.consilium.europa.eu/doc/

oft die finanziellen Auswirkungen nach Themenbereichen (z.B. Kampf gegen Massenvernichtungswaffen, Kampf gegen Terrorismus, Kosten der Sonderbeauftragten im Allgemeinen oder des Krisenmanagements) adressiert.

In diesem Zusammenhang muss beachtet werden, dass es u.a. zu Abgrenzungsproblematiken mit den Internen Maßnahmen kommen kann. Sofern die Notwendigkeit der Abgrenzung besteht, z.B. weil eine Maßnahme wegen der Art und Weise der Entäußerung zunächst als Interne Maßnahme zu qualifizieren ist, sie jedoch inhaltlich hauptsächlich finanzielle Aspekte betrifft[1664] (vgl. hierzu *Note of the Presidency of the Council of the European Union Funding options for the African Peace Facility (APF) - Feasibility of CFSP funding for the African Peace Facility, 22. June 2006*), ist ausnahmsweise nicht auf den Schwerpunkt der Maßnahme abzustellen, sondern auf die Erlassform. Die Ablehnung der Schwerpunkttheorie ist damit zu begründen, dass die Bestimmung des Vorliegens einer Informellen Maßnahme eben nur nach der Art und Weise der Entäußerung erfolgt.

Aus den in der vorliegenden Analyse untersuchten Maßnahmen sind der Sonderprüfungsbericht 97/C 57/01 über den Rechnungsabschluss des im Rahmen der GASP zur Beobachtung der Palästinensischen Wahlen eingesetzten Europäischen Wahldienstes (zusammen mit den Antworten der Kommission), die Aufzeichnungen des Vorsitzes des Rates zur GASP/ESVP-Finanzierung (vom 17. September 2001), die *Note on the CFSP Budget - Priority Debate*, vom 8. November 2004, sowie der *Report on CFSP Budget - Orientation for 2011 and 2012*, vom 6. Dezember 2010, als Finanzierungsmaßnahmen zu kategorisieren.

2. Anpassung an die Anforderungen der Handlungsformenlehre?

Eine Neukategorisierung der Praxis der GASP lässt sich nur rechtfertigen, wenn damit Vorteile geschaffen werden können, die mit dem bestehenden System nicht erreicht werden, oder wenn zumindest die Vorteile, die mit der Neukategorisierung einhergehen, gegenüber den oben eruierten Funktionen des bestehenden Handlungsformensystems überwiegen. Dabei ist sich natürlich stets zu vergegenwärtigen, dass eine nachträgliche Einteilung in bestehende - bereits

---

document/ST-17538-2010-INIT/en/pdf.

1664 Vgl. Note of the Presidency of the Council of the European Union Funding options for the African Peace Facility (APF) - Feasibility of CFSP funding for the African Peace Facility, 22. Juni 2006, abrufbar unter: http://www.consilium.europa.eu/register/en/content/out/?&typ=ENTRY&i=ADV&DOC_ID=ST-6596-2006-REV-1.

entwickelte Formen – grundsätzlich einfacher zu vollziehen und zu bewerten ist als die Entscheidung darüber, welche neuen Kategorien zu entwickeln und welche Kriterien diesen Neukategorien zuzuordnen sind.

Der Sinn der hier dargestellten Neukategorisierung liegt vor allem in der Vermeidung unterschiedlicher Bezeichnungen für ein und dieselbe Maßnahme, wie sie aktuell durch die verschiedenen Vertragsreformen entstanden sind. Es können selbst bereits erlassene Maßnahmen in die Neukategorisierung aufgenommen werden. Mit der Neukategorisierung erfolgt auch eine Art Entdifferenzierung der Maßnahmen in der Hinsicht, dass dort, wo keine rechtlichen Differenzen bestehen, auch keine formalen Unterschiede vorgenommen werden.[1665] Zugleich ermöglicht die Neukategorisierung die Überwindung von unnötigen Handlungsformen.[1666] Indem nun nicht mehr für jede beliebige Handlung eine eigene Handlungsform entwickelt wird, sondern auf abstrakte inhaltliche Themenbereiche abgestellt wird, können auch atypische Maßnahmen in diese Oberkategorien aufgenommen werden. Im Ergebnis könnte die inhaltliche Neukategorisierung auch eine flexiblere Handhabung ermöglichen.

Diese Motive ungeachtet ist sich jedoch der Frage zuzuwenden, ob die Neukategorisierung auch tatsächlich sinnvoll erscheint – insbesondere unter Berücksichtigung der bereits dargestellten Ergebnisse betreffend die Sinnhaftigkeit der aktuell bestehenden Systematisierung der GASP-Handlungsformen. Können mit der Neukategorisierung dieselben Funktionen erfüllt werden, die auf Grund der systematischen Einteilung der GASP-Handlungsformen im Sinne der klassischen Handlungsformenlehre eruiert wurden? Dabei wird die Übertragung der klassischen Funktionen und der besonderen, in der GASP festgestellten Funktionen nicht dadurch ausgeschlossen, dass es sich bei der vorgeschlagenen Neukategorisierung gerade nicht um einen Handlungsformenkatalog im klassischen Sinne handelt. Denn die rechtsstaatlichen Gründe und Ziele sind auch für die hier dargestellte Neukategorisierung von elementarer Bedeutung, da sie überhaupt erst die Existenzberechtigung für einen Maßnahmenkatalog der öffentlichen Gewalt begründen – und das unabhängig davon, ob die Klassifizierung den verwaltungsrechtlichen Schemata der klassischen Handlungsformenlehre folgt oder eine abstrakte inhaltliche Neukategorisierung stattfindet. Zudem kann auch nicht ernsthaft argumentiert werden, dass die Neukategorisierung nicht auch dem unionalen Rechtsregime unterliegt und damit nicht an die rechtsstaatlichen Vorgaben und Grenzen dessen gebunden ist. Es ist unleugbar und

1665 Vgl. hierzu: v. Bogdandy/Bast/Arndt, ZaöRV 2002, S. 77 (S. 152).
1666 Ibid.

evident, dass sich die Rechtsanforderungen und der normative Orientierungsrahmen für die Neukategorisierung auch aus dem unionalen Rechtsrahmen ergeben müssen. Wenn die normativen Grundstrukturen gegeben sind, dann trägt auch eine nach dem Inhalt gerichtete Systematisierung zur Rechtsklarheit und Rechtstransparenz bei. Auch führt eine am Inhalt orientierte Neukategorisierung genauso zu einer Verrechtlichung der informellen Außenpolitik, wie es auch der aktuelle Handlungsformenkatalog ermöglicht. Unter Umständen ist die Verrechtlichung durch die Neukategorisierung sogar umfassender, weil die abstrakten Oberkategorien nicht derartig systematisch differenzieren, wie es die aktuellen Handlungsformen erfordern. Damit können atypische Maßnahmen grundsätzlich besser erfasst werden. Im Übrigen wird die Neukategorisierung auch dem Harmonisierungsgedanken und der Förderung der geschlossenen völkerrechtlichen Vertretung gerecht. Zum einen wird mit einer inhaltlichen Ausrichtung von Maßnahmentypen genauso das Handeln der Mitgliedstaaten vereinheitlicht und somit auf einen Nenner gebracht. Zum anderen wird bei der Beschlussfassung von den neuen Kategorien und der anschließenden – gemeinsamen – Umsetzung gegenüber der internationalen Gemeinschaft verdeutlicht, dass ein Handeln der Mitgliedstaaten unter dem Schirm der Union vorliegt.

Dennoch ist fraglich, ob der Neukategorisierung derart sinnvolle Zwecke zugeordnet werden können, die ein Zurückdrängen der aktuellen im EUV enthaltenen Systematisierung rechtfertigt. Denn auch wenn einige Argumente für die Neukategorisierung sprechen, finden sich auch Einwände dagegen. Dabei stellt sich zunächst die Frage, ob diese Neukategorisierung dem Gewaltenteilungsansatz Rechnung trägt. Wie bereits erläutert, wird dem Prinzip der Gewaltenteilung in der GASP in abgewandter Form Rechnung getragen, nämlich u.a. durch eine interinstitutionelle Kompetenzabgrenzung zwischen den Unionsbereichen und der GASP sowie eine externe Kompetenzabgrenzung zu den Außenpolitiken der Mitgliedstaaten. Diese Funktionen würden auch mit der Neukategorisierung eingehalten werden, sofern die darunter zu qualifizierenden Maßnahmen den in der GASP handelnden Organen vorbehalten blieben und eine Anwendung dieser Maßnahmen außerhalb der GASP nicht zulässig wäre. Darüber hinaus legen die einzelnen neuen Kategorien wie auch die jetzigen Handlungsformen weder die Kompetenzen fest noch erleichtern sie den Rechtswegzugang. In dieser Hinsicht ist die Neukategorisierung der aktuell bestehenden Systematisierung also gleichgestellt. Allerdings führt die Neukategorisierung nicht zu der Etablierung von hierarchischen Ebenen, wie es die aktuellen Handlungsformen der Art. 22, 25 ff. EUV bewirken, da Ersteres nicht speziell zwischen den verschiedenen GASP-Organen unterscheidet und demnach dessen Einsatz allen GASP-Organen offensteht. Folglich wird dem ER auch keine übergeordnete Organstellung eingeräumt. Insbesondere das Fehlen dieser Funktion ist kritisch zu betrachten. Denn die GASP verfügt über keinen Sanktionsmechanismus, mit dem ein Handeln erzwungen und durchgesetzt werden kann. Gegenwärtig obliegt dem ER jedoch durch seine faktische Vorherrschaft eine Leitposition, mit der das GASP-Handeln gelenkt und auch ein gewisser politischer Druck ausgeübt wird. Diese sinnvolle Funktion würde durch eine am Inhalt ausgerichtete Neukategorisierung ohne hierarchische Ebenen entfallen. Im Übrigen folgt aus dem fehlenden hierarchischen Element in der Neukategorisierung auch die Abwesenheit von Konkretheitsstufen zwischen den verschiedenen Arten der Maßnahmen. Es erscheint jedoch sinnvoll der öffentlichen Gewalt – also den Akteuren der GASP – Maßnahmentypen mit unterschiedlichem Gewicht zur Verfügung zu stellen. Damit wird ein abgestimmtes Aufeinanderbezogensein der Maßnahmen garantiert. Auch sollte die Abstraktheit bzw. Konkretheit in der Definition der jeweiligen Handlungsform voll zur Geltung kommen, damit sich das handelnde Organ daran orientieren und sein Verhalten danach ausrichten kann. Dies diszipliniert das Organ dann auch zugleich. Bei der Neukategorisierung ist jedoch fraglich, ob diese Selbstdisziplin entfacht wird. Durch die abstrakte inhaltliche Ausrichtung wird der Freiraum für die Entscheidungsfreiheit des jeweiligen Organs erweitert. Das bedeutet zugleich auch ein Mehr an Subjektivität in der Wahl des Mittels. Überdies wurde zwar oben erörtert, dass mit der Neukategorisierung auch eine Verrechtlichung der sonst bestehenden informellen diplomatischen Strukturen einhergeht und diese möglicherweise auch umfassender ist, weil atypische Maßnahmen besser erfasst werden. Dennoch ist unter diesem Gesichtspunkt anzumerken, dass die bestehende Systematisierung grundsätzlich zu einem Mehr an Rechtsklarheit führt und damit auch zu einer erhöhten Rechtssicherheit beiträgt, als es die inhaltliche Neukategorisierung täte. Durch die strengen formellen und materiellen Kriterien des bestehenden Systems werden die Akteure gezwungen, sich genau diesem Korsett zu fügen. Das heißt, werden Maßnahmen nach diesen Maßstäben getroffen, kann einfacher nachvollzogen werden, welche Verfahren etc. angewendet wurden und ob die Maßnahmen den dort enthaltenen Kriterien entsprechen. Bei der Kategorisierung nach dem Inhalt spielt dahingegen die bereits erwähnte Subjektivität des einzelnen Organs eine große Rolle. Es obliegt dem handelnden Organ zu entscheiden, welche der o.g. Neukategorien am ehesten in Betracht kommt. Hierin liegt aber zugleich auch eine Fehleranfälligkeit, da bekanntlich subjektive Ansichten differieren. Dies ist insbesondere in den überschneidenden Bereichen, in denen sich die Abgrenzung der Neukategorien untereinander als schwierig erweist, problematisch. Womit wir zum nächsten Punkt kommen, der gegen die vorgeschlagene Neukategorisierung spricht, nämlich den Abgrenzungsschwierigkeiten zwischen einzelnen inhaltlichen Bereichen. Dies wird insbesondere bei Internen Maßnahmen und Informellen Maßnahmen, die sich inhaltlich der Terrorismusbekämpfung oder dem Waffenexport (bzw. Rüstungsexport etc.) widmen und dementsprechend auch unter die friedensschaffenden und -erhaltenden Maßnahmen oder die Transitmaßnahmen gefasst werden könnten, aufgezeigt. Auch haben wir erkannt, dass Informelle Maßnahmen zugleich auch Finanzierungsmaßnahmen darstellen können. Im Übrigen würde die Neukategorisierung die bestehende zweistufige Struktur der Beschlussfassung zu restriktiven Maßnahmen aufweichen – und damit zugleich der jetzigen Kohärenzwirkung auf die übrigen vergemeinschafteten Unionsbereiche entgegensteuern. Die Basis, nämlich dass die GASP-Maßnahme nach Art. 28 oder Art. 29 EUV als vorbereitender Beschluss zu restriktiven Maßnahmen dient, wäre nicht mehr gesichert. Es müsste vielmehr zu einer Anpassung des Art. 215 AEUV kommen, wobei festzulegen wäre, welche der neuen Maßnahmen als Grundlage für den Erlass von restriktiven Maßnahmen zugelassen sind. Eine Anpassung des Art. 215 AEUV – und gegebenenfalls weiterer AEUV-Vorschriften – spricht jedoch auch gegen die Einführung der inhaltlichen Neukategorisierung.

Problematisch erscheint zuletzt noch die Frage nach den Verfahrensvorschriften und deren Übertragbarkeit auf die Neukategorisierung. Auf Grund der Rechtssicherheit und Rechtsklarheit, die mit deren Anwendung einhergeht, sollte die Anwendbarkeit definitiv gefordert werden. Allerdings hat sich diese Arbeit vorrangig zum Ziel gesetzt die Sinnhaftigkeit einer Handlungsformenkategorisierung zu untersuchen, so dass von der detaillierten Auseinandersetzung mit der praktischen Umsetzung der Neukategorisierung abzusehen ist. Es soll schlichtweg festgehalten werden, dass es sinnvoll erscheint, die bereits bestehenden Verfahrensvorschriften weiterhin anzuwenden.[1667]

3. Schlussfolgerungen

Nachdem eingangs die Übertragbarkeit – in politikspezifisch angepasster Form – von Elementen der klassischen Handlungsformenlehre auf den GASP-Bereich bejaht wurde und die sinnvollen Funktionen der bestehenden Handlungsformenkategorisierung eruiert wurden, folgte eine empirische Analyse bereits beschlossener GASP-Maßnahmen. Die Ergebnisse dieser – quantitativen – Analyse verlangten auf Grund der u.a. festgestellten Intransparenz und immensen Anzahl von *sui generis*-Maßnahmen ein Umdenken hinsichtlich der

1667 Mit Ausnahme der Internen und Informellen Maßnahmen.

bestehenden Systematisierung. Folglich wurde eine Neukategorisierung nach inhaltlich abstrakten Themenbereichen vorgeschlagen. Allerdings offenbarte die darauffolgende Auseinandersetzung mit der zuvor aufgestellten Neukategorisierung und dem Vergleich zu dem aktuellen System nicht nur Vorzüge. Obwohl zunächst die Neukategorisierung nach inhaltlichen Bereichen die Lösung für die Handlungsformenproliferation zu geben schien und zugleich die Problematiken mit den *sui generis*-Maßnahmen zu lösen scheinen mochte, stellte sich im Anschluss heraus, dass die Vorteile der bestehenden Systematisierung überwiegen und die Neukategorisierung abzulehnen ist. Wenngleich ist die erfolgte Darstellung der inhaltlichen Abgrenzung als Kategorie für einen neuen Maßnahmenkatalog für die Rechtsdogmatik von Relevanz, denn daraus lassen sich eben die Gründe für die Beibehaltung der gegebenen Strukturen des Titels V EUV erschließen. Auch wenn im Bereich der GASP nicht der Grad an Transparenz und Konkretheit erreicht wird, die der Rechtsdogmatik aus der klassischen Verwaltungslehre bekannt ist, ist dies in Anbetracht der politischen und hoch diplomatischen Strukturen der GASP in Kauf zu nehmen. Im Ergebnis wird das Handeln innerhalb der GASP durch die vorgegebenen Strukturen systematisiert und vorhersehbar gemacht, welches schlussendlich zur Rechtssicherheit und Rechtsklarheit für diesen Bereich und damit auch für das gesamte unionale System beiträgt.

Dritter Teil: Liegt eine kohärente Außenpolitik vor?

Der dritte Teil dieser Bearbeitung befasst sich mit der Frage nach dem Vorliegen einer kohärenten unionalen Außenpolitik. Nach dem in Art. 205 AEUV i.V.m. Art. 23 EUV enthaltenen Kohärenzgebot beruht das Handeln der Union auf internationaler Ebene im Rahmen der GASP auf den im Titel V des EUV genannten Grundsätzen. Dem reinen Wortlaut folgend bekräftigt Art. 23 EUV alleinig die Geltung der in Art. 21 EUV normierten Ziele für den intergouvernemental geprägten Bereich – ergo stellt er lediglich eine Wiederholung von dem in Art. 21 Absatz 3 EUV enthaltenen Grundsatz dar.[1668] Allerdings scheint diese simple Feststellung dem Kohärenzgebot nicht gerecht zu werden. Folglich soll die Bedeutung des Begriffs „Kohärenz" analysiert werden. Neben der Darstellung der bereits bestehenden Literaturergebnisse werden anhand einer konkreten rechtswissenschaftlichen Auslegung des Begriffs die Bedeutung und der Sinn der Kohärenz erörtert. Der ermittelte Inhalt bzw. die ermittelte Bedeutung des Kohärenzbegriffs wird sodann in Kontext zu der GASP-spezifischen Handlungsformenlehre gesetzt. Es wird dargestellt, ob die im Titel V des EUV enthaltene Handlungsformenkategorisierung der Kohärenzschaffung und -erhaltung dient.

1668 Vgl. auch Bitterlich, in: Lenz/Borchardt, EU-Verträge Kommentar, Art. 23 EUV, Rn. 1.

I. Der Begriff der Kohärenz

Im Rahmen dieses Abschnitts soll analysiert werden, ob mittels des in der GASP bestehenden Handlungsformenkatalogs ein kohärentes Handeln geschaffen wird. Um dies aber feststellen zu können, muss zunächst auf die Begrifflichkeit der Kohärenz eingegangen werden. Was bedeutet Kohärenz und was umfasst sie? Liegt eine einheitliche Begriffsverwendung im rechtlichen Sinne des Terminus Kohärenz vor? Denn ein Blick in die Verträge zeigt auf, dass die Normen verschiedene Begriffe im Zusammenhang mit dem Kohärenzgebot verwenden.[1669] Bevor man allerdings zur konkreten Auslegung des Begriffs gelangt, muss zunächst die Art und Weise der Auslegung bzw. die Herangehensweise der Interpretation des Begriffs der Kohärenz erläutert werden. Hierbei sind die Besonderheiten der Auslegung von europarechtlichen Begrifflichkeiten mit der sog. unionskonformen Auslegung und der völkerrechtlichen Auslegung sowie deren Abgrenzung voneinander zu erläutern.

A. Unionskonforme und völkerrechtliche Auslegung

Grundsätzlich neigt die Juristin dazu, nach einem typischen Schema bei der Auslegung von juristischen Begriffen vorzugehen. Bereits in den Anfängen des rechtswissenschaftlichen Studiums wird gelehrt, dass die Auslegung eines Gesetzestextes nach den vier gängigen Auslegungsmerkmalen zu erfolgen hat: Wortlaut, Systematik, historischer Hintergrund und teleologische Auslegung, also nach dem Sinn und Zweck der Norm.[1670] Auch im europäischen Recht kann die Auslegung von europarechtlichen Begrifflichkeiten prinzipiell nach diesen allgemein anerkannten Auslegungsgrundsätzen erfolgen,[1671] es müssen jedoch die Besonderheiten des Unionsrechts beachtet werden.[1672] Insbesondere die

---

1669 Ruffert, in: Calliess/ders., EUV/AEUV-Kommentar, Art. 7 AEUV, Rn. 2.

1670 Vgl. Urteil des Gerichtshofs v. 23.03.1982 – D.M. Levin gegen Staatssecretaris van Justitie – Rs. 53/81, Slg. 1982, 1035 (ECLI:EU:C:1982:105), Rn. 9, in denen der Gerichtshof ausführte: „Ihre [Begriffe] Bedeutung muss deshalb unter Rückgriff auf die allgemein anerkannten Auslegungsgrundsätze, und zwar ausgehend vom gewöhnlichen Sinn der Begriffe in ihrem Kontext und im Lichte der Ziele des Vertrages, ermittelt werden."

1671 Pechstein/Drechsler, in: Riesenhuber (Hrsg.), Europäische Methodenlehre, § 7, Rn. 1.

1672 Ibid., Rn. 2 ff.; Nettesheim, EuR 6/2006, S. 737 (S. 751 f.); allgemein zur europäischen Methodenlehre: Vogenauer, ZEuP 2005, S. 234 (S. 242, S. 246); Leible/Domröse, in: Riesenhuber (Hrsg.), Europäische Methodenlehre, § 8, Rn. 2 ff.; Fremuth, Die

Überschneidungen mit dem Völkerrecht, die Unterteilung des Unionsrechts in supranationale und intergouvernementale Bereiche sowie die Trennung zwischen Primärrecht und Sekundärrecht stellen den Interpretierenden immer wieder vor neue Herausforderungen. Zudem herrscht gerade im intergouvernemental geprägten Bereich der GASP Uneinigkeit über die Auslegung der politikspezifischen Rechtsnormen.[1673] Zum einen wird vertreten, dass der intergouvernementale Bereich der GASP als eigene Kategorie zu sehen ist, die an das Völkerrecht angelehnt und dementsprechend nach völkerrechtlichen Auslegungsgrundsätzen auszulegen ist.[1674] Zum anderen wird argumentiert, dass die Bestimmungen des Titels V des EUV nicht als eine von dem restlichen Unionsrecht völlig getrennte Materie gesehen werden können und folglich die unionskonforme Auslegung einschlägig ist.

Ausgangspunkt der bestehenden Uneinigkeit bei der Auslegung von europarechtlichen Begrifflichkeiten ist, oder besser war, die „Undefinierbarkeit" des Charakters der Europäischen Union.[1675] Die Europäische Union basiert auf völkerrechtlichen Verträgen und wurde durch völkerrechtliche Verträge stetig weiterentwickelt.[1676] Sie stellt eine Rechtsordnung *sui generis* dar.[1677] Einerseits ist die Union vom supranationalen Gemeinschaftsrecht geprägt, andererseits ist sie im Substrat dem klassischen Völkerrecht zuzuordnen.[1678] Für die Auslegung

---

Europäische Union auf dem Weg zur Supranationalität, S. 275; Wegener, in: Calliess/Ruffert, EUV/AEUV-Kommentar, Art. 19 EUV, Rn. 13.

1673 Borchardt, in: Lenz/Borchardt, EU-Verträge Kommentar, Art. 275 AEUV, Rn. 1; Regelsberger/Kugelmann, in: Streinz, Kommentar EUV/AEU, Art. 275 AEUV, Rn. 11; Burghardt/Tebbe, EuR 1995, S. 1 (S 5); Pechstein, JZ 2010, S. 425 ff. (S. 430); Fremuth, Die Europäische Union auf dem Weg zur Supranationalität, S. 275.

1674 Auch der Wortlaut des Art. 3 Absatz 4 EUV, der sich explizit auf die Außenbeziehungen der Union (und damit wohl auf die GASP – vgl. Bitterlich, in: Lenz/Borchardt, EU-Verträge Kommentar, Art. 3 EUV, Rn. 7) bezieht, könnte als Argument für diese Annahme sprechen.

1675 Vgl. Busse, Die völkerrechtliche Einordnung der Europäischen Union, S. 39 ff. und S. 53 ff.; Nettesheim, in: Grabitz/Hilf/ders., Das Recht der EU, Art. 1 EUV, Rn. 53, der darauf hinweist, dass zumindest die Streitigkeiten über die rechtliche Subjektqualität der Union mit Inkrafttreten des Lissabon-Vertrages obsolet geworden sind – allerdings der Herrschaftstyp *sui generis* noch gerechtfertigt ist (vgl. Rn. 58).

1676 Nettesheim, in: Grabitz/Hilf/ders., Das Recht der EU, Art. 1 EUV, Rn. 14.

1677 Ibid., Rn. 58 (m.w.N.); Pechstein/Drechsler, in: Riesenhuber (Hrsg.), Europäische Methodenlehre, § 7, Rn. 4.

1678 Harings, EuR Beiheft 2/1998, S. 81; Siems, Das Kohärenzgebot in der Europäischen Union, S. 60 f.; Fremuth, Die Europäische Union auf dem Weg zur Supranationalität,

von supranationalem Recht bedeutet dies, dass die Interpretation weder allein nach den nationalen Auslegungsgrundsätzen erfolgen kann, noch ausschließlich auf völkerrechtliche Grundsätze nach Art. 31 ff. Wiener Vertragsrechtskonvention (**WVK**) zurückgegriffen werden kann.[1679] Denn im Unterschied zum Völkerrecht, das sich an dem Willen der einzelnen Staaten orientiert, stehen im Unionsrecht die gemeinschaftsrechtlichen Ziele im Vordergrund. Im Laufe der Jahre hat sich deswegen durch die Rechtsprechung der europäischen Gerichte und auch durch die Arbeit bestimmter Institutionen (insbesondere der Kommission) eine eigene unionsrechtliche Auslegungsart entwickelt, die sich zwar nach den typischen Auslegungsmethoden richtet, diese jedoch unionspezifisch modifiziert hat[1680]. Insbesondere differenziert diese besondere Auslegungsart zwischen supranationalem Unionsrecht und intergouvernementalem Unionsrecht. Nach Ansicht des Gerichtshofs stellt das Unionsrecht ein neues, dem bisherigen Völkerrecht unbekanntes Recht dar,[1681] welches mit einer kombinierten, dem Unionsrecht angepassten Auslegungsmethode gedeutet werden muss. Der EuGH betont, dass die Verträge grundsätzlich nach dem *„Geist, der Systematik und dem Wortlaut des Vertrages“* interpretiert werden müssen.[1682] Die allseits bekannte historische Auslegung wird vom Gerichtshof gerade nicht erwähnt. Dadurch wird deutlich, dass der historischen Auslegung im europarechtlichen Kontext keinerlei bzw. kaum Beachtung geschenkt wird.[1683] Die historische Methode hat anders als im nationalen Recht nur eine eingeschränkte

---

S. 282; Breier, in: Lenz/Borchardt, EU-Verträge Kommentar, Art. 221 AEUV, Rn. 1, der die Ähnlichkeit der Union mit internationalen Organisationen unterstreicht.

1679 Pechstein/Drechsler, in: Riesenhuber (Hrsg.), Europäische Methodenlehre, § 7, Rn. 6; Vogenauer, ZEuP 2005, S. 246; Frenz, Handbuch des Europarechts, Wirkungen und Rechtsschutz, Rn. 350; Hoffmeister, The Contribution of EU Practice to International Law, in: Cremona, Developments in EU External Law, S. 37 (S. 57).

1680 Wegener, in: Calliess/Ruffert, EUV/AEUV-Kommentar, Art. 19 EUV, Rn. 13; der EuGH spricht hier gerne von der „autonomen Auslegung“, vgl. Urteil des Gerichtshofs v. 27.04.1999, Hans-Hermann Mietz gegen Intership Yachting Sneek B.V., Rs. C-99/96, Slg. 1999, I-2277 (ECLI:EU:C:1999:202), Rn. 26.

1681 Urteil des Gerichtshofs v. 05.02.1963, NV Algemene Transport gegen en Expeditie Onderneming van Gend & Loos gegen Niederländische Finanzverwaltung, Rs. 26/62, Slg. 1963, 3 (ECLI:EU:C:1963:1), S. 12.

1682 Ibid., S. 27.

1683 Vgl. Schroeder, JuS 2004, S. 180 (S. 183); Pechstein/Drechsler, in: Riesenhuber (Hrsg.), Europäische Methodenlehre, § 7, Rn. 33 und 40; Siems, Das Kohärenzgebot in der Europäischen Union, S. 42.

Bedeutung.[1684] Dies mag daran liegen, dass es auf Grund der Sprachmannigfaltigkeit des Europarechts schwierig ist, Hinweise zur historischen Bedeutung eines Wortes zu finden. Um das „Fehlen" der klassischen historischen Auslegungsmethode aber auszugleichen, wird neben den drei erwähnten Auslegungsmethoden ergänzend eine rechtsvergleichende Auslegung der verschiedenen Sprachfassungen angewendet.[1685] Die Rechtsvergleichung stellt hierbei eine Art Hilfsmittel dar.[1686] Anzumerken ist an diesem Punkt, dass die Abstimmung der verschiedenen Sprachfassungen keine Rechtsvergleichung im klassischen Sinne darstellt; sie gleicht aber einer Inhalts- und Sinnvergleichung, die zu einer Rechtsvergleichung führen kann[1687] und demnach sehr sinnvoll für die Interpretation einer europarechtlichen Norm ist.

Im Rahmen des intergouvernementalen Rechts der GASP sieht es wiederum etwas anders aus. Innerhalb der GASP sind – wie bereits beschrieben – die Mitgliedstaaten Kompetenzträger geblieben und die intergouvernementale Zusammenarbeit folgt auch völkerrechtlichen Grundsätzen.[1688] Das GASP-Recht entfaltet grundsätzlich nur die nach den jeweiligen mitgliedstaatlichen Verfassungsordnungen dem Völkerrecht zugewiesene Wirkung.[1689] Maßnahmen innerhalb der GASP haben keine unmittelbare Wirkung und entfalten demnach auch keinen Anwendungsvorrang vor dem nationalen Recht.[1690] Die GASP-Maßnahmen stellen kein klassisches Sekundärrecht dar. Eine Übertragung der Auslegungskompetenz an das Gericht der Europäischen Union wie im übrigen Unionsrecht wurde für die GASP gerade nicht beschlossen.[1691] Der Vertrag über

1684 Pechstein/Drechsler, in: Riesenhuber (Hrsg.), Europäische Methodenlehre, § 7, Rn. 1.

1685 Hoffmeister, The Contribution of EU Practice to International Law, in: Cremona, Developments in EU External Law, S. 37 (S. 61).

1686 Schroeder, JuS 2004, S. 180 (S. 184); Pechstein/Drechsler, in: Riesenhuber (Hrsg.), Europäische Methodenlehre, § 7, Rn. 36; Frenz, Handbuch des Europarechts, Wirkungen und Rechtsschutz, Rn. 361.

1687 Pechstein/Drechsler, in: Riesenhuber (Hrsg.), Europäische Methodenlehre, § 7, Rn. 37.

1688 Ähnlich: Terhechte, in: Schwarze, EU-Kommentar, 2. Aufl. 2009, Ex-Art. 11, EUV, Rn. 2; „Bestimmungen der GASP sind völkerrechtlichen Ursprungs" – Dörr, in: Grabitz/Hilf/Nettesheim, Das Recht der EU, Art. 40 EUV, Rn. 2.

1689 Pechstein, JZ 2010, S. 425 ff. (S. 429) – anders könnte es jedoch für die Verträge nach Art. 37 EUV sein, die nach dem Wortlaut der Verträge von der Union geschlossen werden.

1690 Pechstein/Drechsler, in: Riesenhuber (Hrsg.), Europäische Methodenlehre, § 7, Rn. 8.

1691 Die GASP ist im Überwiegenden der Zuständigkeit des Gerichtshofs entzogen, Art. 24 Absatz 1 Unterabsatz 2 S. 6 EUV und Art. 275 Absatz 1 AEUV.

die EEA, der zugleich Bestimmungen für das Verfahren der EPZ enthielt, stellte schließlich einen völkerrechtlichen Vertrag dar. Folglich wird vertreten, dass sich die Auslegung innerhalb dieses Bereichs vorrangig an völkerrechtlichen Grundsätzen, also an der WVK, zu richten hat.[1692] Die Grundregel des Art. 31 WVK bestimmt, dass der entsprechende Vertrag nach Treu und Glauben im Lichte seines Ziels und seiner Zwecke auszulegen ist.[1693] Unter dem Begriff des Vertrages i.S.d. Art. 31 WVK wird dabei der Vertrag mit allen seinen Bestandteilen, einschließlich der Präambel und der Annexe verstanden, und nicht der bloß im Zusammenhang stehende Satz, in dem der auszulegende Begriff enthalten ist.[1694]

Zunächst kommt also die klassische Wortlautauslegung zum Einsatz, wobei im Völkerrecht die Besonderheit gilt, dass gemäß Art. 31 Absatz 1 WVK grundsätzlich die *gewöhnliche* Bedeutung des Wortes (und nicht etwa die durch die Parteien festgelegte besondere Bedeutung) entscheidend ist.[1695] Bei der Ermittlung der gewöhnlichen Bedeutung ist dabei der systematische Zusammenhang – der Kontext –, in dem die auszulegende Bestimmung steht, zu beachten.[1696] Kommen dem auszulegenden Wort mehrere solcher gewöhnlichen Bedeutungen zu, scheint es am sinnvollsten das Auslegungsergebnis zu wählen, das dem Ziel und dem Zweck des Vertrages am ehesten entspricht.[1697] Das heißt, neben

1692 Pechstein/Drechsler, in: Riesenhuber (Hrsg.), Europäische Methodenlehre, § 7, Rn. 43; Pechstein, JZ 2010, S. 425 (S. 430); Hoffmeister, The Contribution of EU Practice to International Law, in: Cremona, Developments in EU External Law, S. 37 (S. 56 f.).

1693 Vgl. auch: Kadelbach, in: von Arnauld (Hrsg.), Europäische Außenbeziehungen (EnzEuR, Bd. 10), § 4, Rn. 75.

1694 Vgl. den Wortlaut von Art. 31 Absatz 2 lit. a) und b) WVK; auch Herdegen, Völkerrecht, § 15, Rn. 30; Pehl, Repräsentative Auslegung völkerrechtlicher Verträge, S. 67 f.; Pechstein/Drechsler, in: Riesenhuber (Hrsg.), Europäische Methodenlehre, § 7, Rn. 46 (m.w.N.).

1695 Das folgt schon aus dem systematischen Verhältnis des Art. 31 Absatz 1 und Absatz 4 WVK, wobei Letzterer bestimmt, dass eine besondere Bedeutung explizit festgestellt werden muss; vgl. auch Herdegen, Völkerrecht, § 15, Rn. 28 f.; Gardiner, Treaty Interpretation, S. 61 ff.; Rauber, Strukturwandel als Prinzipienwandel, S. 497; Nehls, Die Auslegung mehrsprachiger völkerrechtlicher Verträge, S. 168.

1696 Herdegen, Völkerrecht, § 15, Rn. 28; Pehl, Repräsentative Auslegung völkerrechtlicher Verträge, S. 67; Nehls, Die Auslegung mehrsprachiger völkerrechtlicher Verträge, S. 168; Djeffal, Static and evolutive treaty interpretation, S. 157 f.

1697 Das entspricht dem allgemeinen Sinn des Art. 31 i.V.m. Art. 32 Absatz 1 WVK; ähnlich: Djeffal, Static and evolutive treaty interpretation, S. 155; *Pechstein/Drechsler* führen in diesem Zusammenhang aus, dass die systematische Auslegung bei Widersprüchen helfen kann – Pechstein/Drechsler, in: Riesenhuber (Hrsg.), Europäische

der gewöhnlichen Wortbedeutung und dem systematischen Zusammenhang sind auch teleologische Erwägungen bei der Auslegung nach Art. 31 WVK als ergänzende Kriterien zur Auslegung heranzuziehen.[1698] Dabei ist der Zweck des Vertrages im Ganzen, aber auch der Zweck der jeweils auszulegenden Bestimmung zu ermitteln.[1699] Hierbei ist ein objektiver Ansatz heranzuziehen, dass stets von dem Vertragstext selbst auszugehen ist und nicht ein tatsächlicher, mutmaßlicher oder unterstellter – historischer – Parteiwille anzusetzen ist.[1700] Der früher im Völkerrecht vertretene subjektive Ansatz, dass für die Auslegung des Ziels und des Zwecks der subjektive Wille der vertragschließenden Parteien entscheidend ist[1701], ist nach herrschender Ansicht abzulehnen.[1702]

Auch der Internationale Gerichtshof bestätigt die Inbezugnahme des Ziels und des Zwecks bei der Auslegung von völkerrechtlichen Normen.[1703] In seinem

---

Methodenlehre, § 7, Rn. 48; ähnlich, da auf die Gewichtung der Kriterien abgestellt wird: Herdegen, Völkerrecht, § 15, Rn. 28.

1698 Gardiner, Treaty Interpretation, S. 211; Rauber, Strukturwandel als Prinzipienwandel, S. 526.

1699 Gardiner, Treaty Interpretation, S. 209 und S. 219 ff., der in diesem Zusammenhang das „*principle of effectiveness*" (Effektivitätsgrundsatz) erwähnt, welches als Teilbereich bei der Bestimmung des Ziels und des Zwecks zu erfassen ist; vgl. auch allgemein: Kempen/Hillgruber, Völkerrecht, § 13, Rn. 69 und Rauber, Strukturwandel als Prinzipienwandel, S. 528.

1700 Kempen/Hillgruber, Völkerrecht, § 13, Rn. 63 und 68 (m.w.N.); Ascensio, CSID Review, Vol. 31, No. 2 (2016), S. 366 (S. 369 und S. 372); Herdegen, Völkerrecht, § 15, Rn. 28; ähnlich: Pehl, Repräsentative Auslegung völkerrechtlicher Verträge, S. 67.

1701 Vgl. für den noch vor Inkrafttreten der WVK vertretenen subjektiven Ansatz: Köck, Vertragsinterpretation (1976), S. 26 ff.; vgl. auch: Pechstein/Drechsler in: Riesenhuber (Hrsg.), Europäische Methodenlehre, § 7, Rn. 45 – der jedoch zugleich darauf hinweist, dass eine Pflicht zur Anpassung dieses Ansatzes besteht, um den Besonderheiten des Unionsrecht gerecht zu werden; nach *Gardiner* ist hier zu beachten, dass die Auslegung nach dem subjektiven Ansatz erfordert, dass der subjektive Wille gerade im Text zum Ausdruck kommt und sich dieser unter keinen Umständen über das ermittelte Ziel und den ermittelten Zweck des entsprechenden Vertrages hinwegsetzen darf – vgl. Gardiner, Treaty Interpretation, S. 211; vgl. zur Uneinigkeit in der Lehre: Pehl, Repräsentative Auslegung völkerrechtlicher Verträge, S. 84 ff.; Djeffal, Static and evolutive treaty interpretation, S. 147 f.

1702 Kempen/Hillgruber, Völkerrecht, § 13, Rn. 63; Pehl, Repräsentative Auslegung völkerrechtlicher Verträge, S. 87 (m.w.N.) – *Pehl* spricht von einem objektivierbaren Willen – vgl. S. 86.

1703 Eine Übersicht über einige relevante Urteile des Internationalen Gerichtshofs in diesem Zusammenhang führt *Nehls* auf – Nehls, Die Auslegung mehrsprachiger völkerrechtlicher Verträge, S. 171 ff.

Urteil zur Anwendung der Genozid-Konvention führte das Gericht etwa aus – ohne sich auf eine spezifische Bestimmung der WVK zu beziehen –, dass eine Auslegung unter Beachtung des Zwecks der entsprechenden Vorschrift zu erfolgen hat.[1704]

Betrachtet man die sich aus Art. 31 WVK ergebenden Auslegungskriterien, so wird – wie auch im Wortlaut des Art. 31 Absatz 1 und 2 WVK explizit erwähnt – deutlich, dass es auf den *Zusammenhang* der in Betracht kommenden Auslegungsmittel, also auf einen einheitlichen Auslegungsvorgang[1705] und eine Gesamtschau der Auslegungsergebnisse, ankommt. Das Zusammenspiel des gewöhnlichen Wortlauts mit dem Ziel und Zweck der entsprechenden Vorschrift soll Klarheit schaffen, nicht jedoch eine zusätzliche andere Bedeutung der Auslegung hervorbringen.[1706] Um Unklarheiten bei der Auslegung zu beseitigen, kann zudem auf die in Art. 31 Absatz 2 WVK genannten Auslegungsmittel zurückgegriffen werden.[1707] Art. 31 Absatz 2 WVK zählt hier insbesondere Übereinkünfte der Parteien auf, die anlässlich des Vertragsabschlusses getroffen wurden, und solche, die dafür abgefasst wurden, sowie solche, die als sich auf den Vertrag beziehende Urkunde angenommen wurden. Art. 31 Absatz 2 ist jedoch keinesfalls als abschließend zu verstehen.[1708] Die WVK normierte damit die bereits durch die Rechtsprechung des Internationalen Gerichtshofs entwickelte Auslegungsregel, dass auf den (weiten) Zusammenhang („*context*") der Norm abzustellen ist.[1709] In diesem Sinne normiert Art. 32 WVK, dass neben

1704 Application of the Convention on the Prevention and Punishment of the Crime of Genocide (Bosnia and Herzegovina v Servia and Montenegro, Urt. v. 26.2.2007, I.C.J. Reports 2007, S. 43, Rn. 445 – unter Bezugnahme auf Art. 31 und 32 WVK in Rn. 110.

1705 Kempen/Hillgruber, Völkerrecht, § 13, Rn. 65 mit Verweis auf die sog. *single combined operation* m.w.N.

1706 Gardiner, Treaty Interpretation, S. 213.

1707 Kempen/Hillgruber, Völkerrecht, § 13, Rn. 70; Rauber, Strukturwandel als Prinzipienwandel, S. 497; vgl. auch Application of the Convention on the Prevention and Punishment of the Crime of Genocide (Bosnia and Herzegovina v. Servia and Montenegro, Urt. v. 26.02.2007, I.C.J. Reports 2007, S. 43, Rn. 110.

1708 Gardiner, Treaty Interpretation (2008), S. 302.

1709 Vgl. Urteil des IGH v. 27. Juni 2001, LaGrand (Germany v. United States of America), I.C.J. Reports 2001, 466 ff., Rn. 99, 101 und 109; Urteil des IGH v. 11. September 1992, Land, Island and Maritime Frontier Dispute (El Salvador v. Honduras: Nicaragua intervening), I.C.J. Reports 1992, 351, Rn. 373; Rechtsgutachten des IGH v. 03.05.1950, Competence of the General Assembly for the Admission of a State to the United Nations, I.C.J. Reports 1950, S. 4, S. 8; Urteil des StIGH v. 07.09.1927, The

dem bereits beschriebenen subjektiven Willen und den traditionellen völkerrechtlichen Auslegungsmitteln[1710] zur Beseitigung von Unklarheiten zusätzlich auf ergänzende Auslegungsmittel zurückgegriffen werden kann.[1711] Die ausdrücklich Normierung der quasi nachrangigen Auslegungsmittel wie die *travaux préparatoires*[1712], materielle im Zusammenhang stehende Annexe und im Zusammenhang stehende Umstände wurden durch die Rechtsprechung des Internationalen Gerichtshofs entwickelt und geprägt[1713]. Die Anwendung dieser

Case of the S.S. „Lotus", PCIJ-Publications (1927), Ser. A, Bd. 10, S. 16 f.; Rechtsgutachten des StIGH v. 12.08.1922, Competence of the International Labour Organization in Regard to International Regulation of the Conditions of Labour of Persons employed in Agriculture, P.C.I.J. (1922), Ser. B, Nr. 2, S. 8, „it is obvious that the Treaty must be read as a whole and that its meaning is not to be determined merely upon particular phrases which, if detached from the context" (S. 23); siehe auch Hoffmeister, The Contribution of EU Practice to International Law, in: Cremona, Developments in EU External Law, S. 37 (S. 60); Gardiner, Treaty Interpretation (2008), S. 315 f.

1710 Traditionelle Auslegungsregeln umfassen u.a. auch noch „*the ordinary meaning-rule*", die Pflicht zur „*bona fides*" (u.a., Pflicht, dass keine Partei den Vertrag zum Nachteil des anderen Vertragspartners auslegt), „*good-faith-rule*", „*rule of effectiveness*", vgl. Nehls, Die Auslegung mehrsprachiger völkerrechtlicher Verträge, S. 47 f. und Fußnote 127 sowie 128; Djeffal, Static and evolutive treaty interpretation, S. 150 ff.; vgl. auch den Wortlaut des Art. 31 Absatz 1 bis 3 WVK.

1711 Gardiner, Treaty Interpretation, S. 214 f.; Report of the International Law Commission on the Work of its Seventieth Session, A/73/10 (2018), Conclusion 2 Absatz 5, S. 13, auch S. 18 und S. 21 f.; Djeffal, Static and evolutive treaty interpretation, S. 170.

1712 Sog. „Vorbereitende Arbeiten" – im Völkerrecht als offizielle Aufzeichnungen der Verhandlungsgeschichte eines Vertragsschlusses qualifizierte Dokumente; vgl. Rechtsgutachten des StIG v. 15.11.1932, Interpretation of the Convention of 1919 concerning employment of women during the night, PCIJ-Publications (1932), Ser. A/B, Bd. 50, u.a. S. 378, 380 – in dieser Rechtssache hat das Gericht bei der Auslegung auf die vorbereitenden Arbeiten des Redaktionsausschusses zurückgegriffen; vgl. auch Rechtsgutachten des StIG v. 04.02.1932, Treatment of polish nationals and other persons of polish origin or speech in the Danzig territory, PCIJ-Publications, Ser. A/B, Bd. 44, S. 33 – „This text not being absolutely clear, it may be useful, in order to ascertain its precise meaning, to recall here somewhat in detail the various drafts which existed prior to the adoption of the text now in force".

1713 Vgl. z.B.: Urteil des IGH v. 11.04.2000, Case concerning the Arrest warrant of 11 April 2000 (Congo v. Belgium), Joint Separate Opinion of Judges Higgins, Kooijmans and Buergenthal, I.C.J. Reports 2002, S. 63, u.a. Rn. 19, 22 und 41; Urteil des IGH v. 12.11.1991, Arbitral Award of 31 July 1989, I.C.J. Reports 1991, S. 53, Rn. 66 ff., in dem der IGH u.a. weitere Erklärungen und Anträge zur Auslegung nach Art. 31 und

ergänzenden Auslegungsmethoden muss sich auch hier stets an dem subjektiven Willen der Vertragsparteien ausrichten.[1714] Allerdings ist bei der hier dargestellten Auslegung immer zu beachten, dass es sich bei der Anwendung von Art. 31 und Art. 32 WVK nicht um bloße nebenherlaufende Auslegungsregeln handelt, sondern dass immer eine einheitliche Auslegung, also eine sog. *single combined operation*,[1715] im Vordergrund steht.[1716] Eine hierarchische Wertung unter den einzelnen Auslegungsregeln der WVK soll nicht impliziert werden.[1717]

B. Zwischenstellungnahme

Die Grundlage eines einheitlichen europäischen Rechts bildet die einheitliche Anwendung der Regeln und Normen, die für den Zusammenhalt der Gemeinschaft entscheidend sind. Der gemeineuropäische Kern steht als Garant für die Einhaltung des Grundsatzes der einheitlichen Anwendung des Unionsrechts[1718]. Dieser Grundsatz sollte bei der Auslegung des GASP-Begriffs der Kohärenz im Vordergrund stehen. Dies gilt auch insoweit, als der EuGH für die Auslegung des intergouvernemental geprägten GASP-Rechts laut Art. 24 Absatz 1 Unterabsatz 2 S. 6 EUV und Art. 275 Absatz 1 AEUV nicht zuständig ist. Es ist zumindest

32 WVK herangezogen hat; Rechtsgutachten des IGH v. 28.05.1951, Reservations to the Convention on the prevention and punishment of the Crime of Genocide, I.C.J. Reports 1951, S. 15, hier S. 24, S. 26 f.; vgl. auch Gardiner, Treaty Interpretation, S. 217 m.w.N; Djeffal, Static and evolutive treaty interpretation, S. 160 ff.

1714 Pechstein/Drechsler, in: Riesenhuber (Hrsg.), Europäische Methodenlehre, § 7, Rn. 55.

1715 Report of the International Law Commission on the Work of its Seventieth Session, A/73/10 (2018), Conclusion 2 Absatz 5 (Subsequent agreements and subsequent practice in relation to the interpretation of treaties), S. 13; Gardiner, Treaty Interpretation (2008), S. 9 f.

1716 Pehl, Repräsentative Auslegung völkerrechtlicher Verträge, S. 67.

1717 Ascensio, CSID Review, Vol. 31, No. 2 (2016), S. 366 (S. 373).

1718 Zum Grundsatz der einheitlichen Anwendung des Unionsrechts: Urteil des EuGH v. 7.2.1991, Helga Nimz gegen die Freie und Hansestadt Hamburg, Rs. C-184/89, Slg. 1991, I-297 (E-CLI:EU:C:1991:50), Rn. 19 ff.; Urteil des EuGH v. 19.06.1990, The Queen gegen Secretary of State for Transport, ex parte: Factortame Ltd und andere, Rs. C-213/89, Slg. 1990, I-2433 (E-CLI:EU:C:1990:257), Rn. 18; Urteil des EuGH v. 17.12.1970, Internationale Handelsgesellschaft mbH, Frankfurt am Main, gegen Einfuhr- und Vorratsstelle für Getreide und Futtermittel, Frankfurt am Main, Rs. 11/70, Slg. 1970, 1125 (ECLI:EU:C:1970:114), Rn. 3; Urteil des EuGH v. 12.09.1969, Erich Stauder gegen die Stadt Ul, Sozialamt, Rs. 29/69, Slg. 1969, 419 (ECLI:EU:C:1969:57), Rn. 3.

ansatzweise auf die Methoden der unionsrechtlichen Auslegung resultierend aus der Rechtsprechung des EuGH zurückzugreifen[1719] – dies natürlich nur insoweit, als sie auf den intergouvernementalen Bereich anwendbar sind. Ein Anknüpfen an die unionsrechtlichen Methoden im Rahmen der GASP ist dann unzulässig, wenn auf die Besonderheiten des supranationalen Unionsrechts abgestellt wird und die Grundsätze der Intergouvernementalität so untergraben werden. Untermauert werden kann dies mit dem kohärenzrechtlichen Ansatz des Unionsgedankens, der gerade dafür spricht, die unionskonforme Auslegung (mit-)anzuwenden.[1720] Eine Harmonisierung kann nur dann erfolgreich sein, wenn sich eine gewisse Einheitlichkeit gebildet hat. Diese Einheitlichkeit kann wiederum eine gewisse Sicherheit – insbesondere für die kritisch eingestellten Mitgliedstaaten – geben, da sie durch Übereinstimmung Zusammenhalt schafft[1721]. Unterstützt wird dieser Ansatz auch damit, dass bestimmte Begriffe, die zwar ihre Grundlage in der GASP haben, auch in den übrigen Vertragstexten, also außerhalb der Art. 23 ff. EUV, verwendet werden. Es wäre sinnwidrig diesen Begriffen bei der Auslegung innerhalb des übrigen Gemeinschaftsrechts eine andere Bedeutung zuzumessen als bei der Auslegung innerhalb der GASP. Zudem haben sich die Mitgliedstaaten und die Union bei der Gründung der EG und der EU bewusst für einheitliche Organe entschieden. Die spätere GASP wird eben nicht von Organen geleitet, die sich von denen in der Unionspolitik unterscheiden. Diese Vorgehensweise spricht gerade dafür, dass die GASP von den Akteuren nicht als komplett eigenständiges (völkerrechtliches) Gebilde gesehen werden soll.[1722] Zudem fördert diese Annahme den unionsrechtlichen Kohärenzgedanken, ohne dabei jedoch die Intergouvernementalität unzulässig einzuschränken. Darüber hinaus hat der EuGH anerkannt, dass selbst völkerrechtliche Abkommen einen integralen Bestandteil der Unionsrechtsordnung darstellen.[1723] Auch zieht der EuGH völkerrechtliche Verträge heran, um die Bedeutung des Unionsrechts klarzustellen und die einheitliche Auslegung des

1719 So auch: Burghardt/Tebbe, EuR 1995, S. 1 (S. 5); Fremuth, Die Europäische Union auf dem Weg zur Supranationalität, S. 282.

1720 Im Ansatz: Müller-Graff, EuR Beiheft 2/1998, S. 67 (S. 77 f.).

1721 Kugelmann, EuR Beiheft 2/1998, S. 99 (S. 101).

1722 Busse, Die völkerrechtliche Einordnung der Europäischen Union, S. 165; ähnlich: Pechstein, JZ 2010, S. 425 ff. (S. 429).

1723 Urteil des Gerichtshofs v. 30.04.1974, Gesellschaft mit beschränkter Haftung R. & V. Haegemann gegen Belgischer Staat, Rs. 181/73, Slg. 1974, 449 (ECLI:EU:C:1974:41), Rn. 2/6.

Unionsrechts zu gewährleisten.[1724] Im Umkehrschluss kann daraus die Schlussfolgerung gezogen werden, dass es sinnwidrig wäre, nicht auch den intergouvernementalen Bereich der GASP, der eben nicht gänzlich unabhängig von der Unionsrechtsordnung ist, zumindest teilweise mit den unionsautonomen Auslegungsgrundsätzen zu interpretieren. Allerdings können weder die völkerrechtlichen Auslegungsgrundsätze noch die unionsrechtlichen Auslegungsmittel alleine dem souveränitätsempfindlichen Bereich der GASP und dessen Sonderstellung in der Unionsrechtsordnung gerecht werden. Eine kombinierte Anwendung scheint demzufolge unumgänglich. Schließlich handeln die Mitgliedstaaten im Rahmen der GASP auch nach den gleichen Zielbestimmungen der Verträge, wie es die Institutionen und Mitgliedstaaten im übrigen Unionsrecht tun.[1725] Die gemeinsamen Werte und die allgemeinen Bestimmungen des EUV gelten sowohl für die Verfahrensweisen wie auch für die Inhalte der GASP.[1726] Die Verzahnung der GASP mit dem übrigen Unionsrecht durch die gemeinsamen Vertragsziele spricht für einen konzeptionellen Zusammenhang.[1727] Im Ergebnis ist zu schlussfolgern, dass keine unüberwindbaren Argumente gegen eine (kombinierte) angepasste unionskonforme Auslegung der GASP-spezifischen Begriffe sprechen.

Übrig bleibt nun noch die Frage, ob sich an dieser Annahme etwas durch die Reformen des Lissabonner Vertrages geändert hat. Schließlich ist die „neue" Union nun gemäß Art. 47 EUV ein Völkerrechtssubjekt mit eigenen Kompetenzen. Führt diese neu erlangte Völkerrechtssubjektivität dazu, dass die GASP zu einem supranationalen Gebilde erwachsen ist, in dem die Union als vollwertiges Mitglied Unionsrecht durchsetzt?[1728] Woraus dann zu folgern wäre, dass nun nur noch unionsrechtliche Auslegungsmethoden anzuwenden wären? Dem Unionsrecht immanent ist die Supranationalität, die wiederum durch die Übertragung

1724 Urteil des Gerichtshofs v. 14.10.1980, Attorney General gegen Juan C. Burgoa, Rs. 812/79 – Rn. 8, 11, 19, Sg. 1995, 2789 (ECLI:EU:C:1980:231); Urteil des Gerichtshofs v. 12.12.1972, International Fruit Company NV und andere gegen Produktschap voor Groenten en Fruit, Rs. 21/72 – Rn. 5/6, Slg. 1972, 1219 (ECLI:EU:C:1972:115); vgl. Siems, Das Kohärenzgebot in der Europäischen Union, S. 97.

1725 Vgl. Art. 23 EUV i.V.m. Kapitel 1 des EUV.

1726 Kugelmann, EuR Beiheft 2/1998, S. 99 (S. 100).

1727 Im Ansatz: Müller-Graff, EuR Beiheft 2/1998, S. 67 (S. 79 f.); ähnlich: Wessel, The EU's Foreign, Security and Defence Policy Fifteen Years after Maastricht: A constitutional Momentum, in: Ehrhart/Jaberg/Rinke/Waldmann (Hrsg.), Die Europäische Union im 21. Jahrhundert, S. 302 (S. 316).

1728 Pechstein, JZ 2010, S. 425 ff. (S. 426 f.).

von Hoheitsrechten und durch die Verbindlichkeit von Unionsrecht gekennzeichnet ist. Innerhalb der GASP herrscht jedoch der Grundsatz der Intergouvernementalität, also der alleinigen Kompetenzträgerschaft der Mitgliedstaaten. Nimmt man jedoch Art. 28 Absatz 2 EUV in Betracht, der die Verbindlichkeit von GASP-Beschlüssen anordnet, so spricht dies aber für genau das Gegenteil. Auch spricht der Artikel deutlich von der Union als Akteur der GASP.[1729] Hierin kann durchaus ein Hinweis für die (teilweise) Annahme der Supranationalität der GASP gesehen werden.[1730] Zudem wurde vor den Lissabonner Reformen unter dem Begriff „Union" im Sinne der GASP die Gesamtheit der Mitgliedstaaten verstanden.[1731] Davon kann nun nach der vertraglichen Normierung der Völkerrechtspersönlichkeit der Union nicht mehr gesprochen werden. Anderseits stellt Art. 28 EUV „nur" eine politische Bindung dar,[1732] denn grundsätzlich sind Maßnahmen innerhalb der GASP nicht justiziabel.[1733] Darüber hinaus werden die Beschlüsse gemäß Art. 28 Absatz 1 S. 1 EUV vom Rat erlassen – und der Rat besteht bekanntlich aus den Vertretern der nationalen Regierungen der Mitgliedstaaten.[1734] Ferner determiniert Art. 24 Absatz 1 Unterabsatz 2 S. 3 EUV deutlich und unmissverständlich, dass Gesetzgebungsakte im Rahmen der GASP nicht zulässig sind. Daraus kann man wiederum folgern, dass die Verbindlichkeit der Beschlüsse gemäß Art. 28 Absatz 2 EUV nur eine Ausnahme darstellen und damit nicht als Indiz für eine Supranationalität der GASP genommen werden darf. Letztendlich haben die Mitgliedstaaten durch das Aufrechterhalten des Einstimmigkeitsprinzips in der Beschlussfassung die Herrschaft über das Ob und die Art und Weise des Handelns in der GASP beibehalten.[1735]

Allein die soeben erfolgten Ausführungen zeigen jedoch deutlich auf, mit welcher Widersprüchlichkeit die GASP zu kämpfen hat. Es ist nicht von der Hand zu weisen, dass die GASP viele Fragen aufwirft – und dies nicht erst

---

1729 „*Verlangt eine internationale Situation ein operatives Vorgehen der Union*", Art. 28 Absatz 1 S. 1 EUV.

1730 Pechstein, JZ 2010, S. 425 ff. (S. 427).

1731 Ibid.

1732 Bitterlich, in: Lenz/Borchardt, EU-Verträge Kommentar, Art. 28 EUV, Rn. 5.

1733 Vgl. Art. 275 AEUV; eine Ausnahme hiervon bilden z.B. GASP-Beschlüsse mit restriktiven Maßnahmen gegen natürliche und juristische Personen. Diese können gegebenenfalls mit der Nichtigkeitsklage gemäß Art. 263 Absatz 4 AEUV angegriffen werden – vgl. hierzu Hetmeier, in: Lenz/Borchardt, EU-Verträge Kommentar, Art. 288 AEUV, Rn. 31.

1734 Art. 16 Absatz 2 EUV.

1735 Pechstein, JZ 2010, S. 425 ff. (S. 428).

seit der Einführung des Vertrages von Lissabon. Der Vertrag von Lissabon hat aber sicherlich zu einer Art Modifikation der GASP geführt, die – so scheint es zumindest – der Union (etwas) mehr Macht gibt als zuvor. In der Praxis bleibt es jedoch wohl weiterhin bei der fremdeinwirkungsfreien Selbststeuerung der Mitgliedstaaten.[1736]

Abschließend lässt sich festhalten, selbst wenn man so weit gehen möchte, dass man der Union eine eigenständige GASP-Zuständigkeit zuspricht, so bleibt es evident, dass die Mitgliedstaaten weiterhin Hauptakteur in diesem Bereich sind. Die Union hat und wird die Mitgliedstaaten nicht verdrängen.[1737] Durch die allgemeinen Zielsetzungen sind die Mitgliedstaaten aber gleichwohl zum unionskonformen Handeln verpflichtet. Gänzlich eigenständig sind die Mitgliedstaaten eben auch nicht. Dies spricht demnach dafür, sich auch nach den Lissabonner Reformen dem oben genannten Ergebnis anzuschließen und von einer gemischten Auslegungsmethode innerhalb der GASP auszugehen.[1738]

C. Bisherige Literatur und ihre Ergebnisse

Die Problematik um den Begriff der Kohärenz wurde bereits von vielen Autoren adressiert.[1739] Trotzdem herrscht keine Einigkeit darüber, was Kohärenz im Sinne des Unionsrechts genau bedeutet und wie sich Faktoren des unionspolitischen Gebildes hierauf auswirken. Eine einzige und allgemeingültige Definition liegt bisher nicht vor, insbesondere ist der juristische Gehalt des Begriffs

1736 Ibid.

1737 Ibid.

1738 Das Gleiche gilt m.E. auch für die Auslegung der GSVP; vgl. auch: Graf Kielmansegg, EuR 2006, S. 182 (S. 185).

1739 Cremona, Coherence in European Union foreign relations law, in: P. Koutrakos, European Foreign Policy (2011), S. 55 ff.; Thomas, JCMS 2012, Vol. 50, S. 457 ff.; Duke, Consistency, coherence and European Union, in: P. Koutrakos, European Foreign Policy (2011), S. 15 ff.; Portela/Raube, (In-)Coherence in EU Foreign Policy, S. 1 ff.; Tietje, EFAR 1997, S. 211 ff.; Gauttier, ELJ 2004, S. 23 ff.; Siems, Das Kohärenzgebot in der Europäischen Union, S. 21 ff.; Thomas, JCMS 2012, Vol. 40, S. 457 (S. 458 ff.); Missiroli, in: Missiroli, Coherence for Security Policy (2001), S. 4 ff.; Müller, Das Kohärenzgebot im Entwicklungsrecht der Europäischen Union, Einleitung S. 134 ff.; Hertog/Stroß, EFAR 2013, S. 373 ff.; Kruse, Der Europäische Auswärtige Dienst zwischen intergouvernementaler Koordination und supranationaler Repräsentation, S. 192 ff.; Terhechte, Europäische Verfassungsstudien, S. 349 f.

nicht geklärt[1740]. Bevor es vorliegend zu der konkreten Auslegung des Kohärenzbegriffs kommt, soll daher eine kurze Darstellung der Erörterungen und der Schlussfolgerungen der sich hierzu entwickelten rechtswissenschaftlichen Dogmatik erfolgen bzw. sollen wesentliche Ausführungen einiger Autoren zum Kohärenzbegriff dargelegt werden. Zu beachten ist dabei, dass der Kohärenzbegriff vielfältig unterschiedlich verwendet wird und es demzufolge auch zu divergierenden Regelungsgehalten kommt. Teilweise wird der Begriff ganz allgemein, ohne diesen in einen besonderen Kontext zu stellen, ausgewertet. Andere Autoren erläutern explizit das in Art. 7 AEUV enthaltene allgemeine Kohärenzgebot und wieder andere Verfasser beziehen sich auf die Kohärenz im außenpolitischen Sinne des Unionsrechts.

Zunächst wird auf *Cremer* hingewiesen, der die Kohärenz simpel als Konsistenz und gesamthafte Schlüssigkeit des Handelns der Union beschrieben hat.[1741] In diese Einfachheit der Begriffsdeutung reiht sich auch das Ergebnis von *Engbrink* ein, der die Bedeutung der Kohärenz von der lateinischen Begrifflichkeit „*cohaerentia*“ ableitet und die Kohärenz kurz und bündig als „zusammenhängend“ bezeichnet.[1742] *Portela/Raube* beschreiben den Begriff dagegen als einen verpflichtenden Grundsatz, dessen Einhaltung die Voraussetzungen für ein effektives Handeln in der Außenpolitik schafft.[1743] Die Autoren beziehen sich demnach auf die Relevanz der Kohärenz für das außenpolitische Handeln. *Tietje* leitet aus der Kohärenz ein System ab, das keine willkürlichen Elemente enthält.[1744] Dabei geht er explizit auf die GASP ein. Nach *Tietje* müssen die Grundlagen der GASP schlüssig in sich aufgebaut sein, wobei jedes Element seine Rechtfertigung aus der nächsten (rechtlichen) Ebene erhält.[1745] Da die Kohärenz nach dieser Auffassung eine Frage der Gradeinheit ist, kommt es entscheidend darauf an, dass die Elemente in diesem System viele Übereinstimmungen aufweisen – und

1740 Einen kurzen Überblick über die Schwierigkeiten des juristischen Gehalts des Kohärenzbegriffs gibt *Müller* in: Das Kohärenzgebot im Entwicklungsrecht der Europäischen Union, Einleitung, S. 141 f. (m.w.N.). Im Ergebnis spricht sich *Müller* dafür aus, dass der Kohärenzbegriff rechtliche Dimensionen enthält, weil die politischen Abstimmungen, die zur Herstellung einer Kohärenz notwendig sind, nicht außerhalb des demokratischen Rechtssystems erfolgen.

1741 Cremer, in: Calliess/Ruffert, EUV/AEUV-Kommentar, Art. 21 EUV, Rn. 13.

1742 Engbrink, Die Kohärenz des auswärtigen Handelns der Europäischen Union, S. 9.

1743 Portela/Raube, (In-)Coherence in EU Foreign Policy, S. 2.

1744 Tietje, EFAR 1997, S. 211 (S. 224), der die GASP als kohärentes System ansieht.

1745 Ibid., S. 217.

dies ist nach *Tietje* bei der GASP gerade der Fall.[1746] Hieran sich anschließend beschreibt *Pechstein* die Kohärenz als Gebot zur Herstellung von „Stimmigkeit" und Zusammenwahrung zwischen den verschiedenen betroffenen Politiken.[1747] Für ihn stellt es vor allem eine materiell-rechtliche Bindung der Akteure dar.[1748] Für *Gauttier* ist die Kohärenz nicht nur ein Prinzip der EU-Politik, sondern vielmehr ein Weg bzw. ein Mittel, um eine wirkungsvolle Balance zwischen Integration und (loyaler) Zusammenarbeit zu schaffen.[1749] Für *Siems* bedeutet die Kohärenz Widerspruchsfreiheit, die jedoch keinen absoluten Wert darstellt, sondern als relative Eigenschaft bezogen auf bestimmte Ziele zu verstehen ist.[1750] Auch *Müller* stellt u.a. darauf ab, dass die Kohärenz erst durch eine inhaltliche Zielbestimmung ihren normativen Charakter erhält und diese für die Einhaltung der horizontalen Kohärenz von entscheidender Bedeutung ist.[1751] Allerdings betont die Autorin auch, dass Konsistenz, Koordination und Komplementarität Bedingungen für die Erreichung einer Kohärenz und damit untrennbar mit der Kohärenz verbunden sind.[1752] *Schorkopf* bezieht sich bei seiner Interpretation explizit auf eine rechtliche Auslegung, nach der das Konzept der Kohärenz das konzeptionelle und inhaltliche Aufeinanderbezogensein von Rechtssätzen und Realakten ist.[1753] Es sei Ausdruck eines politischen Willens das europäische Recht mit einer rechtlich tragfähigen Dogmatik auszubauen.[1754] Einen anderen Ansatz verfolgt *Cremona*. Sie beschreibt die Auseinandersetzung mit der Kohärenz wie folgt: „*Coherence does not necessarily imply removal of differences between policies and institutional structures; rather it is about recognising the differences and ensuring that they can live together harmoniously*".[1755] Demnach

1746 Ibid.

1747 Pechstein, EuR 1995, S. 247 (S. 253); dem schließt sich *Kruse* an – Kruse, Der Europäische Auswärtige Dienst zwischen intergouvernementaler Koordination und supranationaler Repräsentation, S. 194 f.

1748 Pechstein, EuR 1995, S. 247 (S. 252).

1749 Gauttier, ELJ 2004, S. 23 (S. 41).

1750 Siems, Das Kohärenzgebot in der Europäischen Union, S. 22, 88; die Widerspruchsfreiheit im Rahmen von „consistency" wird auch von *Hertog/Stroß*, in: ders., EFAR 2013, S. 373 (S. 377 f.), gefolgert.

1751 Müller, Das Kohärenzgebot im Entwicklungsrecht der Europäischen Union, Einleitung S. 141 und S. 168.

1752 Müller, Das Kohärenzgebot im Entwicklungsrecht der Europäischen Union, Einleitung S. 158.

1753 Schorkopf, in. Grabitz/Hilf/Nettesheim, Das Recht der EU, Art. 7 AEUV, Rn. 11.

1754 Ibid., Rn. 23 f.

1755 Cremona, Hamburg Review of Social Science, Vol. 3 (2008), S. 11 ff. (S. 32).

sieht *Cremona* den Schwerpunkt in der Anerkennung von Unterschieden zwischen politischen und institutionellen Strukturen und deren Harmonisierung. Diesem anschließend beschreibt *von Arnauld* die Kohärenz als Zielbestimmung, die darauf angelegt ist eine gewisse Einheitlichkeit unter Anerkennung einer Differenz zu erreichen.[1756] Im negativen Sinne bedeute dies die Vermeidung von Widersprüchen (was primär der Politik obliegt) und im positiven Sinne fördere die Kohärenz Konsultation, Kooperation und Einigung (welche durch das Recht in geregelten Verfahrensvorschriften bereitgestellt werden kann).[1757] In diesem Zusammenhang ist auch nochmals *Müller* anzuführen, die das außenpolitische Kohärenzgebot (Art. 21 Absatz 3 Unterabsatz 2 S. 1 EUV) als positive Pflicht zur Abstimmung der relevanten Entscheidungsträger und der Bereiche des auswärtigen Handelns bezeichnet.[1758] Für *Bertea* stellt die Kohärenz einen fundamentalen, wenngleich nicht absoluten Wert für jedes rechtliche System dar.[1759] Er verdeutlicht, dass für die Kohärenz keine einzige und eindeutige Definition gilt.[1760] Um nicht die vielseitige Einsetzbarkeit der Kohärenz als wesentliches Merkmal einzuschränken, ist vielmehr auf die Mindestkriterien, die jede Art von Kohärenz aufweist, einzugehen.[1761]

Thym beschreibt die Kohärenz dahingegen wie folgt: „*See the positive complementarity of their external actions beyond the prohibition of direct contradiction*“ – wobei Letzteres zugleich „*consistency*“ bedeuten soll.[1762] Bei dieser Auslegung ist klar, dass die Auflösung von Widersprüchen im Vordergrund steht. Bei *Thomas* wird wiederum auf die Zielbestimmung für die Entwicklung von Kohärenz abgestellt. *Thomas* beschreibt die Kohärenz simpel als „*as the adoption of determinate common policies and the pursuit of those policies by EU Member States and institutions*“.[1763] Für ihn bedeutet die Kohärenz der europäischen Außenpolitik also die Annahme einer bestimmten und definierten gemeinsamen Politik und deren Verfolgung und Umsetzung durch die Mitgliedstaaten und die europäischen

---

1756 Von Arnauld, in: ders. (Hrsg.), Europäische Außenbeziehungen (EnzEuR, Bd. 10), § 1, Rn. 44.

1757 Ders.

1758 Müller, Das Kohärenzgebot im Entwicklungsrecht der Europäischen Union, Einleitung S. 145 f.

1759 Bertea, ELJ, Vol. 2 (2005), S. 154 (S. 170).

1760 Ibid., S. 160.

1761 Ibid., S. 159 f.

1762 Thym, Foreign Affairs, in: v. Bogdandy/Bast, Principles of European Constitutional Law, S. 309 (S. 340).

1763 Thomas, JCMS 2012, Vol. 50, S. 457 (S. 458).

Institutionen. Seiner Ansicht nach besteht die Kohärenz aus zwei Determinanten, nämlich der genau definierten und bestimmten Politik und deren Befolgung bzw. Unterstützung durch die Akteure der europäischen Außenpolitik.[1764] Die tatsächliche Feststellung des Kohärenzgrades bestimmt sich wiederum nach dem Verhältnis, in dem sich die zwei Determinanten gegenüberstehen, sowie weiteren externen Faktoren wie Krisen, Handel, Menschenrechte etc.[1765] Interessanterweise stellt *Thomas* fest, dass die Wahrscheinlichkeit eines hohen Grades an Kohärenz sinken kann, je strenger die gemeinsame Politik bestimmt ist.[1766] Das reiht sich in die Ansicht von u.a. *Cremona* und *Müller* ein, dass die Kohärenz eine Gradeinheit ist.

Neben den – meist marginalen – Unterschieden bei der Bestimmung des Kohärenzbegriffs kritisieren einige Autoren aber auch Aspekte, die unmittelbar mit dem Kohärenzbegriff zusammenhängen. Im Allgemeinen wird argumentiert, dass die Kohärenz allein schon an dem Faktor, dass die Außenpolitik zweigeteilt ist, scheitere. Die Aspekte, dass die Kommission für die außenpolitischen Felder außerhalb der GASP und der Hohe Vertreter wiederum „nur" für die GASP und für die GSVP zuständig ist, lassen bereits an dem Vorliegen der Kohärenz zweifeln. Wieder andere Autoren kritisieren, dass die GASP und die weiteren Außenpolitiken eben gerade von verschiedenen vertraglichen Regelungen und Bestimmungen geleitet werden, was eine Kohärenz verhindern würde. Letztere Ansicht lässt womöglich aber außer Betracht, dass die Festlegung von unterschiedlichen Verfahrensstrukturen für verschiedenartige Politikbereiche durchaus notwendig sein kann. Wie *Tietje* es zutreffend beschreibt, wohnt der GASP nämlich eine Dynamik inne, die für den Entwicklungsprozess der Europäischen Union und auch für die GASP typisch ist, die aber von vielen Kritikern außer Acht gelassen wird.[1767] Diese Kritiker bezeichnen dies dann fälschlicherweise als Inkohärenz, da sie auf den Anfangszustand beim Erlass der Maastrichter Vertrages abstellen.[1768]

Die Kritik von *Burghardt/Tebbe* an dem Kohärenzgebot schlägt einen praxisbezogeneren Weg ein. Sie beanstanden, dass viele der Mitgliedstaaten zwar vorgeben ein gemeinsames Vorgehen in der GASP zu ermöglichen, dies jedoch,

---

1764 Ibid., S. 459.
1765 Ibid., S. 460.
1766 Ibid., S. 459.
1767 Tietje, EFAR 1997, S. 211 (S. 230).
1768 Dehousse, From Community to Union, in: Dehousse, Europe after Maastricht: An ever closer Union?, S. 5 (S. 8).

ohne einen maßgeblichen einzelstaatlichen Beitrag hierzu zu erbringen.[1769] Die Mitgliedstaaten stützen sich auf ein vermeintliches gemeinsames Beschließen, wobei die wahren nationalen Hintergründe meist anders aussehen. Die Autoren führen an, dass unter solchen Umständen von einem „gemeinsamen Vorgehen" nicht die Rede sein kann.[1770] In diese Argumentation reihen sich auch die Ausführungen von *Portela/Raube* ein. Sie konstatieren, dass ein uneinheitliches Handeln der Union und ihrer Mitgliedstaaten das eigentliche Hauptziel des unionalen außenpolitischen Handelns, nämlich das effektive Handeln auf internationaler Ebene, zu dem die Mitgliedstaaten einzeln nicht fähig wären, untergräbt.[1771] Allerdings kommen die zuletzt genannten Autoren auch zu dem Entschluss, dass die Gründe für eine Inkohärenz in den verschiedenen Politikbereichen divergieren. Im Bereich des Krisenmanagements liegt eine Uneinheitlichkeit sowohl auf vertikaler Ebene als auch horizontaler Ebene zwischen den verschiedenen Unionspolitiken vor. Dagegen erkennen die Autoren im Bereich der Sanktionen den Hauptschwerpunkt der Uneinheitlichkeit auf der vertikalen Ebene, da sich die Union und die Mitgliedstaaten nicht einig werden können.[1772] Im Ergebnis verneinen die Autoren aber wiederum nicht, dass die fortschreitende Institutionalisierung und die Abgrenzung von Zuständigkeiten zwischen den Akteuren und den Politikbereichen tatsächlich auch zu einer Steigerung der Kohärenz geführt haben.[1773]

Weitere kritische Schlussfolgerungen zu dem Kohärenzgebot zieht u.a. *Pechstein* aus dem Umstand, dass die GASP im weiten Umfang nicht justiziabel ist. Laut *Pechstein* sind Widersprüche zwischen Unionsmaßnahmen in der GASP und mitgliedstaatlichen außenpolitischen Akten zwar theoretisch wegen des Gebots der vertikalen Kohärenz nicht zulässig, faktisch sind diese jedoch auf Grund des Ausschlusses des EuGH von der Kontrolle der GASP gegeben.[1774]

Ein gänzlich anderer Aspekt wird von *Missiroli* beanstandet. Dieser Autor wirft die Fragestellung auf, ob es nicht neben der vertikalen und der horizontalen Kohärenz auch eine Kohärenz gegenüber Drittstaaten geben muss.[1775] *Missiroli* stellt dabei darauf ab, dass die Kohärenz und „*Consistency*" auch ein

1769 Burghardt/Tebbe. EuR 1995, S. 1 (S. 16).
1770 Burghardt/Tebbe. EuR 1995, S. 1 (S. 16).
1771 Portela/Raube, (In-)Coherence in EU Foreign Policy, S. 4.
1772 Ibid., S. 24–25.
1773 Ibid., S. 10.
1774 Pechstein, JZ 2010, S. 425 (S. 428).
1775 So auch Portela/Raube, (In-)Coherence in EU Foreign Policy, S. 5.

Aspekt des Auftretens der Union gegenüber Drittstaaten oder in internationalen Organisationen ist.[1776] Der Autor spricht in diesem Zusammenhang von einer *inter- or cross-organisational* Kohärenz,[1777] was so viel wie die Schaffung einer politischen Kohärenz über verschiedene (internationale) Organisationen und Akteure hinaus bedeutet. Schaut man sich diesen Aspekt näher an, ist dieser Kritik aber keine übergeordnete Bedeutung zuzumessen, als es evident ist, dass eine Kohärenz immer auch gegenüber Dritten herrschen muss. Denn das einheitliche Auftreten folgt gerade gegenüber Dritten – also Drittstaaten und internationalen Organisationen. Auch von deren Anerkennung und Respekt gegenüber dem einheitlichen Handeln der Union auf dem Gebiet der GASP hängt die Wirksamkeit des außenpolitischen Handelns der Europäischen Union insgesamt ab.

Paul Craig ist der Ansicht, dass insbesondere die neuen und weitverbreiteten Bedrohungen des 21. Jahrhunderts in der intergouvernemental geprägten GASP/GSVP kaum vermeidbare zeit- und kostenintensive Auseinandersetzungen der nationalen Regierungen mit der Union verursachen. Er kritisiert, dass es trotz dieser evidenten Bedrohungen weiterhin an einer einheitlichen Einrichtung, unter deren Mantel die Akteure kooperieren und einheitlich vorgehen, fehlt und damit die Kohärenz im Ganzen gefährdet ist.[1778] Andererseits betont er, dass die Union auf bestem Wege ist, die Kohärenz zu verbessern. Er sieht insbesondere die Änderungen durch den Lissabonner Vertrag als entscheidenden Schritt hierzu an. Für ihn stellt die Bestimmung der gemeinsamen Ziele und Prinzipien in Art. 21 EUV, der durch Art. 205 AEUV bestätigt wird, für alle Bereiche des auswärtigen Handelns einen der wichtigsten Schritte in Richtung effektiver Kohärenz dar.[1779] Dennoch betont er, dass vertragliche Änderungen und Anpassungen nicht ausreichen, um eine kontinuierliche widerspruchsfreie Außenpolitik zu erreichen. Auch *van Elsuwege* ist der Ansicht, dass die Lissabonner Reformen definitiv zur Schaffung eines Mehr an Kohärenz beigetragen haben.[1780] Er betont aber, dass die Kohärenzsteigerung zugleich – paradoxerweise – die internen Auseinandersetzungen der Institutionen verschärft.[1781] Er beschreibt die Kohärenz konsequenterweise als *„reference to the positive*

1776 Missiroli, in: Missiroli, Coherence for Security Policy (2001), S. 6.
1777 Ibid.
1778 Craig, The Lisbon Treaty, S. 424.
1779 Craig, The Lisbon Treaty, S. 425.
1780 Van Elsuwege, CML Rev. 2010, S. 987 (S. 998).
1781 Ibid., der von dem Begriff *„bureaucratic power struggle"* spricht (mit Verweis auf den Begründer des Begriffs *Nuttall*).

obligation of ensuring synergy between the different elements of the EU's external action" und „*consistency*" als „*absence of contradictions between the various external policies*".[1782] *Cardwell* analysiert, ob die GASP ein „*System of governance*" ist, und kommt u.a. zu dem Ergebnis, dass die GASP schon viele Fehler gemacht hat, aber dass daraus gelernt werden kann. Seiner Ansicht nach zeigen die Fehler und die Erfolge die Schwächen und die Stärken der GASP auf.[1783]

Die vorausgegangenen Ausführungen offenbaren, wie kontrovers der Begriff der Kohärenz in der Außenpolitik der Europäischen Union diskutiert wird. Dabei überschneiden sich die beschriebenen Ansätze teilweise, aber einige führen auch Aspekte auf, die Beachtung finden sollten. Interessant ist, dass die „längerfristige Widerspruchsfreiheit" den meisten Ansichten zu der Bestimmung der Kohärenz zu entnehmen ist. Diese Erkenntnis sowie auch die übrigen Ausführungen dieses Abschnitts werden nun im folgenden Abschnitt, der sich der konkreten Auslegung des Terminus Kohärenz widmet, beachtet werden.

D. Konkrete Auslegung des Begriffs „Kohärenz"

Mit den einführenden Worten und der komprimierten Darstellung von Ansichten, die sich mit dem Kohärenzbegriff befassen, wird sich nun der konkreten Auslegung des Begriffs der Kohärenz im europarechtlichen Sinne zugewandt. Diese vollzieht sich nach den bereits dargestellten einzelnen Auslegungsmethoden, wobei eine kombinierte unionsautonome völkerrechtliche Auslegung die Grundlage dessen bildet.

1. Grammatikalische Auslegung

Ausgangspunkt jeder Auslegung, sei es nach nationalen, völkerrechtlichen oder unionsrechtlichen Gesichtspunkten, ist die grammatikalische Auslegung.[1784] Das bedeutet, dass nach dem Wortsinn der Begrifflichkeit gesucht wird.[1785] Der Sinn dieser Auslegung liegt darin, den allgemeinen Sprachgebrauch der rechtlichen Terminologie und seinen Bedeutungsinhalt zu finden.[1786] Hierbei bemisst sich der Bedeutungsinhalt im Völkerrecht wiederum an dem Sinn und Zweck

1782 Ibid., (S. 1013).
1783 Cardwell, EU External Relations, S. 49.
1784 Vgl. die obigen Ausführungen unter I. A. und vgl. u.a. Art. 31 WVK.
1785 Pechstein/Drechsler, in: Riesenhuber (Hrsg.), Europäische Methodenlehre, § 7, Rn. 17.
1786 Schroeder, JuS 2004, S. 180 (S. 182).

des Gesamtwerkes eines Vertrages, also auch an der Präambel, den Anlagen und jeder sich auf den Vertragstext beziehenden Übereinkunft.[1787] Bei der Auswertung der rechtlichen Terminologie einer unionsrechtlichen Begrifflichkeit besteht die Besonderheit, dass sich die grammatikalische Auslegung neben dem allgemeinen Sprachgebrauch auch nach dem spezifischen Sprachgebrauch der Verträge richtet, also zusätzlich ein juristischer Sprachgebrauch zugrunde gelegt wird.[1788] Dieser Auslegung anhaftend ist die Schwierigkeit, die sich aus der Mehrsprachigkeit der EU-Verträge ergibt. Art. 55 EUV folgend gibt es 24 Urschriften, die alle gleichermaßen verbindlich sind. Wegen der verschiedenen juristischen Sprachfassungen und Bedeutungen hat der EuGH (in Bezug auf die Auslegung des supranationalen Unionsrechts) entschieden, dass jeder einzelne Rechtsbegriff grundsätzlich unionsautonom und einheitlich auszulegen ist.[1789] Der EuGH vergleicht hierfür zunächst die verschiedenen Sprachfassungen des gesuchten Begriffs.[1790] Ob dies jedoch auch für Begriffe aus der GASP gilt, ist fraglich,[1791] da der Gerichtshof bekannterweise nur eingeschränkte Kompetenzen innerhalb der GASP besitzt[1792]. Aber auch bei Anwendung der völkerrechtlichen Auslegungsgrundsätze nach Art. 33 Absatz 1 WVK gilt bei verschiedenen Sprachen, dass der Text in jeder dieser Sprachen verbindlich ist. Zudem wird nach Absatz 3 vermutet, dass jeder authentische Text dieselbe Bedeutung hat. Was passiert jedoch, wenn die Bedeutung des Begriffs nicht klar ist? Im Völkerrecht gilt, dass bei einer nicht zu einem klaren Ergebnis führenden wortlautgetreuen Auslegung

---

1787 Art. 31 Absatz 1, 2 und 3 a) WVK.

1788 Vgl. Urteil des Gerichtshofs v. vom 08.04.1976, Gabrielle Defrenne gegen Société Anonym Belge de Navigation Aérienne Sabena, Rs. 43/75, Slg. 1976, 455 (ECLI:EU:C:1976:56), Rn. 28/29.

1789 Vgl. Urteil des Gerichtshofs v. 18.01.1984, EKRO B.V. Vee-En Vleeshandel gegen Produktschap voor Vee en Vlees, Rs. 327/82, Slg. 1984, 107 (ECLI:EU:C:1984:11), Rn. 11; sowie Urteil des EuGH v. 12.11.1969, Erich Stauder gegen die Stadt Ul, Sozialamt, Rs. 29/69, Slg. 1969, 424 (ECLI:EU:C:1969:57).

1790 Vgl. Urteil des Gerichtshofs v. 07.02.1985, H.B.M Abels gegen Bestuur van de Bedrijfvereinigung voor de Metaalindustrie en de Electrotechnische Industrie, Rs. 135/83, Slg. 1985, 469 (CLI:EU:C:1985:55), Rn. 11; Urteil des Gerichtshofs v. 06.10.1982, SrL C.I.L.F.I.T gegen Ministero della Sanita und Lanificio di Gavardo SpA, Rs. 283/81, Slg. 1982, 3415 (ECLI:EU:C:1982:335), Rn. 18.

1791 Konsens zum Sprachenvergleich: Cremona, Hamburg Review of Social Science, Vol. 3 (2008), S. 11–33 (S. 13); Tietje, EFAR 1997, S. 211 ff.; Calliess, in: ders./Ruffert, EUV/AEUV-Kommentar, Art. 7 AEUV, Rn. 3; Hoffmeister, Beiheft 2/2008, S. 55 (S. 59).

1792 Art. 275 Absatz 1 AEUV.

ergänzend auf die in Art. 32 WVK normierten Auslegungsmittel abzustellen ist. Im Unionsrecht gilt, dass bei Abweichung der verschiedenen Sprachfassungen voneinander die Bestimmung anhand der allgemeinen Systematik und des Zwecks der Regelung zur Erreichung einer einheitlichen Anwendung ausgelegt werden muss.[1793] Demnach wird – ähnlich wie im Völkerrecht – auch auf weitere Auslegungsmittel zurückgegriffen.

Für die folgenden Ausführungen ist nun von Relevanz, ob über den Begriff „Kohärenz" im allgemeinen Sprachgebrauch Klarheit herrscht. Sofern dies nicht der Fall sein wollte, würde die Bedeutung dieses Begriffs durch ergänzende Auslegungsmittel festgestellt werden.

Für die Ermittlung der gewöhnlichen Bedeutung eines Begriffs erscheint es zunächst sinnvoll auf ein allgemeines Nachschlagewerk, also ein Wörterbuch, zurückzugreifen. Der deutsche Duden beschreibt den Begriff der Kohärenz als Zusammenhang; Abstimmung und Koordination. Doch allein diese Bestimmung reicht evident nicht aus, um eine differenzierte und detaillierte grammatikalische Auslegung zu erreichen. Für die Auslegung einer europarechtlichen Norm sowie auch für eine völkerrechtliche Norm muss auch der Vertragstext zugrunde gelegt werden.[1794] Der Begriff der Kohärenz taucht mehrfach an Stellen des EUV (und des AEUV) auf. Zunächst ist Art. 13 Absatz 1 EUV anzuführen, der die Kohärenz als allgemeines Ziel benennt – ein Ziel, nach dem die Organe der Union ihr Verhalten zu richten haben.[1795] Da es hier aber explizit um den Bereich der GASP geht, erscheint es sinnvoll vor allem die Gesetzespassagen aus den relevanten Vertragsteilen des Titels V zu analysieren. Des Weiteren wird die Kohärenz also in Art. 21 Absatz 3 Unterabsatz 2 EUV genannt – dies sogar gleich zweimal. Zunächst wird in Satz 1 die Union als Adressat für die Einhaltung der Kohärenz zwischen den einzelnen Bereichen des auswärtigen Handelns erwähnt. Danach folgt in Satz 2 die Verpflichtung des Rates, der Kommission und des Hohen Vertreters, die in Satz 1 genannte Kohärenz sicherzustellen und

---

1793 Urteil des Gerichtshofs, v. 24.10.1996, Aannemersbedrij P.K. Kraaijeveld B.V. gegen Gedeputeerde Staten van Zuid-Holland, Rs. C-72/95, Slg. 1996, 5403 (CLI:EU:C:1996:404), Rn. 28; siehe auch: Hoffmeister, The Contribution of EU Practice to International Law, in: Cremona, Developments in EU External Law, S. 37 (S. 61).

1794 Duke, Consistency, Coherence and European Union, in: P. Koutrakos, European Foreign Policy (2011), S. 15 (16).

1795 Ein expliziter und eigener Absatz zur Kohärenz, wie es der EU-Vertrag von Nizza in Art. 3 a.F. vorsah, ist mit den Lissabonner Reformen entfallen; lediglich der AEUV-Vertrag enthält in Art. 7 ein Kohärenzgebot.

in diesem Sinne zusammenzuarbeiten. Darüber hinaus wird in Art. 24 Absatz 3 Unterabsatz 2 S. 2 EUV in Bezug auf die Union von „ihrer Wirksamkeit als kohärente Kraft in internationalen Beziehungen“ gesprochen. In Art. 26 Absatz 2 Unterabsatz 2 EUV wird noch einmal verdeutlicht, dass der Rat und der Hohe Vertreter für ein einheitliches, kohärentes und wirksames Vorgehen der Union Sorge tragen.

Aber was bedeutet Kohärenz im Sinne der europarechtlichen Verträge schlussendlich? Da das unionale Recht von vielen verschiedenen Sprachen geprägt ist,[1796] erscheint es mehr denn je sinnvoll auch andere offizielle Sprachen des Vertragstextes zu betrachten.[1797] Auch der EuGH betonte, dass das Gebot der einheitlichen Auslegung dahingehend zu verstehen ist, dass eine Begrifflichkeit im Licht ihrer Fassungen in anderen Amtssprachen ausgelegt und angewandt werden müsse.[1798] Wie bereits zuvor erwähnt, soll also bei der Ermittlung der Bedeutung der Kohärenz neben der grammatikalischen Auslegung auch die rechtsvergleichende Auslegung herangezogen werden. Dies ist insbesondere wichtig, da der Wortlaut des EU-Vertrages in der deutschen, englischen, spanischen und französischen Sprache[1799] teilweise differiert und demnach auch unterschiedliche Bedeutung haben kann[1800]. Im Englischen wird Kohärenz grundsätzlich mit *consistency*[1801] beschrieben. Der französische, spanische sowie deutsche Text benutzt den vom lateinischen Wort *„cohaerentia“* abgeleiteten Begriff *Cohérence*, *Coherencia* bzw. Kohärenz. Obwohl es das Wort Kohärenz

1796 Vgl. Art. 55 EUV, der ausführt, welche Sprachen für den Wortlaut der Verträge verbindlich sind.

1797 Vgl. auch Schroeder, JuS 2004, S. 180 (S. 185); Frenz, Handbuch Europarecht, Wirkungen und Rechtsschutz, Rn. 355; Duke, Consistency, coherence and European Union, in: P. Koutrakos, European Foreign Policy (2011), S. 15 (S. 17 f.); Engbrink, Die Kohärenz des auswärtigen Handelns der Europäischen Union, S. 8 ff.; Hertog/Stroß, EFAR 2013, S. 373 (S. 375).

1798 Urteil des Gerichtshofs v. 29.01.2009, Consiglio Nazionale degli Ingegneri gegen Ministero della Giustizia, Marco Cavallera, Rs. C-311/06, Slg. 2009, 415 (ECLI:EU:C:2009:37), Rn. 53.

1799 Auf weitere Sprachfassung wird auf Grund des Prüfungsumfangs nicht weiter eingegangen.

1800 Duke, Consistency, coherence and European Union, in: P. Koutrakos, European Foreign Policy (2011), S. 15 (S. 18); ähnlich: Wessel, The European Union's Foreign and Security Policy: A Legal Institutional Perspective, S. 297.

1801 Article 21 (3) Treaty of the European Union (TEU): „The Council and the Commission, assisted by the High Representative of the European Union for Foreign Affairs and security Policy, shall ensure that consistency and shall corporate to that effect.“

ganz allgemein auch im Englischen gibt („*coherence*"), wird an den Stellen des Vertrages, an dem der deutsche, spanische und französische Text „Kohärenz bzw. *cohérence*" benutzt, das Wort „*consistency*" eingesetzt.[1802] Nun fragt es sich, ob sich aus den verschiedenen Sprachfassungen eine Abweichung in der Bedeutung des Wortes erkennen lässt. Eine Auslegungsregel, die besagt, dass bei Divergenzen stets die Mehrheit der Sprachfassungen den Ausschlag gibt, existiert im Unionsrecht nicht.[1803] Auch kann man nicht davon ausgehen, dass die englische Sprachfassung auf Grund der „Verhandlungssprache" im Unionsrecht[1804] als vorrangig und auschlaggebend zu behandeln ist. Aber auf was kommt es nun an und welche der Varianten ist als Grundlage für die Bestimmung der Kohärenz im Sinne dieser Arbeit heranzuziehen? Der Vergleich der Sprachfassung ist nur unter weiterer Berücksichtigung von systematischen und teleologischen Argumenten möglich.[1805]

Wenden wir uns also zunächst der Abgleichung der Bedeutung der verschiedenen Sprachfassungen zu. *Consistency* wird im Oxford Dictionary mit „*degree of density or state of being consistent*" beschrieben. In der Rechtssprache wird es als „*absence of contradiction*" bezeichnet,[1806] wobei „*contradiction*" nach dem Oxford Dictionary u.a. mit „*inconsistency*" gleichgesetzt wird. Der Begriff „*coherence*" wird wie folgt erläutert: „*The quality of being logical and consistent*"; oder auch von *Gauttier* als „*establishment of synergy between these aspects*".[1807] Das Begriffsmerkmal „*consistent*" wird wiederum mit „*compatible, not contradictory*" definiert. Die französische Definition für *cohérence* lautet u.a. „*propriété de ce qui est cohérent*" – was so viel heißt wie „Beschaffenheit, die im Einklang ist". „*Cohérent*" wird wiederum als „*dont les parties, les idées sont harmonisées ou organisées de façon logique*" bezeichnet. Auch hier steht das Harmonisieren bzw. logische

1802 Van Vooren/Wessel, EU External Relations Law, Einleitung S. xxxiii; Kruse, Der Europäische Auswärtige Dienst zwischen intergouvernementaler Koordination und supranationaler Repräsentation, S. 197.

1803 Urteil des Gerichtshofs v. 02.04.1988, The Queen gegen Commissioners of Customs and Excise, Rs. C-296/95, Slg. 1998, I-01605 (ECLI: EU:C:1998:152), Rn. 36.

1804 Hoffmeister, The Contribution of EU Practice to International Law, in: Cremona, Developments in EU External Law, S. 37 (S. 62) – die Ausführungen beziehen sich auf die Schlussanträge der Frau Generalanwalt Christine Stix-Hackl v. 11. Januar 2005 im Fall Simutenkov, Rs. C-265/03, Slg. 2005, I-2581 (CLI:EU:C:2005:6), Rn. 18.

1805 Schroeder, JuS 2004, S. 180 (S. 185); Weiler, ZEuP 2010, S. 861 (S. 867).

1806 Tietje, EFAR 1997, S. 211 (S. 212); Gauttier, ELJ 2004, S. 23 (S. 26); Hoffmeister, Beiheft 2/2008, S. 55 (S. 59).

1807 Gauttier, ELJ 2004, S. 23 (S. 26).

Organisieren im Vordergrund. Der deutsche Duden beschreibt Kohärenz mit Zusammenhang; Abstimmung und Koordination.[1808] Die spanische Version bedeutet so viel wie eine logische Einheit, Verbindung, Beziehung verschiedener Sachverhalte zueinander – wobei auch die Begriffe Zusammenhalt und Zusammenhang bei der Definition von *coherencia* und *cohèsión* verwendet werden. Den beiden englischen Begriffen „*coherence*“ und „*consistency*“ ist also gemein, dass sie „*being consistent*“ innehaben, es also auf eine Übereinstimmung bzw. Widerspruchsfreiheit ankommt.[1809] „*Contradiction*“ enthält ebenso das Element der Übereinstimmung, nur eben in der gegensätzlichen Variante. In diesem Sinne kommt es auf das Fehlen von Gegensätzen an, um zur Widerspruchsfreiheit zu gelangen. Aber auch der deutsche sowie wie französische Begriff lassen auf das Merkmal der Übereinstimmung schließen. So bedeutet Abstimmung und Koordination doch zugleich auch aufeinander zuzugehen und sich auf gemeinsame Punkte zu einigen. In der französischen Begriffserläuterung wird der Bezug zur Harmonisierung sehr deutlich. Also, auch wenn der englische Wortlaut eine andere Begrifflichkeit benutzt, sind doch inhaltlich große Übereinstimmungen zwischen diesen Sprachfassungen zu finden. Im Spanischen lässt sich indes nicht so einfach ein Zusammenhang zur Abstimmung, Koordination oder Übereinstimmung schließen. Hier steht vielmehr der Zusammenhalt bzw. Zusammenhang verschiedener Sachverhalte im Vordergrund. Aber aus einem „Zusammenhang“ kann sich durchaus eine gewisse Beziehung zur Übereinstimmung finden lassen. Denn Zusammenhang begründet auch einen inhaltlichen Bezug von Sachverhalten zueinander und ein inhaltlicher Bezug kann wiederum nur mit Gemeinsamkeiten – also mit übereinstimmenden Merkmalen – geschaffen werden. Anderseits ist offensichtlich, dass die Begrifflichkeiten Kohärenz und *consistency* keinesfalls absolut identisch im engeren Sinn sind.[1810] Insbesondere der Vergleich der Begriffe als Gradeinheit verdeutlicht dies. Kohärenz kann ein Mehr oder Weniger sein, wohingegen „*consistency*“ keine Gradeinheit

---

1808 Ähnlich wie im niederländischen und im dänischen Text, die für den Begriff Kohärenz „*samenhang*“ bzw. „*sammenhæng*“ verwenden.

1809 *Consistency* lässt sich mit vielen Begriffen, von Kontinuität über Beständigkeit bis hin zur Zusammensetzung, übersetzen. Mir schien es aber, dass in dem Zusammenhang dieser Arbeit die „Übereinstimmung“ bzw. „Widerspruchsfreiheit“ die treffende Übersetzung sei; vgl. auch: Engbrink, Die Kohärenz des auswärtigen Handelns der Europäischen Union, S. 11.

1810 Tietje, EFAR 1997, S. 211 (S. 212); Missiroli, in: Missiroli, Coherence for Security Policy (2001), S. 4.

ist.[1811] Laut *Wessel* stellt Letzteres ein statisches Konzept dar.[1812] Es lässt sich aber auch erkennen, dass *„coherence“* im Englischen eine flexiblere Wortbedeutung hat als *„consistency“*.[1813] Man könnte auch so weit gehen und annehmen, dass die „Übereinstimmung“ – also *„consistency“* – von der Kohärenz umfasst ist,[1814] also als eine Art Voraussetzung für das Vorliegen einer kohärenten Politik dient. Im Endeffekt ist die Kohärenz – so wie es auch *Hillion* sieht, der die Kohärenz als *„beyond the assurance that the different policies do not legally contardict each other, (as) a quest for synergy and added value in the different component of EU policies“*, beschreibt [1815] – also ein Mehr als bloße Übereinstimmung. Diese Annahme kann zudem mit der Rechtsprechung der europäischen Gerichte untermauert werden. Im Urteil der Ersten Kammer in der Rechtssache Kommission der EG gegen Großherzogtum Luxemburg im Jahre 2005 wird in der englischen Fassung der Urteilsgründe *„consistency“* verwendet, in der deutschen Version wird an dieser Stelle „Kohärenz“ benutzt.[1816] Das englische Wort *„coherence“* wird in der deutschen Fassung mit „Einheitlichkeit“ übersetzt.[1817] Dass dies nicht nur eine versehentliche Wortverdrehung ist, lässt sich auch an weiteren Urteilen erkennen.[1818]

Bleiben wir also auf dem Standpunkt, dass Kohärenz zumindest durch Übereinstimmung erlangt werden kann und dass die Unterscheidungen in

---

1811 Ähnlich: Missiroli, in: Missiroli, Coherence for Security Policy (2001), S. 4; Van Vooren spricht der Kohärenz die Eigenschaft der Gradeinheit zu: Van Vooren, EU External Relations Law and the European Neighbourhood Policy, S. 62.

1812 Wessel, The European Union's Foreign and Security Policy: A Legal Institutional Perspective, S. 297.

1813 Cremona, Coherence in European Union foreign relations law, in: P. Koutrakos, European Foreign Policy (2011), S. 55 (S. 60).

1814 Ibid.; Cremona, Hamburg Review of Social Science, Vol. 3 (2008), S. 11 ff. (S. 14); Engbrink, Die Kohärenz des auswärtigen Handelns der Europäischen Union, S. 11.

1815 Hillion, Tous pour un, un pour tous!, in: Cremona, Developments in EU External Relations Law, S. 10 (S. 17).

1816 Vgl. Urteil des Gerichtshofs v. 02.06.2006, Kommission der Europäischen Gemeinschaften gegen das Großherzogtum Luxemburg, Rs. C-266/03, Slg. 2005, I-4805 (ECLI:EU:C:2005:341), Rn. 60.

1817 Ibid.

1818 Vgl. Urteil des Gerichtshofs v. 20.05.2010, Europäische Kommission gegen Königreich Schweden, Rs. C-246/07, Slg. 2010, I-3317 (CLI:EU:C:2010:203), Rn. 75; vgl. auch Schlussanträge der Generalanwältin J. Kokott v. 26.03.2009 in der Rs. C-13/07, Kommission der Europäischen Gemeinschaften gegen den Rat der Europäischen Union (ECLI:EU:C:2009:190), Rn. 80 und Rn. 81.

den verschiedenen Sprachfassungen als bloße Marginalien abzutun sind[1819] – zumindest in politischer und rechtswissenschaftlicher Hinsicht[1820]. Darüber hinaus sollte aber auch der dynamische Aspekt der Kohärenz nicht verachtet werden.[1821] Die flexible Natur der Kohärenz erlaubt eine – gerade in der Außenpolitik notwendige – ausgeglichenere Handhabung der Bestimmung des Vorliegens bzw. des Nichtvorliegens von kohärenten Handlungen, wohingegen die Feststellung der *Inconsistency* im strengen rechtlichen Sinne zu einer Nichtigkeitserklärung der in Frage stehenden Maßnahme führen müsste.[1822] Im Sinne eines effektiven Rechtssystems sollte dementsprechend davon ausgegangen werden, dass sich die unterschiedlichen Begriffe gegenseitig bestärken bzw. einander verstärken.[1823] Wie auch *Siems* zutreffend darlegt, werden die Begriffe nicht in einem streng dogmatischen Sinne verwendet, sie dienen vielmehr als politische Zielvorgaben.[1824] Sie dienen dazu die Bestandteile der Union miteinander in Beziehung zu setzen und Widersprüche aufzulösen.[1825] Auch hier rückt die Übereinstimmung – wenn auch im umgekehrten Sinn – in den Vordergrund. Das explizite Erwähnen der Kohärenz bzw. *Consistency* stellt in jedem Fall ein positives Gebot – und damit eine Aufforderung an die Unionsorgane sowie die weiteren außenpolitischen Akteure – dar, welches bestimmt, dass die jeweilige Politik nicht im Widerspruch mit der Politik der anderen Bereiche stehen darf und dass die Akteure zusammenarbeiten sollen, um Widersprüchen und widerstreitenden Interessen entgegenzuwirken.

2. Systematische Auslegung

Angesichts der doch noch bestehenden Abweichungen, die nicht gänzlich durch die grammatikalische Auslegung angeglichen werden können, ist für die Festlegung der Bedeutung der Kohärenz auf weitere Auslegungsmethoden einzugehen. Denn sofern die grammatikalische Auslegung zu keinen eindeutigen

---

1819 Ähnlich: Hoffmeister, Beiheft 2/2008, S. 55 (S. 60); Engbrink, Die Kohärenz des auswärtigen Handelns der Europäischen Union, S. 11 ff.

1820 Vgl. Missiroli, in: Missiroli, Coherence for Security Policy (2001), S. 4.

1821 Cremona, Hamburg Review of Social Science, Vol. 3 (2008), S. 11 ff. (S. 14); van Elsuwege, CML Rev. 2010, S. 987 (S. 1014).

1822 Wessel, The European Union's Foreign and Security Policy: A Legal Institutional Perspective, S. 297.

1823 Gauttier, ELJ 2004, S. 23 (S. 25).

1824 Siems, Das Kohärenzgebot in der Europäischen Union, S. 22.

1825 Ibid.; Wessel, The European Union's Foreign and Security Policy, S. 297.

Ergebnissen führt, sind nach weiteren anerkannten Auslegungsgrundsätzen der Sinn und die Bedeutung des Wortes zu ergründen.[1826] Das Abstellen auf weitere Auslegungsgrundsätze gilt sowohl für die Auslegung des Völkerrechts wie auch die des Unionsrechts.[1827]

Nach der systematischen Auslegung wird der auszulegende Begriff in dem Kontext seiner Bestimmung ausgelegt. Das heißt, dass die mit dem auszulegenden Begriff im Zusammenhang stehenden Normen und der Gesamtzusammenhang der Struktur des einschlägigen Gesetzes herangezogen werden, um dessen Bedeutung zu ermitteln.[1828] Ziel dieser Auslegungsmethode ist, Wertungswidersprüche zwischen einzelnen Begriffen innerhalb der einschlägigen Rechtsordnung, also im Unionsrecht innerhalb des unionalen Systems, anzupassen, um damit eine gewisse Harmonisierung zu erreichen.[1829] Die systematische Auslegung eignet sich daher insbesondere bei mehrsprachigen Verträgen.[1830] Der EuGH betont, dass die gesuchte Begrifflichkeit insbesondere im Sinne ihrer Ziele und mit ihr eingefügtem System zu betrachten ist.[1831] Daraus ist abzuleiten, dass die Funktion einer Regelung in ihrem Gesamtgefüge zu analysieren ist.

Teilweise wird diese Methode als eine die anderen Auslegungsmethoden unterstützende Methode bezeichnet, u.a. weil sie sich mit der Wortlautauslegung überschneiden kann[1832]. Anderseits kommt der systematischen Auslegung

---

1826 Vgl. hierzu Urteil des Gerichtshofs v. 07.07.1988, Alexander Moksel Import und Export GmbH und Co. Handels-KG gegen Bundesanstalt für Landwirtschaftliche Marktordnung – Rs. 55/87, Slg. 1988, 3845 (ECLI:EU:C:1988:377), Rn. 14–19 – das Urteil bezieht sich zwar nicht explizit auf die GASP, kann aber m.E. wegen Fehlen von Rspr. in diesem Bereich auch als Grundlage für die grammatikalische Auslegung im intergouvernementalen Bereich angewendet werden; vgl. auch: Frenz, Handbuch des Europarechts, Rechtsschutz und Wirkungen, Rn. 369; siehe auch: Hoffmeister, The Contribution of EU Practice to International Law, in: Cremona, Developments in EU External Law, S. 37 (S. 61).

1827 Siehe oben unter Abschnitt B., 1–3; vgl. auch Art. 31 Absatz 1 WVK.

1828 Schroeder, JuS 2004, S. 180 (S. 182); Siems, Das Kohärenzgebot in der Europäischen Union, S. 43; vgl. auch Art. 32 WVK, der den Begriff des Kontextes für die völkerrechtliche Auslegung näher konkretisiert.

1829 Frenz, Handbuch Europarecht, Wirkungen und Rechtsschutz, Rn. 387.

1830 Pechstein/Drechsler, in: Riesenhuber (Hrsg.), Europäische Methodenlehre, § 7, Rn. 48; ähnlich: Nehls, Die Auslegung mehrsprachiger völkerrechtlicher Verträge, S. 167.

1831 Urteil des Gerichtshofs v. 11.09.2008, Caffaro Srl gegen Azienda Unità Sanitaria Locale RM/C, Rs. C-265/07 (ECLI:EU:C:2008:496), Rn. 14.

1832 Schroeder, JuS 2004, S. 180 (S. 182 f.).

in der Unionsrechtsordnung eine große Bedeutung zu, da sie sich ausschließlich auf den Vertrag und seine Struktur stützt, also auf unionsrechtliche Bedingungen, ohne die Einflüsse einzelner Mitgliedstaaten konkret zu beleuchten.[1833] Kritisiert wird das systematische Auslegungsmittel wiederum, weil sich diese Methode auf die Werteordnung des unionalen Gemeinschaftsrechts bezieht, das Gemeinschaftsrecht aber durch den fortlaufenden Integrationsprozess unvollkommen und lückenhaft ist bzw. sein kann.[1834]

Nichtsdestotrotz soll sich nun der systematischen Auslegung des Kohärenzbegriffs zugewandt werden. Zunächst ist auf Art. 11 Absatz 3 EUV einzugehen, der sich auf die Beteiligung der Bürger in den Mitgliedstaaten an dem Handeln der EU bezieht und in Absatz 3 explizit ein Kohärenz- und Transparenzgebot der Kommission gegenüber der Öffentlichkeit normiert. Die Bestimmung hat zum Ziel, durch Informationspolitik und Öffentlichkeitsarbeit der Unionsorgane einen hohen Grad an Bürgerbeteiligung zu erreichen.[1835] Dieses Bestreben wird vor allem durch Transparenz, die wiederum die demokratische Legitimation des Handelns der Union unterstreicht, erreicht,[1836] so dass der Kohärenzgedanke in dieser Vorschrift in den Hintergrund gerät. Zudem steht die Bestimmung im engeren Sinne in keinerlei Zusammenhang mit der GASP. Folglich ist die Bedeutung von Art. 11 Absatz 3 EUV für die konkrete systematische Auslegung nicht von hoher Relevanz – es ist vielmehr auf andere wichtige Vorschriften einzugehen. Dem Kohärenzbegriff wird u.a. im Rahmen des AEUV ein eigener Absatz gewidmet. Unter den allgemeinen Bestimmungen normiert Art. 7 AEUV:

> *„Die Union achtet auf die Kohärenz zwischen ihrer Politik und ihren Maßnahmen in den verschiedenen Bereichen und trägt dabei unter Einhaltung des Grundsatzes der begrenzten Einzelermächtigung ihren Zielen in ihrer Gesamtheit Rechnung.“*

Aus der systematischen Stellung dieses Artikels lässt sich erkennen, dass nicht (nur) die außenpolitische Kohärenz adressiert wird, sondern sich das darin enthaltene Zielgebot auf die Unionspolitiken ganz allgemein bezieht. Das Kohärenzgebot ist also nicht auf die Außenpolitik begrenzt. Es ist vielmehr ein allumfassendes, sachgebietsübergreifendes und für alle unionalen Maßnahmen

---

1833 Pechstein/Drechsler, in: Riesenhuber (Hrsg.), Europäische Methodenlehre, § 7, Rn. 26; Mayer, in: Grabitz/Hilf/Nettesheim, Das Recht der EU, Art. 19 EUV, Rn. 53 (m.w.N.).

1834 Frenz, Handbuch Europarecht, Wirkungen und Rechtsschutz, Rn. 392.

1835 Kaufmann-Bühler, in: Lenz/Borchardt, EU-Verträge Kommentar, Art. 11 EUV, Rn. 8; Ruffert, in: Calliess/ders., EUV/AEUV-Kommentar, Art. 7 AEUV, Rn. 3.

1836 Ibid. (*Kaufmann-Bühler*).

geltendes materielles Gebot.[1837] Auch die Vertragsziele legen die Annahme einer umfassenden Ausgestaltung des Kohärenzgebots nahe, indem sie die Union und die Mitgliedstaaten zur Vertiefung der Integration verpflichten.[1838] Eine erfolgreiche Integration sollte aber weder zu Lasten der Union noch zu Lasten der Mitgliedstaaten ergehen. Folglich kann berechtigterweise argumentiert werden, dass alle Akteure auch daran interessiert sind, dass die Integration durch ein fortwährendes Zusammenwirken und durch eine gelungene Kooperation erreicht und im besten Falle auch ausgeweitet wird. Dies erfordert wiederum eine gegenseitige Rücksichtnahme und eine klare Verständigung zwischen der Union und den Mitgliedstaaten einerseits sowie unten den Mitgliedstaaten andererseits[1839] – in allen relevanten Politikbereichen. Im Bereich der Außenpolitik ist es den Mitgliedstaaten demnach insbesondere verwehrt, völkerrechtliche Pflichten zu übernehmen, die das Unionsrecht beeinträchtigen.[1840]

Da soeben festgestellt wurde, dass das Kohärenzgebot unionsumfassend für sämtliche Bereiche gilt, muss man sich zwangsläufig dem Punkt zuwenden, auf welcher Ebene diese Übereinstimmung vorliegen muss. In der einschlägigen Literatur wird zwischen horizontaler und vertikaler Kohärenz unterschieden.[1841] Dabei bezieht sich die horizontale Kohärenz auf die Kohärenzschaffung zwischen den verschieden Politikbereichen. Diese lässt sich insbesondere in Art. 21 Absatz 3 Unterabsatz 2 EUV erkennen, der bestimmt, dass „die Union auf die Kohärenz zwischen den einzelnen Bereichen ihres auswärtigen Handelns

---

1837 Von Heinegg, in: Pechstein/Nowak/Häde, Frankfurter Kommentar, Art. 21 EUV, Rn. 31; Streinz, in: ders.; Kommentar EUV/AEUV, Art. 7 AEUV, Rn. 2; vgl. auch Ex-Art. 3 Absatz 2 S. 1 EUV-Nizza, der noch explizit die Außenpolitik erwähnte. Mit Wegfall der Säulenstruktur war dies aber in der neuen Fassung des EUV nicht mehr nötig.

1838 Vgl. 1 und 13. Präambel-Erwägungsgründe „Entschlossen, … Prozess der europäischen Integration auf eine neue Stufe zu heben", „Entschlossen, den Prozess der Schaffung einer immer engeren Union der Völker Europas, …".

1839 Siems, Das Kohärenzgebot in der Europäischen Union, S. 113 f.

1840 Ibid., S. 122 – die Verfasserin spricht hier noch von dem Gemeinschaftsrecht und nicht vom Unionsrecht.

1841 Vgl. Nuttall, Consistency and the CFSP, S. 3–4; Hillion, Tous pour un, un pour tous!, in: Cremona, Developments in EU External Relations Law, S. 17; Cremona, Coherence in European Union foreign relations law, in: P. Koutrakos, European Foreign Policy (2011), S. 55 (62 ff.); Engbrink, Die Kohärenz des auswärtigen Handelns der Europäischen Union, S. 12 ff.; Frenz, Europarecht, Rn. 947; von Heinegg, in: Pechstein/Nowak/Häde, Frankfurter Kommentar, Art. 21 EUV, Rn. 31; Hertog/Stroß, EFAR 2013, S. 373 (S. 377).

sowie zwischen diesen und ihren übrigen Politikbereichen achtet“. Die (horizontale) Kohärenz verpflichtet die Unionsorgane dazu, sich davon zu überzeugen, dass ihre Maßnahmen kohärent zu den GASP-Maßnahmen sind.[1842] Art. 32 Absatz 2 S. 3 EUV spricht wiederum vom konvergenten Handeln zwischen den Mitgliedstaaten und der Europäischen Union bzw. deren Institutionen, also dem vertikalen Ansatz der Kohärenz. Diesen Feststellungen folgend lassen sich zugleich zwei Adressaten des vertikalen Kohärenzgebots erfassen.[1843] Zunächst ist die Union als Akteur zu einem kohärenten Verhalten verpflichtet. Allerdings kann Kohärenz nur erreicht werden, wenn auch der zweite Adressat, nämlich die Mitgliedstaaten zu einem kohärenten Agieren verpflichtet werden. Dass es sich bei dem Kohärenzgebot dementsprechend um eine übergreifende Verpflichtung handelt,[1844] muss schon allein wegen der Funktionsfähigkeit der Union und der GASP angenommen werden. Dagegen können Individuen keine Adressaten des Kohärenzgebots sein. Zwar können sie mittelbar von Maßnahmen der GASP betroffen sein; das Kohärenzgebot selbst verpflichtet diese jedoch nicht; auch gewährt sie kein subjektives Recht.[1845]

Die vertikale Kohärenz ist im Rahmen der GASP von entscheidender Bedeutung – möglicherweise ist ihr in dem intergouvernemental geprägten Bereich sogar mehr Bedeutung zuzumessen als in den anderen Politikbereichen der Union.[1846] Diese Annahme folgt aus dem Umstand, dass der Union im Rahmen der intergouvernemental geprägten GASP kein Exklusivitätsrecht zukommt. Umso wichtiger ist es folglich, dass das außenpolitische Handeln auf der vertikalen Ebene „in Übereinstimmung“, also kohärent, ist. Darüber hinaus ist es auch für das Auftreten auf dem internationalen Parkett von entscheidender Bedeutung, dass dies im Rahmen eines „einheitlichen Ganzen“ getan wird. Der Grundsatz, dass die Union als einheitliches und ganzes System auftreten sollte, folgt aus der Idee der vertikalen Kohärenz.[1847] Diese Einheitlichkeit wirkt sich wiederum

---

1842 Siems, Das Kohärenzgebot in der Europäischen Union, S. 87.

1843 Vgl. auch *Siems*, Das Kohärenzgebot in der Europäischen Union, S. 43.

1844 U.a. stellte *Siems* dies infrage, als der Amsterdamer Vertrag eingeführt wurde und die Gemeinschaft und die Union noch getrennte Bereiche darstellten, vgl. Siems, Das Kohärenzgebot in der Europäischen Union, S. 41 ff., vor allem S. 52 ff.; siehe auch: Hertog/Stroß, EFAR 2013, S. 373 (S. 388).

1845 Siems, Das Kohärenzgebot in der Europäischen Union, S. 188.

1846 Cremona, Coherence in European Union foreign relations law, in: P. Koutrakos, European Foreign Policy (2011), S. 55 (62).

1847 Van Elsuwege, CML Rev. 2010, S. 987 (S. 1015).

auf die internen Bereiche der Institutionen aus.[1848] Auch hier ist es von entscheidender Bedeutung, dass die Union einheitliche Ansichten vertritt und im Falle eines Kompetenzgerangels zu einem für die sich streitenden Institutionen vertretbaren Ergebnisses kommt (z.B. bei Streit um die Kompetenzgrundlage und die daraus anzuwendenden Verfahrensvorschriften).

Bei der Bestimmung der verschiedenen Ebenen, auf denen eine Kohärenz bestehen kann, ist darüber hinaus zwischen positiver und negativer Kohärenz zu unterscheiden. Positiv in dem Sinne, dass die Akteure der Außenpolitik eine einheitliche Ausführung der Außenpolitik, also der GASP, fordern – also eine übereinstimmende Übung innerhalb des Ganzen. Wobei die negative Kohärenz als Vermeidung widersprüchlichen Handeln verstanden wird[1849] – was uns zugleich an die Bedeutung von „*consistency*" der englischen Fassung erinnert, da es wieder an die Übereinstimmung bzw. Widerspruchsfreiheit anknüpft. Nach *Hillion* hängt dies unabdingbar mit der klaren Abgrenzung von Zuständigkeiten zusammen, wobei hierunter die Abgrenzung zwischen der Union und den Mitgliedstaaten, der unionalen Institutionen untereinander und die damals noch bestehende Abgrenzung zwischen Europäischer Gemeinschaft und Europäischer Union zu verstehen ist.[1850]

Die systematische Auslegung ergab, dass das Kohärenzgebot eine umfassende politische Zielvorgabe ist, die sich nicht nur auf den GASP-Bereich bezieht, sondern darüber hinausgeht. Überdies ist das Gebot auf horizontaler – zwischen den verschiedenen Politikbereichen – und vertikaler Ebene – also zwischen den hier relevanten Akteuren – zu beachten. Dabei tangiert die vertikale Kohärenz nicht nur die Außenpolitik zwischen der Union und den Mitgliedstaaten, sondern auch das Auftreten gegenüber Drittstaaten und anderen internationalen Akteuren. Konsequenterweise ist das einheitliche Auftreten auch intern, also innerhalb der einzelnen Institutionen, von entscheidender Bedeutung. Ferner ergab die systematische Auslegung, dass die Verträge die Kohärenz als positives Gebot im Sinne der Forderung einer einheitlichen Außenpolitik sowie als ein negatives Gebot in Form der Vermeidung von widersprüchlichem Verhalten definieren. Im Übrigen verstärkt die Systematik der EU-Verträge das unionsübergreifende Kohärenzgebot, indem die unionalen Vertragsziele das Kohärenzgebot explizit unterstützen.

1848 Ibid.

1849 Hillion, Tous pour un, un pour tous!, in: Cremona, Developments in EU External Relations Law, S. 10 (18).

1850 Ibid., (S. 18–23).

3. Historische Auslegung

Bei der auf historische Gegebenheiten abgestellten Auslegungsmethodik steht die Entstehungsgeschichte der Norm und des Textes im Vordergrund. Die historische Auslegung dient dazu, das vom Gesetzgeber Gesagte und Gewollte zu ermitteln. Hierbei werden die historischen Entwicklungen zum Zeitpunkt des Erlasses des Gesetzes miteinbezogen. Als Quellen der historischen Auslegung werden im Unionsrecht insbesondere Vorschläge und deren Änderungen durch die Kommission, Stellungnahmen des Europäischen Parlaments und dessen Begründungserwägungen herangezogen.[1851] Wie bereits oben erwähnt, spielt die historische Auslegung im EU-Recht jedoch nur eine untergeordnete Rolle.[1852] Denn nur dort, wo die Dokumente zum Gesetzgebungsverfahren noch vorhanden bzw. überhaupt veröffentlicht sind,[1853] kann eine historische Analyse der Vertragstexte erfolgen.[1854] Darüber hinaus ist das Unionsrecht durch einen dynamischen, sich ständig weiterentwickelnden Charakter gekennzeichnet,[1855] der eine Festlegung auf einen bestimmten historischen Zeitpunkt erschwert. Auch in der völkerrechtlichen Auslegung findet die historische Auslegung nur ergänzend statt, wenn z.B. bei multilateralen Verträgen ein Staat zu einem späteren Zeitpunkt beitritt.[1856] Nichtsdestotrotz soll hier aber ein Versuch gestartet werden, aus den vorhandenen Materialien brauchbare Ergebnisse für die historische Auslegung des Kohärenzbegriffs zu erlangen.

Das Prinzip der Kohärenz ist keine Erfindung des Lissabonner Vertrages, sondern existiert bereits seit den Anfängen der europäischen Integration.[1857] Schon

---

1851 Frenz, Handbuch der Europäischen Union, Wirkungen und Rechtsschutz, Rn. 373, auch die Erwägungsgründe spielen eine Rolle: Hobe, Europarecht, § 10, Rn. 49.

1852 Vgl. auch: Wegener, in: Calliess/Ruffert, EUV/AEUV-Kommentar, Art. 19 AEUV, Rn. 14.

1853 Es wird teilweise davon ausgegangen, dass viele Dokumente geheim gehalten werden, vgl. Biervert, Der Mißbrauch der Handlungsformen im Gemeinschaftsrecht, S. 98.

1854 Vgl. allgemein zu den Problemen der Auslegung im EU-Recht: Weiler, ZEuP 2010, S. 861 (S. 863).

1855 Frenz, Handbuch Europarecht, Wirkungen und Rechtsschutz, Rn. 381.

1856 Pechstein/Drechsler, in: Riesenhuber (Hrsg.), Europäische Methodenlehre, § 7, Rn. 52; etwas allgemeiner im Sinne, dass mehrsprachige Verträge nicht isoliert von den allgemeinen Auslegungsprinzipien im Völkerrecht interpretiert werden können und demnach auch auf die historisch-genetische Auslegung zurückzugreifen ist, siehe Nehls, Die Auslegung mehrsprachiger völkerrechtlicher Verträge, S. 190 ff.

1857 Ähnlich: Van Vooren, EU External Relations Law and the European Neighbourhood Policy, S. 59 ff.; Hertog/Stroß, EFAR 2013, S. 373 (S. 378).

die EEA adressierte das Anliegen der Schaffung einer (horizontalen) kohärenten Politik im Abschnitt über die Europäische Zusammenarbeit in der Außenpolitik. Artikel 30 Absatz 5 EEA bestimmte

> *„[D]ie auswärtigen Politiken der Europäischen Gemeinschaft und die im Rahmen der Europäischen Politischen Zusammenarbeit vereinbarten Politiken müssen kohärent sein. Es fällt unter die besondere Verantwortung der Präsidentschaft und der Kommission, in ihrem jeweiligen Zuständigkeitsbereich dafür Sorge zu tragen, daß diese Kohärenz angestrebt und aufrechterhalten wird."*

Interessanterweise verwendet der englische Text der EEA auch hier wieder „*consistency*" für den Begriff der Kohärenz (vgl. Präambel der EEA: „*and to act with consistency and solidarity*"). In Art. 30 Absatz 2 d) der EEA wird jedoch für den deutschen Begriff der „kohärenten Kraft" im Englischen „*cohesive force*" verwendet. In Art. 30 Absatz 5 und Unterabsatz 2 wird wieder von „*consistent und consistency*" (im deutschen Text von „kohärent und Kohärenz") gesprochen.

Der Vertrag von Maastricht hob das Kohärenzgebot dann auf eine andere Ebene. Zum einen wurde durch die Einbeziehung der damals noch bestehenden Zusammenarbeit in den Bereichen Justiz und Inneres (ZBJI) der Anwendungsrahmen der Kohärenz beträchtlich erweitert.[1858] Zum anderen stellte das Kohärenzgebot durch die organisatorischen und institutionellen Änderungen, die den Integrationsprozess vertiefen sollten, eine neue Qualität rechtlicher Inbezugsetzung verschiedener Elemente der Union dar.[1859] Der Maastrichter Vertrag und der folgende Vertrag von Amsterdam führten zudem neue Instrumente bzw. Handlungsformen (allgemeine Leitlinien, gemeinsame Strategien, Aktionen und Standpunkte) ein, die die Kohärenz stärken sollten.[1860] Für die Kohärenzstärkung von enormer Relevanz waren jedoch die im Rahmen der Maastrichter Reformen erfolgte Errichtung der Europäischen Gemeinschaft als Dach der Europäischen Union und die damit einhergehende Einführung eines einheitlichen Vertragswerks für sämtliche Bereiche der Europäischen Gemeinschaften.[1861] Die Union war nun endlich unter einer einheitlichen Konstruktion,[1862] die die Kohärenz endgültig festigen sollte. Mit der Übertragung der Kohärenz-Kompetenz auch

1858 Pechstein, EuR 1995, S. 247 (S. 253).
1859 Ibid.
1860 Portela/Raube, (In-)Coherence in EU Foreign Policy, S. 8.
1861 Ibid.
1862 Busse, Die völkerrechtliche Einordnung der Europäischen Union, S. 25.

auf die Kommission (und nicht mehr nur auf den Rat)[1863] sowie das Entziehen der judikativen Gewalt über EASP und PJZS findet man weitere „Maßnahmen“, die zur Kohärenzsteigerung beitragen sollten und es auch taten. Der Vertrag von Lissabon trug schlussendlich vor allem durch die Beseitigung der (Neben-)Existenz der Europäischen Gemeinschaft sowie durch die Verleihung der Rechtspersönlichkeit der EU zur Stärkung der Kohärenz bei.[1864]

Neben den historischen vertraglichen Betonungen des Prinzips der Kohärenz wurde das Gebot auch schon früh in der Rechtsprechung des Europäischen Gerichtshofs hervorgehoben.[1865] Im Laufe der Zeit trat die Diskussion um die Kohärenz auch im Bereich der Außenpolitik immer stärker in den Vordergrund.[1866] Vor allem ein internes Arbeitspapier und verschiedene Reden, die im Jahr 2000 vom ehemaligen Kommissar für Außenbeziehungen Chris Patten vorgelegt und gehalten wurden,[1867] führten zu einer umfangreichen Debatte über die Ziele, die Ansprüche und die Umsetzung der europäischen Außenpolitik.[1868] Aber so sehr sich die Union und andere Akteure auch bemühten, die Kohärenzprobleme blieben im Ergebnis bestehen.[1869] Auch die explizite und deutliche Adressierung der Kohärenz durch den mit dem Nizza-Vertrag eingeführten Art. 27a EUV, der die Grundsätze der verstärkten Zusammenarbeit beschrieb, bewirkte keine offensichtliche Steigerung der Kohärenz. Insbesondere der Umstand, dass die verstärkte Zusammenarbeit zu diesem Zeitpunkt Fragen

1863 Vgl. Art. C Absatz 2 EUV-Amsterdam und Art. 3 EUV-Maastricht, der bestimmt: „Der Rat und die Kommission sind für diese Kohärenz verantwortlich und arbeiten zu diesem Zweck zusammen“.

1864 Van Vooren, EU External Relations Law and the European Neighbourhood Policy, S. 59.

1865 Vgl. Urteil des Gerichtshofs v. 22.02.1999, Europäische Gemeinschaft für Kohle und Stahl (EGKS) gegen Acciaierie e fernere Busseni SpA in Konkurs, Rs. C-221/88, Slg. 1990, I-495 (E-CLI:EU:C:1990:84), Rn. 16 und Urteil des Gerichtshofs v. 21.02.1991, Zuckerfabrik Süderdithmarschen AG gegen Hauptzollamt Itzehoe und Zuckerfabrik Soest GmbH gegen Hauptzollamt Paderborn, Rs. 143/88 und 92/89, Slg. 1991, I-415 (ECLI:EU:C:1991:65), Rn. 18.

1866 Was sich letztendlich auch an den Änderungen des EU-Vertragstextes durch die verschiedenen Reformen erkennen lässt.

1867 U.a. Speech/00/219, Chris Patten, Mitglied der Europäischen Kommission zuständig für Außenbeziehungen, „Eine Europäische Außenpolitik: Anspruch und Wirklichkeit“, Institut Français des Relations Internationales (IFRI), Paris, 15 Juni 2000.

1868 Wobei der Begriff der Kohärenz von *Patten* nicht direkt erwähnt wurde, jedoch zwangsläufig indirekt eine große Rolle spielte.

1869 Missiroli, in: Missiroli, Coherence for Security Policy (2001), S. 2.

mit militärischen oder verteidigungspolitischen Bezügen – also der damals noch genannten ESVP – noch ausschloss, schmälerte die Kohärenzschaffung.[1870] Dies illustriert zugleich deutlich, dass die Kohärenz von Anfang gerade nicht sicherheits- und verteidigungspolitische Aspekte erfasste.[1871] Dieser Bereich musste sich erst mühsam zu einem kohärenzwürdigen Tatbestandsmerkmal entwickeln. Auch die Verflechtung einer umfassenden kohärenten Kraft gegenüber Anfragen internationaler Organisationen wie der VN und der OSZE wurde erst im Laufe der nachfolgenden Entwicklung erkannt und adressiert[1872]. Die Relevanz dieser zuletzt genannten Punkte für eine Kohärenz und damit für die Bestimmung des unionalen Kohärenzbegriffs war von Beginn an nicht bedacht. Somit sollten die zuletzt vollzogenen Reformen des Lissabonner Vertrages vor allem zur Beseitigung der in der Vergangenheit aufgedeckten Kohärenzprobleme beitragen. Es schien auch zunächst so zu sein, als ob die Komplexität der Kohärenz mit der Eingliederung des ehemals bestehenden Bereichs der polizeilichen und justiziellen Zusammenarbeit in den AEUV und damit der Aufhebung der Sonderstellung vereinfacht worden wäre. Doch ist trotz der Auflösung der insgesamten Säulenstruktur der Sonderbereich für die GASP, deren Grundbestimmungen weiterhin im EUV enthalten sind und demnach gerade nicht im AEUV mitaufgenommen wurden, aufrechterhalten worden. Zusätzlich schien die Komplexität der vertikalen Kohärenz durch die Einführung des Amtes des Hohen Vertreters zugenommen zu haben.[1873] Diese (zu diesem Zeitpunkt geltende) Schlussfolgerung folgt allein aus dem Umstand, dass der Hohe Vertreter sich – zunächst – die Außenvertretung mit der Kommission „teilen" musste.[1874] Doch die Lissabonner Reformen haben diese Bedenken aus dem Weg geräumt, indem sie dem Hohen Vertreter die Doppelhut-Funktion auferlegt haben.[1875] Ob diese Doppelhut-Funktion tatsächlich auch in der Praxis zur Kohärenzsteigerung beiträgt, bleibt zunächst dahingestellt.

Im Zwischenergebnis kann festgehalten werden, dass die historische Auslegung eine dynamische Komponente des Entwicklungsprozesses des Kohärenzgebots erkennen lässt. Die vergangenen Vertragsreformen zielten insbesondere

---

1870 Ex-Art. 27b S. 2 EUV-Nizza.

1871 Ähnlich: Missiroli, in: Missiroli, Coherence for Security Policy (2001), S. 12.

1872 Missiroli, in: Missiroli, Coherence for Security Policy (2001), S. 13.

1873 Duke, Consistency, coherence and European Union, in: P. Koutrakos, European Foreign Policy (2011), S. 15 (25).

1874 Portela/Raube, (In-)Coherence in EU Foreign Policy, S. 9.

1875 Ibid., S. 8.

darauf ab, das Kohärenzgebot stetig weiterzuentwickeln und es somit umfassender – sei es auf der vertikalen oder horizontalen Ebene – zu machen. Dass die Praxis den vertraglichen Normen nicht immer gerecht wird bzw. die Ziele der unionsrechtlichen Regelungen betreffend die Kohärenzschaffung und -steigerung tatsächlich nicht immer oder vollständig erreicht werden, stellt ein Grundsatzproblem der Anpassung der Realität an das Recht dar und hat keine unmittelbaren Auswirkungen auf die Auslegung des Kohärenzbegriffs als solchen.

4. Teleologische Auslegung

Nachdem sich dem Kohärenzbegriff im Wege der grammatikalischen, systematischen und historischen Auslegung gewidmet wurde, ist nun auf die teleologischen Komponenten des Kohärenzbegriffs einzugehen. Dabei bildet die teleologische Auslegung das Kernstück der juristischen Methodenlehre, da sie sich an der Frage orientiert, welches objektive Ziel das Gesetz, in dem die rechtliche Terminologie enthalten ist, verfolgt.[1876] Die teleologische Auslegung im supranationalen Unionsrecht versucht aber nicht nur das Ziel der einzelnen Norm zu erkennen, sondern unterstellt zugleich, dass die Norm darauf angelegt ist, allgemeingültige europarechtliche Ziele zu verwirklichen.[1877] Bei der Auslegung nach den Vertragszielen ist auf den Ist-Zeitpunkt abzustellen,[1878] d.h., dass der Entwicklungsstandard zur Zeit der Anwendung der Norm entscheidend ist. Daraus folgt aber nicht zugleich, dass der Reformprozess und die Entwicklungen in der europäischen Gesellschaft nicht zu berücksichtigen sind. Um der Dynamik des fortlaufenden Entwicklungsprozesses des europäischen Rechtssystems gerecht zu werden, ist dementsprechend in einem weiteren Schritt eine Art dynamisch-teleologische Auslegung zu vollziehen, die durch eine Verbindung von teleologischen und systematischen Argumenten geprägt

1876 Pechstein/Drechsler in: Riesenhuber (Hrsg.), Europäische Methodenlehre, § 7, Rn. 13 und 27; Hobe, Europarecht, § 10, Rn. 50.

1877 Schroeder, JuS 2004, S. 180 (S. 186).

1878 Urteil des Gerichtshofs v. 06.10.1982, SrL C.I.L.F.I.T gegen Ministero della Sanita und Lanificio di Gavardo SpA, Rs. 283/81, Slg. 1982, 3415 (ECLI:EU:C:1982:335), Rn. 20.

1879 Vgl. Siems, Das Kohärenzgebot in der Europäischen Union, S. 136; Bleckmann, NJW 1982, S. 1177 (S. 1180); Tomasic, Effet utile, S. 60–62 – dieser Autor fordert jedoch eine eigene Dimension (also wohl einen eigenen Absatz bzw. Unterpunkt) der dynamischen Auslegung; vorliegend wird diese dagegen innerhalb des Absatzes zur teleologischen Auslegung erörtert.

ist.[1879] Dieser Methode wohnt dabei eine Berücksichtigung von rechtlichen und tatsächlichen Entwicklungen inne.[1880] Auch der EuGH verweist stetig auf die Dynamik der Verträge.[1881] Zu beachten ist allerdings, dass diese dynamische Auslegung nicht gänzlich eigenständig verwendet werden kann.[1882] Sie ist vielmehr im Zusammenhang mit der vom EuGH – zusätzlich zur teleologischen Auslegung – angewendeten Suche nach dem „Geist" der Vorschrift zu sehen.[1883] Hierfür greift der EuGH auf die Argumentationsfigur des „*effet utile*", als einen unionsrechtlichen zentralen Effektivitätsgrundsatz,[1884] zurück.[1885] Ziel dieses gemeinschaftsrechtlichen Effektivitätsgrundsatzes[1886] ist es, eine möglichst wirksame Umsetzung der Vertragsziele bzw. einer Vorschrift zu erreichen[1887], um so zur optimalen Funktionsfähigkeit der Union zu verhelfen. Der Gedanke beruht vor allem auf Art. 4 Absatz 3 EUV, der den Grundsatz der loyalen Zusammenarbeit beschreibt, welcher zugleich die Forderung enthält, die Wirksamkeit des Unionsrechts sicherzustellen[1888], sowie auf dem allgemeinen Grundsatz der Schaffung einer europäischen Integration.[1889] Die Notwendigkeit hierfür folgt insbesondere daraus, dass das Unionsrecht eine Vielzahl von mehrstufigen Rechtsordnungen betrifft, die im Spannungsverhältnis zueinander stehen

1880 Tomasic, Effet utile, S. 67.

1881 Ausdrücklich in: Urteil des Gerichtshofes v. 20.01.1989, Casio gegen Oberfinanzdirektion München, Rs. 234/87, Slg. 1989, 72 (ECLI:EU:C:1989:27), Rn. 10.

1882 Tomasic, Effet utile, S. 67.

1883 Urteil des Gerichtshofs v. 05.02.1963, van Gend & Loos, Rs. 26/62, Slg. 1963, 3 (ECLI:EU:C:1963:1), S. 12.

1884 Frenz, Handbuch Europarecht, Wirkungen und Rechtsschutz, Rn. 419 ff.; vgl. u.a. auch Urteil des Gerichtshofs v. 06.10.1970, Grad gegen Finanzamt Traunstein, Rs. 9/70, Slg. 1970, 825 (E-CLI:EU:C:1970:78), Rn. 5 sowie Urteil v. 04.12.1974, Yvonne van Duyn gegen Home Office, Rs. 41/74, Slg. 1974, 1337 (ECLI:EU:C:1974:133), Rn. 12.

1885 Hier wird sich der Zuordnung des *effet utile* zur teleologischen Auslegungsmethode, die am meisten Zuspruch in der Literatur erhält, angeschlossen; vgl. Oettingen, Effet utile und individuelle Rechte im Recht der Europäischen Union, S. 17; Tomasic, Effet utile, S. 27.

1886 Oettingen, Effet utile und individuelle Rechte im Recht der Europäischen Union, S. 96.

1887 Urteil des Gerichtshofs v. 06.10.1970, Franz Grad gegen Finanzamt Traunstein, Rs. 9/70, Slg. 1970, 825 (E-CLI:EU:C:1970:78), Entscheidungsgründe Rn. 5 und 13 („Ziel […], sicherstellen, dass […] im gesamten gemeinsamen Markt angewandt wird); *Tomasic* spricht hier von der praktischen Wirksamkeit – wie es auch in der deutschen Sprachfassung vieler EuGH-Urteile heißt, Tomasic, Effet utile, S. 17 ff.

1888 Tomasic, Effet utile, S. 68.

1889 Wie es der 1. Präambel-Erwägungsgrund des EUV erläutert.

und demnach koordiniert werden müssen. Die Union ist darauf angewiesen, dass die Mitgliedstaaten das Unionsrecht befolgen;[1890] und gerade wegen des Fehlens eines eigenen Vollzugsapparats kommt dem *effet utile*-Prinzip eine herausgehobene Funktion zu.[1891] Allerdings ist in diesem Zusammenhang stets zu beachten, dass mit Hilfe des *effet utile*-Prinzips zwar eine effektive Wirkung des Unionsrechts erreicht werden soll, dieses Ziel jedoch nicht grenzenlos gilt.[1892] Der Gerichtshof ist gehalten keine unzulässige Rechtsfortbildung zu betreiben – geschweige denn neue Kompetenzen zu schaffen.

Die völkerrechtliche Auslegung unterscheidet sich in diesem Punkt nicht von der Auslegung des Europäischen Gerichtshofs, sie richtet sich genauso an den Vertragszielen aus (Art. 31 Absatz 1 WVK).[1893] Zudem ist auch im Völkerrecht eine dynamische Auslegung anzuwenden, wobei grundsätzlich auch auf einen *effet utile*-Grundsatz zur Auslegung zurückgegriffen wird.[1894] Der Internationale Gerichtshof verdeutlichte, dass Veränderungen und Entwicklungen im Rechtssystem nicht unberücksichtigt bleiben dürfen.[1895] Zu beachten ist jedoch, dass im Rahmen der völkerrechtlichen Auslegung der allgemeine Rechtsgrundsatz des „unionsrechtlichen“ *effet utile* für die Bestimmung der Sachgemäßheit nicht in der oben genannten Art angewendet werden kann.[1896] Denn eine zu weit gehende dynamische Interpretation nach dem Grundsatz, dass im Sinne der Effektivität des Unionsrechts diejenige Auslegung zu wählen ist, die dem Unionsrecht zur größtmöglichen Wirksamkeit verhilft, ist in Anbetracht der vorrangigen Kompetenz der Mitgliedstaaten nicht vertretbar. Dies würde die

1890 Tomasic, Effet utile, S. 34.

1891 Oettingen, Effet utile und individuelle Rechte im Recht der Europäischen Union, S. 178, die vor allem auf den Grundsatz der unmittelbaren Geltung des Unionsrechts abstellt (vgl. insbesondere S. 97 ff.).

1892 Busse, Die völkerrechtliche Einordnung der Europäischen Union, S. 135.

1893 Pechstein/Drechsler, in: Riesenhuber (Hrsg.), Europäische Methodenlehre, § 7, Rn. 48; Fremuth, Die Europäische Union auf dem Weg zur Supranationalität, S. 275 f.

1894 Siehe allgemein: Oettingen, Effet utile und individuelle Rechte im Recht der Europäischen Union, S. 23–45; Tomasic, Effet utile, S. 37; Nehls, Die Auslegung mehrsprachiger völkerrechtlicher Verträge, S. 47 f.

1895 Gutachten des IGH v. 21.06.1971, Namibia-Fall, I.C.J. Rep. 1971, S. 31, Rn. 53; Urteil des IGH v. 19.12.1978, Aegean Sea Continental Shelf, I.C.J. Rep. 1978, S. 33 f., Rn. 80 (hier führte das Gericht explizit aus: „the Court has to take into account of the evolution which has occured in the rules of international law“).

1896 Pechstein/Drechsler in: Riesenhuber (Hrsg.), Europäische Methodenlehre, § 7, Rn. 50; Pechstein, JZ 2010, S. 425 ff. (S. 430).

Handlungsfreiheit der Mitgliedstaaten als vertragschließende Parteien im Sinne des Völkerrechts zu weit einschränken. Infolgedessen verwendet das Völkerrecht den Grundsatz des *effet utile* in einer anderen Art und Weise, wobei sich dieser Auslegungsgrundsatz allerdings nur marginal vom unionsrechtlichen Ansatz unterscheidet. Im Völkerrecht steht die Verpflichtung zur Sinnhaftigkeit, also das Gebot, dass der Auslegungsprozess nicht zur Bedeutungslosigkeit führt und dass die Auslegung nicht in Widerspruch zu anderen Vertragsbestimmungen oder zum Vertragszweck steht, im Vordergrund.[1897] Es handelt sich also vor allem um ein Wirksamkeitsgebot, das sich aus dem Grundsatz von Treu und Glauben entwickelt hat.[1898] Der Unterschied zum unionsrechtlichen Gedanken liegt darin, dass sich der völkerrechtliche *effet utile* nicht auf die allgemeingültigen Ziele der Union bezieht,[1899] sondern auf den Zweck der einzelnen Norm abstellt bzw. auf den Zweck, den die vertragschließenden Parteien verfolgen[1900]. Im Unionsrecht muss der *effet utile* zudem für einen „Ausgleich" nicht nur zwischen den Mitgliedstaaten als „Parteien", sondern auch zwischen den verschiedenen materiellen Regelungen des nationalen Rechts der einzelnen Mitgliedstaaten sorgen.[1901] Letzteres ist im Völkerrecht nicht entscheidend. Im Übrigen kann man jedoch davon ausgehen, dass der unionsrechtliche Gedanke vom *effet utile* strukturell dem völkerrechtlichen Wirksamkeitsgebot entspricht[1902] – nur eben nicht so extensiv EU-zielorientiert.[1903] Insbesondere greift der EuGH – wie auch in der völkerrechtlichen Auslegung – erst auf diese Figur zurück, wenn mehrere Auslegungsergebnisse denkbar sind.[1904] Letztlich beruhen beide Grundsätze darauf, dass eine Grundbedingung des Rechts dessen Effektivität ist.[1905]

1897 Oettingen, Effet utile und individuelle Rechte im Recht der Europäischen Union, S. 34.

1898 Ibid., S. 43.

1899 So wie es *Tomasic* zutreffend beschreibt, dass *effet utile* als Einwirkungsanspruch des Unionsrecht zu sehen ist – Tomasic, Effet utile, S. 41.

1900 Siems, Das Kohärenzgebot in der Europäischen Union, S. 140. Die Autorin spricht in Bezug auf das Völkerrecht zutreffend von den Parteien als „Herren der Verträge". Diese Charakteristik kann aber auf die unionsrechtlichen Verträge nicht gänzlich übertragen werden, da das Unionsrecht gerade durch die Union als Rechtspersönlichkeit (damals noch die EG) geprägt ist und dies den Mitgliedstaaten im Endeffekt engere Grenzen setzt als im Völkerrecht.

1901 Tomasic, Effet utile, S. 30.

1902 Oettingen, Effet utile und individuelle Rechte im Recht der Europäischen Union, S. 54.

1903 Busse, Die völkerrechtliche Einordnung der Europäischen Union, S. 74.

1904 Oettingen, Effet utile und individuelle Rechte im Recht der Europäischen Union, S. 91.

1905 Tomasic, Effet utile, S. 2.

Im Rahmen der teleologischen Auslegung sind neben dem Ziel und Zweck der Norm auch der objektive Zweck des Rechts und die Sachgemäßheit der Regelung zur Auslegung heranzuziehen.[1906] Dabei orientiert sich die Sachgemäßheit grundsätzlich an den der Norm zugrundeliegenden Vertragszielen. Für die Analyse des Kohärenzgebots im Rahmen der GASP wäre also nach den speziellen Zielen des Titels V des EUV zu fragen, anhand deren sich die Auslegung der GASP-spezifischen Vorschriften sodann zu orientieren hat. Daneben bestimmen Art. 1–17 AEUV aber die allgemeinen Grundsätze und Zuständigkeiten der Union, die auch ausnahmslos gültig sind. Folglich ist fraglich, welche Zielvorgaben nach dem GASP-Kohärenzgebot schlussendlich zu beachten sind. Schaut man sich den Wortlaut des Art. 32 Absatz 1 EUV an, so verpflichtet er die Mitgliedstaaten zum konvergenten Verhalten, damit die Union ihre Ziele und Werte auf internationaler Ebene geltend machen kann. Hieraus kann man schließen, dass sich die Kohärenz auf die Ziele und die Werte der Union, die wiederum Grundlage für eine tragfähige Außenpolitik sind, bezieht.[1907] Nun stellt sich die Frage, auf welche Ziele und Werte sich dieser Artikel bezieht – nur auf die der Außenpolitik oder auf die des gesamten unionalen Handelns? Die triviale Antwort hierauf findet man, indem man die GASP in dem Gesamtkonzept der europäischen Politik betrachtet. Auch wenn die Kompetenz für die Außenpolitik im Ergebnis weiterhin bei den Mitgliedstaaten – zusammengefasst im Rat und im ER – liegt, so haben sich diese aber gerade zu einem übergeordneten europäischen Zweck zusammengetan. Es wäre sinnwidrig die Außenpolitik nicht auch an den Zielen und den Werten, die für das Miteinander in der Europäischen Union gelten, zu messen. In Art. 24 Absatz 3 EUV wird zudem bereits normiert, dass die Mitgliedstaaten die GASP der Union aktiv und vorbehaltlos im Geiste der Loyalität unterstützen sollen. Damit kann man davon ausgehen, dass der Regelung in Art. 32 Absatz 1 EUV keine weitere Bedeutung als der förmlichen Wiederholung zugesprochen werden kann.[1908] Im Ergebnis sind also die unionalen allgemeinen Zielbestimmungen – neben den GASP-spezifischen Zielbestimmungen – für die Auslegung der Sachgemäßheit des Kohärenzgebots von Bedeutung.

1906 Pechstein/Drechsler, in: Riesenhuber (Hrsg.), Europäische Methodenlehre, § 7, Rn. 28.

1907 Duke, Consistency, coherence and European Union, in: P. Koutrakos, European Foreign Policy (2011), S. 15 (22).

1908 Kaufmann-Bühler, in: Grabitz/Hilf/Nettesheim, Das Recht der EU, Art. 32 EUV, Rn. 10.

5. Zusammenfassung

Zunächst ist festzuhalten, dass die einzelnen oben erfolgten Auslegungsschritte in einem gemeinsamen Kontext zu sehen sind. Die Bedeutung des Kohärenzgebots lässt sich nur durch Gesamtschau aller Auslegungserkenntnisse sinnvoll erfassen, da die Auslegungsergebnisse teilweise ineinander übergreifen. Die grammatikalische Auslegung ergab u.a., dass der Begriff der Kohärenz die Forderung der Übereinstimmung enthält und ihm ein dynamischer Kontext zugrundgelegt werden muss.[1909] Im unionalen Kontext stellt das Kohärenzgebot insbesondere eine politische Zielvorgabe dar, welche die verschiedenen Unionsbereiche und die mitgliedstaatlichen Rechtsordnungen in Bezug zueinander setzen soll, um Widersprüche zwischen diesen aufzulösen.[1910] Dabei ist es unerheblich, ob man auf den deutschen Begriff der Kohärenz oder auf den englischen Begriff „*consistency*" zurückgreift. Schlussendlich gelangt man zu der Erkenntnis, dass in allen Sprachfassungen die Forderung der Auflösung von Widersprüchen durch Abstimmung steckt. Wie es auch *Pechstein* beschrieben hat, die Kohärenz wird durch die Herstellung von Stimmigkeit zwischen verschiedenen Politiken geschaffen.[1911] Die geringen Divergenzen, die zwischen den verschiedenen Sprachfassungen herrschen, sind als bloße Marginalien abzutun. Die systematische Auslegung – deren Ergebnisse auch von den teleologischen Befunden unterstützt werden – stimmt mit der Erkenntnis überein, dass das Kohärenzgebot eine umfassende politische Zielvorgabe ist, die sich nicht nur auf den GASP-Bereich bezieht. Es ist vielmehr auf horizontaler und vertikaler Ebene zu beachten. Ferner stellt es ein positives Gebot im Sinne der Forderung einer einheitlichen Außenpolitik sowie ein negatives Gebot in Form der Vermeidung von widersprüchlichem Verhalten dar. Im Übrigen verstärkt die Systematik der EU-Verträge das unionsübergreifende Kohärenzgebot, indem die unionalen Vertragsziele das Kohärenzgebot explizit unterstreichen. Im Ergebnis

---

1909 Die der Kohärenz zugrundeliegende Dynamik im Sinne der Entwicklung und der Ausweitung des Anwendungsbereichs des Kohärenzgebots wurde auch durch die historische Auslegung bestätigt – vgl. die obigen Ausführungen unter 3. Teil, Abschnitt D., 3.

1910 Vgl. auch: von Heinegg, in: Pechstein/Nowak/Häde, Frankfurter Kommentar, Art. 21 EUV, Rn. 32.

1911 Pechstein, EuR 1995, S. 247 (S. 253); im Ergebnis entspricht das auch den Feststellungen von *Cremona*, nach denen die Kohärenz die Anerkennung von Unterschieden und deren Harmonisierung erfordert (vgl. Cremona, Hamburg Review of Social Science, Vol. 3 (2008), S. 11 ff. (S. 32)).

fordert das Kohärenzgebot also ein harmonisches Ganzes im Sinne der Ausführungen von *Cremer*.[1912] Darüber hinaus wurde – vor allem im Rahmen der teleologischen Auslegung – festgestellt, dass Kohärenz nicht eine Pflicht in dem Sinne darstellt, die erfüllt oder nicht erfüllt werden kann.[1913] Kohärenz ist vielmehr eine Gradeinheit, die vorliegt, wenn ein erhöhtes Maß an Abstimmung und Gleichklang besteht (dies einhergehend mit den obig ausgeführten Erkenntnissen von *Tietje*[1914]). Darin liegt auch zugleich die Kernaussage betreffend die Definition einer Kohärenz: Durch Abstimmung, die zu einem Gleichklang führt, kann eine Kohärenz zwischen unterschiedlichen Stufen bzw. Bereichen geschaffen und aufrechterhalten werden. Die davon abzuleitende Feststellung, dass aus dem im Unionsrecht bestimmten Kohärenzgebot auch ein Abstimmungsgebot zu folgern ist, steht allerdings im Widerspruch zu der Feststellung, dass die Kohärenz keine Pflicht, sondern eine Gradeinheit ist. Gleichwohl könnte man eine entsprechende Abstimmungspflicht annehmen, sobald die Kohärenz einen gewissen hohen Grad an Einheit erreicht hat. Bejahen wir Letzteres, also das aus dem Vorhandensein einer entsprechenden Gradeinheit an Kohärenz zu folgernde Abstimmungsgebot, so kommt man jedoch zwangsläufig zu der Fragestellung, ob die für die Kohärenzbestimmung abstimmungsrelevanten Faktoren alle gleichrangig sein müssen.[1915] *Pechstein* hat dies zutreffend beschrieben, indem er darstellte, welche Politik sich welcher Politik fügen müsste, wenn es keine Gleichrangigkeit der Faktoren gäbe. Der Autor folgert, dass in Anbetracht dessen, dass die Maßnahmen nach den Vorschriften der GASP grundsätzlich zeitlich früher getroffen werden als die des (damaligen) Gemeinschaftsrechts, eine eventuelle Nachzugspflicht für die Maßnahme nach dem Gemeinschaftsrecht entsteht.[1916] Daraus könnte sich wiederum eine Art faktische hierarchische Überordnung der GASP entwickeln.[1917] Diesen Schlussfolgerungen ist jedoch entgegenzusetzen, dass sich die Mitgliedstaaten einem Großen und Ganzen – „der europäischen Identität“ – gewidmet haben, sich also dem Gegenteiligen dieser Schlussfolgerungen verpflichtet haben. Die GASP nur wegen ihrer intergouvernemental geprägten Struktur aus diesem System herauszunehmen und

1912 Vgl. oben unter 3. Teil, C.
1913 Vgl. auch Siems, Das Kohärenzgebot in der Europäischen Union, S. 88.
1914 Tietje, EFAR 1997, S. 211 (S. 217).
1915 Diese Fragestellung wurde im Rahmen der oben erfolgten Auslegung des Kohärenzbegriffs nicht berücksichtigt und soll hier nur kurz erörtert werden.
1916 Pechstein, EuR 1995, S. 247 (S. 257).
1917 Ibid.

über das jetzige Gemeinschaftsrecht zu stellen, widerspräche den Zielen einer Gemeinschaftsunion – und im Übrigen auch dem (den) Handlungsformensystem(en) der EU-Verträge. Konsequenterweise sollte ein Abstimmungsgebot nur dergestalt angenommen werden, dass sich die GASP-Organe und die Mitgliedstaaten nach dem Grundsatz der loyalen Zusammenarbeit verpflichtet haben, auf eine gemeinsame Außenpolitik hinzuwirken und ihre Aufgaben, die zur Erfüllung dieser Verpflichtung notwendig sind, zu erfüllen. Diese Verpflichtung kann sich im Einzelfall zu einem Abstimmungsgebot verdichten. In diesem Fall ist jedoch eine Überordnung der GASP abzulehnen.

Kohärenz meint also viel mehr als einheitliches Auftreten und einheitliche internationale Präsenz. Den Ausführungen von *Cremona* folgend bedeutet Kohärenz das Zusammenbringen und Abstimmen von verschiedenen Strukturen, Akteuren und Ansichten, die mit unterschiedlichen Kompetenzen versehen sind und auf verschiedenen Hierarchiestufen stehen.[1918] Indem das Kohärenzgebot die engeren Beziehungen zwischen der Union und den Mitgliedstaaten fördert, fördert es zugleich die Integration.[1919] Es stellt ein konstituierendes Merkmal für das Funktionieren der Union dar[1920] – und nur weil Kohärenz schon einmal vorlag, heißt das nicht, dass sie für immer bleibt. Die Kohärenz muss vielmehr auch gesichert werden.[1921] Allerdings enthält das Kohärenzgebot grundsätzlich keine konkrete Pflicht eine bestimmte Handlung durchzuführen,[1922] es ist vielmehr ein Gebot keine nichtabgestimmten, widersprüchlichen und kontrahierenden Handlungen vorzunehmen.[1923] Eine konkrete Pflicht könnte möglicherweise aber dann entstehen, wenn es nur eine einzige und bestimmte Handlungsmöglichkeit gibt, um dem Kohärenzgebot gerecht zu werden.[1924] In diesem Fall würde

---

1918 Cremona, Coherence in European Union foreign relations law, in: P. Koutrakos, European Foreign Policy (2011), S. 55 (S. 91).

1919 Siems, Das Kohärenzgebot in der Europäischen Union, S. 51.

1920 Pechstein, EuR 1995, S. 247 (S. 253); ähnlich: Hertog/Stroß, EFAR 2013, S. 373 (S. 376).

1921 Hillion, Tous pour un, un pour tous!, in: Cremona, Developments in EU External Relations Law, S. 10 (18).

1922 Insbesondere auch nicht gegenüber einzelnen Bürgern – das Kohärenzgebot dient alleine dem Unionsinteresse und verleiht keine Rechte an Individuen. Demnach begründet das Kohärenzgebot auch keine Pflichten gegenüber einzelnen Bürgern.

1923 Siems, Das Kohärenzgebot in der Europäischen Union, S. 89, 183.

1924 Vgl. Urteil des EuGH v. 05.05.1981, Kommission gegen Vereinigtes Königreich – Rs. 804/79, Slg. 1981, 1045 (ECLI:EU:C:1981:93), Rn. 28 – zu beachten ist, dass das Urteil nicht explizit die GASP betraf, sondern die Unvereinbarkeit einer nationalen Maßnahme mit dem EWG-Vertrag.

ein Untätigbleiben gegen das Kohärenzgebot verstoßen.[1925] Dem Kohärenzgebot wohnt auch die Annahme inne, je größer das einheitliche Auftreten unter einer gemeinsamen Zielbestimmung ist, desto effektiver und erfolgreicher ist die verfolgte Außenpolitik.[1926] Da dem Konzept der Kohärenz die Erkenntnis zugrunde liegt, dass sich Politikbereiche gegenseitig aufeinander auswirken,[1927] kann im Folgeschluss angenommen werden, dass sich ein überaus effektiver Bereich auf einen anderen Bereich auswirkt und sich damit zugleich auch die Kohärenz steigert. Ob das Verhältnis von Kohärenz und Effektivität in der Praxis tatsächlich zutrifft, ist eine andere Problematik, die hier nicht adressiert werden soll.[1928]

1925 Siems, Das Kohärenzgebot in der Europäischen Union, S. 89, S. 202.

1926 Missiroli, in: Missiroli, Coherence for Security Policy (2001), S. 2.

1927 Müller, Das Kohärenzgebot im Entwicklungsrecht der Europäischen Union, Einleitung S. 28.

1928 Für das Verhältnis Kohärenz und Effektivität siehe: Thomas, JCMS 2012, S. 457 ff.

II. Verhältnis zwischen Kohärenz und der Handlungsformenlehre

Kohärenz ist ein Phänomen, mit dem sich jede staatliche Struktur auseinandersetzen muss – jedoch weckt das Vorliegen von Inkohärenz den Eindruck, dass ein Staat oder eine (internationale) Einrichtung unzuverlässig und nicht vertrauenswürdig ist.[1929] Daraus folgernd gehen die Mitgliedstaaten und auch die Union davon aus, dass beim Vorliegen von kohärentem Handeln zugleich auch die Anerkennung auf internationaler Ebene und die Annahme eines zulässigen rechtmäßigen Handelns (im Sinne des in der Union herrschenden Prinzips der begrenzten Einzelermächtigung) erfolgen.[1930] Demnach könnte man annehmen, dass die Aussicht auf eine erfolgreiche kohärente Außenpolitik zugleich die Mitgliedstaaten dazu bewegen würde aus ihrem Lethargiestadium des Nichthandelns – in diesem Falle wohl um bloße Kompetenzverluste in der Außenpolitik zu vermeiden – zu erwachen. Dies ist aber ein Trugschluss, denn die Gefahr eines Kompetenzverlustes stellt für die Mitgliedstaaten das größere Übel im Vergleich zu einer Inkohärenz im Rahmen der unionalen GASP-Außenpolitik dar und schlussendlich bleibt die GASP ein intergouvernemental stark geprägter Bereich.

Kehren wir jedoch zu der ursprünglichen These zurück, dass Kohärenz durch Abstimmung und Gleichklang geschaffen und aufrechterhalten werden kann und stellen wir diese These in den Kontext zu der in der GASP bestehenden Handlungsformensystematisierung. Evident ist, dass durch die Schaffung von gemeinsamen Handlungsgrundlagen, wie denen der GASP-Handlungsformen, überhaupt erst die Möglichkeit zu einem messbaren gemeinsamen – widerspruchsfreien – Verhalten der Mitgliedstaaten in der GASP-Außenpolitik etabliert wird. Vor der vertraglichen Normierung von bestimmten Handlungsmöglichkeiten war die Außenpolitik – zumindest mehr als gegenwärtig – von Diplomatie und Informalität beherrscht. Die mit der Katalogisierung einhergehende Verrechtlichung dieser Außenpolitik führte zu einer Strukturierung und einer Harmonisierung der außenpolitischen Kooperation zwischen den Mitgliedstaaten bis hin zu einem gemeinsamen Handeln unter dem Schirm der Union. Unmittelbar hierzu im Zusammenhang steht die dadurch etablierte geschlossene

1929 Portela/Raube, (In-)Coherence in EU Foreign Policy, S. 17.
1930 Ibid.

völkerrechtliche Vertretung der Akteure. Ferner ermöglicht das abgestufte Verhältnis zwischen den einzelnen Handlungsformen eine aufeinander bauende Kohärenz der einzelnen Maßnahmen zueinander. Das heißt, durch das im Handlungsformenkatalog unmittelbar enthaltene hierarchische Stufenverhältnis wird – formal gesehen – ein Abstimmungsverhalten gefördert, Harmonisierung geschaffen und damit mittelbar die Kohärenz gesteigert. Indem die zu fassenden Beschlüsse auf Grundlage der zuvor festgelegten strategischen Interessen und Ziele beschlossen werden, wird ein stufenhaftes Aufeinanderbezogensein der Maßnahmen garantiert. Damit wird – wie auch *Schorkopf* zutreffend fordert – eine tragfähige Dogmatik aufgebaut, die ein konzeptionelles und inhaltliches Aufeinanderbezogensein der Rechtssätze mit dem realen Handeln begründet.[1931] Aber auch die Verknüpfung der Erfüllung von völkerrechtlichen und unionalen sowie nationalen Pflichten durch die GASP-Handlungsformen stellt einen entscheidenden Faktor für die Kohärenzschaffung und -aufrechterhaltung dar. Überdies dient das Fassen eines Beschlusses nach den GASP-Vorschriften u.a. auch der Vorbereitung von Sanktionsmaßnahmen, die evident nicht dem intergouvernemental geprägten Bereich, sondern dem vergemeinschafteten Bereich entspringen. Diese zweistufige Struktur schafft ein Verbindungselement, das der Kohärenzsteigerung zwischen den verschiedenen Politikbereichen dient. Dies wiederum zeigt die von dem Kohärenzbegriff umfasste Verknüpfung der unionalen Zielbestimmungen mit den GASP-spezifischen Zielen auf. Wie bereits erläutert, ist die Kohärenz auf allen die Außenpolitik tangierenden Ebenen und nicht nur im Bereich der Ausführung der GASP durchzusetzen. Zudem schaffen die durch die Handlungsformen vorgegebenen Maßnahmentypen ein breitgefächertes Instrumentarium, welches der Union und den Mitgliedstaaten erlaubt angemessen auf Krisen zu reagieren. Der Rat selbst betont, dass dieses breitgefächerte zivile und militärische Instrumentarium ein kohärentes Reagieren auf Krisen ermöglicht.[1932] Überdies wurde oben festgestellt, dass durch die vertragliche Normierung von Handlungsformen, in denen Wissen gespeichert wird, eine Selbstregulierung der Organe bewirkt wird. Mit diesem interinstitutionellen *Checks-and-Balances*-System wird die Grundlage dafür geschaffen, dass dieses abgestimmte Wissen die zukünftige Praxis leitet. Diese Anleitung fördert

---

1931 Schorkopf, in: Grabitz/Hilf/Nettesheim, Das Recht der EU, Art. 7 AEUV, Rn. 11.

1932 Vgl. Jahresbericht des Rates an das Europäische Parlament über die Hauptaspekte und grundlegenden Optionen der GASP (Buchstabe G Nummer 43 der Interinstitutionellen Vereinbarung vom 17. Mai 2006) – 2008 (Dokumentennr. 10665/09 vom 05.06.2009), S. 58.

wiederum ein zukünftiges abgestimmtes Verhalten. Im Übrigen sind die einzelnen Mitgliedstaaten im Wege ihrer Solidaritätspflicht dazu gehalten, ihre nationalen Außenpolitiken dem unionalen Wege anzupassen, welches im Ergebnis auch zur Kohärenz – und dies über den GASP-Bereich hinaus – beiträgt.

Abschließend ist festzuhalten, dass Kohärenz durch Abstimmung und Gleichklang geschaffen und aufrechterhalten werden kann. Diese Abstimmung kann insbesondere durch den bestehenden Handlungsformenkatalog erreicht werden. Die im Titel V des EUV aufgestellte Systematisierung schafft die Grundlagen für ein abgestimmtes Verhalten und trägt damit zum Gleichklang zwischen den Ansichten der Mitgliedstaaten und somit – im Idealfall – zu einer handlungsfähigeren Union in der Außenpolitik und damit zu einer allgemeinen Kohärenz bei.

Vierter Teil: Schlussfolgerungen, englischsprachige Zusammenfassung und abschließende Stellungnahme

I. Schlussfolgerungen insgesamt

Die Arbeit hatte sich zum Ziel gesetzt, die Handlungsfähigkeit der Union innerhalb des intergouvernemental geprägten Bereichs der GASP zu bewerten. Dabei ging es nicht um eine politikwissenschaftliche Auseinandersetzung mit dieser Außenpolitik, sondern um die Eruierung der Funktionen des politikspezifischen Handlungsformensystems des Titels V des EUV. Für die Beurteilung dessen musste sich zunächst vergegenwärtigt werden, dass die Außenpolitik grundsätzlich von Diplomatie und Informalität geprägt ist und die Systematisierung dieser Praxis in einen Maßnahmenkatalog – also das Normieren von strengen Handlungsvoraussetzungen – den außenpolitischen Akteuren des intergouvernemental geprägten Bereichs unbekannt war und auch teilweise noch ist.

Erster Teil: Das Auswärtige Handeln der Europäischen Union

Inhaltlich begann die Dissertation mit der Darstellung der Grundlagen der GASP mit ihrem Teilbereich der GSVP. Es war für die darauffolgenden Ausführungen notwendig zumindest überblicksartig auf die grundlegenden Elemente der europäischen Außenpolitik einzugehen. Neben der Darstellung der Ziele, der Grundlagen und der Entwicklung sowie der Akteure und der Handlungsformen im Rahmen des GASP und des GSVP-Bereichs fanden sich im ersten Teil der Arbeit vor allem auch relevante Ausführungen zu dem Umfang der GASP und den durchaus konfliktträchtigen Abgrenzungsschwierigkeiten zu der vergemeinschafteten Unionsaußenpolitik. In diesem Zusammenhang wurde festgestellt, dass eine präzise Abgrenzung der GASP von den übrigen unionseigenen außenpolitischen Bereichen auf Grund der allgemeingültigen Zielbestimmungen des Art. 21 EUV nicht trennscharf möglich ist und damit zugleich der Umfang nicht konkret bestimmt werden kann. Es konnte jedoch erkannt werden, dass sich der der GASP innewohnende Begriff des Auswärtigen auf eine Politik außerhalb der Territorien der Mitgliedstaaten richtet. Diese Erkenntnis konnte auch durch Bezugnahme auf den im deutschen Grundgesetz verwendeten Begriff der auswärtigen Gewalt gewonnen werden. Evident ist auch, dass sich die GASP mehr als die unionseigenen Außenpolitiken auf die Verteidigung und die Sicherung des internationalen Friedens bezieht – womit zugleich Parallelen zu dem Terminus der öffentlichen Gewalt im Sinne des deutschen Verfassungsrechts aufgezeigt werden konnten. Deutlich wurde darüber hinaus, dass die

Ausführung der GASP nicht in die fundamentalen staatlichen Bereiche, d.h. den Kernbereich der staatlichen Grundstrukturen und des Staatsterritoriums der Mitgliedstaaten eingreifen darf sowie – offenkundig – nicht die Handlungsfelder der supranationalen Unionspolitiken erfassen darf. Gleichwohl wurde festgestellt, dass bei einer „Nichtoffensichtlichkeit" des Tangierens von vergemeinschafteten Außenpolitiken (und natürlich auch umgekehrt) wieder die Gefahr der Kompetenzübertretung besteht, die wiederum die unter Teil 1 dargestellten Abgrenzungsproblematiken aufkeimen lässt. Die dazu erfolgten Ausführungen verdeutlichten, dass die GASP ein politisches Feld darstellt, dessen Abgrenzung zu anderen Bereichen, wenn überhaupt, anhand jedes Einzelfalls in der Praxis zu vollziehen ist – wobei für die Abgrenzung auf die bekannten, von der Rechtsprechung entwickelten Grundsätze zurückzugreifen ist. Mit dieser Feststellung war natürlich einer allgemeinen Bestimmung des Umfangs der GASP nicht geholfen. Bleibt es bei der Ansicht der Mitgliedstaaten, wäre eine Abgrenzung wohl auch gar nicht nötig, denn nach ihrer Sicht haben sie die volle Kontrolle über den Umfang der GASP. Aber das politisch Gewollte entbindet eben nicht von der dogmatisch notwendigen Bestimmung des Umfangs der GASP. Zumindest kann aber behauptet werden, dass trotz des von den Mitgliedstaaten bewusst weitgefassten Umfangs der GASP dieser noch Raum für die Union lässt, sich auf dem internationalen Parkett ein „außenpolitisches Gesicht" zu verschaffen, wobei die Union sogar selbst die Grundlagen und die Regeln festlegt. Zudem, ungeachtet der intergouvernementalen Ausgestaltung der GASP verfolgen die Mitgliedstaaten das gemeinsame Interesse des geschlossenen Auftretens unter dem Schirm der Union.[1933] Die Eventualität des Abdriftens einzelner Mitgliedstaaten, die versuchen ihre nationalen Interessen den weiteren Mitgliedstaaten als (Zwischen-)Ziele schmackhaft zu machen, wird durch die Verpflichtung, ihr Handeln an den unionsrechtlichen Zielen auszurichten, relativiert. Auch wenn im Rahmen der GASP keine Sanktionsmechanismen bestehen, ist der politische Druck ein nicht zu unterschätzendes Mittel des Antriebs und der Disziplin für die Ausführung dieser Politik. Im Übrigen muss auch die Union die nationalen Außenpolitiken beachten, denn die Union würde sich ein Eigentor schießen, wenn sie die nationale Diplomatie unbeachtet ließ und eine – nämlich nur ihre – Außenpolitik vollziehen würde.[1934] Die vorangegangenen Ausführungen verdeutlichen demnach, dass sämtliche Akteure aufeinander angewiesen sind, sich aber zugleich auch aufeinander verlassen können müssen. Dieses

1933 Zumindest den allgemeinen Zielbestimmungen des Art. 21 EUV folgend.
1934 Ähnliche Schlussfolgerung: Haratsch, EuR 2016, S. 131 (S. 132).

Aufeinanderangewiesensein und die notwendige Verlässlichkeit implizieren zudem, dass eine konkrete und passgenaue Abgrenzung zwischen nationaler, unionaler und GASP-bezogener Außenpolitik realitätsfern ist. Zieht man dann noch in Betracht, mit wie vielen weiteren internationalen und regionalen Akteuren die Union und die Mitgliedstaaten – und dies nicht nur im GASP-Bereich, sondern auch in den weiteren vergemeinschafteten Außenpolitikbereichen – kooperieren, scheint die rechtliche Fixierung von Handlungsmöglichkeiten im Sinne eines Handlungsformenkatalogs unausweichlich. Dementsprechend, die Abgrenzungsschwierigkeiten jedoch ungeachtet, haben sich die Mitgliedstaaten darauf geeinigt, für den Bereich der GASP gesonderte Handlungsformen zur Verfügung zu stellen, die ausschließlich zur Ausführung dieser Politik und nicht für die vergemeinschafteten Politikbereiche verwendet werden dürfen. Der Dynamik der Außenpolitik entsprechend befinden sich diese Handlungsformen seit den frühen Anfängen der GASP im stetigen Wandel. Die vertraglich fixierten Handlungsformen wurden teilweise umbenannt, um weitere ergänzt oder aber bestimmte Maßnahmentypen wieder abgeschafft. Sämtliche Vertragsreformen – und zuletzt auch die mit den Lissabonner Reformen einhergegangenen Änderungen – stellten Bemühungen dar, das spezifische Handlungsformensystem effektiver zu gestalten und damit die Handlungsfähigkeit der Union in der GASP zu verbessern. Dennoch bleibt es in der Praxis nicht aus, dass weiterhin diplomatische und informelle Maßnahmen – also atypische Maßnahmen – von den außenpolitischen Akteuren gefasst werden. Die im Rahmen dieser Arbeit erfolgte empirische Analyse hat just bestätigt, dass ein immenser Anteil an *sui generis*-Handlungen in der Praxis vorliegt. Folglich stellte sich vorliegend die Frage, ob ein Handlungsformensystem für den Bereich der GASP überhaupt sinnvoll ist.

Zweiter Teil: Kohärenz durch Handlungsformen in der GASP?

Eine fundierte Stellungnahme zu der Sinnhaftigkeit eines Handlungsformensystems konnte jedoch nur erfolgen, indem zunächst die klassische Handlungsformenlehre und deren Funktionen dargestellt wurden. Denn nur auf Grund der Eruierung ihrer Leistungen konnte eine sinnvolle Vergleichsgrundlage für den Maßnahmenkatalog des GASP-Bereichs geschaffen werden. Folglich wurde sich im zweiten Teil der Arbeit mit der rechtsförmlichen Bedeutung der Handlungsformen im klassischen – nationalen – Bereich und innerhalb der Unionsrechtsordnung sowie der GASP auseinandergesetzt. Einleitend wurde der Begriff der Handlungsform analysiert und wurden dessen grundlegende Elemente, die u.a.

in der deutschen Verwaltungsrechtswissenschaft liegen, dargestellt. Es wurden die formale Identität, das Rechtsregime, der Wirkungsmodus, das Gültigkeitsregime und der Kontrollmodus beleuchtet, wobei konstatiert wurde, dass das Zusammenwirken dieser Elemente die Existenz einer Handlungsform begründet und zugleich auch bestimmte Funktionen wie die des Rechtsschutzes für Bürger und des Ausdrucks der Gewaltenteilung vermittelt. Dabei war die Ermittlung dieser Funktionen Schüsselpunkt dieser Teilausführungen. Denn die gewonnenen Erkenntnisse stellten das Fundament für den darauffolgenden Vergleich zu den Funktionen dar, die im Rahmen des bestehenden Handlungsformenkatalogs für den Bereich der GASP im weiteren Verlauf eruiert wurden. Aber nicht nur der GASP-Bereich wurde beleuchtet; vorweg wurde auch auf das unionale System und dessen Bedürfnis für eine angepasste, d.h. von der klassischen Verwaltungslehre leicht divergierende, Handlungsformenlehre eingegangen. Dabei konnte als Zwischenergebnis festgehalten werden, dass im Unionsrecht ein beträchtliches Bedürfnis nach der Systematisierung im Sinne der klassischen Handlungsformenlehre besteht, allerdings die traditionellen Vorstellungen im Lichte der Besonderheiten des Unionsrechts anzupassen sind. Teilweise bedarf es der Loslösung von nationalen Vorbildern der verwaltungsrechtlichen Handlungsformenlehre, im Übrigen kann aber auf die bekannten Funktionen dieser Lehre zurückgegriffen werden. Der wohl elementarste Unterschied – neben der Entkopplung von Handlungsform und Rechtsschutz – zwischen der klassischen Handlungsformenlehre und der unionalen Handlungsformenlehre ist, dass das Unionsrecht nicht zwischen legislativer und exekutiver Gewalt differenziert. Dagegen stellt die Handlungsform in der klassischen Handlungsformenlehre das traditionelle Element der Exekutive dar. Auch wurde festgestellt, dass das unionale System im Gegensatz zu dem nationalen Rechtssystem keine eindeutige Hierarchie zwischen Erlassorganen oder den verschiedenen Handlungsformen aufweist. Eine weitere wesentliche Abweichung besteht in der fehlenden Zuweisung von Kompetenzen im Handlungsformenkatalog des Art. 288 AEUV selber, also der Entkopplung der Handlungsform von der Kompetenz. Die Kompetenzbestimmung obliegt vielmehr dem Primärrecht selbst und das Verwenden der unionalen Handlungsformen setzt das Bestehen der Kompetenz zum Handeln überhaupt erst voraus. Das wiederum zeigte die enge Verstrickung mit dem Prinzip der begrenzten Einzelermächtigung auf, welches im Ergebnis dafür verantwortlich ist, dass die unionalen Organe existieren und mit Handlungsbefugnissen ausgestattet sind. Aus der Kompetenzentkopplung folgt weiterhin auch das grundsätzliche Vorliegen eines Ermessens der unionalen Organe bei der Wahl der in Betracht kommenden Handlungsformen, welches dem nationalen Recht wiederum fremd ist. Im Rahmen des Unionsrechts beruht die Zuordnung der zu fassenden Maßnahme zu einer der normierten Handlungsformen auf der bewussten Entscheidung des Organs. Dagegen basiert die klassische Handlungsformenlehre auf der Idee, dass die Qualifizierung dessen der Judikative obliegt. Aus der Abspaltung der Kompetenz von der Handlungsform folgt überdies, dass die unionalen Handlungsformen sektorübergreifend, also für das gesamte Unionsrecht anwendbar sind. Diese umfassende Anwendungsmöglichkeit ist dem nationalen Recht hingegen fremd. Im deutschen Verwaltungsrecht etwa stehen die verschiedenen Handlungsformen nur bestimmten Bereichen und bestimmten Hoheitsträgern zu. Dies ist logische Folge der im nationalen Kontext geltenden Verknüpfung der Kompetenz mit der Handlungsform. Eine weitere entscheidende Distinktion zu der klassischen Handlungsformenlehre, die hier erörtert wurde, liegt darin, dass das Unionsrecht die Gültigkeitsanforderungen an die Handlungsformen überwiegend als formenneutral ausgestaltet hat, was zugleich auch zu einer der klassischen Handlungsformenlehre unbekannten Entlastung der Handlungsformen geführt hat – die unionalen Handlungsformen müssen mithin nicht über die entsprechenden Prüfungsmaßstäbe entscheiden. Als Konsequenz der bestehenden Entkopplung von Handlungsform und Rechtsschutz muss das unionale System auf andere relevante Kriterien für die Differenzierung als Handlungsform abstellen. Dabei kommt vor allem den von einer Handlungsform ausgehenden Wirkungen und dem Adressatenkreis der Handlungsform Bedeutung zu. Zuletzt ist festgestellt worden, dass das unionale System für die Entwicklung neuer Handlungsformen grundsätzlich offen ist. Es enthält keinen *numerus clausus*, welches wiederum für die nationalen Rechtsordnungen typisch ist. Trotz der Offenheit und der Entwicklungsfreudigkeit des unionalen Handlungsformensystems sind die Erwartungen an die Rationalität und Kohärenz etwas zu drosseln und ist insofern nicht in jeder atypischen Maßnahme eine neu zu etablierende Handlungsform zu sehen.

Mit der soeben erfolgten kurzen Darstellung der unionsrechtlichen Besonderheiten bei Zugrundelegung einer Struktur nach Vorbild der klassischen Handlungsformenlehre wurde der Weg für das Verständnis einer noch weitreichender angepassten Handlungsformenlehre für den politikspezifischen Bereich der GASP geebnet. Im Rahmen der sodann erfolgten Ausführungen wurde u.a. festgestellt, dass sich der Bereich der GASP allgemein für die Systematisierung durch eine Handlungsformenlehre eignet. Die Charakteristik der GASP spricht generell nicht gegen die Anwendung solcher Grundsätze. Ein Rückgriff auf die Elemente der traditionellen Handlungsformenlehre – unter Beachtung der unionalen Ausprägungen und GASP-spezifischen Besonderheiten – erscheint sogar durchaus sinnvoll. Denn die unionalen Außenbeziehungen stellen praktisch gesehen eine Fortsetzung interner Politiken der Mitgliedstaaten dar, die auf

Grund der für die Implementierung zur Verfügung stehenden administrativen Strukturen mit dem nationalen Verwaltungsrecht vergleichbar sind. Elementare Schlussfolgerung daraus ist, dass Maßnahmen der GASP selbstverständlich einer normativen Grundlage sowie rechtlich verpflichtender Grenzen bedürfen. Das Verhalten der Akteure im Bereich dieser Politik darf nicht in einem rechtsfreien Raum ausgeübt werden. Es bedarf, wie bei dem übrigen unionalen Handeln, einer normativen Legitimationsgrundlage, deren Anforderungen sich die einzelnen Maßnahmen stellen und die sie erfüllen müssen. Auch erfordert es ein systematisiertes Schema mit einheitlichen Maßstäben, auf Grund dessen die Praxis der GASP standardisiert und zugleich vorhersehbar gemacht wird. Diese Vorhersehbarkeit kommt dabei Außenstehenden genauso zu Gute wie den Akteuren der GASP selbst. Für Letztere ist insbesondere entscheidend, dass sie sich – wie auch im übrigen Unionsrecht – darauf verlassen können, dass andere Organe sich an die in der GASP geltenden „Spielregeln" halten. Denn die Eigenverantwortlichkeit der GASP-Akteure und die Effektivität des Handelns müssen in ein Gleichgewicht gebracht werden, welches wiederum zur Legitimierung und Akzeptanz dieses Handelns führt. Hierzu sind Elemente und Parameter, die die Grundlagen für eine hinreichende Legitimität aufstellen, unerlässlich. Folglich bedürfen die Maßnahmen der GASP – inklusive der Handlungen der GSVP – wie auch traditionelle Handlungsformen rechtsordnungsbezogener Parameter, die dem Verhalten der GASP-Organe eine Stellung im unionalen System zuweisen. Das heißt, es muss zunächst die Feststellung getroffen werden, dass das Verhalten eine Maßnahme aus dem GASP-Bereich, also dem auswärtigen Handeln der Union, darstellt. Damit wird die Handlungsform zugleich dem notwendigen Gültigkeitsregime, welches die von der Handlungsform ausgehenden Rechtswirkungen legitimiert, zugeordnet. Diese Legitimierung erfolgt dabei anhand der im Unionsrecht feststehenden Grundsätze und Elemente, so dass auch die GASP-Handlungsformenlehre – ganz im Sinne der klassischen Handlungsformenlehre – durch Rechtmäßigkeits- und Wirksamkeitsanforderungen geprägt ist. Die Kriterien der Rechtmäßigkeit ergeben sich wiederum aus dem Rechtsregime. Dabei ist das für die GASP relevante Rechtsregime durch eine Dreidimensionalität geprägt – durch das Unionsrecht, das Völkerrecht und das nationale Recht der Mitgliedstaaten.

Es wurde aber auch eruiert, dass gewisse Aspekte der klassischen Handlungsformenlehre nicht auf die GASP übertragen werden können. Dem klassischen Ziel der Schaffung des Rechtsschutzes ist in der GASP keine besondere Bedeutung zuzumessen, da es an der unmittelbaren Wirkung der Maßnahmen fehlt und eine Entkoppelung der Handlungsform vom Rechtsschutz normiert ist. Überdies, wie auch im übrigen Unionsrecht, erfährt der klassische

Gewaltenteilungsansatz im Sinne einer Abgrenzung zwischen Legislative und Exekutive kaum Ausprägung. Allerdings schmälert das Nichtvorliegen dieser klassischen Funktionen nicht die generelle Übertragbarkeit der Handlungsformenlehre auf die GASP. Ganz im Gegenteil, die Vorteile, die sich aus der Etablierung eines systematischen Grundschemas ergeben, welches sich an normativen Strukturen orientiert und das politische Handeln ordnet sowie im besten Falle auch vorhersehbar macht, überwiegen. Erfreulich ist darüber hinaus, dass im Rahmen der Analyse sogar weitere Funktionen des GASP-spezifischen Handlungsformensystems erkannt werden, die der klassischen Lehre fremd sind. Wegen der GASP-gebietsbezogenen Sonderentwicklungen liegt der Fokus der Leistungstauglichkeit der Systematisierung aber weniger in der Normierung von feststehenden Rechtsfolgen als in der Bündelung typischer Erscheinungsformen der eigentlichen GASP-Praxis. Aus dieser Erkenntnis soll jedoch nicht geschlussfolgert werden, dass die Normierung von Rechtsfolgen im Rahmen der GASP-Handlungsformen völlig außer Acht gelassen wird. Ganz im Gegenteil, den Zielsetzungen der klassischen Handlungsformenlehre – Ordnungsleistung, Speicherleistung, Orientierungsleistung und Entlastungsleistungen – wird in der GASP eine entscheidende Bedeutung zugemessen und diese Zielsetzungen beeinflussen gleichermaßen die Bestimmung der Rechtsfolgen (bzw. umgekehrt). Dabei ist den zugewiesenen Rechtsfolgen aber eben nicht die Relevanz für den Rechtsschutz zuzusprechen, wie es im klassischen Bereich der Fall ist. Denn das Rechtsschutzsystem, das sich vorrangig nach dem Schutz von Betroffenen richtet, erhält in der Außenpolitik gerade nicht ein solches Gewicht. Es geht in der Außenpolitik – und damit auch in der GASP – eben nicht um Individuen, die ihre Klagebegehren durchsetzen wollen. In der klassischen Außenpolitik steht der Bürger nicht im Vordergrund. Es handelt sich weitestgehend um politisches Verhalten. Auch ist zu beachten, dass es sich bei der GASP um einen intergouvernemental geprägten Bereich handelt, in dem der Union keine solchen Kompetenzen übertragen wurden, wie es in den übrigen vergemeinschafteten Bereichen der Fall ist. In den vergemeinschafteten Unionsbereichen hat die Justiziabilität infolgedessen eine hohe Bedeutung – diejenige, dass trotz Kompetenzübertragung eine Kontrolle gegeben und gesichert ist. Im Rahmen der GASP wird die Politik durch die Vertreter der Mitgliedstaaten in den entsprechenden Organen geleitet. Es handelt sich um eine Art fortgesetzter interner Außenpolitiken.

Die eingeschränkte Rechtsschutzfunktion ungeachtet konnten der GASP-spezifischen Handlungsformenlehre aber noch weitere sinnvolle Funktionen abgewonnen werden. Von äußerster Relevanz ist die durch die Systematisierung ermöglichte Identifizierung des handelnden Organs, auf Grund dessen zugleich die Zuweisung zu einem bestimmten Entstehungsprozess innerhalb des Titels V des EUV, also innerhalb der Unionsrechtsordnung, ermöglicht wird. Dabei stellt diese Funktion eine besondere Ausprägung des Gewaltenteilungsgrundsatzes dar. Im Recht der Mitgliedstaaten zeigen die Handlungsformen die klassisch bestehende Gewaltenteilung zwischen der Exekutive, der Legislative und der Judikative auf. Für die GASP ist auf Grund der fehlenden Abgrenzung zwischen legislativen und exekutiven Normen evident, dass diesem Aspekt nicht die Beachtung geschenkt werden kann, die er im nationalen Recht erhält. Dennoch äußert sich der Gewaltenteilungsaspekt in den GASP-Handlungsformen in einer interinstitutionellen und externen Variante, nämlich der internen Abgrenzung der Zuständigkeiten zwischen dem ER und dem Rat zu der Kommission und dem Parlament sowie „äußerlich" zwischen dem unionalen GASP-Handeln zu dem unilateralen Handeln der Mitgliedstaaten. Mit dieser speziellen Funktion wird zugleich deutlich, dass die Handlungsformen des Titels V auch zu einer Kompetenzabgrenzung und -eingrenzung führen. Zwar legen die Handlungsformen die Kompetenzen selbst nicht fest (Stichwort „Entlastung der Handlungsformen"), doch zeigt die Wahl der in Art. 21, 25 ff. EUV genannten Handlungsformen, dass die Instrumente des Art. 288 AEUV ausgeschlossen sind und dass weder die Kommission noch das Parlament Hoheitsrechte in diesem Bereich ausüben können. Daneben legen die politikspezifischen Handlungsformen bestimmte Verfahrensarten fest, die nur im Titel V des EUV zur Anwendung kommen. Das politische und informelle Handeln wird dadurch in strukturierte Bahnen gelenkt, was zur Rechtssicherheit und Rechtsklarheit dieses Bereichs beiträgt. Als weiterer spezieller Ausdruck der Gewaltenteilung werden in der GASP – im Gegensatz zu dem übrigen unionalen Recht – interinstitutionelle hierarchische Ebenen installiert. Unter anderem wird dem ER die Stellung als oberstes Entscheidungsorgan im Bereich der GASP zugewiesen. Auch wird eine den vergemeinschafteten Unionsbereichen unbekannte operative hierarchische Ebene durch die Abgrenzung der Kompetenzbereiche zwischen dem ER und dem Rat zur Kommission und zum Parlament geschaffen. Aus der durch die Handlungsformenkategorisierung folgenden Festlegung der interinstitutionellen Hoheit des ER lässt sich zudem ein interinstitutionelles Balancesystem erkennen, in dem der ER als oberstes Entscheidungsorgan des GASP-Bereichs auch ohne echte Sanktionsmöglichkeiten die Außenpolitik des Titels V des EUV lenkt und überwacht. Mit dieser Überwachungsfunktion geht die Funktion der Selbstregulierung der Organe einher. Das in den Handlungsformen gespeicherte Wissen und die Erfahrung der vergangenen Praxis leiten und kontrollieren das Handeln der GASP-Akteure. Darüber hinaus dienen die Handlungsformen im weiten Sinne auch der Etablierung von langfristigen Strukturen. Indem die Handlungsformen so ausgestaltet sind, dass sie aufeinander aufbauen, bzw. die erlassenen Handlungsformen erfordern, dass sich die Organe nach einem bestimmten Zeitablauf erneut mit den beschlossenen Maßnahmen auseinandersetzen und gegebenenfalls Folgemaßnahmen beschließen müssen, wird ein stringentes Muster geschaffen. Dabei ist die durch die Handlungsformensystematisierung erfolgte Festlegung von Konkretheitsstufen zwischen den verschiedenen Maßnahmen nach Art. 21, 25 ff. EUV für die Etablierung dieser langfristigen Strukturen durchaus förderlich. Gegebenenfalls lassen sich aus einer bereits erlassenen konkreten Aktion Rückschlüsse auf zukünftige Folgemaßnahmen ziehen. Diese Möglichkeit verknüpft mit dem in den Handlungsformen gespeicherten Wissen und der Erwartung der Organe an ihr eigenes Handeln bzw. an das Handeln des anderen Akteurs kann durchaus zur Beständigkeit der GASP beitragen. Im Ergebnis führt die vertragliche Fixierung von GASP-spezifischen Handlungsformen damit auch zu einer Verfestigung der Organqualität. Denn die Organe sind an die vertraglich normierten, den Handlungsformen zugeordneten Verfahrensvorschriften gebunden. Dass nun auch der ER als Organ der Union vertraglich aufgezählt wird, verstärkt die Funktion der Verfestigung der Organstruktur in der GASP zudem. Im Übrigen sind die Organe durch die in den Handlungsformen immanente Fähigkeit, sich innerhalb ihrer Kompetenzen selbst zu regulieren, dazu befähigt, spezielle Unterorgane zu bilden, was zusätzlich zu der Verfestigung der Organqualität beiträgt. Schlussendlich trägt diese mit der Handlungsformensystematisierung einhergehende Funktion wiederum zur Rechtssicherheit und Rechtsklarheit bei. Mit der Selbstregulierung der Organe und der Verfestigung der Organqualität geht mittelbar eine weitere Funktion, nämlich die der Informationsgewinnung, einher. Durch das Bestehen des intergouvernemental geprägten Teils der Außenpolitik mit eigenen Organen und der Kompetenz zur Schaffung von speziellen Organen und Funktionsträgern wird ein gewisses Spezialwissen erzeugt, welches sich auf den Bereich der GASP konzentriert. Bevor es zu einem gemeinsamen Vorgehen kommt, wird sich innerhalb der passenden Gremien ausgetauscht. Vor allem im Bereich der GSVP kommt dem militärischen Expertenwissen eine enorme Bedeutung zu.

Auch konnte festgestellt werden, dass allein aus dem Bestehen von vertraglich fixierten Handlungsformen die Erwartung des Einsatzes dieser Mittel zur Umsetzung der GASP folgt. Die Erwartung geht dabei von den Mitgliedstaaten und Außenstehenden bis hin zu den unionalen Organen selbst aus. Dabei antizipiert das GASP-spezifische Handlungsformensystem, dass das zuständige Organ die Wahl der Handlungsform trifft. Insofern erfolgt auch eine Art Autoqualifizierung durch die Wahl der entsprechenden Form, wobei die Wahl der Handlungsform in dem entsprechenden Beschluss benannt wird.

Folgt man im Übrigen der Ansicht, dass die Handlungsform in einem Stufenverhältnis zur Rechtsform steht, so wird durch die GASP-spezifische Systematisierung zugleich auch eine Abgrenzung zu dieser, also der Rechtsform, geschaffen und aufgezeigt, dass die Handlungsform in dem Rechtsrahmen zu fassen ist, an den die Rechtsform gebunden ist. Durch die Schaffung der gesonderten GASP-Handlungsformen wird überdies aufgezeigt, dass die Union mit der Kompetenz ausgestattet ist – in den Grenzen des unionsrechtlich Zulässigen – ein eigenes politikspezifisches Handlungsinstrumentarium zu schaffen, welches das außenpolitische Handeln effektiv steuert. Im Ergebnis führt diese Fähigkeit – unabhängig von der Abgrenzung zur Rechtsform – auch zu einer Effektivitätssteigerung des unionalen außenpolitischen Handelns. Die Union kann folglich flexibel auf ein breites Spektrum an bestehenden Instrumenten zurückgreifen und gegebenenfalls auch neue Handlungsformen entwickeln.

Im Rahmen der hier erfolgten Ausführung konnte also im Zwischenergebnis festgehalten werden, dass die eruierten Funktionen des GASP-Handlungsformenkatalogs zur Strukturierung des gesamten Kooperationsmechanismus beitragen. Neben der Überwachung der Rechtsordnung durch das interinstitutionelle Balancesystem wird das außenpolitische Handeln der Mitgliedstaaten harmonisiert. Völkerrechtliche Pflichten werden im Rahmen des unionalen gemeinsamen Vorgehens der GASP umgesetzt und es wird eine geschlossene völkerrechtliche Vertretung ermöglicht. Mittelbar wird auch der Einfluss des nationalen Verfassungsstaats der Mitgliedstaaten geschmälert, da das unilaterale einzelstaatliche Vorgehen durch eine Kooperation auf europäischer (und internationaler) Ebene ersetzt wird. Diese Kooperation erfordert wiederum einen gewissen Grad an Reorganisation der nationalen Strukturen. Die GASP-spezifischen Handlungsformen erlauben zwar ein Handlungswahlrecht der Mitgliedstaaten bei der Umsetzung der Maßnahmen, doch begründen sie gleichermaßen Handlungspflichten für diese. Neben der Strukturierung des gesamten Kooperationsmechanismus wird mit der Festlegung von gesonderten Handlungsformen zugleich aufgezeigt, dass die Union dem Anspruch einer Rechtsgemeinschaft gerecht wird. Denn die Herausarbeitung von politikspezifischen Handlungsformen (bzw. Rechtsformen) mit anknüpfenden Regeln geht einher mit der Ausdifferenzierung als rechtsstaatliches Gebilde und dient zugleich der Abgrenzung der Union zu internationalen Organisationen. Die geschaffenen Kompetenzen erlauben der Union – nicht nur innerhalb der GASP – ihre eigenen Rechtsregeln für das Sekundärrecht zu entwickeln. Dabei verhelfen diese Instrumente der Union die Praxis zu formalisieren und die bestehende diplomatische Informalität transparenter und zumindest etwas glaubwürdiger zu machen. Auch die Erlangung der Völkerrechtssubjektivität trägt zur Verfestigung der Stellung der Union bei, da diese nun selbst völkerrechtlich handelt und damit auch eine Haftungsadressierung, die bei der bestehenden Akteursvielfalt in der GASP durchaus wünschenswert ist, ermöglicht. Im Übrigen könnte auch erkannt werden, dass die Schaffung der GASP-Handlungsformen der Union ein Mittel in die Hand gibt, um auf die Fortbildung des Völkergewohnheitsrechts Einfluss zu nehmen und gegebenenfalls sogar diesen Entwicklungsprozess durch Bündelung der verschiedenen Interessen und Eindämmung der Pluralität zu beschleunigen. Vergegenwärtigt man sich nun noch einmal die gesamten hier eruierten Funktionen des spezifischen Handlungsformenkatalogs, so wird deutlich, dass sie – nicht nur zusammen, sondern auch einzeln – die Rechtsklarheit und die Rechtssicherheit der GASP und auch der unionalen Außenpolitik offenkundig fördern.

Nachdem die Übertragbarkeit – in politikspezifisch angepasster Form – von Elementen der klassischen Handlungsformenlehre auf den GASP-Bereich bejaht und die sinnvollen Funktionen der bestehenden Handlungsformenkategorisierung eruiert wurden, folgte die empirische Analyse von 147 bereits beschlossenen GASP-Maßnahmen. Die Ergebnisse dieser – quantitativen – Analyse verlangten auf Grund der u.a. festgestellten Intransparenz und immensen Anzahl von *sui generis*-Maßnahmen ein kritisches Betrachten der bestehenden Systematisierung. Demzufolge wurde eine Neukategorisierung nach inhaltlich abstrakten Themenbereichen erwogen. Allerdings offenbarte die darauffolgende Auseinandersetzung mit der aufgestellten Neukategorisierung und dem Vergleich zu dem aktuellen Maßnahmensystem nicht nur Vorzüge. Obwohl die Neukategorisierung nach inhaltlichen Bereichen zunächst die Lösung für die Handlungsformenproliferation zu geben schien und zugleich die Problematiken mit den *sui generis*-Maßnahmen zu lösen scheinen mochte, stellte sich im Anschluss heraus, dass die Vorteile der bestehenden Systematisierung überwiegen und die Neukategorisierung folglich abzulehnen ist. Nichtsdestotrotz ist die erfolgte Darstellung der inhaltlichen Abgrenzung als Kategorien für einen neuen Maßnahmenkatalog für die Rechtsdogmatik von Relevanz, denn daraus lassen sich eben die Gründe für die Beibehaltung der gegebenen Strukturen des Titels V EUV erschließen. Auch wenn im Bereich der GASP nicht der Grad an Transparenz und Konkretheit erreicht wird, die der Rechtsdogmatik aus der klassischen Verwaltungslehre bekannt ist, ist dies in Anbetracht der politischen und hoch diplomatischen Strukturen der GASP in Kauf zu nehmen. Im Ergebnis wird das Handeln innerhalb der GASP durch die vorgegebenen Strukturen systematisiert und vorhersehbar gemacht, was schlussendlich zur Rechtssicherheit und Rechtsklarheit für diesen Bereich und damit auch für das gesamte unionale System beiträgt.

Dritter Teil: Kohärenz und Handlungsformenlehre

Im dritten Teil der Arbeit wurde sich mit dem Begriff der Kohärenz und dessen Bedeutung auseinandergesetzt. Seine Relevanz für die hier erfolgten Ausführungen lässt sich daraus ableiten, dass er die Grundlage eines einheitlichen europäischen Rechts, die einheitliche Anwendung der Regeln und Normen, die für den Zusammenhalt der Gemeinschaft entscheidend sind, bildet – und Kohärenz schafft eine Einheitlichkeit. Folglich taucht der Kohärenzbegriff in den Verträgen mehrfach auf. Um den Sinngehalt der Kohärenz für die Anwendung des EU-Rechts und damit auch die Umsetzung von GASP-Normen zu ermitteln, bedurfte es allerdings vorab der Auslegung des Terminus Kohärenz. Dabei stellte sich die Frage, nach welcher Methode der Begriff auszulegen war – auf Grund der Einbettung der GASP in das unionale Gebilde war einerseits an eine europarechtsbezogene Auslegung zu denken, anderseits kam wegen der intergouvernemental geprägten Struktur die Auslegung nach völkerrechtlichen Grundsätzen in Betracht. Nach der Darstellung der verschiedenen Ansätze und der Feststellung einer Sinnhaftigkeit der Kombination der Auslegungsmethoden wurde sich im Ergebnis für eine (kombinierte) angepasste unionskonforme Auslegung der GASP-spezifischen Begriffe – und damit auch des Kohärenzbegriffs – ausgesprochen. Weder die völkerrechtlichen Auslegungsgrundsätze noch die unionsrechtlichen Auslegungsmittel alleine können dem souveränitätsempfindlichen Bereich der GASP und dessen Sonderstellung in der Unionsrechtsordnung gerecht werden. Auch die nun erlangte Völkerrechtssubjektivität der Union soll nichts an der kombinierten Auslegungsmethode ändern; denn der Union mag nun eine eigenständige GASP-Zuständigkeit zugesprochen werden, doch bleibt es evident, dass die Mitgliedstaaten weiterhin Hauptakteur in diesem Bereich sind. Die Union hat die Mitgliedstaaten nicht verdrängt und wird sie auch zukünftig nicht verdrängen.

Im Folgenden wurde dann die Bedeutung des Begriffs Kohärenz unter Anwendung einer kombinierten Auslegungsmethode ermittelt, wobei u.a. auf die verschiedenen Sprachfassungen eingegangen und auf bereits bestehende Literaturmeinungen zurückgegriffen wurde. Eine Gesamtschau ergab schlussendlich, dass der Begriff die Forderung der Übereinstimmung enthält und in einem dynamischen Kontext – also als Gradeinheit – gesehen werden muss. Die politische Zielvorgabe soll die verschiedenen Unionsbereiche und mitgliedstaatlichen Rechtsordnungen in Bezug zueinander setzen, um Widersprüche zwischen diesen aufzulösen. Dabei wird die Kohärenz durch Abstimmung auf horizontaler und vertikaler Ebene erreicht. Ferner stellt es ein positives Gebot im Sinne der Forderung einer einheitlichen Außenpolitik sowie ein negatives

Gebot in Form der Vermeidung von widersprüchlichem Verhalten dar. Demnach bedeutet Kohärenz viel mehr als einheitliches Auftreten und einheitliche internationale Präsenz. Indem das Kohärenzgebot die engeren Beziehungen zwischen der Union und den Mitgliedstaaten fördert, fördert es zugleich die Integration. Es stellt ein konstituierendes Merkmal für das Funktionieren der Union dar – und nur weil Kohärenz schon einmal vorlag, heißt das nicht, dass diese bleibt. Die Kohärenz muss vielmehr auch gesichert werden. Allerdings enthält das Kohärenzgebot grundsätzlich keine konkrete Pflicht eine bestimmte Handlung vorzunehmen, es ist vielmehr ein Gebot keine nichtabgestimmten, widersprüchlichen und kontrahierenden Handlungen vorzunehmen. Eine konkrete Pflicht könnte nur dann (und auch nur möglicherweise) entstehen, wenn es lediglich eine einzige und bestimmte Handlungsmöglichkeit gibt, um dem Kohärenzgebot gerecht zu werden. Dem Kohärenzgebot wohnt auch die Annahme inne, je größer das einheitliche Auftreten unter einer gemeinsamen Zielbestimmung ist, desto effektiver und erfolgreicher ist die verfolgte Außenpolitik. Da dem Konzept der Kohärenz die Erkenntnis zugrunde liegt, dass sich Politikbereiche gegenseitig aufeinander auswirken, kann im Folgeschluss angenommen werden, dass sich ein überaus effektiver Bereich auf einen anderen Bereich auswirkt und damit zugleich auch dessen und die allgemeine Kohärenz steigert. Ob das Verhältnis von Kohärenz und Effektivität in der Praxis tatsächlich zutrifft, ist eine andere Fragestellung, die hier nicht adressiert wurde.

Evident ist auch, dass Kohärenz ein Phänomen ist, mit dem sich jede staatliche Struktur auseinandersetzen muss. Denn insbesondere das Vorliegen von Inkohärenz erweckt schnell den Eindruck, dass ein Staat oder eine (internationale) Einrichtung unzuverlässig und nicht vertrauenswürdig ist. Daraus folgernd gehen die Mitgliedstaaten und auch die Union wohl davon aus, dass beim Vorliegen von kohärentem Handeln zugleich auch die Anerkennung auf internationaler Ebene erfolgt und die Annahme eines zulässigen rechtmäßigen Handelns entsteht. Nichtsdestotrotz scheint die Aussicht auf eine erfolgreiche kohärente Außenpolitik wohl nicht derartig von Gewicht zu sein, dass die Mitgliedstaaten aus ihrem Lethargiestadium des Nichthandelns erwachen. Die Gefahr eines Kompetenzverlustes scheint für die Mitgliedstaaten das größere Übel im Vergleich zu einer Inkohärenz im Rahmen der unionalen GASP-Außenpolitik zu sein und folglich bleibt die GASP ein intergouvernemental geprägter Bereich.

Nach der Erörterung des Kerngehalts der Kohärenz für die Ausführung der GASP wurde das Gebot in den Kontext zu der in der GASP bestehenden Handlungsformensystematisierung gestellt. Dabei fiel augenscheinlich auf, dass durch die Schaffung von gemeinsamen Handlungsgrundlagen, wie denen der GASP-Handlungsformen, überhaupt erst die Möglichkeit zu einem messbaren gemeinsamen – widerspruchsfreien – Verhalten der Mitgliedstaaten in der GASP-Außenpolitik etabliert wird. Vor der vertraglichen Normierung von bestimmten Handlungsmöglichkeiten war die Außenpolitik – zumindest mehr als gegenwärtig – von Diplomatie und Informalität beherrscht. Die mit der Katalogisierung einhergehende Verrechtlichung dieser Außenpolitik führte zu einer Strukturierung und einer Harmonisierung der außenpolitischen Kooperation zwischen den Mitgliedstaaten bis hin zu einem gemeinsamen Handeln unter dem Schirm der Union; wobei unmittelbar hierzu die dadurch etablierte geschlossene völkerrechtliche Vertretung steht. Es wurde ferner festgestellt, dass das abgestufte Verhältnis zwischen den einzelnen Handlungsformen eine aufeinander bauende Kohärenz der einzelnen Maßnahmen zueinander herstellt. Das heißt, durch das im Handlungsformenkatalog unmittelbar enthaltene hierarchische Stufenverhältnis wird – formal gesehen – ein Abstimmungsverhalten gefördert, Harmonisierung geschaffen und damit mittelbar die Kohärenz gesteigert. Indem die zu fassenden Beschlüsse auf Grundlage der zuvor festgelegten strategischen Interessen und Ziele gefasst werden, wird ein stufenhaftes Aufeinanderbezogensein der Maßnahmen garantiert und eine tragfähige Dogmatik aufgebaut. Auch wurde ermittelt, dass die Verknüpfung der Erfüllung von völkerrechtlichen und unionalen sowie nationalen Pflichten durch die GASP-Handlungsformen einen entscheidenden Faktor für die Kohärenzschaffung und -aufrechterhaltung darstellt. Die zweistufige Struktur, nach der das Fassen eines Beschlusses nach den GASP-Vorschriften u.a. der Vorbereitung von Sanktionsmaßnahmen in dem vergemeinschafteten Bereich dient, schafft ein Verbindungselement, das der Kohärenzsteigerung zwischen den verschiedenen Politikbereichen dient. Dies wurde wiederum durch die von dem Kohärenzbegriff umfasste Verknüpfung der unionalen Zielbestimmungen mit den GASP-spezifischen Zielbestimmungen untermauert. Daneben schaffen die Handlungsformen ein breitgefächertes Instrumentarium, welches der Union und den Mitgliedstaaten ermöglicht, angemessen auf Krisen zu reagieren. Die mit der vertraglichen Normierung von Handlungsformen einhergehende Wissensspeicherung bewirkt zudem eine Selbstregulierung der Organe, mit der auch die zukünftige Organpraxis, insbesondere durch die einhergehende Abstimmungsnotwendigkeit, geleitet wird. Im Übrigen sind die einzelnen Mitgliedstaaten im Wege ihrer Solidaritätspflicht dazu gehalten, ihre nationalen Außenpolitiken dem unionalen Weg anzupassen, was im Ergebnis auch zur Kohärenz – und dies über den GASP-Bereich hinaus – beiträgt. Schlussendlich wurde festgehalten, dass eine Kohärenz durch Abstimmung und Gleichklang geschaffen und aufrechterhalten werden kann und dass diese Abstimmung insbesondere durch den bestehenden Handlungsformenkatalog erreicht wird. Abschließend ist zu resümieren, dass die im Titel V des EUV aufgestellte Systematisierung die Grundlagen für ein abgestimmtes Verhalten schafft und damit zum Gleichklang zwischen den Ansichten der Mitgliedstaaten und somit – im Idealfall – zu einer in der Außenpolitik handlungsfähigeren Union und damit zur Kohärenz beiträgt.

II. Englischsprachige Zusammenfassung (*Summary*)

The work assessed the Union's ability to conduct its foreign policy in the realm of the intergovernmental-coined Common Foreign and Security Policy (**CFSP**) effectively and coherently from a legal perspective and independently from the political context inherent to foreign policy. The herein-contained examination concentrated on a legal analysis of the specific functions endowed in the CFSP legal instruments as defined in Title V of the Treaty on European Union (**TEU**). Bearing in mind that foreign policy is generally dominated by diplomacy and informality, the definition of specific legal instruments along with the stipulation of stringent procedural obligations for the conduct of foreign policy within the framework of the TEU has been in the past (and partially still is) alien to the foreign-policy actors.

First Part: The Foreign Policy of the European Union

To enable the reader a common understanding of the Union's foreign policy as such, it was necessary to begin the thesis with an introduction on the fundamentals of the CFSP, including elaborations on the basic elements of its sub-area, the Common Security and Defence Policy (**CSDP**). The introductory chapter not only illustrated the specific aims and goals of the CFSP but also summarised its historical development, which dates back to the beginning of the EU trade negotiations in the 1950s. In addition, the relevant actors and instruments of the specific policy area were addressed by the author. Moreover, by seeking a definitive determination of the scope of the CFSP, the author was inevitably beheld to analyse the demarcation of the CFSP from other areas of the foreign policy conducted under the Union's umbrella – a delimitation that appears to be highly conflictual. In this context, it was concluded by the author that a precise demarcation of the CFSP from the community law–governed areas is not possible. This was in particular illustrated by the fact that Article 21 EUV determined common goals being applicable to all areas of European foreign policy. However, the author was able to ascertain parameters which at least helped to define the scope of the CFSP to a certain extent. One of the demarcation parameters could be found in the CFSP's main character of being "external". This led to the conclusion that the scope of the CFSP is inevitably linked to being conducted outside the territories of the member states. This inference was in turn supported by interpreting and referring to the term Foreign Power (*auswärtige Gewalt*) according to the German Constitution, which also contains the element of "being conducted outside of national territory". Moreover, by assessing the systematics of the provisions dealing with the foreign policy conducted in the CFSP, it became apparent that the CFSP aims more than other community policy areas at safeguarding international peace and at providing defence. This conclusion was supported by the meaning of public power (*öffentliche Gewalt*) in the sense of German constitutional law. In addition, taking the intergovernmental structure of the CFSP into account, it became evident that member states would not allow the conduct of the CFSP to per se prevail over their fundamental national interests, such as national identity, fundamental governmental structures and state territory. Accordingly, the author drew the inference that the scope of the CFSP may not encompass these fields. Last but not least, the author pointed out that the CFSP policy evidently may not cover domains captured by the Union's supranational policies – yet, a differentiation which in reality is hardly viable. Consequently, the first chapter discussed the demarcation issues in detail, and it was revealed that even if the implementation of CFSP measures clearly appears not to conflict with the community law–governed foreign policy areas (and *vice versa*), overlapping competence issues between CFSP and community governed policies remain (which in turn give rise to these delimitation problems). The author ultimately concluded that the demarcation is highly controversial and may only – if at all – be conquered by a single-approach method and by taking relevant case law of the European courts into account. Surely, this conclusion did not help to determine the definitive scope of the CFSP – which actually is most likely preferred by certain member states considering that the member states regard themselves as having the power over the intergovernmental foreign policy area and thus also discretion over the (in)definite scope of CFSP. However, the political desire of such member states does not eliminate the necessity of taking a dogmatic approach in determining the scope of CFSP, and hence the first chapter attempted to shed light on this topic from a legal perspective.

Following the inferences drawn during the assessment of the first part of the thesis, the author found it reasonable to conclude that the CFSP definitely leaves room for the Union to strengthen its international posture and to show face on the international scene while conducting foreign policy in spite of the extensive scope of the intergovernmental-coined CFSP. After all the Union has the competence to establish principles and to define specific rules and procedures for the conduct of its own foreign policy, in particular for the distinct area of the CFSP. Emphasis should also be made to the pursuit of the member states to conduct a united and common approach of CFSP under the umbrella of the Union, which ultimately can be seen as a recognition of the Union as a true foreign policy player besides the member states. Also, the eventuality of a member state drifting away from the common approach and desiring to follow its own national interests is diminished by the fact that the member states have politically committed themselves to adapt their national policies to the Union's policy. Through this political commitment, the member states obliged themselves to loyalty and mutual solidarity (not only) in the conduct of the external policy of the Union, but under the whole European regime. Ultimately, they must support the role of the Union on the international scene. Moreover, though the CFSP lacks proper sanction mechanisms, the effect of political pressure among these players should not be underestimated. Political pressure – as an inherent part of the political commitment – can be a decisive resource for the drive and overall discipline of a member state to conduct and implement an effective foreign policy under CFSP.

Nevertheless, not only the member states carry the burden for the effective conduct of CFSP, but also the Union itself, which is in turn – more than possibly expected – dependent on the action of the member states. On the one hand, it is evident that not acknowledging the member states' diplomacy when pursuing its (the Union's) goals in the conduct of CFSP would obviously impede an effective foreign policy. Consequently, the Union's foreign policies have to be aligned to a certain extent with the national external policies of the member states. On the other hand, the interaction between the member states and the Union illustrates their interdependence on each other and ipso facto their dependability on each other when implementing the CFSP (as well as foreign policy in general and other community law–governed policies). These entanglements, in turn, underpin that a precise and custom-fit demarcation between national foreign policy, community law–governed foreign policy and CFSP foreign policy is in reality hardly viable. Taking these findings into account, the author concluded that an effective common foreign policy actually demands clear political structures and the stipulation of precise instruments – a prerequisite which could only be formed through the stipulation of a legal framework customised to fit the peculiarities of the CFSP. The author also stressed that not only the political environment and the interaction between the Union and the member states but also the cooperation with other international players, such as third-party countries and international organisations, called for the legal formalisation of the CFSP. It was ascertained that the statutory formalisation of the CFSP practice would be a decisive factor for any (further) success of a common foreign policy conducted under the umbrella of the Union.

Fortunately, the Union and the member states finally agreed on specific legal instruments for the conduct of the CFSP – and this is in spite of the existing demarcation issues and the ongoing prevailing informal political environment of foreign policy. Given the character of intergovernmental cooperation of the CFSP, the instruments contained in Title V of the TEU are of unique nature and are by no means to be adopted in common policies. Noteworthy is also that these instruments are – unlike the instruments as defined in Article 288 of the Treaty on the Functioning of the European Union (**TFEU**) – without legislative nature. In addition, in light of the dynamics inherent to foreign policy, the CFSP instruments have ever since been in a state of constant change – always capturing evolvements in foreign relations and aiming at enhancing the effectiveness and coherence of the CFSP and ultimately of the entire foreign policy of the Union. All treaty reformations had in common that they intended to endow the Union with appropriate institutions and measures to carry out a more effective and coherent foreign policy. This was done by introducing changes to the legal source system, in particular by revising the instruments contained in Title V of the TEU. The legal instruments have not only been renamed in the past, but also new instruments have been introduced and other instruments have been replaced or abolished – all this for the purpose to strengthen the effectiveness and the coherence of foreign policy conducted in the realm of CFSP. However, the legal formalisation of the CFSP could not eliminate the persistence of diplomatic and informal measures (so-called atypical or *sui generis* measures) adopted by the players while conducting the CFSP – the continuous presence of such measures being de facto demonstrated by the author in the still following empirical analysis contained in this thesis. Due to these findings, the author felt compelled to analyse in the following chapter the purpose and plausibility of the legal formalisation of the CFSP.

Second Part: Coherence through the Formalisation of Legal Instruments in the CFSP?

A profound analysis of the purpose and plausibility of the legal formalisation of the CFSP and therefore of the functions of the legal instruments as defined in Title V of the TEU could, however, only be drawn upon the understanding of the traditional functions inherent to a legal instrument. This in turn presupposed a comprehensive understanding of the classic doctrine on legal instruments („*Handlungsformenlehre*“), a theory shared and represented in German administrative law. The author therefore introduced this doctrine and identified the traditional functions inherent to a legal instrument in the meaning of German administrative law accordingly. The findings of such were then compared to the functions inherent to the legal instruments as stipulated in Article 21 et seqq.

TEU, which had been detected by the author previously. Thus, the second part of this thesis dealt, inter alia, with the significance of legal instruments in the meaning of the classic doctrine, i.e., the logic behind the legal formalisation of (German) administrative national law, and their meaning and functions in the realm of the CFSP as well as on the Union's level. However, as legal theory and actual practice may diverge, the author complemented the findings of the legal analysis with a quantitative analysis of the actual practice of the CFSP. This survey in turn examined the usefulness of the legal systematisation of Title V of the TEU by breaking down former and currently incepted CFSP actions into certain categories (i.e., CFSP regime/CSDP, type of instrument, author of the instrument). Following the detection of a huge number of atypical measures, the author proposed a content-based formalisation enabling the capture of all actions taken in the CFSP realm. This new approach was, however, discharged by the author eventually as the benefits evolving from the current formalisation outweighed the advantages of the presented content-based systematisation.

Legal significance of the formalisation of legal instruments for the CFSP

The analyses began by describing the basic features of a legal instrument as defined under German administrative law. What makes a legal instrument a legal instrument in the meaning of this legal doctrine? Besides the formal identity („*formale Identität*"), the legal regime („*Rechtsregime*") and the effects which evolve from a legal instrument („*Wirkungsmodus*"), the regime in which the legal instrument gains validity („*Gültigkeitsregime*"), as well as the modalities of control („*Kontrollmechanismus*") of such instrument, were identified by the author as core elements.[1935] It was ascertained that these elements collectively form the basis for the actual existence of a legal instrument – i.e., without such elements being verified as present, a legal instrument cannot subsist in a legal regime. Subsequently, the author identified the valuable functions being inherent to these elements, such as, inter alia, safeguarding the legal protection of individuals and the reflection of the separation of powers of a legal regime. As previously stressed, the determination of each of these functions played a key role in the aimed assessment of coherent and effective conduct of the CFSP. By comparing the "initial" functions of legal instruments in the meaning of German administrative law

1935 A comprehensive English analysis of legal instruments can be found in: Goldmann, 11 German Law Journal (2009), S. 1865 (S. 1879 ff. und S. 1900 ff.).

to the ascertained functions of the legal instruments as stipulated in the TFEU as well as of Title V of the TEU, valuable insights on the meaningfulness of the legal formalisation of the CFSP were found. It may be emphasised that not only the significance of the CFSP realm was analysed, but also the relevance of a legal formalisation for the Union's system as a whole was evaluated. In fact, the unique legal framework of the European Union required to examine the transferability of the classic doctrine on the unional system in a first step, and to then – subsequently – adjust the findings regarding the applicability to the unional system to the CFSP system. In light of the principle of certainty of law, it became unequivocally clear to the author that the Union's system does not only ask for but also requires a legal formalisation of the instruments based on the parameters set out in the classic doctrine. However, due to the idiosyncrasies of the European Union's system, the traditional approach had to be modified by the author to appropriately mirror the peculiarities of European Union law and eventually of the CFSP.[1936]

The author discovered that the most elementary differences between the classic doctrine and the "unional doctrine" could be found in the exclusion of judicial control over acts adopted in the CFSP and in the absence of a distinction between legislative and executive powers. The latter is an utmost distinction as the traditional "*Handlungsform*" constitutes the key legal instrument for the executive force under German administrative law. Another differentiation is the absence of hierarchy between the European institutions, as well as between the legal instruments, stipulated in European law. In contrast to German administration law, the treaties of the European Union do not stipulate the primacy of a certain institution, nor can one derive from the systematic formalisation of legal instruments (e.g., Article 288 TFEU and Article 25 TEU) that one legal instrument prevails over the other. In addition, in contrast to the German administrative legal order, the unified legal system does not imperatively link a legal instrument to a certain type of competence of an institution. Rather, the use of legal instruments necessitates the institution acting on behalf of the European Union being competent in the first place. Consequently, the legal capacity to act has to be conferred by primary law (principal of conferral) and is by no means inherent to the legal instrument. This aspect is referred to as the decoupling of the legal instrument from the competence (and *vice versa*), which is intrinsically

1936 An English summary of the differences between the legal instruments stipulated in national law and to the ones of the Union's legal system can be found with/in: Lenaerts/Desomer, ELJ 2005, S. 744 ff.

linked to the broad discretionary power the institutions are endowed with when adopting legal instruments in the unional sphere. Unlike German administrative law, which dictates that the judicative is only empowered to stipulate legal instruments which are to be solely used by the executive, the Union's legal system implies that such decision lies within an institution's discretion. The author also determined that the decoupling of the legal instrument from the competence enabled a broad, i.e., cross-sector, application of the Union's legal instruments – another divergent element to the classic administrative order in which the legal instruments each are designated to serve certain public authorities, and which are customised to meet the needs of such.

While assessing the differences between the formalized legal systems, the author also came upon the fact that the unional system detaches the legal requirements determining the validity of a legal instrument from the legal instruments. Consequently, the legal instrument does not bear the burden to stipulate the standard of review for the deployment of such. In fact, any validity requirements, which have to be complied with by legal instruments of European law, are designed type-neutral. Finally, and unlike the classic doctrine which understands the formalised legal instruments as *numerus clausus*, the Union's legal system is open for the development of new instruments. The emphasis may be put on "instruments" and not "legal" instruments, as in spite of this openness and flexibility of the formalisation of the Union's legal regime, not every newly introduced atypical measure leads to the successful formalisation of such a legal instrument in the meaning of the treaties of the European Union.

However, despite finding a broad range of distinctions between the legal systems, the author also identified a number of traditional functions laid down by the classic doctrine which could be adapted by the European legal systems (including the CFSP with its specified legal instruments). Foremost, the establishment of a formalisation lead to clarification and the legalisation of the actions conducted under the Union's umbrella. The function of securing legal protection of an individual – playing a vitally important role in German administrative law – could also be ascertained to the unional system, but only with a narrowed importance. This is due to the absence of judicial review in foreign policy. Consequently, individuals' legal protection could not be considered a decisive attachment point to determine and classify foreign actions as a legal instrument in the sense of the European treaties. However, the author found that the legal effects created by a measure and the circle of addresses a measure aim to provide decisive criteria to determine and qualify an adopted measure as a legal instrument. It may be noted that these criteria are also found to be relevant in the classic doctrine for the determination of the existence of a "*Handlungsform*".

As mentioned above, in order to assess the valuable functions evolving from the legal systematisation of the CFSP system and consequently to identify the benefits arising from the formalisation of the political environment of the CFSP, it was necessary to analyse the applicability of the classic doctrine in the unified legal system of the European Union in a first step and to transfer these findings to the CFSP in a second step. By conducting the first step the author discovered that the traditional doctrine can indeed be applied, though by modifying certain traditional aspects in order to appropriately reflect the peculiarities of the Union's legal order. Subsequently, the author transferred these findings to the CFSP regime and once again altered them to suit the idiosyncrasies of the intergovernmental-coined CFSP. The author concluded that – generally speaking – the classic doctrine can be applied to the legal formalisation of the CFSP just like it was applied to the unional system, i.e., with necessary modifications. In this regard, firstly, it may be emphasised that the political nature of the CFSP per se does not hinder the application, though one might be tempted to assume such. As a matter of fact, the prevailing political environment and dominant informality are the main reasons for the intentions to formalise this political field. Accordingly, the applicability of the modified classic doctrine (and the altered "unional doctrine") on the specified legal instruments of the CFSP seemed to pose an expedient method. Moreover, a comparison of the conduct of national foreign policy and CFSP measures revealed certain similarities between these practices, which indicated the usefulness of such application. The exercise of national foreign policy is being performed by the executive – just as it is under the realm of the CFSP. The CFSP is ultimately conducted by the members' states under the umbrella of the European Union. Hence, one can consider the adoption of acts in the realm of the CFSP as an extension of the member states' national policies. Also, due to the limited parliamentary control, national foreign policies are generally freer to act. This in turn shows a resemblance with the CFSP which is not subject to a review by the European Parliament. In addition, the legal instruments provided by Title V of the TEU are from a legal perspective comparable to the measures provided by (German) national administrative law. Self-evidently any actions taken in the realm of the CFSP require a valid normative basis, the fulfilment of constitutional requirements and the non-infringement of legal boundaries – conduct of foreign policy in a legal vacuum is unacceptable. As is the case in national law, the enactment of legal instruments has to follow legitimated reasons and has to comply with lawful requirements. And what else than a systematic formalisation of legal instruments could provide a reasonable measure to capture foreign policy and diplomatic practice and thereby make such conduct legitimate and also predictable? Not only the CFSP actors themselves but also third parties benefit from achieving predictability of foreign political action by obliging the relevant political actors to follow stipulated rules and procedures. Moreover, from an intra-institutional perspective, a benefit lies in the fact that the institutions can rely on each other's behaviour – rely on the fact that they are all playing by the book. Besides, the autonomy of political actors and the effectiveness of foreign policy have to be brought into equilibrium, which in turn will reinforce the legitimacy and acceptance of foreign political action conducted in the scope of CFSP. In this regard, legal parameters determining the fundamentals for the legitimacy of foreign policy action are imperative. Just as national administrative measures require the allocation to a valid legal system, must action conducted in the realm of CFSP be subordinated to the legal framework of the CFSP and thus be able to be identified as part of the Union's legal system. The allocating of the relevant measure to the proper legal regime at the same time legitimises legal effects evolving from the measure. A precondition for such legitimisation is of course that the measure is compliant with the fundamental principles of the applicable source of law. The fulfilment of legal requirements laid down in the relevant legal system reflects a fundamental element of the classic doctrine, where the legal formalisation of instruments is characterised by legality requirements and effectiveness prerequisites – which in turn are derived from the underlying legal regime. In this context, the author considers it noteworthy that, unlike the German legal order, the legal order relevant to CFSP measures is marked by a three-dimensionality – European law, International law and the law of the member states. And following this three-dimensionality, the functions evolving from the legal formalisation of the CFSP system do not only influence European law but also International law and the law of member states.

However, to enable a better understanding of the broad range of functions identified by the author in this analysis, they are listed hereinafter. It may be noted in this regard that some of the functions are closely intertwined with each other.

- Responsibility for ensuring compliance with the rule of law which has been attributed to the CFSP organs and national authorities – as the provisions of CFSP are not subject to the jurisdiction of the European Courts.
- Identification of the institution taking the measure/adopting the legal instrument.
- Allocation to the legal regime to which the act belongs, i.e., the CFSP system and the Union's legal order.

- Allocation to the applicable rules and procedures and therefore determining the process of formation of a legal instrument.
- Despite the absence of the separation between the executive and legislative power in the CFSP, the legal formalisation has an (i) inter-institutional (i.e., demarcation of European Council to European Commission and European Parliament) and (ii) external factor (i.e., demarcation of CFSP practice from community measures).
  The latter simultaneously leads to a competence limitation because of the choice of Article 25 TEU et seq. automatically excludes the use of legal instruments according to Article 288 TFEU:
- Determination of formal rules which only apply to the procedures under Title V of the TEU: Diplomatic and informal practice is directed into a specified structured framework ultimately leading to legal certainty of the CFSP realm.
- Introduction of inter-institutional hierarchical levels: The European Council as the highest decision-making body in the CFSP system directs and monitors the foreign policy under CFSP (and this despite not being endowed with sanctions prerogatives).
- Self-regulation of the institutions:
  - Special knowledge and experience from past practice ("Source of know-how") provide guidance and allow control of future conduct.
  - Actors can conclude from their former behaviour for the adoption of future/follow-up measures.
- Contribution to constancy and steadiness of CFSP: Recourse to the source of know-how being "saved" in the formalised legal instruments and the expectation among the CFSP actors to comply with legal requirements contributes to constancy and steadiness of CFSP.
- Establishment of long-term structures: Legal instruments are inter-connected and built up on each other. The institutions are forced to deal with adopted measures and to adopt necessary follow-up measures and consequently more stringent patterns are developed.
- Determination of different grades of concreteness in Article 21, 25 TEU: Enhancement of the development of stringent patterns and thus the establishment of long-term structures for the conduct of CFSP.
- Achievement of institutional consolidation („*Verfestigung der Organqualität*"):
  - Institutions need to abide by the formal procedures laid down for each legal instrument.
  - European Council has officially been qualified as a European institution, which reinforces institutional importance in the Union's foreign policy.

  - Institutions are entitled to form sub-organs, which underpin the self-regulating character being implemented by the legal systematisation of the CFSP.
- Legal formalisation creates a state of expectations: Being empowered to adopt specified measures triggers the expectation of deployment of such (not only by actors of the international scene, but also among the Union's institutions themselves).
- Manifestation of discretionary powers: Discretion in the decision to adopt a measure and the type of legal instrument, which at the same time identifies applicable procedural provisions and rules to adhere to.
- Demonstration of the dimensions of the European Union as a community founded on the rule of law („*Ausdifferenzierung als rechtsstaatliches Gebilde*“): The European Union is endowed with the authority to establish its own sub-institutional framework with specified legal instruments customised to fit the needs of the CFSP, which ultimately underpins the degree of competence of the European Union and enables the distinction from Internationale Organisations.
- Emphasises the standing of the European Union as a legal personality in general: The Union is empowered to develop her own secondary law and own rules of law – not only in the realm of CFSP but also in the whole unional framework.
- Enhancement of effectiveness of external policies:
  - the overall guidance which is given by the legal formalisation ultimately leads to an increase in the effectiveness of all of the Union's external policies and allows it to manage these policies effectively;
  - the Union is competent to conduct effective policies by relying on a flexible set of instruments and where appropriate by developing new instruments;
  - recognition of the European Union as a subject of International law has increased the significance of the CFSP practice considerably.
- Implementation and influence of International law:
  - obligations of member states under International law are being implemented by CFSP means and concurrently a unified representation of these actors on the international field is facilitated;
  - the indirect influence of national (foreign) policies is being diminished and superseded by a unified approach;
  - the conduct of foreign policy under a unified approach influences and contributes to the development of International law and International customary law;

  - a unified approach diminishes the plurality of diverging national interests by uniting the member states.
- Alignment and adaption of national policies: As a consequence of the member state's political commitment to the CFSP, the policies of each member state are adapted and aligned to the decisions prepared and taken in the scope of the CFSP.
- Enhancement of transparency: The high degree of informality in the CFSP is being made more transparent, which in turn makes the conduct of this policy more credible for external parties.
- Creation of legal certainty and legal clarity: By structuring the intergovernmental-coined cooperation mechanism and by harmonising the foreign policy practice ultimately legal certainty and legal clarity are being achieved.

Despite the applicability of a large number of elements of the classic doctrine, the author also ascertained that certain functions of the classic doctrine could not be transferred to the CFSP system. Above all, the presumably most noteworthy traditional function of the legal protection of individuals could not be conceded such great importance for the formalisation of the CFSP as it has been given in the classic doctrine. The first and foremost reasons for this are the lack of direct effect of a CFSP legal instrument and the decoupling of the legal instrument from judicial control inherent to the CFSP. Furthermore, since the separation of legislative and executive powers is not manifested in the legal system of Title V of the TEU, the principle of separation of powers appears to have a limited significance in CFSP in comparison to national law.

In spite of the realisation that not all functions and elements of the classic doctrine have significance in the CFSP realm, the author concluded that the benefits resulting from a modified approach being guided by the main principles of the classic doctrine overweigh significantly – above all, the guidance of political action by normative structures which are laid down in the applicable legal regime as well as the clarification and systematisation of political behaviour and accordingly predictability of such. Functions, which will eventually lead to legal certainty of the conduct of foreign policy. Remarkable in this regard is furthermore that the analysis revealed functions evolving from the specified manner of legal formalisation, which is alien to the classic doctrine. In fact, the stipulation of legal instruments within the CFSP system brings forth more advantages to the CFSP than anticipated – be it the clear identification of the institution acting and thereby concurrently attributing the rules and procedures as well as assigning accountability, or the bundling of typical (and recurring) CFSP-measures in a formalised manner. Moreover, though the stipulation of legal effects is in contrast to national (administrative) law not a primary objective of foreign policy, the particular formalisation of the legal instruments does indicate a certain binding nature of the CFSP instruments and does endow such with legal effects. However, it may again be emphasised that foreign policy is not directed at affecting the rights and obligations of individuals, and therefore the function of legal protection (as it is understood in the classical doctrine, i.e., ultimately aiming at securing individuals' rights) cannot be granted such significance in the system of CFSP as it has been given under national law. Also, the CFSP is being performed by the representatives of the member states and not by the European Commission. Unlike in the Union's remaining community law–governed policies fields, where the member states have conferred their power to act to the Union, the lawful adherence to the principle of conferral does not apply to the conduct of CFSP. Consequently, there is no need for judicial control of the CFSP safeguarding compliance with these competence provisions and eventually the outstanding role of the European Courts common to the remaining policy fields is diminished. Additional facts indicate that judicial control and the safeguard of legal protection have only a modest function in the legal formalisation of the CFSP.

To sum up, notwithstanding the non-applicability and/or limited significance of certain functions inherent to the classic doctrine, the ascertainment of the specified functions as listed above and the derived significance of such for the CFSP policy reveal that a modified application of the classic doctrine in the legal formalisation of the CFSP system is desirable and more than expedient for the conduct of foreign policy.

Practical significance of the formalisation of legal instruments for the CFSP-conduct

Following the conclusion of the applicability of the classic doctrine to the CFSP system in a modified way and furthermore even determining unexpected advantageous unknown to the classic doctrine, the author conducted a quantitative analyses of the actual practice of the CFSP. The author randomly picked 147 acts adopted in the past years and examined the field to which the act could be allocated (CFSP or CSDP), the type of act selected and the kind of organ adopting the act. The study revealed an incredibly high number of *sui generis* measures, i.e., measures which could neither be qualified as legal instruments in the meaning of Article 21, 25 TEU nor as a cooperation measure („*Formen der Kooperation*"). Because of the detection of the large number of atypical measures taken by the

CFSP actors and the non-classifiability of such to the current formalisation, the author questioned the usefulness of systematisation of Title V of the TEU. Despite having found a variety of very valuable functions evolving from the current CFSP legal framework, the author aimed at finding a more sufficient way of legal formalisation – a systematisation which in particular captures the *sui generis* measures. A plausible method appeared at first to lie in a content-based classification. Therefore, the author analysed the content of the sample acts and created content-based generic terms forming the basis for the subsumption of every single act of the sample. However, though this approach enabled the allocation of all CFSP acts – including atypical measures – to the suggested content-based formalisation, the approach also revealed downsides. Disbenefits which caused the author to question the proposed approach and eventually reach the conclusion that the functions evolving from the existing system, i.e., the current legal formalisation as stipulated in the treaties of the European Union including such for the (sub-)legal order of the CFSP, outweighed the ostensible simplification obtained by the content-based classification. Nonetheless, the author did not perceive the suggested approach as a vain attempt for optimisation. On the contrary, the conclusions drawn from the findings outline the reasons for the perpetuation of the present legal formalisation. Although the application of the modified classic approach in the CFSP system does not create the degree of transparency and concreteness which is common to the legal formalisation in German administrative law, this weakness can be disregarded due to the benefits actually evolving from the formalisation of the otherwise prevailing political and informal environment of the CFSP. Ultimately, the legal formalisation structures the intergovernmental-coined cooperation mechanism and harmonises foreign policy practice and thus reinforces legal certainty and legal clarity.

Third Part: Interaction between Coherence and the Classic Doctrine on Legal Instruments (*Handlungsformenlehre*)

The third part of the thesis focused on the meaning of the term "coherence" and its relevance for the CFSP. After all, the term "coherence" is quoted in the objectives contained in the treaties of the European Union numerous times, and this broad reference to coherence can simply only be conceived as an emphasis on the significance of coherence for European uniformity. It is understood that coherence is the fundamental objective for a unified application of European law and the solidarity in and of the European community – and if such significance is already attributed to coherence in general, what degree of significance would coherence then have for the conduct of the intergovernmental-coined CFSP?

Consequently, the author assessed the meaning of the term "coherence" as such and subsequently put the findings in context to the conduct of foreign policy. The latter required a detailed analyses of the outcomes of the practice of CFSP – which in turn entailed evaluating the interaction between the demands inherent to coherence as an overall objective with the functions evolving from the legal formalisation of the CFSP system.

The meaning of the term "coherence"

In order to evaluate the relevance of coherence in the CFSP, the meaning of coherence had to be ascertained by the author at first. This required a proper interpretation of the term "coherence" itself, which in turn preconditioned the election of the appropriate interpretation method. Due to the peculiarities of the CFSP system – being influenced by European law as well as by International law – different rules on the interpretation of the term "coherence" appeared to apply. As an unambiguous allocation to one or the other interpretation method could not be reached, the author opted for a combined method of interpretation. This approach was justified by the fact that neither the unional method nor the rules on the interpretation of treaties as followed by International law could appropriately take into account for sovereignty issues of member states inherent to foreign policy and for the unique position of the CFSP.

The applied combined method of interpretation included – in addition to the traditional forms of interpretation – a comparison of the term "coherence" used in different European languages as well as the recourse on findings of interpretations of the term "coherence" contained in legal literature. Within the actual interpretation of the term, the author concluded that coherence contains a demand for coordination and must be conceived in a dynamic context. Ultimately, the term "coherence" would have to be benchmarked as a degree – ranging between a low level and a very high level. It was moreover identified that the objective of coherence – in the unional context – asks to resolve inconsistencies between all policies conducted under the umbrella of the European Union and by the European Union as well as between the legal orders of the member states and that this is reached by vertical and horizontal reconciliation. In addition, it was ascertained that coherence contains a positive imperative claiming a unified foreign policy as well as a negative obligation to refrain from contradicting demeanour. Let alone these aspects of coherence underpin that the objective of coherence entails more than a unified appearance on the international scene. Actually, by encouraging tighter ties between the Union and the member states, the integration process is facilitated considerably. However, the author stresses that only because coherence is present in a legal system, this does not mean that coherence will continue to be present. Accordingly, coherence has to be ensured and safeguarded continuously. Yet, in this regard, it must be borne in mind that coherence cannot be regarded as a legal obligation but more as an imperative to refrain from contradictory behaviour and unaligned actions. A legal duty would only arise, if and when there is only one possible way of action to ensure such coherence. Following this non-obligatory nature, the author points out that there are no actual means to enforce coherence – a finding which nevertheless does not imply that coherence is not an objective worth achieving. Alone the assumption inherent to the concept of coherence, that the greater the unified appearance in pursuit of common objectives is, the more effective and successful the foreign policy will be, supports the inference of coherence is a worthwhile goal. Further, since it was also determined that coherence is based on the understanding that it has an impact on all European policies, it can reasonably be concluded that a high degree of efficiency of one policy field will positively impact the remaining fields and thus improve the overall coherence – a finding that should convince political actors to pursue coherence on all levels despite such not being a legal obligation. It is also evident that every national state is confronted by the demands of coherence as incoherence can certainly be perceived as a cause for untrustworthiness and unreliability of a national state or an international organisation – to avoid such perception, a state should consequently pursue coherence. Following this rationale, it appears plausible that the Union and the member states derive from a high degree of coherence in foreign policy – and therefore also in the CFSP – the approval of an action as being conducted lawfully and thus strengthening the recognition of their actions at an international level. In spite of the positive impacts of coherence in the foreign policy field, it, however, appears as if the political actors have not realised this significance – and this is most likely because of the political idleness persisting hitherto. It seems as if the members' states do not want to jeopardise their inherent national competence in this politically sensitive field for the benefit of a greater coherence of foreign policy, and thus the CFSP ultimately stays an intergovernmental-coined policy.

Coherence in the realm of CFSP

As already indicated, in a second step after the determination of the meaning of coherence in European foreign policy, the author placed the imperative of coherence into context with the legal formalisation currently contained in Title V of the TEU. With this contextualisation, it became apparent that the legal instruments as stipulated for the CFSP actually pave the way for consistent behaviour and for unified non-contradictory actions among the members' states – elements inherently demanded by the term "coherence". Before the legal formalisation, the foreign policies of the member states were dominated by informality and diplomacy and one could not track a consistent pattern. With the formal systematisation of the foreign policy, practice structures were established and a harmonised corporation among the players had been facilitated. This eventually led to a common and unified practice being conducted under the umbrella of the European Union and strengthened the unified external representation under International law after all. In addition, the introduction of legal instruments with their inherent rules and procedures increased the coherence between the legal instruments and other measures adopted in the scope of CFSP. It was, inter alia, ascertained by the author that a hierarchical coherence had been established by simply requiring measures to be consistent with each other and to be built "on each other". The hierarchical order of the systematisation in turn promotes a harmonised and coordinated conduct of the CFSP. The author stresses that this is, inter alia, reached by stipulating objectives and guidelines[1937] which constitute the foundation for the strategic interests and objectives identified by the European Council.[1938] Consequently, any instrument being adopted according to Title V of the TEU is guided and influenced by the common objectives and guidelines (and as such must meet the requirements conveyed in the objectives and guidelines). Also, follow-up measures have to take into account the reasoning and findings, which were relevant for the adoption of the basic measure in the first place ("source of know-how"). This interdependence and cross-reliance between the measures in the meaning of Title V of the TEU constitute a fundamental for the development of a sound legal doctrine for the CFSP (and possibly the common foreign policy as a whole). Moreover, the legal instruments transmit coherence to International law aspects. It was, for example, ascertained by the author that the set of legal instruments serves the implementation of obligations under international law, which in turn secures CFSP coherence on an international level. However, the legal formalisation of Title V of the TEU does not only induce coherence on a CFSP level, but also spills over to other community law–governed policies of the European Union. Let alone the fact that legal instruments adopted under Title V of the TEU set out the basis for the adoption of sanctions according to Article 288 TFEU, serves as a paradigm for the broad positive influence of coherence. The two-step adoption procedure according to

1937 As captured in Article 21 TEU.

1938 Please compare Article 22 para. 1 TEU.

which an appropriate CFSP decision is required to adopt any further restrictive measures not only demonstrates, on the one hand, the dependency of the remaining common foreign policy area on the CFSP but, on the other hand, also accentuates the valuable linkage existing between these policies. The latter ultimately enhances coherence in the broader view. The observation of this broad coherence effect is substantiated by the stipulation of common objectives in Title V of TEU applying to foreign policy as a whole and not only to the CFSP. Furthermore, with the stipulation of the legal instruments, the European Union and the member states are equipped with a broad variety of capabilities to appropriately respond to crises – the variety of different instruments enables flexible action, which facilitates the degree of coherence. One also can deduct from the objective of coherence the need among relevant actors to coordinate their cooperation. This, together with the self-regulating character evolving from the source of know-how of a legal instrument, guides future practice and leads the institutions' approach. Besides, since member states abided by the duty of solidarity to adapt their national foreign policies to the political course of the CFSP, a broader coherence going even beyond the scope of CFSP and unional foreign policy is created. In this regard, the author may recall that CFSP measures do not have a direct effect on the law of member states and any CFSP measure would have to be implemented into national law. This in turn emphasises to which extent the adoption of legal instruments to conduct the CFSP may influence national law and thereby ultimately boost coherence in general.

The author eventually concluded that the legal formalisation of the CFSP-system definitely enhances the development of coherence, even perhaps provides the foundation to develop such coherence. According to the author, the stipulation of specified legal instruments for the conduct of CFSP demands a harmonised and coordinated cooperation between the actors, which in turn contributes to the consonance of views among the members' states and – ideally – promotes effective and coherent conduct of the foreign policy in the realm of the intergovernmental-coined CFSP.

III. Abschließende Stellungnahme

Die bloße Praxis der GASP führt nicht zu hinreichend konkreten Ergebnissen für die Legitimität des außenpolitischen Handelns, so dass ein Rückgriff auf Prinzipien, wie sie der klassischen und der an Unionsrecht angepassten Handlungsformenlehre zugrunde liegen, unerlässlich ist. Solange Handlungsformen die Begrenzung und Kontrolle von öffentlicher außenpolitischer Gewalt ermöglichen, ohne die Effektivität von dem auswärtigen Handeln zu beeinträchtigen, ist die Einteilung der unterschiedlichen auswärtigen Handlungsmöglichkeiten in verschiedenen Kategorien, die sich an der traditionellen Handlungsformenlehre orientieren, sinnvoll. Der (europäische) Bürger, dessen Anliegen durchaus die Einhaltung demokratischer Grundsätze durch die Organe ist, wird vermeintlich in Sicherheit gewogen, wenn sich das auswärtige Handeln im Bereich der GASP nach vertraglich fixierten Merkmalen richtet. Zwar ist die Rechtssicherheit nicht in derartiger Form gegeben, wie man es von dem deutschen Recht oder auch vom Nicht-GASP-Bereich kennt, doch ist auf Grund des hochsensiblen Bereichs der Außenpolitik eine Einschränkung der Rechtssicherheit m.E. durchaus hinnehmbar. Durch die Bindung an die vorgegebenen Handlungsformen wird die Ausübung der GASP trotz allem geformt und in bestimmte Strukturen gebracht sowie die Kohärenz nicht nur im GASP-Bereich, sondern in sämtlichen unionalen Politikbereichen gefördert. Außerdem liegt der Sinn der Handlungsformenlehre u.a. auch darin, das Handeln den Funktionsträgern zurechenbar zu machen und damit zugleich deren Verantwortlichkeit zu begründen. Auch im Bereich der GASP ist diese Funktion durchaus begrüßenswert – unabhängig davon, dass dies wegen des grundsätzlichen Vorliegens eines gemeinsamen Handelns mehrerer Mitgliedstaaten nicht ganz einfach umzusetzen ist. Zudem stärkt die Erfassung des atypischen Handelns die „Staatlichkeit" der GASP (und auch der unionalen Außenpolitik als Ganzes) und grenzt sie so von dem Handeln internationaler Organisationen ab. Im Übrigen ist die Umsetzung der GASP-Maßnahmen immer von den nationalen Ressourcen abhängig. Das fordert unbedingte Koordination und Abstimmung zwischen den Akteuren, welche wiederum das Vorliegen von eigenen spezifischen Handlungsformen voraussetzt.

Natürlich könnte ein abschließender Katalog von GASP-Handlungsformen zur Rechtssicherheit beitragen, doch ginge dies wieder zu Lasten des stark politisch motivierten und beeinflussten Handelns innerhalb der GASP. Ein offener, den dynamischen Prozess unterstreichender Handlungsformenkatalog stellt den geeigneteren Weg für die GASP dar. Folglich ist der Zulässigkeit der Handlungsformenschaffung in den rechtsstaatlichen Grenzen beizustimmen. Auch ist der Forderung einer klaren Abgrenzung zwischen Legislative und Exekutive zur Erhöhung der demokratischen Legitimität Positives abzugewinnen, doch sollte nicht außer Acht gelassen werden, dass sowohl die GASP-Außenpolitik wie auch die nationale Außenpolitik einen Bereich darstellt, der schon immer von der Exekutive und von Diplomatie beherrscht wurde. Demgemäß sollte die Forderung dieses Aspekts auf Ebene der übrigen Bereiche des Unionsrechts umgesetzt werden.

Literaturverzeichnis

Alemann, Florian von: Die Handlungsform der interinstitutionellen Vereinbarung – Eine Untersuchung des Interorganverhältnisses der europäischen Verfassung, Heidelberg 2006.

Algieri, Franco: Die Gemeinsame Außen- und Sicherheitspolitik der EU, 1. Auflage, Wien 2010.

Appel, Nicole: Das internationale Kooperationsrecht der Europäischen Union, 1. Auflage, Heidelberg 2016.

Arnauld, Andreas von (Hrsg.): Enzyklopädie Europarecht – Europäische Außenbeziehungen, Bd. 10, 1. Auflage, Baden-Baden 2014 (*zitiert: Autor, in: von Arnauld (Hrsg.), Europäische Außenbeziehungen (EnzEuR Bd. 10), § …, Rn. …*).

Acensio, Hervè: Article 31 of the Vienna Conventions on the Law of Treaties and International Investment Law, ICSID Review, Vol. 31, No. 2 (2016), S. 366–387.

Bader, Johann/Ronellenfitsch, Michael: Beck'scher Onlinekommentar zum VwVfG, 52. Edition, München 2021 (*zitiert: Bearbeiter, in: Bader/Ronellenfitsch, Beck'scher Online-Kommentar VwVfG, § …, Rn. …*).

Baera, Geert de: Constitutional Principles of EU External Relations, Oxford 2008.

Bailes, Alyson J.K.: Global security governance: a world of change and challenge, Stockholm International Peace Research Institute (SIPRI) 2005, S. 1–27.

Bast, Jürgen:

- Grundbegriffe der Handlungsformen der EU entwickelt am Beschluss als praxisgenerierte Handlungsform des Unions- und Gemeinschaftsrechts, Heidelberg 2006.
- Handlungsformen und Rechtsschutz, in: von Bogdandy/ders. (Hrsg.): Europäisches Verfassungsrecht – Theoretische und dogmatische Grundzüge, 2. Auflage, Heidelberg 2009, S. 489–557.

Beck, Thomas: Die Gemeinsame Außen- und Sicherheitspolitik der EU nach Lissabon, Berlin 2012.

Bertea, Stefano: Looking for Coherence within the European Community, European Law Journal, Vol. 11 (2005), S. 154–172.

Bieber, Roland/Epiney, Astrid/Haag, Marcel/Kotzur, Markus: Die Europäische Union – Europarecht und Politik, 14. Auflage, Baden-Baden 2020.

Biervert, Bernd: Der Mißbrauch von Handlungsformen im Gemeinschaftsrecht – Eine Untersuchung des gemeinschaftsrechtlichen Handlungsformsystems unter Einbeziehung der Rechtsordnungen Deutschlands, Frankreich und Englands, 1. Auflage, Baden-Baden 1999.

Blanke, Hermann-Josef/Mangiameli, Stelio: The Treaty of the European Union (TEU) – A Commentary, 1. Auflage, Berlin Heidelberg 2013 (*zitiert: Bearbeiter, in: Blanke/Mangiameli, TEU-Commentary, Art. ..., Rn. ....*).

Bleckmann, Albert: Zu den Auslegungsmethoden des Europäischen Gerichtshofs, NJW 1982, S. 1177–1182.

Bogdandy, Armin von:

- The legal case for Unity: The European Union as a single organization with a single legal system, Common Market Law Review (1999), Vol. 36, S. 887–910.
- Gubernative Rechtsetzung – Eine Nebenbestimmung der Rechtsetzung und des Regierungssystems unter dem Grundgesetz in der Perspektive gemeineuropäischer Dogmatik, Tübingen 2000.
- General Principles of International Public Authority: Sketching a Research Field, 9 German Law Journal (2008), S. 1909–1938.

Bogdandy, Armin von/Goldmann, Matthias: Die Ausübung internationaler öffentlicher Gewalt durch Politikbewertung – Die PISA-Studie der OECD als Muster einer neuen völkerrechtlichen Handlungsform, ZaöRV 2009, S. 51–102.

Bogdandy, Armin von/Bast, Jürgen/Arndt, Felix: Handlungsformen im Unionsrecht – Empirische Analysen und dogmatische Strukturen in einem vermeintlichen Dschungel, ZaöRV 2002, S. 77–161.

Bogdandy, Armin von/Schill, Stephan: Die Achtung der nationalen Identität unter dem reformierten Unionsvertrag – Zur unionsrechtlichen Rolle nationalen Verfassungsrechts und zur Überwindung des absoluten Vorrangs, ZaöRV 2010, S. 701–734.

Bungenberg, Marc: Außenbeziehungen und Außenhandelspolitik, EuR Beiheft 1/2009, S. 195–215.

Burghardt, Günter/Tebbe, Gerd: Die Gemeinsame Außen- und Sicherheitspolitik der Europäischen Union – Rechtliche Struktur oder politischer Prozeß, EuR 1995, S. 1–20

Busse, Christian: Die völkerrechtliche Einordnung der Europäischen Union, Köln 1999

Calliess, Christian/Ruffert, Matthias: EUV/AEUV – Das Verfassungsrecht der Europäischen Union mit Europäischer Grundrechtecharta – Kommentar, 5. Auflage, München 2016 (*zitiert: Bearbeiter, in: Calliess/Ruffert, EUV/AEUV-Kommentar, Art. ... EUV/AEUV, Rn. ...*).

Cardwell, Paul James: EU External Relations and Systems of Governance – The CFSP, Euro-Mediterranean Partnership and Migration, 1. Auflage, London/ Oxford 2009.

Craig, Paul: The Lisbon Treaty – Law, Politics, and Treaty Reforms, 1. Auflage, Oxford 2010.

Cremer, Hans-Joachim: Die Gemeinsame Außen- und Sicherheitspolitik (GASP) nach dem Vertrag über eine Verfassung für Europa, in: Kadelbach, Stefan: Die Außenbeziehungen der Europäischen Union, 1. Auflage, Baden-Baden 2006, S. 47–68 (zitiert: Cremer, Die GASP nach dem Vertrag über eine Verfassung für Europa, in: Kadelbach, Die Außenbeziehungen der Europäischen Union, S. 47 (S. …)).

Cremona, Marise:

- Coherence in European Union foreign relations law, in: *Koutrakos, Panos*: European Foreign Policy – Legal and Political Perspectives, S. 55–92, Cheltenham 2011 (zitiert: Cremona, Coherence in European Union foreign relations law, in: P. Koutrakos, European Foreign Policy (2011), S. 55 (…)).
- Coherence through Law: What difference will the treaty of Lisbon make? Hamburg Review of Social Science, Volume 3 (2008), S. 11–36.
- Defending the community Interest: the Duties of Cooperation and Compliance, in: ders./de Witte, Bruno: EU Foreign Relations Law, Oxford 2008, S. 125–169.
- EU External Relations – Unity and Conferral of Powers, in: Azoulai, Loic: The Question of Competence in the European Union, Oxford 2014, S. 65–85 (*zitiert: Cremona, EU External Relations, in: Azoulai, The Question of Competence in the European Union, S. 65 (S. …)*).

Damm, Carolin: Die Europäische Union im universellen Völkergewohnheitsrecht, Tübingen 2016

Danwitz, Thomas von: Europäisches Verwaltungsrecht, Heidelberg 2008.

Dashwood, Alan/Dougan, Michael/Rodger, Barry/Spaventa, Eleanor/Wyatt, Derrick: European Union Law, 6. Auflage, Oxford 2011.

Dauses, Manfred A.: Handbuch des EU-Wirtschaftsrechts, Band 1, 52. Auflage, München 2021 (*zitiert: Arnold/Klamert, in: Dauses, EU-Wirtschaftsrecht, K. I, Rn. …*).

Dehousse, Franklin: Réalisations de la PESC – Les Actes adoptes dans le cadre de la PESC, in: Louis, Jean-Victor/Dony, Marianne (Hrsg.): Commentaire J. Mégret – Le Droit de la CE et de l'Union européenne, Band 12: Relations extérieurs, 2. Auflage, Brüssel 2005, S. 549–588 (*zitiert: Dehousse, Les Actes adoptes dans le cadre de la PESC, in: Louis/Dony (Hrsg.), Commentaire Mégret, S. …*).

Dehousse, Renaud: Dehousse, From Community to Union, in: Dehousse, Renaud (Hrsg.): Europe after Maastricht: An ever closer Union?, München 1994, S. 5–15.

Cananea, Giacinto della: Beyond the State: the Europeanization and Globalization of Procedural Administrative Law, European Public Law, Vol. 9 (2003), S. 563–578.

Denza, Eileen: The Intergouvernmental Pillars of the European Union, 1. Auflage, Oxford 2002.

Dietrich, Sascha: Die rechtlichen Grundlagen der Verteidigungspolitik der Europäischen Union, ZaöRV 2006, S. 663–697.

Djeffal, Christian: Static and Evolutive Treaty Interpretation – A functional Reconstruction, Cambridge, 2015.

Duke, Simon: Consistency, coherence and European Union external action: the path to Lisbon and beyond, in: *Koutrakos, Panos*: European Foreign Policy – Legal and Political Perspectives, S. 15–54, Cheltenham 2011 (*zitiert: Duke, Consistency, coherence and European Union, in: P. Koutrakos, European Foreign Policy (2011), S. 15 (...)*).

Duke, Simon/Vanhoonacker, Sophie, Administrative Governance in the CFSP: Development and Practice, EFAR 11 (2006), S. 163–182.

Eeckhout, Piet:

- EU External Relations Law, 2. Auflage, Oxford 2011.
- The EU's Common Foreign and Security Policy after Lisbon: From Pillar talk to Constitutionalism, in: Biondi, Andrea/ders./Ripley, Stefanie: EU after Lisbon, Oxford 2012, S. 265–291 (*zitiert: Eeckhout, The EU's CFSP after Lisbon, in: Biondi/ders./Ripley, EU after Lisbon (2012), S. 265 (S. ...)*).

Ehrhart, Hans-Georg: Die Sicherheits- und Verteidigungspolitik der Europäischen Union im Praxistest: zwischen Anspruch und Wirklichkeit, Integration 2/2013, S. 91–106.

Elsuwege, Peter van: EU External Action after the Collapse of the pillar structure: In search of a new balance between delimination and consistency, Common Market Law Review (2010), Vol. 47, S. 987–1019.

Engbrink, S. Dennis: Die Kohärenz des auswärtigen Handeln der Europäischen Union, 1. Auflage, Tübingen 2014.

Forgó, Katrin: Differenzierte Integration, IEF Working Paper Nr. 23, November 1996, Forschungsinstitut für Europafragen Wirtschaftsuniversität Wien, S. 1–39.

Fremuth, Michael Lysander: Die Europäische Union auf dem Weg in die Supranationalität – Untersuchung der Rechtsnatur der Europäischen Union anhand der Polizeilichen und Justiziellen Zusammenarbeit in Strafsachen, Kölner Schriften zum internationalen und europäischen Recht, Bd. 21, Köln 2010.

Frenz, Walter:

- Europarecht, 2. Auflage, Heidelberg 2016.
- Die neue GASP, ZaöRV 2010, S. 487–521.
- Handbuch des Europarechts, Band 5, Wirkungen und Rechtsschutz, Heidelberg 2010.

Fröhlich, Stefan: Die Europäische Union als globaler Akteur – Eine Einführung, 2. Auflage, Wiesbaden 2014.

Gärditz, Klaus Ferdinand: Ungeschriebenes Völkerrecht durch Systembildung, 45 Archiv des Völkerrechts (2007), S. 1–34.

Galaski, Julia/Kaim, Markus: Die Europäische Union als Militärmacht, in: Leiße, Olaf (Hrsg.): Die Europäische Union nach dem Vertrag von Lissabon, Wiesbaden 2010, S. 291–308.

Gardiner, Richard K.: Treaty Interpretation, 2. Edition, Oxford 2015.

Gauttier, Pascal: Horizontal Coherence and the External Competences of the European Union, European Law Journal, Vol. 10, 2004, S. 23–41.

Giegerich, Thomas: Wege zu einer vertieften Gemeinsamen Außen- und Sicherheitspolitik: Reparatur von Defiziten als „kleine Lösung“, in: Kadelbach, Stefan (Hrsg.): Die Europäische Union am Scheideweg: mehr oder weniger Europa?, 1. Aufl., Band 36, Baden-Baden 2015, S. 135–182.

Glaser, Andreas: Die Entwicklung des Europäischen Verwaltungsrechts aus der Perspektive der Handlungsformenlehre, 1. Auflage, Tübingen 2013.

Goebel, Roger J.: Supranational? Federal? Intergovernmental? The governmental Structure of the European Union after the Treaty of Lisbon, 20 Columbia Journal of European Law 77 (2013), S. 77–142.

Goldmann, Matthias:

- Internationale öffentliche Gewalt, Handlungsformen internationaler Institutionen im Zeitalter der Globalisierung, Heidelberg 2015.
- Inside Relative Normativity: From Sources to Standard Instruments for the Exercise of International Public Authority, German Law Journal (2008), Vol. 9, No. 11, S. 1865–1907.

Gosalbo Bono, Ricardo: Some Reflections on the CFSP Legal Order, Common Market Law Review (2006), Vol. 43, S. 337–394.

Grabitz, Eberhard/Hilf, Meinhard/Nettesheim, Martin:

- Das Recht der Europäischen Union, Bd. 1, 40. Ergänzungslieferung, München 2009.

– Das Recht der Europäischen Union, Bd. 1, 73. Ergänzungslieferung, München 2021.

(*zitiert: Autor, in: Grabitz/Hilf/Nettesheim, Das Recht der EU (2009)/(2014), Art. … EUV, Rn. …*).

Graf Kielmansegg, Sebastian: Die Verteidigungspolitischen Kompetenzen der Europäischen Union, EuR 2006, S. 182–200.

Groeben, Hans von der/Schwarze, Jürgen/Hatje, Armin (Hrsg.): Europäisches Unionsrecht, 7. Auflage, Baden-Baden 2015 (*zitiert: Autor, in: von der Groeben/Schwarze/Walter, EUV-Kommentar (2015), Art. …, Rn. …*).

Hable, Angelika: Handlungsformen und Kompetenzen in der Europäischen Verfassungsdebatte, IEF Working Paper Nr. 53, September 2003, S. 1–45.

Härtel, Ines: Handbuch Europäischer Rechtsetzung, Berlin/Heidelberg 2006.

Hakala, Pekka/Kettis, Andreas: „The Organisation of Islamic Cooperation: Defined – for better and worse – by its religious dimension“ (DG EXPO/B/PolDep/Note/2013_200), Veröffentlichung des Europäischen Parlaments (Directorate-General for External Policies of the Union), Brüssel, 18. September 2013.

Haratsch, Andreas: Nationale Identität aus europarechtlicher Sicht, EuR 2016, S. 131–147.

Harings, Lothar: Die Zusammenarbeit in den Bereichen Justiz und Inneres, EuR Beiheft 2/1998, S. 81–97.

Hellmann, Vanessa: Der Vertrag von Lissabon – Vom Verfassungsvertrag zur Änderung der bestehenden Verträge – Einführung mit Synopse und Übersichten, Heidelberg 2009.

Herdegen, Matthias: Völkerrecht, 20. Auflage, München 2021.

Hertog, Leonhard den/Stroß, Simon: Coherence in EU External Relations: Concepts and Legal Rooting of an Ambiguous Term, European Foreign Affairs Review 18 (2013), S. 373–388.

Hillion, Christopher: Tous pour un, un pour tous! Coherence in the External Relations of the European Union, in Cremona, Marise: Developments in EU External Relations Law, Oxford 2008, S. 10–36 (*zitiert: Hillion, Tous pour un, un pour tous!, in: Cremona, Developments in EU External Relations Law, S. 10 (…)*).

Hobe, Stephan/Fremuth, Michael Lysander: Europarecht, 10. Auflage, München 2020.

Hoffmann-Riem, Wolfgang: Rechtsformen, Handlungsformen und Bewirkungsformen, in: ders./Schmidt-Aßmann, Eberhard/Voßkuhle, Andreas (Hrsg.), Grundlagen des Verwaltungsrechts, Bd. II, 2. Aufl., München 2012 *(zitiert: Hoffmann-Riem, in: ders./Schmidt-Aßmann/Voßkuhle (Hrsg.), Grundlagen des Verwaltungsrecht, § 33, Rn. …).*

Hoffmeister, Frank:

- The Contribution of EU Practice to International Law, in: Cremona, Marise: Developments in EU External Law, Oxford 2008, S. 37–127 *(zitiert: Hoffmeister, The Contribution of EU Practice to International Law, in: Cremona, Developments in EU External Law, S. 37 (S. …)).*
- Das Verhältnis zwischen Entwicklungszusammenarbeit und Gemeinsamer Außen- und Sicherheitspolitik, EuR Beiheft 2/2008, S. 55–75.

Jaag, Tobias: Demokratische Legimitation der EU-Außenpolitik nach Lissabon, EuR 3/2012, S. 309–323.

Jarass/Pieroth, Grundgesetz für die Bundesrepublik Deutschland, 16. Auflage, 2020 (*zitiert: Bearbeiter, in: Jarass/Pieroth, GG, Art. …; Rn. …*).

Kadelbach, Stefan:

- Lehren aus der Finanzkrise – Ein Vorschlag zur Reform der Politischen Institutionen der Europäischen Union, EuR 5/2013, S. 489–503.
- Von der Krise zur Reform?, in: ders. (Hrsg.), Die EU am Scheideweg: Mehr oder Weniger Europa?, Baden-Baden 2015, S. 11–21.
- Einleitung: Die Außenpolitik im europäischen Mehrebenensystem und ihre rechtliche Basis, in: ders., Die Außenbeziehungen der Europäischen Union, 1. Auflage, Baden-Baden 2006, S. 9–18.
- Allgemeines Verwaltungsrecht unter europäischem Einfluss, Tübingen 1999.

Kadelbach, Stefan/Kleinlein, Thomas, Überstaatliches Verfassungsrecht – Zur Konstitutionalisierung im Völkerrecht, 44 Archiv des Völkerrechts (2006), S. 235–266.

Kaddous, Christine: Role and position of the High Representative of the Union for Foreign Affairs and Security Policy under the Lisbon Treaty, in: Griller, Stefan/Ziller, Jacques: The Lisbon Treaty – EU Constitutionalism without a Constitutional Treaty, Wien 2008, S. 205–221 (*zitiert: Kaddous, Role and position of the High Representative, in: Griller/Ziller, The Lisbon Treaty, S. 205 (S. …)*).

Kellerbauer, Manuel: Von Maastricht bis Nizza – Neuformen differenzierter Integration in der Europäischen Union 1. Auflage, Berlin 2019.

Kempen, Bernhard/Hillgruber, Christian: Völkerrecht, 2. Auflage, München 2018.

Koch, Martin: Interorganisationale Beziehungen als organisationsübergreifende Strukturen der Aufgabenerledigung der Europäischen Union, in: Kadelbach, Stefan (Hrsg.): 60 Jahre Integration in Europa – Variable Geometrien und politische Verflechtung, Bd. 23, 1. Auflage, Baden-Baden 2011, S. 137–158.

Köck, Heribert Franz: Vertragsinterpretation und Vertragsrechtskonvention – Zur Bedeutung der Artikel 31 und 32 der Wiener Vertragsrechtskonvention 1969, Berlin 1976.

Koutrakos, Panos:

- The EU Common Security and Defence Policy, 1. Auflage, Oxford 2013 (*zitiert: P. Koutrakos, The EU Common Security and Defence Policy (2013), S. …*).
- Introduction, in: ders., European Foreign Policy – Legal and Political Perspective, Cheltenham 2011, S. 1–11.
- Legal Basis and Delimitation of Competence in EU External Relations, in: Cremona, Marise/de Witte, Bruno: EU Foreign Relations Law, Oxford 2008, S. 171–198.

Kruse, Franziska: Der Europäische Auswärtige Dienst zwischen intergouvernementaler Koordination und supranationaler Repräsentation, Berlin 2013.

Kugelmann, Dieter:

- Die Gemeinsame Außen- und Sicherheitspolitik, EuR Beiheft 2/1998, S. 99–123.
- „Kerneuropa“ und der EU-Außenminister – die verstärkte Zusammenarbeit in der GASP, EuR 2004, S. 322–344.

Kuhn, Maike: Die Europäische Sicherheits- und Verteidigungspolitik im Mehrebenensystem: Eine rechtswissenschaftliche Untersuchung am Beispiel der Militäroperation der Europäischen Union in der Demokratischen Republik Kongo 2003, 1. Aufl., Berlin/Heidelberg 2012.

Lasheras, Borja/Ayala, Enrique/Maulny, Jean-Pierre/Liberti, Fabio/Katsioulis, Christos/Biscop, Sven: Eine Zukunftsagenda für die Europäische Sicherheits- und Verteidigungspolitik, Internationale Politikanalyse, Juli 2009, S. 1–27.

Lecheler, Helmut: Ungereimtheiten bei den Handlungsformen des Gemeinschaftsrechts – dargestellt anhand der Einordnung von „Leitlinien“, DVBl. 2008, S. 873–880.

Leidenmuehler, Franz: Is there a Closed System of Legal Acts of the European Union after the Lisbon Treaty? The Example of Unspecified Acts in the Union Policy on the Environment, ICL-Journal (2010), Vol. 4, S. 191–202

Lehr, Katja: Staatliche Lenkung durch Handlungsformen, Frankfurt am Main 2009.

Lenaerts, Koen/Desomer, Marlies: Towards a Hierarchy of Legal Acts in the European Union? Simplification of Legal Instruments and Procedures, European Law Journal (2005), Vol. 11, No. 6, S. 744–765.

Lenz, Carl Otto/Borchardt, Klaus-Dieter (Hrsg.): EU-Verträge – Kommentar nach dem Vertrag von Lissabon, 6. Auflage, Köln 2012 (*zitiert: Bearbeiter, in: Lenz/Borchardt, EU-Verträge Kommentar, Art. …, Rn. ….*).

Magiera, Siegfried: Zur Reform der Normenhierarchie im Recht der Europäischen Union, Integration 4/1995, S. 197–208.

Martenczuk, Bernd: Der Europäische Auswärtige Dienst, in: Obwexer, Walter (Hrsg.), Die Europäische Union im Völkerrecht, EuR Beiheft 2/2012, S. 187–205.

Maunz, Theodor/Dürig, Günter (Hrsg.): Grundgesetz Kommentar, Band IV, 94. Ergänzungslieferung, München 2021 *(zitiert: Bearbeiter, in: Maunz/Dürig, Grundgesetz-Kommentar, Art. … GG, Rn. …)*.

Mayer, Franz C.:

- 60 Jahre Integration I: Der Europarat und die Europäische Union, in: Kadelbach, Stefan (Hrsg.): 60 Jahre Integration in Europa – Variable Geometrien und politische Verflechtung, Bd. 23, 1. Auflage, Baden-Baden 2011, S. 17–36.
- Reformbedarf und Reformperspektiven für die Europäische Union, in: Kadelbach, Stefan (Hrsg.): Die Europäische Union am Scheideweg: mehr oder weniger Europa?, 1. Aufl., Band 36, Baden-Baden 2015, S. 187–210.

Merket, Hans: The European External Action Service and the Nexus between CFSP/CSDP and Development Cooperation, European Foreign Affairs Review (2012) 17, No. 4, S. 625–652.

Missiroli, Antonio:

- The new EU "Foreign Policy" System after Lisbon: A work in Progress, European Foreign Affairs Review (2010) 15, S. 427–452.
- Coherence for Security Policy: Debates – Cases – Assessments, Occasional Papers 27, Paris 2001 (*zitiert: Bearbeiter, in: Missiroli, Coherence for Security Policy (2001), S. …*).

Müller, Lisa: Das Kohärenzgebot im Entwicklungsrecht der Europäischen Union, 1. Auflage, Baden-Baden 2015.

Müller-Brandeck-Bocquet, Gisela: Die Europäische Union als Akteur in den internationalen Beziehungen, in: Kadelbach, Stefan: Die Außenbeziehungen der Europäischen Union, 1. Auflage, Baden-Baden 2006, S. 19–45 (*zitiert: Müller-Brandeck-Bocquet, Die Europäische Union als Akteur in den internationalen Beziehungen, in: Kadelbach, Die Außenbeziehungen der Europäischen Union, S. 19 (S. …)*).

Müller-Graff, Peter-Christian: Einheit und Kohärenz der Vertragsziele von EG und EU, EuR Beiheft 2/1998, S. 67–80.

Nehls, Benedikt: Die Auslegung mehrsprachiger völkerrechtlicher Verträge, Band 233, Berlin 2019.

Nettesheim, Martin: Normenhierarchien im EU-Recht, EuR 6/2006, S. 738–772.

Nuttall, Simon: “Consistency” and the CFSP: a categorization and its. consequences, LSE European Foreign Policy Unit working paper no. 2001/3, London 2001

Oettingen, Anna von: Effet utile und individuelle Rechte im Recht der Europäischen Union, 1. Auflage, Baden-Baden 2010.

Pechstein, Matthias:

- Die Intergouvernementalität der GASP nach Lissabon – Kompetenz-, Wirkungs- und Grundrechtsfragen, JZ 2010, S. 425–476.
- Das Kohärenzgebot als entscheidende Integrationsdimension der Europäischen Union, EuR 3/1995, S. 247–258.

Pechstein, Matthias/Nowak, Carsten/Häde, Ulrich: Frankfurter Kommentar zu EUV, GRC und AEUV, Band 1, 1. Auflage, Tübingen 2017 (*zitiert: Bearbeiter, in: Pechstein/Nowak/Häde, Frankfurter Kommentar, Art. …, Rn. …*).

Pehl, Alexander: Repräsentative Auslegung völkerrechtlicher Verträge, 1. Auflage, Baden-Baden 2019.

Peters, Dirk/Wagner, Wolfgang, Gemeinsame Außen- und Sicherheitspolitik, in: Heinelt, Hubert/Knodt, Michèle (Hrsg.): Politikfelder im EU-Mehrebenensystem – Instrumente und Strategien europäischen Regierens, S. 43–60, 1. Auflage, Baden-Baden 2008.

Pitschas, Rainer: Europäisches Verwaltungsverfahrensrecht und Handlungsformen der gemeinschaftlichen Verwaltungskooperation, in: Hill, Hermann/Pitschas, Rainer: Europäisches Verwaltungsverfahrensrecht, Beiträge der 70. Staatswissenschaftlichen Fortbildungstagung vom 20. bis 22. März 2002 an der Deutschen Hochschule für Verwaltungswissenschaften Speyer, Berlin 2004, S. 311–336.

Plenk, Stefan: Regionale Integration im sub-saharischen Afrika: Eine Analyse von EAC, SADC und ECOWAS, Wiesbaden 2014.

Portela, Clara/Raube, Kolja: (In-)Coherence EU Foreign Policy: Exploring Sources and Remedies; Paper presented at the European Studies Bi-annual Convention, Los Angeles, April 2009.

Rauber, Jochen: Strukturwandel als Prinzipienwandel – Theoretische, dogmatische und methodische Bausteine eines Prinzipienmodells des Völkerrechts und seiner Dynamik, Berlin 2018.

Regelsberger, Elfriede/Jopp, Mathias: The Common Foreign and Security Policy of the EU – Fusion trends and future perspectives, in: Diedrichs, Udo/Faber, Anne/Tekin, Fund/Umbach, Gaby (Hrsg.): Europe Reloaded – Differentiation or Fusion, Baden-Baden 2011, S. 396–416.

Reimer, Philipp:

– Zur Theorie der Handlungsformen des Staates, 1. Auflage, Baden-Baden 2008.

– Juristische Methodenlehre, 2. Auflage, Baden-Baden 2020.

Riesenhuber, Karl: Europäische Methodenlehre – Handbuch für Ausbildung und Praxis, 4. Auflage, Berlin/New York 2021 (*zitiert: Bearbeiter, in: Riesenhuber, Europäische Methodenlehre, § ..., Rn. ...*).

Rüger, Carolin: Europäische Außenpolitik- und Sicherheitspolitik – (k)ein Thema für die Öffentlichkeit – Die außen- und sicherheitspolitische Rolle der EU im Blickwinkel von öffentlicher Meinung und Medien, Baden-Baden 2012.

Sachs, Michael (Hrsg.): Kommentar zum Grundgesetz, 9. Auflage, München 2021 (*zitiert: Bearbeiter, in: Sachs, Grundgesetz-Kommentar, Art. ..., Rn. ...*).

Sari, Aurel:

– The European Union Status of Forces Agreement (EU SOFA), Journal of Conflict and Security Law (2008) 13, S. 353–391.

– Status of Forces and Status of Mission Agreements under the ESDP: The EU's Evolving Practice, European Journal of International Law (2008) 19, S. 67–100.

Scheffler, Jan: Die Europäische Union als rechtlich-institutioneller Akteur im System der Vereinten Nationen, Heidelberg 2011.

Schlag, Gabi: Außenpolitik als Kultur: Diskurse und Praktiken der Europäischen Sicherheits- und Verteidigungspolitik, 1. Auflage, Wiesbaden 2016.

Schmalenbach, Kirsten: Die Delegationen der Europäischen Union in Drittländern und bei internationalen Organisationen, in: Obwexer, Walter (Hrsg.), Die Europäische Union im Völkerrecht, EuR Beiheft 2/2012, S. 205–217.

Schmalz, Uwe: Die Gemeinsame Außen- und Sicherheitspolitik der EU zwischen Anspruch und Wirklichkeit, in: Ehrhardt, Hans-Georg/Jaberg, Sabine/Rinke, Bernhard/Waldmann, Jörg (Hrsg.): Die Europäische Union im 21. Jahrhundert – Theorie und Praxis europäischer Außen- und Sicherheits- und Friedenspolitik, 1. Auflage, Wiesbaden 2007, S. 92–107.

Schmid, Helga-Maria: EU-Außenpolitik nach Lissabon. Struktur und Wirkung, Zeitschrift für Außen- und Sicherheitspolitik (2010) 10, Vol. 3, S. 457–465.

Schmidt, Siegmar: Fortschritte und neue Herausforderungen in der Europäischen Außen- und Sicherheitspolitik, in: Leiße, Olaf (Hrsg.): Die Europäische Union nach dem Vertrag von Lissabon, Wiesbaden 2010, S. 195–219.

Schmidt-Aßmann, Eberhard: Das allgemeine Verwaltungsrecht als Ordnungsidee – Grundlagen und Aufgaben der verwaltungsrechtlichen Systembildung, 2. Auflage, Heidelberg 2004 (2006).

Schorkopf, Frank: Methodenpluralismus in der europäischen Integration – Zur Errungenschaft der Gemeinschaftsmethode und zur Notwendigkeit einer Unionsmethode, in: Kadelbach, Stefan (Hrsg.), Die Europäische Union am

Scheideweg: mehr oder weniger Europa?, 1. Auflage, Band 36, Baden-Baden 2015, S. 93–114 *Schorkopf, Methodenpluralismus in der europäischen Integration – Zur Errungenschaft der Gemeinschaftsmethode und zur Notwendigkeit einer Unionsmethode, in: Kadelbach (Hrsg.), Die Europäische Union am Scheideweg: mehr oder weniger Europa?, S. 93 (S.).*

Schroeder, Werner: Die Auslegung des EU-Rechts, JuS 2004, S. 180–186.

Schwarze, Jürgen (Hrsg.)/Becker, Ulrich/Hatje, Armin/Schoo, Johann:

- EU-Kommentar, 2. Auflage, Baden-Baden 2009
- EU-Kommentar, 4. Auflage, Baden-Baden 2019

(*zitiert: Bearbeiter, in: Schwarze, EU-Kommentar, [2. Aufl. 2009, (Ex-)] Art. …, Rn. …*).

Schwarze, Jürgen: Soft Law im Recht der Europäischen Union, EuR 1/2011, S. 1–18.

Siems, Kirsten: Das Kohärenzgebot in der Europäischen Union und seine Justitiabilität, Baden-Baden 1999.

Stelkens, Paul/Bonk, Heinz Joachim/Leonhardt, Klaus/Sachs, Michael/Schmitz, Heribert: Verwaltungsverfahrensgesetz Kommentar, 9. Auflage, München 2018 (*zitiert: Bearbeiter, in: Stelkens/Bonk/Sachs, VwVfG, Art. …, Rn. …*).

Streinz, Rudolf: Der Vertrag von Lissabon – Eine Verfassung für Europa, Familie Partnerschaft Recht (FÜR) 11/2010, S. 481–485.

Streinz, Rudolf/Kruis, Tobias/Michel, Walther: EUV/AEUV – Kommentar zum Vertrag über die Europäische Union und Vertrag über die Arbeitsweise der Europäischen Union, 3. Auflage, München 2018 (*zitiert: Bearbeiter, in: Streinz, Kommentar EUV/AEUV (2012), Art. …, Rn. …*).

Streinz, Rudolf/Ohler, Christoph/Herrmann, Christoph: Der Vertrag von Lissabon zur Reform der EU – Einführung mit Synopse, 3. Auflage, München 2010.

Sydow, Gernot: Der Europäische Auswärtige Dienst, JZ 1/2011, S. 6–12.

Terhechte, Jörg Philipp: Europäische Verfassungsstudien, Baden-Baden 2020.

Thomas, Daniel C.: Still Punching below Its Weight? Coherence and Effectiveness in European Foreign Policy, Journal of Common Market Studies (JCMS) 2012, Vol. 50, Issue 3, S. 457–474.

Thym, Daniel:

- Intergouvernementale Exekutivgewalt. Die Verfassung der europäischen Außen-, Sicherheits- und Verteidigungspolitik, 50 Archiv des Völkerrechts (2012), S. 125–155.
- Foreign Affairs, in: von Bogdandy, Armin/Bast, Jürgen: Principles of European Constitutional Law, 2. Auflage, Heidelberg 2011, S. 309–343.

– Auswärtige Gewalt, in: von Bogdandy, Armin/Bast, Jürgen: Europäisches Verfassungsrecht – Theoretische und dogmatische Grundzüge, 2. Auflage, Heidelberg 2009, S. 441–488.

– Die völkerrechtlichen Verträge der Europäischen Union, ZaöRV 66 (2006), S. 863–924.

– Parliamentary Involvement in European International Relations, in: Cremona, Marise/de Witte, Bruno: EU Foreign Relations Law, Oxford 2008, S. 201–232.

Tietje, Christian: The Concept of Coherence in the Treaty on the European Union and the Common Foreign and Security Policy, European Foreign Affairs Review, 1997, S. 211–233.

Tomasic, Lovro: Effet utile – Die Relativität teleologischer Argumente im Unionsrecht, München 2013.

Szczekalla, Peter: Handlungsformen im europäischen Verwaltungsrecht, in: Terhechte, Jörg Philipp, Verwaltungsrecht der Europäischen Union, 1. Auflage, Baden-Baden 2011, § 5.

Van Elsuwege, Peter/Van der Loo, Guillaume: Legal basis litigation in relation to international agreements: Commission v. Council (Enhanced Partnership and Cooperation Agreement with Kazakhstan), Common Market Law Review (2019), Vol. 56, S. 1333–1354.

Van Vooren, Bart:

– A Legal-Institutional Perspective on the European External Action Service, Common Market Law Review (2011), Vol. 48, S. 475–502.

– EU External Relations Law and the European Neighbourhood Policy – A paradigm for coherence, 1. Auflage, London u.a. 2012.

Van Vooren, Bart/Wessel, Ramses A.: EU External Relations Law – Text, Cases and Material, 1. Auflage, Cambridge 2014.

Varwick, Johannes: NATO und EU: Partnerschaft oder Konkurrenz?, in: Henning, Riecke (Hrsg.), Die Transformation der NATO, Baden-Baden 2007, S. 155–174.

Verdross, Alfred/Simma, Bruno: Universelles Völkerrecht, 3. Auflage von 1984, Berlin 2010.

Vogenauer, Stefan: Eine gemeineuropäische Methodenlehre des Rechts – Plädoyer und Programm, ZEuP 2005, S. 234–263.

Vogler, Rossitsa: Handlungsfähigkeit der Europäischen Union im Rahmen der GASP – Perspektiven für eine gemeinsame Außen-, Sicherheits- und Verteidigungspolitik, Köln 2008.

Vranes, Erich: Die EU-Außenkompetenzen im Schnittpunkt von Europarecht, Völkerrecht und nationalem Recht, Juristische Blätter 133 (2011), S. 11–21.

Walter, Christian: Die Folgen der Globalisierung für die europäische Verfassungsdiskussion, DVBl. 2000, S. 1–13.

Webber, Mark: The Common Security and Defence Policy in a multilateral world, in: P. Koutrakos, European Foreign Policy, Cheltenham 2011, S. 205–234 (*zitiert: Webber, The Common Security and Defence Policy in a multilateral world, in: P. Koutrakos, European Foreign Policy (2011), S. 205 (S. …)*).

Weickert, Sandy: Die „verstärkte Zusammenarbeit" als Institut des Unionsrechts, Dresden 2007.

Weiler, Frank: Grammatikalische Auslegung des vielsprachigen Unionsrechts, ZEuP 2010, S. 861–880.

Wengler, Wilhelm: Nichtrechtliche Verträge zwischen Staaten, 22 Archiv des Völkerrechts (1984), S. 306–327.

Wessel, Ramses A.:

- The EU's Foreign, Security and Defence Policy Fifteen Years after Maastricht: A constitutional Momentum, in: Ehrhart, Hans-Georg/Jaberg, Sabine/Rinke, Bernhard/Waldmann, Jörg (Hrsg.), Die Europäische Union im 21. Jahrhundert – Theorie und Praxis europäischer Außen-, Sicherheits- und Friedenspolitik, 1. Aufl., Wiesbaden 2007, S. 302–316.
- The European Union's Foreign and Security Policy: A Legal Institutional Perspective, Den Haag 1999.

Whitman, Richard/Juncos, Ana: The Lisbon Treaty and the Foreign, Security and Defence Policy: Reforms, implementation and the Consequences of (non-) Ratification, European Foreign Affairs Review 14 (2009), S. 23–46.

Witte, Bruno de: Legal Instruments and Law-Making in the Lisbon Treaty, in Griller/Ziller, The Lisbon Treaty – EU Constitutionalism without a Constitutional Treaty, Wien 2008, S. 79–108.

Wouters, Jan/Coppens, Dominic/De Meester, Bart: The European Union's External Relations after Lisbon Treaty, in: Griller, Stefan/Ziller, Jacques: The Lisbon Treaty – EU Constitutionalism without a Constitutional Treaty, Wien 2008, S. 143–221.

Wouters, Jan/Hoffmeister, Frank/De Baere, Geert/Ramopoulos: The Law of External Relations – Cases, Materials, and Commentary on the EU as an international Legal Actor, 3. Auflage, Oxford 2021 (*zitiert: Wouters und Bearbeiter, The Law of EU External Relations, S. …*).

Internetquellen:

Sämtliche hier zitierten Internetquellen wurden 6. bzw. 7. November 2021 zuletzt aufgerufen.

www.ingramcontent.com/pod-product-compliance
Ingram Content Group UK Ltd.
Pitfield, Milton Keynes, MK11 3LW, UK
UKHW021923290926
8980IPUK00016B/1432

9 783631 892367